죽음교육 교과서 II

죽음교육 교과서 II.
비탄·감정론, 애도론, 외상론

초판 1쇄 발행　2025년 3월 31일

지 은 이　죽음교육연구소
펴 낸 이　한국싸나톨로지협회
출 판 사　서로북스
출판등록　2014.4.30 제2014-141호
주　　소　경기도 파주시 회동길 480 A-407호
전자우편　minkangsan@naver.com
팩　　스　0504-137-6584

I S B N　979-11-87254-63-8 (03510)

ⓒ 죽음교육연구소, 2025, printed in Paju, Korea
이 책은 저작권법에 따라 보호받는 저작물이므로 무단 전제와 복제를 금합니다. 내용의 전부 또는 일부를 재사용하려면 반드시 저작권자와 서로북스 양측의 동의를 받아야 합니다. 책값은 뒤표지에 있습니다.

죽음교육 교과서 II

비탄·감정론
애도론
외상론

죽음교육연구소

| 목 차 |

죽음교육 교과서 II
제4부 비탄 감정론_29
(이대준)

기본 1 비탄(Grief)_33

    들어가는 말 ··· 35

    비탄 감정의 생리학적 해석 ································· 42

    비탄의 단계 ··· 45

    복합적 비탄 반응(Complicated Grief Reaction) ········ 48

기본 2 마음의 판형(인지 문법)_55

    들어가는 말 ··· 58

    인지 도식 ··· 60

    실존정신언어분석 ·· 63

    말을 한다는 것 ·· 69

    결론 ··· 76

심화 1 인지 도식과 비탄 감정발현_79

    인지(정서) 도식과 지향성 ·································· 81

    인지 도식과 시간 의식 ······································ 83

    인지 도식의 구조: 억압과 방어 ························ 86

감정발현의 실재 ··· 87
분석과 해석 ·· 91

심화 2 감정 이미지(표상)의 체화과정_95

들어가는 말 ·· 97
감정 작동방식 ·· 99
메를로-퐁티의 체화 ·· 100
메를로-퐁티의 증상 ·· 102
체화의 방법 : 공맹의 실천 모델 ································ 106
결론 ··· 117

심화 3 정신의 사분면과 증상_121

의식의 시원 ··· 125
심리적 가공 ··· 127
프로이트의 사물표상과 단어표상 ································ 130
감정발현과 인지 도식 ·· 131
정신의 사분면 ··· 134
가학증과 피학증 ··· 136
가학증과 피학증의 실례 ·· 146
내가 서 있는 곳은 어디인가 ···································· 150

실천 1 비탄의 실존적 해석_153

상처를 대처하는 우리의 태도 ··································· 155
상처와 대면하는 힘 ·· 159
죄책감과 수치심 ··· 161

자각과 알아차림 ··· 164

상흔(傷痕 stigma)에서 성흔(聖痕 stigmata)으로 ······················· 167

실천 2 슬픔의 직면과 대면_173

관찰 ··· 175

직면의 기술 ··· 177

대면의 기술 ··· 179

대처의 기술 ··· 181

변화의 과정 ··· 182

결론 ··· 184

제5부 ㅣ 애도론_189
(박재연)

기본 1 애도론 살펴보기_193

애도학(Mournology) 건립을 위해 ·· 195

애도의 지향성: 의미화 ·· 197

애도학 방법론 ·· 199

이해로서의 애도학 ·· 201

있는 그대로 존재 바라보기 ··· 205

새로 쓰는 애도학: 감정의 인지화 과정 ································· 210

기본 2 애도의 다른 이름: 비탄, 우울, 죄책감_215

들어가는 말 ··· 217

비탄은 상실에 대해 정상적이고 건강한 반응인가? ················ 220

애도(Mourning): 우리 스스로 새롭게 위치하기 ···················· 223

기본 3 **상실의 대처 : 공감형식_233**

공감과 감정 ·· 235

감정의 복권 ·· 237

감정(Emotion)과 정서(Feeling) ··· 239

공감과 동정 그리고 인지 ·· 242

공감과 대화 ·· 246

공감의 형식 ·· 251

심화 1 **언제 애도는 완료되는가?_255**

들어가는 말 ·· 257

성숙과 변형을 위한 기회 ·· 264

애도의 과정 = 감정 변화의 특징 ··· 272

심화 2 **애도연습: 자각과 알아차림_281**

살펴보기 ··· 283

지금 내가 서 있는 정위점(定位點) ·· 284

자각과 알아차림 ··· 291

비탄에서 애도로의 이행 ··· 298

심화 3 **자기 동일시와 당위의 횡포_303**

'자기 동일시'와 '당위'의 친숙성 ·· 305

마음속의 몸, 몸속의 마음으로 본 도표 설명 ···························· 312

심리 현상 ·· 315

몸의 상황성 ·· 317

객체(타자의 문법)에서 주체의 문법으로 말하고 표현하기 ········· 00

실천 1 **우울증의 특성과 치유 기제_325**

    들어가는 말 ··· 327

    애도와 우울증(Depression = Expectations – Reality) ············ 330

    우울증의 심적 기제: 동일시와 초자아 ······························ 333

    우울증의 고유한 증상 ··· 335

    우울증 치료 ··· 339

실천 2 **평가와 개입_345**

    평가와 개입 ··· 347

    비탄의 종류 ··· 351

    평가와 개입에 대한 죽음학적 관점 ································ 355

    분석가의 평가: <죽음학의 지식 체계적 관찰> ····················· 356

    분석가의 개입 실천 ··· 361

실천 3 **애도의 기술_363**

    의미화를 위한 직면-대면-대처 ····································· 365

    직면과 대면, 대처의 기술 ··· 367

    공백의 발견 ··· 376

제6부 | 외상론_381
(손주완)

기본 1 **감정과 외상_385**

    들어가는 말 ··· 388

외상의 의미화 ·· 391

　　외상의 강도 ·· 393

　　의미화 과정의 신경생리학적인 관점 ······················ 400

　　외상 기억의 흔적 ·· 402

기본 2 **외상의 작동방식_407**

　　외상의 작동방식 ··· 409

　　말을 한다는 것 : 치유적 자아로의 재구성 ·············· 413

　　외상치료의 메커니즘 ·· 417

　　외상치료 ·· 420

　　외상 증상의 구조적 차이 ··································· 423

　　증상의 발화행위 ··· 426

기본 3 **외상적 죽음과 트라우마_431**

　　외상적 죽음과 트라우마 ···································· 433

　　가족, 사회 시스템과 외상적 죽음 ························ 437

　　외상적 죽음과 재해(대규모 외상과 죽음) ··············· 444

　　외상적 죽음에 대한 윤리적 법적 문제들 ················ 448

　　외상적 죽음과 치유의 자리 ································ 454

　　외상에 대한 불안감정의 관계와 치료 이론 ············· 457

심화 1 **자살을 바라보는 몇 가지 시선과 제언_463**

　　자살에 대한 언어·철학적 정의 ···························· 465

　　자살에 관한 질문 ·· 475

　　자살론을 위한 제안 : 자극과 행위(반응)의 '사이'론으로 ······· 479

심화 2 **자살 담론의 본질적 접근을 위한 시론_485**

실천 1 **자살-개별성(individuality)과 당혹(perplexity)_501**
    자살이란 무엇인가? ··· 503
    자살 행위에 대한 이해와 설명의 노력 ································ 506
    자살에 대한 심리학적 설명 ··· 508
    자살에 대한 생물학적 설명 ··· 509
    자살에 대한 사회학적 설명 ··· 510
    자살: 많은 결정요인과 의미 수준을 가진 행위 ··················· 514
    자살의 여파 ·· 515

실천 2 **자살 개입(Suicide Intervention)_519**

실천 3 **자살 현상과 유가족의 아픔 이해_529**
    자살 현상에 대한 이해 ·· 531
    자살에 대한 예방적 접근 ·· 540
    자살유가족의 아픔 이해(자살유가족 돕기) ························ 547
    어느 노인의 자살 이야기 ·· 551

참고문헌_557

색인_571

죽음교육 교과서 I

발간 인사말_5

전세일_상실과 죽음을 마주한 인간의 지혜 : 죽음교육 교과서 ················ 7

신경원_죽음을 가르친다는 것 : 인간 이해의 심연을 향하여 ·············· 11

김기곤_죽음학에 토대를 둔 죽음교육 교과서 ······························· 17

변경희_상실의 시대, 우리는 어떻게 애도해야 하나 ························ 19

서 문_23

(임병식)

한국에서 실천하는 죽음교육 ··· 25

죽음교육의 필요성: 생애주기별 특성을 중심으로 ····························· 27

죽음교육 현황과 인식 ·· 29

한국에서의 죽음교육 현황 ·· 33

죽음교육 교과서 집필의 구심성과 방향_39

해제_49

제1부 죽음교육론_79
(신경원)

기본 1 죽음학과 죽음교육의 관계_83

교육은 치료이다 ··· 85

죽음학과 죽음교육 ·· 87
죽음학의 체계와 죽음교육의 구성 ··· 91
생애 발달 단계 ··· 92
죽음교육상담 전문가의 기본 지침 ·· 95
죽음교육상담 전문가의 다른 이들에 대한 책임 ······························· 96
죽음교육 담당교사로서의 전문역량 강화에 대한 의무 ······················ 97

기본 2 죽음교육을 위한 죽음교육전문가의 역할_99

왜 죽음교육인가? ··· 101
죽음교육은 우리 사회에 무엇을 제공하는가? ································· 102
죽음교육은 한 개인의 가치관과 주체성을 정립시킬 수 있는가? ········ 103
누구에게 무엇을 어떻게 가르칠 것인가? ·· 106
왜 교사가 죽음교육상담 전문가가 되어야 하나? ····························· 107

기본 3 죽음교육에 대한 역사와 현재적 관점_109

죽음교육의 역사와 현재 ·· 111
죽음교육의 정의와 명료화 ·· 114
교육학과 죽음교육 ··· 118
보편적 지식체계로서의 죽음교육 ··· 126

심화 1 죽음교육 지식체계_127

죽음교육 지식체계 ··· 129
연구 범주에 대한 기술적 관점(觀點) ·· 134
고통의 지형도 ··· 135

심화 2 죽음교육 방법론과 교안 작성_151

    죽음교육 방법론 ··· 153

    살펴보기 ·· 153

    죽음교육 교안 작성 시 유의할 점 ·· 154

    교안 작성의 관점 ·· 165

심화 3 죽음교육의 윤리_167

    들어가는 말 ··· 177

    생명윤리의 관점 ·· 182

    윤리적 행위의 인정과 승인 ··· 185

    '상황 윤리' 실천 ·· 187

    '상황 윤리'의 중심어: '고통' ·· 193

    죽음학에서 바라본 생명윤리 ·· 196

    죽음학의 윤리성 ·· 199

실천 1 죽음교육 지침_203

    '죽음학에 대한 교육'과 '죽음에 대한 교육'의 의미 ············· 205

    죽음교육 내용 ··· 211

    죽음교육과 윤리 ·· 216

실천 2 죽음교육상담 분석_219

    관찰 ·· 221

    의미화 여정 ··· 225

    고통의 발생 ··· 228

    분석 요소 ··· 229

실존정신언어분석 21 tips ·· 235

실존은 본질보다 앞선다 ·· 323

실천 3 동양의 죽음교육_329

공자의 실존(命) ·· 331

맹자의 실존: 하늘이 정해준 명(天命)의 자각 ······················ 336

실존의 근거와 토대로서 성명(性命) ·································· 342

실존 치료: 올바른 성명관의 확립과 실천 ··························· 351

제2부 | 문화·사회론_363
(김경숙)

기본 1 죽음이 금지된 사회의 죽음_367

전통사회의 죽음 ·· 369

죽음에 대한 다섯 가지 유형 ·· 370

길들여진 죽음의 특징 ·· 378

죽음이 금지된 사회에서 품위 있는 죽음으로의 실천 ············ 379

기본 2 상실과 죽음에 대한 문화·사회학적 관점의 차이와 다름_385

문화·사회학적 관점 ··· 387

죽음과 죽어감에 대한 문화·사회학적 관점의 차이와 다름 ······· 389

죽음과 상실 이후 문화·사회별 차이와 다름 ························ 393

문화사회화에 대한 올바른 이해 ······································ 397

심화 1 **차이와 다름의 고유성_403**

들어가는 말 ··· 402

차이와 다름 ··· 407

자기동일성: '범주 계열화' 착오의 오류 ······················· 410

분석의 기술 : 내담자 입장의 평가 ································ 414

심화 2 **동양사상에서 바라본 죽음 해석_421**

죽음학의 요청 ··· 423

장자의 환각, 자아(自我)와 비아(非我) ···························· 426

나라는 자아의 동일성은 있는 것인가? 없는 것인가? ········· 428

인지과학과 유식학 : 자아는 과거-현재-미래의 시간의식으로 구성된 것 ·· 429

유식과 하이데거의 자아 ·· 431

자아는 우리에게 어떤 영향을 주는가? ························· 432

자아의 특성 : 언어 집착/우리는 자아를 어떻게 치유할 수 있나! ·········· 436

정신분석과 선 치료 ··· 447

상처에서 평화로: 일상으로의 회귀 ································ 449

죽음학과 선불교의 공통 핵심어: 없이함(죽음)과 무(공, 허) ············· 452

실천 1 **죽음 대처 방식에 대한 동·서 철학 분기(分岐)_465**

한계상황 ·· 467

서양철학에서의 죽음관 이해 ·· 469

동양철학에서의 죽음관 이해 ·· 480

삶의 완성 ··· 497

실천 2 **문화·사회화에서 본 「예기」의 비탄 해결 방식_499**

들어가는 말 ··· 501

감정과 울음 : 체화된 인지로서의 치유의 과정 ················ 402

비탄의 표출과 조절 ·· 506

비탄감정의 해소와 절차 ··· 514

비탄에서 인격적 함양으로의 재적응 ······························ 519

나가는 말 ·· 528

제3부 l 상실론_533

(성정은)

기본 1 **상실, 삶의 연속과정_537**

들어가는 말 ··· 539

상실의 양태와 종류 ··· 541

상실 그 이후 ··· 547

기본 2 **증상의 지향성과 무늬_557**

자아는 어떻게 형성되는가? ··· 559

언어-표상적 자아 ·· 560

사물 표상과 단어(언어) 표상 ··· 562

인지도식의 변화 ·· 568

생각함과 사유의 패턴 ·· 576

심화 1 **상실 이후 정서_581**

상실에서 발견되는 영성 ················· 583

무의식(전반성적 의식)에서 의식(반성적 의식)으로 ··········· 584

상흔과 증상의 치료 ················· 587

고통에서 영성(실존적 현존)으로: 상흔이 성흔으로 ··········· 593

심화 2 상실의 치유 기제 : 상상(想像)과 은유적 투사와 변환_599

상상과 은유 ················· 601

내입과 투사 ················· 605

언어 표상 ················· 608

마음의 판형 ················· 612

분석 요소 ················· 615

심화 3 증상의 방문과 치유 기제_617

들어가는 말 ················· 619

기억흔적과 증상의 방문 ················· 620

심리적 가공 ················· 625

히스테리 구조 ················· 628

치유 기제 ················· 630

실천 1 상실과 슬픔 치유_633

오늘이 마지막이라면 나는 무엇을 할 것인가? ··········· 635

상실과 비탄에 대한 대처 : 도움 되지 않는 말들 ··········· 638

도움을 주려는 건설적 제안 ················· 641

애도 과정에서 사별한 사람에 대한 도움 ··········· 643

비탄 상담(Grief Counseling) ················· 647

실천 2 **반려동물 상실과 치유_655**

반려동물 상실 ·· 657

반려동물의 상실 원인과 그에 따른 비탄의 형태 ································ 657

반려동물 상실의 특징 ··· 658

반려동물을 상실한 반려인의 생애 발달 단계별 비탄 반응 ················· 660

반려동물을 떠나보낸 이들의 애도와 회복 과정 ································· 661

반려동물의 호스피스와 의례 ··· 663

죽음교육전문가로서의 덕목: 역지사지 ·· 666

실천 3 **문학작품 속의 상실 치유_669**

시 속에 나타난 죽음의 숭고: 죽음, 본디 자리로의 회귀 ····················· 671

시 속에 나타난 상실, 비탄, 애도: 현존의 사랑에서 부재 속의 사랑으로 ····· 676

죽음교육 도구로서의 '시 감상 활용법' 소개 ······································ 683

참고문헌_687

색인_697

죽음교육 교과서 III

제7부 I 실존론_29
(박미연)

기본 1 불안과 무_33

실존의 시원: 불안 ·· 35

불안과 죄 ··· 37

존재와 시간 ·· 38

불안-자유의 가능성-양심 ··· 40

자유의 가능성 ·· 42

기본 2 유한성과 한계상황_49

의미의 발견 ··· 51

의미형성을 위한 질문 '나는 어떤 존재인가?' ······················ 53

한계상황에서 비로소 만나는 실존 ······································ 54

의미형성을 위한 로고테라피(logotherapy) ························ 56

로고테라피의 임상 방법 ·· 62

결론 ··· 70

심화 1 인간다움, 실존의 가능성_73

감정과 정서에 대한 과학적 탐색 ·· 75

상실을 통한 정신의 역동성 ··· 78

불안과 몸 지각의 지향성 ··· 79

실존적 불안에서 체화로의 이행 ·· 86

심화 2 **실존 치료의 중심_91**

상담의 기술: 공감 ··· 93

내담자 '존재 강화'의 문제 ·· 96

질병에 대한 실존적 접근 ·· 98

심화 3 **상흔의 현상학적 해석_107**

들어가는 말 ·· 110

현상학의 주요 핵심 ··· 115

기억의 구성 ·· 116

현상학-뇌과학-유식학의 기억 ······································ 118

기억과 시간 의식의 문제 ··· 133

기억과 시간 의식의 전변을 통한 감정치료와 상담 ········ 141

실천 1 **실존적 한계상황_147**

실존정신언어분석 ·· 149

프로이트와 야콥슨의 언어학 ·· 151

실존정신언어분석가의 태도 ··· 157

실천 2 **상흔에 깃든 기억 관찰하기_161**

상실에서 비롯되는 상처 ·· 163

상처와 상흔 ·· 166

상흔과 실존 체험 ·· 171

상흔: 자신을 되돌아 볼 수 있는 힘 ······························ 172

반복의 형식: 재현과 사후성 ·· 174

말하기에서 발화행위로 ·· 179

실천 3 한계상황과 실존의식_185

    융엘의 종말론적 실존성 ·· 187

    언어(발화)사건 ·· 193

    은유와 비유적 진리 ··· 197

    비유와 하늘나라 ·· 202

    실존의식 ··· 209

    인의(認義) ·· 214

    융엘의 해석학적 사유방법 ·· 217

    죽음의 한계상황과 실존의식 ·· 219

제8부 ㅣ 생애발달별 죽음교육론_225
(이윤주 · 이예종)

<유년기>

기본 유년기의 아이들, 발달 과업과 죽음_229

    인간의 발달과정 ·· 231

    유년기 발달 과업과 죽음에 대한 이해 ································ 236

    유년기의 죽음 관련한 태도의 발달 ····································· 250

심화 삶을 위협하는 질병과 죽어감에 대처하는 아이들_255

    질병과 죽어가는 아이들의 문제 ··· 259

    사별과 비탄에 대면하는 아이들 ··· 261

    사별한 아동의 애도 과업 ·· 266

    어른들은 죽음에 대해서 아이들에게 왜 이야기해주어야만 하는가? ··· 269

실천 **아이들이 죽음, 죽어감, 사별에 대처할 수 있게 하는 도움_275**
    아프거나 죽어가는 아이들에 대한 도움 ················· 278
    사별한 아이에 대한 도움 ································· 280

<청소년기>

기본 **청소년기 초기, 중기, 후기의 발달적 과업들_287**
    청소년이 경험하는 다른 사람의 죽음 ··················· 292
    청소년기 죽음 이해 ······································· 294
    청소년들의 디지털 세상에 대한 참여 ··················· 295
    청소년과 죽음의 개인적 중요성 ························· 297

심화 **자살과 청소년_301**
    사별과 비탄에 대처하는 청소년들 ······················ 305
    청소년기 사전 죽음 준비교육 ···························· 313
    죽음 이후의 사별 지원과 도움 ··························· 315

실천 **청소년 인성변화를 위한 공부_319**
    연구목적 ·· 321
    연구방법 및 관점 ··· 325
    주자 인간론에서 기질의 의미 ···························· 327
    인성변화의 방법과 효과 ·································· 353
    격물과 궁리: 도덕적 인지 능력의 향상 ················ 360
    인지능력 함양 공부 ······································· 375

<청년기·중년기>

기본 청년기와 중년기 성인의 발달 과업과 죽음_379

    청년과 중년의 죽음에 대한 태도 ················· 385

심화 중년의 대처_389

    다양한 상실(죽음)의 유형 ················· 391
    부모와의 사별에서의 죄책감 ················· 403
    부모와의 사별에서 성별과 역할 차이 ················· 405
    성인기의 대처 ················· 406

실천 죽음의 은유: 비움과 마음을 가난히 함_409

<노년기>

기본 노년기의 발달적 과업과 죽음_429

    노년 성인의 죽음에 대한 태도 ················· 433

심화 노화와 죽음과의 대면에 대하여_437

    노화와 죽음 ················· 439
    삶의 가치에 대한 재확신 ················· 439
    적절하고 적합한 보건 서비스 수용 ················· 440
    사별과 비탄에 대처하는 노인 ················· 441
    다양한 사별의 유형 ················· 442
    노인의 자살 ················· 445

실천 **나이 듦: 온전함으로의 여정, 웰-다잉_449**

    웰-다잉 : 본래적 자기 자신으로 돌아감 ·············· 451

    노년의 미학: 자신을 비우는 삶, 마음을 가난히 함 ·············· 452

    '가난한 마음'의 정신적 자기-관계 ·············· 454

    길 떠나는 그대 ·············· 455

    우리가 가지고 갈 수 있는 마지막 것은 ·············· 457

<임종기>

기본 **임종기의 호스피스와 돌봄에 대한 일고찰_461**

    전제된 생각과 질문 ·············· 463

    호스피스 완화 '의료'와 호스피스 완화 '돌봄' ·············· 463

    호스피스 의료(돌봄) 정의에 대한 숙고 ·············· 467

    사별 가족 돌봄 ·············· 482

    더 깊이 내려가 숙고하기 ·············· 484

심화 **사전연명의료의향서 작성의 의미와 역할_487**

    인간이 인간일 수 있는 가능성, 존엄한 죽음 ·············· 489

    우리사회의 죽음의 현실, '우리는 어떻게 죽어가는가?' ·············· 490

    [연명의료결정법] 제정배경 및 안내 ·············· 494

    존엄한 죽음과 [연명의료결정법]의 바른 정착을 위한 주요 쟁점들 ·············· 501

    연명의료결정제도 시행, 그 후 5년 ·············· 504

실천 **심리적·영적 돌봄을 위한 호스피스 서비스_521**

    들어가는 말 ·············· 523

    영성의 의미 ·············· 524

환자가 진정으로 바라는 것들 ·· 526
면역 치유력이 생기게 하는 관심과 사랑 ····························· 533
임종기에서의 심리적 영적 돌봄의 방법 ······························ 536
심리적 영적 돌봄의 방법: 싸나톨로지 프로그램 ··················· 540
영적 심리적 케어를 위한 호스피스제도의 보완: 싸나톨로지 프로그램 · 556

제9부 Ⅰ 죽음교육 실천론_567
(김기란 · 백미화)

기본 1 죽음의 언어와 죽음교육의 의미_571

죽음이라는 여정 ··· 573
죽음이라는 언어 ··· 574
죽음의 교육적 대비 ··· 577
죽음교육의 이해 ··· 579
죽음교육의 네 가지 차원 ·· 580

기본 2 죽음교육의 목표_585

죽음교육의 일반 목표 ·· 587
죽음교육의 행동 목표 ·· 588
죽음교육의 여섯 가지 목적 ··· 589
죽음교육의 궁극 목표 ·· 591

심화 1 죽음교육상담의 실제: 감정의 재구성_595

관점의 이동 ··· 597

언어정리 ··· 601
감정 지향적 상담 ·· 604
슬픔에 대한 개입 원리 ··· 616
애도 상담 실습 ··· 619
Role-Playing ·· 629

심화 2 **죽음교육의 실제_635**

죽음교육 현장에서 말하기와 글쓰기 ······················· 637
말하기와 글쓰기 작업의 전제 ································· 638
인지·의미화 과정 ··· 642
관찰하기의 대상 ·· 644
분석과 co-work ··· 647
임상 실천 ·· 648

심화 3 **자기만의 문법으로 말하기와 글쓰기_653**

자기만의 문법 창안하기 ·· 655
말하기와 글쓰기의 구조 ·· 658
말하기와 글쓰기 실천 ·· 661

심화 4 **데리다의 말하기와 글쓰기_669**

죽음교육과 데리다의 그라마톨로지 ······················· 671
그라마톨로지 핵심 개념과 죽음교육 연관성 ··········· 671
데리다의 유령에서 자기만의 유령으로 ··················· 673
말하기와 글쓰기 훈련: 자기해체 과정 ····················· 686

<실천>

실천 1 **어린이의 상실 경험 이해와 돌봄 방법_693**

아동의 죽음 이해 ·· 695

아동의 애도와 상실 경험에 대한 이해 ······················· 699

개입을 위한 구체적인 활동 ······································ 707

실천 2 **유치원생을 위한 그림책 활용 수업사례_711**

유아기 죽음 개념 ·· 713

유아 죽음교육 방법 ··· 715

창선어린이집 죽음교육 사례 ···································· 719

유아 죽음교육의 결과 ·· 727

실천 3 **초등학생을 위한 그림책 활용 수업 사례_731**

죽음교육의 필요성 ·· 733

그림책을 활용한 죽음교육의 실제 ····························· 735

그림책을 활용한 죽음교육 후 변화 ··························· 744

실천 4 **중학생을 위한 생명 존중 수업 들여다보기_751**

생명의 소중함과 생명 존중의 범위 ··························· 753

인간 생명의 시작점 ··· 755

인간 생명의 종결 선택권 ·· 760

실천 5 **고등학생을 위한 죽음교육 수업 들여다보기_765**

어떻게 죽음을 이해할까? ·· 767

어떻게 위로할 것인가? ··· 772

어떻게 살 것인가? ·· 779

실천 6 성인을 위한 죽음교육 수업 들여다보기_787

들어가는 말 ·· 789

<문학의 공간>은 어떻게 구성되어 있나? ······································ 789

가능성으로서의 죽음 ··· 779

블랑쇼가 말한 문학 실천은? ·· 779

참고문헌_805

색인_819

제4부 비탄 감정론

제4부 비탄 감정론

상실과 슬픔을 치유하는 과정에서, 우리는 자신에게 중요한 것이 무엇인지 다시 깨닫게 된다. 상실은 우리가 인간임을 인식하고, 사랑의 의미와 우선순위를 되돌아보는 기회를 제공한다. 그러나 사별한 사람에게 도움이 되지 않는 말들은 슬픔을 억압하거나 무시하려는 경향이 있다. 이런 말들은 상실을 대면하지 못하게 하고, 비탄을 압박하는 결과를 낳을 수 있다. 대신, 사별한 사람에게 필요한 것은 자신의 감정을 인정하고, 감정 표현을 허용하며, 구체적인 도움을 주는 것이다. '비탄' 감정 자체가 애도이기 때문이다. 중요한 것은 상실한 사람의 감정과 필요를 존중하며, 그들이 스스로의 애도 과정을 완성할 수 있도록 돕는 것이다.

기본 1
비탄(Grief)

<내용 요약>

비탄(Grief)은 상실에 대한 자연스러운 반응으로, 정서적, 인지적, 행동적, 생리적, 영적 차원에서 다양한 형태로 나타난다. 린드만은 비탄을 일상으로 돌아가려는 반응으로 보며, 이를 위해 상실의 대상과의 속박에서 벗어나 새로운 환경에 적응하고 새로운 관계를 형성해야 한다고 제안했다. 비탄의 감정에는 무감각, 분노, 죄책감, 해방감 등이 포함되며, 이는 상실에 대한 자기방어 기제로 작용한다. 비탄은 병리적 상태가 아니라 상실에 대한 건강한 반응으로, 이를 억압하거나 회피하면 복잡성과 역기능을 초래할 수 있다. 또한, 비탄 반응은 단순히 감정적 문제를 넘어 생리적, 심리적, 영적 재적응을 포함하며, 죽음과 삶의 본질을 이해하는 기회로 작용할 수 있다.

<핵심어>

비탄 반응, 비탄의 단계, 복합비탄

<학습 목표>

- 비탄의 심리적 과정 이해 : 상실과 비탄의 심리적 단계와 감정적 반응을 이해하고 이를 건강하게 수용하는 방법을 학습한다.
- 죽음에 대한 개인적 태도 성찰 : 죽음과 상실에 대한 자신의 가치관과 태도를 탐구하여 삶의 의미를 새롭게 정의한다.
- 비탄 관리와 지원 방법 학습 : 비탄을 겪는 개인과 가족을 효과적으로 지원하는 방법과 상담 기술을 학습한다.

<적용 실천>

- 비탄 상담 및 지원 활동 : 비탄을 겪고 있는 개인이나 가족을 대상으로 공감과 전문성을 바탕으로 상담을 제공하거나 지원 그룹을 운영하여 정서적 치유를 돕는다.
- 죽음 교육 프로그램 기획 및 진행 : 학교, 지역 사회에서 죽음과 비탄을 주제로 한 워크숍이나 세미나를 열어 죽음에 대한 긍정적 인식과 비탄 극복 방법을 알린다.
- 비탄 관리와 회복을 위한 프로그램 개발 : 병원, 사회복지 기관 등에서 죽음과 비탄을 주제로 한 치유 프로그램을 개발하고, 이를 통해 비탄 중재 및 회복을 지원하는 실질적 방안을 실행한다.

비탄(Grief)

I. 들어가는 말

비탄은 상실에 대한 반응을 의미하는 용어다. 사람이 심각한 상실을 겪을 때 비탄을 경험하게 되는데, 비탄(grief)이라는 용어는 사별한 사람을 짓누르는 무거운 무게에서 유래했으며, 상실의 영향에 대한 내적·외적 반응을 의미한다. 심각한 상실에도 비탄을 경험하지 않는 것은 비정상적이다. 이는 상실 이전에 대상과의 접촉이 전혀 없었거나, 일상적인 수준을 벗어날 정도로 복잡한 관계였거나, 혹은 상실에 대한 반응을 억누르거나 숨기고 있다는 것을 암시한다.

린드만(E. Lindemann)은 상실에서 나타나는 비탄의 전형적인 특징을 다음과 같이 기술했다. 육체적 고통을 포함한 사망자의 이미지에 의한 잠식, 죄책감, 적대감, 일상적 행동 패턴의 변화 등이 그것이다. 그는 비탄 자체가 일상으로 돌아가고자 하는 반응이라고 보며, 이를 "비탄 과업(grief work)"이라고 명명했다. 비탄 과업의 목적은 다음과 같다:

① 자신을 사망자와의 속박으로부터 해방하기
② 사망자가 없는 환경에 재적응하기
③ 새로운 관계를 형성하려 노력하기

비탄 경험과 관련된 격렬한 고통을 회피하거나 연기, 혹은 억압하는 것은 오히려 비탄 과업을 방해하고 복잡하게 만들 뿐이다. 린드만에 따르면, 비탄 반응을 지연시키거나 왜곡하는 일은 병적이고 건강하지 못한 형태의 비탄을 초래한다.

비탄은 분명 감정이 관련되어 있기 때문에, 비탄의 정동적(affective) 혹은 감정적 측면을 고려하는 것은 매우 적절하다. 개인적으로 비탄을 경험하는 사람이나 비탄에 잠긴 사람을 만나는 이들은 누구나 비탄의 두드러진 점인 감정의 분출(outpouring)을 경험하게 된다. 그러나 상실에 대한 반응이 단순히 감정의 문제만은 아니라는 점을 인식하는 것도 중요하다. 비탄은 정서와 정서적 반응에 대한 협의의 이해가 의미하는 것보다 더욱 복잡하고 심층적이다.

1. 비탄 반응의 다양성

상실로 인한 비탄은 매우 다양하게 그리고 총체적으로 경험되어진다. 비탄 반응의 다양성은 사별자의 고통이 얼마나 다양하게 경험될 수 있는지를 이해하는 데 도움이 될 것이다. 사별자는 온몸과 온 마음, 즉 삶 전체로 비탄을 겪는다고 할 수 있다.

(1) 정서적 반응
비탄 반응으로 가장 먼저 찾아오는 것이 정서적 반응이며, 여기에는 무감각, 공허감, 두려움, 죄책감, 슬픔, 외로움, 무기력, 분노와 적대감, 수치심, 절망, 우울, 해방감, 안도감, 탈 인격화된 느낌 등의 감정들이 나타난다.

① 무감각
<밀양>(이창동 감독)이라는 영화의 한 장면이 떠오른다. 어린 아들이 살해당하는 끔찍한 사건으로 사별을 경험한 신애(전도연)는 장례

식 도중 토할 것 같은 심정으로 식장 밖으로 나와 멍한 상태로 쭈그리고 앉아 있었다. 장례식이 끝난 후 시어머니가 자녀들의 부축을 받으며 식장 밖으로 나온다. 시어머니는 신애 곁을 지나다 갑자기 돌아서서 다가오며 외친다. "내 아들을 ○○○○ ○○, 이제는 내 손자까지 ○○○○, 이 피도 눈물도 없는 ○○" 이 장면을 기억하시는 분이라면 어떤 느낌이 들까? 신애가 보여준 무감각, 멍함은 슬픔이 없는 것이 아니라 너무나 큰 충격으로부터 자신을 보호하고자 하는 일종의 자기방어 기제이다. 눈물을 흘리지 않는 것을 슬퍼하지 않는 것으로 단정한다면 큰 오해다.

② 분노와 적대감

분노와 적대감을 강하게 느끼기도 한다. '너 때문에', '그것 때문에'라는 식으로 의료진이나, 가족, 또는 그 누군가에게 사별의 책임을 돌린다. 분노는 사별이라는 이해하기 어려운 현실을 어떻게라도 이해하고자 하는 반응으로, 외부로 향하기도 하지만 자신에게로 향하기도 한다. 이러한 분노는 결코 현실적이지도 합리적이지도 않기 때문에 격렬하게 표출되면 주변 사람들에게 상처를 주거나 사별자 곁을 떠나게 만들기도 한다. 그러나 이런 격렬한 분노 또한 자연스러운 비탄 반응이라는 사실을 이해하는 것이 중요하다.

③ 죄책감

죄책감은 분노가 자기를 향하는 감정이다. '좀 더 잘했더라면', '그것을 하지 않았더라면', '좀 더 살펴드렸더라면', 상실이 일어나지 않았을 것이라며 상실의 원인을 자신에게로 돌리는 자기 비난의 감정이다. 이러한 사별자의 죄책감은 실재일 수도, 실재가 아닐 수도 있다. 그러나 실재가 아닌 죄책감(unrealistic guilty)은 임종기의 상황에서 어떤 역할을 할 수도, 하지 않을 수도 있었다고 생각하는 것에서 나온다. 그것은 사별한 사람이 죽음을 막기 위해 할 수 있는 어떠한 일도 없었다는 것을 알아가는 과정이라 할 수 있다.

④ 해방감, 안도감

때로는 해방감, 안도감의 감정을 느끼기도 한다. 상실을 겪는데 어떻게 해방감, 안도감을 느낄 수 있을까? 그러나 이 또한 자연스러운 비탄 반응이다. 평생 폭력을 행사하던 배우자와의 사별은 이제는 그 폭력에서 벗어났다는 해방감을 줄 수 있다. 심한 질병으로 고통을 겪던 부모님이 돌아가셨다면, 이제는 더 이상 그 고통을 받지 않아도 된다는 안도감을 느낄 수도 있다. 만약에 해방감과 안도감을 느끼는 것이 자연스러운 비탄 감정임을 알지 못한다면, 사별자는 그러한 감정을 느끼는 자신에 대해 실망감이나 죄책감을 느끼게 될 것이다.

(2) 인지적 반응

인지적 반응으로는 상실을 받아들이지 않으려는 강한 생각, 의심, 부정, 혼돈, 혼란, 사고와 집중력의 감소, 몰두 등의 감정들이 나타난다. 상실에 대한 부정의 감정은 사별이 일어난 사실에 대한 부정이 아니라 사별로 인해 그리운 누군가를 더 이상 볼 수 없다는 현실에 대한 부정이다. 현관문을 열면 언제나처럼 웃으며 반겨줄 부인이 더 이상 없다는 현실이 믿어지지 않고 상상할 수 없기 때문이다. 이러한 부정은 슬픔의 감정이 몰아쳐 오는 속도를 더디게 해 주고 무의식적으로 감정을 다스릴 수 있게 도와준다.

(3) 행동적 반응

행동적 반응으로는 멍함, 동요, 집중력 저하, 피로와 허약감, 자신을 소홀히 함, 고인의 물건을 버리거나 오히려 집착, 약물이나 술에 의존하기 등의 감정적 반응이 나타난다. 사별자는 고인을 생각나게 하는 물건을 치우거나, 반대로 고인이 살아있을 때 쓰던 물건을 그대로 두어 오래 유지하려 한다. 죽은 사람을 떠올리게 하는 장소나 병원, 무덤을 찾아다니거나, 고인을 생각나게 하는 물건을 지니고 다니며, 약물에 대한 의존성이 증가하기도 하며, 외부와의 만남을 끊고 홀로 있으려 하는 등의 행동을 보이기도 한다.

(4) 생리적 반응

생리적 반응으로는 뱃속에 느껴지는 공허감, 근력의 약화, 두통, 불면이 나타나거나 식욕 부진, 체중감소, 피곤함, 빈혈, 소화불량 증상을 보이기도 한다. 소음에 대한 과민 반응, 방향감각의 결여, 심지어 '내가 거리를 걸어갈 때 나를 포함해 아무것도 진짜 같지 않게 느껴지는' 비자아감 등이 경험된다. 목이 메거나 일시적인 호흡곤란을 느끼기도 한다. 때로는 '가슴이 미어진다'라는 표현이 있듯이, 사별의 아픔은 남겨진 사람의 생명력을 저하하고, 심장병, 뇌졸중, 암 등 죽음에 이르게 할 만큼의 큰 중병으로 전환되기도 한다.

(5) 자신과 고인 및 환경에 대한 태도의 변화

자신과 고인 및 환경에 대한 태도의 변화가 일어난다. 낮은 자존감, 무망감(hopeless, 희망 없음), 주변과의 분리, 친구와 활동에서의 철회(withdraw, 회수하다)로 나타나기도 하고, 고인을 이상화하기도 한다.

이상화는 고인을 있는 그대로 바라보지 못하고 좋은 점만을 부각하여 매우 좋고 훌륭한 사람으로만 바라보는 것을 의미한다.

(6) 비탄의 영적 반응

영적 측면에서 사별자는 그동안 믿고 의지했던 가치관과 세계관이 혼란스러워지고 무너지는 경험을 하게 된다. 야노프-불만(R. Janoff-Bulman)은 사랑하는 사람의 죽음으로 인해 도전받게 되는 세 가지 질문을 다음과 같이 제시한다:

① 세상은 자비롭고 사랑이 넘치는 장소인가?
② 세상은 상식적인가?
③ 사람은 가치 있는 존재인가?

특히 갑작스러운 죽음이나 어린 자녀를 잃은 어머니들은 "왜 하나님이 이러한 일이 벌어지도록 두었는가?"라며 원망과 탄식의 반응을 보인다. 이들은 신이 자신만을 비탄의 늪에 빠뜨렸다고 생각하기 쉽고, 세상 사람들과 신마저 자신을 버린 것 같은 감정을 느낀다. 또한 세상이 정상적으로 돌아가지 않는다고 여긴다.

세상의 이치는 자연의 섭리처럼 봄-여름-가을-겨울의 순환이나, 탄생-성장-결혼-노화-죽음이라는 자연스러운 과정을 따르는 것인데, 자녀의 죽음이 부모보다 먼저 일어난 상황을 이해하지 못한다. 또한 갓 결혼해서 행복을 찾으려는 순간 배우자가 암으로 죽어가는 상황이라면, 과연 이 세상이 상식적으로 보일 수 있을까?

이처럼 신과 세상 사람들로부터 버림받았다고 느끼고 세상이 거꾸로 돌아가는 것 같은 상황에서, 자신의 존재 이유에 대한 의문이 생긴다. 그동안 자신을 지탱해 온 삶의 끈을 놓고 싶을 때도 있으며, 수많은 의문이 꼬리를 물고 이어진다. 이러한 질문들은 서로 긴밀하게 연관되어 있어서, 하나가 바뀌면 다른 모든 것들도 함께 변화한다.

이처럼 비탄 반응은 매우 다양한 형태로 나타나며, 이 모든 반응은 상실로 인한 자연스러운 결과다. 이러한 사실을 인식하는 것만으로도 사별자 자신과 그들을 지켜보는 이들에게 큰 위로가 될 수 있다.

2. 비탄은 병리적인가?

그렇다면 비탄 반응은 병리적 증상과 얼마나 다른가? 비탄의 소용돌이 안에 있을 때, 사별자는 '내가 미쳐가는 것이 아닐까'하는 혼란과 두려움을 느끼게 된다. 또한 격렬한 비탄 반응이 병으로 전환되는 것은 아닌지 불안해하기도 한다.

비탄의 반응들은 질병과 유사해 보일 수 있다. 심각한 상실은 최소한 일시적으로라도 사별한 사람의 건강에 영향을 미칠 수 있다. 그러나 비탄과 질병은 분명히 다르며 중요한 차이가 있다. 즉, 비탄은 일종의 불편함(dis-ease), 다시 말해 일상적 삶에 대해 불편함이지만 질병(disease)은 아니라는 점이다.

또한 비탄 반응으로서의 우울과 임상적 우울을 구분할 필요가 있다. 비탄은 상실에 대한 건강한 반응이지만, 임상적 우울은 정신적 질환이다. 비탄과 임상적 우울은 둘 다 심리적으로 깊이 침잠하고 세상으로부터 후퇴하는 양상이 유사하나, 비탄 반응에는 대부분 우울증에서 발견되는 자존감의 상실이 나타나지 않는다. 즉, 비탄으로 인해 세상이 공허하게 느껴질 수는 있지만, 우울증에서처럼 자신의 궁핍함과 공허감을 느끼지는 않는다.

그러나 상실에 대한 자연스러운 비탄 반응을 어떤 이유로든 회피하거나 억압하거나 금기시하여, 애도하지 않거나 부적절하게 애도할 때 역기능이 나타난다. 워든(W. Worden)은 정상적인 비탄과 구분하여, 일상적이지 않거나 일탈적이고 비정상적인 병리적 비탄을 '복합적 비탄'이라 부른다. 정상과 비정상을 구분하는 가장 중요한 근거는 슬픔의 강도와 기간이다. 복합적 비탄의 경우 전문가의 개입 여부를 신중히 검토할 필요가 있다.

II. 비탄 감정의 생리학적 해석

상실과 관련된 인간의 반응을 이해하려 할 때 부딪히는 중요한 어려움은 그러한 반응이 복잡하고, 개인적이며, 문화적 영향을 받는다는 점이다. 몇 년 전까지만 해도 사람이 상실에 대해 반응할 때 일어나는 현상에 대한 표준적인 모델이 존재했다. 도카(K.J. Doka)는 이 모델이 프로이트(S. Freud)로부터 비롯되었다고 본다.

프로이트의 견해에 따르면, 상실에 반응하는 사람은 상실로 인해 경험하는 감정인 비탄을 '통과(work through)'해야만 정서적으로 건강해질 수 있다. 애도가 사회적으로 용인되는 방식으로 '완성(complete)' 되기 위해서는 상실을 경험한 사람이 일정량의 '비탄 과업(grief work)'을 살아내고, 행동으로 옮기고, 표현해야 한다. 그리고 이러한 비탄 과업은 상실과 연관된 정서와 관련된다.[1]

---

1) Doka, K.J. *Disenfranchised grief: Recognizing hidden sorrow.* Lexington, MA: Lexington

프로이트는 상실에 의한 비탄이 재적응을 위한 생리학적 반응이라고 처음 주장했다. 프로이트에 따르면, 슬픔은 ① 상실 대상과의 해체와 분리를 성취하는 일과 관련된 과업이며, ② 잃어버린 대상을 간직하고자 하는 욕망과 한때 사용할 수 있었던 대상을 더 이상 사용할 수 없다는 사실을 점차 인정하는 과정에서 나타나는 생리적 반응이다. 이러한 재적응을 위한 과업은 매우 복합적이며, 많은 시간과 에너지가 필요하다. 궁극적 목적은 상실된 대상으로부터 리비도(폭넓게 보면 생명 에너지)를 회수하여 새롭고 건강한 접촉을 위해 자아를 자유롭게 하는 것이다. 프로이트가 『토템과 터부 Totem and Taboo』에서 기술했듯이, "애도는 수행해야 할 정확한 정신적 과업을 지닌다. 그것의 기능은 산 자의 기억과 희망을 죽은 자로부터 분리하는 것이다."

프로이트의 논지에 따르면, 생물에는 상반된 현상이 어떤 질서 속에서 조화를 이룬다. 생명 현상의 또 다른 면은 자식에게 생명을 전수한 개체에 죽음이 뒤따른다는 것이다. 한 개체가 수명을 다하면서 새 생명과 교체되는 일은 생명의 성숙과 진화 과정이며, 이러한 개체적 죽음을 통해 생명성은 더욱 우성을 향해 나아간다.

생명 현상에는 자기보존을 위해 개체 구조 내에 완벽한 시스템을 가동하여 존속하려는 본능이 있지만, 또 한편으로는 물질의 교합을 통해 초월하고자 하는 상향의 정신을 지닌다. 생명에 있어 불완전성은 완전성을 향하는 동력이 된다. 상향의 정신에는 불완전성이 내재해 있다. 생체내의 불완전성은 항상적 피드백 원리에 의해 조절되어 조화(질서)를 찾게 된다. 또한 자기조직화가 가능한 경우, 특정 조건에서는 시스템 내부에 불완전성이 발생할 수 있고, 그 결과 생긴 몇 가지 갈림길 중

---

book, 1989.

하나를 자발적으로 선택함으로써 조직화할 수 있다고 본다. 어쩌면 그러한 불완전성이 있기에 생명 현상이 나타나는 것일 수 있다.

이를 다른 측면에서 보면, 생명은 정보를 생산하면서 자기 조직화해 가는 것으로 이해할 수 있다. 자신이 만든 정보에 의해 일정한 질서가 형성되고, 그 질서가 자신의 생존에 의미가 있는지를 끊임없이 피드백한다. 그리고 그 피드백이 다음 단계의 조절을 결정함으로써 항상 창의성(특이성-변이)과 안정성의 균형을 잡아가는 것이 생물이 지닌 속성이다. 생명의 속성은 스스로 운동(self-organization)하는 데 있다. 생명 본질의 중요한 특징 중 하나는 생명이 가진 질서의 자율화이므로, 생명은 생체 구성 분자의 자기조직화 결과로 태어난 것이라 할 수 있다.

따라서 다윈(C.R. Darwin)의 자연선택만이 진화의 요인은 아니다. 생물체 자체가 이미 그것 못지않게 유리한 방향으로 진화하려는 힘을 지니고 있었다. 다시 말해 생명체는 변화하면서 차차 만들어지는 여러 가능성을 지니고 있어서, 그것이 내재적 힘(생명력 또는 정신력)으로, 즉 자기조직화 능력에 의한 창조성으로 나타난다고 여겨진다.

프로이트에게 죽음이나 상실은 자기조직화의 창조성이다. 삶과 죽음의 현상이 매일 이 순간 우리 몸에서 일어난다. 우리는 죽음을 통해 새로운 육체를 공급받는다. 생명의 자정능력을 인정할 때 우리는 죽음을 더 이상 부정적인 대상이 아닌 심미적 대상으로 바라볼 수 있게 된다. 죽음과 삶을 동시에 인정할 때 생명의 비밀이 풀린다. 상실과 죽음은 어떤 의미에서 개체적 생명을 진화시키고 발전시키는 동력이 된다.

III. 비탄의 단계

볼비(J. Bowlby)는 비탄 반응들이 생존자들에게 ① 본능적이고, ② 적응적이며, ③ 가치적이라는 것을 보여줌으로써, 정신분석학의 중심 주장들을 개정하고자 하였다. 비탄에 대한 이러한 이해를 통해서 그는 정상적 그리고 병적 비탄을 설명한다. 볼비는 사랑하는 사람의 상실에 대해 사별한 사람들의 정상적이고, 비 복합적인 반응들에서 보이는 일반적인 단계들을 다음과 같이 네 가지로 기술하였다.

(a) 망연자실함(numbing) (b) 비조직화/무질서화(disorganization) - 분열과 절망 (c) 동경과 탐색(yearning and searching) (d) 재조직화(reorganization)이다. 여기서 복합적(즉, 비정상적) 반응들은 상실에 대한 비탄 과업이 연기 또는 억압 과정을 통해 왜곡되어 나타난 것으로 보고 있다. 사랑하는 사람을 떠올리고, 되찾으려 하며, 그 사람과 재결합하려는 강박과 그것에 일반적으로 동반하는 불안, 동경, 분노, 저항, 탐색은 그 자체로 병적이지 않다. 오히려 그것은 객관적 세계 속에서 이미 현실화한 것을 내적 세계 속에서 현실화하고자 하는 건설적인 과정 일부이다. 하지만 시간이 지날수록, 건강한 애도는 죽음과 관련된 상실의 불변성을 수긍하는 쪽으로 나아간다. 만약 그렇지 않다면, 일은 잘못되게 되고, 비탄은 만성적이며, 갈등적인 것이 된다는 것이 볼비의 생각이다.[2]

1) 망연자실함 즉 충격과 무감각은 어떤 사람이 다른 환경, (혹은 더

---

[2] Bowlby, J. *attachment and loss*. new york: Basic books, 1969.

나중의 시기에 비탄을 통과해 가면서) 서로 다른 때에 반복적으로 나타나기는 하지만, 상실에 대한 초기 반응 중 하나이다. 어떤 사람은 상실의 효과로 충격을 받거나 멍해진다. 사람은 마치 삶의 익숙한 균형이 중단되고, 죽음의 소식에 짓눌려, 어떤 것에도 집중할 수 없는 것처럼, 멍해지고, 분리된 듯 느낀다. 어떤 사람은 그 효과가 보이지 않지만 방어하기 위한 방패('심리적 무감각' 혹은 '심리적 단절(closing off)의 일종')에 둘러싸인 것처럼 느낀다고 말한다. 많은 사람은 2001년 9월 11일의 사건과 같은 공적인 비극들과 관련해서 이런 반응을 경험한다. 충격을 받아서 멍해진 사람은 영양, 수분, 혹은 의사결정과 같은 기본적인 필요를 돌보기가 어렵다. 이것은 나쁜 소식이나 원하지 않는 고통에 대한 자연스러운 방어이다. 때때로 반복된다고 할지라도, 그것은 지나가는 일시적인 상태일 뿐이다.

2) **분열(disorganization)과 절망(despair)**은 과거를 되살릴 수 없다는 것에 대한 반응이다. 만약에 과거가 진정으로 지나간 것이라면, 나는 지금 누구인가? 나는 여전히 아내 혹은 부모인가? 만약 내 아이 중 하나가 죽었다면, 나는 내 아이들 전체 수에서 빼야만 하는가? 이런 질문은 자기-동일성에 관한 질문이며, 동시에 일상의 삶에서 실질적인 질문이기도 하다. 누가 저녁을 만들며, 아이들을 돌보고, 월급봉투를 집으로 들고 올 것인가? 아이들의 죽음으로부터 상처받았을 때, 우리는 어떻게 서로에게 위안이 될 수 있을까? 집을 팔아 버리고 다른 가족들이 사는 도시로 이사해야 하는가? 이런 질문들에 답하기는 어려운 일이며, 많은 새로운 도전에 집중하는 것은 힘든 일이고, 너무나도 많은 새로운 요구에 직면하여 산만해지거나, 갈피를 잡지 못하기가 쉽다.

이전에는 당연시했던 많은 것들이 의문시된다. 몇 분, 한 시간, 혹은 하루를 견디는 일이 매우 힘들어진다. 분열되고 방향을 잃은 사람은 앞으로 나가는 방식을 찾기 위해 고군분투한다.

3) **동경과 탐색(yearning and searching)**은 예전의 상태로 되돌리고자 하는 노력을 의미한다. 비탄의 고통이 충격이라는 용해 억제 장치(dissolving barriers)를 뚫고 들어와서, 상실의 강도를 깨닫게 될 때, 사람은 상실을 인정하려고 하지 않으며, 더는 존재하지 않는 것을 포기하려고 하지 않는다. 어떤 사람은 한동안 사라지고 없는 시간을 동경하거나 슬퍼하고, 테이블에 그의 자리를 마련한다든가, 오후 6시에 현관문에 나타나기를 바란다든가 하는 익숙한 패턴에 빠져 있음을 알게 된다. 탐색은 사람이 가득 찬 공간을 가로질러 그 사람과 비슷한 사람을 흘깃 본다거나, 그 사람이 쓰던 향수 냄새를 지나가다 맡게 된다거나, '우리의' 노래였던 선율을 듣는 것만으로도 촉발된다. 사실, 사후의 동경과 탐색은 실패가 예정되어 있다. 과거는 있던 그대로 더는 가능하지 않다. 그 사실을 파악하는 것은 사별한 사람의 상실 깊이와 정도, 종국(finality)을 깨닫는 일이다.

4) **재조직화(reorganization)**는 삶의 조각들을 모으기 시작하여, 그것들을 새로운 질서로 만들어내기 시작할 때 나타난다. 삶은 심각한 상실이나 죽음 이후와 전혀 같지 않다. 어떤 차이들은 돌이킬 수 없는 것이 된다. 예전과 같은 방식으로는 더는 접촉할 수 없는 사람처럼, 삶의 새로운 길을 발견해야만 한다. '새로운 정상성(New normal)'이 미래의 삶을 위해 전개되어야만 한다. 새로운 삶의 방식을 발견하고 정의하

는 것은 고도의 개인적 투쟁 속에서 얻어진 영웅적 성취이다.

어떤 연구자들은 애도의 모델에서 다섯, 일곱 혹은 열 단계를 제시한다. 다른 사람은 동경/탐색과 분열을 합쳐서 세 단계 모델로 만들고 싶어 한다. (1) 충격; (2) 강하고 능동적인 비탄 시기; (3) 육체적, 정신적 균형의 재정립. 비슷하게 란도(T.A. Rando)는 애도의 세 가지 포괄적인 단계를 기술한다. 회피(avoidance), 직면(confrontation), 수용(accommodation). 이런 모델에서 단계의 수보다는 그것들이 유용하게 우리가 애도의 경험을 이해하는 것에 도움을 주는가가 더 중요하다.

IV. 복합적 비탄 반응(Complicated Grief Reaction)

최근 몇 년간 '복합적 비탄'이라는 용어의 정확한 의미를 규정하고, 이를 다른 증상과 구별되는 임상적 실체로 확립하기 위한 경험적 자료를 수집하려는 다양한 노력이 있었다.

의과대학에서 가르치는 인간 존재의 모델은 단순히 생화학적 요소가 복잡하게 결합한 개체로 축소되어 있다. 환자는 하나 혹은 몇몇 기관의 기능에 문제가 있거나, 이러한 결합체가 적절히 기능하도록 하는 조절 장치에 문제가 생긴 대상물로만 취급된다. 이러한 관점에서 의사는 엄격한 과학자이며, 고도로 정교한 기구와 기술을 이용해 흥미진진한 과학적 탐구를 수행하는 사람에 불과하다.

병력 청취나 환자와의 상담보다는 의료 기술 이용이 더 높은 수가를 받는다. 환자나 가족들과 상담하는 시간에 수술이나 복잡한 시술을 하면 열 배 이상의 경제적 이익을 얻을 수 있다. 과도한 시술 문제 외에도, 현재의 임상의학이 질병의 예방이나 건강증진은 소홀히 한 채 급성이나 응급질환에만 중점을 두는 것도 문제다. 오직 질병의 치료만이 중요할 뿐 예방의학의 역할은 미미한 것으로 취급된다.

병원에서 오랜 시간 접수절차와 대기를 하다가 짧은 진료 시간에 의사를 만나고 온 사람이라면 누구나 이런 생각을 하게 될 것이다.

> "나는 의사들이 내게 많은 시간을 할애해 주길 바라지 않는다. 단 5분만이라도 내가 처한 상황에 대해 심사숙고하고, 한 번이라도 그들의 진심 어린 배려를 받고, 잠시의 순간이라도 그들과 내가 교감하고, 나의 신체적 어려움만이 아니라 정신도 위로받으며, 환자들을 일률적으로 대하지 않고…. 그들이 나의 신체에 대해 혈액검사나 조영술을 처방하듯이, 나의 전립선뿐만 아니라 나의 마음까지도 살펴주기를 원한다. 이러한 것들이 없다면, 나는 그저 하나의 질병에 지나지 않는다."

상실 과업이 지향하는 치료모델은 과학이 간과되어서는 안 되지만 너무 과학에 치우쳐서도 안 된다. 즉 환자 중심의 치료를 위해서는 의료미학과 과학이 동시에 필요하며 신체와 정신을 동시에 살펴야 한다. 특히 상실로 인한 비탄의 고통과 두려움에 쌓인 한 인간 존재의 운명을 깊이 생각할 수 있을 때 의사는 개인적 특수성 속으로 편입해 들어갈 수 있으며, 환자를 질병과 따로 떼어 놓고 보지 않는다. 환자는 그 이상의 존재이기 때문이다. 특히 재적응의 과정으로서 나타난 비탄 감정을 단순히 병리적으로 접근한다면 우리는 환자에게서 소중한 것을 놓치게 된다.

'복합적 비탄'이라는 말은 비일상적일 뿐만 아니라 일탈적이며, 건강하지 못하다는 의미에서 비정상적인 비탄 반응과 애도 과정을 의미한다. '복합적(complicated)'이라는 형용사는 '병리적(pathological)'이라는 단어를 피하고자 최근의 연구자들이 선택하고 있는 용어이다. 워든(J.W. Worden)은 복합적 비탄 반응의 네 가지 유형을 확인하고 있다.[3]

그렇다면 복합적 비탄은 언제 나타나는가? 그것은 비탄이 금지되거나 시간상으로 연기된(delayed) 형태, 그리고 만성적이거나 지속적인 형태일 때 나타난다.

- 만성적(chronic) 비탄 반응: 이것은 비탄의 지속 기간이 과도하며, 전혀 만족스러운 결론에 이르지 못한다; 종종 개인들은 그들이 다시 삶으로 돌아가는 데 진전을 이루지 못하고 있다는 것을 깨닫는다.

- 지연적(delayed) 비탄 반응: 이 상태에서는 상실에 대한 과장된 비탄이 금지되어 있고, 억압되어 있으며, 연기되어, 이어지는 상실이나 다른 촉발된 사건에 대해 과도한 반응이 나타날 때까지 표면화되지 않는다.

- 과장된(exaggerated) 비탄 반응: 이것은 공포증이나 비이성적 두려움의 발전으로, 육체적 혹은 심리적 증후들로, 혹은 이탈적이거나 부적응적인 행동으로 이어질 수 있는 방식으로 과도하거나 무능력한(disabling) 상태이다.

---

3) Worden, J. W. *Grief counseling and grief therapy: A handbook for the mental health practitioner.* New York: Springer Publishing Co, 2002.

- 은닉된(masked) 비탄 반응: 이 상황에서 개인들은 어려움을 경험하지만, 그것이 상실과 연관되어 있다는 것을 깨닫지 못하는, 그런 증후나 행동-비탄의 완전한 부재를 포함하여-을 경험한다.

일반적으로 복합적 비탄 반응은 다음과 같은 것들의 결과로써 일어나는 것처럼 보인다.

- 고인과의 관계의 어려움(양가적, 의존적, 혹은 나르시스적 관계)
- 죽음의 상황(죽음의 사실을 수긍하는 것에 대한 불확실, 혹은 꺼림, 혹은 다수의, 혹은 외상적 상실의 상황)
- 사별한 사람 개인의 역사 혹은 개성(우울증 질환 병력, 감정적 고통의 극단에 대해서 자신을 보호하고자 후퇴하거나 의존적 감정을 잘 참지 못하는 성격, 즉 속에서 '강한' 사람이 되는 것을 포함하고 있는 자아-개념)
- 경험을 둘러싼 사회적 요소(상실이 사회적으로 말할 수 없거나, 부정적일 때, 혹은 사회적 지원 네트워크가 부재할 때)

파크스(C.M. Parkes)는 복합적 비탄은 비탄이 금지되거나 지연된 형태와 만성적이거나 지속적 형태로 존재함을 제의했다. 그는 계속해서 "둘 중에서, 만성적 형태가 가장 빈번하다."라고 말한다. 그런데도, 파크스는 다음과 같은 말을 덧붙인다.

> 이런 증거에도 불구하고, DSM(the Diagnostic and Statistical Manual of Mental Disorders)의 연구자는 병리적 혹은 복합적 비탄을 정신의학적 진단으로 포함하는 것을 거부하고 있다. 그 근거는 그것이 한 편으로는 비 복합적 비탄과 분명하게 구별되지 않으며, 다른 한편

으로는 사별 때문에 촉발될 수 있는 다른 정신의학적 질환, 대부분 임상적 우울(clinical depression)과 구별되지 않는다는 것이다.[4]

최근 몇 년간, 이러한 논의들은 '복합적 비탄'의 정확한 의미를 주의 깊게 규정하고, 다른 증상들과 구별되는 임상적 실체로서의 경험적 데이터를 제공하려는 노력으로 이어졌다. 이러한 노력은 현재도 계속되며, 향후 발전과도 연관된다. 파크스는 이러한 노력을 통해 복합 비탄이 집착 장애(attachment disorder)의 새로운 DSM 범주 내에서 구별되는 실체로 인정받아야 한다고 제안했다. 그들의 설명에 따르면, '복합적 비탄'의 진단은 다음과 같은 증상을 경험하는 소수의 집단에만 해당한다: ① 고인을 향한 만성적이고 장애적인 동경, 연모, 갈구 ② 매일 반복되거나 고통스러우며, 일상생활에 심각한 지장을 줄 만큼 강력한 증후군 ③ 사회적, 직업적 또는 다른 영역에서 잠재적이고 지속적인 기능 장애를 일으키는 증상적 장애 ④ 최소 6개월 이상 지속되는 증상적 장애. 이러한 이유로 최근 연구자들은 '복합적 비탄 장애'보다는 '지속적 비탄 장애(prolonged grief disorder)'라는 용어를 선호한다.

'복합적 비탄' 개념의 구축에 대해 일부 연구자들은 힘든 사별을 경험하는 사람들에 대한 낙인과 병리화를 반대한다. 이는 가족 구성원과 친구들의 지원 역할이 훈련된 전문가들에게만 맡겨질 위험이 있기 때문이다. 또한 복합적 비탄이 내적 실체라기보다는 문화적, 역사적 기원에 의해 외적으로 부과된 사회적 역할일 수 있다고 주장한다. 복합적 비탄의 개념을 정의하고 옹호하려는 노력은 이러한 비판을 설명해야 하며, 외상적 비탄 및 외상 후 스트레스 장애와의 관계를 명확히 하고,

---

[4] Parkes, C.M. *Bereavement: Studies of grief in adult life*, Madison, CT: International Universities Press, 1987.

기존의 비탄과 애도에 대한 이해 속에서 그 위치를 찾아야 한다.

　싸나톨로지스트는 비탄과 애도에 내재한 복합성을 인식하고, 비탄 행동의 복잡성을 해소하는 데 도움이 될 수 있는 적절한 방법을 습득하도록 노력하는 것이 중요하다. 그러나 비탄 반응의 불가피한 개별성으로 인해, 개인적이지만 건강한 비탄 반응과 복합적이고 건강하지 못한 비탄 반응을 구별하고 적절한 치료 방식으로 개입하기 위해서는 전문적인 평가가 필요하다.

기본 2
마음의 판형(인지 문법)

<내용 요약>

내담자가 말을 한다는 것은 이미 자신의 이해를 바탕으로 사건을 재구성하는 과정으로, 이를 통해 자아는 과거의 부정적 경험에서 긍정적 요소로 나아가려는 욕구를 드러낸다. 감정은 인지보다 빠르게 직관적으로 판단하며, 감정을 명료하게 바라보는 것만으로도 치유 효과를 얻을 수 있다. 인지 도식은 신체화된 무의식으로, 신체감각과 언어-표상을 통해 외부 자극을 해소하고 재구성하며 이해를 돕는다. 상처는 삶의 필연적 요소로, 이를 통해 인간은 의미와 가치를 추구하며 능동적 주체로 성장할 수 있다. 언어는 감정과 인지를 통합하는 도구로, 내담자가 자신만의 고유한 표현 방식으로 상처를 치유하고 삶의 방향성을 재정립하도록 돕는다. 결국, 감정과 인지는 서로 영향을 주고받으며 내담자가 주체적 존재로 변화하고 성장하는 과정을 지원한다.

<핵심어>

자기 재구성(Self-reconstruction),
감정과 인지(Emotion and cognition), 인지도식(Cognitive schema),
능동적 주체성(Active subjectivity)

<학습 목표>

- 자기 이해와 재구성: 학습자가 자신의 감정과 경험을 성찰하고 이를 기반으로 새로운 자기 정체성을 형성하는 방법을 배우는 것을 목표로 한다.
- 감정과 인지의 조화로운 통합: 감정과 인지의 상호작용을 이해하고

이를 통해 심리적 안정과 성장의 기반을 마련한다.
- 표현을 통한 치유 경험: 언어와 다양한 표현 방식을 활용하여 내면의 상처를 치유하고 정서적 건강을 증진한다.
- 트라우마를 성장으로 전환: 트라우마와 상처를 극복하고 이를 바탕으로 개인적 성장을 이루는 방법을 학습한다.
- 능동적 주체성 강화: 학습자가 자기 삶에서 주체적이고 능동적인 태도를 갖추도록 돕는 것을 목표로 한다.

<적용 실천>
- 감정 조절 및 표현 훈련: 일상생활에서 감정을 조절하고 건강하게 표현하는 훈련을 통해 심리적 안정과 대인관계 향상을 도울 수 있다.
- 자기 성찰을 통한 문제 해결: 자신을 되돌아보고 경험을 바탕으로 문제를 해결하는 능력을 기르는 데 활용할 수 있다.
- 스트레스 관리 프로그램 운영: 감정과 인지의 상호작용을 이해한 후, 스트레스를 관리하고 완화하는 프로그램을 설계해 적용할 수 있다.
- 상담 및 치유 과정에서의 활용: 치료나 상담을 통해 감정적 상처를 치유하고 트라우마를 극복하는 과정에서 이론을 적용할 수 있다.
- 주체적인 삶을 위한 지도 및 상담: 개인이나 그룹에서 능동적이고 주체적인 삶을 위한 상담과 지도 프로그램을 통해 긍정적인 삶의 태도를 제시할 수 있다.

마음의 판형(인지 문법)[5]

"내담자가 어떤 사건에 대해 말을 한다는 것은, 이미 내담자가 대상 사건을 객관화해서 이해하고 분석한 것을 전제로 기술하는 것이다. 따라서 말을 한다는 것은 곧, 자신의 이해를 바탕으로 한 것을 재구성한 것이다. 실험실에서의 결과는 이미 관찰자가 어떤 질문과 의문을 지니고 바라보느냐에 따라 산출된 것이다. 질문과 의문은 이미 무엇을 안다는 것을 전제해서 성립하기 때문이다. 여기서 재구성은 현재의 관점에서 과거 사건에 대한 기억을 미래의 소망으로 투사한 것을 전제로 한 것이다. 그러니까 재구성(말을 하는 것)에는 자아가 과거 경험의 부정적 요소로부터 긍정적 요소로 이행하고자 하는 (욕구)의 지향성이 이미 개입해 있음을 의미한다. 발화(parole)는 이미지나 환상을 신체로 구체화해 가는 과정이다. 즉 구강구조의 울림을 통해 위로는 전전두엽으로 공명하고, 횡으로는 외간으로, 횡적 상향으로는 뇌하수체를 자극한다. 이는 전전두엽의 자극으로 대상 사물을 더욱 명식하게 판단하고 인지할 수 있도록 하는 동시에, 뇌간과 뇌하수체를 자극하여 이미지화된 관념이

---

5) 인지(cognition)는 의식, 마음, 이성, 신체, 정서(감정)가 대상 사물을 '이해하는 형식'이다. 이렇게 이해하는 방식을 일명 판형, 도식(self-schema)으로 명명할 수 있다. 이 도식을 언어학에서는 문법이라고 명명한다. 문법은 한 문장 안에서 일정한 논리적·인과적 체계를 지닌다. 이는 우리의 의식이나 이성 또는 마음이 작동하는 패턴이다. 그래서 심리학에서는 도식을 정서적 경험과 그 의미 기제를 만들어내는 자아의 심적 패턴으로 본다. 도식은 일련의 조직화 원리를 의미하며 개인이 선천적으로 갖고 태어난 반응 서사와 경험으로 구성된다. 이는 현재 내담자가 처한 상황과 상호작용한다. 나아가 현재 경험을 재구성한다. 도식은 매우 개인적이며 독특하다. 도식에는 각 개인 삶의 경험으로부터 우러나온 고유한 정서적 기억, 희망, 기대, 두려움 그리고 지식이 누적되어 있다. 그래서 도식은 오로지 정서에만 기반한 것이 아니다. 정서 도식에는 주관적으로 지각된 의미, 자신과 세계에 대해 통합된 감각을 제공하는 정동, 인지, 동기 그리고 행위가 복합적으로 포함되어 있다. 그리고 이는 내담자 의식의 지향성과 밀접한 관계가 있다. 도식은 외부 세계의 복사판이 아니라 세계-내-존재로서 우리의 경험과 행위로 구성된 것이다. 도식이 형성되는 것은 비언어적 수준에서 표상(기호)화하여 의식적이고 개념적인 지식보다는 감각과 지각(자극과 반응)에 연관된다. 예를 들면, 아동기 초기 기억에는 언어화되기 전의 느낌과 감각, 풍경, 소리와 냄새들로 구성된다. 따라서 인지 도식은 살아온 경험의 주관적 기록과 같다. 도식은 정서적 경험을 기억하는 기본적인 판형이며, 전체 경험을 의미 있는 단위로 통합한다.

나 환상을 구체적 현실감으로 체화(시간과 공간 감각, 즉 외부 내부 지각 감각을 활성화)하는 과정이다. 그래서 내담자는 말을 통해 파편화된 막연한 이미지나 관념을 인과적 질서(문법적 어순의 배열)로 환원하여 이해하게 된다. 이 과정을 통해 발화자는 스스로 생각과 사유의 패턴을 검열하고 바로 잡아간다. 그래서 우리는 말을 하면서 저절로 깨닫고 또 말로서 새로운 길을 만들어낸다. 말을 하는 것, 그것이 곧 치유이다."
임병식, <감정치료>

I. 들어가는 말

감정은 이성보다 더 빠르다. 이성은 인과적 논리와 표상을 통해 외부 사태를 판단하여 행위 하도록 하지만, 감정은 인과적 논리와 표상을 넘어 직관적으로 판단한다. 즉 감정에는 이미 사태에 대한 파악과 이해, 어떻게 처리해야 할지를 판단하고 무의식적인 자동 반응으로 나타난다. 따라서 인지론자들은 감정에는 인지능력, 공감 능력, 지각 능력과 심지어 자각 능력까지 포함되어 있다고 설명한다. 인지론자들은 이러한 감정의 능력을 한마디로 '인지능력(cognitive ability)'이라 부른다. 이러한 능력은 태어날 때부터 가지고 있는 선천적인 것이다.[6]

'감정 작동 방식'은 기질 및 성향, 곧 그 사람의 '의식구성'과 '의식구성의 작동 방식'과 같다. 비록 동일한 사건이라고 하더라도 그 사건을

---

[6] 인간의 뇌 구성에서 간뇌는 외부 사태에 즉발적으로 대처하기 위해 대뇌가 정보를 받아들여 분석하기도 전에 이미 습관화된 몸의 인지능력으로 원심성의 운동신경에 명령을 내려 사태에 대처한다. 예를 들어, 야구에서 빠른 속도로 오는 투수의 공을 처리시간이 비교적 길고 신뢰성이 떨어진 눈으로 확인한 후 타격하지 않는다. 공이 투수의 손을 떠나는 순간 간뇌는 공의 궤적을 예측하고 이를 다시 미래의 시각으로 바꾸어 본 후 운동영역인 근육에 명령을 내려 배트를 휘두르는 것과 같다.

바라보고 이해한 당사자의 '바라봄'과 '이해'에 따라 감정은 달리 나타난다. 개별 유기체가 처한 상황이나 조건, 국면, 위치뿐만 아니라 당사자의 성품과 성향, 기질과 인식 태도, 대상과의 관계 방식, 내담자의 환경(가족 체계의 역학관계뿐만 아니라, 과거 경험과 질병 등)에 따라 감정의 양태는 달라진다.

감정은 이미 도달해야 할 목표를 즉각적으로 인지하고 있기에, 자신의 감정을 명료하게 바라보는 것만으로도 치유의 효과가 있다. 인지(cognition)는 이성, 자각, 판단, 선택, 시비, 의도, 지향적 개념이 함께 내재해 있다.[7] 판단과 선택의 토대에는 언제나 신체의 경험인 쾌, 불쾌의 호오(好惡)가 있다.[8] 인지는 사태에 대한 알아차림, 깨어있음을 의미한다. 인지는 어떤 사태에 대해 희로애락 하는 자신의 감정으로부터 한 발짝 물러나, 자신의 감정을 주시(알아차림, 거리, 객관화)하는 것이다. 자신을 감정과 동일시하는 상황이라면(제어하지 못한다면) 그 감정은 어디로 튈지 모르는 럭비공이 되기 때문에 마음의 평형을 이룰 수 없다. 인지는 현실원칙에 의해 사태를 파악하고 대처하는 심적 작용이다.

감정은 기본적으로 동기와 행위에 관한 것이며, 목표를 설정하고 개체가 행위 할 수 있도록 준비시키는 것이다. 반면 인지는 지식에 관한

---

7) 월터 프리먼, 진성록 옮김,『뇌의 마음』, 부글(2007), pp. 211-220 참고.
8) 윤리학의 기초는 몸의 느낌(체화)에 토대를 두고 논의할 필요가 있다(知之者不如好之者, 好之者不如樂之者). 이는 이념에 함몰해 있는 현대 윤리학의 한계를 넘어갈 수 있는 기초가 된다. 서양의 윤리는 몸의 느낌보다는 이상적 이성의 원리와 기준으로부터 시작된다. 칸트의 절대 윤리는 순수이성의 보편적이고 객관적 원리의 정립으로부터 출발한다. 이런 점에서 보면 서양의 윤리학은 강제성에서 벗어날 수 없다. 몸의 느낌에서 출발하지 않는 윤리적 실천은 강제성을 수반할 수밖에 없고 이 강제성은 오래가지 못한다. 서양 윤리학의 맹점은 여기에서 비롯된다. 즉 몸의 느낌이 아닌, 제3의 외부적 규칙의 강제성에서 비롯되는 윤리는 지속적인 실천성을 확보하기가 어렵다. 동양 유학에서 말하는 추기급인(推己及人, 자신을 미루어 헤아려 자신이 좋아하는 것을 상대방이 할 수 있도록 하고, 자신이 싫어하는 것을 상대방에게 하지 않는 것)은 공감의 원리가 된다. 호오(好惡)에 대한 몸의 느낌은 선악(善惡)의 윤리적 기초가 된다. 몸의 느낌에서 출발한 좋음과 싫음을 전제로 하지 않는 어떠한 윤리도 오래 지속되지 않는다.

것이며, 상황을 분석하고 행동을 결정하는 것이다. 감정은 인지에 앞서 작동한다. 그리고 실존은 감정에 앞선다. 뇌-생리학에는 실존적 감정을 번역하고 해석할 언어가 없다.

II. 인지 도식[9]

감정발현은 '인지 도식'과 밀접한 관계를 지닌다. 감정은 외부 자극에 대한 선-반성적 지각이다. 선-반성적 지각 의식은 외부 자극 대상을 향한 의식인 동시에 지각 대상을 향하고 있는 의식에 대한 선험적 의식(무의식)이다. 그런 의미에서 인지도식은 신체화된 무의식이다.[10] 인지도식은 일정한 시간성(과거-현재-미래의 시간 종합형식, 틀, 패턴)과 공간성(신체의 골격구조와 생리 기능, 몸 감각의 방향성-안/밖, 상하/좌우, 수평/수직, 사선, 대칭, 지향, 균형 등의 공간/지각 감각)을 지닌다. 이러한 시간성과 공간성은 언어체계에서도 분명하게 나타난다. 예

---

9) 도식은 외부 사건이나 자극을 이해하기 위한 신체의 구조, 틀 또는 사고(사유)의 범주화, 유형화 및 집단화(종-속-강-목-과-문-계), 체계화의 의미로 번역할 수 있다. 이는 유한성 체계 안에서 이해하고자 하는 인식의 강제화적 방법이다. 대상 파악은 이해할 수 있는 언어 체계로 들어와야 이해할 수 있다. 이해할 수 없는 대상은 이해할 수 있는 인식 체계로 들어오지 않았기 때문이다. 이해한다는 것은 우리가 이해할 수 있는 범주에서 이해하는 것이다. 이 범주나 유한성을 벗어나면 이해할 수 없다. 이렇게 '유한성 체계 안에서 강제화해서 이해하고자 하는 인식 작용 방법'을 프로이트는 '억압(압축)과 방어'로 표현하였다. 그에게 있어서 무의식의 내용물은 억압과 방어체계로 구축된 의식(언어 표상 형식)이 만든 침전물이다. 그리고 자동으로 작동하는 의식의 국면을 '무의식'이라고 한 것이다. 어찌 보면 무의식은 자동으로 발휘하는(눈감고도 척척할 수 있는) 신체화의 능력이다. 그런 의미에서 무의식은 선험적(습관적)으로, 이미 앞서, 주어진 것, 형성(획득)된 것이다. 이를 메를로-퐁티는 '신체화'로 명명한다.
10) M. Johnson, 노양진 옮김, 『마음속의 몸』, The Body in the Mind ; The Bodily Basis of Meaning, Imagination, and Reason, 철학과 현실사(2000) 참고.

컨대 영어 문법의 5형식과 사건해석의 육하원칙은 전형적인 인지구조와 의식구성의 명제적 특성을 보여준다.

　손상된 감정을 치료하려면 어떻게 해야 할까? <실존정신언어분석>에서는 먼저 신체적 감각을 통해 해소할 것을 권고한다. 신체감각은 현재 자신이 서있는 위치감각을 지각한다. 그 지각 위에서 구체적인 현실감을 갖게 되고, 그 위치에서 사물을 바라볼 때 환각에서 벗어날 수 있다. 내담자의 감정과 인지가 아닌 다른 사람의 것으로 대체하거나, 신체적 지각이 아닌 메타버스식 가상공간 이미지로 구성한다면 뿌리 없는 환각이나 파편화된 이미지로 고통받게 된다. 감정은 사태에 대한 신체 내부 환경의 반성적 지각에서 나타난 현상이기에 자신만의 고유한 것으로 표현해야 한다.

　외부 자극에 대한 신체감각은 자신의 내부 환경이 갖는 안정화 원리를 따른다. 그렇게 해석된 첫 번째 신체화된 인상(이미지)을 해소하기 위해 다른 것으로 대체하여 번역하려 한다. 이렇게 하나의 자극을 다른 것으로 대체하여 번역 해소하고자 하는 것을 '지각'이라고 한다. 그리고 이렇게 외부 자극(A)을 다른 것(B)으로 번역하는 메커니즘을 언어라고 부른다. 그래서 지각은 '언어-표상'으로 구조화되어 있다.

　프로이트는 첫 번째 외부 자극(A)을 은유 또는 억압이라고 명명한다. 여기에는 쾌락과 불쾌의 원칙이 작동한다. 프로이트가 말한 무의식의 내용물은 상실한 쾌락(엄마의 젖가슴)을 찾고자 하는 방황의 여정에서 미끄러져 형성된 침전물이다. '무의식-전의식-의식'은 충동이 어떤 국면(쾌락원칙과 현실원칙)에서 나타나는가를 명시한 용어다.

　이 침전물을 잘 들여다보면 사건이 보인다. 그리고 그 사건이 어떻게 내담자를 그렇게 반응하게 했는지, 왜 그렇게 반응할 수밖에 없었는지 알게 된다. 신체화는 억압과 방어체계로 형성된 무의식의 침전물이 고형화된 것이다.

외부 사건을 신체에 문신화한 것(은유와 억압)이 사물 표상이다. 언어-표상은 사물 표상을 다른 것으로 대체해서 해소해 나가는 것(환유와 방어)을 의미한다. 이렇게 해소해 나가는 과정이 곧 언어다. 언어는 인식의 사유 과정이다. 따라서 사유, 생각, 이성, 감정, 마음, 인지는 모두 체화된 무의식의 기능들이다.

그러나 지금까지 뇌-생리의학자들은 무의식을 뇌의 특정 부위에서 작동하는 것으로 실체화하여 이해하고자 했다. 심지어 심리학자들마저 의학의 권위를 빌려 무의식을 고정화(명사화)하여 실체화하기에 이르렀다. 이제 무의식을 실체화하는 오류를 범하지 말아야 한다. 고정되고 실체화된 무의식을 활동하는 주체로 생성하여 삶의 방향을 제시하고 결단할 수 있도록 해야 한다. 그 방법은 언어로 표현하는 것에 있다.

언어로 표현되는 이해는 누구의 이해인가? 관찰자의 이해다. 그러나 관찰자의 이해 또한 그 자신의 이해가 아니다. 관찰자의 이해는 당대에 통용되는 언어를 배우고 답습하여 반복한 것일 뿐이다. 현대 사회는 신체성을 박탈하는 사회다. 이미지가 신체를 대신하고 있다. 심부감각인 신체성이 박탈되면 환각에 빠진다. 이런 환각을 없애고자 하는 행위가 자해와 중독이다. 자해와 중독은 구체적인 신체감각을 체화하고자 하는 몸부림이다. 자해와 중독은 신체에 가하는 물리적 폭행이다. 극단적인 물리적 자극을 통해서라도 현실감을 찾고자 한다. 잃어버린 자아를 물리적 폭행으로라도 찾으려는 것은 그나마 다행이다. 찾으려는 감각마저 마비되고 망각한 것이 문제다. 그러나 더 큰 문제는 그 망각한 것을 모른다는 점이다. 그 망각한 자리에 물신(fetish)숭배가 극대화된다.

III. <실존정신언어분석>

죽음학의 <실존정신언어분석>에서 바라보는 '자기만의 인지 문법으로 상처 난 마음 표현해 보기'라는 명제를 다음과 같이 하나씩 분절해서 살펴보자.

① 자기 ② 만의 ③ 인지 ④ 문법으로 ⑤ 상처 난 ⑥ 마음 ⑦ 표현해 보기

1) 자기: 타자를 전제로 한 타자와의 관계에서 자아-자기-주체가 탄생한다. 사람은 함께 살아가는 존재이다. 인간(人間)이라는 한자에도 사람의 존재 가능성을 '사이'(間, 관계)에 두고 있다. 동양에서는 '하늘·땅·사람(천지인)'을 삼간(三間), 혹은 삼재(三才)라고 한다. 하늘은 시간을, 땅은 공간을 사람은 인간으로 표현하여 이 세 주체가 함께 협력해서 생명을 실리고 양육한다는 의미에서 삼재라고 표현하기도 한다. 중용에서는 이를 참찬화육(參贊化育-천지인이 함께 협력하여 생명을 살리고 양육함)이라고 한다. 우리가 살아가는 것은 저 혼자의 힘으로 살아가는 것이 아니다. 보이지 않는 많은 존재와 함께 살아가지는 것이다.

정신분석에서는 생명의 기본 조건인 욕구를 타자와의 요구(요청, 대화, 관계망)를 통해 욕망의 방정식을 구축한다. 프로이트는 욕망의 에너지에 관한 경제학적인 위상을 대상관계적인 위상으로 설명한다. <이드-자아-초자아/무의식-전의식-의식>의 도식으로 설명하였다. <이드, 자아, 초자아>는 누가 리비도(충동)를 장악하는가에 대한 행위 주체의 표시이고, <무의식-전의식-의식>은 심적 작용(의식)의 국면(상

태)을 표지한 것이다.

  2) 만의: 개별 유기체의 고유성을 의미한다. 타자의 문법이 아닌 자신만의 문체로 발화하는 특성을 갖는다. 타의에 의해 '말해진 것'이 아니라 '말하는' 자의 고유한 의도와 동기 지향적 흐름이 있다. 그래서 '말해진 것'에는 말하는 주체가 없다. 그것에서는 말하는 사람의 의도나 동기를 읽어낼 수 없다. '말해진 것'에는 대상 분석을 위한 제삼자의 논리인 인과적이고 객관적인 형식논리만이 있을 뿐이기 때문이다. 그러나 발화행위에는 발화자의 음색이나 음성 떨림, 리듬, 주름 잡힌 상황의 흔적을 발견할 수 있다.

  3) 인지: 사전적으로 인지(認知, cognition)는, 외부 자극에 대한 내수용 구심성 신경이 감각-지각되는 현상을 말한다. 인지의 특성은 **왜상**(歪像, anamorphosis)에 있다. 예컨대 대상이 뚜렷하게 보이도록 주변을 희미하게 보이게 하는 망막 구조의 변형이 일어나야 한다. 그것은 원추체(빛과 색을 감지하는 세포)와 간상체(명암 감지 기능 세포)의 역할을 넘어, 대상을 더 잘 보기 위해 주변을 잠들게 하는 기능이다. 이 왜상은 유기체 내부 환경의 항상성, 안정성, 평형성을 위해 나타난다. 대상이 선명할수록 주변은 더욱 어두워진다. 억압과 방어는 전경과 배경, 은유와 환유의 변용이다. 후설이 말했듯이 사물(Noema)은 의식구성(Noesis)의 재구성에 따라 다르게 현시된다. 현시는 인식의 언어-표상에 따라 달라진다. 즉, 내담자가 어떤 심리적 위치(위상)에 처해 있느냐에 따라 지각 내용은 달라진다는 것이다.

4) 문법으로: 인지는 사람마다 다르다. 인지가 언어-표상으로 패턴화한 것이 인지 문법이다. 우리는 외부 사태를 파악하거나 이해하기 위해 언어를 사용한다. 언어는 일관된 지향성을 지닌 일정한 논리체계(문법)를 지닌다. 문법은 문체와 형식으로 구성된다. 논리체계와 일관된 지향성 안에서 외부 사태를 파악한다.

만일 일정한 논리체계와 지향성이 없다면 외부 사태를 이해할 수 없을 것이다. 인간은 이해할 수 있는 것만 이해한다. 여기서 이해할 수 있는 것이란 일정한 언어체계 안에서만 이해할 수 있다는 의미이다. 어떤 사태가 자신이 배운 언어체계에서 벗어나면 그것을 이해할 수 없다. 이 세계에는 많은 사태와 사건, 산물들이 존재하고 구성되어 있다. 그렇게 많은 사태와 사건, 산물 중 언어의 그물망에 걸린 것만을 이해할 수 있는 것이다.

언어는 외부 사태를 파악하기 위한 인간의 기술 장치이다. 그렇다고 이 기술 장치로 외부 사태를 완벽하게 분석 이해할 수 있는 것은 아니다. 언어는 항상 자체 결함을 지니고 있기 때문이나. 아인슈타인(A. Einstein)의 특수 상대성이론(theory of special relativity)[11] 공식인 '$E=mc^2$'는 우주를 파악하는 하나의 관점일 뿐, 우주 전체의 양태와 속성을 모두 파악하거나 이해한 것은 아니다. 결국 완벽하고 정밀하다고 한 수학 공식은 아무것도 보지 못하게 하는 또 하나의 맹점(암점, scotoma)을 지니고 있다.

---

11) 특수 상대성이론(theory of special relativity)은 일반 상대성이론(theory of general relativity)이 일반적인 모든 상황에 적용되는 이론인 데 반해, 가속도 '0'인 특수한 경우에만 적용되는 이론이다. 여기서 말하는 '상대성'은 주변에 어떠한 것들의 영향을 받지 않아 절대적인 것이 아니라, 주변의 영향에 의해 상대적이라는 뜻이다. 상대성이론에서 그 주변의 어떤 것은 속도를 말하고, 상대적으로 달라지는 것은 시간이 된다. 서로 속도가 다르면 시간이 다르게 흐르는 것이다. 이는 빛의 속도가 관찰자의 속도에 상관없이 일정하다는 것에서 출발한다. '0'의 자리에서는 '속도=거리/시간'에서 관찰자의 위치에 따라 시간이 서로 다르게 흐르거나 거리가 달라진다. 특수 상대성이론의 용어로 말하자면 시간과 공간이 팽창하고 수축한다.

5) 상처[12] 난 : '살아감'은 이미 애도를 안고 살아가는 것을 의미한다. 탄생 자체가 상실을 통해 나타난 사건이며, 삶 자체가 상실의 여정이기 때문이다. 슬픔은 상실의 직접적인 반응이다. 외로움, 우울, 고독은 정신성이 애도해 나가는 것이며 빛나는 결이다. 정호승 시인이 노래했듯이, "가끔은 하느님도 외로워서 눈물을 흘리신다. …… 산 그림자도 외로워서 하루에 한 번씩 마을로 내려온다. 종소리도 외로워서 울려 퍼진다." 슬픔의 능력은 자신의 상처뿐만 아니라 이웃의 상처까지 감싸 안는 환대(hospitality)가 된다. 상처를 받았다는 것은 상처를 이해하고 치유할 수 있는 능력이 있다는 의미이기도 하다. 상처받지 못하면 상처를 치유할 능력도 없다. 그래서 우리는 모두 상처 입은 치유자이다.

인간은 신체의 물리적 제한으로부터 부단히 정신적인 가치와 의미를 추구하는 존재이다. 살면서 겪는 상처 때문에 자신의 존재가 수동적 객체로 머물 수도 있지만, 상처를 통해 삶의 의미와 가치, 인간다움을 추구할 수도 있다. 필연적이고 합리적인 이해와 해석이 부재한, 우연적이고 우발적인 사건과 사고는 우리의 상처를 더 깊게 한다.

우리가 상처로부터 당하는 수동적 객체의 존재에서 맞이하고 결단하는 능동적 주체로 전환한다면, 이는 윤리의 윤리가 될 수 있다. 인간은 신체적인 구속으로부터 정신적인 가치와 의미를 추구하는 존재이다. 누구나 인생을 살면서 겪는 상처로 인해 수동적 객체로 머물 수도 있지만, 상처를 통해 삶의 의미와 가치, 인간다움을 추구할 수도 있을 것이다.

---

12) 'vulnerability'는 상처받(입)을 vulner- (+) 능력 -ability의 합성어이다. vulnerable은 타자로부터 손상이 된 주체의 수동성을 의미한다. 그러나 집필자는 'vulnerability'라는 단어를 제시함으로써 단순히 상처받았다는 의미인 injury, abrasion(傷處)이 주체의 기억과 회상, 또는 재현되어 소환될 때 상흔(傷痕, stigma)으로 전환되며, 이 상흔이 개인의 영역을 넘어 공감을 통한 인류성으로 확장될 때, 성흔(聖痕, stigmata)으로 변환된다는 의미에서 'vulnerability'라 말한다.

이제 죽음학 임상 실천의 지향성은 신체-생물학적인 안녕과 보전을 넘어 의미·의지적 가치를 추구하도록 안내하는 것에 있다. 상처가 '난다'라는 것은 곧 변화와 생성, 본래 존재의 상태로 되어가는 (becoming) 과정이다. 이는 <실존정신언어분석>에서 보면 '주체가 형성되어 간다'라는 말이기도 하다.

6) 마음: 마음을 딱히 '이것이다'라고 실체화해서 규정할 수 없다. 그래서 마음의 작용인 의식, 감정, 영혼, 의지, 정신, 사유(생각), 이해(오성), 이성 등으로 환원해서 표시할 뿐이다. <실존정신언어분석>에서는 다양하게 변주되는 '심리적 주체'들을 하나로 통합해서 '자아'로 표현한다. 다시 자아를 두 가지로 범주화해서 보면 다음과 같다.

첫째 영역은 기능적 자아(functional ego)로, 이는 정신의 내적인 기능뿐만 아니라 세계를 향한 외적인 기능 모두를 조직하고 관리하는 능력을 말한다.

둘째는 자기 표상적 자아(self representational ego)이다. 이것은 다양한 자기 이미지로부터 자기라는 일관된 개념을 통합해 내는 능력을 의미한다.

'나'라는 느낌은 대부분 생각과 이미지로 구성되어 있다. '나'를 정확히 말하면 '나라는 생각(I-thought)'을 의미한다. 자기 자신에 대한 경험이 언어-표상적 개념 혹은 이미지를 통해 걸러진 것이다. '나'라는 생각의 동일시가 모든 문제를 파생한다. 즉 동일시와 조건화된 신념에 기반을 둔 '나'는 정신의 중심부, 즉 인식하는 나, 관찰하는 나, 억압하는 나, 행위 하는 나, 초월하는 나로 분리되어 나타나는데 이때 진정한 자기의 본질과 단절된다. 자아는 외부 세계와 관계를 맺으면서 정신의 작용을 총괄하는 인격 단위로 신체 이미지에 대한 동일시를 통해 구성된다.[13] 그래서 자아 또는 마음은 '본래 내 것'이라고 할 수 있는 것이 없다. 모두 타자와의 관계에서 빚어진 이미지로 구성된 것이기 때문이다. 그래도 지금 여기 나라고 느낄 수 있는 구체적인 '나'라는 감각은 신체가 주는 공간과 시간 감각에서 느껴질 뿐이다. 이마저 감각이 무뎌지거나 소실되면 '나'라는 의식도 없다.

7) 표현해 보기: 표현은 말하기와 글쓰기(언어)로 이루어져 있다. 미술치료이든 음악치료이든 무용 치료, 혹은 심리치료이든지 모두 언어로 표현된다. 인간은 언어-표상으로 이루어진 존재이다. 표현해 보기에는 방향(direction)과 지향성이 있다. 방향과 지향성은 일정한 패턴을 유지한다. 그 패턴은 과거-현재-미래로 이루어지며 회상-재현-재구성의 종합으로 이루어져 있다.

표현해 보기는 폐쇄적 구조(인과적 논리) 안에서 이해할 수 있다. 억압과 방어는 인과적 논리체계의 전형적인 형식이다. 시인은 소네트에 부여된 열네 줄이라는 제한 안의 자유의 형식을 존중한다. 화가는 캔버스 틀을 끝없는 주관주의에 대한 제어장치로서 인정하며 세상의 실재를 다루는 자유를 얻는다. 연주자는 보표(score)의 제한을 또 다른 음악 세계, 더 넓은 음악 세계에 참여할 수 있는 자유로서 존중한다. 작곡가는 다른 것에 방해받지 않고 바로 그 조성(tonality)을 자유롭게 탐구하기 위해 조표(key signature)의 제한을 존중한다.

---

13) 프로이트는 자아를 다음과 같이 기술한다. "각 개인 속에는 정신 과정을 일관성 있게 조직하는 것이 있다는 생각을 우리는 갖게 되었다. 그리고 이것을 그 사람의 '자아 ego'라고 부른다. 바로 이 자아란 의식이 붙어 있는 곳이다. 자아는 흥분을 외부 세계로 방출하는 운동성의 접근을 통제한다. 그것은 자신의 모든 구성적 과정을 감독하는 정신 기관이지만 밤에는 잠잔다." Freud, "The ego and the id", p.17.

8) <실존정신언어분석>: '실존-정신-언어-분석'은 죽음학에서 상실과 죽음을 경험한 사람들을 평가(진단)-개입(상담)-분석(치료)하기 위한 방법론적 도구이다. 이는 한계상황에 놓인 한 인간의 존재 문제를 치유하기 위한 학문이기도 하다. '실존-정신-언어-분석'이 지향하는 궁극적인 목적은 '주체적 자기'를 회복하는 것에 있다. 실존은 한계상황에 처했을 때 자신을 소외시켜 생경하게 느끼는 존재 의식이다. 우리가 증상을 지니고 있다는 것, 그것은 부정성이기보다는 자신의 본질(존재)로 회귀하고자 하는 사건이다. 그래서 죽음학에서는 증상을 긍정성으로 본다. 증상은 실존을 향한다. 실존이란 자신이 '있음'에 대한 전면적인 자각이다.

IV. 말을 한다는 것

인간은 인과적 이해에 대한 욕구가 있다. 인과적 이해가 차단되는 것도 억압 기제로 작동해서 외상성이 된다.[14] 문자와 언어를 사용한다는 것은 인과적 법칙에 따라 대상 사물(사건)을 이해하는 것이다. 상실자가 어떤 사건에 대해 말을 한다는 것은, 이미 상실자 주체가 대상 사건을 객관화해서 이해하고 분석한 것을 전제로 기술하는 것이다. 따라서 말을 한다는 것은 곧, 자신의 이해를 바탕으로 한 것을 재구성한 것이다. 여기서 재구성은 현재적 관점에서 과거 사건에 대한 기억을 미래적

---

14) 프로이트 독법에 따르면 외상은 사물 표상이 언어-표상으로 해석되지 못해(즉 의식 속에 들어오지 못한 채) 무의식에 남아 있는 상태(억압, verdrängung)를 의미한다. 그래서 언어화되지 못한 충동, 즉 사물 표상(기억흔적)을 언어-표상으로 되살려 의식화(의미화-신체적 자극을 일종의 기호 같은 정신적 구성물로 바꾸어 준다면), 충동도 존재하지 않을 것이고 무의식도 존재하지 않는다고 할 수 있다.

소망으로 투사한 것을 전제로 해서 재구성한 것이다.

  재구성(말을 한다는 것)에는 자아가 과거 경험의 부정적 요소(예컨대, 억압, 회피, 도피, 연기, 저항, 결핍, 상실, 불쾌 등)로부터 긍정적 요소(예컨대, 개방, 대면, 대처, 수용, 충족, 연합, 쾌감 등)로 이행하고자 하는 지향성이 이미 내 안에 있음을 의미한다. 그리고 말을 한다고 하는 것은 이미지나 유희적 관념이 체화되어 나가는 과정이다. 즉 구강 구조의 울림을 통해 위로는 전전두엽으로 공명하고, 횡으로는 뇌간으로, 횡적 상향으로는 뇌하수체를 자극한다. 이는 말을 하는 사람이 전전두엽의 자극으로 더욱 명석하게 판단하고 인지할 수 있도록 하는 동시에, 뇌간과 뇌하수체를 자극하여 이미지화된 관념이나 환상이 체화(시간과 공간 감각, 즉 외부와 내부 지각 감각을 활성화)되는 과정이기도 하다. 따라서 말을 하는 행위는 소쉬르(F. Saussure)나 촘스키(A.N. Chomsky)가 이야기하는 랑그(langue)와 파롤(parole)의 음성학이나 기호학으로 귀결될 수 없는 생명 본능의 문제이며 치료의 기전이다.

  단어가 하나의 문장에서 어디에 위치하느냐에 따라 단어의 의미가 달라진다. 똑같은 단어라고 하더라도 위치에 따라 격변화를 거치면서 전혀 다른 의도나 목적으로 그 의미가 달라진다. 설사 동일한 단어라고 하더라도 문법구조나 형식, 도식에 따라 의미는 달라진다.

  우리가 바라보는 이 세상의 모든 사물은 언어 표상에 따라 산출된 것이다. 사물은 우리가 어떤 의식과 위치에서 바라보느냐에 따라 다르게 주어진다. 사물은 원래 그대로 있는 것이었지만, 바라보는 사람의 정서나 기분, 상황에 따라 다르게 나타난다. 이렇게 사물을 바라보고 해석하는 관점이나 의식, 이성, 마음 또는 감정(정서)은 모두 언어-표상에 의한 것이다. 이렇게 본다면 내가 생각하고 판단하고 사유하는 것도 사실은 자신의 고유한 것이 아니라, 타자가 이미 만들어 놓은 지배구조 안에서 작동되는, 즉 기존 권력자(아버지 판본)들이 짜 놓은 문법 체계 안에서 앵무새처럼 그들의 말을 반복하고 있는 것이라고 보는 것이 더 옳을 듯싶다.

하나의 언어가 적합한 문법 체계에 의해 표현되지 못하면 경험은 무의식의 영역에 남게 되고, 지각될 수 없다(억압됨). 따라서 적합한 문법 체계와 기호(용어, 색인)는 억압의 사슬을 풀게 한다(도서관에 파묻혀있는 책을 찾기 위해서는 도서 분류 색인이 있어야 책을 찾을 수 있듯이, 무의식에 남아 있는 기억이 적합한 언어로 상징화가 될 때 비로소 억압이 풀리게 된다). 분류 기호 없이 도서관 어딘가에 있을 한 권의 책처럼, 그 자극을 해명할 적합한 상징어가 없다면 무의식 속에 침잠된다. 적합한 용어로 소환(기억)되지 않는다면, 그것은 또 어떻게 해소할 수도 없이 잊히지 않은 채, 머릿속의 도서관 어딘가에 존속해 있다.

프로이트에 의하면 자극을 없애는 일상적인 방법은 해소(카타르시스), 대체물 형성, 투사 등이지만, 라캉(J. Lacan)은 이를 언어의 환유적 연쇄작용 그 자체로 보고 있다.[15]

말(음성, 파롤(parole))은 신체에서 공명해서 울려 퍼져나가는 것이다. 체화되지 못한 이미지는 뿌리 없는 환각을 낳는다. 만약 신체적 감각을 대면하지 못하고 회피하고 억압한다면 의식은 병리적 현상을 겪는다. 감

---

15) 은유는 단순히 언어적 서술의 문제가 아니라, 우리의 사고와 행위를 지배하는 매우 광범위한 인지 작용이다. 직접 느껴지는 1차 신체의 느낌(A)을 2차 개념 언어(B)로 표현된 모든 것이 은유이다. 이는 이미 경험되고 주어진 것(원억압)을 새로운 경험에 투사(방어)함으로써 이루어진다. 따라서 은유는 무의식적으로 억압된 임의의 것(A)을 임의의 다른 것(B)으로 투사함으로써 이루어진다. 이때 은유화는 A의 '관점에서' (in term of) B로 이해하는 방식을 말한다. A는 이미 주어진 경험이며, B는 새롭게 형성되는 추상적 개념이다. 그래서 사실상 투사는 '기호화'와 동일한 의미를 갖는다. 이러한 은유 작용은 개념들에만 적용되는 것이 아니라, 우리의 일상적 사고와 행위 대부분이다.

각에 의지하지 않은 관념적 인식은 온전한 자각을 이루지 못한다. 신체적 감각이 부재한다면 우리의 심상은 또다시 억압과 저항의 병리적 기제로 전환(전환 신경증)된다. 이는 또 다른 증상을 양산하는 계기가 된다.

실존은 존재(본질)보다 앞선다. 사유와 생각을 단순히 뇌신경 작용에 의한 인과적인 논리연산으로 구동되는 것으로 본다면 분석은 실패로 돌아가게 된다.

죽음학에서의 임상 실천은 상실과 죽음을 통해 주체가 탄생할 수 있도록 하는 것에 있다. <뇌의 신경생리학적 메커니즘>에 의해 사유가 작동한다는 관점과 <실존적 체험>으로 사유가 전개된다는 것에는 많은 차이와 다름이 있다. <실존정신언어분석>에서는 감정의 언어 신체화(사물 표상화)와 신체의 언어화(언어-표상)를 통해 건강한 자기상의 확립[16], 자기지각의 증진[17], 자기통제와 의지력의 강화[18], 그리고 인지 체

---

16) 이상적인 자아상은 오늘날 인본주의 심리학에서 말하는 '자기실현'(self-actualization)의 이론과 유사하다. 칼 로저스, 매슬로, 올포트와 같은 인본주의 심리학자들은 한 인격체가 자기(self)를 어떻게 보는가 하는 '자아상'에 따라 그의 성격은 개선되고 성장할 수 있다고 본다. 로저스의 '자기 개념의 재조직화'라는 개념과 올포트의 '고유 자아'(proprium)라는 개념은 실존적 변화를 이해하는 데 시사적인 도움을 준다. 현상적 자아의 한계를 자각하고 이상적인 자아상을 확립하는 일은 로저스가 말하는 '자기 개념의 재조직화'에 해당한다(Walter Mischel & Yuichi Shoda et. al., Introduction to Personality: Towardan Integration(New York: Wiley, 2003), 손정락 역, 성격심리학(서울: 시그마프레스, 2006), p. 282 참조).

17) 현대 심리치료의 어떤 학파에서는 내담자의 정서장애와 성격 결함을 치료하기 위하여 '명상 기법'을 도입하기도 한다. 내면 깊숙이 가라앉아 있는 무의식적 느낌과 상태에 주의를 집중함으로써 '자기 이해'가 증진되고 '자기지각'이 강화되리라고 보는 것이다. 일상생활과 대인관계에서 사고와 판단이 활발하게 전개되고 있는 바로 그 순간에 내담자는 자신의 느낌과 판단이 옳은지에 대해 그때그때 지각할 수 있어야만 '깨어있는 상태'라고 할 수 있으며, 이를 통하여 자기지각이 증진될 수 있다.

18) 일상생활에서 말하거나/침묵하거나, 움직이거나/고요한 때를 막론하고 자기 내면과 외면, 생각과 느낌, 몸가짐과 행동거지를 항상 삼가서 단정하게 유지한다면, 이러한 노력의 습관화를 통해 기품 있는 태도를 보이게 된다. 결국 좋지 않은 성향이 점차 고쳐지게 되리라고 보는 것이다. 이러한 자기조절의 노력이 충분히 몸에 익게 되면 더 이상의 '의도적인 노력' 없이도 자동으로 자기 검속과 자기통제가 가능하게 된다. 인지심리학에서 말하는 '자동화(automatization)', 그리고 체험 주의 심리철학에서 말하는 '체화(embodiment)'가

계의 개선[19], 신체 훈련을 통한 발산과 배출을 통해 주체가 탄생하도록 안내한다.

<실존정신언어분석>은 객관 대상 사물이 무엇인가가 아니라, 사물이 의식에 '주어지는 방식'에 초점을 맞춘다. 이는 사물이 어떻게 우리에게 나타났는지(현시, 이해, 의미)에 초점을 맞춘다. 그런 다음, 현상이 우리의 인식에 어떻게 구성되었는지(알아차림)를 묻는다.

사건에 대해 작동하는 '감정 작동 방식'은 곧 그 사람의 '의식구성'과 같다. '감정 작동 방식'을 분석하지 않고 단순히 드러난 내담자의 행위만으로 해석한다면 분석의 본질에서 벗어나게 된다. 따라서 우리는 내담자의 행위나 행태를 보기 전에 이를 가능하게 한 내담자의 '감정 작동 방식', 곧 '의식구성의 작동 방식'을 봐야 한다.[20]

<실존정신언어분석>에서는 현재 내담자가 앓고 있는 고통이 어떤 유형의 고통인가를 파악하는 것도 중요하지만, 더 중요한 것은 '무엇이 (누가) 그에게 그렇게 고통을 나타내게 하는가?'이다. 즉 그의 말과 행

바로 여기에 해당한다. Hubert L. Dreyfus and Stuart E. Dreyfus, "The Challenge of Merleau-Ponty's Phenomenology of Embodiment for Cognitive Science," in Gail Weiss & Honi Fern Haber ed., *Perspectives on Embodiment*(NewYork and London: Routledge, 1999), pp. 103-120 참조.

19) 심리치료의 한 분과인 인지치료(cognitive therapy 또는 logotherapy)는, 내담자의 왜곡된 정서를 유발하는 잘못된 인지 체계를 교정하기 위하여, 내담자와의 상담을 통하여 그릇된 신념의 발견, 정보 처리의 과정에서 일어나는 오류의 수정, 그릇된 추론을 조장하는 핵심 신념의 수정, 합리적 추론 능력의 증진 등과 같은 치료기법을 도입한다. Aaron T. Beck, *Cognitive Therapy*(New York: Penguin Books, 1979), pp. 213-225 참조.

20) 의식은 외부 자극이 신체에 주어질 때, 감각과 지각이 그 자극을 비교, 분석, 종합, 이해, 통합하는 방식으로 구성된다. 생물학적 관점에서 도식은 신경조직 기능의 일부이다. 그것은 마치 뇌의 수용체, 구심성 신경, 피드-포워드계, 원심성 신경을 포함하는 전체적 체계와 같다. 이 구조는 특정한 상황에 부닥치면 그 상황에 따라 변경된다. 그것은 단순히 과거의 경험을 개념화하기 위한 판형(templates)이 아니다. 칸트는 도식을 개념(concept)과 지각(percepts)을 연결하는 상상력의 구조로 이해했다. 이를 도식화하면 다음과 같다. 상상력=감각적 인상+개념, 개념=감각적 인상-상상력, 감각적 인상=[사물(단어) 표상×상상력]-개념

위가 어떤 문법에 지배받고 있는지, 그가 하는 말과 행위가 그가 하는 것인지, 아니면 그 너머에 있는 다른 초자아의 지배를 받고 있는지 그것을 파악하는 것이 더 중요하다. 자아와 초자아의 갈등이 모든 증상의 원인이기 때문이다.

따라서 분석가는 현상적으로 나타난 증상이 ① 무엇으로, ② 왜, ③ '어떻게' ④ 어떤 국면(상황)에서, ⑤ 누구에게 요구하는지를 살펴야 한다. '③'의 '어떻게'는 겉으로 드러나지 않는다. 무의식적 자동으로 이루어진 것이기 때문이다. 증상은 보이지 않은 무의식이 가면(위장)을 쓰고 나타난(도래한) 것이다. 따라서 증상이 무엇을 지시하고, 누구에게(대상) 요구하고, 무엇을 찾고자 하는지, 무엇에 의해 그렇게 나타나는지를 살펴야 한다. 그리고 그것을 내담자가 인지하고 표현할 수 있도록 안내한다. 즉 내담자에게 압축(억압)되어 있는 사물 표상(무의식적 쾌락의 침전물)을 인과적 이해를 통해 적합한 단어 표상(현실원칙)을 획득하여, 의미화 상징화할 수 있도록 안내한다.

내담자의 반응은 내담자가 사용하고 있는 언어 구조(문법 체계-담화 구조)를 통해 살펴볼 수 있다. 언어구조는 첫째, 자신을 보호하고자 하는 보호본능으로 언어를 사용하는 인간의 정형화된 인지 패턴을 의미한다. 둘째, 언어구조는 개인을 지배하고 있는 억압과 방어체계를 의미한다. 셋째 언어구조는 억압과 방어체계 속에서 성-충동(리비도, 生意, 생명의 의지)이 발현되는 구조이다. 넷째, 언어구조는 자아가 어떤 대상에 대해서 '관계를 맺는 방식'을 의미한다.

그러나 이러한 인지 도식이나 명제로 그의 심리적 기제를 모두 밝힐 수는 없다. 그 이유는 말해진 도식이나 구조에서는 내담자 고유의 말하기(발화)에서 나타나는 강세, 리듬, 운율, 느림과 빠름, 성급함, 느긋함,

쭈뼛쭈뼛함, 머뭇머뭇함, 느낌, 호흡, 의식의 국면 등 신체화된 비명제적인 것이 탈색되어 있기 때문이다. 따라서 내담자가 '말해진 것'에서 '발화행위의 주체'로 표현하도록 안내하는 것이 중요하다.

고통은 계속 말하고 표현해야 감소한다. 주체는 언어(기표)에 의해 사유·표상되고 형성된다. 주체는 의식의 확실성을 추구함으로써 쾌락을 느낀다. 언어로 표현되지 않거나 정신적인 행위로 표현되지 않은 표상은 무의식 조직 속에서 억압된 상태로 계속 머물러 있다. 무의식에서 의식(자각과 이해)으로의 이행은 언어적 지각의 잔재(기억흔적)와의 연계(하나의 이미지를 다른 하나의 이미지 즉 B로 해석)를 통해서만 얻을 수 있다. 우리가 말을 한다는 것은 모두 어떤 사건에 이미지(기억)를 부여하여 상징화(기호화)한다는 것이다. 자신의 감정을 언어화할 때 새로운 의미와 통제감을 획득한다. 언어화는 감정을 다루는 손잡이와 같다.

우리는 언어를 통해 감정을 수정한다. 언어는 이렇게 새로운 의미의 생성을 촉진한다. 감정에 명칭이 부여되면서 감정으로부터 자신을 분리하고 강한 자기감이 촉진된다. 감정을 언어적으로 상징화하면서 자신이 느끼는 감정이 어떤 것인지 알게 되고, 감정을 볼 수 있는 새로운 위치와 관점이 만들어지는 것이다. 외상적인 사건도 말을 하는 행위를 통해서 자기 안에 동화해 가는 재구성 과정을 밟아 가게 된다. 감정적인 외상 경험을 상징화하면서 이전에는 말로 분명하게 표현할 수 없었던 경험들에 명시화가 허락되고 의미가 부여된다. '내'가 '이것을' 느낀다고 말할 때, 이것은 나로부터 분리되어 존재한다. 그리고 이때 자기를 감정의 수동적인 희생자가 아닌 책임지는 '주체'로, 즉 응집력 있는 자기(coherent self)로 경험하게 된다.[21]

---

21) 직면의 실패에서 나타나는 병리적 감정이 우울증이다. 흘려야 할 눈물과 슬픔이 있어 이를 억압하거나 회피 도피 연기하지 않는다면 그 슬픔은 정상인 슬픔이 되어 자아의 성

V. 결론

오늘날 우리 사회는 주체가 겪는 슬픔을 타자의 애도로 대체하거나, 슬픔을 직면하기보다는 제삼자의 논리로 탈색시키거나, 문제의 본질을 바로 보지 못하고 왜곡 변형시킨다. 심지어 자신의 문제를 타자에게 투사하고 낙인찍기도 한다. 어쩌면 현대사회가 앓고 있는 '중독'은 당연한 귀결이다.

심리학과 의학, 뇌과학은 증상을 생리-심리적 문제나 병리적 요소로 케이스화 하여 다룬다. 이런 접근은 인간을 온전한 존재(ousia)로 보지 못하는 오류를 범할 수 있다. 그 결과로 증상은 계속 다른 인과적 논리로 대체물(전이)을 만들어 치유와 멀어지게 된다. 증상을 억압하거나 회피하지 않고 온전히 대면하게 하여 마음이 더 이상 대체물을 만들지 않을 때 비로소 증상은 치유로 전환된다.

고통을 가능한 한 빨리 잊게 하거나, 대수롭지 않게 여기게 하는 것은 결코 바람직한 방법이 아니다. '잊는다'거나 '대수롭지 않게 여기는 것'은 인간적이지 않은 방식이다. 부인과 회피는 우리 문화가 상실을 다루는 가장 전형적인 처방이다. 이 두 가지 방식은 함께 결합하여 우리 문화의 정신 건강을 파괴했다. 사회에 만연한 중독증과 우울증이 그 결과다.

우울증은 보통 부인보다는 회피 심리에서 시작된다. 우울증은 오랜 세월 상실과 죽음, 실패와 실망의 현실을 있는 그대로 대면하지 않고 축소해 온 것이 축적된 결과다. 우울증에 빠지면 다른 모든 현실에 대

숙으로 이어지지만, 슬픔을 억압하거나 도피 연기시킨다면 그 슬픔은 우울증으로 변환된다. 이제 흘려야 할 눈물을 흘리지 못한다면, 박탈된다면 그 감정은 수치와 죄책감(죄의식)으로 전환된다. 프로이트는 이를 '전환 신경증'으로 표현한다.

해서도 무감각해지고 둔감해진다.

우리는 슬퍼하는 법을 배워야 한다. 슬퍼하는 법을 배우지 못하면, 기분을 좋게 유지하는 것만이 가장 중요하다고 믿게 된다. 그러면 거절당할 때마다 현실을 부인하려 할 것이며, 자신의 존재는 결국 타인의 거절 여하에 좌우된다. 실패할 때마다 현실을 회피할 것이며, 결국 그 실패는 우리의 삶을 빈곤하게 만든다. 고통과 상실, 거절과 실패에 대한 부인과 회피가 쌓여감에 따라 우리는 점점 기대 이하의 존재, 남을 하찮게 여기는 하찮은 존재, 거짓 미소를 띤 빈껍데기 같은 존재가 되어간다.

상실을 피해 가는 행운이나 영리함은 인간을 성숙하게 만들지 못한다. 따라서 우리의 삶이 실존이 되려면 다가온 상실과 죽음을 회피하거나 억압할 것이 아니라, 온 존재로 대면해야 한다. 비탄에 젖을 줄 모르는 것은 삶을 하나로 이을 줄 모르는 것이다. 만일 비탄을 거부한다면, 우리의 삶은 단편적인 에피소드나 일화, 아무렇게나 시작되었다가 아무렇게나 끝나는 사건의 파편이 될 것이다.

사람은 우연한 죽음과 상실에서 벗어날 수 없다. 그러나 우리에게 다가온 사건을 어떻게 맞이하고 대처할 것인가에 대한 자유는 자신에게 있다. 상실과 죽음의 사건을 더 이상 타자의 논리와 언어로 봉합하지 않고 자신의 언어로 '있는 그대로 맞이해보는 일', 그곳에서 치유가 시작될 것이다.

심화 1
인지 도식과 비탄 감정발현

<내용 요약>

인지 도식은 개인의 과거 경험과 정서적 기억, 희망, 기대, 두려움 등이 누적된 독특한 구조로, 현재 경험을 재구성하는 데 중요한 역할을 한다. 프로이트는 이를 무의식-전의식-의식의 재구성 과정에서 작동하는 심리적 기제로 보았으며, 라캉은 주체의 언어적 상징과 이를 통해 발현되는 심리적 진행 과정을 설명한다. 감정발현은 억압과 방어를 통해 쾌와 불쾌를 조정하며, 감정이 언어를 통해 해소되거나 새로운 의미로 창조될 가능성을 가진다. 퀴블러-로스의 다섯 가지 감정 단계는 감정 전변의 과정을 나타내며, 이는 완벽한 의미화의 실패 속에서 반복과 연쇄를 통해 의미화하려는 인간의 본능을 반영한다. 결국 감정의 발현은 내담자와 상황의 구조적 특성에 따라 달라지며, 이를 분석하고 객관화할 때 감정에 휘둘리지 않고 자기 이해를 도모할 수 있다.

<핵심어>

인지도식(Cognitive Schema), 무의식-전의식-의식,
퀴블러-로스의 다섯 가지 감정 단계,
의미화 과정(Meaning-Making Process)

<학습 목표>

- 인지 도식 이해: 인간의 사고와 행동을 결정짓는 인지 도식의 개념과 역할을 이해한다.
- 무의식-전의식-의식 구조 분석: 정신분석학적 관점에서 무의식, 전의식, 의식의 관계와 기능을 탐구한다.

- 감정 조절 전략 습득: 다양한 상황에서 감정을 인식하고 조절하는 방법을 학습한다.
- 상징적 표현의 중요성 인식: 상징을 통해 감정과 경험을 표현하고 이를 해석하는 과정을 익힌다.
- 의미화 과정 적용: 삶의 사건이나 상실 경험에서 의미를 찾아내는 과정을 실습한다.

<적용 실천>

- 감정 조절 능력 강화: 일상생활에서 스트레스나 부정적인 감정을 효과적으로 인식하고 조절하는 데 활용한다.
- 상담 및 치유 활동 활용: 타인의 감정과 경험을 공감하며 상징과 의미화 과정을 통해 치유를 지원한다.
- 교육 및 강연 활동: 감정 조절, 상징 해석, 의미화의 중요성을 강의하거나 교육 프로그램에 적용한다.
- 개인적 성장 도모: 자기 경험을 분석하고 의미화하여 개인적 성숙과 심리적 안정을 추구한다.
- 의사소통 향상: 상징적 표현과 감정 인식을 기반으로 더 깊고 효과적인 인간관계를 구축한다.

인지 도식과 비탄 감정발현

I. 인지(정서) 도식과 지향성

1) 도식은 일련의 조직화 원리를 의미하며 개인이 선천적으로 갖고 태어난 반응으로, 과거 경험으로 재구성된 것이다. 유기체는 도식으로 처한 상황에 대처하여 현재 경험을 재구성한다. 따라서 도식은 매우 개인적이며 독특하다. 도식에는 각 개인 삶의 경험으로부터 우러나온 고유한 정서적 기억, 희망, 기대, 두려움 그리고 지식이 누적되어 있기 때문이다. 인지 도식[22]은 체내의 항상적 안정성을 위한 지향적 패턴과 관련이 있고[23] 정서 도식(emotion scheme)은 인지를 유발하는 심적 기제의 토대로, 자아동일성을 반복하는 자아 패턴이다.

2) 인지(정서) 도식에는 주관적으로 지각된 의미, 자신과 세계에 대

---

[22] 의식의 구성(패턴, 도식)은 전체 지각 주기(perceptual cycle)의 부분이다. 의식의 구성은 정보(자극)가 감각에 주어질 때(소여 될 때) 그것을 받아들여 그 정보를 비교, 분석, 종합, 이해, 통합한다. 생물학적 관점에서 도식은 신경조직 기능의 일부이다. 그것은 생리학적 구조의 작동 방식과 같다. 그것은 뇌의 수용체, 구심성 신경, 원심성 신경을 포함하는 전체적 체계이다. 의식구성은 마치 지각과 운동프로그램의 구조와 같다. 그리고 이 구조는 특정한 상황에 적용되면 변경된다. 그것은 단순히 과거의 경험을 개념화하기 위한 판형(templates)이 아니다. 칸트는 도식을 개념(concept)과 지각(percepts)을 연결하는 상상력의 구조로 이해했다. 이를 도식화하면 다음과 같다. 상상력=감각적 인상+개념, 개념=감각적 인상-상상력, 감각적 인상=[사물(단어) 표상×상상력]-개념

[23] 생명은 음양, 승강, 상향, 하향, 내외 출입의 운동을 한다. 자연의 사계절은 생명의 탄생, 성장, 수렴, 소멸이라는 순환적 운동으로 이루어져 있다. 즉 생명은 서양적 창조(creation)의 개념이 아니며, 단지 변형 과정(process of transformation)의 뜻이다. (一陰一陽之謂道…生生之謂易: The successive movement of the inactive and active operation constitues what is called the course (of things) … production and reproduction is what is called (the process of) change) 따라서 생명은 스스로 내재적인 법칙을 구유한 자족적이며 자율적인 구현체이다.

해 통합된 감각(신체화한 습관에서 우러나오는)을 제공하는 정동, 인지, 동기 그리고 행위가 복합적으로 포함되어 있다. 그래서 이는 내담자 의식의 지향성과 밀접한 관계가 있다. 도식은 외부 세계의 복사판이 아니라 세계-내-존재로서 우리의 경험과 행위로 구성되기 때문이다.[24] 이는 비언어적 수준에서 표상(부호)화되므로 의식적이고 개념적인 앎보다는 존재 및 행위와 연관되어 있다. 예를 들면, 아동기 초기 기억은 언어화되기 전의 느낌과 감각, 풍경, 소리와 냄새들로 구성된다. 도식은 정서적 경험을 기억하는 기본적인 판형이며, 전체 경험을 의미 있는 단위로 통합하는 기능을 수행하므로 인지(정서)도식은 살아온 경험의 주관적 기록과 같다. 프로이트는 인지(정서) 도식을 인간의 심리적 기제가 <무의식-전의식-의식>의 사후적 재구성 때문에 작동되는 것으로 설명한다.[25]

3) 인지(정서)도식은 의식적인 이성이나 자동화된 행동보다 높은, 가장 높은 수준의 처리 과정을 형성한다. 의식(이성)을 지배하는 것은 인지(정서)이다. 신체가 느끼는 감각에 주의를 기울이고 이를 자각하여 상징화할 때 비로소 무의식적 정서(인지) 도식이 구체적인 현실로 의식-출현한다. 이렇게 인지(정서) 도식은 무의식(본능)적으로 상징화된 요소(material)를 더욱 새로운 의미로 창조하고 문제를 해결하거나 올

---

24) 메를로-퐁티는 생리적 메커니즘으로서의 감각—운동 회로를 가정한다. 습관적 신체란 생리적 신체에 있어서 구심적-원심적인 감각-운동 메커니즘이 신체의 가장 밑바닥에 살아있는 신체감각이다. 이 '습관적 신체'의 가정은 베르그송이 생리적인 감각-운동기구의 저면에 배치한 신체의 '운동적 도식'과 거의 같은 것이다. 메를로-퐁티는 현세적 신체의 저면에 있는 습관적 신체의 층에 신체적 도식(schéma corporel)이 작용하고 있는 것으로 생각한다. 신체적 도식(body schema)은 고유 수용 지각, 즉 공간에 있어서 신체의 위치감각을 말하는 것이다. 이는 생체 내부에 한정된 신체의 공간적 위치감각이다.
25) 프로이트, 「플리스에게 보낸 편지」, 『정신분석의 탄생』(임진수 역), 열린책들, pp. 111-113. 참조

바른 결정을 하도록 안내한다.

II. 인지 도식과 시간 의식

1) 프로이트의 사후성(Nachträglichkeit)은 후설의 시간 의식에서 차용된다. 사후성은 현재의 심상에서 자신이 어떻게 될 것인가를 예감(직감)하면서 과거의 사건(이미지, 인상, 기억, 사물 표상)을 현재의 관점에서 떠올려 회상(재구성-선택, 비교, 판단)하면서 이전에 몰랐던 사건의 전모를 인과적으로 이해(언어 표상)를 하는 것을 말한다.

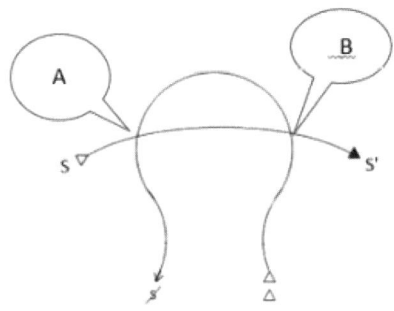

2) 라캉(J. Lacan)이 말한 위의 도표를 가지고 이해해 보자. S에서 S'로 이어지는 벡터는 기표(말, 목소리)의 진행 과정을, △에서 $로 이어지는 연쇄는 주체의 진행 과정을 상징한다. S → S' 벡터와 △ → $ 벡터가 만나는 접점을 편의상 A, B라고 했을 때, S 쪽과 가까운 접점을 A(과거 기억), S' 쪽과 가까운 접점을 B(현재 기억)라고 하자. 공황장애

를 앓고 있는 사람이 치마를 입고 문방구에 들어가 공포를 느끼는 지점은 B이고, 6살 때 가게주인이 자기 치마 밑으로 손을 집어넣는 성추행을 당한 지점은 A이다. A(억압된 것, 어린 주인공이 당한 성추행 사건)가 원인이고 B(성인이 된 후 늦게 어렸을 때 사건의 의미를 깨닫는 것)가 증상으로서 A의 효과라면, 원인(A)을 재구성(재현)하는 효과(B)를 나타낸다. 즉 주체는 사건이 발생한 이후(A) 얼마간의 시간이 흐른 후에 그 의미를 알게 되고, 그 사건의 진실을 알게 된 주체는(B) '빗금 그어진 주체($)'로 남겨지게 된다는 의미이다. 위의 도표와 예시로 우리는 다음과 같은 사실을 알 수 있다.

3) 언어 자체가 증상을 해소할 수 있는 대체물이다. 증상은 신경성이 몸으로 전환되어 나타나는 현상(전환 히스테리)을 말한다. 따라서 증상은 무의식적으로 억압된 것이 언표화 되기 위해 나타난 것이다. 그런 의미에서 언어는 물질성을 지니고 있다.[26]

---

26) 브로이어와 프로이트는 신경증과 히스테리를 유발하는 외상의 원인을 다음과 같이 기술한다. 1) 환자가 심리적 외상에 반응하지 못하는 경우이다. 즉 의도적으로 의식적 사고로부터 억압되어 억눌러지고 억제된 경우를 말한다. 2) 극한 감정에 처했을 때, 사건에 대한 반응을 불가능하게 만든 환자의 심리 내적 상태의 경우이다. 즉 사건해석에 대한 인과관계의 연결고리(종합할 수 있는 능력이 없거나 정보가 차단 은폐된 경우)가 없는 경우이다. 3) 재생과 소산을 통해 정상적으로 바래어지는 과정(역치 혹은 망각, 치매)을 거치지 않는 경우이다. 따라서 브로이어와 프로이트는 "환자가 히스테리의 ① 원인이 되는 사건을 다시 완전하게 기억해 내고, 동시에 ② 그 기억에 얽혀 있는 감정을 불러일으키는 데 성공하고 가능한 ③ 그 사건에 대하여 상세하게 진술하고 감정을 말로 표현하게 된다면 개개의 히스테리 증상은 곧 소멸하고 두 번 다시 일어나지 않는다는 사실을 발견했다."라고 단언한다. 그래서 그들은 사건이 발생했을 당시의 심리적 과정이 가능한 한 생생하게 재생되어야 성공할 수 있다고 보고 <발생 당시의 상태> 그때로 거슬러 올라가서 그것이 <그들의 언어로 표현되어야만> 한다는 것을 주장한다. 그들은 다음과 같이 주장한다. "<원인이 멈추면 결과도 멈춘다.> 히스테리 환자의 대부분은 무의식적인 기억으로 인해 괴로워한다. 인간은 인과적 이해에 대한 욕구가 있다. 인과적 이해가 차단되는 것도 억압 기제로 작동해서 외상성이 된다. 인간은 언어와 문자를 사용하는 동물이다. 문자와 언어를 사용한다는 것은 인과적 법칙에 따라 대상 사물(사건)을 이해한다. 실컷 울어버리면 가슴이 시원해진다, 화를 폭발해 버리면, 뒤끝이 없다는 말

4) 말로 표현하는 것, 자체가 흥분된 에너지를 발산하는 과정이다.

5) '말의 연속과정(환유)', 기표의 '연쇄 과정'이 반복과 재현이다. 반복과 재현은 쾌감을 추구하는 충동 그 자체이다. 반복 강박 그것이 충동이며 쾌감이다.

6) 말을 한다는 것, 그것은 지나간 것을 회상해서 앞으로 어떻게 말할 것인가를 예기하면서 현재의 언어를 재구성한다.

7) 언어작용은 의식적이든 무의식적이든 모두 억압적이다. 억압적이라는 말은 언어의 속성이 ① 제한적, ② 배타적, ③ 선택적, ④ 규칙적, ⑤ 논리적, ⑥ 추상적, ⑦ 은유적이기 때문이다. 또한 마음의 뜻을 표현하는 사람(발화자)의 인지 또한 고유한 패턴과 도식으로 이루어져 있으며, 듣는 사람이 인지 또한 고유한 패턴과 도식을 지니므로 전하는 사람의 내용이 미끄러질 수밖에 없다(언표 살해)는 점에서 억압적이다.

8) 따라서 언어를 사용하는 사람은 의식적이든 무의식적이든 일단 언어를 사용하는 한, 언어의 억압적 기제를 벗어날 수 없다. 그러나 유기체는 쾌와 불쾌를 억압과 부인을 통해 억압적 기제를 조정해 나간다. 이는 마치 억압이 언어의 규칙 작용인 ① 은유와 환유, ② 반복과 재현, ③ 차이와 다름, ④ 미끄러짐, ⑤ 선택과 배제와 동일한 형태를 띠고 있는 것과 같다.

을 듣는다. 이는 모든 감정을 모두 표현했을 때, 비로소 의식이 정상으로 돌아오게 된다. 억제되면 감정이 기억에 붙어 있는 채 그대로 남아 있게 된다. 카타르시스나 복수, 통곡이나 비밀의 고백은 감정을 분산시킨다." 『히스테리 연구』, 프로이트 저, 이윤기 옮김, 열린책들 참조.

III. 인지 도식의 구조: 억압과 방어

1) 자아는 자기동일성을 유지하기 위해 '억압과 방어'라는 심적 기제를 이용해서 불쾌적 요소가 의식의 수면으로 나타나지 않도록 갖은 노력(에너지)을 동원한다. '억압과 방어'의 심적 기제에서 우리가 유의해야 할 점은, 어떤 사건에 대한 원 억압은 한번 일어나지만, 방어(기제)는 한번 원 억압된 감정을 감산하기 위해 여러 가지 감정을 변주해 나가면서 모양을 바꾸어 나간다. 예컨대, '부정-거부-회피-미래적 연기-성급한 낙관(잘 되겠지)'이나 긍정주의-손쉬운 위로-전이-대체물 형성-중독' 뿐만 아니라 '내사·투사·퇴행·전치·역전·반동·대체·승화'와 같이 다양한 형태의 무늬로 감산해 나간다. 일반적으로 우리가 알고 있는 억압은 자아가 만들어 놓은 방어가 변주된 형태로 이해하기 쉽다.

2) 억압의 실패로 이드(충동·자연감정)가 올라올 때마다, 자아는 계속 다른 무늬로 감정을 바꾸어 가며 방어기제를 만들 듯이, 우리의 삶은 한번 받은 원 억압의 '상흔의 기억'을 지우개로 계속 지워가는 방어 과정이라고 말할 수 있다.[27]

---

27) 인간은 사물을 분절하는 방식(歪像)으로 의식을 지향한다. 언어를 사용하는 인간은 외부 사건의 이미지(표상)를 언어로 이해하고 해석하고자 한다. 이렇게 처음 일어난 사건의 이미지를 은유(S1)라 언명하고, 이 사건의 이미지를 다른 단어로 이해하고 해석하고자 하는 언어-상징을 환유(S2)라 언명한다. 그런데, 언어-상징은 사건의 이미지를 온전히 포섭하지 못한다. 그래서 언어-상징은 또 다른 단어 표상을 불러와서 사건의 이미지를 표현하지만, 그것 또한 포섭하지 못하고 미끄러진다. 그래서 또다시 다른 언어-상징을 부른다. 이렇게 계속 미끄러지면서 다른 단어를 불러 표현하는 환유적 구조(Sn: S2 S3 S4 S5 S6 S7 S8 S9.... Sn)를 지닌다. 라캉은 첫 번째 자극을 은유로, 그리고 자극에 대해 반응을 환유적 특성이 있는 것으로 본다. 환유적 특성은 자극된 사건의 이미지를 모두 포섭하지 못한다. 이것이 언어의 한계이다. 이렇게 사건의 이미지(S1, 또는 A)를 분절하는(S2 또는 B) 언어의 특성을 은유와 환유, 억압과 방어로 표현한다.

3) 억압의 대상은 유기체 내부에서 올라오는 이드(쾌·성적충동·생명의 의지·리비도·긍정성으로서의 자연감정)이고(프로이트는 이 억압으로 히스테리·신경증이 발원한다고 봄), 방어의 대상은 외부 자극 때문에 주어지는 불쾌(불편함을 제거 없애고자 함, 부정성으로서의 인지 감정)의 요소이다. 자아는 이 두 쾌·불쾌의 요소가 현실의 원칙에 의해 의식으로 나타나지 않도록 하기 위한 심적 기제로서 억압과 방어를 한다.

4) 인간은 인과적 이해에 대한 욕구가 있다.[28] 인과적 이해가 차단되는 것 또한 억압 기제가 작동해서 외상성이 된다. 프로이트 어법으로 표현하면, 사물 표상이 언어 표상으로 해석되어 의식 속에 들어오지 못한 채, 남아 있는 상태를 억압(verdrängung)이라고 언명하고, 억압의 대상이 되는 충동(욕동)이 언어(의식)화되지 못해 남아 있는 것이 무의식의 형성물(침전물)이 된다. 따라서 억압으로 남아 있는(의식화되지 못한-무의식) 충동(욕동, 사물표상)을 의식(전의식)으로 연결(언어표상)(A를 → B로 번역)하면 증상이 감산된다.

IV. 감정발현의 실재
- 퀴블러-로스(E. Kübler-Ross) 감정 단계 해석

1) 퀴블러-로스(E. Kübler-Ross)가 말한 <부인 → 분노 → 타협 →

---

28) 감정과 인지는 밀접한 관계에 있다. "아는 것만큼 보인다."라는 말이 있다. 사물이 눈에 보이는 것은 단순히 사물이 시각에 맺히는 감각 때문만이 아니다. 그보다 더 우선하는 것은, 사물이 시각에 맺혀질 수 있도록 재구성하는 의식의 지각(앎, 인지)이다. 인간은 문자와 언어를 사용해서 사물을 이해하고자 한다. 인과적 이해가 차단되면 감정은 억압 기제로 작동되어 무의식으로 남게 되고 이내 증상을 나타낸다.

우울 → 수용>의 감정 단계는 임종 환자가 겪게 되는 심리적 기제를 표현한 것이다.[29] 이 연구는 2년 동안 의사와 인턴 학생들이 시한부 환자들을 대상으로 인터뷰를 진행하였다. 퀴블러-로스는 단계 이론이 글자 그대로 이해되어서는 안 된다고 주장하였지만, 직선적 단계로 해석되기 쉽다. 또한 사람들이 대처하는 개인적인 차이나 다양한 방식이 무시될 수 있고 각 단계에서 대처하는 방식에 대한 논의가 불확실했다. 이렇게 평면적 직선으로 기술된 감정의 '인과적 전변의 동일시 과정'에 대한 아쉬움을 시간 계열의 통시성(通時性)과 공간계열의 공시성(共時性)의 입체적 구조로 배치하면 아래의 도표와 같다.

2) 퀴블러-로스가 말한, 임종을 맞이하게 되는 감정의 전변을 좀 더 조밀하게 살펴보자. 먼저 그의 다섯 가지 감정을 사건화(의미화)의 과정으로 재구성해 보고 그다음 퀴블러-로스의 평면-직선으로 전변되는 감정을 구조화해 보자.

- 부인(거부·부정·방어) → 분노 → 타협 → 우울(포기·절망) → 수용(허용·인정)

⇓

- 리비도 총량 = 자극(S1) → 부인(S2) → 분노(S3) → 타협(S4) → 우울(S5)→수용(S6) ⇒ 의미화 과정

⇓

- 상실/결여/운동원인 = 억압-방어1-방어2-방어3---방어4----방어5⇒ 안정성 지향

---

29) <부인 Denial> = Anticipatory + Delay, <분노 Anger> = Uncertainty × Powerlessness, <타협 Bargaining> = Invited of Another - Self-Esteem, <좌절 Despair> = Suffering - Meaning, <우울 Depression> = Expectations - Reality, <수용 Acceptance)> = Connecting × Transcendence

= 방어-내사---투사---전치--역전(퇴행)--대체 ⇒ 승화의 과정
= 은유-환유1-환유2--환유3---환유4----환유5 ⇒ 불쾌 감소

<신체 의미화 과정>

3) 위의 도표는 신체 생리 기제를 기반으로 우리의 의식과 마음 인지, 정신이 잇달아-이어져-있는 과정에서 의미화해 나가는 것을 엘리자베스 퀴블러-로스(Elizabeth Kübler-Ross), 프로이트와 라캉의 이론을 토대로 예시한 것이다. 표에서도 확인할 수 있듯이 수용과 의미화, 안정성, 승화, 불쾌 감소는 한 번의 액션으로 끝나지 않는다. 살아가면서 계속 미끄러지고, 미끄러지면서 다시 다른 것을 소환해서 다시 의미를 찾고자 한다. 의미화는 완벽한 의미화가 될 수 없다. 그래서 미끄러진(차이와 다름) 의미를 복원하고자 다른 감정을 불러와 번역하고자 한다. 그러나 그 또한 번역에 실패한다. 따라서 완벽하게 의미화(번역)하지 못한 감정은 또 다른 감정을 계속 반복-연쇄해서 불러온다. 인생의 여정도 마치 이와 같은 것이 아닐까? 미끄러짐과 실패, 상실, 결여야말로 우리를 살아가게 하는 역동적인 힘이 아닐까?

4) 인간은 사건의 의미화를 위해 또 다른 감정을 통해 이해, 해석, 번역할 수 있다는 환상으로 또다시 감정을 불러온다. 그러니까 새로운 감정의 도래는 외부 자극에서 주어지기보다는 내담자의 '의미화 번역의 실패'에서 나타난다. 이렇게 자아는 의미화 실패의 미끄러짐(차이와 다름)을 통해 자기동일성을 반복 유지해 나가는 존재이다. 만약 완벽하게 의미화가 된다면 감정의 전변은 멈추게 된다. 감정이 멈추는 곳은 온전

한 의미화의 번역에 있다.[30]

5) 이렇게 자아는 불쾌 요소를 다양한 방어(부인)의 장치를 고안해서 지연(회피, 도피, 연기, 거짓, 환상)시킨다. 그것이 바로 언어이다. 이렇게 여과된 언어 장치-대체물에서 약간의 쾌감(욕망)이 발생한다. 이 욕망은 실재와의 대면을 무한 연기시키는 환영 장치이다. 실재는 죽음이다.

---

30) 사건의 의미화는 감정을 멈추게 한다. 멈춤(止)은 의당 머물러야 할 마음의 소재다. 머물 곳을 알면 마음이 안정된다. 안정된 후에야 마음이 고요해지며, 마음이 고요해진 뒤에야 평안해지고 평안해진 후에야 비로소 숙고할 수 있으며, 충분한 사려가 있고 난 뒤에 사물과 하나가 될 수 있다. (知止而后有定 定以後能靜 靜以後能安 安以後能慮 慮以後能得)-<대학>

V. 분석과 해석

1) 아래 도표에서 나타나듯이 한 개인의 심리적 감정에는 다양한 심급의 감정과 태도가 함께 뒤섞여 있음을 알 수 있다. 여기에서 시간이 지나면서 나타나는 단계별 특징을 살펴보면 다음과 같다. ① 거부 단계 - 다양한 감정의 뒤섞임, ② 타협 단계 - 감정의 갈림길. 변화 지점, ③ 포기/좌절/절망 단계 - 감정의 극한점, ④ 수용 단계 - 감정의 안정기, ⑤ 임종 순간 - 감정과 신체의 분리.

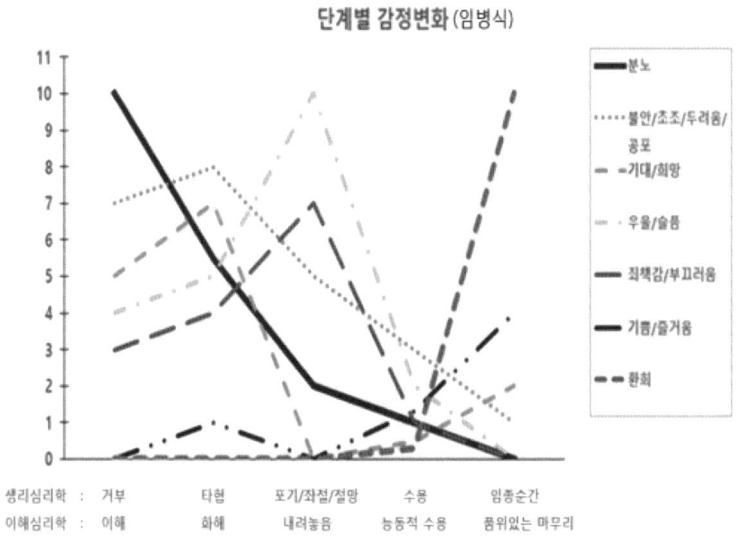

한계상황(죽음과 상실)에서 맞이하는 감정의 변화

2) 우리는 도표에서 억압과 방어의 형식을 다음과 같이 번역할 수 있다.

(1) 하나의 판본(시간×공간의 교직에서 나타나는 감정의 사분면)에는 각각 다른 개별 내담자의 성향·인지·상황·지향성이 있다. (xy · -xy · -x-y · x-y)

(2) 각각의 사분면에 있는 감정은 Zero-ground(안정성·구심성)를 향한다.

(3) 한 판본에서 제시된 성향별 감정의 사분면은 감정의 강도('+ · -' 높낮이)와 세기(과거 기억과 예기 '+ · -')를 나타낸다.

(4) 문자로는 동일한 '분노'이지만, 이 분노가 사분면의 어디에 위치하느냐에 따라 '분노'의 강도와 세기, 질감이 달라진다.

(5) 감정은 시간의 흐름에 따라, 상황과 국면이 달라진다. 그에 따라 감정도 달리 변주해 나타난다. 그렇다면 감정은 원래 하나인데 상황과 국면에 따라 여러 감정으로 나타나는 것인가?

(6) 다양하게 나타나는 감정의 색과 무늬와 질감은 상황과 국면 더 나아가 개인의 성향과 인지 때문에 나타나는 것인가?

  3) 정신·의식·마음·영혼은 감정이라는 질료를 동반해서(수반, 隨伴, supervenience) 발현된다. 즉 정신·의식·마음·영혼은 독자적으로 활동하지 않는다. 반드시 감정의 무늬를 통해서 나타난다. 그 도식을 표식하면 다음과 같다.

$$A/(D) = En \times 1/Cn^{31)}$$

A = Affection(정동), D = Disposition(성향), E = Event(사건), n = number(강도의 세기), C = Cogntion(인지, 자각, 알아차림)

4) 도표에 나타난 특정 감정은 어떤 사건을 의미화한 것인가? ① 그때 내담자의 인지 레벨은 어떤 단계인가? ② 그때 그가 처한 상황과 국면은 어떤 것인가? ③ 그가 지향하고자 하는 것은 무엇인가?

5) 도표에서 '우울'의 감정은 인접해 있는 감정과 어떤 연접(連接-連言, connexion), 통접(統接-合言, conjonction), 이접(離接-選言, disjonction)의 관계를 지니고 있는가? 그리고 어떤 연쇄를 지닌 방어로 투사·내사·전치·역전을 지니며 다음 감정으로 변주하고자 하는가? 다음 국면과 상황에서 어떤 감정이 유발할 수 있는지 예측할 수 있는가?

6) 감정이 다양하게 전변하는 곳에서 사건이 의미화할 수 있는 지점은 어디인가?

7) 하나의 감정에 다른 감정이 잠재적으로 혼재해 있다는 것은 무엇을 의미하는가?

---

31) A = Affection(정동), D = Disposition(성향), E = Event(사건), n = number(강도의 세기), C = Cogntion(인지, 자각, 알아차림) 위의 공식을 다음과 같이 명제화하면 다음과 같다. "개인의 성향(Disposition)을 토대(supervenience)로 한 정동(Affection)은, 외부 사건(Event) 자극의 세기(number)에 의해 '인지(Cogntion) 레벨(number)'의 작동으로 발현(manifestation)된다. C의 정수 값(인지·자각, 알아차림)에 따라 사건의 강도(En)와 감정(A/D)은 늘거나 줄어든다. Cn의 값이 최대 10일 경우, E(사건의 자극)과 A/D(감정의 강도)의 값은 무화(제로, 0)가 된다." A/(D) = En × 1/Cn

8) 이들 감정은 억압과 방어를 통해 무엇에 이르고자 하는가? 이를 곳, 머물 곳은 있기는 있는 것인가? 이를 죽음충동과 함께 생각해 보자.

VI. 결론

자신의 증상(기억체계, 지각 경험)을 나타내는 감정의 전변에서, 자신이 어떤 방어체계의 감정을 사용하고 있고, 그 감정이 어떤 위치를 점유하고 있는지 객관화할 수만 있다면 감정의 동일시에서 휘둘리지 않고 벗어날 수 있다. 즉 자신의 증상(감정)이 ① 어떤 구조에서, ② 어떤 상황에서, ③ 어떤 사태에서, ④ 어떤 국면에서, ⑤ 어떤 마음의 심상에서 비롯되었고, ⑥상대방 또한 어떤 구조에서, 어떤 상황에서, 어떤 사태에서, 어떤 국면에서, 어떤 마음의 심상에서 발현했는지를 알 수 있다면 분석이 잘 이루어지게 된다. 하나의 감정(증상)에는 여러 구조(시스템)와 장(場, field, 공간), 국면(t1-t2-t3-t4⋯.), 심적 양상(무늬)이 다형(多形)적으로 존재한다. 내담자가 순간순간 진행되는 담화에서 이런 심상을 전체적으로 조망할 수 있게 된다면, 분석은 종결된다.

심화 2
감정 이미지(표상)의 체화과정

<내용 요약>

감정은 한 개인이 가진 심적, 정서적 상태의 이미지로, 기질과 성향에 따라 나타나는 것이다. 기질은 감정의 물리적 토대이며, 감정은 특정 대상이나 사건에 의해 촉발된다. 기질과 성향은 유전적, 사회문화적, 역사적 요인에 의해 형성되며, 개인의 기질 차이는 성격과 인지능력의 차이를 만든다. 메를로-퐁티는 감정의 체화를 신체적 습관과 관련된 '감각-운동회로'로 설명하며, 외상이나 트라우마가 체화되지 않으면 해리나 억압과 같은 병리적 상태가 발생한다고 본다. 그는 자아를 ① 습관적 자아, ② 현재적 자아, ③ 환상을 느끼는 자아로 나누며, 이들이 감정과 기억을 통해 서로 영향을 주고받는 과정을 설명한다. 체화를 통해 감정과 기억을 재현하고 표현하는 것이 치유와 현실 인식에 필수적이며, 체화과정에서 주체적 자율성과 능동성을 강화하는 것이 중요하다. 이는 감정 이미지가 억압되지 않고 신체와 연계되어 온전한 자각을 이루도록 돕는다.

<핵심어>

체화(Embodiment), 감정 도식(Emotional Schema),
습관적 자아(Habitual Self), 자화 성향(Magnetizing Disposition)

<학습 목표>
- 체화 이해 : 체화된 감정과 경험이 인간 행동과 심리에 미치는 영향을 이해한다.
- 감정 도식 분석 : 감정 도식이 개인의 정서적, 행동적 반응에 어떤 역

할을 하는지 분석한다.
- 습관적 자아 탐구: 습관적 자아 형성과 그 지속성이 개인의 삶에 미치는 영향을 탐구한다.
- 트라우마 극복 방안 학습 : 트라우마의 심리적 영향과 이를 극복하기 위한 체화적 접근법을 학습한다.
- 자율성 및 자기 주도성 강화 : 자율성과 자기 주도성을 강화하기 위한 체화적 실천 전략을 개발한다.

<적용 실천>
- 정서적 회복력 향상 : 체화된 감정과 경험을 이해하고, 이를 통해 개인의 정서적 회복력을 강화할 수 있는 실천 전략을 개발한다.
- 트라우마 회복 지원 : 트라우마에 의한 정서적, 신체적 반응을 이해하고, 이를 극복하는 체화적 방법을 통해 트라우마 회복을 돕는 실천을 할 수 있다.
- 습관적 자아의 변화 : 습관적인 자아와 행동 패턴을 인식하고, 이를 변화시키기 위한 체화적 접근법을 적용하여 개인의 성장과 변화를 끌어낸다.
- 자기 주도적 삶 실천 : 자기 주도적인 삶을 살아가기 위한 체화적 실천 방법을 일상에 적용하고, 자율성을 강화하는 데 집중한다.
- 대인 관계에서의 감정 관리 : 감정 도식과 체화된 감정을 이해하고, 이를 대인관계에서 효과적으로 관리하는 방법을 실천하여 원활한 관계 형성을 돕는다.

감정 이미지(표상)의 체화과정

I. 들어가는 말

 감정은 한 개인이 갖는 이미지 즉 표상이다. 이 표상은 한 개인이 지닌 고유한 심적, 정서적 상태나 물리적 상태(기질) 혹은 경향성을 나타낸다. 즉 기질의 토대 위에서 구체적 대상이나 사건에 접촉되었을 때 나타나는 것이 감정인데 이 감정은 이미지(표상)로 나타난다. 이 이미지는 추억과 기억의 표상이기도 하다. 우리가 말을 한다는 것은 모두 어떤 사건에 이미지(기억)를 부여하여 상징화(기호화)한다는 것이다.
 억압 혹은 방어기제라는 프리즘을 통해서 투영된 2차 감정은 대체로 체화된 기질과 성향에 따라 ① '방어-거부-부정-거절', ② '억압-억제', ③ '회피-도피-연기-저항' ④ '퇴행-투사-대체물 형성-증상, ⑤ '카타르시스-승화'라는 옷(이미지)에 덧입혀 나타난다.[32] 기질은 감정이 나타나는 물리적 토대를 말하고 감정은 물리적 토대가 제공하는 경향성에 의해 구체적 대상이나 사건의 원인에 의해 촉발되는 현상이다. 따라서 감정은 기질의 심적 정서적 상태나 경향성에 의해 영향을 받는다.
 로티(A. O. Rorty)는 감정은 대상에 관한 판단에서만 나오는 것이 아니라 그 외의 다른 원인이 복잡하게 얽혀서 발생하는 것이라고 주장한다. 특히 한 개인이 가지고 있는 성향들(dispositions)이 감정을 발생시키는 중요한 근거가 된다고 말한다. 로티에 따르면, 하나의 성향은 연쇄적으로 다른 성향을 끌어오는데, 그 연쇄적인 성향들이 감정을 만들어내는 요인이라는 것이다. 이것을 그는 자화 성향(磁化 性向,

---

32) 임병식, 신경원 공저, 「감정의 사분면」, 『죽음교육교본』, 가리온 출판사(2016) 참고.

magnetizing disposition)이라고 부른다. 그에 따르면, 자화 성향들은 개인 역사적, 사회문화적, 유전자적 요소가 교직(交織)되어 있는 것이다. 그의 주장대로라면, 감정의 원인은 그 대상에 관한 판단과 일치하지 않을 수 있으며, 감정의 원인을 찾기 위해 우리는 단순히 대상 판단을 점검할 것이 아니라, 주체가 인지하지 못하는 넓은 무의식적 맥락을 검토해야 한다.

그렇다면 왜 기질과 성향은 사람마다 모두 다른가? 인간은 (다른 동물도 역시 그러하지만) 태어날 때 인체를 구성하는 '기'의 어두움/밝음(昏明), 맑음/탁함(淸濁), 순수함/잡박함(粹駁), 치우침/바름(偏正), 통함/막힘(通塞) 등의 영향으로 인하여, 재능과 인지능력 그리고 기질과 성향에 있어서 다양한 편차를 보이게 된다.

인체를 구성하는 '기(氣)'의 차이는 인지능력이나 재능의 차이뿐 아니라 '기질'의 차이를 빚어낸다. '기질'은 재능이나 인지능력 등과 더불어 '성격'을 구성하는 원재료이다. 기질은 외부 자극에 대한 느낌과 기분, 반응의 습관적인 경향성, 반응의 강도와 민감성 등으로 이루어진 '성격적 특질(character traits)'을 말한다.[33]

이렇게 지속적이고 반복적인 사고, 느낌, 행위의 경향성, 즉 '성향'은 인격체의 '성격'을 구성하는 핵심 요소가 된다. '성격'은 (주로 심리학과 같은 학문 영역에서) 가치중립적인 의미로 사용하는데, '성품'은 (주로 윤리학과 같은 학문 영역에서) 인격체에 대한 가치 평가의 의미로 사용된다. 품급(品級), 품격(品格), 품질(品質) 등의 단어에서 엿볼 수

---

33) '氣稟'과 '氣質'의 사전적 의미에서 다음과 같은 차이가 있다. '氣稟'은 타고난 성품(품성), 천성의 의미로 (natural endowment; disposition; predisposition) 주로 질료에서 나타나는 성품을 말한다. 기질은 성격, 성질, 자질, 형기, 형질의 의미로(disposition; a natural or acquired tendency, inclination, or habit in a personal thing) 주로 질료적 성격이 기품보다 강하다. 즉 기질은 기품보다 좀 더 질료적인 의미를 나타낸다. 임병식, 「기질변화연구」, 『철학연구』, 제36호 참조.

있듯, 품(品)이라는 글자에는 가치의 높낮이를 표시하는 평가적 의미가 깃들어 있음을 알 수 있다.[34]

기질이나 재능 그리고 성향에 관한 주자의 설명이 오늘날의 과학지식과 정확하게 일치하는 것은 아니지만, "재능·기질·성격적 특징은 질료적 조건(氣稟)에 의존한다"라는 그의 견해는 "재능·기질·성격적 특징은 뇌의 신경 생리적 상태에 의존한다"라는 뇌 신경생리학의 설명과 유형적으로 동일한 것이다.

II. 감정 작동 방식

'감정 작동 방식'은 기질 및 성향, 곧 그 사람의 '의식구성'과 '의식구성의 작동 방식'과 같다. 한 개인이 지닌 기질과 성향, 곧 '감정 작동 방식', 곧 '의식구성의 작동 방식'을 분석하지 않고 단순히 드러난 내담자의 행위나 행태만을 가지고 비탄을 규정한다면 본질에서 벗어난 이야기가 될 것이다. 따라서 우리는 내담자의 행위나 행태를 보기 전에 이를 가능하게 한 내담자의 기질과 성향, '감정 작동 방식', 곧 '의식구성의 작동 방식'을 분석해야 한다.

예컨대 상실로 인해 나타나는 비탄의 경우, 그 비탄의 성격은 당사자의 기질과 성향에 근거한 '감정 작동 방식'과 '의식구성의 작동 방식'의

---

34) 재능.기질.성향의 차이를 빚어내는 '기'의 조합은 모두 '우연'의 소산일 따름이다. 음양오행의 기가 우연적인 취산(聚散) 운동을 전개하는 과정에서, 정영(精英)한 기가 모여 인간이 되고 찌꺼기가 모여 사물이 된다. 그리고 정영한 가운데서도 가장 정영한 기가 모이면 성인이나 현인이 되고, 정영한 가운데서 찌꺼기가 모이면 어리석고 불초한 사람이 된다. 주자는 이처럼 다양한 범주의 기가 응취하여 개별 존재에 고유한 기질과 특성을 만들어낸다고 본다. (只是一箇陰陽五行之氣, 滾在天地中, 精英者爲人, 渣滓者爲物; 精英之中又精英者, 爲聖, 爲賢; 精英之中渣滓者, 爲愚, 爲不肖. 朱子語類 14-55)

차이와 다름에 따라 달리 나타난다. 다름과 차이에 대한 원인분석은 궁극적으로 내담자의 자율성을 보장하고 치유의 기전을 일으키는 출발점이다. 또다시 겉으로 드러난 내담자의 현상론적 행위와 행태만을 가지고 실험심리학적 원인분석으로 사례화하는 상담은 프로이트가 그토록 우려했던 나르시시즘적 동일시의 오류에 빠진 신경증 환자와 다를 바 없다.

그렇다면 우리는 이 시점에서 개인이 지닌 기질과 성향이 어떻게 체화가 되는지 그 구체적인 경로를 메를로-퐁티(M. Merleau-Ponty)의 체화이론을 통해 검토할 필요가 있다.

III. 메를로-퐁티의 체화

체화의 과정 없이 생각이나 관념으로 머문다면 치료는 한계가 있다. 이는 감정과 직접 대면하지 못하고 억압하거나 회피의 또 다른 변용일 뿐이다. 이러한 변용은 외상을 해결할 수 없다. 이러한 변용은 일종의 해리(dissociation)일 뿐이다. 해리의 감정은 충격을 받은 일부 자아가 전체 자아 생존을 위한 희생양이 되어 영원히 멈춰진 상태로 일정한 심리 공간으로 보내진다. 그것은 봉쇄, 분리, 차단되어 침묵 속에 던져진다. 직접 대면(체화)하지 못한 감정은 트라우마가 된다. 해리된 부분은 해결되지도 탐색 되지도 않은 채, 늘 뒤에서 도사린다. 그러면 자아는 해리된 부분이 의식에 떠오르는 것을 저지하기 위해 많은 에너지를 소비한다.

메를로-퐁티는 신체를 베르그송(H. Bergson)이 말하는 습관화된

'감각―운동기구'와 매우 유사한 감각-운동회로(un circuit sensori-moteur)라는 표현으로 설명한다. 더욱이 메를로-퐁티는 생리적 메커니즘으로서의 감각―운동회로(그의 다른 표현을 빌리면 현세적/現勢的)의 저변에 습관적 신체(le corps habituel)의 존재를 가정한다. 습관적 신체란 생리적 신체에 있어서 구심적―원심적인 감각―운동 메커니즘이 신체의 가장 밑바닥에 살아있는 신체감각이다. 이 '습관적 신체'의 가정은 베르그송이 생리적인 감각―운동기구의 저변에 배치한 신체의 '운동적 도식'과 거의 같은 것이다. 메를로-퐁티는 현세적 신체의 저변에 있는 습관적 신체의 층에 신체적 도식(schéma corporel)이 작용하고 있는 그것으로 생각한다. 신체적 도식(body schema)은 고유수용지각, 즉 공간에 있어서 신체의 위치감각을 말하는 것이다. 이는 생체 내부에 한정된 신체의 공간적 위치감각이다. 메를로-퐁티가 말하는 신체적 도식은 신체 작용이 외계 대상에 표출하는 잠재적 지향작용의 체계이며 생리학적인 '현세적 신체'의 저층에 잠재하고 있다. 메를로-퐁티가 베르그송에 비해 앞선 점은 그가 신체의 내부 지각이 가지는 의미에 주목한 데 있다. 베르그송은 내부 지각에 대해 적지 않은 견해를 가지고 있었다.[35] 그는 지각의 내용을 '이미지'로 보고 외계 지각이라는 이미지 바로 전에 내부로부터 감정에 의해 알려지는 '자기의식'의 이미지가 있는 것을 인정한다. 그는 이미지에 의해 외계 지각과 신체 내부 지각의 차이를 철폐한다.

---

35) 내부 지각은 외계와 접촉하고 있는 자기의 오장육부인 장부의 느낌이다. 생리학적으로 말하면 이것은 체성신경계가 지배하고 통제하고 있는 사지의 근육·건·관절 등에 부수적인 이른바 내수 용기(intro-receptor)에 의해 말단에서 중추로 전해지는 운동기관의 상태에 관한 내부감각이다. 생리학적으로 이것을 피부 표면감각(촉각·압각·온각·냉각·통각)의 저층에 위치하는 '심부감각'이라 부르고 있다. 외계와 접하고 있는 피부감각의 바로 앞에는 그런 체성계의 내부 지각이 표출된다. 이 내부 지각은 넓은 의미에서 역시 자기 '의식'의 일부에 속해있다.

이 이미지라는 개념은 당시 상당한 파문을 일으킨 것이나 베르그송이 이런 개념을 설정한 의도는 인식론상의 관념론과 실재론이 모두 다 외계 지각만 제기하고, 그것을 지각 내용의 모든 것으로 착각하여 의식(뇌)의 판단 기능에 직접 관계시킨 방식을 비판하는 데 있었다. 그러나 베르그송은 이처럼 내부 지각이 가지는 의미에 주목했음에도 불구하고 그 이상으로 진전시키려 하지 않았다. 특히 지각과 기억의 상호 침투에도 그는 더욱 내부 지각은 고려하지 않고 단순히 외계 지각만 문제 삼는다.

IV. 메를로-퐁티의 증상

메를로-퐁티는 이미지에 의해 고착된 증상을 하나의 병리적으로 볼 것이 아니라, 자신과 외부 세계와의 관계를 재정립하고자 하는 현상으로 본다. 그런 의미에서 우리는 메를로-퐁티의 증상과 억압의 관계, 그리고 그가 말하는 습관과 기억의 체계, 그리고 이것이 현재적 자아와 예기적 자아의 충돌에서 만들어지는 이미지와 환상을 자세히 고찰할 필요가 있다. 다만 본 글에서는 그가 말한 ① 습관적(무의식적) 자아, ② 현재적(인지적) 자아, ③ 환상지를 느끼는 자아, 이 세 구조에서 나타나는 위상의 메커니즘을 소략하게 살펴보고자 한다.[36]

---

[36] 억압은 과거(습관과 기억)의 욕구 체계와 미래적 욕구(실현) 충돌에서 빚어진 것이다. 여기에서 나타난 충돌이 이미지이다. 억압에는 다양한 자아가 상존한다. 거기에는 ① 억압된 나-수동적(비인칭적)으로 습관된(친숙한, 이미 오래전에 형성된-관성의 법칙) 나, ② 억압하는 나(현재적 나), ③ 억압을 느끼는 나-이미지(환상)를 연출하는 나, ④ 세 자아를 인지하는 나(초월적 나)가 있다. ①의 '억압된 나'는 반복과 습관으로 고착(고착화/Fixierung된 기억) · 지속된 나이며 이는 수동적(비인칭적)으로 습관된(친숙한, 이미 오래전에 형성

메를로-퐁티는 우리 몸이 습관적인 몸의 층위(기억)와 현실적인 몸(현재 의식)으로 구조화되어 있다고 전제한다. 예컨대 전쟁터에서 오른쪽 다리를 잃은 사람이 있다고 하자. 습관적(무의식적) 자아는 습관(무의식)적으로 친숙한 세계 속에 살고 있어 현실적으로 오른쪽 다리가 절단되고 없다는 것을 인정하지 않으려는 자아이다(관성적인 자아). 현재적(인지적) 자아는 다리가 실제로 없다는 것을 인지하는 자아이다. 환상을 느끼는 자아는 절단된 부위에 기존의 다리가 있다는 것을 착각하는 것을 말한다. 환상을 느끼는 자아는 다음의 특성이 있다. 다리가 없음을 인지하는 자아가 습관(무의식)적 자아를 억압하면서 이 두 자아가 하나로 통일되어 나타나는 자아이다. 느끼는 자아에는 현전과 부재가 혼입되어 나타나고, 인정과 거부가 혼입되어 있으며, 현실적인 자아와 습관적인 자아, 대자적인 자아와 즉자적인 자아, 일인칭적 존재로서 내 몸과 비인칭[37]적인 존재로서 내 몸이 혼입되어 있다. 요컨대 자아 존재의 모호성이 나타나는 것이다. 심리학에서는 이런 자아를 이인증, 혹은 해리 증으로 불린다.

'보는 것'은 주체가 대상을 바라보는 것이다. 즉 주체가 어떤 의도와 목적을 가지고 대상을 바라보는 것이다. 이때 대상은 주체의 의도와 목적을 위한 수단과 도구로 전락 된다. 그러나 메를로-퐁티는 외상환자의 경우, 습관적인 몸의 층위를 중심으로 해서 몸에 나타난 일반적

된-관성의 법칙) 나이기도 하다. ②의 '억압하는 나'는 '현재적 나'로, 이전 기억 때문에 무의식적으로 억압하는(후압박/Nachdrängen) 나이다. 이는 반성이나 성찰 없이 무의식적으로 살아가는 나이기도 하다. ③의 '억압을 느끼는 나'는 억압과 상실을 느끼는 나로, 현상적으로 이미지, 이마고, 그림자, 꿈, 환상, 환각, 환시, 착시, 착각, 상상력, 비전으로 그려지는 나이다. ④의 '인지하는 나'는 억압을 인지하는 나(초월적 나)로 머무르는 바가 없는 것으로 그 마음을 내는 (無所住而 應生其心) 이상적 나이다.

37) 비인칭은 주체가 전제되어 있지 않은 인칭이다. 즉 주체가 밀봉 혹은 박탈되었기에 몸에서 나타나는 증상이나 이미지를 제어하지 못하는 주체이다. 즉 이미지나 환각, 환상에 잡혀 있는 주체를 말한다.

인 증상을 비인칭적으로 느낀다는 것이다. 즉 현실적인 몸의 층위에서는 불가능한 일이 습관적인 몸의 층위에서는 여전히 가능한 일로 여겨지기 때문에(왕년에 내가 해병대, 미스코리아, 서울대⋯.), 습관적으로 행위 했던 방식이 몸에서 무의식적으로 드러나는 것이다. 그래서 습관적인 몸은 현실적인 몸이 지각하는 데까지 힘을 발휘해 환상지를 만드는 것이다. 따라서 일상의 행동에 있어서 습관적인 자아와 현실적인 자아가 때로는 조화를 이루고 때로는 충돌하면서 지각하기도 하고 환상을 만들기도 한다. 즉 행위의 실천에는 대자적이고 인칭적(인격적, 주체적)인 의식뿐만 아니라 습관적으로 수행되는 즉자적이고 비인칭적인 의식이 함께 활동한다.[38]

오른쪽 다리를 느끼는 자아는 이미지를 연출하는 자아(과거의 기억을 현재로 재현해서 사실로 여기는 자아-환상, 환시, 이미지적 자아)이다. 이는 전형적인 억압 기제에서 나타나는 현상이다. 즉 사건에 의한 공포 두려움을 회피 도피하고, '자아'를 밀봉(억압)하고, 밀봉(억압)된 자아가 현실로 드러난(무의식으로부터 떨어져 나간 파편화된 이미지) 것이다. 즉 파편화된 이미지이다. 인간은 어떤 상황에서도 불가능한 미래에 열려있다. 파편화된 이 이미지도 지향점이 있다. 그 지향점은 안정성에 있다.

그렇다면 그 안정성은 어디에서 찾을까? 그것은 멀리 있지 않다. "임금님 귀는 당나귀 귀"라고 표현하는 것에 있다. 표현하지 못한 것을 표현하게 하는 것이 이미지 연출의 목적이다. 즉 사건을 재현하고→표

---

[38] 정신분석에서 말하는 억압은 주체가 어떤 경로, 예컨대 애정이나 자신이 하고자 하는 의지나 목표에 장벽이 생길 때 나타나는 것으로, 그 장벽을 극복할 수 있는 상황이나 현실적인 자아의 힘과 의지가 없다고 한다면, 습관적인 자아는 그 장벽을 뛰어넘기 위해 자신의 소망을 무한정 현실에 투사시킨다. 이때 나타나는 것이 환상이다. 외상은 잃어버린 자아, 혹은 자신의 근원적 본성을 드러내고자 하는 메커니즘이다.

현하면→후련해진다→ 후련해지면 안정이 되고 그때 비로소 현실인지가 되고 현실적인 사물이 눈에 들어오기 시작한다.

그렇다면 이 세 자아가 지향하는 목적은 무엇인가? 몸에 내재 된 이 세 자아는 각각 분리되어 작동하는 것일까? 아니면 서로 결합하여 통일된 기능으로 작동하는 것일까? 심리학에서는 세 자아가 체화된 몸에서 따로따로 노닐고 있다고 파악한다. 그래서 현실에서 나타난 이미지(트라우마)를 인지적 자아의 알아차림을 통해서 극복하고자 한다. 습관화된 자아는 인지적 자아의 기능을 방해하는 방해꾼으로 전락하기도 하지만, 모든 운동의 원인이 되기도 하며 동력이 되기도 한다.[39]

그러나 메를로-퐁티나 베르그송이 간과한 것은 바로 습관화된 자아가 나타내는 지향성의 차이에 대한 것이다. 습관은 무의식과 깊은 관련이 있다. 즉 습관은 무의식적이고 자동적인 정서 반응(automatic emotion responses)인데, 일명 정서 도식이라고 부른다. 정서적 경험과 그 의미 기제를 유발하는 기본적인 심리적 단위를 '정서 도식(emotion scheme)'이라고 한다.

정서 도식은 일련의 조직화 원리를 의미하며 개인이 선천적으로 갖고 태어난 반응 레퍼토리와 과거 경험으로 구성된다. 이런 도식은 현재 내담자가 처한 상황과 상호작용하며 나아가 현재 경험을 유발한다. 도식은 매우 개인적이며 독특하다. 도식에는 각 개인 삶의 경험으로부터

---

39) '보이는 것'은 주체의 의도와 목적이 탈색된 채, 대상이 제공하는 자극에 대해 어떤 인위적인 조작함이나 강제함이 없이 있는 그대로(自然而然) 받아들여지는 것을 의미한다. 즉 주체가 해체되어 객체로 연결되는 것을 의미한다. 보는 것에서 보이는 것으로의 이행이 왜 치료적 기전이 되는가? ① 능동이 수동으로, ② 주체가 객체로, ③ 주체와 대상의 이분법적 분리가 하나로, ④ 주체가 객체에 의해 용해되며, ⑤ 내외의 경계가 없어진다. ⑥ 대상화가 즉자화로, 주체가 없어지고 대상과 연결, ⑦ 객체(타자성)는 자신의 실존적 삶으로 초대된다. ⑧ 주체성의 진정한 확립은 타자성(객체성)으로의 요청에서 확보된다. 메를로-퐁티의 용어로 설명하면, ⑨ 주체와 객체는 동시적 관계인 '주름'으로 잡혀 있는 존재이다. 실체인 동시에 연결된 존재이다.

우러나온 고유한 정서적 기억, 희망, 기대, 두려움 그리고 지식이 누적되어 있다. 정서 도식은 오로지 정서에만 기반을 둔 것이 아니다.

정서 도식에는 주관적으로 지각된 의미, 자신과 세계에 대해 통합된 감각(신체화된 습관에서 우러나오는)을 제공하는 정동, 인지, 동기 그리고 행위가 복합적으로 포함되어 있다. 그리고 이는 내담자 의식의 지향성과 밀접한 관계가 있다. 도식은 외부 세계의 복사판이 아니라 세계-내-존재로서 우리의 경험과 행위로 구성된 것이다. 이는 비언어적 수준에서 표상(부호)화하며 의식적이고 개념적인 앎보다는 존재 및 행위와 연관되어 있다.

V. 체화의 방법: 공자와 맹자의 사례

1. 주체적 능동성과 자율성 강화

체화의 중심에는 주체적 능동성과 자율성 강화(자아 강화)가 있다.[40]

---

[40] 감정을 단순히 신체가 지닌 인간의 느낌이며 뇌의 물리화학적인 반응으로 해석한다면, 더 이상 인간이 인간일 가능성은 없어지게 된다. 죄와 수치의 경우 전형적인 자기감정이다. 자기감정이란 말은 이 감정들이 항상 사회적인 인정의 그물망 속에 위치하는 자기의식이 체화된 것이다. 여기서 자기는 '타자화된 자신'을 전제하는, 즉 '신체화된 사회적 자아'를 모두 포괄하는 표현이다. 수치심은 일종의 '신체'를 통해 체화된 감정이다. 인간 그 자체는 인식하는 자에게 붉은 뺨을 지닌 동물이다. 심리학적 관점에서 수치의 정서는 자기 정체성에 켜진 붉은 신호등임을 나타낸다. 수치 감정은 더 근본적인 의미에서 사회적인 감정이다. 수치와 같은 자기 의식적인 감정들(self-conscious emotions)은 단순한 공포나 역겨움, 당황스러움 등과 달리 자기평가와 타자에 의한 자기평가 즉 타자화된 자신의 인식 차이에서 발현한다. 죄와 수치의 감정이 수동적이거나 피동적인 양상을 보일 때도, 이미 타자화된 자기로서 '내 안의 타자'가 관여한다. 이 점에서 죄책감보다는 수치의 감정은 '사변적인' 현상이다. '사변적'이라는 말은 '반성의 반성'처럼 고도의 사유 능력을 가리킨다. 따라서 이 감정은 인지과학의 용어를 빌리면, 메타 인지적인(metacognitive) 사태이다. 감정 조절의 기제는 단순히 이론적인 인식을 통해서가 아니라, 부단한 훈련과 성찰을 통해서

예컨대 히스테리나 신경증 치료의 경우, 환자 스스로 주도적인 삶의 의미를 체화(내면화)하고 의미화하는 과정에 초점을 둔다. 그 과정에서 가장 중요한 점이 '말함'이다. 말한다는 것은 신체에서 울려 나는 것이다. 체화되지 못한 이미지는 뿌리 없는 환각을 낳는다. 만약 신체적 감각을 대면하지 못하고 회피하고 억압한다면 의식은 병리적 현상을 겪는다. 감각에 의지하지 않은 관념적 인식은 온전한 자각을 이루지 못할 뿐만 아니라 멀리 갈 수 없다. 감각경험인 심적 후련함이 없다면 우리의 심상에는 또다시 억압과 저항의 병리적 기제로 변환된다. 억압과 저항은 비탄을 해소하지 않을 때 회피, 도피, 연기가 일어난다. 이는 또 다른 증상을 양산한다.

2. 감정과 욕망의 관계

공자와 맹자는 비록 감정과 욕망의 관계 문제에 대해 직섭석으로 언급하지는 않았지만, 사실 감정을 떠나서 욕망(欲)을 논하지는 않았다. 감정에 대한 그들의 학설은 이미 앞에서도 언급한 바 있지만, 그들은 감정과 욕망의 관계 문제에 대해 각기 다른 층위에서 논한 것으로 보인다. 첫 번째 차원은 목적적 의미에서 '욕(欲)' 자를 이해하고 사용한 것이다. 이때의 '욕'은 인간의 도덕적 목적이 구체적으로 드러난 것이다. 이러한 의미에서 '욕'은 긍정적일 뿐만 아니라 아주 중요하고, 또한 도덕 감정과 내재적 관계를 지닌다. 이는 초기 유자(儒子)들이 감성적 욕망을 아주 중요한 문제로 인식하지 않았고, 따라서 '욕' 자를 전적으로 감성적 욕망의 의미에서 이해하고 사용하지 않았음을 의미한다.

비로소 성숙한 단계에 도달한다. 수치와 죄의 감정은 인간의 자기 형성 과정에서 반드시 경험하는 사태이다.

공자가 '욕' 자를 사용한 경우가 많지는 않지만, 이를 사용할 때도 대부분 감성적 욕망의 차원에서 사용했던 것이 아니라 인간의 내재적 욕망이나 내재적 목적을 가리키는 것으로 사용했다. 예컨대 "내가 인(仁)하기를 원하면 이에 바로 인(仁)이 실현된다."[41]의 경우, 인은 자신에게 갖춰져 있는 것이다. '인(仁)하기를 원한다'에서 '원함(欲)'은 자신의 밖에 있는 어떤 대상이나 사물에 대한 욕망이 아니라 인(仁)을 실현하려는 내재적 욕망을 말한다. 여기에서 인(仁)과 욕망은 실로 분리될 수 없다. '내가 인(仁)하기를 원한다'라고 하면 마치 자신이 인(仁)을 얻기를 바란 것으로 해석될 수 있지만, 인덕은 내재적이기에 이미 자신에게 갖추어진 것이다.

그렇다면 어떻게 인을 얻을 수 있는가? 자기 몸에서 얻을 수 있고 자신의 마음속에서 얻을 수 있다. 여기에서 '얻다'라는 말은 사실 실현해 낸다는 것을 의미한다. 인과 '원함'이 서로 다른 두 가지 사물이라고 본다면 '원함'은 욕망이고 인(仁)은 욕망의 대상이다. 그러나 사실 이것은 동일한 사건의 양면이다. '욕'은 인을 실현하는 것이고 인은 '욕'의 소재다. 그러므로 내가 '인하기를 원한다'라고 했을 때 인은 그 순간 바로 실현되는 것이다.

또 예컨대 "내가 원하지 않는 것을 남에게 하지 않는다."[42], "내가 서고자 하면 남을 세워주고, 내가 이루고자 하면 남을 이루게 한다."[43]는 언명들 역시 똑같은 의미다. 그러나 '내가 원하지 않는 것'의 '욕'은 부정적 측면에서 말한 것이고, '내가 서고자 하면'과 '내가 이루고자 하면'의 '욕'은 긍정적 측면에서 한 말이다. 그러나 욕망이라는 형식 자체

---

41) 『論語·述而』 子曰: "仁遠乎哉! 我欲仁, 斯仁至矣."
42) 『論語·衛靈公』 子曰: "其恕乎! 己所不欲, 勿施於人."
43) 『論語·雍也』 "夫仁者, 己欲立而立人; 己欲達而達人."

가 다를 수는 없다. 여기에서의 욕망은 인을 실현하는 근본적 방법으로서, 인간과 인간, 즉 자신과 다른 사람의 관계에서 나타난다. 본질적으로 보았을 때, 이는 '감정이입'의 작용이지 감정 외적인 어떤 것이 아니다. 내가 원하지 않는 것을 남에게도 하지 않고, 내가 원하는 것을 남에게 베푼다는 말의 '원함', 즉 '욕'은 좋은 것이요, '원하지 않음', 즉 '불욕(不欲)'은 좋은 것이 아님을 말해주는 것이다.

그 전제는 모든 사람에게 공통의 '원함'이 있고, 공통의 '원하지 않음'이 있다는 것이다. 여기에서는 여러 종류의 욕망을 배제하는 것은 아니지만, 하나의 공통점은 이들이 '진정한 감정'에서 시작된다는 것이다. 진정한 감정에서 나올 때 나의 '원함'과 '원하지 않음'이 다른 사람과 곧바로 통할 수 있다. 진정한 감정 가운데에서도 인은 가장 근본적이다. 공자는 구체적인 개인적 기호 같은 것에 대해서는 결코 말하지 않았다. 예컨대 내가 어떤 것을 좋아하고 원한다고 해서 다른 사람이 반드시 그것을 좋아하고 원하는 것은 아니다. 또한 내가 어떤 것을 싫어하고 원하지 않는다고 해서 다른 사람이 반드시 그것을 싫어하고 원하지 않는 것은 아니다. 원함과 원하지 않음은 대부분 나와 다른 사람과의 관계에서 말한 것이며, 나와 타인의 관계에서는 무엇보다도 감정의 교류가 중요하다. 따라서 원함과 원하지 않음은 바로 감정에 관해서 말한 것이다.

3. 욕망의 자유의지

공자는 욕망을 자유의지와 같은 것으로 보았는데 이는 물질과 상당히 다른 것이며, 감성적 욕망으로는 더더욱 설명할 수 없는 것이다. 그는 자신의 수양 과정을 언급하면서 "칠십이 되어 마음이 원하는 바를 따라도 법도에 어긋남이 없다."[44]고 했다. 보통 사람들의 이해에 따라서 보면, '마음이 원하는 바를 따른다'라는 것은 결코 어떠한 규범을 따르지도 않고 제한도 받지 않은 채 개인의 욕망대로 행동한다는 것이다. 그러나 공자가 말하는 '마음이 원하는 것을 따른다'라는 그것은 평생의 수양 과정을 거친 후 도달한 자유의 경지다. 그것은 자유로운 것이면서도 규범을 벗어나지 않는, 즉 '법칙'에 합치하는 것이다. 이것은 어떠한 '법칙'인가? 공자가 이에 대해 직접적으로 논하지는 않았지만, 그가 말한 "도에 뜻을 두고 덕에 거하며, 인에 의지하고 예에서 노닌다."[45]는 일종의 강령식의 언명에 근거하여 보았을 때, '법도(矩)'는 분명히 도를 가리켜서 말한 것이다. 도가 지칭하는 대상은 아주 광범위하다. 도를 얻거나 혹은 도에 도달할 수 있는 내재적 근거는 덕에 있다. 그리고 덕의 핵심은 바로 인이다. 이처럼 자유의지로서의 욕망은 도와 덕, 그리고 인과 떨어질 수 없는 것이다. 이는 '인간이 자신의 입법이 되는 것'이 아니라 인간과 천도가 하나가 되는 것이다. 심리적 작용에 관해 말하자면, 여기에서 말하는 욕망은 특수한 의미와 용법을 가진다. 이 욕망은 인생의 궁극적인 목적과 관련이 있으며, 그 내재적 근거는 바로 인덕이다. 그리하여 욕망은 다시 한번 감정과 관련된다.

맹자는 심성 학설에서 출발하여 욕망의 문제를 논했다. 이 때문에 욕망과 감정의 관계는 더욱 분명해졌다. 맹자는 "바랄만한 것을 일러 선이라 한다."[46]고 했는데, 여기에서 말하는 '바람(欲)'은 공자가 말한 "내가 인하기를 원하면 바로 인이 실현된다."라고 했을 때의 '원함'과 동일한 의미이다. 이들은 모두 어떠한 대상을 가지며, 그 대상은 바랄만한 것

---

44) 『論語·爲政』 "七十而從心所欲, 不踰矩."
45) 『論語·述而』 子曰: '志於道, 據於德, 依於仁, 游於藝.'
46) 『孟子·盡心下』 "可欲之謂善."

혹은 욕망이 추구하는 대상인 것처럼 보이지만, 이러한 욕망은 실제로는 대상을 가지지 않는다. 왜냐하면 바라는 것은 마음이 바라는 것이고, 바랄만한 것은 마음에 존재하는 '사단'의 감정 또는 '네 가지 본성'이기 때문에 이 바람, 즉 욕망은 마음이 본래 지닌 욕망이며 또한 자기 자신에 대한 욕망이다. 바꾸어 말하면 마음의 존재 즉 도덕 감정의 자아실현 작용인 것이다. 이는 맹자가 말한 '도리와 의로움에 기뻐한다.'[47]라고 할 때의 '기뻐함'과 동일한 언어적 구조를 지니고 있다. 즉 두 가지 모두 자발적으로 욕망하고 자발적으로 기뻐하는 것이다. 자발적으로 기뻐하는 것은 자아 체험이며, 자발적으로 욕망하는 것은 인간의 목적적 심리가 드러난 것이다. 따라서 이러한 것들은 선한 것이 된다.

　욕망과 감정의 이러한 관계는 맹자의 다른 설명에서도 증명될 수 있다. 바로 "그 감정은 선이 될 수 있다."[48]는 것이다. 여기에서 맹자가 말한 '정'은 감정이지 '실정'(實情)이 아니다. 사단과 같은 도덕적 감정은 선이라 할 수 있나. 이는 말하지 않아도 알 수 있는 것이다. 사단을 "바랄만한 것을 선이라 한다."라는 것과 연결해 본다면 그것은 아주 명료하다. "바랄만한 것"은 다른 것이 아니라 도덕 감정이다. 그러나 감정은 인간의 마음이 본래 지니고 있다. 그러므로 이것은 마음에 '있는' 것이지 무슨 '바랄만한 것'이나 '바랄만하지 않은 것'의 문제가 아니다. 왜냐하면 맹자가 말한 '바람', 즉 욕망은 마음 밖에 있는 어떤 대상에 대한 것이 아니라 자기감정의 목적적 자아실현이라는 심리작용이기 때문에 욕망이라고 간주할 수 있는 것이다. 이처럼 "그 감정은 선이 될 수 있다."라는 것과 "바랄만한 것을 선이라 한다."라는 말은 사실 같은 대상을 두고 말한 것이지, 서로 다른 두 대상에 대해 말한 것이 아니다.

---

47) 『孟子·告子上』 "聖人先得我心之所同然耳. 故理義之悅我心, 猶芻豢之悅我口."
48) 같은 책, 孟子曰: "乃若其情, 則可以爲善矣."

존재에 관해서 말했을 때, 감정은 마음에 갖추어져 있는 것이다. 욕망은 '그렇게 하지 않을 수 없는' 감정의 실현이라는 측면을 말한 것이다. 따라서 욕망이나 욕구로 표현된 것이다. 감정이 선할 수 있는 까닭은 그것이 바람을 통해 실현되기 때문이다.

4. 욕망의 생리심리학

욕망의 두 번째 차원은 생리와 심리 차원에서 말한 것으로, '욕'은 인간의 생리적 욕망과 현실 생활에서의 각종 물질에 대한 욕망을 뜻한다. 여기에서 말하는 '욕'은 '칠정'에서의 '욕'과 동일한 점이 있다. 그러나 독립적으로 욕망을 말할 때 유가는 항상 의미를 부여했다. 즉 유가에서 말하는 욕망은 생존 욕구와 물질 향유에 대한 탐욕을 초월한 욕망을 말한 것이지 '자연적' 욕망을 말한 것이 아니다. 여기에는 미세한 차이가 있다. 이것은 그다지 뚜렷하지는 않지만, 때에 따라서는 특별히 강조되기도 한다. 여기에서의 욕망과 감정의 관계는 첫 번째 차원과는 다르다. 두 번째 차원의 욕망은 대부분 생물적 자연감정과 관계가 있을 뿐 도덕 감정인 '사단'의 감정과는 관련이 없다. 공자와 맹자는 이미 이러한 차원에서의 욕망에 대해 주의를 기울이기는 했지만, 욕망과 감정의 관계에 대해서 특별히 논하지는 않았다. 오히려 후대의 유가에서 이 둘의 관계에 대해 더 많은 논변을 진행했다. 공자는 이렇게 말했다.

"부귀함은 사람들이 원하는 것이다. 그러나 도로서 그것을 얻은 것이 아니라면 그 부귀함에 머물지 않는다. 빈천함은 사람들이 싫어하는 것이다. 도로서 그것을 피할 수 있는 것이 아니라면 그 빈천함을 피하지 않는다. 군자가 인을 버리고서 어찌 군자라는 이름의 직분을 이룰 수 있겠는가? 군자는 밥을 먹는 동안에도 인을 어기는 법이 없다. 아주 짧은 시간에 반드시 이것에 말미암고, 넘어질 때도 반드시 이것에 말미암는다."[49]

부귀를 원하고 빈천을 싫어하는 것은 모든 사람이 가진 욕망이다. 공자도 예외는 아니다. 만일 부귀가 얻을 수 있는 것이라면 '말채찍을 잡고 귀인의 길잡이를 하는 사람'[50]이라도 될 것이지만, 도로서 부귀를 얻고 도로서 빈천을 피할 뿐이다. 도의 핵심은 인이다. '인에 거하고 의에서 말미암는다.'라는 것은 도로서 이를 얻는다는 것이다. 여기에서 공자는 인간의 욕망에 대해 도덕적 제약과 전제조건을 말하고 있다. 이는 욕망과 도덕이 반드시 대립적이라는 의미는 아니지만, 욕망 자체가 곧 도덕일 수는 없다는 의미다. 현실의 삶에서는 욕망의 충족을 위해 도덕을 거부하는 사람들이 있다. 공자는 이러한 것에 반대했다. 위에서 제시된 공자의 말이 그의 이러한 태도를 보여준다. 인과 도덕 감정 시이에는 필연적인 관계가 있지만, 욕망과 도덕 감정 사이에는 아무런 관계가 없다. 그래서 욕망의 문제와 직면할 때 무엇보다도 도덕 감정의 문제를 고려해야 하며 또 인을 가장 우선시해야 하는 것이다. 원헌과의 대화에서 공자는 일반적 욕망에 대해 논했다.

"남을 이기는 것과 자랑하는 것과 원망하고 욕심을 내는 것을 하지 않길 원한다면 인이라고 할 수 있습니까? 공자가 말했다. "그렇게 하기도

---

49) 『論語·里仁』 子曰: "富與貴, 是人之所欲也, 不以其道得之, 不處也; 貧與賤, 是人之所惡也, 不以其道得之, 不去也. 君子去仁, 惡乎成名? 君子無終食之間違仁, 造次必於是, 顛沛必於是."
50) 『論語·述而』 子曰: "富而可求也, 雖執鞭之士, 吾亦爲之. 如不可求, 從吾所好."

어려운 것이지만, 그렇다고 그것이 인인지는 나도 모르겠다."[51]

'극(克)'은 잘 이기는 것을 뜻하고 '벌(伐)'은 자신을 자랑하는 뜻이며 '원(怨)'은 원한이며 '욕(欲)'은 탐욕이다. 이 네 가지 현상은 모두 인격을 구성하는 심리에 관해서 말한 것으로, 감정이 있다면 욕망 또한 있게 된다. '원'은 뚜렷한 감정적 태도이다. '극'과 '벌'은 감정이면서 욕망이 결합한 것이고 '욕'은 욕망을 가리키지만, 여기에서는 탐욕의 의미가 더욱더 강하다. 이 탐욕은 보통의 정상적인 욕망과 정도의 차이가 있을 뿐만 아니라 성질의 차이도 있다. 이 네 가지 심리행위는 함께 인격을 구성하는 것일 뿐 아니라 인격의 부정적인 면이기도 하다. 이 때문에 공자의 제자 원헌은 이 네 가지 태도를 없애버리면 다른 사람을 인하게 대할 수 있는 것인지 물었다. 공자가 이에 대해 인하다고 인정해 주지 않은 것은, 인이란 네 가지 태도를 버린다고 해서 이루어지는 것이 아니기 때문이다. 그러나 어떻게 보면 이상의 네 가지 행위를 버릴 수 있는 것만 해도 매우 장한 일일 수 있으며, 이러한 의미에서 네 가지를 행하지 않는 것이 인을 실현하는 하나의 방법일 수는 있을 것이다. 이러한 대화에 비추어 보면 욕망과 인은 완전히 대립적이다. 이는 공자의 "자신의 사욕(己)을 이기고 예로 돌아가는 것이 인이다."[52]는 말과 일치한다. 여기에서 말하는 '기(己)'는 사사로움이나 사적인 욕망이며, 무릇 이러한 사욕에는 탐욕적인 성질이 있다. 공자의 이러한 입장은 유가의 일반적인 시각이다.

맹자가 "마음을 기르는 것에 있어 욕망을 줄이는 것보다 더 좋은 것

---

51) 『論語·憲問』 "克伐怨欲, 不行焉, 可以爲仁矣?" 子曰: "可以爲難矣, 仁則吾不知也."
52) 『論語·顔淵』 子曰: "克己復禮爲仁."

이 없다."⁵³⁾고 말한 것에서의 욕망은 확실히 인간의 감성적 욕망을 가리키는 것으로, 도덕 감정과는 아무런 관계가 없다. 그럴 뿐만 아니라 욕망이 강하다면 도덕적 감정이 발전하는 데 방해가 될 수 있다. 욕망도 인간의 감정(人心)이며 도덕적 감정도 인간의 감정이다. 그러나 서로 다른 점이 있다면, 욕망은 외물의 '유혹'을 받아서 생긴 것이라서 갈등을 일으킬 수 있다는 점이다.

> "사람됨이 욕망이 적으면 비록 마음을 간직하지 않아도 잃는 것이 적을 것이요, 사람됨이 욕망이 많으면 마음을 간직한다고 하더라도 간직되는 것이 적다."⁵⁴⁾

여기에서 말하는 '간직함'과 '간직하지 않음'은 도덕적 감각이나 양심을 가리켜서 말한 것이다. 욕망이 적은 사람은 설사 도덕적 감각을 지니지 못했다 하더라도 그 도덕적 감각을 해치는 일이 적겠지만, 욕망이 많은 사람은 설사 도덕적 감각을 지녔다고 하더라도 그 도덕적 감각은 아주 적을 것이다. 이는 욕망과 도덕 감정이 서로 충돌하는 면이 있음을 말해준다. '욕망이 적음'은 욕망을 없애자는 것이 아니다. '욕망이 적음'과 '욕망이 없음'은 다르다. 맹자는 욕망을 아주 부정하지는 않았지만, 그렇다고 어느 정도로 적게 할 것인지에 대해서는 정확하게 설명하지도 않았다. 다만 마음이 간직하고 있는 것, 즉 도덕 감정을 욕망이 제약해서는 안 된다고 보았다. 여기에서 다시 한번 말하지만, 유가는 인간의 욕망에 대해서 아주 조심스러운 태도를 보였을 뿐 모든 욕망에

---

53) 『孟子·盡心下』 孟子曰: "養心莫善於寡欲."
54) 『孟子·盡心下』 "其爲人也寡欲, 雖有不存焉者, 寡矣: 其爲人也多欲, 雖有存焉者, 寡矣."

반대하지는 않았다.

원시 유가는 욕망에 대해 아주 기본적이지만 아주 넓게 이해했다. 욕망은 인간의 심리적 욕망을 가리키는 것이지만 그것이 운용되는 방식은 달라서 여러 차원의 의미를 지니고 있다. 생존에 필수적인 물질적 측면의 욕망에 관해 말하자면, 유가는 결코 이것을 반대하지는 않지만, 고도로 경계하는 자세를 유지했다. 만약 욕망이 많거나 탐욕스러움에 이르게 되면 덕성에 방해가 되기 때문이다. 이러한 문제는 파악하기 매우 어렵지만, 감정과 욕망을 비교해 보면 무엇이 소중하고 소중하지 않은지를 제시할 수는 있다.

> "귀하게 되길 바라는 것은 사람마다 똑같은 마음이다. 그러나 사람들은 자신에게 귀함이 있다는 것을 생각지 못할 뿐이다."[55]

부귀를 욕망하는 것은 모든 사람이 똑같이 가진 마음이지만, 모든 개인이 소중한 것을 가지고 있다는 것을 생각하지 못할 뿐이다. '자신에게 있는 귀함' 즉 '본래부터 가지고 있는 귀함(良貴)'이란 바로 자신의 도덕 감정과 선한 본성이다. 이는 다른 사람이 나에게 줄 수 있는 것도 아니고 다른 사람이 가져갈 수 있는 것도 아니기 때문에 인간의 존엄과 가치라고 표현되기에 부족함이 없다. 만약 이 욕망과 도덕적 인격 간에 갈등이 발생하면 고민의 여지 없이 도덕적 인격을 선택해야 할 뿐이다.

> "삶도 내가 원하는 것이며, 의(義) 또한 내가 원하는 것이다. 이 두 가지

---

[55] 『孟子·告子上』 孟子曰: "欲貴者, 人之同心也. 人人有貴於己者, 弗思耳. 人之所貴者, 非良貴也."

를 겸할 수 없다면 나는 삶을 포기하고 의를 취할 것이다."[56]

생존, 이것은 인간의 가장 기본적인 욕망 그 자체이며 또 온전히 정당한 욕망이다. 어느 누가 살기를 바라지 않겠는가? '의'는 도덕적 의리이며 인간이 추구하는 것이자 모든 인간이 가지고 있는 도덕적 가치와 인격적 존엄이다. 이는 인간이라면 누구나 본래부터 가지고 있는 '양귀(良貴)'다. 그러나 이 두 가지 사이에 갈등이 발생할 때, 결코 구차하게 살아갈 수는 없기에 '삶을 포기하고 의를 취하는 것'이다. 이 둘은 서로 다른 욕망이며, 가치의 문제에서 볼 때 본질적으로 구별되는 것들이다. 그러므로 선택을 내려야 하는 것이다. 이 선택의 내재적 기반이 바로 감정이며, 따라서 감정이 욕망보다 더 중요한 것이다. 감정이 있어야 의도 있을 수 있기에 '감정의 의로움(情義)'이라고 하는 것이다. 이는 인간이 존엄할 수 있는 내재적 근거이며 생명적 가치가 존재하는 곳이다. 그저 먹고 살기 위해서 가치를 희생한디면 '의가 없는' 인간이 된다. 인간으로서 의가 없다는 것은 인간으로서 받을 수 있는 최대의 모욕이다.

VI. 결론

말한다는 것은 억압적 체계로부터 미끄러져 새로운 언어와 문법을 건립하는 과정이다. 이 과정에 쾌락이 생긴다. 말함의 행위는 즐거움이 되고 앞으로 무엇을 할지를 스스로 예감하며 결단하게 한다. 이를 통해

---

56) 같은 책, "生, 亦我所欲也: 義, 亦我所欲也, 二者不可得兼, 舍生而取義者也."

우리의 시냅스는 탄력을 더해간다. 말한 그 자리에 말만 지나간 것이 아니라, 말과 함께 이미지도 함께 지나간다. 그렇다고 이미지만 헛되이 바람처럼 지나가지 않는다. 이내 뿌리 없는 환각은 신체 현실의 구체성을 띤 환상으로 전환된다. 행복 하고자 하는 마음이 있는 한, 비록 그 마음이 부서지고 파편화된 이미지일지라도 말하는 현재 시점에서 과거의 기억과 미래의 예감이 재구성되기에 치유가 깃든다.

사람은 말함으로써 말속에서 스스로 자각하고 깨닫게 된다. 말, 언어는 곧 배움이다. 공자는 "태어나면서부터 아는 자(깨우침이 빠른 자)는 상등이고, 배워서 아는 자는 그다음이며, 깨우치는 데 부족함이 있지만 배우는 자가 또 그 사람 다음이다. 부족한데도 배우지 않으면 백성 중에서 하등이다."(孔子曰 生而知之者 上也, 學而知之者 次也, 困而學之 又其次也, 困而不學 民斯爲下矣,『논어』,「계씨」)라고 말한다. 분석가는 분석가의 말이 아닌, 내담자 스스로 그의 문법 체계에서 새로운 말이 나타나도록 안내하는 것에 분석가의 소임이 있다. 응당 내담자가 말할 주권마저 분석가가 가로채지 않도록 주의해야 한다. 더 나아가 분석가는 분석 상황에서 더 이상 타자의 말과 욕망이 내담자의 말을 사로잡지 않도록 보호하여 내담자 주체의 말과 욕망이 나오도록 해야 한다.

내담자 주체의 말과 욕망이 분출되는 것이 바로 '직면'의 다름이 아니다. 직면은 감각에 접촉되는 사물의 인상을 '있는 그대로' 맞이해보는 것을 말한다. 예컨대, 사건의 인상(이미지·소·리·냄새·빛·맛), 그 당시의 감정(분노, 슬픔, 외로움, 두려움, 불안, 고독, 절망, 우울, 죄책감, 수치심)을 자기 몸으로 느껴보는 것이다. 더 이상 수동적인 희생자가 아닌 책임지는 주체로 전환하기 위해서는 온전한 접촉(직면)이 필요하다. 접촉은 '감각에서 나타나는 느낌'을 알아차리는 것이다. 감각의 느낌은 더 이상 환상이 아닌 구체적인 현실감각(내가 지금 여기 이곳에 서 있다. 바닥에 발이 닿는 느낌, 엉덩이가 의자에 닿는 느낌, 냄새와 온도, 빛과 채도 등 예민하게 깨어있음)을 준다. 직면은 대면으로 이어진다. 온전한 접촉이 이루어지지 않으면, 온전한 대면도 이루어지지 않는다. 성급하게 인정하거나 회피, 투사, 치환하기도 한다. 이는 모두 병리적 환상을 만든다. 직면은 신체감각을 예민하게 깨어있게 한다. 이는 구체적인 현실감을 제공한다. 만일 자신의 욕구와 소원이 현실적 감각에 바탕을 두지 않는다면 추상적이거나 환상과 몽상에 빠지게 된다. 그때 자신은 주체가 아닌 타자에 의해 휘둘리는 객체가 된다. 이때 알아차림은 더욱 불분명하게 된다.

따라서 구체적 현실감에서 시작되는 소원과 욕망, 주체를 건립하기 위해서는 먼저 신체감각에 예민하게 깨어있어야 한다. 이는 구체적 현실을 체화하는 방법이다.

심화 3
정신의 사분면과 증상
도착증(피·가학증과 관음·노출증)을 중심으로

<내용 요약>

이 글은 실존정신언어분석과 정신분석을 기반으로 한 인간의 심리적 상태와 그 변화 과정을 다룬다. 실존정신언어분석은 내담자가 실존적 위기 상황에 처했을 때, 그 증상에 나타난 언어와 구조를 분석하여 새로운 관점으로 전환할 수 있도록 돕는 방법론이다. 프로이트의 정신분석 이론에 따르면, 인간의 정신은 '무의식-전의식-의식'과 '이드-자아-초자아'라는 두 가지 구조로 나누어지며, 이는 심리적 현상을 이해하는 중요한 틀을 제공한다. 정신의 사분면은 심리가 공간적 및 시간적 구조에서 어떻게 작동하는지를 설명하며, 언어를 통한 표현은 그 존재를 이해하고 현시하는 중요한 수단으로 제시된다. 또한, 감각과 지각을 통한 감정의 형성과 이를 통해 이루어지는 심리적 가공, 그리고 감정의 발현과 인지도식이 개인의 심리적 변화와 치유에 중요한 역할을 한다. 증상은 억압과 방어 체계의 산물이며, 이를 직면하고 언어화하는 과정에서 새로운 변화가 발생한다.

<핵심어>

실존정신언어분석(Existential Psychoanalytic Linguistic Analysis), 정신의 사분면(Four Quadrants of the Mind), 프로이트의 지형학(Freud's Geometrics), 감각과 지각(Sensation and Perception), 심리적 가공(Psychological Processing), 사물표상과 언어표상(Object Representation and Linguistic Representation)

<학습 목표>
- 정신의 사분면에 대한 이해: 인간의 정신을 사분면으로 나누어, 각 영역의 역할과 상호작용을 이해한다.
- 프로이트의 이론 분석: 프로이트의 정신분석학 이론을 바탕으로 감각과 지각의 관계를 설명할 수 있다.
- 언어와 정신의 상호작용 파악: 언어가 인간의 심리적 상태와 어떻게 상호 작용하며, 감각과 인지에 미치는 영향을 이해한다.
- 욕망이론의 적용: 소원 성취 개념을 통해 꿈이나 무의식적인 행동이 개인의 심리적 욕구와 어떻게 연관되는지 분석한다.
- 사물표상과 언어표상의 관계 탐구: 사물과 그에 대한 언어적 표상이 어떻게 연결되고, 이를 통해 인간의 정신적 구조를 파악한다.

<적용 실천>

자기 인식 향상: 자신의 감각, 지각, 감정 상태를 사분면 모델을 통해 분석하고 이해함으로써 개인적인 자기 인식을 높인다.

- 언어와 감정 표현: 언어가 감정과 정신 상태에 미치는 영향을 고려하여, 자신의 생각과 감정을 더 효과적으로 표현하는 방법을 적용한다.
- 무의식적인 욕망 이해: 꿈이나 비합리적인 행동을 무의식적인 욕망의 표현으로 이해하고, 이를 자신의 심리적 성장에 어떻게 나타나는지 성찰한다.
- 소원 성취 분석 실천: 일상에서 일어나는 감정이나 행동을 분석하여, 무의식적인 욕망과 어떻게 연결되는지 파악하고, 주체의 문법으로 욕망을 실천해 본다.

정신의 사분면과 증상
도착증(피·가학증과 관음·노출증)을 중심으로

<정신의 사분면>은 언어를 사용하는 인간의 심적 체계가 공시적 구조(공간의식)와 통시적 구조(시간의식)에서 작동되는 장소를 말한다. 프로이트는 정신의 사분면을 제1지형학(무의식-전의식-의식)과 제2지형학(이드-자아-초자아)으로 구조화해서 증상이 만들어지는 과정을 임상 논증하였다. 여기서 그가 말한 정신은 '무의식-전의식-의식'과 '이드-자아-초자아'가 교차 구동되어 현시한 것이다.[57]

<사분면>은 정신(마음, 인지, 의식, 감정, 이성, 언어)이 작동하는 장(場, field)이다. 장은 공시태와 통시태로 이루어진다. 공시태는 공간을 점유한 존재 사물을 지칭하고, 통시태는 존재와 사물이 어떤 양태와 속성을 지니고 있는지를 나타내거나 기술됨을 말한다. 예를 들면, "스승은 존재하는 것만으로 많은 것을 가르쳐 준다."라는 문장에서 '스승'은 공시태를 말하고, '많은 것을 가르쳐 줌'은 통시태를 말한다. 공시태는 유일무이한 개별 존재(또는 사물)를 말한다면, 통시태는 그 개별 존재를 나타내거나 기술됨을 말한다. 공시태는 존재를 표지하는 수직계열이라면, 통시태는 존재의 양태나 속성을 서술해 나가는 수평계열이다. 프로이트가 말한 '이드-자아-초자아'는 수직계열의 심적 상태(정신)를 표지한 것이고, '무의식-전의식-의식'의 수평계열은 수직계열의 '이드-자아-초자아'의 속성이나 양태, 국면(또는 상태)이 어떻게 나타나는지를 표지한 것이다. 본 글에서는 편의상 수직계열(공시태-개별 존재와 사물)을 y축이라고 기술하고, 수평계열(통시태-개별존재와 사물

---

[57] 그가 말한 정신은 마음, 인지, 의식, 감정, 이성, 언어를 통칭하는 단어이다. 즉 정신으로 귀속되는 마음, 인지, 의식, 감정, 이성, 언어는 모두 공시성과 통시성에서 작동된다.

의 속성과 양태 또는 국면을 서술)을 x축이라고 하겠다. y축은 공간성(확장과 수렴, 팽창과 수축, in-out), x축은 시간성(과거-현재-미래)을 의미한다. 정신(마음, 인지, 의식, 감정, 이성, 언어)은 y축과 x축의 교차를 통해서만 현시(representation)된다. 만일 y축만 있고 x축이 없다면 y축이 무엇인지 알 수도 없고 기술할 수도 없다. 언어로 표지된 모든 개별 존재와 사물은 반드시 x축으로 기술될 때만 이해되어 현시된다. 따라서 y축의 공시태는 x축의 통시태를 통해서만 의미화된다. 언어화될 수 있는 것만이 존재로서 현시된다. 그런 점에서 개별 존재 사물은 인간이 만든 언어구조에서만 나타난 것이다. 설명할 수 없고 이해할 수 없는 것은 존재와 사물이 아니다. 따라서 모든 존재와 사물은 자신의 존재성과 속성을 드러내기 위해 인간의 언어를 겨우 빌려서 그림자 하나를 걸쳐놓을 수 있었다.

<프로이트의 지형학> : 프로이트는 심적 체계의 작동을 초기 정신분석(꿈의 해석)에서 '무의식-전의식-의식'을 통해 설명해 나갔지만, 1920년 이후 '무의식-전의식-의식'의 국면과 서술의 주체를 '이드-자아-초자아'로 상정하기 시작했다. 즉 '이드-자아-초자아'가 언제, 어디에서, 어떻게 어떤 상황에서, 무엇을 목적으로, 왜, 무엇으로부터 억압되고 방어하는가에 대한 구조를 '무의식-전의식-의식'의 전변(퇴행, 억압, 반동형성, 격리 취소, 전치, 동일시, 투사, 내사, 역전)으로 설명하고자 했다.

<실존정신언어분석> : 싸나톨로지스트가(분석가, 상담가) 정신분석에서 (상실과 죽음과 같은) 실존적 한계상황에 처한 내담자의 심적

상태를 언어에 의해 나타난 증상의 구조와 인지 도식을 분석하여 다른 관점으로 전환할 수 있도록 하는 방법론이다. <실존정신언어분석>이 여타 정신의학, 또는 심리상담학과 다른 점이 있다면, <실존정신언어분석>에서는 증상을 치료의 대상으로 보지 않고 오히려 주체가 실천(praxis)해 나갈 수 있는 계기로 본다. 따라서 분석가가 내담자에게 문제 해결을 제시하거나 안심을 주거나 답을 제공하지 않는다. 또한 분석가의 언어로 내담자로 판단 규정, 봉합하지 않는다. 전이를 통해 내담자에게 보편성과 집단성, 당위, 상식의 횡포로부터 빠져나올 수 있도록 한다. 위반, 흔듦, 죽음, 부정성을 제공한다. 우연적이고 불가항력적인 사건을 주체의 필연성으로 전환 시켜나가게 한다. 이미 주어진 기존 세계 체계에 대해 의심하고 질문하는 'as if not'의 부정성을 도입한다.

I. 의식이 시원(始原)

1. 쾌와 불쾌는 어디에서 오는가? "쾌와 불쾌감을 느낀다."라는 말에는 이미 감각과 지각 작용이 개입해 있음을 알 수 있다. 감각과 지각의 차이는 무엇인가? 감각과 지각에는 사물이나 사태를 구별하고 판단하는 인지 작용이 포함되어 있다. 인지는 일차적인 '감각적인 인지'와 이차적인 '지성(이성)인지'로 구분한다. 1차 감각 인지와 2차 지성인지를 각각 감각과 지각으로 구분한다. 쾌감과 불쾌감은 일차적인 '감각적인 인지'에서 생긴다. 감각적인 인지는 신체적인 감각과 밀접한 관계에 있다.

2. 기본적으로 모든 생물의 1차 감각은 온도와 관계한다. 따뜻하다(溫), 뜨겁다(熱), 서늘하다(凉), 차갑다(寒)는 생명체가 지닌 항상적 체온의 상대적 느낌에서 나온다. 자신의 체온에서 벗어나면 좋지 않은 느낌이 들지만 자신의 체온과 상응성을 이루면 좋은 느낌이 든다. 따라서 감정의 형성은 감각에 의한다. 감각은 동물의 생존 연장의 본능에 기초한다. 감각은 일차적으로 자신과 외재적 환경과의 '**차이**'를 느끼고 구별하는 것에서 '**자기동일성**'을 지키고자 한다. '자기동일성'과 다른 '차이'를 아는 것은 감각이 지닌 본성이다. 일상의 반복과 습관, 관성의 법칙은 '자기동일성'을 유지하고자 하는 감각의 발현일 수 있다. 갈등과 스트레스는 '차이'에서 느껴지는 감정이다.

3. 감정 중에서도 기쁨과 즐거움은 자신이 지닌 환경적 요소가 외재적 환경과 일치가 될 때 생기는 감정이며, 분노와 슬픔은 '차이'와 '구분됨'에서 생기는 감정이다. 감정과 정서는 감각에 기초한다. 뜨거움, 차가움, 따뜻함, 서늘함의 감각은 근육의 '수축'과 '이완'에 관계하며 또한 이들 감각적 느낌은 신경전달물질과 상관성을 갖게 되고 다양한 감정과 정서를 형성한다. 그러나 이는 우리의 감각을 통해서 외부의 사물을 인지하는 것으로, 사물의 본성을 꿰뚫는 지성으로써 인식은 아니다.

4. 따라서 감각을 통해서 무질서하게 인상(이미지화)되는 인지는 감정과 '동일시'의 상태에 놓이게 된다. 지성(이성)으로서 인지는 2차 인식이다. 그것은 사물들의 성질과 인과관계를 꿰뚫어 보는 능력이다. 이러한 인식은 사물들을 '우연'이 아닌 '필연'적인 인과법칙으로 이해한다. 즉, 과거와 현재 그리고 미래에 대하여 사물을 우연적으로 모호하

게 인식하는 것이 아니라 필연적인 인과의 법칙을 통해 명료하게 인식한다. 이러한 인식에서 인지는 필연성 속에서 인과의 고리들을 명확하게 인식하고 그것을 통해 사물들의 운동을 이해한다. 이런 직관적 인식은 인간 스스로 자기 자신에 대해 내적인 인과성을 파악하고 이를 통해 감정의 객관화를 획득한다.

II. 심리적 가공

심리가공 기제가 '증상'이라는 단어로 표현되기까지는 오랫동안 논증의 과정을 거친 것이다. 우리의 심리는 애초에 가능한 한 자극으로부터 자유로워지려고 한다. 따라서 심리 기제는 외부 자극에 즉각 모든 감각적 흥분을 운동 경로로 방출하는 반사 장치의 구조를 지닌다(예컨대, 구심성 신경과 원심성신경의 종합과 해석). 그러나 언어를 사용하는 인간은 생명의 절박성 앞에 유기체의 단순한 기능보다 복잡한 구조를 발달시킨다. 생명의 절박성은 우선 커다란 육체적 욕구의 형태로 심리 장치에 와서 부딪친다. 내적 욕구 때문에 생겨난 흥분은 <내적 변화> 혹은 <감정 변화의 표출>이라고 부를 수 있는 운동성으로 배출의 길을 찾는다. 예컨대, 배고픈 아기는 속수무책으로 울부짖으며 발버둥친다. 내적 욕구에서 생겨난 흥분은 순간적인 충격에서 기인하는 것이 아니라, 지속적으로 작용하는 힘이기 때문이다. 울음이 그치는 것은 아기의 경우, 엄마의 도움으로 내적인 자극을 종식하는 <충족 체험>을 얻은 다음에야 일어날 수 있다. 그러한 체험의 본질적인 구성요소는 어떤 지각(우리의 경우는 음식물에 대한 지각)의 출현인데, 그것의 기억 이미지(Errinnerungsbild)는 욕구흥분(Bedürfniserregung)의 기억흔적(Gedächtnisspur)과 연합하기 때문이다.[58]

그렇게 형성된 연합의 결과, 다음번에 욕구가 다시 일어날 때, 지각의 기억 이미지에 <심리 에너지가> 투여되어 지각 자체를 다시 불러일으키려는, 다시 말해 최초의 충족 상황을 복구하려는 심리적 충동이 발생한다. 그러한 충동을 소원(Wunsch)이라고 부른다. 그리고 그러한 지각의 재출현(Wiedererscheinen)이 바로 소원성취인데, 소원성취의 지름길은 욕구흥분으로부터 시작된 심리적 에너지를 완전히 지각에 투여하는 것이다. 따라서 그러한 최초의 심리 활동의 목표는 <지각의 동일성> 즉 욕구 충족과 결합하여 있는 지각의 반복을 발생시키는 것이다."[59] 프로이트가 말하려고 하는 요지는 간단하다. 그것은 다음과 같은 논리로 전개되어 있다.

(1) 인간의 심리 장치는 감각적 자극을 가능한 한 빨리 (즉 최소한의 경로로) 운동을 통하여 방출하려고 한다.
(2) 생명의 절박성은 무엇보다도 육체적 욕구(가령 배고픔)로 나타나고, 욕구에 의한 흥분은 감정의 변화(아기가 울거나 발버둥을 치는 것)로 표출된다.
(3) 그러한 흥분은 외부의 도움(가령 어머니의 수유)에 의한 충족 체험이 있고 난 이후에 종식된다.
(4) 이때 욕구 충족(가령 포만감) 이외의 어떤 지각(가령 젖과 젖가슴이

---

58) 프로이트,「과학적 심리학 초고」,『정신분석의 탄생』, pp. 244~247, 임진수 역, 열린책들(2009)
59) 프로이트는「플리스에게 보낸 편지」에서 "성적 긴장은 그것이 강하게 일어날 때 심리적 가공에 의해 성공으로 변하지 못할 경우 모든 불안으로 변형된다."라고 말하고 있다. (프로이트 블리스에게 보낸 편지, <원고 B>,『정신분석의 탄생』, 임진수역, 열린책들, pp. 46~47)

관계된 모든 지각)이 출현하는데, 그것에 대한 기억 이미지는 욕구흥분에 대한 기억흔적과 결합하여 심리에 기록된다.

(5) 그러한 결합의 결과, 다음번에 욕구가 다시 일어날 때, 그 지각의 기억 이미지에도 심리 에너지가 투여되어 지각 자체를 다시 복구하려는 심리적 충동이 발생한다.

(6) 프로이트는 그러한 충동을 소원이라고 부르고, 최초의 지각이 재출현하는 것을 소원성취라고 부른다.

(7) 한편 그러한 소원성취의 지름길은 욕구흥분으로부터 시작된 심리적 에너지를 완전히 지각에 투여하는 환각이다.

(8) 따라서 최초의 심리 활동의 목표는 <지각의 동일성> - 즉 지각적으로 최초의 충족 체험과 동일한 것을 반복 발생시키는 것이다.

프로이트의 소원은 **<지각의 동일성>**을 강조한다는 점에서 생물학적인 사실에 기초하고 있다. 사실 프로이트의 소원은 성취라는 용어와 분리해서 생각할 수 없다. 그는 항상 <소원싱취>라는 복합병사를 선호한다. 프로이트의 소원이라는 개념을 떠받치고 있는 세 축은 <지각의 동일성>, <환각적 성취> 그리고 <꿈>이라고 할 수 있다.[60] 그것은 어찌 보면 당연한 결과라고 할 수 있다. 왜냐하면 최초의 충족 체험 시에 일어난 지각을 되찾을 수 있는 유일한 방법은 환상밖에 없기 때문이다.[61]

---

60) <지각의 동일성>은 최초의 지각과 일치하는 것을 현실에서 <찾는> 것이 아니라 최초의 지각 자체를 <되찾는> 것이다. 앞에서 인용한 꿈의 해석에서도 <복구한다>라고 말하고 있을 뿐 아니라, 부정」(1925)이라는 논문에서도 <되찾다>라는 표현을 사용하고 있다. "현실 검증 최초의 직접적인 목적은 현실 지각에서 표상된 것과 일치하는 대상을 찾는 것이 아니라, 그것을 되찾는 것, 즉 그것이 아직 있다는 것을 확신하는 것이다." 「부인」, 『정신분석학의 근본개념』, 박찬부 역, 열린책들, 449쪽.

61) 프로이트 상담기법의 핵심은 사후성(Nachträglichkeit)에 있다. 사후성은 현재의 심상에서 자신이 어떻게 될 것인가를 예감(예감, 직감)하면서 과거의 사건(이미지, 인상, 기억-사물표상)을 현재의 관점에서 떠올려 회상(재구성-선택, 비교, 판단)하면서 이전에 몰랐던 사건의 전모를 인과적 이해(단어표상)를 하게 된다. 따라서 프로이트는 ①흥분되고 긴장된 자극을 해소하거나, ②사물 표상으로서의 이미지(무의식)를 적합한 단어 표상으로 상

III. 프로이트의 사물표상과 단어표상

1. 외부 자극에 대해 신체감각은 자신의 내부 환경의 안정화 원리에 따라, 감각(해석)한 첫 번째 신체화된 인상(이미지)을 해소하기 위해 다른 것으로 대체하여 번역 해소하려고 한다. 이렇게 하나의 자극을 다른 것으로 대체하여 번역 해소하고자 하는 것을 '지각'이라고 한다. 그리고 이렇게 외부 자극(A)을 다른 것(B)으로 번역하는 메커니즘을 언어라고 명칭 한다. 그래서 지각은 '언어-표상'으로 구조화되어 있다.

2. 프로이트는 첫 번째 외부 자극(A)을 은유 또는 억압이라고 칭한다. 여기에는 쾌락과 불쾌의 원칙이 작동한다. 프로이트가 말한 무의식의 내용물은 상실한 쾌락(엄마의 젖가슴)을 찾고자 하는 방황의 여정에서 미끄러져 형성된 침전물이다. '무의식-전의식-의식'은 충동이 어떤 국면(쾌락원칙과 현실원칙)에서 나타나는가를 명시한 용어이다. 그래서 이 침전물을 잘 들여다보면 사건이 보인다. 그 사건이 어떻게 내담자에게 그렇게 반응하게 했는지, 그는 왜 그렇게 반응할 수밖에 없는지 알게 된다. 증상은 억압과 방어체계로 형성된 무의식의 침전물이 고착(원억압, 원외상)된 것이다. 증상이 곧 억압과 방어의 지문이기에 증상

징화, 의미화(의식화)하는 것, ③불쾌한 사물 표상을 좋은 이미지로 연관시키거나 대체, 환기하는 것을 치료의 방법으로 제시한다. 그러나 만일 ①,②,③의 요소를 온전히 대면(직면)하거나 할 수 없다면(즉 주체의 부재) 외상이 된다. 정신분석에서 말하는 주체는 사건이 주는 자극과 이미지에 대해 저항(대면, 직면)하는 의미에서의 주체이다. 증상, 회상, 반복 강박, 재현하는 것도 엄밀히 말하면 무의식적 성충동(자아의 의지와 상관없이 실재가 도래하는, 즉 사물 표상이 단어 표상으로 연결하고자 하는 충동)이 자신을 드러낸다는 의미에서 주체라 말할 수 있다. 만일 사건에 대한 회피와 도피, 연기, 금지와 억압, 대체물로만 이루어진다면(→그래서 성충동이 의식으로 드러나지 못하고 무의식으로 남겨진다면), 주체가 들어설 자리가 없고 치료와 더욱 멀어진다. 따라서 정신분석의 요체는 '무의식의 의식화'에 있다. '무의식의 의식화' 과정은 ①적합한 단어 표상, ②올바른 연결(이해와 의미화), ③주체의 재현 작업 과정이다.

을 직면하고 현시하면 새로운 변화가 나타난다.

3. 외부 사건이 신체에 문신된 것(은유와 억압)이 사물표상이다. 언어-표상은 사물표상을 다른 것으로 대체해서 해소해 나가는 것(환유와 방어)을 의미한다. 이렇게 해소해 나가는 과정이 곧 언어이다. 언어는 인식의 사유 과정이다. 따라서 사유, 생각, 이성, 감정, 마음, 인지는 모두 체화된 무의식의 기능들이다.

4. 그러나 지금까지 뇌-생리의학자들은 무의식을 뇌의 어떤 특정 부위에서 작동하는 것으로 실체화해서 이해하고자 했다. 심지어 심리학자들마저 의학의 권위를 빌려 무의식을 고정화(명사화)해서 실체화하는 오류를 범했다. <실존정신언어분석>에서는 고착된 무의식을 깨워 자신의 무의식이 처음 어떻게 형성되었는지를 내담자 스스로 자각하게 한다. 그리고 그것이 결국 사신을 시키고자 했던 사랑의 표현임을 자각한다면 증상의 강도는 약화 된다. 거기에서 새로운 주체가 탄생한다.

IV. 감정발현과 인지도식

1. '감정발현'은 기질 및 성향. 곧 그 사람의 '의식구성'과 '의식구성의 작동 방식'과 동일하다. 비록 동일한 사건이라고 하더라도 그 사건을 바라보고 이해한 당사자의 도식 즉 '바라봄'과 '이해'에 따라 달리 해석된다. 개별 유기체가 처한 상황이나 조건, 국면, 위치뿐만 아니라 당사자의 성품과 성향 기질과 인식 태도, 대상과의 관계 방식, 내담자의 환

경(가족 체계의 역학관계뿐만 아니라, 과거 경험과 질병 등)에 따라 감정의 양태는 다르다.[62]

2. 감정은 이미 도달해야 할 목표를 직각적으로 인지하고 있기에, 자신의 감정이 어떻게 구성되어 나타나는지를 명료하게 바라보는 것만으로도 치유의 효과가 있다. 인지(cognition)는 이성, 자각, 판단, 선택, 시비, 의도, 지향적 개념이 함께 내재해 있다.[63] 판단과 선택의 토대에는 언제나 신체의 경험인 쾌, 불쾌의 호오(好惡)가 있다.[64] 인지는 사태에 대한 알아차림, 깨어있음을 의미한다. 인지는 어떤 사태에 대해 희로애락 하는 자신의 감정으로부터 한 발짝 물러나, 자신의 감정을 주시(알아차림, 거리, 객관화)하는 것이다. 자신을 감정과 동일시하는 상황

---

[62] 로티(A. O. Rorty)는 감정은 대상에 대한 인지 판단에서만 나오는 것이 아니라 그 외의 다른 원인이 복잡하게 얽혀서 발생하는 것이라고 주장한다. 특히 한 개인이 가지고 있는 성향들(dispositions)이 감정을 발생시키는 중요한 근거가 된다고 말한다. 로티에 의하면, 하나의 성향은 연쇄적으로 다른 성향을 끌어오는데, 그 연쇄적인 성향들이 감정을 만들어내는 요인이라는 것이다. 이것을 그는 자화 성향(磁化 性向, Magnetizing Disposition)이라고 부른다. 그에 따르면, 자화 성향들은 개인 역사적, 사회문화적, 유전자적 요소가 교직(交織)되어 있다. 그의 주장대로라면, 감정의 원인은 그 대상에 관한 판단과 일치하지 않을 수 있다. 따라서 감정의 원인을 찾기 위해 우리는 단순히 대상 판단을 점검할 것이 아니라 주체가 인지하지 못하는 넓은 무의식적 맥락을 검토해야 한다.

[63] 월터 프리먼(Walter J. Freeman), 진성록 옮김, 『뇌의 마음』, 부글(2007), pp. 211-220 참고.

[64] 윤리학의 기초는 몸의 느낌(체화)에 토대를 두고 논의할 필요가 있다(知之者不如好之者, 好之者不如樂之者). 이는 이념에 함몰해 있는 현대 윤리학의 한계를 넘어갈 수 있는 기초가 된다. 서양의 윤리는 몸의 느낌보다는 이상적 이성의 원리와 기준으로부터 시작된다. 칸트의 절대 윤리는 순수이성의 보편적이고 객관적 원리의 정립으로부터 출발한다. 이런 점에서 보면 서양의 윤리학은 강제성에서 자유로울 수 없다. 몸의 느낌에서 출발하지 않는 윤리적 실천은 강제성을 수반할 수밖에 없고 이 강제성은 오래가지 못한다. 서양 윤리학의 맹점은 여기에서 비롯된다. 즉 몸의 느낌이 아닌, 제3의 외부적 규칙의 강제성에서 비롯되는 윤리는 지속적인 실천성을 확보하기가 어렵다. 동양 유학에서 말하는 추기급인(推己及人, 자신을 미루어 헤아려 자신이 좋아하는 것을 상대방으로 하여금 할 수 있도록 하고, 자신이 싫어하는 것을 상대방에게 하지 않는 것)은 공감의 원리가 된다. 호오(好惡)의 몸의 느낌은 선악(善惡)의 윤리적 기초가 된다. 몸의 느낌에서 출발한 좋음과 싫음을 전제로 하지 않는 어떠한 윤리도 오래 지속되지 않는다.

이라면(제어하지 못한다면) 그 감정은 어디로 튈지 모르는 럭비공이 되기 때문에 마음의 평형을 이룰 수 없다. 인지는 현실원칙으로 사태를 파악하고 대처하는 심적 작용이다.

3. 감정은 기본적으로 동기와 행위에 관한 것이며, 목표를 설정하고 개체가 행위 할 수 있도록 준비시키는 것이다. 반면 인지는 지식에 관한 것이며, 상황을 분석하고 행동을 결정하는 것이다. 감정은 인지에 앞서 작동한다. 그리고 실존은 감정에 앞선다. 뇌-생리학에는 실존적 감정을 번역하고 해석할 언어가 없다.

4. 이렇게 감정발현은 '인지도식'와 밀접한 관계를 지닐 뿐만 아니라, 외부 자극에 대해 선-반성적으로 반응한다. 선-반성적으로 반응한다는 것은, 이미 외부 자극 대상에 대해 유기적으로 연결되어 온-신체 감각으로 반응한다는 것이다. 그런 의미에서 인지도식은 신체화된 무의식이다.[65] 인지도식은 일정한 시간성(과거-현재-미래의 시간의 종합 형식, 틀, 패턴)과 공간성(신체의 골격구조와 생리 기능, 몸 감각의 방향성-안/밖, 상하/좌우, 수평/수직, 사선, 대척, 지향, 균형 등의 공간/지각 감각)을 지닌다. 이러한 시간성과 공간성은 언어체계에서도 여실하게 나타난다. 예컨대 영어 문법의 5형식과 사건해석의 육하원칙은 전형적인 인지구조와 의식구성의 명제적 특성을 나타낸다.

5. 그렇다면 손상된 감정을 치유하려면 어떻게 해야 할까? <실존정신언어분석>에서는 먼저 신체적 감각을 통해 해소할 것을 권고한다.

---

[65] M. 존슨, 노양진 옮김, 『마음속의 몸』, *The Body in the Mind : The Bodily Basis of Meaning, Imagination, and Reason*, 철학과 현실사(2000) 참고.

신체감각은 현재 자신이 서 있는 '위치감각'을 지각하게 한다. 그 지각 위에 구체적인 현실감을 갖게 되고 그 위치에서 사물을 바라볼 때 환각에서 벗어날 수 있다. 내담자의 감정과 인지가 다른 사람의 것으로 대체되거나, 신체적 지각이 아닌 메타-버스식 가상공간의 이미지로 구성된다면 이내 뿌리 없는 환각이나 파편화된 이미지에 시달리게 된다. 감정은 외부 사태에 대해 신체 내부 환경의 반성(회의)으로 나타난 현상이기에 자신만의 고유한 문법으로 표현해야 치유된다.

V. 정신의 사분면

1. 사분면은 대상에 대해 심상이 작동하는 위치의 좌표를 상징-기호화한 것이다. 따라서 심상의 위치를 평면도의 정위점으로 표식 되었다고 해서, 마음의 작동이 일정한 위치에 고정된 것은 아니다. 그 정위점은 오히려 입체적이다. 평면도는 바라보는 사람이 동일한 위치에서 바라보는 것이라면, '입체적'이라는 말은 바라보는 사람의 위치와 보이는 사람의 관계가 서로 상대적이다. 우리는 서로가 서 있는 위치에서 상대방을 재단하고 판단 유추 해석한다. 때로는 사물에 대한 해석과 이해가 다른 위치에서 성립한 것임에도 불구하고, 보편성과 상식이라는 이름으로 동일한 위치에서 바라볼 것을 강요받는다. 심지어 동일한 위치에서 이탈하면 잘못된 것으로 낙인 받는다. 그렇다면 진리란 어디에 있는가? 진리는 부단한 과정 중에 잠깐 나타날 뿐이다.

2. 심상(心象)은 자아가 만든 이미지이다. 자아는 심상을 구성한다.

자아는 y축의 공간 위계(계열)에 따라 초자아, 자아, 이드로 변형되는 주체이다. y축의 위계(계열)에 있는 주체는 x축의 시간 국면에 따라 무의식-전의식-의식의 양상으로 이동(전환, 변환)된다. 언어학에서 보면 y축은 주어(주체)이고, x축은 양태동사(형용사)이다. 정신분석에서 보면 y축은 억압(불쾌, 긴장)이고, x축은 방어(쾌, 해소)기제이다. 사분면의 공통 주어(주체)는 자아이다. 이 자아는 사분면의 위치에 따라 속성을 달리한다. 심지어 동일한 사분면에 위치한 자아가 어디를 바라보고 지향하는가에 따라 증상은 달라진다. 예를 들면, 사분면 A에 위치한 신경증의 경우, 동일한 위치에 있는 자아가 초자아를 지향하는가 아니면 의식을 지향하느냐에 따라 강박증, 히스테리증으로 나타난다. 이 증상은 안정화의 욕망(불쾌를 쾌로, 억압과 긴장을 방어와 해소로)을 이루고자 한다. 이렇게 보면, 강박증은 초자아를 지향하면서 불쾌적 긴장을 해소하고자 하는 증상이고, 히스테리는 의식을 지향하면서 불쾌적 긴장을 해소하고자 하는 증상이다. 초자아는 명령과 금지, 터부시의 상징성이다. 이는 죄책감과 수치심을 생성시킨다. 즉 강박증은 죄책감과 수치심을 통해서 자기 안정화(정체성)를 찾는다. 반면에 의식화는 탐색과 예기, 불안과 결여의 상징성으로 이를 통해서 자기 안정성(정체성)을 찾는 구조이다. 강박증은 규범과 규칙, 도덕과 양심을 고착 사수한다. 그러나 히스테리는 규범과 규칙, 도덕과 양심을 해체하고 위반한다.

3. 사분면에 위치한 각각 자아의 속성은 어떻게 다른가? A분면과 B분면의 위치한 자아를 예로 설명해 보자. A분면에 위치한 자아는 'y2·x2'이고 B분면에 위치한 자아는 'y2·-x2'이다. x축은 시간성을 y축은 공간성을 나타낸다. 그리고 시간성과 공간성이 교차할 때 다음과 같

은 현상이 생성된다. y축은 위(上)와 아래(下)로 구분된다. 이는 억압과 상하·내외·굴신(up-down, in-out) 구조를 의미한다. x축은 고금·왕래로 구분된다. 이는 방어기제로 좌우·출입의 양태(양상, 국면, 상황) 구조를 의미한다. y축은 억압의 '세기와 강도'를 의미하고, x축은 방어의 '속도(스피드)와 이동'을 의미한다. 따라서 동일한 자아라고 하더라도 자아의 위치('y2·x2', 'y2·-x2')에 따라 그 속성과 양태는 달라진다. 이는 증상의 생성과 밀접한 관계를 맺는다.[66]

VI. 가학증과 피학증

일반적으로 가학증(sadisme)은 성충동이 타인에게 육체적 고통이나 치욕을 가함으로써 충족을 느끼는 성도착증이고, 반대로 피학증(masochisme)은 스스로 고통이나 치욕을 겪으면서 성적인 충족을 느끼는 성도착증으로 규정된다. 그 두 도착증을 완전한 형태로 기술한 최초의 인물은 크라프트-에빙(Krafft-Ebing)이다. 그는 전자의 용어를 프랑스의 작가인 사드(Sade; 1740-1814) 후작으로부터 가져왔는데, 능동적이지만 수동적이기도 한 고통-성애증(algolagnie)에 큰 자리를

---

66) ※ y축에 있는 자아는 억압의 '세기와 강도'에 따라 초자아-자아-이드로 상징화할 수 있다. 이는 x축(방어기제)의 '속도(스피드)와 이동'에 따라 무의식-전의식-의식의 국면(양태, 형용)으로 나타날 수 있다. 모든 존재(사물)는 그 자체로 있지 않다. 그 존재를 드러내고자 욕망한다. 모든 사물은 불안(상실, 결여)의 존재이다. 모든 불안(상실, 결여)의 존재(사물)는 불쾌적 요소를 없애기 위해 운동(욕망)한다. '~는 ~이다'로 표현할 때, '~는' 주어(사물, 주체, 존재)는 반드시 '~이다'라는 양태(형용) 동사로 현시된다. 현시의 목적은 욕망(소원)을 이루고자 하는 몸부림이다. 프로이트는 y축의 존재 계열(초자아-자아-이드)을 억압(불안, 상실, 결여)의 상징으로 보았고, x축의 시간성(무의식-전의식-의식)을 억압의 방어(해체, 위반, 이완)기제의 상징으로 보았다.

할애하고 있다. 가학증과 피학증은 동일한 도착증의 양면이다. 즉 가학증자는 항상 동시에 피학증자이다. 다음에서 가학증과 피학증 임상의 연원이 되는 프로이트와 라캉의 관점과 이론을 살펴보자.

1. 프로이트의 가학증과 피학증

프로이트는 가학증-피학증을 일반적인 충동의 문법, 즉 상실된 쾌감을 향한 의지로 연결한다. 그것은 관음증 노출증의 구조와 같다. 가학증과 피학증은 관음증과 노출증과 마찬가지로 수동적인 피학충동이 따로 없기에 능동적인 가학 자신으로 선회하고 반전함으로써, 수동적인 피학증으로 발전한다는 것이다. 따라서 가학증이 피학증에 선행하고 피학증은 능동적인 가학증 자가 자신으로 선회해서 수동적으로 반전된 것이다.

그 변화 과정을 좀 더 상세히 설명하면, 첫 번째 단계는 어떤 사람에게 폭력과 힘을 행사하는 ①능동적인 가학증 단계이고 두 번째는 가학증의 능동성은 그대로 있고 대상이 다른 사람에게서 자신으로 바뀌는 ②수동적 단계로 자기 자신에게 폭력과 힘을 행사하는 자기 처벌과 자기학대를 그 예로 들 수 있다. 마지막으로 세 번째는 다른 사람으로 하여금 자기 ③자신을 고통스럽게 하게 하는 대상화 단계이다. 그것은 관음증 노출증의 마지막 단계에서, 응시 충동의 주체가 동일시에 의해 밖으로 나가 타자에게 외부의 다른 자아로 투사되어 그 타자로 하여금 자신을 보게 하는 것과 같다. 말하자면 프로이트의 말대로, 가학증의 능동태가 자기 자신으로 선회하는 데에는 두 단계가 있는 것이다. 하나는 주체 자신이 자기 자신을 고통스럽게 하는 단계로 <재귀적인 수동태>

이고, 다른 하나는 고유한 의미에서 피학증을 특징짓는 것으로 주체가 외부의 타자로 하여금 자기에게 고통을 가하게 하는 **<능동적 수동태>**의 단계이다.

첫 번째 단계의 가학증은 성적 쾌락과 관계가 없는 것으로, 흔히 말하는 타자를 지배하려는 일반적인 가학증이다. 그것은 고유한 의미(즉 성적인 의미)의 가학증이 아니다. 고유한 의미의 가학증은 마지막 단계에 발생하는 성적인 의미의 미학이 소급적으로 가학증적인 환상에 참여할 때 발생한다. 그것은 무엇을 의미하는가? 타인에게 고통을 가함으로써 성적 쾌락을 충족시키려는 고유한 의미의 가학증 목표는, 피학증이 정확히 가학증의 반전(수동성으로 변한 활동) 뒤에야 비로소 가능해진다는 것을 의미한다. 사실 프로이트는 가학증이 차라리 근원적으로 타자의 굴욕이나 지배를 겨냥하고 있다고 주장하면서, 피학증적인 반전에서 비로소 고통의 감각이 성적 흥분과 결합할 수 있다고 강조하고 있다. 그런데 어떻게 나중에 나온 피학증이 가학증에 소급적으로 의미를 부여할 수 있단 말인가? 그것은 가학증자가 고통을 가하는 가학 행위 자체에서 직접적으로 쾌락을 향유하는 것이 아니라, 그 순간에 고통스러워하는 대상에 동일시함으로써 피학증적으로 즐기는 것이다. 프로이트가 강조하는 것은, 가학-피학증적인 환상에서 타자와의 동일시의 역할이다. 프로이트는 피학증에서, "수동적 자아는 자기 예전의 자리, 즉 지금은 외부 주체에게 양도한 자리(가학증의 자리)에 자신을 위치시킨다."라고 말하고 있다. 마찬가지로 가학증에서는 "타자에게 고통을 가하면서, 동시에 고통스러워하는 대상과의 동일시를 통해 피학증적으로 그 고통을 즐긴다."[67]고 말하고 있다.

---

67) 그러한 환상은 일반적으로 변형된 표현으로 의식으로 돌아올 수 있다. 유명한 「매 맞는 아이」(1919)의 경우가 바로 그러한 환상의 경우이다. 프로이트는 환상의 표상을 히스

프로이트가 피학증적인 환상을 통해 증명해 보이려고 한 것은, 가학증과 피학증의 관계에 대한 명제이다. 첫째, 가학증은 고통을 당하는 대상과 동일시함으로써 피학증적인 쾌락을 즐긴다는 것이고, 둘째, 일차 시기의 능동적 가학증은 3차시기의 수동적 피학증에 이르러 비로소 소급적으로 성적 의미와 쾌락이 부여된다는 것이고, 셋째, 3차시기의 피학증적인 주체가 <자기에게 고통을 가하게 하는> 타자는 마지막 시기의 노출증에서처럼 수동적 자아가 밖으로 나가 타자와 동일시된 <다른 자아>라는 것이다. 이것은 가학-피학증의 구조가 관음증 노출증의 구조를 그대로 따르고 있다는 것을 보여준다. 예를 들면 다음의 예문을 통해 어떻게 해서 도착증이 치유적 기제로 선회할 수 있는지 살펴보자.

2. 도착증을 통한 치유기제

"나는 나를 바라보는 나를 보았다." 이 문장에는 3개의 '나'가 존재하고 이 문장을 읽는 '나'가 있다. 즉 이를 다시 "③나는 ①나를 ②바라보는 나를 보았다."로 구분해서 설명해 보자. ①의 '나'는 문장 속에 대상화된 나이며, ②의 '나'는 문장 속에서 대상을 바라본 '나'이다. ③의 '나'는 나를 바라보는 나를 보는 '나'이고, ④의 '나'는 문장에는 보이지 않지만(부재) 바라보았다고 말하는 발화 주체로서의 '나'이다. 이렇게

테리 환자나 강박증 환자에게 적용하고 있다. 거기에는 쾌감과 자위적인 만족이 자주 결부된다. 그것은 거부되었다가도 되돌아오는 왕복 운동을 반복한다. 프로이트는 네 가지 사례, 첫 번째 시기는 환상이 <아버지가 자신이 증오하는 아이를 때리는> 형태로 나타난다. 그것은 어린 시절의 원시적인 경쟁을 잘 보여주고 있다. 두 번째 시기는, 주체 자신이 매 맞는 것이다. <나는 아버지에게 매 맞고 있다.> 그러한 피학적 단계에서는 매 맞는 행위가 오이디푸스적인 죄책감을 충족시키고, 동시에 퇴행적인 방식으로 쾌락의 획득을 허락한다. 세 번째 단계에 이르면, 때리는 사람도 매 맞는 아이도 특정한 모든 동일성을 잃어버린다. 그러한 사실로 환상이 검열에 의해 용인된 새로운 형태로 의식에 머무르게 된다. 「피학증의 경제학적인 문제」(1924) 참조.

마음에는 다양한 '나'(분열적 나, 혹은 타자화가 된 나)가 존재한다. 자기 이미지의 동일시에서 벗어나는 지양의 과정은 ① → ② → ③ → ④로 전환된다.[68] 분석가는 상담 과정에서 내담자의 자아가 어느 위치에 있는지 확인하고 ④의 주체로 전환될수 있도록 안내하여 무의식으로 나타난 행위를 의식적으로 대면(자각)하게 한다. 우리는 자신을 바라봄으로써 응시와 상처가 주는 불안과 불쾌(슬픔)가 감소(중화)한다. 바라본다는 것(직면, 대면)은 곧 긴장을 해소해 나가는 과정이다.

실존적 전율은 자신을 외화(소외)해서 바라볼 수 있는 사람에게만 나타난다. 이 느낌은 응시와 바라봄(시선)에서 발원된다. "거울 속에 비추어진 내 모습이 굳어진다. 마음까지"(이등병의 편지)라고 김광석의 노래 가사에서 표현했듯이 인간은 자신을 객관화할 수 있는 존재이다. 이상(李箱)은 시「거울」에서 "거울 속에는 소리가 없소(무의식), 저렇게까지 조용한 세상은 참 없을 것이요… 거울이 아니었던들 내가 어찌 거울 속의 나를 만나보기라도 했겠소. 나는 지금 거울을 안 가졌소만 거울 속에는 늘 거울 속의 내가 있소"라고 표현했다. 응시는 내면적이고 내부감각이라면, 시각은 외부적이고 표피적인 감각이다. 시각이 타자의 눈길을 느끼는 것이고, 응시는 자신의 존재에서 느껴지는 것이다. 눈을 감으면 응시가 느껴진다. 눈을 뜨면 사물이 보인다. 응시는 내면의 목소리와 같다. 응시와 시선은 무엇을 찾고자 하는 것인가?

이상의 시「오감도」에는 다음의 시문이 나온다. "13인의 아이가 모두 무섭다하오. 그 중 누가 무서운 아이고 누가 무서워하는 아이라도

---

68) 유식(唯識)에서는 인식의 변증법적 지양의 단계를 상분(相分), 견분(見分), 자증분(自證分), 증자증분(證自證分), 증증자증분(證證自證分)으로 나눈다. 상분은 무명의 식물적 인식단계이며 견분은 상분을 바라보는 단계로, 최초로 소외가 일어나는 단계이다. 자증분은 견분과 상분의 분화를 만들어내는 자신의 인지 과정을 종합하는 단계이다. 즉 견분의 인식 결과를 종합하고 판단하며 개념화하는 것이 자증분이다. 그리고 자증분을 다시 한번 검증하고 성찰하는 것이 증자증분이다.

좋소, 13인의 아이가 막다른 골목으로 질주하오." 여기서 막다른 골목이란 한계상황을 의미한다. 한계상황이란 상실과 죽음이 주는 극단의 심리적 상태를 의미한다. 질주는 공포와 두려움, 응시로부터 달아나고자 하는 심리적 상태(회피 · 도피 · 억압)이다. '무서운 아이'와 '무서워하는 아이'는 한 의식 안에 있는 자기분열의 두 양태이다. 두 양태가 한 마음 안에서 서로가 서로에게 물들어가고 영향을 미친다. 이는 사르트르의 '타자(他者) 이론'과 같다. 즉, 내가 타자(他者)를 바라본다는 것은 나의 시선 속에 타자(他者)를 구속하고 정복한다는 것이 된다. 그러나 동시에 타자(他者)가 나를 볼 때는 나의 존재가 그의 응시 속에서 포획된다. 남을 본다는 것은 곧 그 대상을 자신의 의식 속에 흡수해 버리는 것이다. 우리는 보고, 동시에 보임을 당한다. 즉, 우리는 무서워하는 아이이면서 동시에 무서운 아이의 역할을 하고 있다. 불안정서의 기원이 되는 **'수동적 응시'**와 자기 보호를 위한 **'능동적 시각'**의 변증법적 **전환과 지양은 개체이시의 한계를 벗어나 객체적 불멸성으로 진입하는 능력이 된다.** 그 계기적 동력은 기억의 반복, 이미지의 시각화, 사물 표상의 단어화, 하나의 이미지(S1)에서 다른 이미지(S2)로의 전환, 곧 언어 표상화에 있다.

3. 프로이트의 죽음충동의 역동성

프로이트는 가학증과 피학증이 다른 여러 도착증 중에서 특별한 위치를 차지하고 있고, 그것의 기본적인 대립성을 이루는 능동성과 수동성은 죽음충동과 관련되어 있다고 본다.[69] 그는 「피학증의 경제학적인

---

69) 프로이트, 『성이론에 관한 세 편의 논문』, 열린책들 전집 VII, p.159.

문제」(1924)라는 논문에서 도착증과 관련해서 **죽음충동**을 고찰한다. 여기에서 **죽음충동**이 지닌 인간의 역동적인 가치를 발견한다. 먼저 신화적인 단계에서의 죽음충동은 순전히 자기 파괴적으로 자기 자신만을 향한다. 다음 단계에서 그러한 죽음충동의 자기 파괴적인 유해성에 대해, 성애적인 **삶의 충동(에로스)**은 자기보존을 위해 죽음충동을 끌고 외부의 대상을 향해 나간다. 그러나 이때 삶의 충동과 결합한 죽음충동이 전부 밖으로 투사되는 것이 아니라, 일부는 인체에 남아 원초적인 피학증을 구성한다. 그리고 밖으로 투사된 것은 능동적인 가학증을 구성한다. 그러한 일차 시기의 가학증은 아직 성적 흥분과 결합하지 않은 것으로 오로지 타인에게 고통을 가하려는 목표만을 갖고 있다. 말하자면 그것은 타인에게 폭력이나 힘을 행사하는 파괴 충동이나 장악 충동 또는 권력의 의지이다. 이제 이차 시기에는 그 일차 시기의 가학증이 자기 자신으로 선회한다. 즉 가학증적인 능동성은 그대로 있으면서 대상이 타인에게서 자기 자신으로 대체되는 것이다. 말하자면 그것은 재귀적인 가학증인 셈이다. 프로이트에 따르면, 강박증적인 **자기학대와 자기 처벌**이 여기에 해당한다. 말하자면 가학증에서 피학증으로의 반전도 관음증에서 노출증으로의 반전처럼, 가학증적인 주체가 동일시에 의해 외부의 다른 자아로 교체됨으로써, 그 외부의 다른 자아로 하여금 자신에게 고통을 가하게 하는 것이다.[70] 여기에서 우리는 도착증을 통해 강박증으로 전환할 수 있는 가능성을 엿볼 수 있다.

---

70) 프로이트는 가학증이 그 자체로는 고통의 감각도 성적 흥분도 일으키지 못한다는 사실을 지적하고, 가학증자가 성적 쾌락을 위해 고통의 불쾌감을 받아들이려면, 환상의 차원에서 피학증자와 동일시하면서 자학적으로 즐겨야 한다고 말하고 있다. 또한 피학증적인 고통의 향락이 가능하려면 가학증적인 바탕이 있어야 하는데, 그것은 환상의 차원에서 가학증적인 능동적 주체가 외부의 대상과 동일시되어, 바깥의 그 대상으로 하여금 자신에게 고통을 가하게 함으로써 가능해진다고 말하고 있다. 그렇게 그는 가학증 피학증의 환상적인 차원을 강조하고 있다.

프로이트는 도착증의 죽음충동 구조를 통해 인륜성 진화의 가능성을 말한다. 즉 히스테리가 지닌 자기중심적인 충동인 반면, 도착증은 자신을 타자의 먹잇감으로 제공하는 과정에서 발생한 죽음충동적 쾌감을 통해 그는 인륜성을 향한 치유적 기제를 발견한다. **"증상이 있었던 곳에 내가 존재한다.**(Wo es war, soll Ich warden, Where it was, I am to become)"라는 문장은 치유적 기제가 따로 있지 않고 증상 그 자체가 바로 치유기제임을 말한다.

4. 라캉의 가학증과 피학증

라캉은 『세미나 X: 불안』(1962-1963)에서, 가학증자는 그 대상을 우선 상대의 육체에서 잘라내어 그것을 큰-타자(초자아)에게 보여줄 수 있다고 생각하는 것이다.[71] 한마디로 가학증자는 큰-타자의 향락 도구(대상)와 동일시함으로써 큰-타자에게 종시하는데, 그 노구가 바로 회초리라는 도구이다. 따라서 가학증자는 도구를 사용하면서 그 도구가 되는 것이다. 그것은 물품성애증에 대한 성애물품의 역할을 가학증자에게 하고 있다고 말할 수 있다.[72]

말하자면 피학증자는 대상의 차원에 관한 한, 자신을 먹잇감의 대상으로 만든다. 그는 자신이 탁자 아래 학대받는 개라고 상상한다. 그렇지만 그는 그가 복종하는 주인의 것이라고 인정하는 큰-타자의 목소리를, 자신의 향락의 영역에서 현전화 하면서 그렇게 한다. 즉 주체가 자신이 발언권을 가지고 있지 않다고 스스로 여기는 것 자체가, 그를 지

---

71) 라캉 독법에 있어서 큰-타자는 '초자아'를 의미한다. 한편 라캉의 정신분석 중기 이후에 나타나는 큰-타자는 '언어상징기호체계'를 의미하기도 한다. 라캉은 프로이트가 발명한 '초자아'를 '큰-타자'로 바꾸어 그만의 독특한 정신분석을 개척해 나갔다.
72) 라캉, 『세미나 XI: 정신분석의 네 가지 기본개념』, Seuil, p.167[맹정현 역, p.277

배하는 큰-타자의 목소리에 훨씬 더 많은 자리를 부여하는 것이다. 그것은 자신의 육체에서 일부분을 잘라내어 큰-타자라는 주인에게 보여주려고 한다. 스스로 육체에서 잘라낼 수 있다고 상상되는 육체의 부분인 대상과 동일시하면서 행위한다.

라캉에 따르면, **그는 스스로 대상이 됨으로써, 즉 스스로 먹잇감이 됨으로써, 큰-타자의 불안을 야기하려고 하는 것이다.** 즉 종교적 인간으로 승화될 수 있다. 그 큰-타자는 도착증자의 상대 너머에 위치하는 어떤 큰-타자, 여기서는 궁극적으로 신과 혼동되는 어떤 큰-타자이다. 모든 주체에게는 피학증을 향한 어떤 성향이 있다. 그 성향은 정확히 주체가 저마다 큰-타자에게서 실존의 의미를 찾는 것인데, 정작 우리가 존재의 질문을 제기하는 큰-타자는 대답이 없기에, 그때 피학증의 주체는 자기 신체를 가학함으로써 큰-타자(초자아)를 소환한다. 이때 초자아는 신체의 고통과 불안을 통해 도착증자로 하여금 자신이 큰-타자의 응시에 실존할 수 있다고 확신한다. 요컨대 신경증적인 주체는 큰-타자의 무응답에 직면해서 큰-타자의 결핍을 자기 잘못(죄)으로 받아들이는 데 반해, 가학피학증적인 주체는 자기 신체에서 대상을 떼어내는 고통을 시연하여 큰-타자에게 불안을 야기함으로써, 큰-타자에게 자신의 실존을 확인시키려고 하는 것이다.

도착증의 구조는 주체가 주체성의 **분열을 통해 스스로를 대상으로 규정하는 명제**이다. 도착증의 주체는 우선 자기 자신을 대상으로 규정하고, 그 자신이 대상의 위치를 점한다. 도착증의 구조에서, 주체는 자신을 대상과 동일시하면서 대상으로 드러나기 때문에, 대상은 주체가 되고 오히려 대상이 있어야 할 타자의 자리에서 분열된 주체가 자신의 분열을 극명하게 드러낸다. 그리하여 도착증의 환상으로 말하자면, 그것은 타자에게서 주체 자신의 분열과 그 분열을 극단적으로 강화하려는 **주체 자신의 의지**가 강조된다.[73]

그것은 가학증의 경우도 마찬가지이다. 그들이 추구하는 것은 다른 도착증들처럼 큰-타자의 향락이라기보다 **큰-타자의 불안**이다. 그러한 큰-타자의 불안은 궁극적으로 기독교에서 말하는 신의 불안에 필적하는 것이라고 할 수 있다. 이는 세상의 고통에 대해 고민하는 **연민의 마음**(憂患意識)이다. 말하자면 가학증-피학증자나 광신적인 종교인들은 자신들에게 실존의 의미를 부여해 주는 큰-타자나 신 앞에서, 대답이 없는 그들의 반응을 끌어내기 위하여 자신들에게 고통을 가하게 하는 것이다. 그래야만 큰-타자가 불안해하고 그들에게 그 **불안은 곧바로 큰-타자가 자신들의 실존을 인정하는 신호**이기 때문이다. 그렇게 그들에게 큰-타자와 불안은 자신의 실존인 만큼 본질적이다.

결국 가학증-피학증에 관한 이 모든 설명은 주체가 대상과 동일시되고 타자에게서 주체의 분열로 압축된다. 단지 다른 도착승과의 차이가 있다면, 가학증-피학증자는 자기 육체의 일부분을 떼어내는 고통을 큰-타자에게 보여주고 큰-타자를 불안하게 함으로써 대답 없는 큰-타자에게 자신의 실존을 알리고 큰-타자의 불안을 자신의 실존적인 신호로 믿는다는 것이다. 그것은 또한 큰-타자의 욕망과 향락의 영원한 대상과 도구가 되는 길이기도 하다. 그만큼 큰-타자는 가학증-피학증자에게 본질적이고, **절대적인 권력을 지닌 실존 그 자체**이다.[74]

그렇다면 또 다른 차원에서 주체를 대상과 동일시하는 히스테리적인 환상과 도착증적인 환상의 차이는 무엇일까? 둘 다 주체의 위치에

---

73) 라캉, 『세미나 XI: 정신분석의 네 가지 기본개념』, 맹정현 역, Seuil, p.167.
74) 그러나 오늘 현대인에게 있어서 종교는 도착증적이지 않고 히스테리증적이다. 다시 말하면 자기 몸을 신에게 바치는 인신공양증으로서의 '살아있는 신'을 소환하지 않고, 말씀과 언어상징기호체계에 갇힌 '죽은 신'을 믿고 있다.

대상이 놓여있는 것은 분명하다. 그러나 도착증자는 실존의 차원에서 큰-타자에게 대상을 실제로 보여주거나 떼어주려고 한다. 즉 도착증자는 **몸으로 자신의 존재를 큰-타자의 향락 대상 또는 도구로 제공한다**. 반면에 히스테리증은 자신을 타자의 욕망 대상이라고 상상할 뿐, 그가 대상이 되는 것은 실존의 차원이 아닌 환상의 차원**(언어표상을 통해서만)**이다. 그렇기에 그가 실제로 타자의 향락 도구가 되면, 그는 그것을 참지 못한다. 그래서 그는 주체 자신과 타자의 욕망을 철저하게 불만족으로 남긴다. 반면에 도착증자는 큰-타자의 향락 도구와 동일시하기 때문에 자신이 큰-타자의 향락 도구가 되는 것에 의심을 품지 않을뿐더러, 그 큰-타자의 향락을 자신의 향락으로 삼는다. 그들에게 큰-타자의 욕망은 법 그 자체인 것이다.

VII. 가학증과 피학증의 실례

1. 노출증과 관음증

<바바리 맨>으로 잘 알려진 노출증은 성적(性的) 도착증의 일종으로, 보통 반복적으로 낯선 사람 앞에서 자기 성기, 가슴, 엉덩이 등을 드러냄으로써 성적인 흥분을 강하게 느끼는 행동을 의미한다.[75] 이러한 행동의 이면에는 노출증적인 향락이 성기를 보여주는 것에 있기보다, 그것에 본의 아니게 직면하게 된 타자(보통 여자)가 놀라는 시선을 창출해 낸다는 데 있다. 즉 바바리맨의 쾌감은 상식적이고 논리적인 인과성

---

75) 프로이트「쥐-인간」, 김명희 역, 열린책들, p.59.

을 파괴하는 것에서 생성한다. 예컨대 <바라리맨>이 나타났을 때 퇴치하는 방법은 놀람을 부여하는 것이 아니라, 오히려 "그것도 고추야, 에이 남사스러워라…. 좀 더 젖을 먹고 오렴 아기야…."하는 식으로 놀린다면 <바라리맨>이 도망간다.

말하자면, 도착증의 주체는 타자의 놀람을 통해서, 놀람 속에 현전하는 시선이라는 대상에서 쾌감을 느낀다. 일반적인 사람이나 신경증자는 대상을 그저 <보는> 것으로 만족한다. 거기서 문제가 되는 것은 동사형으로서의 '응시'이다. 그렇기에 거기서는 주체와 대상이 분리되어 있다. 그러나 도착증으로서의 관음증 노출증에서는 주체가 명사로서 시선의 과녁이 되어, 그 대상에 의해 주체는 명중된다. 그리하여 주체는 대상에 의해 규정되고, 대상 주체의 위치를 접하게 되는 것이다. 이때 타자는 도착증 구조의 실현에 있어서 필수적이다. 왜냐하면 시선이라는 대상은 타자로부터 거꾸로 된 형태로 주체에게 되돌아오기 때문이다.[76]

도착증이 보여주고 있는 것은, 자신을 대타자의 대상으로 규정한다는 사실이다. 따라서 도착증은 신경증과 반대다. 신경증은 타자를 자기 동일성으로 끌어들이는 반면('그렇지 않나요?'와 같은 말을 상대방에게 설득하고자 하는 습관), 도착증은 타자에게 자신을 먹잇감으로 제공하는 구조이다.('알아서 처리해 주세요', '처분대로 따르겠습니다'와 같은 말로 상대방이 되어주는 구조이다.) 자신을 **분리, 분열, 해체**하는 **사이와 간극**에서 쾌감을 얻는다. 사실 관음증자의 응시를 도와주는 **구멍**도 **갈라진 틈**이며, 노출증자가 자기 성기를 드러내는 공간도 바지나 바바리가 **열리고 닫히는 균열**이다. 그러나 더 강조해야 하는 것은, 관음

---

76) Lacan, Séminaire XI: Les quatre concepts fondamentaux de la psychanalyse, Seuil, p.166. (『정신분석의 네 가지 기본개념』, 맹정현 역, 새물결, p.275)

증-노출증의 행위에 노출되거나 직면하는 타자의 '놀라는 눈'의 **벌어짐**이다. 놀라는 순간은 눈이 확 뜨이면서 크게 **벌어지고 갈라진다**. 그것이 곧 타자에게서 실현되는 주체성의 **분열**이다. 주체의 분열이 타자가 놀라는 눈의 **벌어짐**에서 이미지로 나타나는 것이다. 그래서 도착증의 구조에서 주체의 자리에는 대상이 역으로 타자의 자리에는 분열된 주체가 자리하는 것이다.

주체가 타자의 향락을 위해 그것의 도구로서 종사한다는 것이다. 가학증자는 타자를 위해, 타자의 향락을 위해 가학적 도착증자의 행동을 하지만 그 사실을 알지 못한다. 그것은 궁극적으로 도착증자가 자신의 의지가 아닌 큰 타자의 향락의 의지(will-to-enjoy)의 대상-도구의 입장을 취한다는 것을 뜻한다. 즉 도착증자는 자신의 쾌락을 위해 활동하지 않고 큰 타자의 향락을 위해 활동한다. 그는 큰 타자의 향락을 위해 일하는 정확히 큰 타자 향락의 도구화에서 향락을 찾는 자이다. 거기서는 주체가 큰-타자의 향락 도구가 되는 것이다.

2. 도덕적 피학증

신경증에서의 도덕적 피학증은 주체가 상대로부터의 고통을 기대하지 않지만, 삶의 여러 상황으로부터 그것을 얻으려고 준비하면서 일종의 <무의식적인 죄책감>, 또는 지나치게 역설적으로 보이는 표현이지만 <무의식적인 처벌 욕구>을 보여주는 피학증이다. 그러한 형태의 피학증은 완전히 탈-성욕화된 것처럼 보인다. 그러한 사실로 해서 그것은 그 자체가 **죽음충동**을 가리킬 수 있는 자기 파괴적인 욕구에 속한다고 할 수 있다. 그러나 프로이트는 처벌 욕구가 아버지에 의해 매 맞는 욕망으로 나타날 때, 그것은 그와 수동적인 성관계를 맺고 싶은 욕망을 가리킬 수 있다는 사실을 지적한다. 말하자면 도덕적인 피학증까지도 죽음충동과 성충동의 얽힘으로 구성되어 있는 것이다. (여기서 우리는 도덕적 피학증조차 성감적 피학증으로부터 자유로울 수 없다는 사실을 확인할 수 있다.) 프로이트는 이 모든 피학증이 환상의 차원에서 이루어지고 있으며, 거기에는 성충동(또는 성적 쾌감)이 반드시 결부된다고 주장한다. 모든 피학증은 죽음충동과 성충동의 어떤 얽힘이다. 그것은 분명히 임상적 차원에서 발견되는 고유한 의미의 도착증인 피학증과 구분되는 것이다.

그렇다면 강박증자와 같은 신경증자의 일반적이고 보편적인 피학증과 도착증으로서의 피학증은 어떻게 구분할 수 있을까?. 도덕적 피학증은 주체가 상대로부터의 고통을 기대하지 않지만, 삶의 여러 상황으로부터 그것을 얻으려고 준비하면서 일종의 <무의식적인 죄책감>, 또는 지나치게 역설적으로 보이는 표현이지만 **<무의식적인 처벌 욕구>**를 보여주는 피학증이다 프로이트의 설명에 따르면, 그러한 원초석인 죄책감(또는 가책)은 오이디푸스 신화와 유목민의 아버지 신화가 보여주듯이, 아버지에 대한 증오와 살해(물론 여기에는 어머니에 대한 근친상간적인 욕망이 결부되어 있다)가 충동에 대한 사회적인 금지법을 제정했기 때문이다.

그러나 라캉은 그것을 앞의 도식(주체와 큰-타자와 대상의 거세)과 관계하에 재해석한다. 즉 그에 따르면, 죄의식은 좀 더 정확히 말해 주체의 구조와 욕망과 연결되는 것이지, 우발적인 오이디푸스적인 역사와 연결되는 것이 아니다. 거세와 남근의 의미작용은 말하는 존재를 지배하는 언어의 보편적인 법에 속하는 것으로 거세 콤플렉스는 주체가 큰-타자의 욕망(구조적인 결핍)에 직면한 결과이다.

신경증적인 주체는 큰-타자 속의 <결여>와 <잘못>의 책임을 자신에게 부과하면서 죄의식을 느끼고 자신을 상상적으로 큰-타자에게 결핍된 남근으로 만들어 그것을 메우고 큰-타자를 구원하려고 한다. 그러나 신경증자의 상상적 남근은 큰-타자의 결핍을 채우기에 **불충분**하다. 그 남근은 상상적일 뿐만 아니라 현실적으로도 훌륭한 아버지의 그것에 비해 **부족**하다. 그래서 신경증자는 자기 부족을 탓하고 **죄의식**을 갖는다. 반면에 큰-타자의 결핍에 대한 도착증적인 주체의 자리매김은 그러한 **죄책감을 허락하지 않는다**. 도착증적인 위치에서는 죄책감이 관례적으로 흐려진다. 사실 도착증자는 큰-타자의 향락에 자신을 충실히 제공하기 때문에 구태여 큰-타자의 결핍에 대해 죄책감을 느낄 필요가 없다. 왜냐하면 도착증에서도 큰-타자가 하나의 도덕적인 법으로 나타나지만, 도착증자는 자신을 직접 그 법의 도구나 대상으로 위치시키기 때문이다.

VIII. 내가 서 있는 곳(定位點)은 어디인가

  1. 현대 사회는 신체성을 박탈하는 사회이다. 체화되지 못한 이미지가 난무하고 있다. 심부감각인 신체성이 박탈되면 환각에 **빠진다**. 이런 환각을 없애고자 하는 행위가 자해와 중독이다. 자해와 중독은 구체적인 신체감각을 체화하고자 하는 몸부림이다. 자해와 중독이 궁극적으로 지향하고자 하는 것은 구체적인 현실성을 되찾는 것에 있다. 즉 극단적인 물리적 자극을 통해서라도 현실감을 찾고자 한 것이 이것의 증상이다. 잃어버린 자아를 물리적 폭행으로라도 찾으려는 것은 그나마

다행이다. 찾으려는 감각마저 마비되고 망각한 것이 문제다. 그러나 더 큰 문제는 그 망각한 것조차 모른다는 것에 있다. 그 망각의 자리에 물신(fetish)을 조장하는 권력도 큰 문제다.

2. <실존정신언어분석>은 자신의 의식을 자각하지 못한 채 발화하는 자신을 자각할 수 있도록 안내하는 학문이다. 따라서 정신분석의 중핵은 '무의식'에 있다. 타자가 만들어 놓은 언어에 포획(억압)된 자신을 자각함으로써, 주체 스스로의 언어와 문법 체계를 새롭게 구획(재구성)할 수 있도록 안내한다. '주체 스스로의 언어와 문법 체계를 새롭게 재구성함'이 <실존정신언어분석>의 실천이다. 이 실천은 인지(인식)의 확충에 있다. 그 계기는 누구나 겪게 되는 사건의 도래를 통해서다. '증상'이 곧 사건의 도래이다. <실존정신언어분석>에서는 증상을 자아-에고(이미지와 허구)로부터 벗어나는 계기로 본다. 증상은 지금까지 익숙했던 무의식적 자아를 객관화(수이아 성찰)해서 볼 수 있는 실재의 도래로 본다.

3. 자아는 바라봄(시선)과 보여짐(응시)의 상호교차에서 형성된다. 바라봄과 보여짐에는 4가지 차원이 존재한다. 의식에는 시간의식과 공간의식이 존재한다. 시간의식은 '과거-현재-미래'로 의식의 국면(양태)이다. 프로이트는 이를 '무의식-전의식-의식'으로 표현하였다. 그리고 이 의식의 주체는 일정한 공간을 점유하고 있다. 프로이트는 그것을 '초자아-자아-이드'로 지형화 했다. 시간의식을 나타내는 x축과 공간의식을 나타내는 y축이 만나는 0(제로-그라운드)은 '무의식-전의식-의식'과 '초자아-자아-이드'가 교차하는 지점이다.

4. 현상학에서는 A를 B로 바라보고 이해하고 해석할 때 그 대상 A를 고정불변의 실체로 보지 않는다. A는 'A'를 B로 바라보고 이해하고 해석하는 주체에 의해 계속 가변되는 다양체로 파악한다.[77] 따라서 존재와 사물로서의 A는 고정된 일의적인 것이 아니라, B로 바라보고 이해하고 해석하는 사람의 관점에 따라 달리 나타난다. 그래서 현상학에서는 고정된 외부 대상(실체, 진리, 실재)이 존재하지 않는 것으로 본다. 즉 "모든 존재는 비어 있다." 우리가 바라보는 모든 현상은 우리의 의식 작용이 만들어 낸 가현(假現, 허성, fiction, 이미지)이다. 따라서 "**우리의 눈 앞에 펼쳐진 모든 존재(사물)는 바라보는 사람의 의식구성과 관점에 의해 현시된 것이다.**" 여기서 하나의 의문이 생긴다. 외부 객관 대상이 바라보는 사람에 의해 주어지는 것이라고 한다면(대상이 고정불변한 것이 아니라고 주장하면) 어떻게 사람들은 공통의 언어와 약속을 지켜나가고 공감을 할 수 있을까. 그래서 현상학적 인지주의자들은 인간 공통의 신체 언어에서 해결점을 찾는다. 비록 대상이 바라보는 사람에 의해 달라지겠지만, 신체에서 주어지는 공통감각에 의해 표상된 이미지는 만국 언어가 된다는 것이다.[78] 그러함에도 불구하고 분명한 것은 언어로 표현된 대상에 대한 이해와 해석은 보는 이의 관점에 따라 차이와 다름은 분명히 있게 된다는 사실이다. 그래서 인간은 말을 하면서 오해를 쌓고, 오해를 통해 이해에 이르게 된다. 오해와 이해는 서로의 차이와 다름을 낳기도 하지만, 서로를 인정하고 존중할 수 있는 가능성이 되기도 한다. 따라서 우리에게 요청되는 실천정신은, 모든 사실 기술에 있어서 '이것이다'라고 힘주어 판단해서는 안 된다.

---

77) 에드문트 후설, 이종훈 옮김,「의식의 흐름의 통일성 및 동시성과 잇따라 일어나는 것의 구성」,『시간의식』, pp. 169~174 참조.
78) M. 존슨 지음, 노 양진 옮김,「도식구조를 통한 의미 발생」『마음속의 몸』, 철학과 현실사(2000), pp. 88~96, 참조.

실천 1
비탄의 실존적 해석

<내용 요약>

우리는 상처를 통해 살아 있다는 증거를 확인하고, 그 상처로부터 치유되기 위해서는 그 상처를 기억하고 재해석해야 한다. 이 시대는 상처를 은폐하려는 경향이 있지만, 상처를 숨기지 않고 직면하는 것이 중요하다. 상처를 대면하는 것은 감정을 억압하지 않고 느끼고, 그 감정을 언어로 표현하며 자신의 존재를 책임지는 주체로서 경험하는 것이다. 치유는 상처를 통해 내면의 성장을 이루는 과정이다. 따라서 상처를 통해 진정한 자아를 마주할 때 치유가 시작된다. 상처는 우리의 존재를 자각하게 한다. 우리가 상처와 마주한다는 것은 고통과 슬픔, 눈물 속에서 구원을 찾는 여정이다.

<핵심어>

상처(Wounds), 예측 불가능성(Unpredictability),
능동적 태도(ActiveAttitude), 수동적 객체(Passive Object),
내면 성장(Inner Growth)

<학습 목표>

- 상처와 그로 인한 예측 불가능한 상황에 대해 이해하고, 그것이 개인의 성장에 미치는 영향을 탐구한다.
- 상처를 치료하는 과정에서 능동적 태도를 유지하고, 자아를 치유하는 방법을 배운다.
- 감정을 표현하고 은폐하는 방식에 대한 차이를 이해하며, 감정표현

의 중요성을 학습한다.
- 상처와 치유의 과정을 통해 내면적인 성장을 이루는 방법을 익힌다.
- 상처로부터 치유에 이르는 과정에서 자기 삶에 적용할 수 있는 지혜를 찾는다.

<적용 실천>
- 상처의 치유를 위한 다양한 방법을 실생활에서 적용하여, 개인적인 성장과 회복을 돕는다.
- 타인의 상처를 이해하고 공감하는 능력을 키워, 그들에게 적절한 지원과 상담을 제공한다.
- 감정 표현의 중요성을 깨닫고, 자신의 감정을 건강하게 표현할 수 있는 기술을 연습한다.
- 상처와 치유의 과정을 반영한 자기반성 및 성장 계획을 수립하여, 지속적인 개인적 발전을 추구한다.

비탄의 실존적 해석

- 신들도 지쳤고 독수리도 지쳤으며 상처도 지쳐서 저절로 아물었다. (카프카)
- 상처도 시간이 지나면 아문다. 아문 자리에는 사건이 기록되어 있다. (임병식)
- 상처 이전에 실존이 먼저 있었다. 실존은 상처를 표현하는 문양이다. (임병식)
- 한 포기 작은 풀잎일지라도 그것이 살아 있기에 비에 젖지 않나니, 더구나 잎이 넓은군자풍의 파초임에랴 빗방울을 데불고 논다.(황명걸)

Ⅰ. 상처를 대처하는 우리의 태도

우리는 모두 상처 입은 치유자이다. 상처를 받는다는 것은 곧 우리가 살아 있다는 증거이며 타자의 아픔에 반응했다는 의미이다. 상처로부터 치유되기 위해서는 그 외상을 기억해야 한다. 기억은 과거의 상처를 오늘의 관점에서 재해석하는 유기체의 놀라운 능력이다. 그러나 이 시대는 상처를 은폐한다. 심지어 자신의 욕망을 극대화한 나머지, 그 욕망이 타자(이웃)의 희생으로 전환된다는 사실을 망각한 채, 일치와 동의의 '좋아요'에 집단 동일화하는 방식으로 차이와 다름의 상처를 은폐하고자 한다. 고통을 가능한 한 빨리 잊거나, 할 수 있는 한 대수롭지 않게 여기는 것은 결코 바람직한 방법이 못 된다. '잊는다'든지 '대수롭지 않게 여긴다'라는 것은 비인간적인 방식이다. 부인과 회피는 우리 문화가 상실을 다루는 가장 전형적인 처방이다. 그 두 가지 방식이 함께 결합하면서 우리 문화의 정신성을 완전히 파괴해 버렸다. 사회에 만연된 물신화와 중독증, 우울증이 그 결과다. 물신화는 상처를 부인하기 위한 가장 보편적인 방법이다. 물신화는 상처에 수반되는 인격적인 문제와 고통을 느끼지 못하도록 비인격적인 것들로 우리를 미리 채우고 마취시켜 버린다.

우리는 자신의 의지와 관계없이 우연히 **주어진(던져진) 세계** 속에서 살아간다. 성숙한다는 것은 우연적이고 어쩔 수 없는 사고로 인한 상실과 죽음에서 벗어나는 것으로 이루어지는 것이 아니라 오히려 그 **우연성의 사건을 자기 세계로 전회하는 결단의 과정**에서 형성된다. 예술가들은 **제한(한계, 구속)을 사랑하는 법**을 배운다. 시인은 소네트에 부여된 열네 줄이라는 제한을 자유의 형식으로써 존중한다. 화가는 캔버스틀의 제한을 끝없는 주관주의에 대한 제어장치로서 인정하며 세상의 실재를 다룰 수 있는 자유로서 존중한다. 연주자는 보표(score)의 제한을 또 다른 음악 세계, 대개 더 넓은 음악 세계에 참여할 수 있는 자유로서 존중한다. 작곡가는 다른 그것에 방해받지 않고 바로 그 조성(tonality)을 자유롭게 탐구하기 위해 조표(key signature)의 제한을 존중한다. 자유는 제한된 한계와 구속으로부터 도피나 해방에서 주어지는 것이 아니라, 그 제한을 받아들여서, **무엇을 선택하고 행위 할 것인지를 결정하는 주체의 결단, 그것이 곧 진정한 자유이다.**

우울증은 보통 철저한 부인보다는 회피 심리에 가까운 것에서 시작한다. 우울증은 오랜 세월 상실과 죽음, 실패와 실망의 현실을 있는 그대로 대면하지 않고 축소해 온 것이 축적된 결과이다. 우울증에 빠지면 다른 모든 현실에 대해서도 무감각해지고 둔감해진다. 이렇듯 우리 사회에는 물신화와 중독증과 우울증이 만연되어 있다. 고통, 거절, 실패,

거짓, 위선, 도피, 회피, 억압, 아픔 등과 대면할 줄 모르거나 대면하기를 거부하는 증상, 원하는 것을 얻지 못하거나 뜻대로 안 되는 것을 견디지 못하거나 견디기를 거부하는 증상이 사회 전체에 만연되어 있다. 이것이 우리 시대, 성과사회의 특징이다.

상처를 통해 인간은 비로소 자신의 진실한 모습과 마주하게 된다. 상처는 우리가 어떤 존재인지를 확연히 자각하고 기억하게 한다. 그동안 은폐되었던 의식이 상흔의 순간에 현존하게 된다. 모든 것이 무너지고 신마저 소외되고 끊임없이 반복될 때, 자신의 실존만이 깃발처럼 바람에 펄럭인다. 그때 우리는 어디에 있었는가? 이제 상처는 치유의 한 계기가 된다. 상처를 통해 인간은 비로소 자신의 진실한 모습과 마주하게 된다. 상처는 우리가 어떤 존재인지를 확연히 자각하고 기억하게 한다. 이런 점에서 상처는 치유와 깊은 관련이 있다.

세상의 중심은 어디인가? **고통과 슬픔, 눈물이 있는 곳이 성소이다.** 왜 우리는 요순과 붓다, 그리스도가 되지 못하는가? 그늘은 우리와 동일한 몸을 지니고 있으면서 타자(이웃, 상처, 죄)를 그들의 삶으로 전회해서 실천해 나간 사람들이다. 우리는 모두 상처 입은 치유자(stigmatist)이다. 상처를 입었다는 것은 공감 능력이 있다는 의미이다. 공감이 없다면 상처를 입지 않는다. 당신이 무엇을 하든 그것은 누군가를 사랑한다는 뜻이다. 따라서 상처를 입는 것은 하나의 능력이다. 한방 용어로 **불인마목**(不仁痲木)이라는 용어가 있다. 중풍을 맞은 팔과 다리에 피가 통하지 않아 아무리 꼬집어도 아픔의 감각을 느끼지 못한다는 뜻이다. 즉 마비되어 있다는 것이다. 아픔을 느낀다는 것은 기혈이 순통하여 감각이 살아있어 외부 자극에 반응할 수 있다. 그래서 아픔을 느끼는 것도 하나의 능력이다. **혈맥관통**(血脈貫通)하여 타자에게로 다가가는 것이 생명의 원리이다. 약초 이름에 유달리 인(仁, 사랑, 생명, 씨앗)이 붙은 이름이 많다. 예컨대 행인(杏仁, 살구씨), 산조인(酸棗仁, 대추 씨), 익지인(益智仁) 등의 이름이 있는데 이는 생명의 의지와 사랑(生意)을 의미한다. 주역에는 "하늘과 땅이 만물을 낳고자 하는 마음, 그것을 사랑이라고 한다(天地生物之心曰仁)."라고 말하고 있다. 이제 상처가 기억으로 되돌아오고, 우리가 온전히 그것과 대면할 때 비로소 치유가 시작된다.

치유는 우리 자신의 존재를 부분에서 전체로 들어가도록 인도한다. 그것은 잃어버렸던 자신의 목소리, 거부하고 감추어 두었던 것들을 다시 발견하고 포용하며 초대한다. 치유는 자기 내면의 견고함을 발견하게 하는 신뢰의 여정이다. 자기 삶이 부분이 아닌 전체적 삶으로 초대될 때, 잃어버렸던 우리의 목소리는 비로소 즐거운 노래로 발견되며 잊어버렸던 자신의 존재는 춤과 웃음으로 변하게 된다. **자신의 어두운 부분을 껴안고 상처받은 마음을 부드럽게 감쌀 때 우리는 또 다른 나 자신의 모습을 본다. 무엇보다도 그것은 내 정직한 본성의 발견이며 만남이고 구원이며 자유이다.** 치유의 단어인 healing은 그리스어 홀론(Holon)에서 나왔는데 이는 healing, health, wholeness, holiness, holy 등으로 파생되었다. 따라서 치유는 건강과 전체, 신성, 그리고 구원이라는 의미가 내함되어 있다. 질병은 부분으로 나누어지고 분리된 것을 의미한다. 질병의 영어의 단어인 disease는 dis-는 떨어져 나간다, 분리한다는 뜻이고 ease는 일상을 의미한다. 즉 질병의 원인은 오늘 우리의 삶에서 분리되고 파괴된 것에서 기인한 것이다. 구속을 의미하는 salvation은 '완전함'과 '전체'를 뜻하는 신과 멀어져 있다가 다시 결합한 것을 의미하는데, 이는 자기 내면을 발견하는 과정에 있어서 치유와 밀접한 관계가 있다.

바람이 부는 곳, 그것이 있던 곳에 내가 도래해야 한다(Wo Es war, soll Ich werden).

II. 상처와 대면하는 힘

상처는 대상을 전제로 한다. 대상이 없다면 상처도 없다. 대상은 주체를 전제로 한다. 주체가 있기에 대상이 있고 대상이 있기에 주체가 있다. 주체와 대상은 분리되지 않는다. 화이트헤드(A. N. Whitehead)는 인간을 개체적(개별적) 실체로 파악하지 않고 사건(事件, event)으로 파악한다.[79] 들에 핀 이름 모를 꽃은 나와 무슨 관련이 있는가? 맹자의 "만물이 모두 나에게 갖추어져 있다(萬物皆備於我)"라는 말이나, 장횡거의 "천하의 어느 하나도 내가 아닌 것이 없다(視天下無一物非我)"라는 말, 그리고 정명도의 "인자는 천지 만물을 한 몸으로 보기에 나에게 속하지 않은 것이 없다(仁者以天地萬物爲一體 莫非己也)."라는 말은 모두 우주 삼라만상이 내 속에 있음을 주장한다.

이와 관련하여 왕양명의 '**산중관화**(山中觀花)'라는 유명한 일화가 있다. 양명이 남진에 있을 때 한 제자가 바위에 핀 꽃나무를 가리키며 "하늘 아래에 마음 밖의 사물은 없다고 하셨지만, 이 꽃나무는 깊은 산속에서 홀로 피고 지니 내 마음과 또한 어떤 상관이 있습니까?"라고 물었

---

79) 화이트헤드는 존재(실체)를 운동, 속도, 운동량 같은 것으로 파악하지, 입자 같은 실체로 파악하지 않는다. 현대물리학은 단순 정위로서의 입자 개념을 포기하고, 시공간의 관계개념으로 사물을 파악한다. '나' 혹은 '너'가 입자라면 '우리'는 사건이다. 내가 너에게 인지되고 알려질 때 나와 너는 '우리'라는 사건 속에 서로 파악되고 인지된다. 플라톤과 데카르트의 실체적 이원론은 주어를 늘 고정불변한 실체로 인식한다. 나와 너라고 하는 개별적인 존재는 곧 실체(substance)이다. 이런 실체는 '딱딱하게 굳어진' 존재로서 생명력이 없다고 보는 것이 동양의 보편적 사고의 틀이다.

다. 이에 양명은 "자네가 이 꽃을 보지 않았을 때 이 꽃은 자네의 마음과 더불어 고요한 상태로 돌아가 있네. 그러다가 자네가 이 꽃을 보았을 때는 이 꽃의 모습이 일시에 뚜렷하게 드러나네. 이로써 바로, 이 꽃이 자네의 마음 밖에 있지 않다는 것을 알 수 있네."라고 대답했다.

여기서 '나'는 세계이다. 내 마음의 존재 상태에 따라 대상이 보인다. 양명이 말하고자 한 지의(旨意)는 사물의 존재가 '있느냐 없느냐?', '맞다 틀리다', '좋다 나쁘다'라는 문제가 아니라, 자신이 어떻게 존재하느냐에 따라 외부 사태가 결정된다는 것이다. 인간(人間)은 사람과 사람과의 관계성에서 비롯되고 맺어지는 존재이다. 나는 나 자신으로만 구성된 것이 아니라 타자와의 관계에서 구성된다. 나는 너다. 너는 나다. 나는 **나의 개체성에만 머물지 않고 타자성으로 초월 된다.**

그렇다면 상처는 누가 만든 것일까? 상처의 원인은 무엇일까? 프로이트와 라캉(J. Lacan)은 **상처가 생기는 메커니즘이 마치 언어처럼 구조화된 규칙에 따라 이루어진다고 본다.** 그 규칙은 다름 아닌 하나의 이미지를 다른 이미지로 전환하여 구성하는 것이다. 비록 외부적 충격으로 유기체 내부의 안정화가 무너져도, 유기체는 그 충격의 이미지를 다른 이미지로 대체해서라도 다시 안정화를 찾는다. 언어를 사용하는 인간은 존재 그 자체가 상처이다.

그렇다면 우리는 상처와 어떻게 직면할 수 있을까? 상처와 직면한다는 것은 상실에서 나타난 감정(슬픔, 분노, 외로움, 고립감 등)을 더 이상 억압(부인과 회피)하지 않고 느껴보는 것을 의미한다. 그리고 신체에서 느껴지는 감정을 언어적으로 내러티브화하면서 자신이 느끼는 감정이 어떤 것인지 알게 되고, 감정을 볼 수 있는 새로운 위치와 관점이 만들어진다. **'내'가 '이것을' 느낀다고 말할 때, 이것은 나로부터 분리되**

어 존재한다. 그리고 이때 자기를 감정의 수동적인 희생자가 아닌 책임지는 '주체'로, 즉 응집력 있는 자기(coherent self)로 경험하게 된다.

직면의 실패에서 나타나는 병리적 감정이 우울증이다. 흘려야 할 눈물과 슬픔이 있을 때, 이를 억압하거나 회피·도피·연기하지 않는다면 그 슬픔은 정상적인 슬픔이 되어 자아의 성숙으로 이어진다. 하지만 슬픔을 억압하거나 도피·연기한다면 그 슬픔은 우울증으로 변환된다. 흘려야 할 눈물을 흘리지 못하고 박탈된다면, 그 감정은 수치와 죄책감(죄의식)으로 전환된다. 프로이트는 이를 전환 신경증으로 표현했다.

Ⅲ. 죄책감과 수치심[80]

수치와 죄책감(죄의식)은 불안 정서에서 비롯되는 근본 감정이다. 불안은 분리와 고립의식에서 기원한다. 수치는 타자의 시선에 의해서 반성화 되는 내면적 의식이라면 죄책감(죄의식)은 외부적 규율에 따라 금지된 것을 위반했을 때 수반되는 감정이다. 따라서 수치심은 죄책감(죄의식)보다 본질적으로 도덕률에 가깝다. 수치 감정은 죄와 달리 단적으로 부정적인 감정이 아니기 때문에 감정 조절의 한 중요한 계기이자, 인격적 존재가 자신을 표현할 가능성이기 때문이다. 수치심의 반대편 정서는 자긍심(pride)이다.[81] 자긍심과 수치 감정은 '사회적 인정'의

---

[80] '죄책감과 수치심'에 대한 본격적인 논문으로, 김기곤 신부의 「죄책감과 수치심」, 『한국싸나톨로지협회 학술자료집 7권』에 자세히 수록되어 있다. 이글에서는 김기곤 신부의 「죄책감과 수치심」을 참조하였다.

[81] 수치심은 일종의 '신체'를 통해 체화된 감정이다. 인간 그 자체는 인식하는 자에게 붉은 뺨을 지닌 동물이다. 심리학적 관점에서 수치의 정서는 자기 정체성에 켜진 붉은 신호등임을 나타낸다. 수치 감정은 다 근본적인 의미에서 사회적인 감정이다. 수치와 같은 자기 의식적인 감정들(self-conscious emotions)은 단순한 공포나 역겨움·당황스러움 등과 달리 자

그물망에 의해서 연계되어 있다.

몸을 통해 감지되고 표현되는 신체 수치와 정신적인 수치는 교호 관계에 놓여 있다. 신체 수치에서 비롯하는 수줍음은 성적 매력과 관련된, 생물학적 자기보존을 초월하는 미적 현상으로 이해될 수 있다. 이는 정신과 몸의 근원적인 통일성에서 연유한 현상이다. 또한 수치는 성적충동의 억압적 측면에서 역겨움(disgust)이나 도착과 같은 맥락에서 파악될 수 있다. 수치는 여러 형태의 가면(mask of shame)을 통해 변형된다.

수치 감정이 노이로제나 나르시시즘, 그리고 우울증과 관련되지만, 죄의 감정은 편집증과 관련된다. 타자의 시선은 '타자화된 자아'로 이해될 수 있다. 이는 이미 자아의 한 부분으로 '타자의 관점'이 체화되었음을 가리킨다. '타자화된 자아'는 자아 자신이 의식하지 못한 방식으로 순응주의(conformism)에 가까운 형태의 사회적 생존을 가능하게 한다. 수치의 감정은 피동성·수동성의 양태로 발현된다. 그 결과 수치와 죄의 감정은 인격적인 성숙의 계기가 아닌 사회적 통합의 기제로 작동하게 된다.[82]

기평가와 타자에 의한 자기평가 즉 타자화된 자기 인식의 차이에서 발현한다. 죄와 수치의 감정이 수동적이거나 피동적인 양상을 보이는 경우에도, 이미 타자화된 자기로서 '내 안의 타자'가 관여한다. 이 점에서 죄책감보다는 수치의 감정은 '사변적인' 현상이다. '사변적'이라는 말은 '반성의 반성'처럼 고도의 사유 능력을 가리킨다. 따라서 이 감정은 인지과학의 용어를 빌리면, 메타인지적인(metacognitive) 사태이다. 감정 조절의 기제는 단순히 이론적인 인식을 통해서가 아니라, 부단한 훈련과 성찰을 통해서 비로소 성숙한 단계에 도달한다. 수치와 죄의 감정은 인간의 자기 형성 과정에서 반드시 경험하는 사태이다. 죄와 수치의 감정은 단순히 개인 심리학적인 관점에서만 다루어져서는 안 된다. 그것은 이 감정들이 한 사회의 규범적 질서를 지탱해 주는 탁월한 수단이며 방식이기 때문이다.

82) 프로이트와 다윈주의로부터 영감을 받은 베네딕트나 엘리아스와 뒤르의 문화인류학과 문명론의 감정에 대한 인식은 상당히 도식적이다. 그것은 기독교 문명과 비기독교 문명, 죄 문화의 자율성과 수치 문화의 타율성, 공간지각과 시각적 인지의 도식적인 구별에 의존한다. 실제로 비기독교 문화권이나 고대 그리스 같은 전통적인 사회에서는 죄의 감정보다 수치심을 중심으로 도덕적 인격의 품성이 논의됐다. 이때 수치의 감정은 부정적인 감

수치심의 내면화는 이미 그 권위와 효력이 검증된 행위의 방식들을 법이나 여타의 다른 처벌 등을 통해 요구할 필요도 없이, 그 자체로서 스스로 사회적 규범에 적응하는 사회 구성원을 교화하는 '보이지 않는 손'이다. 죄책감을 통한 인격적 교화가 기독교 문명권에서 어떤 의미를 지니는지는 더 이상의 설명이 필요 없다. 사람 대부분이 긍정적인 감정과 정서를 선호하고 이러한 요인이 행복한 삶을 결정한다는 전제 위에서, 수치심이나 죄책감은 일종의 극복되거나 지양되어야 할 사태로 간주한다. 더구나 죄는 무언가 잘못된 행동을 이미 전제하며, 수치 감정 또한 현대와 같은 경쟁사회에서 자신의 약점을 노출하는 것으로 간주된다. 그래서 현대인들은 오히려 수치심과 죄책감이 생기지 않도록 **'강제·박탈되어'** 왔다고 볼 수 있다.

현대 소비자본주의 성과사회에서는 침묵과 비밀, 어둠이 부정되고 모든 것이 발가벗겨진다. 오직 투명성과 밝음만이 긍정의 미덕이 된다. 이것을 극단적으로 밀고 나가면 내면에서 성찰되고 축적되어야 할 것마저 타자의 시선에 노출된 나머지, 어느덧 우리의 존재는 마땅히 드러내야 할 진실마저 왜곡된 채 불안과 응시, 비대면 온라인의 검은 익명성 속으로 은폐된다. 죄책감과 수치심 또한 내면화의 시간이 주어지지 않는다. 범죄라는 이름으로 성급하게 박탈당하고 공개된다. 거기에 인간성은 더욱 파편화되고 정신성은 물질화된다. 이런 투명한 노출 사회의

정 상태를 넘어서는 보편적인 인격의 단초로 간주한다. 이들 문화권에서는 수치심은 외부의 권위에 대한 배려와 고려에 기인하는 부정인인 감정의 차원을 초월해서 인간의 인격적 자기 완성을 지향하는 명예와 자긍심을 촉발하는 계기로서 이해된다. 오늘날 수치와 죄의 문제 역시 현대철학의 핵심적인 쟁점인 '자연주의' 논쟁을 비껴갈 수 없다. 감정을 단순히 신체가 지닌 인간의 느낌이며 뇌의 물리화학적인 반응으로 해석한다면, 더 이상 인간이 인간일 가능성은 없어지게 된다. 죄와 수치의 감정은 전형적인 자기감정이다. 자기감정이란 말은 이 감정들이 항상 사회적인 인정의 그물망 속에 위치하는 자기의식을 수반한다는 것이다. 여기서 자기는 '타자화된 자신'을 전제하는, 즉 '신체화된 사회적 자아'를 모두 포괄하는 표현이다.

경제 논리는 정치·경제·사회·윤리·도덕의 문제에까지 영향을 미친다.

Ⅳ. 자각과 알아차림

1. 자기의식

자신과 동일시되는, 지속적이고 실재하는 '자아'라는 것이 과연 있는 것일까? 기억이 나는 사건은 이미 과거 것이 되었다. '나'라는 자기인식(표상)은 자기라는 기존의 익숙한 느낌의 연속성, '나는 전에도, 앞으로도 이러한 사람이다.'라는 신념이 만들어낸 자아이다. 그것을 기억하는 '자아'마저 실체가 아닌 하나의 표상이 다른 하나의 표상으로 해석된 것이라면 '나'라는 존재는 더 이상 지속되는 실체가 아니다. 그러니까 자아는 존재하지 않는 개념적 자아일 뿐이다. 즉 표상적 자아는 자신의 과거 기억의 경험에서 만들어낸 자아이다. 이렇게 생각하는 표상마저 자아가 재구성한 것이라면 이제 더 이상 진리라고 할 곳이 없다 (라캉은 이를 '대타자의 대타자는 없다'라는 명제로 모든 것이 비어있다는 의미에서 공백, 허환을 말한다).

그런데 왜 나는 고통을 느끼는 것일까? 고통을 느끼는 주체는 과연 누구인가? 고통을 느끼는 것은 현재 살아 있는 '나(자아)'의 존재 때문이 아닌가? 내가 없으면 외부의 사태도 없는 것이 아닐까? 유식에서 말하는 유식무경(唯識無境)의 진의는 무엇인가? 모든 것은 연결되어 있다. 홍시는 홍시 아닌 것으로 이루어져 있다. 그런데 현재 몸에서 일어난 고통은 실재하는 것이 아닌가? 고통마저 자아의 인식 체계가 만든 언어표상(환상, 이미지)이란 말인가? 자신의 인식 체계를 바꾼다면 표상도 바뀌게 되고, 그렇다면 고통도 없어질 수 있을까?[83]

자아가 궁극적으로 실재하는 것이 아니라면 어떻게 내가 자아와 동일시한 것이라고 느낄 수 있는가? 심리학에서나 불교에서는 이렇게 일관된 자기를 느끼고 표상하는 것에 대해 한마음의 순간에서 다음 마음의 순간으로 전달되는 것으로 설명한다. 마음은 매 순간 이전의 마음의 순간을 이어받아 다음 순간으로 전달한다. 즉 그 이전의 생각은 다음의 생각으로 이어지고 교체된다. 그 뒤에 따라오는 각각의 생각이나 앎은 이전의 생각을 모두 포함하고 있는 마지막 저장소이다. 모든 생각과 의식의 단위는 중첩된다. 그래서 내가 현재 나라고 생각하는 것은 항상 한순간 이전에 나라고 생각했던 것에 의해 결정된다.

2. 주체의 확실성

그렇다면 나란, 나의 주체란, 나의 실재는 어디에서 찾을 수 있을까? 나의 고유성이란 과연 존재하는 것일까? 의식의 확실성을 이야기한 사람은 데카르트(R. Descartes)이다. 그는 주체의 탄생을 "코기토-나는 생각한다. 고로 존재한다."라는 회의, 반성, 질문 명제에서 찾았다. 즉 그는 자신의 사유와 의식 구조를 회의하고 의심하고 질문하는 과정에서 더 이상 회의하고 의심할 것이 없는 명징한 의식에 도달할 때 비로소

---

[83] 어린아이는 부모의 행동을 내재화하고 동일시하며 부모와 자신과 관계 맺는 방식을 통해 자기에 대한 느낌을 형성한다. 자아 정체성은 자기 표상-대상관계와의 확장된 상호적 자기/타인의 인상에 속하는 자신에 대한 이미지로부터 형성된다. 동서양의 심리학 모두 <자아가 만들어지고 구성된 자기>라는 것에는 의견이 일치된다. 두 관점 모두 방어적 자아가 "독특한 자신만의 정체성을 가지고 있으며 특별한 사람으로 느끼도록 해 준다."(어네스트 베이커, 김재영 옮김, 『죽음의 부정』, 134쪽, 인간사랑(2010) 참조.

'존재(주체)의 확실성'을 확보할 수 있음을 말한 것이다. 그러나 프로이트와 라캉은 데카르트가 생각하고 의심하고 회의하고 질문을 던지는 의식의 작용이 결국 타자가 만들어 논 문법 체계인 언어의 작용과 표상임을 확인할 때 더 이상 그것을 주체라고 말할 수 없다고 생각한다.

그래서 라캉은 데카르트의 존재명제를 다음과 같이 변주시켜서 이야기한다.

"나는 생각(사유)한다는 의식이 없는 곳에서 존재하고, 내가 존재하는 곳에서 나는 사유하지 않는다."

프로이트와 라캉은 '주체의 확실성'이 **타자의 언어가 중지된 곳**에서 발생한다고 보았다. '타자의 언어가 중지된 그곳'은 바로 '무의식'을 말한다. '무의식'이란 언어가 중지된 곳이다. 즉 의식의 지배 질서가 중단된 곳이다. 현실에서 사용되는 언어는 이미 타자가 만들어 놓은 지배 질서 체계이다. 언어가 중지된 곳(내담자의 발화가 중지된 곳)은 다름 아닌 꿈이나 농담·말실수·침묵·혼돈·선명하지 않음(불확실함)·무지(모름)·의심·질문·의문 등으로, 이곳에서는 타자의 지배가 멈춘 자신만의 고유한 실재가 도래하는 곳이다.

프로이트와 라캉이 말하는 무의식은 아무 의식이 없다는 뜻의 무의식이 아니라, 우리의 근원적 실재를 표지한다(그것이 말한다)는 점에서, 그리고 그것이 궁극적인 실재를 향해 변화한다는 점에서 주체(성)라고 본다. 여기에서 그것이란 타자의 언어나 욕망이 아니라. 바로 우리 자신이 자신일 수 있는 가장 고유한 자기성(Selbst)을 의미한다. 이곳은 타자의 지배 언어가 균열하기 시작한 지점이다.

정신분석에서는 꿈의 내용이나, 내담자의 발화 내용이 '진실하다,

진실하지 않다, 맞다, 맞지 않는다'에는 관심이 없다. 더욱더 중요한 것은 **"무엇이(누가) 그로 하여금 그렇게 말하고 행위를 하게 하는가?"**이다. 즉 그의 말과 행위가 어떤 문법에 지배받고 있는지, 그가 하는 말과 행위가 그가 하는 것인지, 아니면 그 너머에 있는 다른 초자아의 지배를 받고 있는지 그것을 파악하는 것이 더 중요하다. 주체와 초자아의 갈등이 모든 증상이 시작하는 곳이기 때문이다. 결국 프로이트와 라캉이 이야기하고자 한 '**자아와 주체**'의 실재란 정형화된 고형물로서의 실체가 아니라, 순간순간 대상과 타자와의 만남의 관계에서 잠깐잠깐 드러나 보이는 것이다.

V. 상흔(傷痕 stigma)에서 성흔(聖痕 stigmata)으로

프로이트는 인간 심리발달의 기원을 **아버지 판본(대타자), 즉 명령과 금지, 터부**에서 비롯되는 것으로 분석한다. 인간의 무의식에는 언제나 대타자를 전제로 한다. 대타자를 전제로 하지 않으면 모든 것이 무너지는 것으로 생각한다. 대타자의 이름은 아버지이고, 아버지는 명령과 금지, 터부의 한계(금을 그어줌)를 제시해 주는 장본인이다. 그리고 인간은 그 한계 안에서 보호와 안정감을 누린다. 인간은 스스로 아버지 판본을 만들어내면서 그 판본 안에서 안정감과 쾌락을 누린다. 그러니까 아버지(신)는 인간이 자신의 안정화를 위해 개발한 판본이다.[84] 프

---

84) 프로이트의 토템과 금지 신화에 등장하는 아버지 살해와 아버지 숭배는 인간 내면의 심층 심리의 양면성을 보여준다. 인간은 아버지 살해에 충동을 느끼면서도 또다시 아버지의 명령과 금지 터부를 요청하는 존재이다. 이는 마치 『노자』 5장에 나오는 추구(芻狗)가 지닌 의미와 상통한다. 추구는 제사 지낼 때 짚으로 만든 개를 의미한다. "천지불인(天地不仁) 이만물위추구(以萬物爲芻狗)"-천지는 어질지 않으니, 만물을 짚으로 만든 개로

로이트와 라캉은 아버지 판본의 전형을 '언어-상징 체계'로 해석한다.

이런 점에서 보면 **죄책감은 범죄의 결과가 아니라 자기 보호를 위한 동기일 수 있다.** 범죄 이전에 먼저 '분리' 불안에서 자생하는 죄책감이 상존한다. 어떤 행위가 금지된 것이라는 이유로, 그리고 금지된 것을 지키지 않는 행위를 하고 나서 오히려 정신적인 안도감을 얻는다는 이유로, 위반(죄, 일탈)을 하는 사람들이 있다. 마치 무의식적인 죄책감을 실재적이고 현실적인 어떤 것으로 연결하면 그 죄책감이 경감되는 것으로 느끼는 것 같다. 죄의식 때문에 죄인이 되는 사람은 이러한 죄의식을 고착(fix, fiction)시키기 위해 죄를 **반복적으로 저지르며** 그러고 나면 차라리 안도감과 쾌감을 얻는 것이다. 근친상간은 큰 죄이며 원시 사회에서는 처벌과 저주가 내려지는 유일한 죄이다. 이는 인류공동체가 유지 지속되는 윤리의식이면서 동시에 정신적인 힘으로 작용하기도 한다.[85]

이런 심리적 동기는 자신의 죄를 자신이 마음으로써 죄를 경감하고자 하는 도착증자의 피학대적 물신의 흔적에서 확인될 수 있다. 예컨대 셰익스피어(W. Shakespeare)의 『맥베스 Macbath』의 경우, 맥베스와 그 아내는 죄책감에 의해 미친 사람이 된다. 그 죄책감은 왕이 되는 과정에서 많은 사람을 죽인 살해 행위에 대한 죄책감이 아니라, 왕이 되는 순간에 그가 좌절하게 하는(더 이상 외적 목표가 부재) 내적 욕망이 관련된 원초적인 죄책감이다. 그래서 죄를 지었기 때문에 죄인이 된 것이 아니라, 원초적인 죄책감으로 스스로 금기와 명령 터부를 설정함으로써, 그 안에서 안위함을 찾고자 스스로 죄를 짓고 죄인이 됨으로

여긴다. "성인불인(聖人不仁) 이백성위추구(以百姓爲芻狗)"-성인도 어질지 않으니, 백성을 짚으로 만든 개로 여긴다.
85) 프로이트, 『토템과 터부』, 근친상간의 공포, 21쪽, 강영계 옮김, 지식을 만드는 지식 출판사(2013)

써 처벌과 저주를 자기 삶으로 전회시키는 물신적 쾌감을 맛보고자 죄를 짓는 것이다.[86] 이들에게는 고통보다 더 무서운 것이 분리불안이다. 처벌이라고 하는 신체적 고통과 하나가 됨(물신화)으로써 분리불안을 해소하고자 한다. 프로이트는 죄책감이라는 말보다 '처벌 욕구'라는 말이 더 적절하다고 표명한다.[87] 처벌 욕구는 도착증자의 마조히즘(자기 자신으로 향하는 사디즘으로, 고통을 받음으로써 만족을 느끼는 심리상태이다. 사디즘은 타자를 대상화해서 공격적인 음란 살인까지 벌이게 된다. 이렇게 인간 심층에는 두 양가성이 상존한다)의 시원이 된다. 마조히즘을 더 확장해 나가면 희생과 헌신의 도덕감으로 연결된다. 그런 도덕감에서 인간은 최고의 기쁨을 누린다. 프로이트는 이렇게 양가적인 충동은 본능이 아니라, 잃어버린 엄마의 가슴(근친상간)과 거세(아버지의 개입)의 **이항 대립**에서 **발생한 표상**(아버지의 개입인 언어-상징화로 진입하지 못하고 자기 몸에서 엄마의 가슴을 재현하고자 하는 것(환상))으로 해석한다.

이제 프로이트에게서 주체의 형성은 '반복' 개념으로 더 구체화한다. 오이디푸스 콤플렉스의 요소인 충동(엄마의 가슴)과 거세에서 (성) 충동이 억압과 부인의 형식을 통해 변증법적 지양의 운동인 반복 진행을 통해 이루어진다. 반복의 메커니즘이 억압과 부인이다. 프로이트

---

86) 라캉의 해석대로, 슈레버가 고등법원장에 오르는 순간 불러야 할 '아버지-의-이름'이 폐기되어 있던 관계로 파라노이아(편집증-망상장애)가 발동되듯이, 왕위에 오르는 순간 '아버지-의-이름'의 폐기로 정신증이 발동했다고 보는 것이 타당하다. 마찬가지로 예수에게도 전 생애가 '아버지-의-이름'이 부재 폐기되었다. 그는 12살 때 이미 아버지와 가족을 떠나 성전에 있었다. "내가 아버지 집에 있었음을 알지 못하셨는지요?" 그는 그 스스로 '아버지-의-이름'으로 살았다. 그래서 그는 결핍이 없었다. 더 무엇을 채워야 할 이유가 없었다. 그는 그 스스로 완전무결했다. "I am the Way, I am the Truth, I am the Life"에서 그는 스스로 모든 물신적 대상 a 그 자체가 되었다. "엘리엘리라마사박다니" 십자가에서 그렇게 '아버지-의-이름'을 불렀건만, '아버지-의-이름'의 폐기인 공허한 메아리만 되돌아왔을 때 그가 말한 외마디는 "다 이루었다."이었다.
87) 프로이트, 「마조히즘의 경제적 문제」, 1924. 전집 11권, 426-7

는 반복의 원인을 근친상간과 근친 살해에 따른 죄책감에 의한 (원죄의) 자기 처벌(억압)의 실패로 본다. 이것은 신경증을 일으키는 방식이자 증상이다. 상처와 상흔 또한 증상이다. 이 증상은 반복을 통해 나타나고 그 나타남은 차이와 다름을 나타낸다. 그리고 차이와 다름은 또다시 반복을 일으킨다. 여기서 그 반복은 동전 찍기식의 똑같은 반복이 아니다. 그 **반복에는 언제나 차이와 다름이 발생하고 그 차이와 다름이 반복의 원인이 된다. 이런 과정을 통해 주체는 형성되고 상흔 또한 치유된다.** 반복은 오이디푸스의 사랑이 실현되는 순간 실패(오인, 미끄러짐)로 돌아가게 만드는 구조이다. 이렇게 주체는 오인과 미끄러짐의 방식, 즉 결여와 실패, 상처가 동인이 되어 그것을 통해 주체가 형성된다. 인간은 반복되는 실수(죄)를 통해 성장한다. 그렇게 실수(죄)를 할(저지를) 수밖에 없는 것이 인간임을 혹독하게 자각(회개)할 때, 우리의 실수(죄)는 끊임없는 변증법적 실수(죄인)의 생성을 통해 완전성으로 나가게 된다.

그러나 주체는 단박에(한 번에) 형성되지 않는다. 인간의 심리는 일반적으로 오이디푸스로 기호화되는 근친상간(엄마의 젖가슴)의 거세화(분리, 상실, 결핍, 결여; 언어-상징화·인지화)의 과정인, 억압과 방어의 심리, 즉 <거부→부정→부인→분노→타협→포기→절망→우울→수용→직면(대면)→의미화(언어-상징화)>의 변주를 거치면서 주체가 형성된다. 외부 자극으로 정신에 흔적을 남긴다는 의미에서, 프로이트는 상흔을 무의식에 기록(낙인, 동전 찍기, 상처)된 것으로 표현한다. 프로이트의 사후적 이론에 의하면, **상처를 받는 것은 자극에 대한 '적합한 단어 표상'으로 기술하거나 말하지 못함의 부재에서 기인한다. 그리고 이런 적합한 단어의 표상으로 이해와 의미로 연결되지 못하기 때문**

에 상처가 생긴다고 보았다. 어떤 사건 A가 주어지면 그 사건을 기술하고 표현할 적합한 단어 B가 있어야 비로소 인과적 이해의 효력을 갖기 시작한다. 즉 이미지(환상)가 정확한 인과관계로 연결되지 못하고 아무 관련이 없는 두 사건을 파편화된 이미지(분절화된 기호, 단항기표)로 잘못 연결되게 되면 다양한 증상을 만들게 된다. 이 말은 사건의 자극에 대해 반응해 나가는 우리의 심적 기제가 어떻게 작동하는가(적합한 단어 표상에 따른 이해와 의미화의 여부)에 따라 상처가 되기도 하고 상처가 되지 않기도 하고, 이미 상처 된 것이 치유되기도 한다는 의미를 함축하고 있다.[88]

정신분석 치료 명제는 "'무의식의 의식화', 그것은 곧 내담자의 '의미' 생산을 위한 '소급적 인과율'의 실천에 있다"라고 말할 수 있다. 이는 인간 의식(마음 · 감정 · 정신 · 인지)이 작동되는 일반적인 문법 체계이기도 하다. 이런 메커니즘에는 언제나 억압과 방어체계가 작동된

---

[88] 프로이트에게서 상처는 외상으로 번역된다. 외상(트라우마)은 '적합한 단어(표상)'를 지니지 않은 채 주어진 자극, '의미가 부재한 기호', '시니피에 없는 시니피앙'에서 비롯된 것이다. 상처는 어느 하나의 사건의 이미지만을 가지고 성립되지 않는다. 항상 한 이미지가 다른 이미지를 소환하는 방식 즉 단어 표상이 사물표상을 불러오는 방식(소급, 재현하는 방식)으로 성립한다. 다만 거기에 적합한 단어 표상와 올바른 이해와 의미화, 그리고 이를 재현(소급, 소환, 재구성)하는 주체의 여부가 결정적이다. 따라서 프로이트는 ①흥분되고 긴장된 자극을 해소하거나, ②사물표상으로서의 이미지(무의식)를 적합한 단어 표상으로 상징화, 의미화(의식화)하는 것, ③불쾌한 사물표상을 좋은 이미지로 연관시키거나 대체, 환기시키는 것을 치료의 방법으로 제시한다. 그러나 만일 ①,②,③의 요소를 온전히 대면(직면)하거나 직면할 수 없는 대상은 주체의 부재는 외상이 된다. 정신분석에서 말하는 주체는 철학이나, 인지학, 현상학, 유식학, 심리학에서 말하는 주체가 아니라 사건이 주는 자극과 이미지에 대해 저항(대면, 직면)하는 의미에서의 주체이다. 증상, 회상, 반복 강박, 재현하는 것도 엄밀히 말하면 무의식적 성 충동(자아의 의지와 상관없이 실재가 도래하는, 즉 사물표상이 단어 표상으로 연결하고자 하는 충동)이 자신을 드러낸다는 의미에서 주체라고 말할 수 있다. 만일 사건에 대해 회피와 도피, 연기, 금지와 억압, 대체물로만 이루어진다면(→그래서 성 충동이 의식으로 드러나지 못하고 무의식으로 남겨진다면), 더 이상 주체가 들어설 자리가 없고 치료와 더욱 멀어진다. 따라서 정신분석의 요체는 '무의식의 의식화'에 있다. '무의식의 의식화' 과정은 ①적합한 단어 표상, ②올바른 연결(이해와 의미화), ③주체의 재현 작업 과정이다.

다. '우리가 상처받는다는 것'은 자신의 기존 문법 체계를 흔들어 새로운 자신의 고유한 문법 체계, 즉 '인간다움'의 가능성을 탐색해 나가는 증상이 된다. 따라서 '상처를 받는다는 것'은 곧 인간이 된다는 것이며, 궁극적으로 상흔(傷痕 stigma)이 성흔(聖痕 stigmata)으로 전환하는 계기가 된다. 상흔이 없다면 성흔도 없다. 성흔은 상흔의 자식이다. 아버지가 아들을 낳지만, 아들도 아버지를 낳는다. 불교의 '고(苦)-집(集·執)-멸(滅)-도(道·渡)'의 '도'는 '고'로부터 탄생한다. '고'는 세상을 움직이는 중심이다.

실천 2
슬픔의 직면과 대면

<내용 요약>

슬픔의 직면과 대면을 위한 실천 방법은 내담자가 고통을 인식하고 이를 언어로 표현하는 것에서 시작된다. 감정을 외부의 것으로 분리하여 자신이 감정의 주체로 경험할 수 있도록 돕는 것이 중요하다. 또한, 고통을 피하거나 억제하지 않고 이를 수용하는 과정에서 내담자는 새로운 대처방식을 개발할 수 있다. 내면의 자원에 접근하여 숨겨진 욕구와 감정을 인식하도록 도와주며, 이는 행동 변화로 이어질 수 있다. 감정을 상징화함으로써 내담자는 감정에 대한 명확한 이해를 얻고 치유의 과정을 겪는다. 마지막으로, 감정의 변화 과정을 통해 내담자는 고통을 새로운 방식으로 다루며 자아의 성장을 경험하게 된다.

<핵심어>

언어화(Verbalization), 내적 자원(Inner resources), 감정 상징화(Emotionsymbolism), 변화 촉진(Facilitation of change), 감정 인식(Emotional awareness), 감정 재구성(Emotion reconstruction), 대처 방식(Coping strategies)

<학습 목표>

- 내담자가 고통을 언어로 표현하고, 자신의 감정을 명확하게 인식할 수 있다.
- 내담자가 고통을 수용하고, 이를 통해 새로운 대처방식을 개발할 수 있다.
- 내담자가 내면의 자원에 접근하여 숨겨진 욕구와 감정을 인식할 수

있다.
- 내담자가 감정을 상징화하여 감정에 대해 명확한 이해를 얻고, 감정의 주체로서 확신을 가질 수 있다.
- 내담자가 감정의 변화 과정을 통해 자아의 성장과 변화를 경험할 수 있다.

<적용 실천>
- 고통을 언어로 표현하기: 내담자가 자신의 감정을 명확히 표현할 수 있도록 유도하여, 감정에 대한 자각을 높이고 고통을 외부의 대상으로 분리할 수 있다.
- 고통의 수용: 내담자가 고통을 피하지 않고 받아들이도록 돕고, 이를 통해 새로운 대처방식을 개발하고 감정에 직면할 수 있다.
- 내적 자원의 인식: 내담자가 자기 내면의 자원과 숨겨진 욕구를 인식하여, 이를 기반으로 긍정적인 행동 변화를 유도할 수 있다.
- 감정 상징화하기: 내담자가 경험한 감정을 언어로 상징화하도록 도와 감정에 대한 명확한 이해를 얻고 주체적인 태도를 형성할 수 있다.
- 변화 촉진하기: 감정의 변화를 통해 내담자가 반복적인 감정 패턴에서 벗어나 자아의 성장과 변화를 경험하도록 돕는다.

슬픔의 직면과 대면

Ⅰ. 관찰

1) 고통은 개인의 문법(인지구조, 환경과 상황의 구조) 체계에 의해 발현된다. 우리가 바라보는 이 세상의 모든 사물은 언어의 표상에 따라 산출된 것이다. 우리의 마음이나 의식, 감정 또한 언어 표상으로 걸러진 작용이다. 이렇게 본다면 내가 생각하고 판단하고 사유하는 것도 사실은 자신의 고유한 것이 아니라, 타자가 이미 만들어 놓은 지배구조 안에서 작동되는, 기존 권력자(아버지 판본)들이 짜 놓은 문법 체계에서 앵무새처럼 그들의 말을 반복하고 있다고 보는 것이 더 정확할 것이다. 싸나톨로지 임상 실천에서는 현재 내담자가 앓고 있는 고통이 어떤 유형의 고통인가를 파악하는 것도 중요하지만, 더 중요한 것은 "무엇이 (누가) 그가 그렇게 고통을 나타내게 하는가?"이다. 즉 그의 말과 행위가 어떤 문법에 지배받고 있는지, 그가 하는 말과 행위가 그가 하는 것인지, 아니면 그 너머에 있는 다른 초자아의 지배를 받고 있는지 그것을 파악하는 것이 더 중요하다. 주체와 초자아의 갈등이 모든 증상이 시작하는 곳이기 때문이다.

2) 따라서 분석가는 현상적으로 나타난 슬픔과 고통이 ❶ 무엇에 의해, ❷ 무엇을 위한, ❸ '무엇'이 그를 그렇게 반응하게 하는지를 살핀다. '❸'의 '무엇'은 겉으로 드러나지 않은 무의식적이다. 현상적으로 나타난 것은, 보이지 않은 무의식이 가면(위장)을 쓰고 나타난(도래한) 것이다. 따라서 슬픔과 고통이 무엇을 지시하고 무엇을 찾고자 하는지, 무

엇에 의해 그렇게 나타나는지를 살펴야 한다. 그리고 그것을 내담자가 인지할 수 있도록 표현하게 한다. 내담자는 표현의 인과적 이해를 통해 적합한 단어 표상을 획득하여, 의미화 상징화하게 한다. 반응은 내담자가 사용하고 있는 언어 구조(문법 체계-담화구조)를 통해 살펴볼 수 있다. 언어구조는 첫째, 자신을 보호하고자 하는 보호본능으로 언어를 사용하는 인간의 정형화된 인지 패턴을 의미한다. 둘째, 언어구조는 개인을 지배하고 있는 억압과 방어체계를 의미한다. 셋째 언어구조는 억압과 방어체계 속에서 성충동(삶의 리비도, 의지, 생의)이 발현하는 구조이다. 넷째, 언어구조는 주체가 어떤 대상에 대해서 '관계를 맺는 방식'을 의미한다.

3) 고통은 계속 말하고 표현해야 감소한다. 주체는 언어(기표)에 의해 사유, 표상, 살아가게 된다. 주체는 의식의 확실성을 추구함으로써 쾌락을 느낀다. 언어로 표현되지 않거나 정신적인 행위로 표현되지 않은 표상은 무의식 조직 속에서 억압된 상태로 계속 머물러 있다. 무의식에서 의식(자각과 이해)으로의 이행은 언어적 지각의 잔재(기억흔적)와의 연계(하나의 이미지를 다른 하나의 이미지 B로 해석)를 통해서만 얻을 수 있다. 우리가 말을 한다는 것은 모두 어떤 사건에 이미지(기억)를 부여하여 상징화(기호화)한다는 것이다. 자신의 감정을 언어화할 때 새로운 의미와 통제감을 획득한다. 언어화는 감정을 다루는 손잡이와 같다. 우리는 언어를 통해 감정을 수정한다. 언어는 이렇게 새로운 의미의 생성을 촉진한다. 감정에 명칭이 부여되면서 감정으로부터 자신을 분리하고 강한 자기감이 촉진된다. 감정을 언어적으로 상징화하면서 자신이 느끼는 감정이 어떤 것인지 알게 되고, 감정을 볼 수 있는 새

로운 위치와 관점이 만들어지는 것이다. 외상적인 사건도 말을 하는 행위를 통해서 자기 안에 동화해 가는 재구성 과정을 밟아 가게 된다. 감정적인 외상 경험을 상징화하면서 이전에는 말로 분명하게 표현할 수 없었던 경험들에 명시화가 허락되고 의미가 부여된다. '내'가 '이것을' 느낀다고 말할 때, 이것은 나로부터 분리되어 존재한다. 그리고 이때 자기를 감정의 수동적인 희생자가 아닌 책임지는 '주체'로, 즉 응집력 있는 자기(coherent self)로 경험하게 된다.[89]

Ⅱ. 직면의 기술

1) 고통스러운 감정이 치유되는 첫 번째 단계는 먼저 고통스러운 감정을 인식하는 것이다. 이 단계에서는 이전에 회피했던 고통스러운 감정에 다시 접근하여 이를 허용하며, 그런 다음 자기의 일부로 수용하게 된다. 황폐함이나 무기력감, 절망감을 허락하면서 그 고통으로부터 살아남을 수 있다는 것을 경험적으로 깨닫기 위해서는 원래 외상을 다시 경험하고 직면할 필요가 있는 것이다. 이런 고통을 수용할 수 있을 때 오히려 과거의 위험한 감정으로부터 안전한 거리를 유지하고 담아낼 수 있는 용량이 만들어지며, 그동안 인식하지 못했던 감정을 자각하고 동원할 수 있게 되고, 이런 감정들과 연관된 전통적 목표나 욕구를 깨

---

89) 직면의 실패에서 나타나는 병리적 감정이 우울증이다. 흘려야 할 눈물과 슬픔이 있어 이를 억압하거나 회피 도피 연기하지 않는다면 그 슬픔은 정상적인 슬픔이 되어 자아의 성숙으로 이어지지만, 슬픔을 억압하거나 도피 연기시킨다면 그 슬픔은 우울증으로 변환된다. 이제 흘려야 할 눈물을 흘리지 못한다면, 박탈된다면 그 감정은 수치와 죄책감(죄의식)으로 전환된다. 프로이트는 이를 전환 신경증으로 표현하였다.

닿게 된다.[90] 그러고 나면 내면에서 고통을 유발하였거나 반대로 고통을 경험하지 못하게 막고 있던 역기능적 평가와 싸우는 힘이 나타나기 시작한다. 고통을 허용하면서 비로소 고통이 가라앉고 새로운 자기 확신이 생겨나기 시작한다. 한 연구에 따르면 외상적 기억에 맞서 직면할 때 오히려 외상과 연관된 사고나 감정을 억제하기 위해 그동안 낭비하던 생리적, 인지적 힘이 줄어든다.[91]

2) 고통스러운 감정에 직면할 때 이는 내담자를 외적 자극에 노출하는 것이 아니라 이전에 회피했던 내적 자극에 노출한다는 것을 의미한다. 둘째, 조건 형성이 변화한 것이 아니라 의미가 변화한다. 셋째, 새로운 행동에 관여하는 것이 아니라 새로운 내적 감정적 정보와 자원에 근접함으로써 새로운 것(novelty)을 경험하게 된다. 다시 말하지만, 감정 지향적 치료에서는 내담자가 자신의 내적 경험에 주의를 기울이는 데 초점을 맞춘다. 그렇게 함으로써 이전에는 접근할 수 없었던 내적 자원에 다다르게 되며, 새로운 대처방식을 습득하게 된다. 이때 내면에 숨어있던 생존과 성장에 대한 핵심적 동기 및 내면적 욕구에 대한 자각이 일어나게 되는데, 이것이 바로 새로운 삶과 대응의 기반이 된다. 자신이 원하고 필요로 하는 것이 무엇인지 알게 되면서 지지와 양육 같은 내적 욕구와 목표를 실현할 수 있는 **주체가 되어 가는 것이다.**

---

90) 감정체험은 이미지(관념)의 신체화 과정이다. 즉 흘릴 눈물이 있다면 모두 흘려야 한다. 그때 비로소 찾아오는 후련함이 있다. 이는 밖으로 나갔던 감정(체화되지 못하고 신체로부터 유리된 것=이미지=표상)이 신체로 돌아오는(체화) 과정이다. 체화는 내담자 자신이 '지금-여기'라는 구체적 현실성을 자각하는 출발이다. 이는 곧 지금-나라는 주체의 확인을 통해 외상의 사건을 인지할 수 있는 인식적 공간을 부여한다.
91) Greenberg, L. S., & Korman, L. (1993). *Integrating Emotion in psychotherapy: Joural of psychotherapy Integration*, 3(3), 249-265.

Ⅲ. 대면의 기술

1) 대면의 반대는 '**억압**(무의식-망각-은폐-위장-가면-거짓-박탈-합리화-당연시-판단-비교-강제-비난)과 **방어**(부정-거부-회피-미래적 연기-잘될 거야-위로-전이-대체물 형성-중독)'이다. 평가와 개입에서 더 이상 제삼자(타자)의 억압과 방어를 차단한 채, 오직 그만이 그의 언어로, 그의 방식으로 표현 대처할 수 있도록 해야 한다. 이때 한계상황(실존적 단독자)에 어떻게 대처해야 할 것인지 **주체의 실존적 결단**만이 홀로 남게 된다. 거기에 비로소 인간의 가능성이 상존한다. 올바른 대처는 억압과 방어로부터 의식화와 의미화로 연결한다.

2) 역설적인 것은 고통을 혐오하고 회피할수록 오히려 고통이 지속되며, 이에서 벗어날 수 있는 능력이 방해받는다는 점이다. 일단 고통을 받아들이고 **그동안 도망 다니던 절망감과 무기력감에 직면할 때 이를 재구성하고자 하는 진정한 움직임이 일어난다.**[92] 우리는 고통 속으로 '흘러 들어가고' 거기에서 '흘러나온다.' 재 속에서 불새가 일어나는 신화적 이미지가 보여주는 것처럼 고통 속에서 새로움이 출현하며, 해체와 파괴로부터 새로운 무엇이 조직된다. 따라서 고통을 다룰 때 치료자는 내담자가 고통스러운 경험에 주의를 기울이고 접근하며 상징화함으로써 고통을 해결하는 일련의 단계를 밟아나가도록 해야 한다. 치료

---

92) 빅터 프랭클에 의하면, 자신을 고통의 상황에 **빠트리게** 하는 역설 지향을 통해 오히려 자신은 자기 거리감의 능력을 강화해 불안이나 강박증 같은 비합리적 부정적 관념이 중성화된다고 한다. 이 과정에서 거리를 두고 자기를 바라볼 수 있는 자기 거리두기 능력이 생긴다. 자기 거리두기는 사람이 초연한 상태에서 자기 자신을 바라보게 함으로써 자신의 곤경을 초월하도록 돕는다. 인간은 최악의 상황에 부닥쳐 있음에도 불구하고 그것을 자신과 분리해서 볼 수 있는 능력이 있다.

자는 이런 경험을 수용하고 보유하도록 격려하고, 주체적인 삶을 살아가도록 촉진해야 한다. 이때 감정 지향적 치료자는 외상을 다시 경험하게 하는 것이 아니라 진정한 치유를 위해 내담자가 스스로 고통을 경험할 수 있는 안전한 환경을 만들어야 한다.

3) 대면은 직면해서 느꼈던 감정을 인식해서 자신의 언어로 해석하는 인식의 과정이다. "최소한 이런 감정을 나는 느꼈어요. 나는 느낄 권리가 있어요."라고 하는 말은 자각을 통해 자신의 감정을 주체적으로 이해하고 받아들이는 과정을 보여준다.. 이 사례에서 내담자가 보여준 주체가 됨은 앞서 말한 두 가지 과정에 의해 출현한 것이다. 첫 번째는 재보유를 통해 경험에 대한 **자기감이 증진**된 것으로, 게슈탈트 치료자들은 "무엇을 하거나, 생각하고, 느끼고, 필요로 하고, 원하는 것은 바로 나 자신이다."라는 경험을 하게 함으로써 주체가 됨에 대한 자각을 증진한다.[93] "그것을 느끼는 것은 나 자신이며, 이런 느낌의 주인 역시 나 자신이다.", "무엇을 할 수 있는 것도 내 자신이다."라고 느끼면서 희망이 발달하게 된다. 주체가 됨은 자신을 자기 경험의 저자로 혹은 창조자로 인식할 때 생겨난다. 이런 주체가 됨이 아직 구체적인 행동 계획으로 발전하고 있는 것은 아니지만 거기에는 행동할 수 있으며 변화가 가능하다는 확신이 잠재해 있다.

---

93) Greenberg, L. S.(1993). *Emotion in psychotherapy: Affect, cognition, and the process of change*. New York: Guilford Press.

Ⅳ. 대처의 기술

1) 고통스럽거나 절망적인 나쁜 감정은 '원래부터 그러했던 것'이 아니라 내적 관계의 산물이다. 이런 감정들을 허용하고 받아들이지 못했기 때문에 취약성이 공황감으로 변질하였고, 분노가 소외감이나 절망감이 되었던 것이며, 상실감이 투쟁이 되었다. 내면의 감정들을 그냥 내버려두어서는 안 된다. 감정을 인식하면 감정은 유용한 정보가 되고 내적 자원이 된다. 감정에 주의를 기울이고 접근하며 이를 수용할 때 이전에 받아들이지 못했던 경험들과 다시 관계를 맺고 동화가 촉진될 수 있는 것이다.

2) 감정적 기억이 충분히 활성화되어 의식 속에 재배열될 때 경험은 받아들일 만한 것이 된다. 이런 허용과 수용의 핵심 단계 중의 하나가 설망감에 직면하는 것이다. 극단적인 무기력 상태나 우울 상태에서 느끼는 절망감은 그냥 지나칠 수도 있고 탐색할 수도 있는 이차적 감정인 경우가 많다. 하지만 이런 이차적 감정이 아닌 일차적이고 본질적인 절망감은 허용되고 수용되어야 한다. 절망감을 느끼지 않으려는 쓸모없는 투쟁을 포기하고, 그대로 허락하고 직면하는 것이 변화의 핵심적인 첫 번째 단계다. 절망감을 회피하지 않고 직면하면서 역설적인 변화 과정이 일어나기 시작한다. 절망감에 직면한다는 것은 "나는 희망이 없어. 나는 못 해."라고 믿는 것이 아니라 내가 수고하였던 노력이 헛되었다는 것, 극복하려고 애썼던 것들이 유용하지 못하였음을 받아들인다는 것을 의미한다. 피할 수 없는 것을 받아들이고, 새로운 목표를 설정하며, 이에 대한 책임을 지기 시작한다는 것을 의미한다.

3) 감정의 직면과 대면은 그동안 부인하고 체화하지 못했던 감정 및 이와 연관된 사고, 기억, 욕구, 행위 경향들을 확인하고 받아들이는 과정이 포함된다. 고통을 일으켰던 사건에 도달해 **그 감정에 함께 머물러 볼 때까지(체화하기까지)**는 여전히 그 사건을 해소할 수 없다. 괴로운 감정을 경험함으로써 문제가 무엇인지 명확히 알게 되고, 감정에 대응할 수 있는 새로운 길이 열리는 것이다. 이런 대면의 과정을 통과한 다음에야 이전에는 쓸 수 없었던 새로운 자원들을 동원하여 고통을 일으키는 것들에 대응할 수 있게 된다.

V. 변화의 과정

1) 이전에 보유하지 못했던 감정을 허락하는 것은 변화 과정의 일관된 핵심적인 요소다. 다시 말해서, 내적 변화란 내적 경험을 회피하고 부정적으로 평가하기만 하던 위치에서 벗어나 이를 수용하는 위치로의 이동을 의미한다. 그러나 증상은 이내 또다시 제자리로 돌아오는 경우가 많다. 반복은 차이와 다름이 발생하고 그 차이와 다름이 또다시 반복의 원인이 된다. 이런 과정을 통해 주체는 형성되고 상흔 또한 치유된다. 반복은 오이디푸스의 사랑이 실현되는 순간 실패(오인, 미끄러짐)로 돌아가게 만드는 구조이다. 이렇게 주체는 오인과 미끄러짐의 방식, 즉 결여와 실패, 상처가 동인이 되어 그것을 통해 주체가 형성된다. 인간은 반복되는 실수(죄)를 통해 성장한다. 그렇게 실수(죄)를 할(저지를) 수밖에 없는 것이 인간임을 혹독하게 자각(회개)할 때, 우리의 실수(죄)는 끊임없는 변증법적 실수(죄인)의 생성을 통해 완전성으로 나가게 된다.

2) 감정의 상징화: 우리는 감정에 단어를 부과하여 감정을 재처리할 때 새로운 의미와 통제감을 획득한다. 상징은 감정을 다루는 손잡이와 같다. 우리는 상징을 통해 감정을 수정한다. '내'가 '이것을' 느낀다고 말할 때, 이것은 나로부터 분리되어 존재한다. 그리고 이때 자기를 감정의 수동적인 희생자가 아닌 책임지는 '주체'로, 즉 체화된 자기(embodied self)로 경험하게 된다. 감정과 자기 간의 관계가 확립됨으로써 응집력과 주체성이 확보되는 것이다. 따라서 내담자가 고통에도 불구하고 "나는 실패한 것 같이 느껴져요."라고 상징화할 수 있다면 그 내담자는 자기가 견고해지며 대응 능력이 촉진되는 과정을 밟아나갈 수 있다. 자기 비난에서 자기 지지로 넘어가는 변화에는 이렇게 나쁜 감정을 먼저 경험하고, 감정을 상징화하며, 그런 다음 자신의 관점을 반성하며 재검토하는 과정이 수반된다.[94] 이를 언어로 전환하면서 외상을 자기 안에 동화해 가는 재구성 과정을 밟아 가게 된다. 감정적인 외상 경험을 상징화하면서 이전에는 밀로 분명하게 표현할 수 없었던 경험들에 명시화가 허락되고 의미가 부여된다. 외상적인 기억을 안전한 환경에서 활성화하고 상징화함으로써 통제력을 회복하고 희생자가 아닌 주체가 되어가는 것이다.

3) 이런 일련의 반복(자기조직화 과정)을 거쳐 변증법적으로 통합되고 수렴되면서 변화가 일어난다. 이때 감정 작동 방식의 체계 내에 교란을 일으킬 수도 있는 특정한 요소에 주의를 기울이거나 상징화하고, 새로운 정보를 받아들이면서 점차 체계가 새로이 재구성된다. 그린버

---

94) Greenberg L. S.(1984). Integrating affect and cognition: A perspective on the process of therapeutic change. Cognitive Therapy and Research, 8, 559-578.

그(L.S. Greenberg)와 사프란(J.D. Safran)은[95] 이런 감정적 변화의 두 가지 원리를 다음과 같이 기술하였다. 첫 번째는 하나(자연감정) 뒤에 또 다른 하나(인지감정)가 점진적으로 첨가되면서 역동적인 재구성 과정이 일어나는 것이고, 두 번째는 양극성의 원리(polarity principle)로서 이는 하위 요소들이 변증법적으로 통합되어 가는 과정을 의미한다.[96]

VI. 결론

1) 비탄 방식이 직관적이든, 도구적이든 모두 정서와 감정의 표현이며 그 작동 방식에는 감정과 이성이 동시에 작동한다. 슬픔은 슬픔으

---

95) Greenberg, L. S.(1993). *Emotion in psychotherapy: Affect, cognition, and the process of change.* New York: Guilford Press.

96) Stroebe와 Schut는 양극성의 원리를 이중과정 모델(The Dual Process Model)로 표현한다. 감정의 양극성, 즉 이중과정 모델은 사별한 사람들에게 적용되는 두 개의 상보적인 대처 과정들 사이의 진동(심적 동요)을 강조한다: (1) 그 과정 중 하나는 상실에 대처하면서 주요하게 지향되어 있거나 관련된 상실이다. (2) 그 과정 중 다른 하나는 '복구(restoration)'에 대처하면서 주요하게 지향되어 있거나 관련된 복구이다. 상실-지향적 과정들(Loss-oriented processes)은 사별한 사람에게로의 비탄의 침입, 비탄 과정, 고인들과 유대 붕괴, 그리고 복구를 위한 변화에 대해, 부정이나 회피하는 형식으로 그 변화에 저항하는 것과 관련된다. 복구-지향적 과정(Restoration-oriented processes)은 삶의 변화에 참여하며, 새로운 일들을 하고, 비탄을 부인하고, 그것을 회피하며, 비탄으로부터 기분을 전환하는 일을 포함한다. 이 모델에서 사용된 "복구"라는 용어가 애도하는 사람에게 한때 존재했던 경험의 세계(그래서 더 이상 존재하지 않는)와 이전의 가정적 세계(흩어졌거나 최소한 상실 때문에 심하게 부서진)를 또다시 현실적으로 만들기 위한 것은 아니다. 그보다, 그것은 사별한 사람들이 자신을 발견하게 되는 새로운 세계에 적응하고자 하는 노력과 관련되어야만 한다. 이런 모델에 따르면, 복구되는 것은 삶의 과거 모델이 아니라, 현재와 미래에 생산적으로 살아갈 수 있는 능력이다. 그래서 상실-지향적 과정과 복구-지향적 과정 양자는 모두 대처(coping)의 문제를 고려한다. 그들 사이의 차이는 의미와 초점에 그 중심이 맞추어져 있다. *Handbook of Thanatology : The Essential Body of Knowledge for the Study of Death, Dying and Bereavement.* David E. Balk, David K. Meagher (editors), 2013, Routledge, 임병식 번역, 135쪽.

로, 아픔은 아픔으로, 눈물은 눈물로 해결할 때 비로소 치유가 안착한다. 용서는 상처를 준 사람과 상처를 받은 사람 당사자들이 풀어야 한다. 제삼자 또는 국가나 신이 개입하는 것은 상처를 대처하지 않고 다른 것으로 대체되거나 회피가 된다면 실존적 왜곡이 일어난다.

2) 내담자의 발화 내용이 '진실하다, 진실하지 않다, 맞다, 맞지 않는다'에는 관심이 없다. 더욱더 중요한 것은 **"무엇이(누가) 그가 그렇게 말하고 행위를 하게 하는가?"**이다. 즉 그의 말과 행위가 어떤 문법에 지배받고 있는지, 그가 하는 말과 행위가 그가 하는 것인지, 아니면 그 너머에 있는 다른 초자아의 지배를 받고 있는지 그것을 파악하는 것이 더 중요하다. 주체와 초자아의 갈등이 모든 증상이 시작하는 곳이기 때문이다. 결국 프로이트와 라캉이 이야기하고자 한 **'자아와 주체'의 실재란 정형화된 고형물로서의 실체가 아니라, 순간순간 대상과 타자와의 만남의 관계에서 잠깐잠깐 드러나 보이는 것이나.**

3) 프로이트와 라캉은 '주체의 확실성'이 **타자의 언어가 중지된 곳**에서 발생한다고 보았다. '타자의 언어가 중지된 그곳'은 바로 '무의식'을 말한다. '무의식'이란 언어가 중지된 곳이다. 즉 의식의 지배 질서가 중단된 곳이다. 현실에서 사용되는 언어는 이미 타자가 만들어 놓은 지배 질서 체계이다. 언어가 중지된 곳(내담자의 발화가 중지된 곳)은 다름 아닌 꿈이나 농담·침묵·혼돈·선명하지 않음(불확실함)·무지(모름)·의심·질문·의문 등으로, 이곳에서는 타자의 지배가 멈춘 자신만의 고유한 실재가 도래하는 곳이다. 프로이트와 라캉이 말하는 무의식은 아무 의식이 없다는 뜻의 무의식이 아니라, 우리의 근원적 실재를 표지한다

(그것(Es)이 말한다)는 점에서, 그리고 그것이 궁극적인 실재를 향해 변화한다는 점에서 주체(성)라고 본다. 여기에서 그것이란 타자의 언어나 욕망이 아니라. 바로 우리 자신이 자신일 수 있는 가장 고유한 자기성(Selbst)을 의미한다. 이곳은 타자의 지배 언어가 균열하기 시작한 지점이다.

4) 상처는 대상을 전제로 한다. 대상이 없다면 상처도 없다. 대상은 주체를 전제로 한다. 주체가 있기에 대상이 있고 대상이 있기에 주체가 있다. 주체와 대상은 분리되지 않는다. 직면하기(감정의 표출), 대처해 보기(고통의 감정 상징화, 표현해 보기-**그림그리기**), 인과적 이해(사후적 재구성[97], 반복과 재현-**말하기 훈련**) 와 적합한 단어 표상(사물표상의 단어 표상화 작업-의식의 재구성-**글쓰기 훈련**-반복·재현) → 죽음 교육실천 → 가치관·세계관 형성

---

97) 프로이트의 사후성(Nachträglichkeit) 이론에 기초한다. 사후성은 현재의 심상에서 자신이 어떻게 될 것인가를 예감(예감, 직감)하면서 과거의 사건(이미지, 인상, 기억-사물표상)을 현재의 관점에서 떠올려 회상(재구성-선택, 비교, 판단)하면서 이전에 몰랐던 사건의 전모를 인과적 이해(단어 표상)를 하게 된다. 결국, '주체가 사후적으로 구성된다.'라는 말은 주체란 언어적, 문화적 과정을 거치면서 분열된 주체($)로 등장한다는 말이며 그 주체에서부터 모든 사건은 다시 출발하고 다시 해석된다. 이는 프로이트의 유명한 발언: "그것이 있었던 곳에 내가 존재한다."를 상기시킨다. "Wo es war, soll Ich warden (Where it was, I am to become)."

[4부와 5부 사이에서 반드시 살펴봐야 할 것들]

비탄 감정론은 상실에 대한 자연스러운 반응으로, 정서적·인지적·행동적·생리적·영적 차원에서 다양한 형태로 나타나는 감정을 이해하고 치유하는 과정이다. 비탄은 단순한 감정적 반응을 넘어 생리적·심리적 적응과 존재적 성찰의 기회를 제공하며, 억압이나 회피가 아닌 직면과 수용을 통해 개인의 성장과 변화를 이끈다. 감정은 체화된 인지 도식과 언어적 표현을 통해 상처를 재구성하고 치유의 가능성을 열어주며, 내담자는 감정의 주체로서 고통을 수용하고 새로운 대처방식을 개발하게 된다. 감정발현과 체화과정은 자아의 성장과 주체적 자율성을 강화하며, 상처를 대면하고 이를 통해 진정한 자아를 마주함으로써 내적 성장을 경험한다. 결국, 비탄의 치유 과정은 고통과 슬픔을 언어화하고 재해석하여 상처를 존재의 일부로 받아들이고 삶의 방향성을 재정립하는 여정이다.

비탄 감정론은 감정의 발현과 치유 과정을 다룸으로써 애도론으로 자연스럽게 연결된다. 죽음학의 맥락에서 비탄은 상실을 대면하고 이를 체화된 감정과 언어로 재구성하여 자아의 성장을 이루는 과정으로, 이는 애도가 단순히 슬픔의 극복이 아닌 자기 이해와 관계 회복의 실천임을 보여준다. 또한, 죽음교육의 맥락에서 비탄을 통해 감정과 상실에 대한 공감적 이해를 배우는 것은 애도 과정에서 요구되는 공감과 자각, 자기 동일시의 중요성을 강조한다. 비탄에서 감정의 직면과 해소가 다뤄졌다면, 애도론은 이를 확장하여 상실과 대처의 공감적 형식, 죄책감과 우울의 치유, 애도의 완료 시점 등을 심층적으로 탐구하며, 개인이 상실의 경험을 삶의 일부로 통합하도록 돕는다. 이러한 연결은 비탄과 애도가 상실 치유의 연속적 과정임을 드러내며, 죽음과 상실의 본질을 이해하고 삶의 새로운 방향성을 찾는 데 기여된다.

제5부 애도론

제5부 ㅣ 애도론

치유로서의 애도가 되려면 먼저 상실의 고통을 온전히 직면해야 한다. 고통을 앓고 있는 당사자, 즉 주체의 고통이어야 하며, 고통을 해소해 나가는 애도의 방식 또한 주체의 것이어야 한다. 실천은 타자가 만들어 놓은 애도의 방식이나 제삼자가 설정해 놓은 것을 해체하고 자신만의 방식으로 애도해 나가게 한다. 우선 내담자는 자신에게 찾아온 고통을 직면해야 한다. 이는 자신의 고통을 억압, 방어, 회피, 연기, 대체, 의존하지 않고 온전히 자신의 것으로 맞이하는 일이다. 이러한 구세적 실천은 말하기와 글쓰기를 통해 이루어진다. **건강한 애도**는 다음의 과정을 거친다. : ① 감정과 동일시된 자아에서 벗어나 감정과 직면해 보기(감정 표현해 보기) ② 신체에서 일어나는 느낌을 말하고 그 느낌을 단어로 표현하기(상징화) ③ 상처가 무엇하기를 원하는지 예감해 보고 말하기 ④ 의미화해 보기: 합리적 이해와 적합한 언어-표상-상징화 ⑤ 공감과 이해·배려로 나아가기

기본 1
애도론 살펴보기

<내용 요약>

애도론은 인간 존재와 삶의 의미를 깊이 탐구하는 학문으로, 상실의 경험을 단순한 감정 처리의 차원을 넘어 의미 재구성의 과정으로 본다. 애도는 상실을 통해 자신과 타인의 관계를 새롭게 정의하고, 삶의 의미를 되찾는 과정이다. 존재론적 관점에서 애도학은 인간의 내적 세계와 외부 세계의 상호작용 속에서 자기 이해를 통한 존재의 방식을 탐구한다. 애도론에서는 인과론적 설명을 넘어서, 상실과 삶의 의미를 깊이 있게 해석하려는 이해심리학적 접근을 제시한다. 애도는 상실과 회복의 리듬을 따르며, 인간은 이를 통해 새로운 의미와 목적을 발견하고 자신의 관계를 재정립한다. 결국 애도는 단순한 감정 극복을 넘어서, 사랑과 존재의 깊이를 이해하고 새로운 삶의 의미를 발견하는 철학적 여정이다.

<핵심어>

의미화(Meaning-making), 현존(Being), 존재론적 관점(Ontological Perspective), 이해심리학(Psychology of Understanding), 상실의 리듬(Rhythm of Loss), 정체성 회복(Identity Reconstruction)

<학습 목표>
- 애도의 의미와 과정을 이해하고 설명할 수 있다.
- 존재론적 관점에서 인간의 삶과 상실을 분석할 수 있다.
- 애도 경험을 통해 자기 이해와 관계의 변화를 설명할 수 있다.
- 애도 과정에서 상담자가 해야 할 역할을 이해하고 실천할 수 있다.
- 상실의 리듬과 정체성 회복의 관계를 설명할 수 있다.

<적용 실천>
- 애도 상담기법 적용: 다양한 애도 경험을 가진 내담자들에게 적합한 상담기법을 적용하여 감정적 치유와 회복을 돕는다.
- 상실 경험의 의미화: 상실을 경험한 사람들에게 그 경험의 의미를 재구성하고, 그들이 삶의 의미를 되찾을 수 있도록 돕는다.
- 자기 이해 증진: 애도의 과정에서 자기 이해를 증진하고, 내담자가 자신의 존재와 삶의 의미를 재정립할 수 있도록 지원한다.
- 정체성 회복 지원: 상실 후, 내담자가 상실을 극복하고 새로운 정체성을 회복할 수 있도록 실질적인 방법을 탐색한다.
- 타인과의 관계 변화 지원: 애도 과정에서 나타나는 타인과의 관계 변화를 이해하고, 건강한 관계를 회복하도록 돕는 방안을 탐구한다.

애도론 살펴보기

I. 애도학(Mournology)[98] 건립을 위해

삶은 상실의 연속과정이다. 살아간다는 것은 어쩌면 상실의 과정을 여실히 감내하면서 그 상실을 통해 다시 상실의 길을 걷는 것일지도 모른다. 어느 시인은 이런 말을 했다. "나는 지나온 길을 걸으면서 다시 그 길을 만든다." 생명은 죽음을 지향한다. 죽음이라는 형식을 통해 생명은 진화하며, 생물이 발명해 놓은 최고의 작품은 죽음이다.

현대 한국 사회의 특성을 한마디로 말한다면, '병리적 집단문화(외상 문화)'로 규정할 수 있다. 무엇보다 한국의 자살율은 2023년 기준, 인구 10만명당 23.5명으로 OECD국가 중 가장 높고, 대장암과 위암 역시 세계1등 수준이며 교통사고 사망률 또한 OECD회원국과의 비교시 미국 다음으로 높은 2위라는 점은 이러한 외상문화를 증명한다. 이는 외상 문화가 지닌 전형적인 특징이다. 외상에 대한 애도 없이는 외상은 치유되지 못한다. 이제 우리는 한국 사회의 외상을 거부하거나 회피할

---

[98] 애도학(Mournology)이라는 용어는 임병식 교수가 처음 제기하고 언명한 것이다. 10년 전 본 애도 상담전문가 과정을 준비하면서 찾아본 결과, 전 세계적으로 애도학이라는 용어 사용이나 학문적 정립이 안 된 것을 확인하고 처음 애도(Mourn) + 학(logy)을 결합하여 애도학(Mournology)이라는 학명으로 명명하고, 그 학문적 정립을 위해 본 서설 과정에서 애도학의 기초개념과 관점을 개시하게 되었다. 임병식교수가 명명한 애도학은 심리상담학의 근간이 되는 프로이트의 이론과 베르그송의 전통을 둔 후설의 현상학과 그의 제자인 하이데거의 실존적인 자아와 그 뒤를 이은 메를로퐁티의 신체화된 자아, 그리고 이의 바통을 이은 바렐라와 톰슨의 인지과학, 촘스키와 소쉬르의 언어학과 이들 언어를 비판한 노장사상과 비트겐슈타인의 언어관, 그리고 앞에서 거론한 제 학문의 이론을 근본적인 의식의 구성과 작용을 개시한 유학에 근거해서 인간학(Anthropology)을 지향하는데 목표를 두고 있다. 이들 제 학문이 말하고자 하는 지략(旨略)은 의식구성과 정서(감정)에 있다. 의식구성과 감정은 애도학을 구성하는 심층 요소이다. 이들 요소를 깊이 분석하지 않고서는 애도학이 건립될 수 없다. 현재 애도학이라는 용어는 영문 위키피디아 및 네이버에 학명으로 개진, 요청심사 중이다.

것이 아니라, 있는 그대로 인정하고 거기에서 다시 출발해야 한다. 여기에 애도 상담을 해야 하는 첫 번째 이유가 있다. 즉, 애도 상담의 목적은 한국 사회의 병리적 특징인 외상 문화를 치유하고 인간다운 삶으로의 복권에 있다.

한국의 심리학과 상담학은 실험심리학의 한계적 그늘에서 여전히 벗어나지 못하고 있다. 야스퍼스(K. Jaspers)는 프로이트(S. Freud) 정신분석학의 오류가 정신적 삶에 대한 '인과적 설명'과 '성욕 결정론'에 있다고 비판한다. 이는 인간의 다양한 가능성과 개방성을 충분히 고려하지 못하고 인과적 설명과 결정론으로 심적 기제를 단순화했다는 점을 지적한 것이다. 따라서 애도 상담은 프로이트에게 전통을 두고 있는 실험심리학의 환원주의적 사고와 결정론적 인간학적 구상을 극복해야 한다. 또한 인과적 설명과 원리를 연구하는 심리학적 접근 대신 인간 존재의 의미 지향적 이해로부터 출발하는 이해심리학에 바탕을 두어야 한다.

상담학에서 인과적 설명과 의미 이해는 본질적으로 차이가 있다. 의미는 인간의 상호 소통 속에서, 즉 자유로운 관계 맥락에서 인식될 수 있지만, 인과적 설명은 애초부터 인간의 자유의지를 배제한 채 이루어진다. 상담자는 사건을 결정론적 인과관계로 해석함으로써, 이를 합리적으로 설명하고 예측 가능하다고 생각한다. 그러나 이는 엄밀히 말해 인간의 가능성을 결정론적 관점에서 고정된 실체로 보는 인식이며, 결국 인간을 질료적 존재로 환원하는 결과를 초래한다.[99]

---

99) 인간에 대한 철학적 성찰, 즉 초월을 통해 본래적 자기를 찾을 수 있는 길이 프로이트에게서는 막혀있다. 정신분석의 실습 역시 내면적 자기 통찰이나 자기화의 실존 과정, 내적 자유를 보여줄 수 없다. 정신분석을 극복하는 길은 사유하는 인간 그 자체에 속하는 철학의 공간 안에 있다.

II. 애도의 지향성: 의미화

야스퍼스에 따르면 "삶이란 살아 있는 몸일 뿐만 아니라 매일 관계를 맺는 내적인 세계와 환경적 세계와 더불어 현존하는 것이다."[100] 우리 몸이 매일 관계를 맺는 세계란 슬픔과 기쁨, 권태와 희열, 의무와 책임, 투쟁과 고난, 탄생과 죽음이 함께 얽혀 있는 삶의 세계이다. 생명은 삶의 연속체이며 물화를 넘어 외부 환경과의 유기적인 관계와 교섭을 통해서 생명이 유지되는 자율적 구현체이기 때문이다.[101] 우리의 몸은 우리가 살아가는 삶의 현장을 소통시키는 언어이자, 그 언어가 구성하는 또 하나의 텍스트이다. 인간 삶의 의미를 몸의 언어를 통해 해석하고 그 해석된 의미 기호들을 건강과 생명의 관점에서 바라보는 것이 정견(正見)일 것이다.[102]

병은 몸이라는 자연에서 일어나는 증후이다. 이러한 증후, 증상, 성격을 실제판에 입각하여 명명한 것이 병명이다. 따라서 몸이라는 생명

---

100) Karl Jaspers, *Was ist der Mensch?*, Munchen, 2000. 304쪽.
101) 생리의 항상성은 근원적 생명으로 회귀하고자 하는 생명의 언어이다. 그리고 이러한 항상성의 속성은 바로 생명의 존속을 위한 번식과 이를 위한 체내의 안정성을 확보하는 반응에 있는 것이다. 생명의 속성은 생명의 자유의지 곧 생명력의 발현에 있다. 자연치유력이란 생명의 발현인 자유의지를 그대로 드러내는 것이다. 여기에 인간이 개발한 수단과 방법, 그리고 도구가 대신 한다면 자연치유력은 떨어지게 된다. 의자의 미덕은 생명에 관한 한 되도록 심미적인 안목을 가지고 환자의 본성을 회복, 발견하며 그의 자연생리력이 온전히 드러날 수 있도록 유도하고 균형을 맞추어주는 것이 의자의 미덕일 것이다.
102) 오늘의 의학은 의사와 환자의 인격적 교감과 환자의 치료 선택 없이 일방적으로 의자(醫者)에게 종속된 단절된 의료시스템을 이루고 있다. 인체를 바라보는 인식 또한 장부의 개체적 실체성과 고립적 개별성으로 인식하여 몸의 전체 기능인 전체론적 연구와 또 몸과 자연, 환경과의 유기적 반응 체계를 포함한 통합적 체계 연구가 결여되었던 것이 오늘의 의학사였다. 그리고 내 방법만이 옳다고 생각하는 인식이 새로운 진리 계발에 커다란 암초가 된 것이 오늘의 과학사였다. 한의학과 민속 의학의 과학성이 현대과학의 방법론적 완벽성에 의해 거부되고 있는 현실이 오늘 우리의 모습이다. 생명에 대한 전관적인 인식이 없이 과학적 방법의 선(善)에만 집착한다면 그러한 의사는 도그마에 빠져 있는 맹목적 신도와 다를 바 없는 병자일 뿐이다.

과 생리의 자연현상을 바라보고 인식하는 해석의 방식은 이성, 또는 언어의 측면이다. 따라서 모든 질병의 해석과 병명은 기호논리와 언어 해석에 기반한다. 어떻게 보면 오늘의 모든 병명은 실재와 관계없이 인간의 윤리와 도덕, 규범이 반영된 언어에 기초한 인식관의 해석일지 모른다.[103] '치료'는 의자(醫者)가 갖는 인식의 반영이다. 즉 의자가 환자의 증후를 어떻게 해석하고 인식하느냐에 따라 일정 병명의 확률과 통계 속에서 분류 확정하여 처방이 따르게 된다. 따라서 치료와 처방은 의자의 인식 결과이며, 이 인식은 그 당시 언어와 가치관, 규범을 벗어날 수 없다.

질병은 사회성을 지니고 있다. 즉 질병의 형성은 갑작스러운 사건이 아니라 지속적인 역사성을 지니고 있으며, 이 역사성은 사람과 사람, 사람과 환경, 자연과 인간의 관계에서 빚어지는 것을 의미하다. 세포도 하나의 사회이다. 인간이 몸이 60조 개 이상의 세포를 지니고 있다고 보았을 때 몸은 세포에게 있어서 또 하나의 사회이며, 환경이자 자연이다. 또 미시적으로 세포 안을 보았을 때 하나의 세포는 또 하나의 사회이며, 세계이다. 이처럼 생명은 홀로 존재할 수 없다. 생명의 속성은

---

103) 어떤 사람이 병을 앓고 있다고 할 때 우리는 어원적인 의미에서 보면 그가 지금 삶을 앓고 있다고 말할 수 있다. 이처럼 앓음의 대상은 신체에 국한된 것이 아니라 삶과 인생, 인간관계, 환경관계 등의 모든 분야에 걸쳐 있다고 봐야 한다. 왜냐하면 인간의 존재는 환경과의 유기적인 존재이기 때문이다. 그렇지만 우리는 질병을 육체적인 것에 한정을 짓고 객관적이고 고립적 실체로 보는 이유는 무엇인가? 여기에는 언어기호학적인 과학적 논리와 수학적 법칙이라는 물리학적 이성이 늘 자리하기 때문이다. 아픔이란 단지 물리적, 화학적 자극을 인체의 신경계가 전기신호로 받아들여 뇌에 전달하는 하나의 회로에 불과한 것으로 인식하기 때문이다. 따라서 '앓음'(지각, 깨달음, 본성 자각, 삶의 성찰)은 아픔(통증)으로, 그리고 아픔은 다시 전기적인 신호로 환원되고 삶을 앓는 인간은 실종된다. 삶의 유기적 관계의 실조(失調)에서 얻어진 병에 대한 '앓음'은 차가운 유리와 금속성 기구가 즐비한 실험실로 이동하게 된다. 진실은 병환을 앓고 있는 인간이 아닌 실험실에서 나온다. 이렇게 실험실에서 관찰된 지식은 신체에만 적용되는 것이 되었다. 이러한 단선적인 의학에서 인간의 아픔과 병환은 자리할 곳이 없어졌다. 질병을 통해 깨닫고 이해되고 의미 되어지는 생명의 전관적(全觀的)이고도 유기적인 통찰은 실종되고 여기에 객관화된 과학적 논리와 법칙, 그리고 실험실의 기호학들이 대신 자리를 차지하게 되었다.

'관계'에 있다. 관계는 상호작용을 말하며, 사회를 의미한다.

III. 애도학 방법론

애도는 인간 삶의 비탄을 단순한 물리적 사건의 불연속적 집합이 아닌 '의미의 체계'로서 파악해야 한다. 또한 그 의미의 체계는 반드시 그 경험이 일어나는 체험의 지평 속에서 이해되어야 한다. 우리의 삶의 경험은 주관적이며 시공간적이며 역사적이다. 애도학에서는 내담자의 세계관(Weltanschauungen)이 지닌 다원성을 인정할 것을 요구한다. 이러한 다원성의 인식, 즉 모든 해석과 평가의 상대성을 인정하는 것이야말로 우리의 정신을 개방성으로 이끌며, 이 지점에서 내담자의 치유가 시작된다.

모든 인간의 감정은 과거 경험의 일부이며, 삶의 체험이라는 맥락에서 설명되어야 한다. 일상생활 속 인간의 경험은 시대와 공간에 따라 다른 특성이 있으므로 추상적으로 이해해서는 안 된다. 중요한 것은 내담자의 직접경험에 대한 해석이 과거의 객관적 사실에 도달하는 것이 아니라는 점이다. 현재의 경험을 통해 과거의 '나'의 경험과 만나는 것이다. 이러한 만남은 상담자에게 있어 이해(Das Verstehen)를 의미한다.

과거 다른 시대와 공간에서 경험한 개인은 그들이 처한 특수한 시점과 존재 방식 속에서 이해해야 한다. 상담자 역시 자신의 시대와 일상생활의 지평에 제약받는다. 내담자의 과거 경험이 상담자의 인식 관심 속에서 읽힌다는 것은 내담자 자신이 아닌 제3의 의미화 과정임을 직시해야 한다.[104]

---

104) 내담자의 문제를 이해하기 위해서는 그 문제가 성립되고 있는 특정한 구체적 맥락

애도학에서의 방법론은 객관화된 비탄 해석의 방법에 관심을 두는 것이 아니라, 세계 해석의 주체인 존재(Dasein), 그 자체의 존재 방식에 관심을 가진다. 즉 상담 방법 이전에 현존재의 자기 이해(self-understanding)의 구조를 밝히는 것이다. 이러한 철학적 해석은 하이데거(M. Heidegger)에 의해 현존(Dasein)으로 표현된다. 현존은 세계-내-존재(In-der- Welt-Sein)이며, 실존적 인식은 '자기 투여(Entwurf)'의 실존적 구조를 그 자체 내에 가지고 있다.[105]

프로이트의 한계는 인간 존재 자체를 원인에 대한 인과론적 설명과 성욕 결정론으로 제한해서 바라본 데에 있다. 즉 인간의 정신과 영성의 문제를 '결정적인 것'으로, 즉 인과성에 의해 지배된다는 자연과학적 전제로 다루었다는 점에서 오류가 생겼다. 그는 정신적인 현상을 마치 유일한 일차적인 힘으로서 포괄적 의미의 성욕으로 환원될 수 있다고 믿는다. 프로이트는 인간의 정신적 현상을 해명하는 데 있어서 이해

의 연구와 그러한 문제의 성격을 규정짓고 있는 사회문화적 제도의 연구가 필요하다. 이때 상담자는 자기 경험이 주는 확신이 아니라, 내담자 스스로 자신의 내면세계 속에서 의미체계를 구성하고, 또 자신의 의식을 재구성하도록 해야 한다. 즉 내담자의 독자성(otherness)과 자율성(hermeneutical autonomy)을 인정해야 한다. 내담자의 독자성과 자율성이 무시된 실존적 해석은 자기 집착적 주지주의적 이기주의(self-indulgent intellectual egotism)에 불과하다. 공감은 내담자와 상담자의 상호 '이해'에서 비롯된다. 여기에서 이해는 주체의 현실태와 객체의 자율태 사이에서 일어나는 끊임없는 변증법적 과정이다.

105) 트라우마를 예로 들어보자. 트라우마의 발생 원인은 자기 생명 보호차원에서, 그리고 그 발생 기전의 목표는 환경적응의 한 과정이다. 트라우마 발생은 본능적 감정(자연감정, 직접 감정 또는 1차 감정, 충동 감정)을 관장하는 변연계, 즉 해마에서 나타난다. 생명을 위협하는 외부 충격의 사건이 발생하면, 대뇌가 인지하기 전에 해마가 외부 충격에 직접적으로 관여하면서 '사건을 해결'하려고 한다. 이 '사건의 해결'이 트라우마이다. 트라우마를 긍정적으로 해석할 것인가 부정적으로 해석하느냐에 따라 트라우마 치료의 성격과 방향이 달라지며 치료 효과 또한 달라진다. 이 지점에서 트라우마를 어떻게 해석할 것인가? 의 문제가 떠오른다. 지금까지 트라우마 해석은 뇌 의학의 범주를 벗어나지 못한다. 과연 트라우마는 뇌 생리의 기전으로 모두 환원해서 해석할 수 있을까? 더 나아가 인간의 존재와 감정은 뇌의 자연주의적 질료관으로 귀속되는 것일까? 이런 의문은 우리의 논의를 인간이라는 근원적 존재의 문제로 더 접근하게 한다. 그리고 보편적 일반의 트라우마 이론으로 접근하기보다는 인간 각 개인의 고유한 성향이 어떻게 트라우마를 결정하는가의 문제를 탐색하게 한다.

심리학자라고 생각할 수 있지만, 자연과학적 인과론의 결정론적 인간학에 매몰됨으로써 이해심리학의 지평을 열지 못했다. 즉 프로이트는 자연주의의 환원주의적 오류인 결정론적 인간학에 빠져 있다고 평가된다.[106]

IV. 이해로서의 애도학

모든 이해는 편견으로부터 시작된다. 편견은 이해의 지평(horizon of understanding)이다. 인간의 세계 이해가 모두 일정한 역사적 지평 위에서 가능한 것이기 때문에 선입견으로부터 완전히 자유로운 이해란 있을 수 없다. "선입견이 없는 이해는 없다."[107], "모든 이해는 선입견(언어)을 통해 이루어진다."[108] 이렇게 선입견을 강조함으로써 우리가 얻을 수 있는 결과는 일차적으로 근대이성주의의 독단을 경계할 수 있

---

106) 프로이트는 인간에 대한 의미 이해를 인과적 설명과 혼동하고 있다. 의미 이해는 인간의 상호소통, 자유로운 교감에서 인식할 수 있는 반면에, 인과성은 인과적 설명을 통해 사건의 인과적 논리성과 합리적 예측 가능성을 개입해서 인간을 본다는 것이다. 인간에 대한 의미 이해와 인과적 설명을 혼동한다면 이는 인간에 대한 소중한 속성을 놓치게 되는 것이다. 프로이트의 이론과 치료 효과 또한 불분명하다. 정신분석의 과정은 수없이 성공하기도 하고 실패하기도 하지만, 환자 자신과 그들의 삶에 대해 내면으로 들어가 작업하는 것은 그리 많지도 않고 만족스럽지 않다.

107) 가다머(H.G. Gadamer), 철학적 해석학에서의 기본적인 모토이다.

108) 역사학자 카(E.H, Karr)는 "역사의 기술은 오늘을 살아가는 사람의 주관적인 인식의 기술이다."라고 말한다. 아무리 객관적인 역사기술을 강조하지만, 그 객관적인 기술조차, 현재를 살아가는 기술자의 주관적인 판단의 선택과 인식으로 이루어진다는 것이다. 언어는 시대에 따라 그리고 상황윤리에 따라 달라지며 변화한다는 사실에서 어떤 것도 그 자체로서 진리가 아니며, 어떤 것도 그 자체로서 가치로 울 수 없다. 안다는 것은 무엇인가? 어떤 과학자가 자신의 물음에 대한 타당성을 결정하는 사람이 바로 자기 자신이라는 사실을 알았을 때, 비로소 언어의 한계를 벗어날 수 있다. 또한 언어는 '인지적', '관계적 소통', '상호간 정합성'에 의해 이루어져 가는 과정, 되어져 가는 것임을 인식할 때보다 더 넓은 인식의 지평선을 확장할 수 있다.

다는 점이다. 그리고 자신의 이해가 자신의 선입견에 바탕을 두고 있다는 것을 인정함으로써 우리는 좀 더 유연한 태도를 보일 수 있고 다양한 의견에 귀를 기울일 수 있는 태도를 보일 수 있다. 애도학은 인간 회복의 가능성을 실험심리학의 폐쇄적 구조가 아닌, 인접 학문의 경계를 허물고 열린 가능성으로서의 인식을 확장하고자 하는 융복합 학문을 지향한다. 이제 애도학은 심리학이나 상담학에 귀속되는 것이 아니라, 인간학(Anthropology)으로 환원되어야 한다.

인간이 자연 일부임을 깨달을 때, 과학기술의 힘에서 벗어나게 될 수 있다. 마찬가지로 인간을 대상으로 하는 의학에서도 그 한계를 인정할 때, 인간은 단순한 '사례'나 '분석' 대상이 아닌 전인적 존재로 대우받을 수 있다. 환자는 의사에게 과학기술의 일반적 지식을 적용하는 하나의 '사례(case)'로 다루어져서는 안 된다. 환자는 사례로 다룰 수 있는 대상이 아니라 이해의 대상이다.

환자가 의사에게 이해의 대상이라는 것은, 의사에게 단순한 과학기술자의 역할을 넘어 해석학적 이해의 과정을 완수해야 하는 책임을 부여한다. 환자는 신체와 영혼을 동시에 치료하지 않으면 온전한 치료를 이룰 수 없다. 즉, 존재의 전체에 관한 인식과 지식이 없이는 몸을 치료하는 것이 불가능하다. 존재란 전체, 즉 홀레 우시아(hole ousia)이기 때문이다. 홀레 우시아는 '정정하고 건강한 존재' 또는 '통합적이고 유기적인 관계'라는 의미를 내포한다.[109]

---

109) 여기서 통합적이고 전관적이고 유기적인 관계라는 의미는 삶과 생명 자체가 '전체'(whole)라는 단어와 관계되기 때문이다. 플라톤의 『파이돈』에서 소크라테스는 젊은 동료들에게 다음과 같이 말한다. "우리가 전체에 대해, 즉 자연의 홀론(holon)에 대해 이미 어떤 것을 알고 있지 않은 한 인간의 영혼이나 심지어 인간의 신체에 대해 아무것도 알 수 없다." 그리스어의 'holon'은 특별한 울림이 있다. 이 단어는 전체나 총체를 의미하는 이상의 뜻을 칭하는 것으로 완전하고 손상되지 않은 의미, 건전하고 건강하다는 뜻을 내함하고 있다. 현대영어 healing은 바로 holon에서 나왔는데 이는 건강과 전체, 신성, 그리고 구원이

이제 의학이 환자에게 진실하게 다가가고 의료가 성숙하기 위해서는, 의사 중심의 방법론과 기술이 아닌 환자와 의사가 함께 정보를 교환하고 대화하는 방식으로 나아가야 한다. 의사는 환자의 질병을 보기 전에 그 질병이 지닌 언어적 의미를 심미적 관점에서 바라보아야 하며, 환자 또한 자기 몸에서 나타나는 고통과 아픔의 진정성이 어디에 있는지 내면적 본성을 성찰하는 자세를 가져야 한다. 그리고 의사와 환자는 질병과 증후라는 숨겨진 내면의 진실한 언어적 의미를 완전히 드러낼 수 있도록 함께 노력해야 한다. 이는 고통과 질병, 그리고 증후가 소외되고 억눌린 우리의 자아와 본성을 회복하고 전체성을 주장하는 언어이기 때문이다.

　건강이란 불편함 없이 사회생활을 할 수 있는 상태이다. 어떤 의미에서는 질병을 받아들이고 그것이 허용하는 한도 내에서 질병과 더불어 사는 방법을 터득하는 것이 건강한 삶의 한 방식이 될 수 있다. 또한 질병이 그 병을 앓는 사람에게 어떤 의미를 부여하며 무엇을 말해주는가에 대한 물음과 반성이 진정한 건강의 의미가 된다. 이는 그 병이 의사에게 무엇을 말하느냐보다 환자에게 무엇을 말하는가가 더 중요하다는 것을 의미한다. 병을 앓는 사람이 스스로 이러한 질문을 던지는 법을 배우는 것이 그의 삶의 의미를 회복하는 데 도움이 된다. 의사의 역할은 삶의 장애가 되는 '무엇인가를 제거'하는 것이 아니라, 환자의 적

라는 의미가 함께 포함되어 있다. 즉 건강이란 몸, 마음, 영혼이 어우러진 전체성을 말하며, 질병이란 부분 부분으로 나눠지고 분리된 것을 의미하였다. 건강(health)이란 단어는 전체성(wholeness)을 의미하고 wholeness라는 음운은 holiness와 동일한 음성적 음운을 가지고 있어 신성을 의미하기도 하였다. 질병이란 영어의 단어인 disease는 dis는 떨어져 나간다, 분리한다는 뜻이고 ease는 쉽다는 뜻인데 즉 질병의 원인을 오늘 우리의 삶에서 분리되고 파괴된 것에서 기인한 것으로 보고 있다. 또는 구속을 의미하는 salvation은 완전과 전체를 뜻하는 하나님과 멀어져 있다가 다시 결합한 것을 의미하여 다시 자신 존재의 내면을 발견하는 과정을 의미하는 치유(healing)와도 관계된다. 따라서 건강, 전체성, 신성, 구속, 치유 모두 한 의미이며 유기적 관계를 맺는 의미들이다.

응 과정을 돕고 인간적, 사회적, 직업적, 가족적 삶의 순환으로 다시 들어갈 수 있도록 돕는 것이다.

몸의 본성은 평형(equilibrium)에 있다. 신체와 삶은 평형을 잃었다가 다시 새로운 평형점을 찾는 끊임없는 운동을 경험한다. 우리는 종종 몸이 완전히 균형을 잃을 정도로 한쪽으로 기울다가 다시 평형을 되찾는 것을 발견한다. 이는 인간 존재의 근원적인 생명 원리이기도 하다. 잠들고 깨어나는 리듬, 병에 걸리고 회복하는 리듬, 그리고 궁극적으로 무로 전환되는 삶의 소멸이라는 운동의 리듬을 보여준다. 이것이 우리 삶의 전체 과정을 조정하는 시간적 구조이다. 죽음이라는 한계상황은 존재의 시간적, 공간적 리듬이며, 우리는 이러한 한계상황에서 인간의 실존을 배우게 된다.

그러나 과학과 객관화의 유용성에 기반한 의료 개입이 과연 평형을 찾아가도록 도울 수 있는지에 대해서는 의문이 든다. 또한 의료에 대한 지나친 의존성과 자기 도움에 대한 과도한 의존이 자동화, 관료화, 기술화된 장치로 무장된 의료시스템 속에서 삶의 존재 방식의 근본적 리듬에 어떤 공헌을 할 수 있을지도 의문이다. 의료의 성숙은 질병과 생명, 그리고 생리적 현상을 바라보는 관점을 새롭게 할 때 비로소 환자 중심의 처방이 되며, 환자에게 진실하게 다가갈 수 있다.[110]

---

110) 환자와 의자의 온전한 관계를 위해 이들 대화를 중요성을 강조한 책이 있는데 철학자 가다머의 『현대 의학을 말하다』이다(이유선 옮김, 몸과 마음, 2002). 여기서 가다머의 강조점은 치료와 대화의 관계성에 있다. 즉 의자와 환자의 종속적인 관계(정보나 지식에 있어서)나 경직된 대화는 치료의 악순환을 만들기 때문에, 치료의 극대화를 위해서는 열린 대화가 중요하다고 강조한다.
대화는 그리스어 'Dialogos'에서 나왔다. Dia는 교환한다, exchange의 의미이다. logos는 이성, 혹은 진리, 진실, 질서의 개념으로 곧 진리를 교환한다는 의미로 쓰였으며 이것이 오늘 영어의 'dialogue', 즉 대화의 의미가 되었다. 따라서 대화의 진정성은 자신 안에 있는 본성이나, 진실, 또는 존재성을 드러내고 교환하는 것이 진정한 의미가 될 것이다. 그리고 대화에는 자신의 본성뿐만 아니라 상대방의 존재성을 드러낼 수 있도록 상대방의 처지에서 느끼고 이해했을 때 가능하다. 따라서 의자와 환자는 상호 이해에 도달할 수 있는 어떤 공통

V. 있는 그대로 존재 바라보기

사랑은 우리가 진정으로 소유하고, 간직하며 살다가 이 세상을 떠날 때 가지고 갈 수 있는 유일한 것이다. 그러므로 사람들은 밖에서 행복을 찾는 일을 중단하고, 대신 이미 가지고 있는 일상적 삶의 의미와 진정한 마음의 풍요로움을 발견하는 법을 배워야 한다. 오늘 우리가 불행한 이유는 삶의 고통이나 복잡하게 얽힌 이해관계가 아니라, 그 밑바닥에 흐르는 단순한 진리들을 놓치고 있기 때문이다. 자신을 사랑한다는 것은 우리 주위에 언제나 있는 삶을 받아들이고 모든 장벽을 없애는 것이다. 삶은 그 자체로 완벽하며 한계가 없다. 다만 삶을 인식하는 우리 자신의 인식관에 한계가 있을 뿐이며, 이들은 유기적인 관계와 인과를 지니고 있다. 삶에서 나쁜 것과 잘못된 것을 버리고 회피한다고 해서 삶이 이루어질까? 나쁜 것과 잘못된 것의 판단은 에고의 판단에서 나

적 신뢰와 이해가 있어야 한다. 의학 영역에서 의사와 환자의 대화는 단순히 적절한 치료를 위한 준비나 소개로 여겨질 수는 없다. 의자와 환자 간의 대화는 치료(또는 치유) 자체의 일부로 보아야 하며 환자의 전체 회복 과정에서 중요한 의미로 보아야 한다.
이런 전체 관계는 '서비스'를 의미하는 그리스어 'therapeia'에서 나온 'therapy'라는 기술적 용어에서 잘 드러난다. 이것은 의사가 환자를 치료하면서 단순히 자신의 숙련된 기술을 사용한다는 것을 뜻하지 않는다. 오히려 이 단어는 의사와 환자 간의 존경과 거리의 관계를 말해준다. 의술의 목표는 환자가 스스로 회복하고 치유하는 것에 있으며 이 회복과 치유는 의사의 관할권이 아니라 환자에게 주어진 자연의 영역에 속하는 것이다. 특히 심신 상관적인 본질의 이해에 대해서 얻은 통찰은 의자에게 보다는 환자에게 더 중요하다. 의자들은 언제나 한 발짝 물러서서 조심스럽게 환자를 이끌면서 환자 스스로 자연적 상태를 회복할 수 있도록 도와야 한다. 의자와 환자와의 관계가 종속적이거나 의존적 관계가 된다면 좋은 대화나 치유를 기대할 수 없다.
진정한 대화란 상대방이 그 나름의 본성을 잃지 않으면서 그의 내면에 있는 능동성-의자는 이것을 환자 자신의 '참여'라고 한다-을 일깨울 수 있는 기회를 만들어 내야 한다. 인간, 또는 생명은 치료나 변화의 대상이 되는 '실체'가 아니라, 주어진 생명과 자연성을 회복하고 드러내고 발견하는 '관계성'에 있기 때문이다. '人間'의 존재는 단어가 지시하듯이 사람과 사람의 사이, 즉 '間'의 사회적 관계에 있다. 따라서 인간은 혼자서 존립할 수 없고, 시간, 공간, 인간이라는 인간을 둘러싼 환경(시간, 공간의 개념은 서양에서 말하는 물리학에서 다루는 문제이며, 동양에서는 하늘과 땅, 즉 天地의 개념으로 생리학에서 다루는 주제이다.)과의 관계성에서 그 존재적 의미를 찾을 수 있다.

온다.[111]

　인간 모두의 깊은 내면에는 자신이 되기를 갈망하는 어떤 존재가 있다. 생명이 얼마 남지 않았다는 진단을 받고 나서야 비로소 사람들은 자신이 누구인가를 묻게 된다. '지금 죽어가고 있는 사람이 누구지?'라고 자문하면, 대개 우리의 어느 한 부분은 죽지 않고 살아남아 지금처럼 존재를 이어가리라는 결론을 얻게 된다. 즉, 죽어가는 나 혹은 질병과 고통 중에 있는 나(T1)와 죽어가는 나를 보는 나, 혹은 질병과 고통을 앓고 있는 나를 보고 있는 나(T2)가 항상 공존한다. 여기서 T1은 개체적 존재로서의 나, 즉 에고로서의 자아를 의미하며, T2는 전체적 생명으로서의 나, 자신의 존재를 영속적으로 이어가는 근원적 존재를 의미한다. T1에서는 진정한 자신을 발견할 수 없고 스스로 자신에게 진실해지거나 진정 자신이 무엇을 원하는지 모른 채 살아가는 존재이다. 반면 T2는 늘 깨어 있는 의식으로 자신의 존재가 무엇이며 진정한 자신다움이 무엇인지, 그리고 자신이 무엇을 가장 원하는지 직시하여 스스로 자신의 존재에 기쁨과 평안을 누리는 존재이다. T2는 개체적 존재를 이루는 근원이며, 변하거나 사라지지 않는다. 즉 질병과 암으로 개체적 존재가 죽는다 해도 T2는 영속한다.

　서로에 대한 기대를 버려야 평화로운 관계를 유지할 수 있다. 우리는 가장 사랑하는 사람에게 가장 엄격한 조건을 내세우며, 거의 조건화될 정도로 조건적인 사랑에 익숙해져 있다. 사랑하는 사람의 문제를 모두 해결해 줄 수는 없지만, 그와 함께 있어 주고 터치해 줄 수는 있다. 그것이 가장 강한 사랑이 아닐까? 사랑은 바로 옆에 있어 주는 것이며, 이는 삶과 죽음의 순간에 가장 중요한 일이다.

---

111) 엘리자베스 퀴블러 로스, 유시화 번역, 『인생 수업』, 이레(2005), 참고인용.

삶과 행복, 변화는 갑자기 외부에서 주어지거나 오는 것이 아니다. 우리가 찾는 완전한 모습은 우리 안에서 발견되기를 기다리고 있다. 이미 우리 안에 있는 것이 시절 인연이 되면 저절로 드러나고 발현된다. 임제는 제자들에게 달마가 어디서 왔느냐고 묻지 말라고 한다. 바로 너 자신이 달마인데, 달마가 어디서 왔느냐고 묻는 것은 대상을 주관과 구별하여 자기 자신을 마치 밖에 있는 것인 양 찾는 것과 같다는 것이다. "업은 아이 삼 년 찾는다."라는 속담이 이를 두고 한 말이다. 열반경의 "모든 존재에는 불성이 있다(一切衆生 悉有佛性)."와 육조 혜능 선사의 "이 뭐고?" 또는 "이 무슨 물건이 왔는고?"라는 물음은 존재의 본체, 즉 불성을 겨냥한 말이다. 배울 준비가 된 사람에게만 스승이 나타나며, 우리가 우리 안에서 관계를 맺을 시기가 되면 '특별한 누군가'가 나타날 것이다. 우리는 이미 온전하고 완전한 존재라는 것을 발견하고 우리 자신에게 기쁨과 행복을 누리기 위해 태어났다.[112]

생명은 상실에서부터 시작된다. 어머니의 자궁으로부터 떨어져 나오는 상실을 겪으며 갑자기 땅 위에 홀로 서야 하는 순간을 맞이하는 것이다. 세포의 성장은 분열과 분리를 통해 이루어진다. 많은 사람은 삶이 곧 상실이고 상실이 곧 삶이라는 것을 이해하지 못한 채 평생 상실과 싸우고 그것을 거부한다. 그러나 상실 없이는 삶이 변화할 수 없고 생명도 성장할 수 없다.

일상의 물건이나 능력, 건강을 잃었을 때 비로소 우리는 자신이 잃어버린 것의 소중함을 깨닫게 된다. 상실이 주는 배움을 통해 어느 순간 우리는 삶에서 하찮게 여기던 것들의 중요성을 깨닫게 된다. 상실은 인간을 하나로 묶어주고 서로를 깊이 이해하게 해 준다. 그리고 삶의 어

---

112) 니체는 "너는 너 자신에게서 유희하라, 이 유희는 '너 자신이 됨'에 있다"라고 말한다.

떤 가르침보다 더 깊이 우리를 연결해 준다.

　상실보다 더 힘든 것은 상실을 겪게 되지 않을까? 하는 불안과 초조함이다. 막상 상실에 처하면 마음이 차분히 평안해지는 것을 느낀다. 상실 너머에 존재하는, 절대로 사라지지 않는 자기 자신의 진정한 부분과 사랑하는 이들의 진정한 부분을 발견할 수 있다. 이 영역은 사라지지 않고 영원히 간직되고 나눌 수 있는 것이다.

　용서는 마음의 상처를 치료하는 방법이며, 우리를 다른 사람과 연결하는 방법이다. 죽음이 모든 것을 내려놓는 행위인 것처럼, 용서하지 않을 때 우리는 오래된 상처와 분노에 매달린다. 용서는 다시 한번 진정한 자신이 될 수 있는 자유를 준다. 궁극적으로 용서는 자신 안에서 일어나며, 자기 자신을 치유하는 데 필요한 것이다.

　다른 사람의 행동은 그저 행동에 불과할 뿐이다. 우리는 그 사람의 행동을 용서할 필요가 없으며, 단지 그 사람을 용서할 뿐이다. 미움에 집착하는 것이 우리를 불행하게 만든다는 사실을 깨닫고 우리 자신을 위해 상처를 떨쳐버리는 것이 바로 용서이다. 용서를 미루는 사람은 자기 자신을 벌하고 있다는 사실을 알아야 한다.[113]

　죽어감과 임종은 개별적 생명체가 개체적 껍질을 벗어나 더 높은 영적 진화와 성숙을 향해 가는 과정이다. 임종을 앞둔 이들은 지금 손으로 만져주기를 갈망하고, 건강한 사람들처럼 대해주기를 원한다. 눈을 들여다보고 부드럽게 메시지를 전하며, 팔을 잡아주고 같은 리듬으로 천천히 호흡하기만 해도 그들은 위안받는다.

　죽음과 그 마지막 도전에 직면한 많은 사람은 자신의 무지에 기만당했다는 느낌이 들 때 크게 좌절하고 격노하게 된다. 시실리 선더스

---

113) 엘리자베스 퀴블로 로스 · 데이비드 케슬러, 김소향 옮김, 『상실 수업』, 이레(2005), 참고인용.

(Cicely Saunders)는 죽어가는 사람과 함께 있을 때 비로소 우리가 일방적으로 베푸는 위치에 있지 않다고 일깨운다. "죽어가는 사람과 함께 지내본 사람이라면, 인내와 용기, 유머를 활용해야 할 상황에 놓였을 때 베풀어 주는 것이 아니라 죽어가는 당사자로부터 배우고 있음을 알게 된다."[114]

따라서 우리는 임종을 앞둔 환자의 생명 앞에서 어떤 자세와 태도가 필요한지에 대해 심오한 성찰이 있어야 한다. 죽음을 앞둔 사람의 마음을 고요히 유지해 주는 것이 절대적으로 중요하다. 평온한 죽음은 실제로 투표권이나 사회정의보다 훨씬 중요한 본질적 인간의 권리다. 남은 시간 동안 그를 어루만져 주며, 삶의 의미를 대면할 수 있도록 돕고, 이 길이 결코 혼자가 아님을 일깨워 존재의 기적을 만들어 내야 한다. 죽음을 잘 맞이할 수 있도록 도와주는 것보다 더 훌륭한 애도학은 없다.

깨달아 간다는 말의 의미는 다른 사람이 아닌 자기 자신의 인생을 사는 것을 뜻한다. 이는 갑자기 더 행복해지거나 부자가 되거나 강해지는 것이 아니라, 세상을 더 깊이 이해하고 자기 자신과 더 평화롭게 지내는 것을 의미한다. 삶의 배움을 얻는다는 것은 삶을 완벽하게 만드는 것이 아니라, 있는 그대로의 삶을 받아들일 줄 아는 것이다. 병과 싸우는 사람을 보고 있으면, 자신이 누구인지 알기 위해서는 진정한 자신이 아닌 것들을 모두 벗어던져야 한다는 것을 깨닫게 된다.

죽음을 눈앞에 둔 사람을 보면 우리는 더 이상 그의 실수나 잘못, 질병을 바라보지 않는다. 오직 '그 사람' 자체만 볼 뿐이다. 삶의 마지막 순간이 가까워질수록 사람들은 더 진실해지고, 정직해지며, 더 진정한 자신이 되기 때문이다.

---

114) 시실리 선더스, 「영혼의 고통 Spiritual Pain」, 1987년 런던에서 개최된 제4회 성 크리스토퍼 호스피스 운동 국제회의에서 발표한 논문, 『Hospital Chaplain』, 1988. 3월호,

애도학은 육체적 치료와 영성을 연결해 종합한다. 인간은 상향하는 정신과 하향하는 신체의 공존과 조화 속에서 생명을 유지해 나간다. 특히 임종 환자에게서 상향하는 정신(용기, 적극적 행동, 삶에 대한 열정, 생명의 의지, 결의)과 하향하는 신체가 주는 의미(수용과 포기, 존재하기, 평정심, 관조하기)를 조화롭게 연출하는 것이 애도학이 추구하는 방향이다.

VI. 새로 쓰는 애도학: 감정의 인지화 과정

애도 상담은 비탄이라는 감정을 전제로 한다. 그렇다면, 비탄은 언제 발생하는가? 비탄의 성격은 이를 발생시킨 사건과 밀접한 관계가 있다. 그럴 뿐만 아니라 비록 동일한 사건이라고 하더라도 그 사건을 바라보고 이해한 당사자의 '바라봄'과 '이해'에 따라 비탄의 반응은 달라진다. 당사자의 성품과 성향 기질과 인식 태도, 대상과의 관계 방식, 내담자의 환경(가족 체계의 역학관계뿐만 아니라, 과거 경험과 질병 등)에 따라 비탄의 반응은 달리 나타난다. 후설(E. Husserl)은 이를 '의식의 주관성'-사고함, 지각함, 행위함, 느낌이 경험되는 방식-으로 규정한다. 심적 사건들은 홀로 일어나지 않는다. 심적 사건들은 누군가에 의해서 살아진다. 현상학은 살아지는 경험(살아지는 몸-인지화 된-체화된 몸)에 대한 주의 깊은 기술, 분석, 해석에 닻을 내리고 있다. 현상학은 사물이 무엇인가가 아니라, 사물이 주어지는 방식에 초점을 맞춘다. 이는 사물이 우리에 대해 지니는 현상(나타남)과 의미에 초점을 맞춘다. 그런 다음 이런 의미를 지니는 현상이 어떻게 구성되었는지(알아차림)를 묻는다. 그리고 이 구성적 문제를 다루기 위해 본질적인 형식의 법칙을 밝히려고 한다.

사건에 대해 작동하는 '감정 작동방식'은 곧 그 사람의 '의식구성'과 '의식구성의 작동방식'과 동일하다. '감정 작동방식', 즉 '의식구성의 작동방식'을 분석하지 않고 단순히 드러난 내담자의 행위나 행태만을 가지고 비탄을 규정한다면, 본질에서 벗어난 이야기가 될 것이다. 따라서 우리는 내담자의 행위나 행태를 보기 전에 이를 가능하게 한 내담자의 '감정 작동방식', 곧 '의식구성의 작동방식'을 분석할 것이다. 하이데거와 메를로-퐁티(M. Merleau-Ponty)는 의식의 구성에 대해, '세계-내-존재/In-Der-Welt-Sein'가 서로 유기적인 관계 맺음의 개방구조를 통해 형성되어 있다는 것을 말한다. 현존재는 현실을 살아가는 주체인 몸을 지니고 있다. 그리고 이 몸은 세계(사물. 대상)를 현출, 또는 개시한다. 따라서 몸이 세계(대상)에 지향해 있다는 말은 다른 것에 얼려 있고 세계와 관계를 맺음의 성격을 지닌다는 의미이다. [115] 신제석 느낌성은 그 자체에 갇혀 있지 않다. 자동사적 존재의 방식(정서, 분위기, 기억[116], 정동, 성향, 바라봄)에 따라 사물을 현시(개시)한다. 후설

---

115) 후설에 의하면 지향성은 의식 그 자체를 넘어서 있는 무엇인가를 '겨냥한다(aimstoward, 指向)'거나 '지향한다(intends)'라는 의미에서의 지향개념이다. 이는 한자의 지향(志向, 마음의 속에 목적을 품고 있음)과 혼동해서는 안 된다. 지향(志向)은 지향(指向)의 한 종류에 지나지 않는다. 오히려 지향성intentionality은 의식 그 자체의 고유성을 넘어서서 그 너머의 지평을 가리키는(초월하는) 포괄적 개념이다. 지향성은 활을 당겨서 과녁을 겨냥함을 지시하는 라틴어 intendere에서 유래한다. 좁은 의미에서 그들은 지향성을 '대상으로 향해 있음'으로 정의한다. 넓은 의미에서 지향성을 세계로 열려 있으므로, 혹은 다른 것(타자성)으로 열려 있음을 정의한다. 어느 경우든 강조점은 의식이 자체에 갇혀 있다는 것을 부정하는 데에 있다. 대상을 향해 있는 경험은 우리가 무언가를 의식하는 경험이다. 우리의 의식은 항상 무언가를 지향하고 있다. 그 무언가는 우리 앞에 놓여있는 대상이다. 이 대상은 항상 눈앞에만 있는 것이 아니라 우리의 내면에도 또 다른 정신 의식도 모두 대상이다. 의식의 구성은 대상 지향성으로 구성된다. 대상적 의식-타동사적 의식이 바로 감정이다. 그리고 즉자 의식-자동사적 의식이 바로 정서이다.
116) 사물을 바라보는 의식구성의 핵심은 기억에 있다. 이 기억은 과거경험에 의해서 훈습

은 이 관계를 지향성의 상관 관계적 구조라고 부른다. 이 두 극은 '노에마(noema)'(주어짐 속의 대상)와 '노에시스(noesis)'(모종의 방식으로 대상을 지향하고 개시하는 심적 작용)이다.

애도학은 사물이 무엇인가가 아니라 사물이 주어지는 방식에 초점을 맞춘다. 후설의 관점에서 보면, 이는 사물이 우리에게 나타나는 현상과 의미에 초점을 맞추고, 이러한 의미를 지니는 현상이 어떻게 구성되었는지(알아차림, 인식)를 탐구하는 것이다. 우리 망막에 맺히는 현상적 사물은 의식의 한 변용이다. 이는 의식이 없으면 세계가 존재하지 않는다는 뜻이 아니라, 의식의 변용으로 나타나는 것을 떠나서는 사물의 의미를 파악할 수 없다는 것이다. 이러한 개시(나타남, 현상, 사물)는 필연적으로 의식의 지향적 활동성을 수반한다. 애도학의 핵심은 의식이 수행하는 활동성과 구성이 사물과 어떤 관계를 맺는지 밝히고, 그 드러남을 통해 애도 치유가 적용될 수 있도록 하는 데 있다.

된 것으로 간뇌에 저장되어 있다. 알라이다 아스만은 기억을 활성 기억으로서의 기능기억과 단순 암기로서의 저장 기억으로서의 기술기억으로 구분한다.
암기는 인간 기억의 특수한 기능으로 종교적 의전, 시, 수학적 공식이나 사료 같은 지식 대상들을 암기하는 기억으로, 저장과 인출이 동일하게 나타나는 것을 목표로 하는 기계적 처리 절차라고 본다. 이는 마치 브라흐만의 구전 전승에서 내려오는 완전한 암기에 해당한다.
그러나 활성기억(여기서 아스만 활성기억을 회상으로 설명한다)은 저장과 인출사이에 근본적인 불일치가 발생한다. 즉 저장 기억인 암기에서는 저장과 인출이 정확하게 일치해야 하는 반면, 회상에서는 차이가 일어난다. 회상은 의도적 행위가 아니다. 암기는 지식과 동일한 것으로 볼 수 있지만 회상은 개인적 경험과 관계가 있다. 회상은 삶과 인간관계에 있어서 정서와 감정, 느낌이 총합적으로 작용된 심리적 기억을 함유하고 있다. 회상은 근본적으로 재구성된 것이며 그것은 항상 현재에서 출발한다. 그래서 기억을 회상할 시점에서 기억된 것이 치환, 변형, 왜곡, 가치전도가 불가피하다고 한다. 회상은 개인의 심리적 억압이나 새로운 욕구 때문에 쉽게 잊어버리거나 조절 당할 수 있으며 새로운 기억을 만드는 계기가 되기도 한다. 암기로서의 저장 기억은 의도된 것으로 망각의 장애를 넘어서서 특정한 기술을 동원하여 시간에 의한 망각과 장애가 일어나지 않도록 하지만, 회상은 현재적 관심과 선택, 사회적 관련 가치, 목적의식에 따라 조장될 가능성이 있다. 이상은 알라이다 아스만 지음, 『기억의 공간』, 변학수·백설자·채연숙 옮김, 경북대학교출판부(1999) 참고.

비탄의 성격이 명확히 이해되지 않은 상태에서 진행되는 애도 과정은 무의미하다. 많은 경우 애도를 슬픔(grief)으로 규정하고 논의를 진행하지만, 이 두 개념 간의 명확한 차이와 구분이 없다면 애도 상담은 잘못된 방향으로 나아갈 뿐이다. 애도는 슬픔과 분명히 다르다. 애도는 슬픔의 감정을 포함하지만 '슬픔을 표현하고 처리해 나가는 과정'이며 '감정분화 형식', 즉 '슬픔의 동사화 과정'이다. 여기에는 감정의 분화뿐만 아니라 의례, 상례, 제례, 종교적 예배나 조문 등 기념적 절차도 포함된다.

상담의 궁극적 지향점은 내담자의 자율성에 기초한 치유적 회복(재적응과 성장)에 있다. 그동안 프로이트의 해석적 이론에 머물러 있던 현대 심리학과 상담학은 여전히 폐쇄적 실험생리학의 인간관으로 내담자를 대하고 있다. 그러나 인간은 물질적 한계를 초월하는 존재다. 실험생리학적 인간관은 인간의 가능성에 대한 상상력의 여지를 남기지 않는다. 사람에게 중요한 것은 물질적 충족이 아니라, 자신이 누구이며 무엇을 위해 살아가는지를 깨닫는 것이다. 비록 물질적 풍요가 부족하더라도, 인간으로서 소중한 것이 무엇이고 자신의 진정한 본성이 무엇인지 발견하고 깨닫는 것보다 더 큰 의미는 없다.

인간은 의미 추구의 동물이며, 의미 추구는 삶의 절대적 동인이 된다. 따라서 새로운 애도학은 감정을 가지고 살아가는 인간의 본래적 지향성에 초점을 맞추어야 한다. 이는 생명의 본능이 지닌 자기보존과 자기 운동의 속성을 이해하고, 그 본성에 가장 적합하게 반응해 나가도록 스스로 자리를 내어주는 것이다.

기본 2
애도의 다른 이름 : 비탄, 우울, 죄책감

<내용 요약>

비탄은 상실에 대한 감정적 반응으로, 우울과 죄책감으로 연결될 수 있다. 죄책감은 내적 반성과 자아에 대한 회의적 감정을 포함하며, 법적/사회적 규범과 관계가 있다. 비탄은 상실을 받아들이고 감정을 표현하는 건강한 반응으로, 우울증과는 구별된다. 애도는 상실 후 새로운 삶을 찾고 고인과의 유대를 계속하는 능동적인 과정이다. 애도는 네 가지 주요 과업을 포함하며, 이를 통해 사람은 상실을 극복하고 새로운 삶에 적응할 수 있다. 사회적 지지는 애도를 건강하게 처리하는 데 필요하며, 슬픔을 억누르거나 회피하는 것은 병리적 결과를 초래할 수 있다.

<핵심어>

애도(Mourning), 건강한 반응(Healthy Response), 애도 과업(Tasks of Mourning), 사회적 지지(Social Support), 감정 표현(Emotional Expression)

<학습 목표>
- 비탄과 죄책감의 차이를 이해하고, 그 관계를 설명할 수 있다.
- 비탄이 상실에 대한 건강한 감정적 반응임을 인식하고, 우울과 구분할 수 있다.
- 애도가 상실 후 새로운 삶을 찾는 능동적인 과정임을 이해하고, 그 중요성을 설명할 수 있다.
- 애도의 네 가지 주요 과업을 설명하고, 이를 통해 상실을 극복하는 방법을 이해할 수 있다.

- 애도를 건강하게 처리하기 위해 필요한 사회적 지지의 역할을 이해하고, 적응적인 방식으로 감정을 표현할 수 있다.

<적용 실천>
- 비탄과 죄책감 구분을 통한 상담 적용: 개인이 비탄과 죄책감을 혼동하지 않도록 돕고, 그 감정의 본질을 이해하며 감정적 문제를 해결할 수 있도록 돕는다.
- 애도 과정에서 건강한 감정표현 유도: 상실 후 비탄을 건강하게 표현하도록 지원하며, 우울증과의 차이를 구별해 더 적절한 치유 방법을 적용한다.
- 애도의 과업을 통한 개인 지원: 상실 후 애도의 과업을 체계적으로 돕고, 그 과업을 단계적으로 실천함으로써 적응을 촉진한다.
- 사회적 지지망 형성: 애도 과정에서 중요한 사회적 지지의 역할을 인식하고, 지원 네트워크를 형성하거나 강화해 감정적 회복을 돕는다.
- 비탄을 병리적 반응으로 치환하지 않도록 교육: 비탄이 자연스러운 감정적 반응임을 교육하고, 억제하거나 부정하지 않도록 사람들에게 지원과 안내를 제공한다.

애도의 다른 이름 : 비탄, 우울, 죄책감

I. 들어가는 말

비탄은 우울과 죄책감 그리고 질병과 상관성을 갖는다. 죄의식(shame)은 '나는 나쁜 사람이다'라는 생각으로 수치의 감정을 공통으로 지니며, 주로 자아 내적인 양심의 가책(compunction), 자기 비난, 심리적·사회적 위축 혹은 마음의 아픔의 감정을 수반한다. 반면 죄책감(guilty)은 '나는 잘못된 행동을 했다'라는 행동에 대한 후회로죄 혹은 도덕적 부정에 대해 느끼는 감정으로서 법률적 개념이 개입되어 있다. 죄책감(guilty)은 자내적(自內的)이 아니라 대상 지향적 의식에서 생겨난다. 법을 어겼을 때 유죄가 되며 이러한 행위의 결과로써 처벌이나 용서가 따르게 된다. 금지에 대한 위반은 곧 죄가 되며 여기에서 죄책감이 생긴다. 그러므로 죄책감을 사유의 적극적인 반성 행위로 볼 수 있다. 여기에 더해 '깊고 지속적인 후회(remorse)'는 죄책감을 더 깊이 경험하면서 자기 행동의 결과에 대해 느끼는 감정으로서 '내가 한 행동이 되돌릴 수 없는 피해를 줬다'는 깊은 후회와 자책을 의미한다. 이런 것이 죄의식을 향해 가게 만들고 결국 죄의식은 단순히 외부 대상적 지향에서 나타나는 자기 훼손(disfigurement)이나, 비천한 위치에서의 보상이나 처벌을 통해서 극복하는 것이 아니다. 근원적인 내적 반성의 행위와 결과에 집중되기 때문이다. 그렇지만 상실에서 느끼는 감정에는 죄의식(shame)과 죄책감(guilty)이 동시에 경험될 수 있다.[117]

---

[117] 예를 들어 맥베스는 처음에 죄의식만큼이나 죄책감이 있었다. 하지만 아가멤논은 맥베스가 놓여있었던 동일한 상황의 가정 아래서도 죄책감을 느낄 수 없다면 죄의식도 없었을 것이라고 본다. 반면 요나스는 죄의식으로 버거웠지만, 죄책감은 전혀 느끼지 못했을

인간의 감정에서 죄의식과 수치, 그리고 죄책감이 명확하게 분화되어 있지 않다. 죄책감은 특정 행동이 도덕적 규범이나 사회적 의무를 위반했다는 인식에서 비롯되는 반면, 죄의식은 자신의 존재 자체를 부정적으로 평가하는 감정이다. 이러한 구분이 가능한 것은 죄택감이 특정 행위에 대하여 반성과 보상을 가능하게 할 수 있는 반면, 죄의식은 자기 존재 자체에 대한 전반적인 부정적 감정을 수반하기 때문이다. 따라서 죄의식의 극복은 죄책감과 함께 자기 수용과 관계회복을 통해 이루어진다. 죄책감은 잘못을 수정하고 도덕적 자기회복을 가능하게 하는 역할을 하며, 적절한 수준에서는 자아성장의 중요한 감정으로 작용할 수 있다.

지향성의 관점에서 볼 때, 죄의식은 대상 지향적 의식에 기반한다. 이는 타인의 시선, 권위에 대한 복종, 사회적 평가와 같은 외부적 요소에 의해 형성되며, 이를 통해 자신의 행동을 판단한다. 이러한 죄의식은 책임과 보상을 통해 과거 상태로 돌아가려는 경향을 보이고 결과적으로 외부적 강제성에 의해 형성되는 수동적 의식의 형태를 띤다. 반면 죄책감은 타인의 시선이나 외부 권위에 의해 규정되지 않으며 자기 내면과 본래의 모습(integrity)에서 출발한다. 이는 단순한 반성이 아니라 적극적인 사유과정을 수반하고 인간 본성을 회복하려는 능동적인 행위로 작용한다. 따라서 상실 이후 경험하는 감정이 외부적 시선에 의해 형성된 대상지향적 죄의식인지, 내적 성찰을 통한 능동적 죄책감인지에 따라 그 결과가 달라진다. 죄의식이 지속되면 병리적 우울로 이어질 가능성이 높고, 반면 죄책감은 자기이해와 성장을 동반하는 재적응

것으로 본다. 왜냐하면 그는 공갈범에 의해 괴롭힘당하는 장소로 다시 돌아갈 것을 원하지 않기 때문이다. 이렇게 동일한 상황에서 달리 느끼는 죄의식과 죄책감은 행위자가 버거워하거나 혹은 그릇된 행위로 얼룩져 있는 자신을 보지 않는 장소에서 사람들은 죄의식이 아니라 죄책감을 동시에 경험하는 것이라고 설명한다.

의 과정으로 작용할 수 있다.

우리는 비탄을 질병, 우울, 죄책이라는 세 가지 현상과 비교하고 대비함으로써 더 많은 것을 배울 수 있다. 일부 연구자들은 비탄과 질병(disease) 사이의 연관성에 주목한다. 첫째, 심각한 상실은 최소한 일시적으로라도 사별한 사람의 건강에 영향을 미친다. 또한 치유의 은유(metaphors of healing)는 훼손된 건강의 회복이 요구하는 과정과 시간을 설명하는 데 공통으로 적용된다. 하지만 비탄과 질병 사이에는 주목해야 할 중요한 차이가 있다. 비탄은 일종의 '불-편(dis-ease)', 즉 일상적 평형상태에 대한 불편한 방해이지만, '질병(disease)'은 아니다. 사실 대부분의 비탄은 상실에 대한 적절하고 건강한 반응이다.

둘째, 슬픔을 포함한 비탄의 고통스러운 표현은 임상적 우울(clinical depression)의 진단과 관련된 증후의 일부와 유사하다. 비탄은 상실에 대한 건강한 반응이지만, 임상적 우울은 정신적 질환이다. 프로이트는 일찍이 애도와 '멜랑콜리(melancholy)'의 차이를 인지했다. 그는 애도(mourning)를 비탄과 연관된 일상적 과정으로, 멜랑콜리를 우울증 상태로 구분했다.

비탄과 임상적 우울은 모두 깊은 침잠의 경험과 세계로부터의 후퇴와 관련이 있다. 그러나 임상적 우울은 양가적(ambivalent)이며, '사랑하는' 사람에 대한 분노의 충동과 자아를 향하는 내적 충동이 특징이다. 이는 비탄의 복합적 혹은 병리적 형태다. 일상적 비탄 반응은 대부분의 우울에서 흔히 발견되는 자존감 상실(loss of self-esteem)을 포함하지 않는다. 워든(J.W. Worden)이 관찰했듯이, "비탄과 우울이 객관적, 주관적 특징을 공유하더라도 이들은 서로 다른 상태다." 우울은 사별(박탈)과 겹치지만 같지는 않다. 프로이트는 비탄 속에서는 세계가

궁핍하고 공허하게 느껴지지만, 우울 속에서는 자신이 궁핍함과 공허감을 느낀다고 보았다.[118]

셋째, 죄책감은 전체 비탄 과정의 일부일 수 있다. 하지만 죄책감을 더 포괄적인 비탄 과정과 구분하여 별도로 고려하는 것이 중요하다. 비탄은 상실에 대한 폭넓은 정서적 반응을 의미하는 반면, 죄책감은 상실과 관련된 반성적 사고와 감정을 포함하며, 종종 자기 비난 잘못 또는 귀책(culpability)의 생각을 수반한다. 죄책감은 특히 부모나 보호자로서 자신의 역할을 온전히 하지 못했다고 하는 인식에서 비롯할 수 있다. 그러나 병리적 우울과 달리, 상실 후의 죄책감은 적절히 다뤄질 경우 앞으로 새로운 인격 성장의 가능성으로 자리 잡게 된다.

II. 비탄은 상실에 대해 정상적이고 건강한 반응인가?

감정은 우리가 지향해야 할 목표의 우선순위를 설정하게 하며 특별한 행위를 하게끔 조직화하는 기능을 한다. 예를 들어, 두려움은 도피라는 목표를 설정하게 하여 우리를 도망하게 만든다. 분노는 장애물의 극복이라는 목표를 설정하고 공격할 준비를 하게 한다. 행복감과 사랑은 협동을 준비시킨다. 슬픔은 우리를 철수시키거나 도움을 요청하게 한다. 그리고 분노는 경계선을 설정하게 만든다. 즉 감정은 인지와 행동 충동이 지향하는 목표를 설정하게 한다. 이처럼 감정은 삶을 유지하고 영위할 수 있도록 해 주는 내적 신호이다. 그러나 신호를 어떻게 해

---

118) Worden, J.W. *Grief counseling and grief therapy: A handbook for the mental health practitioner.* New York: Springer Publishing Co, 2002.

석하고 사용하느냐에 따라 적응적 감정과 부적응적 감정으로 나뉘게 된다.

예를 들어보자. 어떤 사람이 상실로 깊은 비탄에 빠져 있다고 하자. 이 사람은 비탄을 타인과의 애착과 위안을 경험한 사람에게 쏟아낸다. 즉 위로가 가능하다는 것을 알게 된다. 슬픔의 표현은 위로를 찾아 스스로 움직인다. 이런 사례는 감정이 적응적이라고 볼 수 있다.

그러나 감정을 표현할 수 있는 사람이 부재하거나 차단이 되어 욕구가 충족되지 않는다는 것을 학습한 사람은 "나는 혼자야. 아무도 나한테 관심이 없어"라고 하면서 위안과 접촉을 동경한다. 그리고 슬픔을 더욱더 강하게 북돋우는 생각이나 기억에 빠져 포기하게 됨으로써 부적응적으로 대치된다. 결국 슬픔이 억압되거나 회피되지 않고 그 과정이 보장될 때 그 슬픔은 비로소 건강해진다.

메이(R. May)는 다음과 같이 쓰고 있다.

> 비탄은 질병도 치료과정도 아니다; 그것은 건강 그 자체의 신호(sign)이고, 사랑의 전체적이고 자연적인 몸짓이다. 우리는 비탄을 더 나은 어떤 것을 향하는 과정으로 보지 말아야만 한다. 그것이 상처를 준다고 할지라도 그것은 삶에서 가장 큰 고통이다. 비탄은 그 자체로 목적이며, 사랑의 순수한 표현이다.

린드스트롬(Lindstrom)은 다음과 같은 말한다. "과거, 현재, 미래를 생각하고, 사랑하고 슬퍼할 수 있다는 것은 인간의 실존적 곤경과 존엄의 일부이다. 비탄은 그림자가 풍경에 깊이를 더하듯이, 삶에 의미와 조망을 더 한다." 사별한 사람은 그 환경과 그 자신에 대해 불안을 느끼지만, 그런 근거만으로, 그 사람이 어떤 의학적 혹은 심리적 의미에서의 질병에 걸리거나 우울함에 빠진 것은 아니다. 죽음, 비탄, 사별과의 만남은 많은 사람에게 자주 있는 혹은 일상적인 경험은 아니다. 그것이 비일상적이라는 사실 때문에 비탄이 비정상적(abnormal)이거나 낯선 것은 아니다. 이런 이유에서 비탄 감정의 기호(sign) 혹은 감정의 표현(manifestation)이라고 말하지, 질병이라고 말하지 않는다. 증후는 질병을 가리킨다. 사별이나 비탄은 증후가 일어나는 상태가 아니다. 사별과 비탄은 비일상적이고 벅찬 것이지만, 그 자체로 비정상적이고, 병적이며, 건강하지 못한 것이 아니다.

어떤 사람은 만약 그들이 죽게 된다면, 그들의 친구들이 파티를 열어야지, 슬퍼해서는 안 된다고 말한다. 이것은 비탄과 인간 접촉(human attachment)의 본성을 무시하거나 잘못 생각한 것이다. 그것은 사람에게 그들이 실제 경험하고 있는 것, 혹은 경험할 필요가 있는 것을 경험하지 말라고 말한 것과 같다. 비탄에 대해 솔직한 반응은 실재적인 것(real)이다. 그것은 마음대로 끄고 켤 수 없다. 모든 인간은 심각한 상실감에 반응한다. 또 상실은 항상 살아가는 사람에게 사회적 의미를 준다. 내가 어떤 사람을 사랑할 때, 나는 즐거운 감정 혹은 내가 언제나 경험하고 싶고, 경험할 필요가 있는 다른 반응을 경험한다. 내가 사랑하는 사람을 잃었을 때, 나는 역시 감정이나 다른 비탄 반응을 하며, 항상 그런 반응을 표현하고 분출할 필요가 있다.

III. 애도(Mourning): 우리 스스로 새롭게 위치하기

애도는 상실과 비탄에 대처하는 사람에게 중요한 과정이다. 그것은 사람이 앞으로 나가도록 길을 발견해서, 그들이 발견한 새로운 세상에 적응하도록 도움을 주는 일만큼 중요하다. 애도는 두 가지 상보적인 형태 혹은 측면을 가진다. 그것은 내적(internal)이고, 개인적(private)이거나 개인 내부의(intrapersonal) 과정이다 - 상실과 상실에 반응하는 비탄을 관리하고 대처하는 내적 투쟁; 그것은 또한 외적이고(outward), 공적이며(public), 인간 상호간(interpersonal)의 과정이다. - 사회적 지지를 얻으려는 노력과 결합한, 비탄의 외적이고, 가시적이며, 공유된 표현. 이 두 측면 사이의 구별을 강조하고 싶어 하는 어떤 연구자들은 비탄을 상실 대처의 개인 내적 차원을 위해 사용하고, 비탄의 인간 상호적 측면 혹은 사회적 표현을 위해서는 애도라는 표현을 간직해둔다.

애도라는 용어의 의미를 알기 위해 우리는 예수의 산상 수훈의 말을 떠올릴 수 있다. "애통하는 자는 복이 있나니 그들이 위로를 받을 것임이요."(마태복음 5:4) 하지만 사별, 상실, 비탄은 짐이다; 어떻게 애통함이 복일 수 있을까? 사별의 경험 속에서 복은 단지 애도하고 상실을 통해서 성숙해 가는 능력 속에 있다. 슈나이드만(E.S. Shneidman)은 다음과 같이 쓰고 있다. "애도는 인간의 경험이 가질 수 있는 가장 심오한 것이다. 사랑하는 사람의 상실을 슬퍼하고, 그 사람의 기억을 계속해서 소중히 여기는 심오한 능력은 우리 고귀한 인간의 특징 중 하나이다."

1. 애도 과업

애도는 과업(work)이다. 과업은 노동(labor)과 다르다. 과업(work)은 능동적이고 주체적이며 자기중심적인 자율성에 바탕을 두고 있지만, 노동(labor)은 타자 중심이며 자신은 타자의 명령에 따라서 움직이는 수동적이고 주변적인 객체이다. 애도는 상실당한 사람의 주체적이고 능동적이며 자율적인 인지 판단과 결정을 존중한다. 그리고 여기에 기반하여 애도 과업을 만들어 간다.

워든은 앞에서도 언급하였지만, 과업(work)에 의해서 애도를 생각해 보는 것을 추천한다. 그는 과업-기반 모델을 제시하는데, 그것을 보면, 애도에는 네 가지 과업이 있다. ① 상실의 현실에 대한 수긍; ② 비탄의 고통 진행; ③ 고인이 없는 세상에 대한 적응; ④ 새로운 삶에 착수하는 과정에서 고인과의 지속적인 유대 발견이다. 이런 종류의 과업-기반 모델은 애도가 적극적 과정이라는 것을 강조하고 있다는 중요한 이점이 있다. 여기서, 애도의 네 가지 과업 각각을 탐구하는 것은 애도의 근본적인 역동성과 복잡성을 이해하게 한다.[119]

워든의 첫 번째 과업은 상실의 현실을 수긍하려는 노력이다. 이런 노력은 첫 비탄 반응에서는 명확한 것은 아니지만, 모든 장기적인 비탄 과업의 기저에 놓여있다. 사랑하는 사람의 죽음에 직면하게 될 때, 사람은 종종 직접적인 비현실감을 느낀다. "사실일 리가 없어."라고 말하거나 "이런 일이 내게 일어날 수 없어."라고 말한다. 삶의 중요한 변화에 대한 일시적인 반응으로서, 이것은 전적으로 이해할 수 있을 만한 일이다. 그런데도 상실을 현실적인 것으로 만들고, 비탄에 대처하는 것

---

119) Worden, J.W. *Grief counseling and grief therapy: A handbook for the mental health practitioner.* New York: Springer Publishing Co, 2002.

은 죽음의 현실을 인정하고, 수긍하는 것이다.

상실의 현실을 인정하지 못하면, 망상(delusion)에 시달리고, 기이한 행동(bizarre)을 하게 된다. 예를 들어, 영국의 빅토리아 여왕은 남편(Prince Albert)이 죽은 후 오랫동안, 그가 입던 옷과 쓰던 면도기를 매일 준비하도록 했다. 이런 노력은 죽음의 가혹한 의미에 직면하지 않기 위해, 죽음의 정확한 순간을 사는 것을 지연하려는 극단적 시도이다. 그것들은 삶의 변화 없이, 그 사람과의 접촉에 머물고자 하는 시도를 보여준다. 하지만 삶이 어떤 미래의 순간에 다시 시작될 수 있기를-과거의 방식에서 변하지 않고-바라는 것은 비현실적인 일일 뿐이다.

사별한 사람의 두 번째 과업은 비탄의 고통 과정이다. 생산적 애도는 사별을 경험하는 동안에 마주치는 고통이 본질적이며, 적절하다는 것을 인정하는 것이다. 어려움은 특정한 개인에게 압도되지 않는 고통의 경험방식을 발견하는 것에 있다. 종종, 사별한 사람의 고통의 강도와 그 사람의 세계를 집어삼키는 경향은 건강한 애도가 진행될수록 점차 감소한다. 어떤 어머니는 말한다. "점차 좋아져야 해, 그런 수준의 고통을 가지고 살 수는 없다." 다른 사별한 사람은 그들이 비탄의 고통과 함께 살아가는 방법을 배우게 되었다고 말한다.[120]

고통은 그 사람에게나, 그 사람 주위의 사람에게 모두 상처가 되는 일이다. 많은 사람이 비탄의 고통을 피하고자 하는 것은 놀라운 일이 아니다. 어떤 사람은 약물이나 술에 의지해서 그 고통을 털어내고자 한다. 하지만 그 방식은 그들의 몸과 정신을 지하로 몰고 내려갈 뿐이다. 디즈니 영화 라이언 킹에서 아버지의 죽음 후의 어린 사자 심바처럼, 어떤 사람은 상실이 일어난 곳에서 도망함으로써, 비탄으로부터 달아

---

[120] Parkes, C.M. *Bereavement : Studies of grief in adult life*, Madison, CT: International Universities Press, 1987.

나고자 한다. 다른 사람은 상실 후 고통의 과업이 주는 무게를 덜기 위해, 고인에 대한 기억과 흔적을 지운다. 궁극적으로, 달아남으로써 대처하는 전략은 헛된 것이다. 그러한 방식으로 비탄을 피하려는 사람 중 최소한 몇몇은 조만간 어떤 형태의 우울증에 걸리고 만다.

비탄의 표현을 불편하게 여기는 사회는 비탄으로부터 관심을 돌리거나, 상실이 그다지 심각한 것이 아니라고 확신하게 함으로써, 사별한 사람이 비탄의 고통으로부터 달아나도록 한다. 여기서 잘못된 메시지는 '사람들이 슬픔에 굴복해서는 안 된다'라고 말하는 것이다. 이런 말이 강제하는 경험은 병적이고 건강하지 못하다. 때때로, 사회는 사람이 슬퍼해야 한다는 것을 어쩔 수 없이 인정하지만, 그들은 혼자서, 그리고 개인적으로 슬퍼해야만 한다고 말한다. 사람이 성취를 필요로 하는 과업-그리고 성취하는 방법을 배우도록 도움을 주어야 할 필요가 있는 과업-을 방해하는 것은 종종 해당 사람과 사회 자체에 상처를 준다. 애도는 원칙적으로 건강한 과정이다.

애도 과정 중 세 번째는 고인 없는 세상에 적응하는 일이다. 파크스(C.M. Parkes)는 "어떤 사별이든지, 정확히 상실된 것이 무엇인지는 거의 분명하지 않다."라고 썼다. 사별한 사람은 종종 ① 단절된 관계의 중요성을 결정하고, ② 관계 속에서 고인이 행했던 다양한 역할들을 확인하며, ③ 고인이 더는 그런 소임을 수행일 수 없다는 사실에 적응하도록 할 필요가 있다. 이것은 어려운 일이다; 사별한 사람은 이런 과업을 무시하고자 하며, 그것의 요구로부터 후퇴한다. 하지만 삶을 우리가 전진하도록 요구한다. 배우자가 사망했다는 사실의 여부에 상관없이, 아이들은 옷을 갈아입고, 목욕하고, 음식을 먹어야 한다. 누군가는 식탁에 음식을 차리고, 설거지해야 한다. 절망에 빠진 상태에서 이차적인 상실과 새로운 도전을 피하는 것은 건설적인 대처 방식이 아니다. 특히 장기적이고 영속적인 입장에서 더욱 그렇다. 많은 사별자에게, 새로운 적응 기술이 발전하고, 이전에 고인들에 의해 행해졌던 역할을 떠맡는 것은 죽음 후, 상실에 적응하고, 성숙해 가는 생산적인 방식이다.

애도의 네 번째 과업은 새로운 삶을 시작하려는 와중에, 고인과의 지속적인(enduring) 관계를 발견하도록 요구하는 것이라고 기술한다. 이런 과업은 두 개의 상호 관련된 도전으로 구성된다. 지속적인 관계 발견이 의미하는 것은 사별한 사람이 고인을 '잊고', 그 사람에 대한 기억을 지워서는 안 된다는 것을 의미한다. 비슷하게, 새로운 삶을 시작하는 것(embarking)은 죽은 사람의 물리적 현존 없이, 삶을 살기 위한 건강한 방식을 계획한다는 것을 의미한다. 그것이 반드시 또 다른 관계에의 투여-예를 들면, 재혼이나 또 다른 아이를 갖는 것과 같은-를 의미하는 것은 아니다. 이런 종류의 선택이 모든 사별한 사람에게 열려 있는 것은 아니다. 사별한 사람이 새로운 관계에 들어갈 때조차, 어떤 두 개의 관계도 같지 않다는 것을 인지하는 것이 중요하다. 어떤 새로운 관계도- 그것이 무엇이든 간에- 그전의 관계와 같지 않을 것이며, 그 사람의 삶에서, 이미 끝나버린 역할과 같은 것을 경험하게 되지도 않는다.

확실히, 죽음은 관계를 변화시킨다. 그것이 사실이 아니라고 생각하는 것은 자신을 속이는 일이다. 따라서 워든의 네 번째 애도 과업은 사별한 사람이 만족스럽게, 하지만 삶과 죽음의 변화된 환경을 반영하여, 고인과의 관계를 수정 혹은 재구축할 것을 요구한다. 아마도 이런 이유로, 워든은 "사별한 사람이 직면하는 과업은 고인과의 관계를 포기하는 것이 아니라, 그들의 정서적 삶 속에서 죽은 사람을 위한 적절한 장소, 이 세상 속에서 효과적인 방식으로 계속해서 살아가게 하여 주는 장소를 발견하는 일이다."라고 말한 바 있다. 그런 맥락에서, 그는 네 번째 과업을 약간 다른 방식으로 기술하였다. "죽은 사람을 자기 삶 속으로 재 위치하고, 그 사람을 기념하는 방식을 발견하는 것이다."

워든의 네 번째 과업을 만족하게 함으로써, 사별한 사람은 그 자신의 개인적 정체성을 재인식하고, 이미 일어난 상실의 조명하에서 죽은 사람과의 관계를 재구축하며, 미래 삶의 질을 축소시키는 방식으로 과거에 의해 방해받아 신경증적으로 되어가지 않고, 새로운 접촉과 다른 관계에 개방적이도록 해준다. 상징과 상징적 몸짓은 이런 네 번째 과업에서 중요할 수 있다. 워든은 애도의 과업들이 "비록 그 정의 속에 제시된 어떤 순서가 있기는 하지만, 특정한 순서로 고려될 필요가 없다."라고 썼다. 그는 다음과 같은 말도 덧붙였다. "과업은 시간이 지나도 계속해서 반복되어 돌아오고 극복될 수 있다. 다양한 과업이 동시에 진행될 수도 있다. 비탄은 유동적인 과정이다."라고 기술한다.[121]

2. 지속적인 유대

사별한 아이들, 배우자, 파트너 등등을 다루고 있는 연구들에 주목하면서, 크라스, 실버만 그리고 닉만(D. Klass, P.R. Silverman & S. Nickman)은 죽은 사람과의 지속된 연결을 유지하고자 하는 상실자의 노력에 주목하였다. 이런 연결은 그 사람에 대한 내적 표상(internal representation)의 유대와 관련된다. 그런 유대는 역동적이며, 정적이지 않다. 그것들은 시간이 지나면서 상실의 의미를 협상하고 재협상하는 과정과 관련된다. 이런 종류의 연결은 상실자를 위한 편안함과 지지

---

121) Worden, J.W. *Grief counseling and grief therapy: A handbook for the mental health practitioner.* New York: Springer Publishing Co, 2002.

를 제공하며, 과거에서 현재로의 전이를 쉽게 한다.

이 연구자들에 따르면, "대부분의 학문적, 의학적 치료에서 지속된 유대를 간과하거나 평가 절하해서는 안 된다.", "죽은 사람 혹은 부재한 사람과의 관계에 대한 사회적 타당화(social validation)는 거의 없었다." 그런데도, 그들은 지속된 유대가 "사람이 경험하고 삶을 살아가는 방식의 현실성"을 반영하는 새롭고 변화된 관계와 관련된다고 생각하였다. 그것은 정상적인 애도 과정이며, 정신병리학을 의미하지 않는다.[122] 스트뢰베와 슈트(M. Stroebe & H. Schut)는 지속된 유대 혹은 유대의 포기가 도움을 줄 것인지 혹은 해로울 것인지, 어떤 방식으로 혹은 어떤 환경 아래에서 그리고 누구를 위해 그러한지가 중요한 문제라고 제안하였다.[123] 도카(K.J. Doka)는 지속된 유대가 만약 사별한 사람을 성숙하게 하면서도, 상실을 인정하게 할 수 있다면 긍정적인 방식으로 이바지할 수 있다고 덧붙인다. 앤더슨(Anderson)은 "죽음은 삶의 끝이지만, 관계의 끝은 아니다."라고 하면서, 다른 방식으로 지속된 유대를 다루고 있다. 만약 이것이 사실이라면, 애도는 '풍부한 기억'과 관련된다. '풍부한 기억'이라는 개념은 사별한 사람이 관계의 유산을 새로운 삶의 방식으로 옮기기 위해 관계를 재구축하는 노력과 관련된다. 결국 효과적인 애도는 사별한 사람이 상실한 것을 전적으로 포기하지 않으면서도, 새로운 상황 속에서 의미 있는 삶을 자유롭게 살도록 해 준다.

---

122) Klass, Silverman, Nickman. *Continuing bonds: New understandings of grief.* Washington, DC: Taylor & Francis, 1996.

123) Stroebe와 Schut. Risk factors in bereavement outcome: A methodological and empirical review. *Handbook of bereavement research,* pp. 349-372, Washington, DC: American Psychological Association Press.

3. 감정의 내러티브 과업

우리는 자신의 감정 상태가 어떤지 표현해 봄으로써(정서의 재처리) 새로운 의미와 통제감을 얻는다. 내러티브는 감정을 다루는 손잡이와 같다. 우리는 내러티브를 통해 감정을 조절한다. 친구에게 "외톨이가 된 기분이야."라고 말할 수 있는 내담자는 이미 "힘들지만 계속하려고 노력하고 있어, 하지만 때로는 흥미가 없어."라고 말할 수 있는 능력이 있다는 뜻이다. 또 다른 내담자는 이전 상급자로 인한 고충을 이야기하며 "그 사람에게 짓눌린 것 같아. 나는 결코 그 사람처럼 될 수 없는데."라고 말하면서 "그 사람의 행동은 그의 몫이고 나는 그럴 수 없어. 나는 그와 다르며 내가 가진 장점을 활용할 거야."라는 의지를 표현한다. 내러티브는 이처럼 새로운 의미의 생성을 촉진한다.

감정에 내러티브가 부여되면서 감정에 압도되지 않고 그 감정과 자신을 분리하고 강한 자기감이 형성된다. 또한 정서를 언어로 내러티브화하면서 자신이 느끼는 감정의 실체를 파악하고 감정을 볼 수 있는 새로운 위치와 관점이 생긴다. '내'가 '이것을' 느낀다고 말할 때, 이것은 나로부터 분리되어 존재한다. 이때 자신을 감정의 수동적인 희생자가 아닌 책임 있는 '주체'로, 즉 응집력 있는 자기(coherent self)로 경험하게 된다. 감정과 자기 간의 관계가 확립되면서 응집력과 주체성이 확보된다. 따라서 내담자가 고통 속에서도 "나는 실패한 것 같아."라고 말할 수 있다면, 그 내담자는 자신의 의지가 견고해지며 대응 능력이 향상되는 과정을 밟아갈 수 있는 희망이 있다.

자기 비난에서 자기 지지로의 전환에는 ① 부정적 감정을 먼저 경험하고, ② 그 감정을 이야기하며, ③ 이후 자신의 관점을 반성하며 재검토하는 과정이 수반된다. 한 내담자는 승진 탈락 후 직장에서 더 이상 희망이 없을 것 같다며 절망감을 토로했다. 한참 자기비판을 한 뒤 자기 내면에 집중했고 "승진하지 못해 다행이네요, 최고가 되지 않아도 되는 좋은 기회가 생겼네요."라고 경쾌하게 말할 수 있다. 이러한 인식의 전환 후 안도감과 평온함이 찾아왔다. 그는 조기 은퇴와 그동안 하고 싶었으나 못했던 일들에 관해 이야기하기 시작했고 삶의 우선순위가 재정립된 것이다.

과거의 이상이나 고통스러운 경험으로 힘들어하는 사람도 이를 언어로 표현하면서 외상을 자기 안에 통합해 가는 재구성 과정을 겪게 된다. 정서적 외상 경험을 이야기하면서 이전에는 명확히 표현할 수 없었던 경험에 의미가 더해진다. 외상적 기억을 안전한 환경에서 활성화하고 이야기함으로써 통제력을 회복하고 희생자가 아닌 주체자가 되어가는 것이다.

기본 3
상실의 대처 : 공감형식

<내용 요약>

공감은 타인의 감정을 함께 느끼고 이해하는 능력으로, 감정 영역에서 중요한 역할을 한다. 감정은 인간을 인간답게 만드는 요소이며, 이성적 판단보다 감정적 교감을 중시하는 공감적 대화는 상담에서 중요한 기법이다. 감정은 인간 행동의 동기로, 이성보다 더 중요한 역할을 하며, 이를 통해 인간은 세계와 관계를 맺고 가치를 인식한다. 감정과 정서는 밀접하지만 구별되며, 감정은 즉각적 반응이고 정서는 이를 의식적으로 해석한 경험이다. 공감은 타인의 감정을 공유하는 반면, 동정은 감정적 거리감을 두고 연민을 느끼는 것이다. 공감적 대화는 이해와 느낌을 기반으로 하여, 상담에서 중요한 치유적 역할을 한다.

<핵심어>

공감(Empathy), 동정(Sympathy), 인간 행동(Human Behavior), 감정적 교감(Emotional Connection)

<학습 목표>

- 감정과 인지의 차이를 이해하고, 인간 감정의 다양성을 탐구한다.
- 공감과 동정의 개념을 비교하고, 두 감정의 차이점을 인식한다.
- 상담에서의 감정적 교감을 통한 치유의 중요성을 학습한다.
- 상담 상황에서 감정표현과 경험을 효과적으로 다루는 방법을 익힌다.
- 인간 행동을 이해하고, 이를 바탕으로 적절한 상담기법을 적용할 수 있는 능력을 개발한다.

<적용 실천>

- 상담 상황에서 내담자의 감정을 정확히 인식하고 공감하며 적절한 반응을 제공한다.
- 감정의 종류와 인지의 관계를 이해하여 내담자가 경험하는 감정적 갈등을 해소하는 데 도움을 준다.
- 공감과 동정의 차이를 바탕으로 내담자가 자신감을 얻고 감정적 안정감을 찾을 수 있도록 지원한다.
- 상담 중 감정표현을 안전하고 건강한 방식으로 도울 수 있는 다양한 기법을 사용한다.
- 상담 과정에서 인간 행동에 대한 이해를 바탕으로, 내담자의 특성과 상황에 맞는 맞춤형 접근방법을 제시한다.

상실의 대처 : 공감형식

I. 공감과 감정

공감, 동감, 동정으로 번역되는 그리스어 'sympatheia'는 로고스(logos)의 대응 개념인 격정, 열정, 감정의 상태를 뜻하는 파토스(pathos)에 '함께', '동시에', '비슷한'의 뜻을 가진 접두어 '신(syn)'이 결합한 합성어이다. 즉 '타자와 함께 혹은 동일하게 느끼는 감정의 상태'를 의미한다. 인간의 정신 가운데 감정 영역에 속하는 공감은 감정이입(empathy)과 함께 여러 상담영역에서 고통받고 상처받은 내담자를 치유하는 실천적인 개념이다.[124]

감정은 한 인간을 이해할 수 있는 요소이다. 인간이 인간으로서 존재하도록 만들어 주는 계기(drive, 또는 passion)도 감정이다. 또 인간이 인간으로서 느낄 수 있고 그 존재를 인정하느냐의 여부도 감정에 있다. 감정은 한 개인의 특정한 행동을 유발하게 하는 출발점이기도 하다. 동물에게도 감정은 있다. 그러나 동물과 인간의 차이는 감정을 발산하는 자신을 객관화해서 바라볼 수 있는 '인지'의 유무에 있다. 동물은 감정을 발산하는 자신을 객관화할 수 없지만 인간은 자신의 감정을 객관화

---

124) 'sympatheia'는 우리말로 공감, 동감, 동정(심)으로 번역되는데, 조정옥은 셸러의 저서 『Wesen und Formen der Sympathie』의 우리말 번역본 역자 서문에서 'Sympathie' 혹은 'Mitgefuhl'을 '공감' (共感) 대신 '동감'(同感)으로 번역할 것을 제안한다. 그의 주장에 따르면, 셸러의 공간개념이 '타인과 함께 느낌'을 강조하는 작용 중심적 개념이기보다 오히려 '타인과 동일한 느낌'을 강조하는 내용 중심적 개념이라는 것이다. 여기에서는 'Sympathie'를 공감으로 번역하고자 한다. 사실 타인과 함께 느낀다는 공감 개념에는 이미 타인의 느낌과 동일한 느낌을 공유한다는 뜻이 들어가 있다. 상담자가 내담자를 공감할 때 그 의미는 내담자의 체험과 동일한 체험을 갖는다는 것보다 오히려 내담자의 체험에 참여하여 그 체험을 '함께' 나눈다는 의미가 더 강하다.

해서 살펴볼 수 있다. 감정을 발산하는 자신을 객관화할 수 있는 것을 우리는 인지 감정이라고 한다.[125] 인지 감정은 인간을 인간답게 하는 요소이다. 그리고 인간을 정서적으로 이해하는 중심에 '공감'이 있다. 그만큼 공감은 철학 상담에서 꼭 필요한 기본 요소이다. 공감에 기초한 '공감적 대화'는 엄격한 이성적 판단보다 정서적 교감을 중시하는 일종의 '감정적 성찰'이다.[126]

---

125) 유학에서의 공감은 인을 기반으로 한 '충서지도(忠恕之道)', '추기급인(推己及人)', '반구저기(反求諸己)', '반신이성(反身而誠)'의 실현을 의미한다. 이 실현은 감정의 공감화에 있다. 공감화는 자기중심의 사적인 욕구에서 타자 중심의 공적인 욕구로의 이행에 있다. 감정의 이성화, 인지능력 배양의 효과는 감정의 완화, 타자 관계에서의 중절, 공감의 확대로 나타난다. 맹자의 확이충지는 출척지심의 인지 배양 과정이며 여기에는 자각(知)과 사려(思)의 공적 기능이 항상 수반돼 있다. 출척지심의 자연감정에 대한 인지화는 다름 아닌 사단지심으로의 발현이다. 측은지심을 바탕으로 나타난 수오지심, 겸양지심, 시비지심은 자각(知)과 사려(思)의 공적인 실현을 의미한다. 칠정과 사단의 구분은 '자연감정'과 '인지 감정' 사이에 자각(知)과 사려(思) 유무의 차이라고 할 수 있다. 이는 또 동정과 공감의 차이이기도 하다. 동정과 공감의 분기는 인지의 公私와 관련된다. 인지의 공사(公私)는 감정의 중절과 부중절을 유발하는 계기가 된다. 공자에게 있어서 감정은 자연감정과 인지 감정이 통일되어 나타난다.
그러나 맹자에 이르면 자연감정과 인지감정으로 분화된다. 맹자에게 있어서 '자연감정'으로부터 '인지 감정'으로의 이행에 반드시 수반되는 것이 知와 思의 기능이다. 비록 맹자에게서 공감 능력 배양을 위한 인지능력 배양의 구체적 방법을 찾을 수는 없지만, 그가 언급한 '마음을 다하고 본성을 자각함(盡其心知其性)', '마음을 지키고 본성을 키워감(存其心養其性)', '자신을 돌아보아 구함(反求諸己)'은 인지능력배양 방법의 다름이 아니다. 맹자에게 있어서 '출척지심'은 '자연감정'에 가깝고 '시비지심'은 '인지 감정'에 가깝다. 맹자는 '출척지심'을 자연이나 본능으로 보았지만, 또한 사랑(仁)의 기초가 되는 인간의 보편적 감정으로 보았다. 그러나 '출척지심'이 사랑의 기초가 되는 인간의 보편적 감정으로 받아들인다고 해서 곧바로 '출척지심'이 곧바로 항상 사랑으로 발현되는 것이 아니다. 그래서 그가 고안해 낸 것이 시비지심이다. 시비지심은 무의식적으로 발생한 자연감정(출척지심)을 인지하고 사려 해서 판단하는 마음이다.

126) '감정적 성찰'이라는 표현이 어색하게 들릴 수도 있을 것이다. 이는 주로 성찰이 이성의 반성적 활동에 제한하여 사용되었기 때문이다. 그러나 우리는 무엇인가 판단할 때 순수하게 이성만을 사용하는 것은 아니다. 우리는 자주 정서적인 느낌이 주도하는 판단을 내릴 때가 많다. 예로 누군가 처음 대면할 때 우리는 이성적 판단보다는 감정적 판단이 앞설 때가 많은데, 직관적으로 인상에 따라 호감형과 비호감형으로 사람을 구분하곤 한다. 이런 행동은 심리분석에서는 무의식적 관점에서 고찰되곤 한다. 그러나 인간에게는 기본적으로 감정 작용을 통해 무엇인가 이해하고 판단하는 본성적 기능이 내재되어 있다. 이런 감정적 기능 역시 이성적 기능처럼 옳고 그름이나 참과 거짓을 분별하는 성찰적 기능을 수행한다.

II. 감정의 복권

사람들은 오랫동안 인간을 '호모 사피엔스', 즉 이성적 존재로 규정하고 인간의 정신을 이성과 동일시했다. 이성주의는 정신의 또 다른 측면인 감정의 중요성을 간과하게 만들었다. 그러나 감정 영역에 속하는 의지와 열망, 감정이입과 공감, 헌신과 사랑 등은 일상의 삶에서 중요한 정신적 활동을 이룬다. 인간의 자기 이해와 자기실현은 이성 영역만으로는 설명할 수 없다.

데이비드 흄(David Hume)은 인간의 감정을 이성보다 더 중요한 행동의 동기로 보면서, '정념(passions)'을 핵심 개념으로 제시한다. 그는 이성이 인간의 감정을 이끄는 도구에 불과하며, 실제로 우리를 움직이게 하는 것은 감정이라고 강조한다. 즉 이성은 감정에 종속되어 있고, 인간의 도덕적 판단 역시 진리에 기반했다기보다는 우리가 느끼는 감정에서 비롯된다고 주장한다. 이는 경험주의적 관점에서 감정을 중시하고, 인간 행동의 동기와 도덕적 판단에서 감정의 역할을 강조한 것이다.

또 다른 학자인 막스 셸러(Max Scheler)는 감정과 가치의 관계를 설명하고 감정의 계층구조를 제시한다. 그에 따르면 감정은 단순한 주관적 경험에 그치지 않고, 객관적 가치를 파악하는 중요한 도구로서 기능한다는 것이다. 우리는 감정을 통해 세계를 바라보고 인식할 뿐만 아니라, 그 가치에도 감정을 통해 계층화한다.

감정의 계층은 감각적 쾌락과 고통뿐만 아니라, 생명적·정신적·영적 감정으로 구성되어 있다. 각 구조에서 인간이 느끼는 감정들은 질적으로 다르며, 셸러는 가장 높은 가치로 영적 감정을 꼽는다. 이는 인간의 궁극적 목표에 가깝다고 설명한다. 셸러의 이론을 통해 감정이 가치를 인식하고 세계와 관계를 맺는 중요한 매개체임을 알 수 있다.

흄이 이성이 아닌 감정에 특별한 지위를 부여하고 감정을 인간 행동의 원동력으로 본 것처럼, 현대에 들어와 셸러는 감정을 인간 본질인 정신의 고유한 부분으로 고양시켰다. 흄과 셸러의 이론을 통해 우리는, 전통적으로 이성적이며 지성적인 작용으로 이해된 정신(nous)을 더욱 광의적으로 해석하여 '인식하고 직관하고 사유할 뿐만 아니라 감정과 의지를 가진 것'으로 이해할 수 있다.[127] 정신은 '이념적 사유와 함께 특정한 종류의 직관을 포괄'하는 능력이다. 여기서 의미하는 직관이란 '근원 현상들과 본질 내용들의 직관, 나아가서 선의, 사랑, 후회, 경외, 경탄, 축복과 절망, 자유로운 결단을 포괄하는 특정한 종류의 의지적이고 정서적인 활동' 일체를 포괄하는 능력을 의미한다. 감정에는 '생물학적 보호본능과 존재적 의미의 발현'이라는 메시지가 담겨있다.[128]

인간은 의미의 동물이다. 생물학적 보호본능을 기초로 참다운 자신의 존재 의미를 발견(참다운 본성의 발견)하고자 하는 욕구가 감정으로 표현된다.[129] 일상적 삶 가운데 자신의 존재적 의미나 본성이 상실되거나 소외되었다고 느낀다면 살아가야 할 목적이나 방향, 가치, 의미가 없어지게 된다.[130] 감정은 자신의 존재를 알리고 지키는 범퍼 역할을 한

---

127) M. Scheler, *Wesen und Formen der Sympathie*, Gesammelte Werke, Band 7, Bem/Müchen, 1973,『동감의 본질과 형태들』, 조정옥 옮김, 아카넷, 2008, 175.
128) 장현갑,『생물심리학』, 민음사, (1987), 133-156 참고.
129)『孟子.盡心章』, 可欲之謂善, 모든 존재는 욕구를 지니고 있다. 욕은 지향성의 다른 표현이다. 욕은 생물학적인 욕도 있지만, 도덕 감정을 실현하고자 하는 욕도 있다.
130) 인간은 자신이 추구하는 의미를 찾을 수 있다면, 고통이나 희생을 감내하며 생명까지 바치는 자유의지를 지니고 있다. 삶의 의미를 잃으면 자살 충동을 느끼거나 삶의 의지를 놓게 된다. 빅터 프랭클 저, 오승훈 옮김,『의미를 향한 소리 없는 절규』, 청아출판사(2005), 25~27쪽 참고.

다.[131] 따라서 희로애락 감정은 또 다른 이성 역할을 한다.[132] 감정의 본원적 지향성은 '자아 중심의 감정에서 타자와의 공감으로의 이행'에 있다. '확이충지(擴而充之)'[133]는 자기중심성에서 타자 중심으로 확장하는 공감 개념을 의미한다.

III. 감정(Emotion)과 정서(Feeling)

감정(emotion)과 정서(feeling)는 밀접하게 연결되어 있으면서도 구별되는 특성을 가진다. 감정은 특정 자극에 대한 강렬하고 즉각적인 반응으로 정의할 수 있다. 두려움과 공포를 느낄 때 매우 빠른 신체적 변화와 행동적 반응이 동반되는데, 이처럼 감정은 본능적 반응, 일시적 성격, 신체적 반응, 보편성의 특징을 지닌다. 제임스-랑게 이론(James-Lange Theory)에 따르면, 감정은 신체적 반응으로 먼저 발생한다고 설명된다. 즉, 울기 때문에 슬픔을 느끼고 떨기 때문에 두려움을 느낀다는 것이다.

반면 정서는 감정을 의식적으로 경험하는 주관적 상태다. 이는 감정이 유발된 이후에 뇌가 이를 인식하고 해석하여 느끼는 것이라 할 수 있다. 감정이 더욱 강렬하고 즉각적인 반응이라면, 정서는 이러한 반응을 느끼고 해석한 후의 개인적 경험이다.

---

131) Ronald De Sousa(2011), *Emotional Truth*, Oxford University, p.27.
132) 몽배원,『정감과 이성』, 임병식 옮김, 예문서원, 2017, p.162.
133)『孟子·公孫丑』, 凡有四端於我者, 知皆擴而充之矣, 若火之始然, 泉之始達. 苟能充之, 足以保四海: 苟不充之, 不足以事父母.

정서의 특성은 다음과 같다:

① 같은 감정에 대해서도 각 개인이 다르게 반응할 수 있다는 점에서 주관적 경험이다.

② 감정이 무의식적으로 발생하는 반면, 정서는 이를 의식적으로 인식하는 것이다.

③ 감정에서 파생된 더 정교하고 복잡한 상태이며(예: 두려운 감정이 불안이라는 정서로), 그만큼 더 지속적이다.

양자 간의 핵심적 차이는 사건 발생(occurrences)의 유무에 있다. 감정은 사건 발생의 지향성과 동기를 지니지만, 정서는 지향성과 동기 없이 감정 이후에 느껴지는 기분이나 느낌을 의미한다.[134]

감정은 정서의 기초가 되며 정서는 여러 가지 수준의 정보처리를 통합하는 복합적인 구성과정에서 생겨난다. 내부에서는 정동적, 인지적, 동기적 그리고 감각 운동적 정보들이 항상 복합적으로 통합되어 있다.[135] 정서 도식은 의식적인 이성이나 자동화된 행동보다 높은, 가장 상위 수준의 처리 과정을 형성한다. 의식(이성)을 지배하는 것은 정서와 동기 인지다. 신체가 느끼는 감각에 주의를 기울이고 이를 자각하여

---

134) 길버트 라일(Gilbert Ryie), 『마음의 개념』, 이한우 옮김, 문예출판사(2004), pp. 103-105.

135) 정동(affect)은 자극에 대한 무의식적이고 생리적인 반응을 의미한다. 여기에는 진화 과정을 통해 적응적인 행동 반응체계로 발전해 온 자동적이고 생리적이며 동기적이고 신경학적인 과정들이 포함된다. 정동은 단지 일어날 뿐이다. 반면 정서와 기분은 이런 무의식적인 정동 과정이 의식화된 산물이다. 감정은 대상 지향성에 의해 유발되는 것으로 대상 사건에 의해 일어난 일회성의 감정이다. 예컨대 분노, 슬픔, 수치, 질투 등이다. 정서는 대상이 없으면서 본인 고유의 것으로, 지속되는 것이다. 정서는 우리 자신의 욕구, 욕망, 목표, 관심사를 우리가 어떻게 평가하고 있는지, 그리고 어떻게 평가되고 있는지 인지한다. 가끔 합리적인 방식이 고통스러운 정서를 치유하는 데 유용할 수 있다. 그러나 정서적 문제를 치유하는 길은 오직 정서와 그 의미에 접근하는 것이다. 이성은 열정을 지배한 적이 없다. 도덕적인 명령이나 합리적인 논쟁은 오직 정서적일 때만 정서 조절에 성공한다. 기분은 정동에 대한 생리적 감각(긴장되는 느낌, 어질어질한 느낌 등)과 감정에 의해 유발된 느낌(모욕감, 행복, 평안 등)이다.

상징화할 때 비로소 정서가 의식(이성) 속에 출현한다. 이렇게 의식적으로 상징화된 요소(material)가 새로운 의미를 창조하고 문제를 해결하거나 올바른 결정을 하도록 이끈다.

정서는 우리의 행동을 조직화한다. 정서는 정신적 기능을 조절하며 사고와 행위를 체계화한다. 첫째, 정서는 우리가 지향해야 할 목표의 우선순위를 설정하게 하며 특정한 행위를 하도록 조직화하는 기능을 한다. 예를 들어, 두려움은 도피라는 목표를 설정하여 우리를 도망가게 만든다. 분노는 장애물의 극복이라는 목표를 설정하고 공격할 준비를 하게 한다. 행복감과 사랑은 협동을 준비시키고, 슬픔은 우리를 철수시키거나 도움을 요청하게 한다. 그리고 분노는 경계선을 설정하게 한다. 둘째, 정서는 인지와 행동 충동이 지향하는 목표를 설정하게 한다.

신경과학에 따르면, 정서와 감정은 이성과 인지보다 빠르다. 외부 감각으로 뇌에 입력된 자극은 외부 세계의 사물이나 사건을 처리하는 신피질에 도달하기 전에 정서를 다루는 피질하 부위(편도체와 시상)에 먼저 도달한다. 이런 초기의 '선인지적 혹은 인지에 앞서 일어나는(precognitive)' 정서적 처리 과정은 매우 적응적일 수밖에 없다. 이는 복잡하고 시간이 많이 소요되는 과정을 거치지 않고도 중요한 사건을 신속하게 처리하고 반응할 수 있기 때문이다.

인간의 뇌는 의식하기 전에 낯설거나 위험한 상황을 먼저 정서적으로 평가하고, 그 후에 인지를 통해 낯선 것의 정체와 위험성을 평가하여 필요한 행위를 판단한다.

정서는 기본적으로 동기와 행위에 관한 것이며, 목표를 설정하고 개체가 행위를 할 수 있도록 준비시키는 것이다. 인지는 지식에 관한 것이며, 상황을 분석하고 행동을 결정한다. 정서는 인지에 앞서 작동하지만, 현재의 진화적 관점에서 보면 인지적 기능 없이 정서를 경험하는 것은 불가능하다. 정서는 본질적으로 무엇이 중요한지를 알려주며 행위를 하도록 우리를 조직화한다. 그러나 상황을 분석하고 자동적 평가나 걱정이 옳은지, 수정이 필요한지, 어떤 행위를 정확히 수행해야 하는지 계획하고 결정하는 데는 사고와 이성이 필요하다.

정서와 인지는 밀접한 관계가 있다. 정서는 의미와 매우 깊은 관련이 있어서 인지적 변화 없이는 정서적 변화도 일어나지 않는다. 감정 유발은 각 개인 마음의 대상 지향성에 따라 다르게 나타난다. 예를 들어 슬픔을 느끼는 사람이 슬픔을 유발한 대상에 대해 마음의 지향성이 어디를 향하느냐에 따라 슬픔의 성격이 달라질 수 있다. 겉으로는 같은 슬픔이라도 슬픔이 지향하는 방향은 전혀 다를 수 있다. 따라서 치료 접근법도 이에 맞춰 달라져야 한다. 감정에는 각자의 체질과 특성이 있으므로, 정서를 다룰 때는 개인별로 다른 방식이 적용되어야 한다.

IV. 공감과 동정 그리고 인지

공감(Empathy)이 필연적인 사태와 인과관계를 포섭한 제반 상황을 주시하는 상태의 감정이라면, 동정(Sympathy)은 즉물적이고 맹목적인 감정이라고 할 수 있다. 공감은 타인의 감정이나 경험을 마치 자신의 것처럼 느끼고 이해하는 능력으로, 타자의 감정 상태를 인식하면서 이에 대한 정서적 반응을 함께하는 것을 포함한다. 동정은 타인의 고통이나 어려움을 인식하고 그들을 위해 연민이나 연약한 감정을 느끼는 것이지만, 공감과 달리 타인의 감정을 직접적으로 공유하지 않고 감정적 거리감을 유지한 채 반응하는 것을 의미한다.

이와 관련해 공감과 동정의 관계는 스피노자(B. Spinoza)의 '수동 정서', '능동 정서'와 유사한 맥락을 가진다. 스피노자의 '수동정서'는 외부 원인에 의해 발생하며 우리가 그 원인을 완전히 이해하거나 통제하지 못할 때 나타난다. 이는 우리가 외부 환경에 의해 영향을 받아 수동적으로 반응하는 상태를 말한다. 동정은 외부의 고통에 대해 수동적으로 반응하기 때문에 스피노자의 '수동정서'에 해당할 수 있다. 반면 '능동 정서'는 우리의 내부 원인, 즉 이성적 이해에 기반한 것으로 우리가 상황을 명확히 이해하고 이에 따라 의식적으로 반응할 때 발생한다. 이는 우리가 자신을 통제하고 상황을 주도할 때 나타나는 정서라 할 수 있다. 공감이 타인의 감정을 함께 깊이 인식하고 이성적으로 이해하여 반응한다는 측면에서 스피노자가 언급한 능동 정서와 연결될 수 있다.

결국 수동정서와 능동 정서는 '감각적인 인식'과 '지성(이성)으로서의 인식'으로 연상된다. 감각적인 인식은 일차적인 인식이다. 이는 우리의 감각을 통해 외부의 사물을 인식하는 것으로, 사물의 본성을 꿰뚫어 보는 인식이 아니다. 따라서 감각을 통해 무질서하게 인상되는 인식은 오류의 유일한 원인이며, 부당하고 혼란스러운 모든 관념이 여기에 포함된다. 혼란스러운 관념, 즉 어떤 사건의 결과에 관해 그 원인을 정확하게 알지 못할 경우, 인간은 수동적인 상태에 놓이고 이는 곧바로 수동적인 정서와 연결된다.

지성(이성)으로서의 인식은 이차적인 인식이다. 그것은 사물들의 성질과 인과관계를 꿰뚫어 보는 능력이다. 이러한 인식은 사물들을 '우연'이 아닌 '필연'적인 인과의 법칙으로 이해한다. 즉, 과거와 현재 그리고 미래에 관하여 사물을 우연으로 모호하게 인식하는 것이 아니라,

시간과 무관한 자연(신)의 필연적인 법칙을 통해 명료하게 인식한다. 이러한 인식에서 정신은 필연성 속에서 인과의 고리들을 명확하게 인식하고 그것을 통해 사물들의 운동을 이해한다. 이차적인 인식에서 인간은 자기 행동에 대해서도 내적인 인과성을 파악하게 되고, 이를 통해 적합한 원인을 갖게 되며 결과적으로 능동적인 상태가 된다.[136]

감정과 인지를 구분하는 데는 지각(지성)의 형태인 '감각적인 인식'과 '지성(이성)으로서의 인식'이 긴밀한 관계를 맺는다. 감각적인 인식은 일차적인 인식이다. 감각에 대한 느낌은 기본적으로 온도와 관계한다. 따뜻하다(溫), 뜨겁다(熱), 서늘하다(凉), 차갑다(寒)는 생명체가 지닌 항상적 체온의 상대적 느낌에서 비롯된다. 자신의 체온에서 벗어나면 불쾌한 느낌이 들지만, 자신의 체온과 상응하면 좋은 느낌이 든다.

의식의 최초 형성은 감각에서 시작된다. 감각은 동물의 생존 연장 본능에 기초한다. 감각은 일차적으로 자신과 외재적 환경과의 '차이'를 느끼고 구별하는 것에서 자기 동일성을 지키고자 한다. '자기 동일성'과 '차이'는 감각이 지닌 본성이다. 일상의 반복과 습관, 관성의 법칙은 '자기 동일성'을 유지하고자 하는 감각의 발현이라 할 수 있다. 갈등과 스트레스는 '차이'에서 오는 감정이다.

감정 중에서 기쁨과 즐거움은 외재적 환경과의 일치에서 오는 감정이며, 분노와 슬픔은 '차이'와 '구별'에서 오는 감정이다. 감정과 정서는 감각에 기초한다. 뜨거움, 차가움, 따뜻함, 서늘함의 감각은 근육의 수축과 이완에 관계한다. 분노와 슬픔, 기쁨과 즐거움은 근육의 수축과 이완에 의한 신경전달물질과 상관성을 가진다. 또한 뜨거움, 차가움, 따뜻함, 서늘함의 감각적 느낌은 다양한 감정과 정서를 형성한다.[137]

---

136) 스피노자(B. Spinoza), 강영계 옮김, 『에티카』, 서광사(2008), pp. 356-367 참고.
137) 현대 분자생물학과 신경생리학의 발전에 기대어 정서의 발생구조를 구획한다면 다

인지(cognition)에는 이성, 자각, 판단, 선택, 시비, 의도, 지향적 개념이 함께 내재해 있다.[138] 판단과 선택의 밑바닥에는 감정의 호오(好惡)가 깔려 있다. 어떠한 이성도 감정의 호오에서 자유로울 수 없다. 한 실험실에서 이루어지는 실험의 명제와 가설은 이미 관찰자의 기호적 판단과 선택으로 이루어진다. 객관적이고 과학적인 관찰이라고 하지만 거기에는 여전히 주관적, 심미적, 기호적(嗜好的) 판단과 관찰로부터 자유로울 수 없다. 실험의 결과는 자신이 이해한 것만 결과가 도출된다. 이해되지 못한 것은 전제조건에서 제외된다. 인간은 이해할 수 있는 것만 이해한다. 이해되지 못한 것은 이해되지 않는다. 수학적 연산은 과연 객관적이고 과학적인 실체로서 인정받을 수 있는가? 이해와 이성은 감정을 기반으로 성립된다. 우주에 대한 무한한 꿈과 상상력이 행성에 다다를 수 있는 구체성과 연산 법칙을 만들어 낸다. 이성의 구체성과 연산 법칙은 감정이 추구하는 '안정화'가 빚은 형식이다. 그리고 감정을 객관화할 수 있는 것이 인지(이성)이다. 감정의 인지화는 감정에 '대한', 감정의 '이성화' 작업이다. 이 작업은 '인간이 인간일 수 있는 요소

음과 같다. ① 대사조절・기본 반사・면역반응 → ② 통증 및 쾌락 행동 → ③ 충동 및 동기 → ④ 협의의 정서(배경 정서・일차적 정서・사회적 정서) → ⑤ 느낌(Antonio Damasio (2003), *Looking for Spinoza :Joy, Sorrow, and the Feeling Brain*, A Harvest Book : Harcourt, Inc. pp. 31-35, 참조) 정서의 첫 출발은 감각에서 나타나고 그 감각은 생리의 다양한 대사 작용을 가능하게 한다. 대사 작용을 통해 감각기관의 기본반사가 일어나고 이 운동의 방향은 수축과 이완이다. 수축과 이완에서 나타나는 반응은 쾌감과 통증으로 요약할 수 있다. 이는 정서에 있어서 기쁨과 슬픔으로 진화하며, 윤리적으로는 선과 악으로 구분하는 계기가 된다. 선한 대상은 신뢰할 수 있고 지속할 수 있는 방식으로 기쁨의 상태를 촉발한다. 이때 기쁨의 상태는 활동 능력과 자유가 강화된 행복과 평화의 상태이다. 악한 대상은 그 반대의 결과를 가져온다. 악한 대상은 불쾌감을 일으킨다. 윤리와 도덕의 기초는 쾌감과 통증으로부터 시작한다. 쾌감과 통증이 자기 자신을 보존하고자 하는 반응에서 시작되었다는 사실에서 알 수 있듯이 윤리와 덕 또한 자기보존에 가장 적합한 요소임을 연역할 수 있다.

138) 월터 프리먼(Walter J. Freeman), 진성록 옮김, 『뇌의 마음』, 부글(2007), pp. 211-220 참고.

는 무엇인가?', '무엇이 인간을 인간답게 하는가?', '인간을 인간답게 하는 기본 정서와 품성은 무엇인가?' 하는 본래적 물음이기도 하다.

V. 공감과 대화

공감이 '이해'와 '뒤따라오는 느낌'에 기반하고 있다는 사실은 상담에서의 공감적 대화를 위해 의미하는 바가 매우 크다. 공감적 대화는 상담자와 내담자가 상호 감정을 단순히 교감한다는 차원이 아니다. 상담자가 내담자의 감정에 완전히 몰입하여 감정 합일을 이루는 것이 공감적 대화의 목표일 수는 없다. 왜냐하면 그런 감정 합일의 '일치감'이 내담자에게 약간의 위로가 될 수 있을지도 모른다. 하지만 내담자가 주체자로서 자기 욕구에 대해 이해하고 궁극적인 문제 해결까지 도달할 수 있는 능력을 회복하지는 못한다. 즉 공감은 상담의 기본 요소임과 동시에 그 자체로 치료 행위이기도 하다. 그러나 공감이 내담자가 안고 있는 문제를 궁극적으로 해결하거나 내담자를 완전한 치유로 이끄는 상담의 끝(완성)은 아니다. 왜냐하면 상담에서 공감은 궁극적인 치유를 향해 내담자가 자기를 초월해 가는 과정의 한 단계일 뿐이기 때문이다.[139]

대화를 통해 상담자가 내담자와 함께 도모하는 것은 내담자가 스스

---

139) 치유는 우리 자신의 존재를 전체로 들어가도록 인도한다. 그것은 잃어버렸던 자신의 목소리, 거부하고 감추어 두었던 것들을 다시 발견하고 포용하며 초대한다. 치유는 우리 자기 내면의 견고함을 발견하게 하는 신뢰의 여정이다. 자기 삶이 부분이 아닌 전체적 삶으로 초대될 때, 잃어버렸던 우리의 목소리는 비로소 즐거운 노래로 발견된다. 그리고 잊어버렸던 자신의 존재는 춤과 웃음으로 변하게 된다. 자신의 어두운 부분을 껴안고 상처받은 마음을 부드럽게 감쌀 때 우리는 또 다른 나 자신의 모습을 본다. 무엇보다도 그것은 나 자신의 정직한 본성의 발견이며 만남이고 구원이며 자유이다.

로 자기 삶의 의미를 발견하고, 그런 의미를 통해 자기 자신과 자신의 삶을 재정립하는 일이기 때문이다. 이는 분명 상담자가 공감할 수 있는 범위를 넘어선 행위이다. 앞서 언급했듯이 본래적 공감은 '뒤따라오는 느낌'을 통해 실제로 주어지는 내담자의 체험에 상담자가 어떤 지향적 가치를 가지고 반응하는 정서적 태도(느낌) 혹은 기능이다.

따라서 공감적 대화에서 상담자가 내담자의 감정에 공감하면서도 자신의 공감과 분리하여 이해하는 일은 매우 중요하다. 이는 공감이 한편으로는 '몰입'이요 다른 한편으로는 '거리두기'에 있다는 사실을 암시한다. 공감이 단순한 감정의 전이 현상이 아닌 이상 공감적 대화를 위해 내담자의 체험을 뒤따라 '함께 느낌'도 중요하다. 그러나 동시에 그런 '공감하기'에 앞서 항상 실재성으로 놓여있는 내담자의 체험을 이해하고, 그 실재성에 상응하여 가치 판단을 내리는 상담자의 '반성적 성찰'도 그에 못지않게 중요하다.

우리는 여기서 상담의 공감적 대화가 도덕적 가치 판단이 전적으로 배제된 막무가내식의 비합리적인 감정 합일이나 감정전이가 아니라는 것을 확인한다. 몰입과 거리두기의 공감적인 조율을 통해 상대와 의사소통하는 장이요, 상담자와 내담자가 상호 영향을 주고받음으로써 인격적 관계를 형성하는 상호주관적인 대화의 장이라는 사실을 알게 된다. 특히 공감적 대화가 인격적 관계의 장이 될 때 비로소 내담자는 상담자와의 대화를 통해 자기 변화의 가능성을 갖게 된다. 인격적 관계가 이루어지지 않는 형식적 만남과 소통에서 인간의 진정한 내적 변화란 결코 일어날 수 없기 때문이다.

공감 능력은 타자에 대한 이해이다. 타자의 이해는 자신에 대한 반추 및 인식으로부터 시작한다. 자신의 반성으로부터 여과되지 않은 것은 공감이 아니다. 공감은 보편성이다. 공감의 보편성과 실천적 태도는 자신의 주체적 반성을 거쳐 시작한다. 반추는 타자에 대한 이해와 자신의 자율적 제한의 절제로 이루어진다. 공감의 출발은 객관적인 대상이나 사건이 아니라 바로 주체의 반성에 의한 것이다. 반성은 자아의 동일성으로부터 스스로 돌이켜서 외현(外現)적 거리두기의 작업이다.

'거리화'는 타자와 관계를 맺는 계기가 되고 보편으로 회귀하는 계기가 된다. 사랑의 감정은 자신의 동일성에 머물러 있지 않고, 타자의 관계 속에서 자기중심성을 배제하고 타자를 타자로서 이해하고 받아들이는 가운데 자기감정을 갖는다.[140]

우리가 어떤 사람을 사랑한다고 할 때 자기 자신만을 내세우고 상대방을 인정하지 않는다면, 상대방을 사랑한다고 할 수 없다. 상대방을 사랑한다면 우리는 우리 자신을 상대방의 관계 속에서 제한해야 한다. 무제한적 사랑은 결코 사랑이 될 수 없다. 그런데 중요한 사실은 우리가 이러한 '자기제한'을 부자유나 제한, 억압으로 느끼는 것이 아니라 상대방을 위한 배려나 이해, 사랑으로 느낀다는 것이다.[141]

이렇게 상대방을 배려와 이해 그리고 사랑의 대상인 타자로 인정할 때 공감을 갖게 된다. 이때 상대방은 나의 중심적 계교에 포섭되거나 수단화되는 것이 아니라, 독립된 하나의 인격체인 타자로 존재한다. 이

---

140) 己欲立而立人(자기가 서고 싶으면 다른 사람이 서게 하고), 己欲達而達人(자기가 도달하고 싶으면 다른 사람이 도달하게 한다). 能近取譬(이는 자신의 가까이에 있는 것을 보고 남의 입장을 미루어 알 수 있으니), 可謂仁之方也已(사랑의 방법이라고 할 수 있다). 『논어, 옹야』

141) 이는 마치 금강경의 "응무소주 이생기심(應無所住 而生其心)"의 심적 차원과 동일하다. 무소주(無所住)의 의미는 다양하게 표현될 수 있다. "머물러도 머묾이 없다." "머묾도 없고 움직임도 없고 의지할 곳도 없다.", "가지도 않고 오지도 않고 머물지도 않는다." 무소주의 실천은 곧 머묾 없음에 머무는 것이다. 반야경에는 '무주(無住)', '비주(非住)' 혹은 '무소주(無所住)'로 표현한다. '머묾도 없고 머물지 않음도 없다[無住無不住]' 혹은 '머묾도 아니고 머물지 않음도 아니다[非住非不住]'라는 철저한 자기부정을 통한 자기 본연의 현현이 곧 반야바라밀다에 머무는 것[住般若波羅蜜多]이라고 한다.

제 타자인 존재는 '존재 그 자체로' 인정받을 때 쌍방 간의 관계가 치유 회복되기 시작한다.[142]

타자에 대한 이해는 공감의 출발점이 된다. 자기중심성 안에서의 이해와 감정은 타자의 존재 본성에 대한 왜곡을 가져올 수 있다. 이럴 때 타자의 반응은 더욱더 퇴행으로 나타날 수 있고 공감이 일어나지 않는다. "오직 인자만이 사람을 좋아하고 싫어할 수 있다."[143] 이 말에서 우리는 공자가 어떤 마음과 태도로 사람들을 대했는지 짐작할 수 있다. 어떤 사람이든 간에 모두 호오의 감정을 품지만, 무엇 때문에 유독 인자만이 사람을 좋아할 수 있고 싫어할 수 있다고 하는가? 그것은 인자가 좋아하고 싫어하는 것은 원칙이 있기 때문이다. 객관 대상의 자극에서 주어지는 호오가 개인의 주관적 애호나 물듦에서 나타난 것이 아니라, 공적인 표준인 인의 이성 원칙을 나타냈기 때문이다.

이해의 문제, 곧 바라봄의 문제는 사물의 본성 혹은 실재를 변화시킬 수 있는 첫 출발의 계기가 된다. 따라서 바라봄은 실제의 모습을 경험하는 매개가 될 수 있다. 불가의 백미라고 할 수 있는 『반야심경』 첫 문장에 '관자재보살(觀自在菩薩)' 혹은 '관세음보살(觀世音菩薩)'이라는 말이 나오는데, 여기서 '觀'은 '반야바라밀다'를 의미하는 'perfect understanding' 또는 사물의 본성을 깊이 통찰하는 'penetration'의 의미로 새길 수 있다.

'觀'은 그저 밖에 서 있는 것이 아니라, 어떤 것 안으로 깊숙이 들어가는 것을 의미한다. 우리가 무엇을 참되게 이해하고자 한다면 단지 서서 바라보기만 할 것이 아니라, 안으로 깊숙이 들어가 그것과 하나가

---

142) 존재의 인정과 긍정은 생물심리학의 일차적인 보호본능을 충족시켜 주는 조건이다. 이 조건은 부중절(不中節)된 감정을 완화해 줄 수 있는 계기가 된다. 김창환, 『몸과 마음의 생물학』, 지성사(1995), pp. 185-195 참고.
143) 『論語.里仁』, 子曰:「唯仁者能好人, 能惡人」

되어야 한다. 누군가를 이해하고자 한다면 그들이 느끼는 대로 느끼고, 고통도 함께 겪고, 기쁨도 함께 즐길 수 있어야 한다.

파악하고 이해한다는 뜻을 가진 영어 단어 'comprehend'는 라틴어 어원인 'com(마음이 하나가 되는 것)'과 'prehendere(움켜쥐거나 주워 올린다는 의미)'로 이루어졌다. 그러므로 무엇인가를 이해한다는 것은 그것을 끄집어내어 하나가 되는 것을 뜻한다. 우리가 관찰하고 이해하고자 하는 것과 하나가 되기 위해서는 그 안으로 들어가야만 한다. 소립자의 세계를 이해하기 위해서는 그저 '관찰자'가 되어서는 안 된다. 직접 참가하는 참여자가 되어야 한다. 그래서 요즘 핵 과학자들은 관찰자(observer)라는 말보다 참여자(participant)라는 말을 더 선호한다.

여기서 '觀' 바라본다는 뜻은 내 안에 있는 실재(自在)를 바르게 보는 것이며, 그것이 바로 '菩薩', 즉 깨어 있는 존재이다. 본래 관세음보살은 'Bodhisattva'에서 나온 용어로 보리(Bodhi)는 '깨어 있음'을 의미하고, 살타(sattva)는 '깨어 있는 존재'를 뜻한다. 또한 관세음(Avalokita)은 이 경 안에 있는 보살의 이름으로, 세상에서 들리는 울음소리에 귀 기울여 와서 도울 수 있도록 하는 것을 의미한다. 이는 내 안에 있는 실재, 내면의 소리, 생명의 소리를 듣는 것을 의미하는 것으로 해석할 수 있다.

VI. 공감의 형식

공감의 형식은 유학에서의 '충서지도(忠恕之道)', '추기급인(推己及人)'으로 집약할 수 있다. 이 형식들은 철저히 仁을 바탕으로, 仁의 방법으로, 仁이 하늘과 사람을 관통하게 하는 방식이다. "내가 하고 싶지 않은 바를 남에게 하지 않는다."[144], "내가 서고자 하면 남을 세워주고, 내가 이르고자 하면 남을 이르게 한다."[145]는 말에서 우리는 인의 감정이 보편적 행위 준칙에 기초해 있음을 알 수 있다. 仁은 심중에 있는 사랑(愛)의 도덕 감정이다.

무엇 때문에 우리가 원하지 않는 일을 다른 사람에게 하지 않으려 하는가? 이는 자신을 미루어 상대방의 입장을 이해할 인지상정이 있기 때문이다. '인지상정(人之常情)'은 인간의 보편적 감정으로 이것의 기반이 仁이다. 타자의 이해 능력은 개인의 사적인 사랑이나 감정, 욕망에서 출발한 것이 아니라, 사람이 사람일 수 있는 보편적인 인성에서 출발한다. 자신이 원하지 않는 것을 타자에게 행하지 않는 소극적 행위나, 자신이 원하는 것을 타자에게 해 주는 적극적인 행위 모두 인지상정이라 할 수 있다.

이런 인륜성으로서의 공동감정이 바로 사랑이며, '道'이고 '通'이다.[146] 상담자는 내담자가 감정을 교류하여 자기 공감 능력을 발전시키며, 이를 내재화하면서 정서를 스스로 조절하는 법을 배우게 한다. 이를 위해서는 다음의 순서를 밟아야 한다. ① 느낌을 이야기한다. → ② 상징화한다. → ③ 명확하게 표현 → ④ 정서를 허락하고 수용→ ⑤ 정

---

144) 『論語.顏淵』, 己所不欲, 勿施於人.
145) 『論語.雍也』, 夫仁者, 己欲立而立人, 己欲達而達人.
146) 蒙培元, 위의 책, p73.

서적 경험이 전달하는 메시지 확인 → ⑥ 각기 다른 상황에서의 다른 혹은 모순된 정서를 통합 → ⑦ 공감적 조율 → ⑧ 새로운 의미 발견(자각) → ⑨ 새로운 정서 도식과 변화

공적 감정은 천리(天理)에 합하는 감정이다. 마땅한 기쁨(喜當), 마땅한 분노(怒當), 마땅한 슬픔(哀當), 마땅한 즐거움(樂當)[147]은 마땅히 표현해야 할 바에 드러내는 감정을 의미한다. 이때 나타나는 감정은 균형을 벗어나지 않는다. '마땅함(當)'은 천리이자 자연스러움이며 공감의 바탕이다. 마땅함과 자연스러움은 사람이 의연함과 편안함을 제공한다. 마땅함(當)은 자연의 순리와 질서에 대한 가치의 정합적인 일치이다. "어른 몇몇, 아이들과 함께 기수(沂水)에서 목욕하고 무우(舞雩)에서 바람 쐬고 노래하면서 돌아오는 즐거움"[148]은 마땅한 즐거움(樂當)의 극치이다. 이치(所以然)와 당연함(所當然)은 공감의 법칙이다. '당연함'은 자연의 경험적 사실인 '이치'에 대해 가치적 규범의 정합적 일치성을 의미한다.

가치적 규범은 경험적 사실을 바탕으로 한다. 경험이 전제되지 않은 규범이나 신념, 믿음 체계는 오래가지 않는다. 일회성으로 그치기 쉽다. 지속적인 실천과 습관을 위해서는 경험적 사실이 전제되어야 한다. 자연적 감정은 경험적 사실의 체험이다. 만일 자연적 감정이 경험적 사실의 체험이 아니고 생각이나 인식 정도의 차원에 머문 것이라면 오래 지속될 수 없다. 자신 안에 내재한 이치를 체험한다는 것은 무엇을 의

---

147) 감정의 當(마땅함)은 분별적 선택(揀選)이라는 인지적 자각이 수반된다. 감정이 마땅히 나타내야 할 때, 나타내는 감정은 사단(四端)과 도심(道心)이라 하고, 마땅함이나 올바르지 않은 감정은 칠정과 인심으로 보고 있다. 즉 기뻐해야 할 것에 기뻐하고, 마땅히 노해야 할 것에 노하며, 마땅히 슬퍼하고 두려워해야 할 것에 슬퍼하고, 두려워하는 것이 바로 理적 성향인 도덕 감정이 발출되는 사단이다. 마땅한 감정을 발현하는 것은 인지적인 자각적 선택에 의한 것이며, 이렇게 발한 감정은 사단의 다른 이름이 아니다.

148) 『논어』, 冠者五六人 童子六七人 浴乎沂, 風乎舞雩 詠而歸.

미하는가? 어떤 대상이나 실체를 찾는 것이 아니다. 자신과 사물이 함께 이어져 있다는 생명의 동근원성을 직각하는 것을 의미한다.[149] '이어져 있음'에 대한 직각은 곧 천리를 깨닫는 것을 의미한다. 천리란 개개 사물에 내재해 있는 이치가 부분과 전체, 개체와 개체로 서로 연결되어 이루어져 가는 것이다(천리유행). 따라서 천리의 직각에는 자기 고집이나 사심이 개입되지 않는다. 자신의 힘으로, 의지로 만들어 가는 게 아니라, 오직 공공의 마음만 있을 뿐이다.

---

149) 이승환,「주자의 공동체주의적 생태윤리」,『동아세아 주자학의 현재와 미래』, 民齋學會 2006년도 주자학국제학술회의, pp. 131-146 참고.

심화 1
언제 애도는 완료되는가?

<내용 요약>

애도는 시간이 지나면서 완성되는 과정으로, 각자가 자신만의 방식과 속도로 슬픔을 겪는다. 의미 재구축은 상실을 경험한 사람이 삶의 목적과 가치를 재정립하는 과정이다. 애도의 목적은 상실을 수용하고 새로운 삶의 방식을 배우는 것이다. 회복이나 치유는 상실 이전의 상태로 돌아가는 것이 아니라, 새로운 변화로 나아가는 것이다. 애도가 끝나는 지점은 명확히 정의될 수 없으며, 상실과 비탄은 삶에서 계속해서 나타날 수 있다. 애도 과정은 개인의 성찰을 통해 성숙하고 변형될 기회를 제공하며, 공동체와의 유대 또한 중요한 역할을 한다.

<핵심어>

의미 재구축(Meaning Reconstruction), 삶의 목적(Life Purpose), 성찰(Reflection)

<학습 목표>

- 애도와 상실의 경험을 이해하고 이를 다루는 방법을 학습한다.
- 다양한 문화에서 애도와 상실의 표현 방식을 비교하고 분석한다.
- 슬픔과 고통을 해소하기 위한 효과적인 대처 방법을 익힌다.
- 정신 건강과 심리적 지원을 제공하는 기술과 접근방법을 배우고 적용한다.
- 상실을 경험한 사람들에게 제공할 수 있는 지원 방안을 실천적으로 학습한다.

<적용 실천>
- 애도 과정에서 발생하는 감정을 효과적으로 표현하고 관리할 수 있는 기법을 적용한다.
- 다양한 문화적 배경을 고려한 애도 및 상실의 지원 방안을 제시하고 실천한다.
- 상실을 경험한 사람들에게 심리적 지원을 제공하며, 그들의 회복을 돕는 실천적 접근방법을 사용한다.
- 슬픔을 겪고 있는 사람들과의 상담을 통해 그들의 감정을 이해하고 적절한 대처 전략을 제공한다.
- 공동체에서 애도와 상실에 대한 교육 프로그램을 설계하고 이를 실천하여 구성원들이 감정적으로 안정될 수 있도록 돕는다.

언제 애도는 완료되는가?

I. 들어가는 말

상실에 의한 정서적 고통은 망각을 통해 사라지지 않는다. 그것은 오히려 풍부한 기억의 방향으로 나아간다. 그리움은 더욱 온전한 이성이며 살아갈 이유가 된다. 기억은 애도하는 사람의 인격 속에 내재화되어 있다. 애도 과업은 그 사람(혹은 아끼던 물건)이 더는 황량한 세계 속에서 부재로 나타나지 않고, 마음속에 안전하게 자리를 잡을 때 완성된다.

우리 각자는 자신만의 방식으로, 자신의 속도에 맞추어 슬퍼해야 한다. 많은 사람의 경우 애도 과업의 완성에 이르는 데 일 년 정도가 걸린다. 어떤 이들에게는 더 많은, 혹은 더 적은 시간이 필요하다. 주기적인 비탄의 파장은 삶의 나머지 기간에도 찾아올 수 있다.

애도 과정은 그 깊이와 리듬을 발견하는 자유를 제공한다. 이는 결코 인위적으로 가속화될 수 없다. 상실은 육체적 상처처럼 하룻밤 사이에 치유되지 않는다. 애도의 치유적 절차를 **빠르게** 하는 방법은 없다.

애도가 완성될 때, 애도하는 사람은 사랑하는 사람의 내적 현존, 즉 더는 이상화된 영웅도 지탄받는 존재도 아닌 인간적 차원을 지닌 현존을 느끼게 된다. 객관적인 시간 속에서는 사라졌으나, 그 사람은 정신과 마음속에서 새로운 형태로, 죽음과 고통과 쓸쓸함 없이 내적 시간 속에 고요히 존재한다. 일단 사랑하는 사람이 이런 방식으로 받아들여지면, 그 사람은 결코 다시 강제로 지워질 수 없다.

1. 의미 재구축(Meaning Reconstruction)[150]

음미 되지 않은 삶은 살만한 가치가 없다. 의미를 잃은 삶은 목표와 방향 없이 부표하는 난파선과 같다. 우리 자신이 누구이며 무엇이 의미 있는 삶인지를 모른다면 삶은 이내 생기를 잃는다. 이제 이 의미의 출발은 자신의 성찰, 곧 주의를 기울이는 것에서 시작된다. 이 주의는 자기 자신에게 시선을 돌려 자신을 점검한다. 그리고 자기 삶에 집중한다. 그리고 자신의 가장 깊은 곳까지 내려가 자신의 본질이 무엇인지 발견한다.

인간은 본성적으로 삶에서 발생하는 많은 사건으로부터 '의미화(making sense out of)'를 추구하고자 한다. 어떤 존재하는 틀 내에서 '의미를 발견함'으로써 혹은 새로운 방식으로 '의미를 구축함'으로써 이런 과업을 한다. 어떤 사람이 심각한 상실을 겪게 될 때, 존재하는 의미에 대한 어려움이 특별히 긴급한 관심사가 된다. 어떤 사람이 중요한 상실에 직면했을 때, '의미 재구축'이라는 말은 '의미 형성'과 '의미 발견' 양자를 포함하며, 애도와 관련된 것에 관한 또 다른 고려 방식이다. 의미는 삶의 목적이 가지는 실존적 의미를 가리킨다. 이는 개인적 삶의 가치를 느끼는 능력이다. 빅터 프랭클(Viktor Frankl)을 비롯하여, 대부분의 중요한 심리학과 실존연구자들은 의미를 과업을 통한 세계에의 기여, 그리고 사랑하는 관계에의 기여와 연관시킨다. 의미는 육체적 능력 혹은 기능의 상실, 육체적 고통, 사랑하는 사람의 죽음에 대한 중요성을 이해하고자 하는 시도를 말한다. 실제로 내담자와의 대화에서 의미의 문제를 이야기하는 것은 당혹스럽고 풀기 힘들 수 있다. 그러나

---

150) Neimeyer, R.A. *Traumatic loss and the reconstruction of meaning*. Journal of Palliative medicine, 5, 935-942.

재적응을 위해서는 의미의 문제를 반드시 짚고 넘어가야 한다. 의미는 개인적 중요성의 탐색을 의미하기 때문이다. 의미를 발견하는 지난한 과정은 개인 스스로 성숙할 수 있도록 돕는 일이다. 프랭클은 의미 발견의 세 가지 길을 제시하였다. ① 일거리 만들기와 행동하기, ② 어떤 것에 대한 경험이나 다른 사람과의 만남, ③ 불가피한 고통에 대해 우리가 가지는 태도이다. 의미를 탐색하고 거기에 주의를 기울이는 일은 죽음에 직면한 사람들에게는 본질적인 초점이 되는 일이다.

 니마이어(R.A. Neimeyer)는 사별한 사람이 삶에서 의미 재구축의 과정에 개입할 필요가 있다고 강조하며 "상실에 대한 반응으로의 의미 재구축은 비탄의 주요한 과정이다."라고 하였다. 의미의 재구축은 생존자의 삶뿐만 아니라 사랑하는 사람의 죽음에 대한 새로운 의미를 발견하거나 창조한다. 이것은 상실의 의미를 파악하는 것과 그 과정의 결과를 사별한 사람의 삶으로 통합하는 과정 모두를 포함한다. 중요한 상실 이후 의미를 재구축하고자 하는 두 개의 주된 방식은 다음과 같다. (1) 상실의 의미에 대한 양호한(benign) 혹은 우호적인 설명을 발전시켜 나가는 일이다. 이것은 종종 종교적, 철학적, 영적 틀을 통해 성취된다(예, "그는 지금 신과 함께 있다."; "그녀는 더는 고통 받지 않고, 평안을 찾았다."). (2) 남아있는 사람에게 적용되는 긍정적 이익에 초점을 맞추는 일이다("나는 지금 훨씬 더 민감하고 남을 돌볼 줄 아는 사람이 되었어."; "우리는 더 가까워졌고, 가족에 더 초점을 맞추게 되었어."). 물론, 이것이 사별한 사람이 삶에서 의미를 재구축하는 유일한 예는 아니다. 각각은 각자의 방식으로, 각자의 속도에 맞추어서 그런 일을 할 수 있다.

니마이어는 의미 재구축의 중심부에 세 가지 원칙이 있다고 설명한다.[151] ① 비탄은 상실 때문에 도전받은 의미 세계에 대한 재-확신과 재구축을 포함한다. ② 사별에 적응하는 것은 일반적으로 고인과의 지속된 유대에 대한 포기가 아니라, 재규정(redefining)이다. ③ 내러티브 방식(narrative method)은 상실 때문에 방해받은 자전적 정합성(autobiographical coherence)을 복구 혹은 재-이야기화(re-storying)하는 역할을 수행할 수 있다.

이미 일어난 일에 관해 이야기를 만드는 것은 이야기하는 사람에게 카타르시스 혹은 감정적 긴장을 해소할 기회를 주고, '복잡한 사건들과 인식을 하나의 포괄적인 단위 속에 응축하는 설명'을 만들어 냄으로써, 기억을 생생하게 유지할 수 있도록 도움을 줄 수 있다. 다른 작가들은 '이야기로의 여행(the drive to story)'를 통해 애도하는 사람이 무질서에서 질서를 발견하거나, 무의미에서 의미를 발견하는 방법을 제공한다는 데 동의한다. 이런 이야기를 만드는 사람을 지원해 주고, 감정을 이입해 주는 청자 앞에서 그들이 그렇게 말할 수 있다는 것이 얼마나 중요한 일인지 다시 한번 주목하게 된다.

상실로 슬퍼하는 사람은 자신이 속한 문화와 공동체에 반드시 일치된 관계성으로 슬퍼하는 것은 아니다. 즉 각자에게 맞는 다른 시간과 다른 방식으로 의미 재구축에 참여한다. 어떤 사람은, 그들의 상실이 이미 존재하는 의미-틀(철학적, 종교적 확신)에 부합해 있으므로, 감정과 실제적인 문제를 다루는 것 이상을 넘어가지 않고, 삶을 유지하면서 나아갈 수도 있다. 어떤 사람은 별다른 의미를 만들어 내야 할 강력한 필요를 느끼지 않을 수도 있다. 심지어 폭력적 혹은 외상적 상실을 경

---

151) Neimeyer, R. A. Complicated grief and quest for meaning: A constructivist contribution. Omega, *The Journal of Death and Dying*, 52, 37-52.

험한 사람도, 그들 삶에서 의미를 재구축하는 일에 참여하는 것에 어려움을 느낄 수도 있다.

아틱(T. Attig) 역시 사별한 사람이 '현존하는 사랑(loving in presence)'에서 '분리된 사랑(loving in separation)'으로 옮겨가는 데 어려움을 겪는다는 그의 관점으로 내러티브를 강조하였다. 아틱에게, 이런 어려움은 '세계를 다시 배우는 일(relearning)'과 관련되는데, 그는 이것을 '사별 후에 또다시 의미 있게 살아가는 방식을 배우는 다차원적 과정'으로 묘사한다. 또 그는 "처음에는 전혀 쉽지 않지만, 우리는 분리의 고통을 지나서, 기억과 남은 상황 속에서 변치 않는 의미의 현존을 확신하게 된다. 또한 사랑하는 사람의 계속되는 현존을 확신하게 된다."라고 말한다. 아틱에 따르면, "세계를 다시 배우는 과정은 개별적으로, 가족 내부에서, 또 공동체와 문화 속에서, '삶의 거대한 미스터리를 가지고 참여'하는 것이다. 또한 '현존의 사랑'에서 '부재 속으로의 사랑'으로 다면적 전이를 이루어나가는 방식으로 슬퍼하는 일을 포함한다."라고 말한다.[152]

2. 애도가 끝나는 지점

애도의 목적은 회복(recovery), 완성(completion), 해결(resolution)로 귀결하는 데 있다. 그러나 이런 용어들은 현대 연구자들에게는 선호되지 않는다. 예를 들면, 비탄으로부터 회복된다는 것은 비탄이 마치 질병처럼 건강하지 못한 상황이라는 것을 시사하고 있는 것처럼 보인다. 그 말은 일단 '회복'되거나 '치유'되면, 더 이상 변화되지 않고 완

---

152) Attig, T. *How we grieve: Relearning the world*. New York: Oxford University Press, 1996.

성에 이른 것처럼 해석될 수 있다. 또한, 회복, 치유, 해결은 모두 비탄이 끝나는 지점, 그 이후에 더는 애도가 없거나, 없어야만 하는 최종적인 폐쇄(once-and-for-all closure)를 뜻하는 것처럼 보인다. 만약 그것이 사실이라면, 애도는 원칙과 시간 모두에서 확인할 수 있고, 미리 정해진 결과를 가지게 된다. 그리고 애도가 끝나는 지점이 애도의 목적이라고 말해진다. 일반적으로 그것은 고인과의 감정적인 접촉의 분리 혹은 후퇴를 강조하는 프로이트(S. Freud)의 해석인, 정신분석학의 관점과 연관된다. 그 이론은 고인과의 감정적 접촉의 분리 혹은 후퇴를 강조한다.

어쩌면 사별에서 애도가 끝나는 지점의 설정은, 상실을 경험하지 않은 주변자의 욕망 때문이라고 가정할 수 있다. "시간이 약이다(Time heals)."라고 우리는 종종 말한다. 하지만 이는 옳지 않다. 시간만이 약이 아니다. 우리는 '기다리는 것(wait it out)'보다 더 한 것을 해야만 한다. 실제로 중요한 것은 그 시간이 애도의 개인적 여정에 어떤 방식으로 사용되는가이다. 생산적인 애도를 구성하는 활동의 본성과 어디에서 그런 활동들이 애도하는 사람을 인도하는지가 중요한 문제이다. 어떤 연구자는 다음과 같이 말한다. "중요한 것은 우리가 사용하는 시간이 아니라, 우리가 가진 시간으로 만들어 내는 사용(the use we make of the time we have)이다."

앞에서, 우리는 비탄과 애도를 질병의 상태로 보는 관점에 대해 비판하였다. 그러므로 여기서 '회복(recovery)'이라는 말도, 그것이 이전의 상태, 즉 죽음 이전 삶의 상태로 돌아가는 것이 아니라, 새로운 삶의 방식으로 나아감을 의미해야 한다. 만약 그렇지 않다면, 그 애도는 적절한 것이 될 수 없다. 만약 애도가 진정으로 개인적인 여정이라면, 모든 사별한 사람에게 단일하고 똑같은 결과를 가져올 필요가 없다. 그 대신, 적어도 많은 애도하는 사람에게, 애도는 상실과 그 여파에 대처하고, 고통스러운 비탄의 긴급한 요구를 고려하면서, 적절한 방식으로 나아가야 한다. 죽음 이후의 새로운 삶과 맺는 관계에서 삶의 나머지 기간에, '새로운 정상(new normals)'으로 발전해 가고 살아가는 방법을 배우는 것과 관련된다.

워든은 "애도가 언제 끝날 것인지를 묻는 것은 '얼마나 높이 뛰느냐(how high is up)?'고 묻는 것과 비슷하다. 거기에는 어떤 정해진 답도 없다."라고 쓴 적이 있다. 그는 계속해서 말한다. "사람이 다시 삶에 흥미를 느끼고, 더한 희망을 느끼며, 다시 만족을 경험하고, 새로운 역할에 적응할 때, 어떤 의미에서는, 애도가 끝났다고 할 수 있다. 또 어떤 의미에서는 애도가 전혀 끝나지 않았다고 볼 수도 있다.", "언제 비탄이 끝났는가?", 혹은 "언제 애도가 끝났는가?"라는 질문을 받는 사람은 종종 답한다. "전혀 끝나지 않았다." 사별한 어떤 사람은 사별의 고통스러운 비탄이 다시 튀어 오를 수 있다. 그러는 동안 여전히 새로운 비탄의 분출을 경험하며, 상실과 비탄으로 사는 삶을 배운다. 이런 점에서 프로이트는 자식이 죽은 친구에게 다음과 같은 방식으로 말한 적이 있다. "그런 상실 이후에, 애도의 고통스러운 단계가 진정되리라는 것을 알면서도, 우리는 여전히 슬픔을 가눌 수 없으며, 대체할 수 있는 것을 발견할 수 없다. 그 간격이 채워지고, 완전히 충족된다고 할지라도, 여전히 어떤 다른 것이 남아있다."[153]

---

153) Worden, J.W. *Childen and grief: When a parent dies.* New York:Guilford Press, 1996

II. 성숙과 변형을 위한 기회

애도 과업은 건강을 잃었을 때나 죽음이 얼마 남지 않은 환자를 대상으로 그동안 놓치고 살았던 생명, 존재, 일상, 만남, 관계 등 삶의 소중함을 자각할 기회를 제공한다. 그렇게 함으로써 남아있는 삶을 소중하게 살 수 있도록 유도한다. 이렇게 할 때 환자는 비로소 지나온 삶에서의 상실을 평온하게 받아들일 수 있다. 내담자가 상실을 평온하게 맞이할 수 있는가? 아니면 그렇지 않은가의 차이(문제)는 아주 크다. 이는 상실을 경험한 사람들 모두에게 '실존'(인간다움)의 문제와 직결되어 있기 때문이다. 상실의 반응은 내담자가 그동안 삶을 어떻게 살아왔는가를 보여주는 현장이다. 애도 과업은 내담자가 자신의 참다운 모습을 회복할 수 있도록 한다. 이런 관점에서 보면 '과업'은 ① 자신의 참다운 본성의 발견 ② 주변 환경(가족, 친척, 이웃 등)이 온전히 사랑으로 연결되어 있음을 자각함 ③ 상실의 수용과 재-적응을 뜻한다. 이를 다르게 표현하면 '자신의 가장 순수한 위치까지, 그리고 사랑으로 연결되는 곳으로 도달하는 것'을 말한다.

애도 과업은 환자의 적극적인 주체 인식의 변화와 존재 양식, 삶의 양식의 변화를 통해 상실을 맞이할 수 있도록 하거나, 성숙의 변환이 일어날 수 있도록 유도한다. 상실의 아픔을 앓고 있는 내담자의 주체적인 인식과 존재 방식, 상실을 맞이하는 그의 삶의 방식에 더 큰 초점을 맞추고 있다. 따라서 우리는 내담자가 상실 앞에 어떤 자세와 태도가 필요한지, 깊은 성찰을 통해 다가가야 한다. 상실의 고통을 앓고 있는 내담자가 스스로 성찰할 수 있는 마음을 유지해 주는 것은 절대적으로 중요하다. 상실 경험은 절대 혼자가 아님을 인지하게 하여 관계를 회복하고 새로운 영적 성장의 기회를 제공한다.

이러한 모든 내용을 환자로부터 끌어내려면 다음과 같은 몇 가지 요소가 구성될 필요가 있다. 첫째는 초월적 실재와의 만남 혹은 융합이다. 이는 죽은 사람과의 유대, 지속적인 유대와 관련된 초월적 실재와 유대이다. 둘째는, 세계관이다. 즉 우리 삶의 사건들과 관계적 의미를 부여하는 상위의 지성과 목적적 질서가 어떻게 세계를 작동하고, 우주 속에서 우리가 어떤 지위와 힘을 가지는가에 대한 것이다. 세 번째는 공동체 속에서 우리의 멤버십(소속감)이다. 예를 들어, 생존자의 삶에서 죽은 사람과의 지속적인 유대가 유지되어 평안함을 경험하게 되면, 초월자와의 유대가 더 견고해지며 생존자 삶의 의미가 분명해진다. 또한 공동체 혹은 가족 내에서 문제를 일으켰던 관계들이 점점 더 해소된다. 사별한 사람과 공동체와의 관계가 소외된 상태에서 통합된 상태로 변화하게 되면, 죽음, 사람 그리고 초월자와의 유대는 생존자들의 삶의 의미와 마찬가지로 더 확실한 것을 느껴시게 한다. 그래서 우리는 사별한 사람들의 죽음에 대한, 그리고 죽은 사람의 삶에 대한 이해에 있어 더 발전된 모습을 보게 된다.

우리가 비탄에 빠지거나, 사별한 사람이나 사별한 사람들의 그룹과 함께 과업을 진행할 때, 우리는 내담자의 이야기를 주의 깊게 듣고, 그 사람들이 경험하는 바에 따라서 그들을 이해할 수 있다. 우리는 또 공동체의 의식, 믿음, 상징이 사별한 사람들에게 의미하는 내용에 귀를 기울일 수 있다. 능력 있는 사별의 전문가는 사별한 사람의 경험과 공동체의 기대 사이에 있는 불연속과 차이에 특별히 주의를 기울여야 한다.

정리하면, 싸나톨로지스트는 다음의 항목에 주의해서 내담자의 갈증을 해소해야 한다. ① 세상이 어떻게 작동하는가, ② 세상 속에서 그들의 위치와 힘, ③ 생존한 사람의 의미와 죽은 사람의 의미, ④ 그들과 초월자와의 유대 및 죽은 사람과의 유대, ⑤ 그들에게 있어 가족, 문화, 공동체적 멤버십(소속)의 의미.[154]

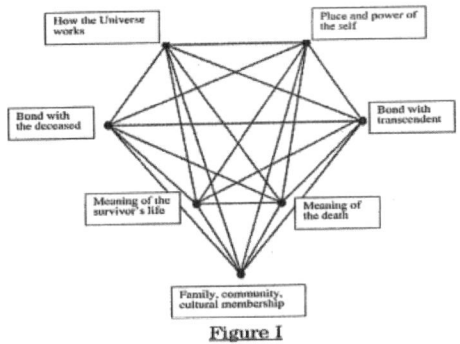

Figure I

1. 비탄, 애도, 그리고 가족

비탄은 일차적으로 개인적인 경험이지만 개인에게만 한정되지 않는다. 비탄은 개인을 넘어 가족과 사회적 경험이 된다. 따라서 비탄을 겪고 있는 상실자를 바라보는 시각은 다양한 관점에서 해석해야 한다. 비탄은 일상적 삶 속에서 이해되고, 상실에 대한 개별적 반응으로서 여러 측면에서 이해되어야 한다.

---

154) 아래 도표는 David E. Balk & David K. Meagher Eds., *Handbook of Thanatology : The Essential Body of Knowledge for the Study of Death, Dying and Bereavement* 2013 Routledge 에 게재한 도표를 전재했다.

여기에서 우리는 네 가지를 질문한다:

① 가족 구성원의 사별에서 가족체계는 어떤 방식으로 중요성이 있는가?
② 가족은 그 구성원의 사별에 미치는 방식에서 어떤 차이를 보이는가?
③ 가족은 하나의 단위(unit)로서 슬퍼하는가?
④ 단위로서의 가족이 상실과 비탄에 대처하는가?

첫째, 가족 내에서의 비탄은 "각 구성원이 서로 영향을 주고받으면서, 가족의 사회적, 관계적 맥락 속에서 슬퍼하는 개별 가족 구성원의 상호작용으로 구성된다." 이는 가족 체계가 항상 가족 구성원의 상실, 비탄, 애도에 영향을 미친다는 의미다.

둘째, 가족은 구성원의 사별에 영향을 미치는 방식에서 차이가 있다. 그들이 바라고 할 수 있는 정도에서, 가족은 구성원들의 관계를 평가하고 상실을 인정한다. 또한 비탄을 표현하고 자신의 고유한 방식으로 애도하는 등의 영향을 사회화하거나 행사한다. 각 가족은 그 단위 내에서 자신만의 방식으로 관계를 형성한다. 예를 들어, 극단적으로 얽힌 가족은 구성원들이 서로 친밀하게 뭉쳐있고, 반면 느슨한 가족은 더 많은 자율성을 주며 구성원 서로에게 많은 지원을 하지 않는다. 어떤 가족들은 비탄과 애도의 방식에서 상당한 자유를 허용하지만, 다른 가족은 같은 방식으로 비탄과 애도를 표현하기를 원한다. 어떤 가정에서는 여성들이 자유롭게 비탄을 표현하게 하지만, 남성들은 절제되고 감정을 드러내지 않기를 바란다.

그러므로 비탄 경험은 가족 체계와 밀접한 관계가 있다. 이는 가족 구성원이 비밀스럽게 소통하는지 혹은 개방적으로 소통하는지, 가족의 사회적 경제적 자원 여부, 가족에서 고인의 주된 역할과 기능, 사망 당시의 갈등 혹은 이질적 관계 등을 포함한다. 간단히 말해, 가족은 가족 구성원들의 비탄 경험을 결정한다. 가족 구성원 중 누가 상실을 경험하는가에 따라 애도 과업은 당연히 달라져야 한다.

- 초기 성년기의 상실
- 결혼을 통해 함께 하게 되어 새 가족 단위를 형성하는 젊은 부부의 상실
- 어린애들이 있는 가족의 상실
- 청소년들이 있는 가족의 상실
- 아이들을 내보내고 살아가는 가족의 상실
- 노년 가족의 상실

각각의 가족 유형은 서로 다른 발달적 어려움에 대처하고 있다. 예를 들어, 젊은 부부는 이제 갓 시작하는 가족 체계를 위한 헌신의 문제와 싸우는 데 반해, 아이들을 보내고 살아가는 기존 부부들은 개인과 가족적 정체성에 대한 낯선 문제들에 대처한다. 젊은 부부에게, 떠오르는 문제는 다음과 같다. "이전에 누렸던 친밀한 사랑을 누릴 수 있을까?" 혹은 "우리가 부모가 되고, 아이를 낳게 되면 부모로서 역할을 다할 수 있을까?" 반면, 아이들을 보내고 살아가는 부부는 다음과 같이 묻는다. "우리가 잘 재적응해서 기존의 가족 체계를 잘 유지할 수 있을까?" 혹은 "아이들이 떠나간 지금 우리는 여전히 충족시켜야 할 부모로서 해야 할 역할이 있을까?" 생애 주기에서 서로 다른 시기의 가족들에게는, 사별한 구성원들이 사용할 수 있는 서로 다른 힘과 한계가 있다. 그런 가족들은 사별과 다른 상실에 대해 서로 다른 방식으로 영향을 받게 된다.

셋째, 가족이 하나의 단위로서 슬퍼하는가? 이다. 이것은 가족을 단지 구성원의 개별적 비탄과 애도를 위한 맥락으로써 간주하는 것을 넘어선다. 사피로(E.R. Shapiro)는 비탄이 가족적 과정이라고 논증한 데 반해, 몽고메리(Montgomery)는 이것이 개인적 수준과 가족적 수준을 혼동한 것이라고 주장한다. 몽고메리에 따르면, 비탄 반응은 가족에서 발견되고, 가족은 애도의 공적 혹은 인간 상호 관계의 과정에 참여한다. 상실과 비탄 경험의 개인 내적(intra- personal) 과정에는 참여하지는 않는다. 이는 가족이 개인이 아니라는 단순한 이유 때문으로 보인다. 그것이 개별 가족 구성원의 비탄과 애도 속에서 종종 상당한 차이를 관찰할 수 있는 이유이다. 길버트(Gilbert)는 이런 관점에 동의하고 있다. "가족은 슬퍼하지 않는다. 오직 개인만이 슬퍼한다. 이런 일은 다양한 맥락에서 행해지는데, 그중의 하나가 가족일 뿐이다." 하지만 죽음과 같은 중요한 상실이 가족 체계에 익숙한 질서를 흐트러트리고, 가족들은 그런 붕괴에 대처해야만 한다는 것은 분명하다.

넷째, 사별한 가족은 상실과 비탄에 대한 체계적인 대처에 참여한다는 것이다. 죽음은 가족 내에서 삶, 이미 성립된 역할과 관계, 나날의 책임과 일상이 어떠해야 하는지에 대해 말해지지 않은 가정의 집합에 영향을 미친다. 가족 생애의 이런저런 측면들이 고려되고, 재구축되어야만 한다. 또한 상실과 비탄은 '한 세대에서 다음 세대의 분리된 경계를 가로질러 영향을 미치기 때문에' 심각한 죽음으로부터 '다세대의 물결 효과'가 있을 수 있다.

죽음 이후에 가족 구성원과 단위 가족은 두 개의 주요한 과업에 직면하게 된다. ① 죽음의 현실에 대한 인정을 공유하는 것. ② 가족 체계를 재조직하고, 다른 관계와 삶의 추구에 재투자하는 것. 죽음의 사실을 인정하고, 상실의 고통을 공유하는 것은 상실과 그 의미를 인지하고, 비탄 반응을 공유하며, 가족 체계 내에서 개별적 차이들을 인정하는 것과 관련된다. 가족 체계를 재조직하는 것은 가족 구성원들이 가족의 의미와 가족으로서의 정체성을 재구축할 것을 요구한다. 또한 가족 구성원은 이전의 고인에 의해 분배되었던 행위와 역할을 포기하거나 재-할당해야만 한다. 우리가 이전에 주목한 재투자(재투여; reinvestment)는 가족 구성원들이 미래로 움직이는 과정에서, 그 자신과 그의 과거와의 연결을 견지하기 위해 고인과의 관계를 재구성하거나 변형하는 것을 의미한다. 가족 체계 내에서 개별적 자율성을 존중하고 숨김없이 서로 정직하게 대화하며 지원하는 소통은 이 모든 과업에서 본질적이다. 가족이 함께하는 가족적 의식(family rituals), 예를 들면 기념행사, 추모행위, 기도는 문제를 다루는 유용한 방식이다.

2. 란도(Rando)의 애도 과업 Six 'R' 과정

란도(T.A. Rando)는 여섯 가지 단계별 애도 과업을 추천한다.[155]

- 상실의 인정(Recognize) - 죽음을 받아들이고 이해함.
- 분리에 대한 반응(React) - 상실의 고통에 대한 경험; 상실에 대한 모든 심리적 반응을 느끼고, 확인하고, 받아들이며, 표현함.
- 죽은 사람과 그 관계에 대한 회상(Recollect)과 재-체험(Re-experience) - 현실적으로 검토하고 기억함; 감정을 반복하고 재-체험함.
- 죽은 사람에 대한 집착과 이전 가정적 세계에 대한 포기(Relinquish)
- 이전 것을 망각하지 않고 새로운 세계에 적응하는 방식으로 움직이

---

[155] 애도 과업의 대표적인 이론인 워든(J.W. Worden)의 네 가지 과업은 「애도론」 앞부분에 있는 '애도의 다른 이름: 비탄, 우울, 죄책감'에서 다루었다.

기 위한 재적응(Readjust) - ① 가정적 세계를 개정하고, ② 죽은 사람과의 새로운 관계를 발전시키며, ③ 세계 속에서 존재하는 새로운 방식을 선택하고, ④ 새로운 정체성을 형성함.
- 재투여(Reinvest)

란도에 따르면, 애도하는 사람들은 그들의 상실을 받아들이며, 그에 대한 통찰을 얻고, 이전의 접촉들을 경험하고, 그것들을 재구축하며, 상실에 대한 반응을 표현하고, 새로운 삶의 방식으로서 앞으로 나아가는 방법을 발견할 필요가 있다. 란도는 또 중요한 일차적인 상실과 항상 연결된 부차적 혹은 연관된 상실에 주의를 기울인다.

란도의 '가정적 세계(assumptive world)'에 대한 언급은 우리가 모두 우리 자신과 우리를 둘러싼 세계에 대해서 실제적이라고 가정(假定)되는 것들과 관련되어 있다. 즉 일련의 가정들 안에서 기능하고 있음을 상기시킨다.

란도는 이런 6 'R'의 과정이 건강한 애도를 위해 수행되어야만 한다고 주장하였다. 그녀는 그 과정들이 "그것들이 동시적으로 일어날 수 있지만, 서로 연관되고 서로에 기반하는 경향이 있다."라고 한다. 그것들이 일반적인 순서를 가진 것으로 제시됨에도 불구하고, 그 순서가 불변하는 것은 아니다. 애도하는 사람들은 그 과정 중에서 어떤 것은 반대 방향으로, 혹은 차례로 경험하며 나아가는데, 이런 운동은 애도과정이 비 직선적이며, 유동적이라는 것을 보여주고 있다.

III. 애도의 과정 = 감정 변화의 특징[156]

엘리자베스 퀴블러-로스(Elizabeth Kübler-Ross)는 상실에서 나타나는 심리적 감정의 애도 과정을 다음과 같은 심리적, 감정적 변화의 단계를 거친다고 설명한다.

① **부정** → ② **분노** → ③ **타협**(절대자와 타협, 죄책감, 죄를 용서받기를 원함, 생명 연장되기를 원함) → ④ **우울** → ⑤ **불안과 두려움** → ⑥ **좌절과 포기** → ⑦ **수용**(자신의 생을 정리, 편안히 죽음을 맞이하기를 원함, 하나님께 의지) → ⑧ **고통 속에서 의미 발견**(대인관계의 회복과 강화, 인식의 확대 및 성장)

그러나 이러한 심리적, 감정적 단계의 변화는 한 개인의 성격적 유형이나 성향, 그리고 환경적 요인에 따라 그 순차적 과정이 다르게 나타날 수 있다. 따라서 애도 과업은 환자의 성격적 유형이나 성향, 환경적 요인에 따라 달리 나타나는 현상에 주목한다. 또한 각 단계에 해당하는 심리적, 감정적 현상에 대해 애도 과업을 적용함으로써 환자의 심리적, 영적 안정을 누리게 한다. 즉 품위 있는 죽음을 맞이할 수 있도록 유도한다.

제1단계 부정(Denial)

부정은 환자들이 자신의 병이 치유될 수 없는 것임을 알게 될 때 나타나는 현상이다. 부정은 환자의 언어나 행동으로 나타난다. 즉 "아니야, 난 믿을 수 없어, 나에게는 그러한 일이 일어날 수 없어."라는 표현

---

[156] Kübler-Ross, E. *On death and dying.* New York: Macmillan, 1969.

을 흔히 하게 되고, 환자는 진단을 잘못 내렸다는 생각과 좀 더 나은 진단이 내려지기를 바라는 마음에서 여러 의사와 여러 병원을 찾아다니게 된다. 환자는 검사 결과가 다른 사람의 것과 바뀌지 않았나? 라고 생각하기도 한다. 부정의 단계에서 부정을 표현하는 환자의 말과 행동의 몇 가지 예는 다음과 같다.

* 다른 사람의 일인 것처럼 심각하지 않게 증상을 이야기한다.
* 상실에 대해 전혀 이야기하지 않으며 상실에 대한 말이 나오면 즉시 말을 돌린다.
* 공개적으로 "나는 그것을 믿지 않는다"라고 말한다.
* 비의학적 치료법이나 신을 통해 치유 받고자 노력한다.
* 자신의 질병이나 증상에 대해 질문하지 않는다.
* 증상이 자연히 없어지기를 기대하면서 치료를 거부한다.
* 신체나 외모의 급작스러운 변화를 인정하려 하지 않는다.
* 질병을 가벼운 것으로 이야기한다.
* 아직 죽을 수 없는 이유를 설명한다.
* 어떤 병인지 알지만, 자신은 꼭 회복될 것이라고 확언한다.

따라서 싸나톨로지스트는 환자가 부정의 단계에 있다는 사실을 알아야 하고, 환자에게는 부정할 시간적 여유가 있어야 함을 이해해야 한다. 어느 정도 시간이 지난 다음 환자가 상실을 직면할 준비가 되어 있다고 생각했을 때, 환자가 자신의 병에 대해서 좀 더 현실적인 견해를 갖도록 도와주어야 한다. 만일 환자가 그의 임박한 죽음에 관해서 누군가와 대화를 할 수 있다면 고통이 조금이나마 덜어진다. 부정은 무의식적으로 감정을 다스릴 수 있도록 도와준다. 그리고 상실을 극복하고 살아남을 수 있도록 도와준다. 또한, 슬픔과 감정이 몰아닥치는 것을 더

디게 해 준다. 그래서 부정의 감정에는 자비가 숨겨져 있다. 그것은 인간이 감당할 수 있을 만큼만을 허락하는 신의 방식이다. 그래서 어떤 면에서 부정은 영혼을 보호해 주는 장치이다. 따라서 부정의 감정은 치유의 과정이며, 본래의 '참 나'를 발견하는 과정이며, 새로운 관계가 시작되며 새롭고 살아가는 법을 배운다.

제2단계 분노(Anger)

환자는 "하필이면 내가."라고 말하면서 자기 자신에게나, 사랑하는 사람에게 혹은 병원 직원에게 또는 신에게까지 분노를 직접 표현한다. 이 분노의 단계는 가족들이나 직원들이 극복하기가 매우 어렵다. 그 이유는 분노가 수시로 바뀌고 감정을 주위 환경에 전가하기 때문이다. 가족에게나 간호사에게 자주 불만을 터뜨리며 의사에도 불만이 많다.

따라서 환자 가까이에 있는 사람(가족이나 간호사)은 무엇을 하든지 간에, 더 자주 분노의 대상이 된다. 이때 싸나톨로지스트는 환자가 왜 그러한 행동을 하는지 이해하려고 노력해야 한다. 환자의 이러한 태도는 주위의 건강한 사람을 질투하는 것이며, 일찍 죽지 않아도 되는 사람에 대하여 분노를 느낀다. 환자는 자신이 곧 죽게 될 것이고, 사람들이 자기를 잊을 것이라는 사실을 받아들이기 힘들어서 목소리를 높인다. 불평하며 주위로부터 관심을 끌려고 노력한다. 이때 싸나톨로지스트나 의료진이 환자의 분노 원인을 생각하지 않고 사적인 일로 받아들이며 분노에 반응을 보인다면, 환자는 더 심한 분노를 일으킬 것이다. 환자의 적대적 행동은 더욱 심해진다. 만일 싸나톨로지스트나 가족이 환자가 그의 분노를 표현하도록 한다면 환자는 편안해하고, 목적 없이 싸나톨로지스트를 자주 부르거나 괴롭히지 않는다. 존경과 이해와 관심을 받으며 환자를 위해 충분한 시간을 할애한다는 것을 알면, 그의 목청은 한결 낮아지고 성난 요구도 훨씬 줄어들게 된다. 자신이 아직도 가치 있는 인간이며, 보살핌을 받는 사람이라는 사실을 알게 되면 환자의 태도는 바뀐다. 그러므로 환자가 스스로 할 수 있는 데까지는 활동이 허락된 인간임을 자각하게 해야 한다.

분노는 저항의 힘이다. 상실의 공허감에서 잠시나마 붙잡을 수 있는 하나의 닻이 될 수 있다. 그리고 분노는 자신과 가족에 대한 사랑의 강도를 나타내는 또 하나의 표현이다. 따라서 분노하고 있다는 것은 치유되고 있음을 의미한다. 다만 이를 어떻게 밖으로 표출시켜서 승화하느냐가 중요하다.

제3단계 타협(Bargaining)

첫 단계에서는 자신에게 주어진 현실을 완강히 거부하고, 둘째 단계에서는 사람과 신에게 노골적으로 분노를 표현하고 나면, 이제 환자는 타협을 시도한다. 그래서 불가피한 사실을 어떻게든 연기하려고 시도하게 된다. 예를 들면 과거의 경험으로 미루어 착실한 행동을 보이고 특별한 헌신을 하기로 맹세함으로써 그 보상을 받을 수 있다고 생각한다. 그의 소망은 생명을 연장하는 것, 며칠이라도 좋으니 통증이나 신체적 불편 없이 보냈으면 하는 것 등이다. 타협은 대개가 절대자와 하는 타협들이다.

타협은 환자가 각 단계에 적응할 수 있도록 시간적 여유를 주는 중간 정거장이 된다. 강한 감정들이 지배하고 있는 공간들이 각각 거리를 두고 유지되도록 그 간격을 채워준다. 어쩌면 마구 흐트러져 있는 혼란 상태에 완충과 질서를 부여해 주는 것이 타협의 단계일 것이다. 타협에 수반되는 감정이 바로 죄책감이다. 타협에서 나타나는 가정과 희망은 자기 잘못을 발견하게 하고, 다르게 행동할 수 있도록 행동 변화의 기점이 된다.

제4단계 우울(Depression), 슬픔, 상실감, 무력감

이제 더는 자기의 병을 부인하지 못하게 될 때, 또한 증상이 더 뚜렷해지고 몸이 현저하게 쇠약해질 때, 환자의 초연한 자세와 무감동, 분노와 격정은 머지않아 극도의 상실감으로 바뀌며 심한 우울증에 빠진다. 이 단계에는 두 가지 종류의 우울증이 있는데, 그 하나는 반작용적인 우울증이라 부르며 이것은 과거나 현재의 손상과 관계된다. 환자는 부모 없이 남게 될 아이들에 관하여 또는 막중한 경제적 부담을 지게 될 가족에 대해 걱정한다. 또 다른 우울증은 그가 사랑했던 모든 사람과 물건, 그 자신과 그에게 중요했던 모든 것이 상실될 것이라는 예측에서 발생하는 예비적 우울증이다. 이 단계에서 환자는 조용히 있기도 하고 울기도 한다.

따라서 이 단계에서는 환자가 슬픔에 젖도록 놓아두어야 하며, 그가 감정을 표현할 기회가 필요할 때 옆에 가만히 앉아 있거나 혹은 이야기하며 조용히 귀담아들어 주고 부드럽게 대해주는 것이 좋다. 이러한 우울증에 빠질 때 환자는 별로 대화를 원하지 않으며 환자는 자기와 같이 느끼고 슬퍼하며 자기 옆에 있어 줄 사람을 필요로 한다.

환자가 우울, 혹은 슬픔, 상실과 무력감에 빠지는 이유는 신경 체계가 폐쇄되어 더는 감당할 수 없다고 느낄 때, 생명을 보호하려는 몸의 본능적 의지에서 나타나는 현상이다. 우울과 슬픔, 상실과 무력감은 가장 밑바닥에서 환자를 새롭게 일으켜 세워준다. 평소에는 다가가지 못했던 영혼의 깊은 곳으로 환자를 데리고 간다. 사람은 우울과 슬픔에 잠겨있는 환자에게 밝은 모습과 힘을 내라고 말한다. 이는 어쩌면 정작 자신에게 필요한 것을 환자에게 요구하는 것이 된다. 그런 우울과 슬픔의 감정을 장기간 참아줄 인내가 없기 때문이다. 환자가 충분히 자신의 슬픔을 표현할 수 있도록 해 주어야 한다. 그러면 그는 슬퍼하지 말라는 말 없이 다만 함께 앉아 있어 주는 그 사람에게 고마워한다.

제5단계 불안과 두려움

환자의 불안과 두려움은 '일상의 삶'에 대한 상실에서 비롯된다. 이제 그가 소망하는 것은 '일상의 삶'을 가져보는 것이다. 이들의 눈에는 일상적 삶이야말로 가장 소중한 것이 된다. 그동안 미래를 위해 희생만 했던 이 순간의 일상적 삶이 진정 가장 아름다운 것임을 깨닫게 된다. 이제 얼마 남지 않은 시간 앞에, 자신이 누려야 할 시간을 최대한 누릴 수 있는 것이 무엇인지 깨닫게 된다. 그리고 이 기간에 발생하는 여러 가지 감정들, 또 다른 삶을 위한 준비, 기나림만 남는 시간, 기다림이 낳는 불안, 살려는 의지, 죽으려는 의지, 상실에 대한 공포 등 자신에게 존재하는 다양한 감정과 생명을 느끼게 된다.

사람이 두려워하는 것은 죽음이 아니라 죽음을 앞둔 날들이다. 많은 사람이 이 시간 동안 경험하지 않을 수도 있는 통증을 막연히 두려워하고 가족에게 짐이 되지 않을까 걱정한다. 또, 환자들은 사회로부터의 고립, 그전의 모습과 가치 있는 일들, 그리고 사랑하는 사람의 상실, 혹은 감정적 통제력을 상실하게 될 것을 두려워하고 슬퍼할 수도 있다. 죽음 이후는 어떻게 될까? 가족과 친구들은 어떻게 될 것인가? 등, 가족과 친구들은 환자의 죽음에 대해 어떻게 반응할 것인가에 대해 생각하고 있을지도 모른다. 이러한 생각과 감정들을 가족이나 친구들과 나눈다면 서로 공감할 수 있을 것이며 이러한 감정을 공유하는 것이 환자나 가족들의 스트레스를 감소시킬 수 있다.

제6단계 좌절과 포기

자기 죽음을 부정하고 분노하고 신과 타협도 해보지만, 상실에 대한 불안과 두려움은 여전하며 다시 일상의 생활로 되돌아갈 수도 없다. 결국, 자신의 싸움에 어떤 해결도 주어지지 않음을 깨닫는다. 모든 가능성이 효력을 잃으면서 좌절과 함께 자신의 삶을 포기하게 된다.

만일 남아있는 자신의 삶을 포기한다면 삶 속에서 배워야 할 숙제가 죽어서도 여전히 숙제로 남겨진다. 좌절과 포기 가운데 삶은 몇 가지 중요한 배움을 남긴다. 때로 배움은 좌절과 슬픔에 에워싸여 있어 발견하기가 쉽지 않다. 그러나 정작 인생에서 가장 좌절되고 슬픈 일은 사랑하는 사람과 작별 인사를 하지 않은 일과 작별 인사를 할 기회를 만들지 않는 것이다. 사랑한 사람과 작별 인사를 하기는 전혀 쉽지 않다. 사랑하는 사람은 일상의 삶에 그대로 있는데 이들의 존재와 서서히 작별한다는 것은 혼란스러움과 좌절을 느낄 뿐이다. 그러나 인간은 최악의 상황에서도 희망의 줄기를 찾을 수 있는 능력을 갖추고 있다. 좌절과 포기는 또 다른 삶으로의 전환점이 된다. 좌절과 포기를 통과하지 않는다면 영혼과 정신 그리고 마음을 치유할 기회를 잃게 된다.

제7단계 수용(Acceptance)

이제 환자가 시간의 여유가 있으면, 또한 앞서 기술한 과정을 거치면서 도움을 받았다면, 그는 자기의 '운명'을 두고 분노하거나 우울해하지 않는 다음 단계로 들어간다. 그는 이전에 자기 심중을 거쳐 간 감정들을 털어놓을 여유가 생기는 것이다. 산 사람과 건강한 사람에 대한 질투와 분노를 이야기할 것이고, 머지않아 자기는 귀하게 여기는 사람과 정든 곳을 잃게 되리라고 한탄할 것이며, 또 어떤 기대를 하고 다가오는 미래를 바라볼 것이다. 환자는 대개 극도로 지치고 쇠약해지며 감정의 공백기를 가진다. 수용을 행복한 감정의 단계라고 생각해서는 안 된다. 고통이 지나가고 몸부림이 끝나면, '머나먼 여정을 떠나기 전에 취하는 마지막 휴식'의 시간이 오는 것이다.

따라서 환자가 일종의 평안과 수용의 단계로 들어감에 따라 그의 관심 세계는 점점 좁아진다. 이때 환자는 혼자 있고 싶어 하고 때로는 문병객을 반가워하지 않으며, 사람이 방문해도 이야기를 나눌 기분이 아닐 때가 많다. 그리고 소통은 언어보다도 무언의 대화로 바뀐다. 임종하는 사람을 앞에 두고도 침착할 줄 아는 사람에게는 이 침묵의 순간이야말로 가장 뜻깊은 의사소통이 이루어지는 순간이기도 하다. 죽어가는 사람의 느낌을 수용할 때 환자와의 의사소통에 놀라운 영향력을 미치게 된다. 그뿐만 아니라 버림받지 않았다는 확신에서 큰 위로를 받게 되며, 동시에 자신은 사랑받고 있으며 값있고 소중한 존재임을 인식하게 된다. 이 시기는 환자 못지않게 가족에게도 도움과 이해와 격려를 해야 한다. "나는 지금 무엇을 할 수 있을까?" 하는 물음에 대해 실제적인 환자의 임종 준비에 대해 알려주고, 사랑하는 사람의 죽음을 받아들여야 하는 가족의 상실감을 포용해 주어야 한다.

수용은 새롭게 나타난 현실이 영원한 현실임을 인정하게 하는 단계이다. 이 단계는 치유와 적응이 확고히 자리매김할 수 있는 단계이다. 이 세상에 변화하지 않는 것은 아무것도 없다. 세상은 변한다. 우리 자신은 변화된 세상에 다시 적응해야 한다. 우리 자신은 어떤 존재였는지, 삶에서 만난 사랑하는 사람은 어떤 존재와 의미였는지를 깨닫게 된다. 슬픔을 겪는 동안 치유의 손길은 묘한 방식으로 우리를 사랑했던 사람에게 더욱 가까이 데려다준다.

제8단계 고통 속에서 삶의 의미 발견하기

사람은 죽음과 임종이 임박해서야 자신의 진정한 존재의 의미를 깨닫게 된다. 우리는 그동안 무조건 앞만 바라보고 부지런히 달려왔다. 내가 어디로 달려가는지, 내가 누구인지, 나는 무엇을 하는 존재인지 생각할 필요를 느끼지 못했다. 그것은 어쩌면 구차하고 나태한 사람만이 할 수 있는 것 같았다. 그러나 막상 죽음 앞에 서면 드디어 자신의 실체가 무엇인지 자각하게 된다. 나는 누구인가? 나의 존재가 무엇이기에 많은 사람과 만남이 있었던가? 이들은 나의 존재를 어떻게 생각하는가? 나는 나라고 생각하면서 나를 바라보았던 사람의 모습에서 나를 찾았던 것이 아닐까? 그렇다면 진정 나는 무엇인가? 하는 질문이 이때 계속된다.

따라서 이때 싸나톨로지스트는 환자가 죽음 앞에서 발견되는 나, 기억 속에서 찾은 내 모습을 발견하도록 하며, 절망의 끝에서 다시 희망을 찾아갈 수 있도록 유도해 나간다. 좋았던 순간들을 회상하려고 하고 자신에게도 예전에 좋았던 시간이 있었다고 생각해 본다. 이때 앨범을 보는 것이 도움 된다. 사진을 찍었던 때는 대부분 좋은 일들이 있었을 때 혹은 추억으로 남기고 싶었던 순간들이다. 사진을 통해 추억이 깃든 순간들을 회상할 수 있으며 가족들과 이 순간들을 나누어 본다.

심화 2
애도연습 : 자각과 알아차림

<내용 요약>
자각과 알아차림은 고통과 상실을 경험한 후 감정을 온전히 받아들이고 처리하는 데 중요한 역할을 한다. 자각은 신체적 감각을 인식하고 상실의 감정이 신체적으로 어떻게 느껴지는지를 파악하는 첫 번째 단계이다. 알아차림은 감각을 넘어 내적, 외적 사건을 포괄적으로 인식하며, 현재 상황에 대한 깊은 이해를 요구한다. 이 두 가지 실천은 당위의 횡포를 넘어서, 현실을 그대로 받아들이는 과정에서 자아를 확립하는 데 도움을 준다. 자각과 알아차림은 실존적 고통을 수용하며, 고통을 통해 자신을 재발견하고 성장하는 과정을 이끈다. 이를 통해 사람은 불확실한 상황에서도 능동적이고 주체적인 삶을 살아갈 수 있다.

<핵심어>
자각(Awareness), 알아차림(Mindfulness),
실존적 고통(Existential suffering), 자아 인식(Self-awareness),
감정적 반응(Emotional response), 신체적 감각(Physical sensation)

<학습 목표>
- 자각과 알아차림의 중요성을 이해하고 실천할 수 있다.
- 실존적 고통과 상실을 자각하며, 감정을 수용하는 방법을 배운다.
- 감정적 및 신체적 반응을 인식하고 이해하는 능력을 기른다.
- 자아 인식을 통해 자신의 감정과 상황을 더 깊이 이해한다.
- 자기 성장과 개인적 발전을 위한 실천을 통해 능동적이고 주체적인 삶을 살아간다.

<적용 실천>

- 감정 자각 훈련: 일상에서 감정이 일어날 때 신체적 반응을 인식하고 이를 받아들이는 연습을 한다.
- 마음 챙김 명상: 현재의 순간에 집중하여 내적, 외적 사건을 포괄적으로 인식하는 명상 기법을 실천한다.
- 고통의 수용: 상실이나 고통을 겪을 때, 그 감정을 회피하지 않고 있는 그대로 경험하며, 그 과정을 통해 자기 성찰을 한다.
- 자기 인식 향상: 감정과 신체 반응에 대한 이해를 바탕으로, 자신의 심리적, 신체적 상태를 주기적으로 체크하고 이를 기록하는 습관을 기른다.
- 능동적 삶의 태도: 불확실한 상황에서 자신의 가치와 방향을 재확인하고, 주체적인 선택을 통해 삶을 이끌어가는 실천을 한다.

애도연습 : 자각과 알아차림

I. 살펴보기

우리는 자신의 의지와 상관없이 우연히 주어진(던져진) 세상 속에서 살아간다. 사람이 되어가는 과정은 우연적이고 불가항력적인 상실과 죽음으로부터 회피하거나 다른 것으로 대체하기보다는, 그 사건을 자신의 세계로 맞이하는 결단의 과정에 있다. 자유는 제한된 한계와 구속으로부터의 도피나 해방에서 오는 것이 아니라, 그 제한을 받아들여 무엇을 선택하고 행동할 것인지를 결정하는 주체의 결단이기 때문이다.

우연적이고 불확실한 사고와 같은 상실과 죽음의 경우, 인간은 주체적 실천 행위와 멀어져 절망과 실의, 자포자기로 인해 자유의지를 발휘할 힘을 잃는다. 그래서 사람은 우연적이고 불가항력적인 운명 앞에서 수동적인 객체가 된다. 나아가 사태를 객관적으로 파악하고 이해할 능력마저 잃어 도덕적 내면화에 실패한다. 이는 생애 발달 과정에 큰 위험과 장애 요소가 된다.

그렇다면 인간은 어떻게 우연적이고 불확실한 사건과 사고, 상실과 죽음과 같은 경험과 정형화된 교육으로 인한 수동적인 객체에서 벗어나, 자신의 고유성을 유지한 채 능동적이고 책임 있는 주체의 길로 나아갈 수 있을까? 그리고 분열과 자기소외에서 벗어날 수 있는 실천은 과연 무엇일까?

우연히 만나게 되는 사건과 사고, 상실과 죽음을 회피할 수 없는 것이 인간의 운명이라면, 상실과 죽음이라는 한계상황에 대면하고 직면하는 기술이 필요하다. 그 직면의 기술과 힘을 기를 때 인간은 수동적이고 객체적 존재에서, 자신의 운명을 결단할 수 있는 주체적 인간으로 전환한다. 이런 실존적 요청에 이제 죽음학은 추상적 관념을 넘어 자신의 존재를 직면하게 하는 구체적 교육의 실재를 제공해야 한다.

II. 지금 내가 서 있는 정위점(定位點)

죽음학-임상-실천은 <실존 정신 언어분석>을 핵심적 도구로 삼는다. 심리학이나 무의식을 대상으로 한 정신분석학 그리고 실존 정신 언어분석은 모두 언어를 매개로 한다. 언어를 발화하는 사람이나 듣는 사람은 모두 그들이 위치한 공간과 시간의 좌표상에서 말하거나 듣는다. 그리고 똑같은 말이나 단어, 기호, 몸짓, 음운이라고 하더라도 주체가 어느 좌표의 위치에 서 있느냐에 따라 다른 의미로 번역 해석된다. 그래서 알랭 바디우(Alain Badiou)는 진리란 정해져 있는 것이 아니라, 말하고자 하는 대상이 어느 집합(말하는 사람이나 듣는 사람이 각자 처해 있는 심리적 좌표)에 속해있는가에 따라 다르게 의미화된다고 본다. 그래서 그는 하나의 진리는 다르게 번역된다는 '1:多'의 명제를 제시한다.[157]

---

[157] 알랭 바디우(Alain Badiou)는 존재의 본래 모습으로 간주하는 비일관적인 다수성을 정확하게 드러낸다. 이는 수학만이 가질 수 있는 장점이다. 언어의 형식으로 규정할 수 없는 존재의 비일관성은 집합론에 의해 정확하게 표현된다. 그것은 다름 아닌 공집합(∅)이다. 공리적 집합론은 아홉 가지 공리로 구성되는데, 그중 가장 중요한 것이 바로 실존의 첫 번째 각인으로서의 공집합 공리이다. 공집합이 존재한다는 공리적 단언은 존재의 출발점을 단언하는 것과 동일한 맥락에 있다. 알다시피, 공집합은 모든 집합의 부분집합이다. 그것은 모든 상황(이는 집합과 같은 것이다)에 포함된 것이지만 결코 하나로 셈해지지 않는 집합이다. 단적으로 우리가 {a, b, c}라는 임의의 집합을 가정할 때, 분명 공집합은 이 집합의 부분집합으로 존재한다. 그러나 원소를 하나로 셈하는 구조화 작용 속에서 공집합은 누락되어 있다. 공집합(또는 공백)은 하나로-셈하기라는 현시의 법칙에서 벗어나는 비일관적 다수성의 이름인 것이다. 그것이 구조화의 작용을 벗어나는 것은 확실하다. 공집합

예컨대, 한 발화자가 사분면의 어떤 정위점에서 말을 할 때 그는 다음의 심적 상황에서 말을 할 수 있다. 먼저 발화자가 ① 좌표 x, y 분면의 세 꼭짓점(이드-자아-초자아×무의식-전의식-의식)이 만나는 초자아/자아의 정위에서 발화한다면, 다른 좌표의 정위점에 있는 타자는 발화자의 말을 그의 좌표상에서 말을 듣는다. 이때 ② 좌표 x, y 분면의 초자아/자아의 위치에서 말한 사람이 그가 어떤 실존적 상태(혹은 그렇지 않은 상태나 국면)에서 말하느냐에 따라 말의 가치와 의미는 달라진다. 만약 그의 말이 실존적 체험에서 말한 것인지 아니면 전혀 실존적 체험 없이 다른 사람이 말한 것을 따라 반복[158]한 것인지에 따라 발

은 장소를 가질 수 없지만 모든 장소에 있고, 현시 속에서 현시 불가능한 것을 표현한다. 이러한 공집합의 현시 불가능한 성격은 우리가 그것을 비일관적 다수성으로 간주할 수 있게 한다. 존재로서의 존재가 갖는 비일관성은 확실히 하나로-셈하기라는 구조화 작용의 외부에 있다. 그리고 그것을 잘 보여주는 것은 바로 공백(또는 무 無) 으로서의 공집합이다. 모든 구조화된 상황, 다시 말해 모든 집합은 공집합을 포함한다. 그러나 이 공백은 구조화 작용을 통해 고정되지 않기에 철저한 방황 속에 있다. 결국 이 공백은 현시되지 않지만, 모든 상황 속에 내재한다. 만약 존재론이 어떤 상황의 비일관적 다수의 이론이라면 그 다수는 상황을 지배하는 특수한 법칙인 하나로-셈하기에서 벗어난 다수, 즉 비-구조화된 다수이다. 공백 또는 무(無)는 이러한 비일관성이 상황 전체 속에서 방황하는 고유한 방식이라고 바디우는 말한다. 존재론이 다루는 제1의 테마는 바로 이러한 공백이다. 알랭 바디우 지음. 조형준 옮김.『존재와 사건: 사랑과 예술과 과학과 정치 속에서』. 새물결(2013), pp. 33-45, 이정우.『사건의 철학: 삶 죽음 운명』. 그린비(2011), pp. 312-345.

158) 회상(remémoration)과 반복은 다르다. 회상에 의한 반복은 엄밀한 의미에서 반복이 아니다. 그것은 재생(reproduction)이다. 재생과 반복은 구분해야 한다. 재생은 주체에 의해 자발적으로 움직여지고 구현되는 반면에, 반복은 자동적이고 무의식적이다. 그리고 회상이 분석 치료의 관점에서 잊어버린 것을 의식화하는 것이라면 반복은 전의식의 재생이 아니라 무의식적인 것의 재생이다. 말하자면 회상될 수 없는 것이 주체의 삶에서 주체 모르게, 반복을 통하여 회귀하는 것이다. 따라서 반복은 회상과 다르다. 그렇다면 어떻게 반복되는가? 우선 증상으로 반복한다. 그것은 다소 위장된 방식의 반복으로 과거의 갈등이 증상으로 재현한다. '증상은 무의식적인 기억의 상징'이고, 히스테리 환자는 무의식적인 기억 때문에 괴로워한다. 증상은 억압된 무의식적 표상의 회귀할 때, 의식의 저항과 검열로 부딪쳐 타협한 형성물로 나타난다. 따라서 우리는 타협 형성물을 통하여 원래의 억압된 표상을 미루어 짐작할 수 있다. 그것은 궁극적으로 의식화하고 회상할 수 없는 침전물로 남는다. 이 침전물이 다시 돌아오는 것이 반복이다. 말하자면 증상에 의한 반복의 원형은 영원히 있는 그대로 회상될 수 없다. 그러한 타협 형성에 의한 반복의 개념은 모든 증상, 꿈 그리고 무수한 무의식의 산물에 의한 것이다. 그것은 억압된 기억의 회귀가 강박적인 표상에서 왜곡된 형태로 이루어진다는 것을 의미한다. 모든 무의식의 형성물은 억압된 표상과

화행위(언표화)는 전혀 다른 차원을 지닌다.[159] 만약 발화자는 어느 정위점에 처한 실존 상황에서 말했을 경우, 그는 그가 처한 위치의 공간과 시간의 상황을 경험(체험, 느낌)하면서 말한 것이다. 그러나 다른 좌표의 정위점에 있는 타자는 발화자(좌표 x, y 분면의 초자아/자아의 정위점)가 말한 사람을 대상화할 수는 있지만, 정작 그의 실존적 경험이나 상황은 알 수 없다. 여기에서 서로 말하는 사람과 듣는 사람 사이에 간극(공집합)이 생긴다. 이 간극은 다양한 입장(견해차와 느낌)을 낳는다. 한편 ③발화자가 동일한 위치에서 말하더라도 실존적 체험이 다른 사람의 말을 모방 훈습 해서 따라쟁이로 반복하는 예도 있다. 즉 자신을 대상화하거나 거리화 하지 않고 즉물적 자기 동일성의 관점에서 무의식적으로 말할 수도 있다. 이때 발화자의 말을 듣는 사람, 예컨대 듣는 사람이 분석가라고 가정한다면, 그가 어떤 위치에서 말하는지 그가 무엇을 은폐하고 있는지, 무의식적으로 말하는 사람인지를 알 수 있다. 비록 그의 실존적 정서는 알 수 없지만 적어도 그가 언제 어디에서 무엇을 어떻게 왜 그렇게 말하는지 객관적 표피로나마 알 수 있다. 이렇게 발화자의 다양한 심적 국면과 청자의 심정 국면 사이에는 끊임없이 미끄러지는 '1:多'의 차이와 다름이 있다.

그렇다면 좌표상의 정위점은 우리에게 무엇을 시사하는가? 먼저

억압하는 표상 사이의 형성물이기 때문에 현상적으로는 변형되어 나타난다. 그렇기에 최초에 억압된 표상은 알려지지 않는 것이다. 그 표상을 라캉은 원초적 기표 S1(억압, 은유)으로 상징화한다. 이 원초적 기표는 S2(방어, 환유)로 상징되는 다른 언어로 재현하면서 억압을 해소하고자 한다. 그래서 재현, 회상, 반복, 사후적 재구성, 전이 투사는 모두 언어를 사용하는 인간만이 지닌 심상의 특성이다. S1(억압, 은유)에서 S2(방어, 환유)로의 이행은 끊임없는 기표의 연쇄를 말한다.

159) 실존 체험은 몸에서 감각된 것을 기반으로 지각된 감정(불안, 두려움, 예기감, 설렘, 죄책감, 수치심, 공포 등)에 의해 자신의 '있음'을 느끼고 그 감싸진 느낌으로 존재의 질문을 던지는 행위와 경험을 말한다. 철학계에서는 이를 철학'함'이라 표현한다. 그러나 몸의 지각에 기반하지 않은 형이상학적 질문이나 관념은 구체성을 결한 공허일 뿐이다. 함이 없는 허구이다.

'나'라고 기술한 사람이 자신의 주관적인 정위점에서 자기 동일성에 빠질 수도 있지만, 실존 체험을 통해 주관적 동일시의 늪에서 벗어나 자신을 객관화하고 대상화할 수도 있다. 이런 의식은 타자가 자신의 이야기를 그들의 관점에서 오인할 수 있다는 것을 이해하고 깨닫는 능력이 된다.

이제 타자 입장(-x-y, 자아/무의식)에서 말하면 다음과 같은 가정이 성립한다. 먼저 타자는 발화자를 객관화하고 대상화해서 바라볼 수는 있지만, 그가 어떻게 경험하고 느끼는지는 알 수 없다. 그런데도 타자는 발화자의 감정을 자신이 위치한 지점의 상황에서 그의 경험(체험)으로 환원하여 해석하는 오류를 범할 수 있다.

더 나아가 발화자와 청자는 그들만의 문제가 아니라, 또 다른 제삼자의 상황과 국면이 있음을 알아차릴 수 있다. 즉, 좌표 -xy와 x-y의 다양한 관점과 시선 그리고 상황이 있음을 직시할 수 있다.[160] 내가 어떤 것을 가리키면, 그때 어떤 것은 나를 통해서 지시될 수 있다. 나는 홀로 존재하는 실체가 아니라, 항상 어떤 것을 필요로 한다. 사분면의 좌표는 하나의 심상 혹은 한 사회의 유기적 공동체를 의미한다. 따라서 내가 어떤 좌표의 정위점을 지닌다고 할 때 그 정위점은 실체가 아니다. 그 정위점은 주변의 다른 좌표와의 관계를 맺음으로써 정해지는 것이기에 정위는 계속 변하고 생성된다.

실존 정신 언어분석은 내담자에게 자신의 증상을 타자의 동일성에서 규정하지 않고, 자신의 고유성에 대한 차이와 다름을 창안해 내도록 한다. 많은 심리학이나 상담, 심지어 정신분석은 개별 존재의 고유성에

---

160) 조하리(Johari)의 4가지 창문의 비유는 '나'를 바라보고 느끼는 공간 의식의 다양성 속에서 자신이 겪는 심리적 기제를 상징화한 것이다. 인간은 시선과 관점에서 자신의 존재성을 현시하는 동물이다.

대한 차이와 다름을 분석가의 입장으로 전이를 일으켜 이른바 '아버지의 이름(부성은유)'이라는 보편상식의 동일성으로 회귀하도록 종용하는 경우가 많다. 말하자면 내담자의 주체성을 보편과 상식이라는 평균 이해와 일반화로 귀속시킨다. 즉 당위의 횡포를 부리는 것이다.

문제는 분석가가 내담자의 고유성에 대한 차이와 다름을 존중한다고 말하면서도, 다시 분석가의 동일성으로 포획해서 내담자를 이해한 나머지 내담자의 주체성을 훼손하고 있다는 사실을 간과하고 있다는 점이다. 즉 동일성에서 일탈해서 나타난 차이와 다름의 사건-증상을 다시 일자(一者, 아버지의 이름, 부성 은유)의 동일성으로 종용하고 있다. 그러니까 일반 심리학이나 임상심리학을 포함한 정신분석이나 상담학이 내담자 주체의 사건인 증상을 봉합해서 동일시하는 오류를 범하고 있다. 이렇게 오류를 범하고 있는 자신의 최면술을 프로이트와 라캉(J. Lacan), 얄롬(I. Yalom)은 폐기한다.

실존 정신 언어분석에서 중요하게 여기는 부분은 내담자가 발화하고 있는 말이 '누구의 말인가'하는 점이다. 적어도 분석실에서 분석가가 최소한 지켜야 할 예의는 분석실 안으로 그 누구도 들어오지 못하도록 하는 것이다. 오직 내담자만이 내담자의 언어로, 내담자만의 욕구가 온전히 표현될 수 있도록 한다. 심지어 분석가 자신마저도 자신을 내려놓고(판단중지) 내담자의 주체성이 복권될 수 있도록 하는 것이 분석가의 실천이다.

'자신에게 없는 것을 내담자에게 주는 것', 이것이 분석의 기술이고 사랑의 실천이다. 자신에게 없는 것을 어떻게 내담자에게 줄 수 있을까? 자신을 무화시키는 것, 자신을 비우는 것, 자신을 없이하는 방식을 통해(능동적 수동성) 내담자의 주체성을 회복하는 것이 분석의 기술이다. 이것이 사랑이다.

　이런 실천은 내담자가 증상을 제거하거나 봉합하는 것이 아니라, 오히려 내담자를 흔들어 실존의 정념으로 나아가도록 한다. 동일성으로 돌아가는 일은 너무 쉽다. 그리고 안정적이다. 그래서 항상 유혹이 강하다. 그렇게 살고 싶은 사람은 그렇게 남들이 만들어 놓은 평균적인 이해와 의미와 상식으로 살면 된다. 그러나 그렇게 쉽게 의미화하고 봉합한 것은 다시 가면을 쓰고 다른 증상으로 도래한다. 증상의 방문은 자신만의 방식으로 자신을 찾고자 하는 진리의 사건이기 때문이다.

　인간은 누구나 불안한 존재다. 우리는 자신의 선택이 아닌 우연히 시공의 좌표로 내던져졌기 때문이다. 그래서 누구나 실존적이다. 실존적이라는 말은 우연성 속에서 시공의 좌표로 던져져 불안을 느끼는 존재를 인식하는 것이다. 그 불안을 해소하기 위해 "나는 누구지? 나는 어디에서 왔지? 내가 왜 이 사람을 만났지? 내가 살아가는 목적은 무엇이지? 그렇게 해서 한평생 살다가 죽으면? 이것이 인생인가?"라는 부단히 존재적 질문을 던지는 현-존재의 태도를 의미한다.

　불안은 인간을 자유로 지향하게 한다. 그 보상이 문화예술 등으로 나타났지만 그 궁극의 도달 지점은 감성적 정신과 영성이다. 불안은 자신을 대상으로 자신과 타자의 관계에 대해 질문하게 한다. 언어 표상으로 구성된 현-존재는 자유를 지향한다.

　우리는 누구나 시공간의 좌표에 던져진 존재다. 그러므로 비로소 "내가 어디에 있는지? 내 앞에, 옆에, 뒤에, 위에, 아래에 누가 있는지? 그들과 나는 무슨 관계인지? 그들은 왜 거기에 있는지? 내가 그들을 내 삶으로 초대했는지? 내가 그들의 삶으로 방문했는지?"를 질문하게 된다. 그리고 어느덧 시공의 좌표에서 물리적 대상이 아닌, 실존으로서 시간과 공간의 질감을 느끼기 시작한다.

우리가 현-존재이기를 포기한다면 그냥 그렇게 살 수도 있다. 질문과 의심 없이 그냥 그렇게 고양이처럼 평범히 쉽게 살아갈 수도 있다. 그러나 그렇게 된다면 우리의 존재는 가벼워진다. "쉽게 편하게 살아갈 것인가? 어렵고 힘들게 살아갈 것인가?" 이것은 늘 현재 이 순간 결단해야 할 '존재의 내기'이다.

정위점은 내가 지금 어디에 있는지를 자각하고 발견하는 위치이며, "무엇하기 위한 것인지? 이 자리가 원래 내가 있어야 하는 자리인지? 다른 좌표로 이동할 수 있는지? 그 방법은 무엇인지? 나와 맺고 있는 타자와의 관계가 변환은 가능한지? 그랬을 때 예상할 수 있는 것은 무엇인지?"를 조망하는 힘이다.

정위점은 주체가 발아하는 지점이다. 주체는 자신을 대상화해서 타자와의 관계를 직면-대면해서 대처하는 단독자다. 타자가 만들어 놓은 그물의 동일성에서 벗어나 자신만의 고유한 문법을 창안해서 자신만의 욕망을 실현하고자 한다. 그 과정에서 그동안 익숙한 것과 습관화되었던 것으로부터 떨어져 나가는 상실을 경험하게 된다. 이 경험은 생소하고도 이질적이다. 즉 디페랑스(차연, 차이와 다름을 끊임없이 연출하는 공간과 시간의 장)다. 그러한 내가 낯설다고 느낀다. 그동안 나를 규정했던 모든 것으로부터 헤어질 때 깃드는 감정이 주는 생경함이다. 이 생경함이 자신을 만들어 가는 과정이라고 생각하면 우리는 증상의 생경함으로부터 자유로울 수 있다. 이 생경함의 증상을 통해 주체는 더 단단하게 외로움을 경험한다. 이 경험으로부터 주체가 탄생한다.

III. 자각과 알아차림

1. 자각과 알아차림[161]

불교에서 말하는 '적적성성(寂寂惺惺-Relaxed Alertness)'은 지관(止觀), 정혜(定慧)쌍수의 결과로 나온 심적 효과를 의미한다. 적적성성은 지극히 고요하면서도 의식이 밝게 깨어 있음, 충분히 이완되어 있으면서도 명료한 각성이 동반되고 있는 심리적 표현을 말한다. 예컨대 마약을 한 상태는 각성하여 있지만, 안정이 없다. 그리고 '멍때림'은 안정되어 있지만 깨어 있지 않는다. 그러나 적적성성 명상의 상태는 깊이 몰입된 삼매의 한가운데에서도 현재 이 순간에 대한 마음의 각성을 놓치지 않는 의식의 상태로 긴장(tension)과 이완(relaxation)이 동시에 현존한다. 선불교에서 말하는 화두는 질문을 통해 양극단을 선택하게 함으로써, 두 극단을 동시에 안을 수 있는 지혜(불립문자, 문자를 버림)를 제공하는 방법이다. 그런데 그것이 가능한가?

알아차림은 '한 개체가 환경의 장에서 일어나는 내적-외적 사건들

---

[161] 알아차림은 자신의 심적(의식·정신·감정·정서) 기제가 순간순간 어떤 의도로 어디를 지향하고 있는지를 자각하고 있음. 어떤 의도와 어디는 육하원칙(누가·어디에서·무엇을·왜·어떻게·누구에게)의 요소를 모두 포함한다. 그러나 우리는 대부분 육하원칙을 의식하지 않은 채 무의식적으로(알아차리지 않고) 말을 하거나 행동하는 경우가 많다. 억압과 무의식을 다르게 표현하면, 지금, 이 순간을 알아차리지 않고(at-this-moment-unaware) 자동으로 이루어지는 사고나 의식을 말한다. 알아차리지 못함(unawareness)에는 억압된 것뿐만 아니라, 한 번도 의식으로 들어오지 못했던 것, 사라져 버렸거나 동화되어 버린 것, 습관화된 행동양식, 신체운동, 언어습관, 의식되지 않는 맹점(blind point), 초자아가 만든 '당위의 횡포' 등이 모두 무의식의 영역이다. 이는 수많은 습관의 누적으로 형성된 능력이기도 하다. 아주 위급한 상황에서 어떻게 육하원칙의 문장이나 발화를 할 수 있겠는가? 위급한 상황에서는 단발의 외침이면 충분하다. 그러니까 외상의 경험이 있는 사람일수록 육하원칙의 어느 요소를 생략하는 경우가 있다. 생략의 항목은 과거 사건과 조우한 상황을 반영한다.

을 지각하고 체험하는 것'이라고 정의한다.[162] '알아차림'은 지각과 같이 감각, 감정, 인지, 행동 차원들을 모두 포괄하는 다차원적인 지각으로 현재 순간에 중요한 자기 생각이나 행동 또는 신체감각이나 욕구, 감정, 혹은 환경이나 상황 등 모든 내적, 외적인 현상들을 발견하고 체험하는 것이다. 게슈탈트 치료의 대표적인 이론가인 게리 욘테프(Gary M. Yontef)는 '알아차림'이 게슈탈트 치료의 유일한 목표이고 필요한 모든 것이라고 말한다.

게슈탈트 치료에서도 알아차림은 지금 여기에 일어나는 모든 것을 제한하지 않고 받아들이는 것이라고 하는데, 내용통제를 포기하는 것이라고도 말한다. '내용통제'란 어떤 기대나 표준, 당위 혹은 이론 등에 의해 미리 지각을 제한하여 특정한 내용을 보지 않으려는 태도를 말한다. 프리츠 펄스(Fritz Perls)는 카렌 호나이(Karen Horney)의 '당위의 횡포(tyranny of shoulds)'라는 개념을 수용하면서 '당위를 몰아내는 것이 알아차림이다'라고 표현했다. 대부분 사람은 실제 일어나고 있는 현실을 알아차리기보다는 '현실은 어떠어떠해야 한다.'라는 당위를 내사하거나 혹은 그것을 현실로 착각하고 살아간다. 그렇게 현실과 자신을 소외시켜 버리는 것이다. 알아차림은 현실과 자신을 밀접한 접촉 교류의 관계로 이끌어 소통과 감응하게 해 준다.[163] '당위의 횡포'는 다름 아닌 억압과 방어기능을 의미한다.

---

162) 게슈탈트 치료에서 치유에 결정적인 역할을 하는 '알아차림'은 심지어 유기체가 자신을 환경에 적응시키면서 성장해 나가기 위해 꼭 필요한 '생존 도구'로 간주한다. 김정규, 『게슈탈트 심리치료』, 학지사(1993), 134쪽.
163) 내담자는 흔히 눈앞에 드러나는 명백한 현상을 보지 못하고, 상상이나 논쟁에 빠짐으로써 사변의 숲에서 길을 잃어버린다. 그들은 현재에 일어나는 명백하고도 분명한 것들을 무시하고, 아직 오지 않은 미래를 미리 알고자 하거나 이미 지나간 과거를 붙들고 있다. 또한 그들은 자기 감각과 지각을 사용하여 현상을 알아차리는 대신에 분석과 사변에 빠져버린다. 게리 욘테트, 『알아차림, 대화 그리고 과정』, 학지사(2008), 76~80쪽 참조.

알아차림은 현재의 사태에 충실하여 있는 그대로를 비추는 거울과 같다. 그러나 '의·필·고·아'로 뭉쳐진 자아는 사물을 있는 그대로 볼 수 없게 한다. 이는 마치 양명이 말한 "눈이 색들을 구별하지 못할까에 대해 의심하여 미리 아름다운 색으로 칠해 놓는 것이며, 귀가 소리를 구분할 수 없을까 하여 미리 좋은 소리로 채워 놓은 것이다. 이는 보고 듣는 작용을 잃어버리게 되며 또한 자연적인 분별 능력을 망칠 것이니 거의 시각장애인이나 청각장애인과 마찬가지다"는 것이다.[164] 그런데 무엇을 알아차린다는 말인가? 알아차림의 내용은 무엇인가? 그것은 사물을 바라보고 해석하고 이해하는 자기 의식구성의 작동방식, 인지 도식을 알아차리는 것이다.

누구의 자각과 알아차림인가? 언표(기표)는 타자에 의해 이미 말해지고 쓰인 것을 말한다. 그 쓰인 것을 다시 말하고 쓰는 행위를 발화 주체라고 한다. 우리는 타자가 만든 언어와 문법 체계로 말하고 글을 쓴다. 누가 발화하는가? 발화의 수제는 누군가? 누가 누구에 의해서 무엇이 은폐되었는가? 이 지점에서 '진정 우리는 발화의 주체가 될 수 있는가?'를 질문해야 한다. 이 질문이 없다면 우리는 어느덧 타자의 욕망으로 살아가는 거짓된 자아를 형성하게 된다.

그렇다면 자각과 알아차림의 차이는 무엇인가? 자각은 외부 자극에 대해 신체의 구체적 감각을 느끼는 것을 자각함을 의미한다. 여기서 '느끼는 것'이란 신체의 유기적 통합과 통일성을 말한다. 이 통일성을 기반으로 사물의 '질'과 공간을 자각하게 된다. 이는 공간지각, 시간지각, 운동지각, 거리지각, 사물이 지닌 속성의 질을 파착할 수 있는 힘이다. 알아차림은 감각에 의한 자각을 기반으로 연역적 추리와 인식 등이

---

164) 陽明全書 2권, "宛陵會語"是疑目之不能辨五色而先塗之以丹臒, 耳之不能辨五聲而先聒之以宮羽, 豈惟失却視聽之用而且汨其聰明之體, 其不至於聾且瞶者幾希."

가능한 추상성의 원리를 의미한다. 자각과 알아차림의 차이는 구체성과 추상성, 감각과 인식의 특성이 있다. 자각은 알아차림에 우선한다.

자각과 알아차림은 고통의 감정을 감소시키는가? 어떤 자각과 알아차림이어야(어떻게 해야) 고통이 감소하는가? 어떤 메커니즘으로 자각과 알아차림이 작동하기에 고통이 멈추는가? 메커니즘의 작동 근거와 원리는 무엇인가? 왜 자각과 알아차림이 말하기와 글쓰기의 핵심이 되어야 하는가? 반드시 '말하기와 글쓰기'만이 고통을 멈출 수 있는가? 인간은 말하는 존재이다. 말은 지식이다. 지식은 앎이다. 지식은 타자가 만든 것이다. 따라서 지식에는 타자의 시선이 묻어 있다. 타자의 시선으로 자신을 살핀다. 그 살핌이 앎이다.

자각과 알아차림의 형식은 반복에 있다. 반복은 전이·투사·은유(A→B)의 형식을 지닌다. 프로이트는 이를 사후적 재구성, 후설은 회상(재현)으로 부른다. 기억의 재구성이 반복적 투사(전이)로 이루어진다. 반복은 직선이 아닌 원-순환-나선형을 그리며 이동한다. 하나의 감정에 묻어 있는 기억은 다른 감정의 옷으로 갈아입고 변환하는 현상이 그렇다. 즉 상실에 의한 분노가 죄책감이나 수치심으로 때로는 슬픔과 아픔으로 혹은 다양한 이중구속의 심적 분열(불안, 두려움, 열등감, 의기소침, 침울함, 외로움, 고독, 능욕, 환멸, 치욕, 벌, 죄, 두려움, 부담, 책임, 죄책감 등)로 변주된다. 시간상으로 분리된 두 기억과 양가성은 동일한 인격의 다른 심리적 측면이다. 분노는 슬픔의, 죄책감은 수치심의 다른 모습이다.

이때 분석가는 내담자의 반복 강박을 제어하고 그것을 회상의 동기로 변화시키는 주요 수단인 전이를 사용한다.[165] 내담자의 반복 강박을

---

165) 반복과 관련해서 생각해 볼 수 있는 감정이 죄책감이다. 범죄 이전에 강한 죄책감이 존재하는 것을 볼 수 있다. 죄책감은 범죄의 결과가 아니라, 동기이다. 마치 주체는 그 무의

마음대로 하도록 내버려둠으로써 그것을 유용하게 이끌 수 있다. 즉 내담자의 전이를 통해 그동안 은폐되었던 욕망이 어떻게 증상으로 전이되었는지를 추측할 수 있다. 전이는 병과 삶 사이의 중간 영역을 형성하며 그것을 통해서 좀 더 증상이 감소한 삶을 살게 된다. 증상은 무의식의 기원인 기억을 현시한다. 무의식은 반복으로 현재의 현실로 전이되기 때문에, 분석가는 전이를 통해 무의식의 핵을 알 수 있다. 반복은 무의식으로 안내하는 좁은 문이자 유일한 수단이다. 반복은 그 자체의 시나리오와 역동성을 갖고 있다. 마치 운명의 굴레에서 벗어날 수 없을 것 같은 끊임없는 실패와 시나리오를 반복적으로 상연하는 힘이다.

식적인 죄책감을 실재적이고 현실적인 어떤 것과 결부시키면, 그 죄책감이 경감될 수 있다고 느끼는 것 같다. 쁘로이트는 <죄의식으로 인해 죄인이 되는 사람들>에서 다음과 같은 요지의 말을 하고 있다. 어떤 행위가 금지된 것이라는 이유로, 그리고 금지된 행위를 하고 나서 오히려 정신적인 안도감을 얻는다는 이유로 금지된 행위를 하는 사람들이 있다. 이들은 왜 그런지 알 수 없는 무거운 죄의식으로 괴로워하는 경향이 있었으며, 죄를 저지른 다음에는 죄의식에 훨씬 덜 짓눌리며, 더 이상 죄의식이 확산하지 않는다. 오히려 죄책감으로부터 해방된다. 이런 현상은 이들에게 있어서 죄의식은 죄를 짓기 이전에 이미 있었다는 역설로밖에 설명할 수 없다. 우리는 그들을 죄의식 때문에 죄인이 되는 사람들이라고 말할 수 있다. 행위에 앞서 먼저 존재하는 죄의식은 어디서 온 것일까? 일반적으로 모든 사람이 가진 죄의식은 오이디푸스 콤플렉스에서 온다. 아버지를 살해하고 어머니와 성적 관계를 맺는다는 두 개의 큰 죄에 대한 반응이 죄의식인데 죄의식 때문에 죄인이 되는 사람들은 이러한 죄의식을 고착시키기 위해 죄를 저지르며, 그리고 나면 차라리 안도감을 얻는 것이다. 근친상간은 대죄이며, 원시사회에서도 처벌과 저주가 따른 유일한 죄였다. 윤리의식은 대대로 전해 내려오는 정신적인 힘이라고 이야기하지만, 오이디푸스 콤플렉스 덕택에 윤리의식을 얻게 된 측면도 고려되어야 한다. 그렇다면 범법자들의 범죄 행위도 같은 심리에서 나온 것이라고 할 수 있을까? 아이들의 경우에 처벌받기 위해서 나쁜 짓을 하고, 벌을 받고 나면 조용해지며 만족을 느끼는 것을 볼 수 있다. 어른들의 경우는 전혀 아무런 죄의식을 못 느끼는 채 죄를 저지르기도 하고, 억제력이 부족해서이거나, 사회에 맞서는 투쟁으로 죄를 저질러도 된다고 생각하는 사람들이 있다. 그러나 이런 경우가 아닌 일반 범법자들의 범죄 동기에 대해서는 정신분석적 접근도 고려해 볼 만하다. 알 수 없는 범죄 심리를 이해하는 데 도움이 될 것이고, 형벌 제도에 대해서도 새로운 판단의 근거를 줄이기 때문이다.

2. 도대체 이 마음은 어떻게 작동되는 것일까?

우리는 A라는 객관적 사건을 회상하기 위해서 우리의 경험 이전의 과거 경험 B에 대한 사건의 적합한 기억을 통해서 A를 회상한다. 만약 B에 대한 사건의 적합한 기억이 부재하다면 A라는 객관적 사건을 회상하기 힘들다. 설사 A의 경험을 회상한다고 하더라도, 이미 지나간 사건 A의 기억은 'A' 그 자체가 아니라, '현재의 실존 의식'에 덧입힌 A이다. 또 A 경험에는 과거 경험의 기억만 있는 것이 아니라, 앞으로 자신이 어떻게 될 것인가에 대한 예기로 A를 회상(재구성)한다. 여기서 우리가 주의해야 할 것은 'A 이전의 B'라는 시간적 경험이 반드시 A의 경험에 선행하지 않는다는 것이다. 어떤 사태가 나타나기 위해서는 그 사태는 사태 자체로 구성되지 않는다. 사태는 사태를 바라보고 인식하고 해석하는 사람의 현재의 실존적 의식구성과 그 사태가 일어나는 다양한 인과관계의 유기적 관계 맺음의 방식에서 구성되기 때문이다.[166] 따라서 의식에는 시간이 순차적으로 흐르지 않는다. 오히려 과거와 미래의 예기감이 현재라는 시간 의식 속에 동시적으로 구성(시간의 종합화)된다. 그래서 실존 정신 언어 분석학에서는 시간의 흐름이 없다. 오직 현재의 실존 의식만이 존재한다.[167]

---

166) 사물은 모두 '저것' 아닌 것이 없고, 동시에 모두 '이것' 아닌 것이 없다. 이쪽에서 보면 모두가 저것, 저쪽에서 보면 모두가 이것이다. 스스로 자기를 저것이라 한다면 알 수 없지만, 스스로 자기를 이것이라고 본다면 알 수 있다. 그러므로 저것은 이것에서 생겨나고, 이것 또한 저것에서 비롯된다. 삶이 있으면 반드시 죽음이 있고, 죽음이 있으면 반드시 삶이 있다. 됨이 있기에 안 됨이 있고 안 됨이 있기에 됨이 있다. 옳음이 있기에 그름이 있고 그름이 있기에 옳음이 있다. 그래서 성인은 일방적 방법에 의지하지 않고 전체를 동시에 볼 수 있는 절대적인 조명에 비추어 본다. 이것이 바로 '있는 그대로 그렇다 함(因是)'이다. 이것은 동시에 저것이고, 저것은 동시에 이것이다. 성인의 저것에는 옳고 그름이 동시에 있고, 이것에도 옳고 그름이 있다. 『장자』, 「제물편 2:10」.
167) 유식에서는 시간과 공간의 변화에 따라 의식이 전변하기에(고정된 실체가 없기에) 공(空)하다고 하였다. <반야경>의 공(空)사상을 이론적으로 체계화한 사람이 용수(龍樹)

이처럼 실체가 없는 것에 기대어 마치 실체가 있는 것처럼 형용하는 것을 변계소집성이라고 하였다. 보통 사물을 바라다보고 해석하는 의식은 'A를 B로 인식'하는 패턴으로 작동 재구성된다. 여기서 A는 객관 대상이며 B는 회상하는 사람의 의식구성 때문에 수집된 정보(언어나 인식패턴)이다. 예를 들어 누군가가 산길을 가다가, 길가의 무엇인가(밧줄)를 보고 뱀으로 알고 도망쳤다고 하자. 그는 무엇을 보았는가? 그 순간 그는 뱀을 보고 도망친 것이다. 그러나 거기에는 뱀이 존재하지 않는다. 그가 본 뱀은 그의 마음이 그려낸 것이지 실재하는 것(reality)이 아니다. 그렇지만 그는 무엇인가를 보긴 보았다. 즉 그가 본 것은(그에 있어서는 진리이다) 실제로 존재하는 것(fact)이다. B는 그의 마음이 그린 것(그림자, 이미지, 이마고, 표상, 假現)일 뿐 실재하는 것이 아니다.

이렇게 해서 우리는 의식이 어떻게 구성되는지 알게 된다. 무엇인가를 보면서 그 무엇(A)을 무엇(B)으로 보는가가 바로 의식(왜상-歪象적 의식, 假現, 幻影)이다. 따라서 의식은 본래 그가 본 A와 그가 본다고 생각한 B의 두 항목으로 구성된다. 그 둘 다 의식의 대상이다. 그러므로 의식에는 서로 구분되는 대상이 있게 되는데, 있는 무엇인가의 A는 의식 대상이고, 그것의 분별 결과로써의 B는 인식 결과로써의 의식구성이다. 뱀을 보는 순간 그 의식은 바로 이전의 경험으로 구성해서 뱀을

이다. 용수는 <중론(中論, Madhyamakakarikah)>에서 공의 의미를 여덟 가지 부정을 통해서 밝히고 있다. 이것을 팔부중도라고 한다. 불생불멸(不生不滅, 생기지도 않고 멸하지도 않는다). 부단불상(不斷不常, 없어진 것이 아니며, 항상 하는 것도 아니다). 불일불이(不一不異, 동일한 것도 아니며, 다른 것도 아니다). 불거불래(不去不來, 가는 것도 아니고, 오는 것도 아니다). 불생·불멸·불상·부단·불일·불이·불래·불거의 팔부는 극단적인 이변에 치우친 견해를 부정하는 것이다. 유와 무, 부정과 긍정의 양극을 넘어선 중도를 의미한다. 또 그 중도마저 부정하고자 비유비무 역유역무(非有非無 亦有亦無, 모든 사물이 있는 것도 아니고 없는 것도 아니며, 또한 있는 것 같기도 하고 없는 것 같기도 하다)를 말한다. 이는 인간사변의 한계를 직시하고 그 한계를 넘어가고자 한 치열한 부정의 정신, 공의 표현이다.

본 것이다. 오늘의 관점에서 바라보는 회상은 과거 경험의 기억 그 자체를 있는 그대로 순수하게 바라보지 않는다. 따라서 우리는 현상세계가 사실이 아닌 의식의 주관적 경험으로 재구성된 것을 알 수 있다.[168] 신(진리)마저 인식의 그물망에 외상을 만들기도 하고 추방되기도 한다. 그러니 진리는 바로 '이것이다'라고 말할 수 있는 것이 하나도 없다. 모든 것은 미끄러지면서 생성될 뿐이다.

IV. 비탄에서 애도로의 이행

감정은 두 가지 기능을 감당한다. 하나는 정서기능이고 다른 하나는 인지기능이다. 정서는 감정발현의 기본 바탕이 된다. 즉, 각 개인이 지닌 성향과 성품 혹은 기질이 지닌 경향성이 바로 정서다. 그리고 이 정서를 바탕으로 감정이 발현된다. 그래서 동일한 사태(혹은 사건)에 대해서 나타나는 감정은 개개인이 지닌 각기 다른 성향과 성품 혹은 기질의 여과에 따라 각각 다른 반응으로 나타난다.

따라서 동일한 사태(혹은 사건)에 대해 어떤 사람은 분노를 표출하는 데 반해 어떤 사람은 슬픔으로, 어떤 사람은 죄책감으로, 어떤 사람은 수치감 등 다양하게 나타날 수 있다. 이렇게 외부의 동일한 사태와 사건에 대해 각기 다른 형태의 감정으로 나타나는 것은 감정을 표출시

---

168) 들뢰즈(Deleuze)는 표상을 're-presentation'의 의미로 사용한다. 접두사 re-는 차이를 종속시키는 동일적인 것의 개념적 형식을 의미한다. '나타남 présentation'이란 직접적 있음(현전)이다. 접두사 re-는 이 직접적 있음을 '다시 re' 자신을 통해 매개하여 있게 하는 의식의 활동을 가리킨다. 즉 표상이란 서로 '차이'를 지니는 다양한 나타난 것들을 다시 거머쥐어서 '동일한 하나'의 지평에 귀속된 것으로 나타나게 하는 활동이다. 차이들은 상위의 동일성에 종속된 것으로만 사유가 될 수 있다.

키는 기본(근본) 정서가 다르기 때문이다.

우리가 간과하지 말아야 할 것은, 나타난 사건이 동일하다고 하더라도 각기 달리 나타나는 감정은 성향과 성격 혹은 기질의 차이, 즉 그 사람의 기본정서(근본 정서)에 의해서 나타난 것임을 인지해야 한다는 점이다. 더 나아가, 설사 현상적으로 나타난 감정이 똑같다고 하더라도 표출되어 나타나는 기본(근본) 정서의 분기(출발과 갈림길)가 모두 다르다는 점이다. 따라서 감정의 저변인 정서의 특징과 기시를 파악하는 것이 '동일성의 오류'를 막는 길이며 감정치료의 핵심이기도 하다.

두 번째로, 어떤 사건에 의해 분노가 표출된다고 해서 그 감정에 분노만 있는 것이 아니다. 현상적으로 나타난 감정은 하나의 주 감정이며 그 감정에는 다양한 감정이 함께 착종되어 있다. 이렇게 착종된 다양한 감정은 시간이 지남에 따라, 또는 인식의 변화에 따라 여러 형태의 감정으로 분화된다. 처음에는 분노로, 그다음에는 슬픔으로, 그다음에는 기대로, 그다음에는 우울로, 그다음에는 죄책감으로, 시간과 공간 인식의 변화에 따라 나타나는 다양한 잠재 가능태로서의 감정이 한 메인 감정에 함유되어 있다는 사실을 놓쳐서는 안 된다.

능동 정서와 수동정서는 신체와 정신이 하나로 총합되어 표현되는 것이다. 따라서 정서는 신체적인 요소만을 반영한다거나 정신적인 요소만을 반영한다고 말할 수 없다. 이는 데카르트(R. Descartes)처럼 정서가 바꾸기의 수동으로 이해되고, 이를 바꾸기의 능동인 의지를 통해 지도하는 관계(정서와 의지가 마치 반비례하는 것처럼 이해되는)가 아니라 정신과 신체가 정서로 동시에 표현된다. 이때 나타나는 정서는 신체와 정신의 활동 역량을 증대시키거나 감소시킨다.

그렇다면 능동(Aktivität/action)적인 정서와 수동(Leidenschaft/passion)적인 정서의 구분은 어떻게 하는가? 집필자들은 이를 지성의 '적합한 원인(adäquate Ursache)'과 '부적합한 원인(inadäquate Ursache)'으로 구분할 수 있다고 본다. '적합한 원인'이란 어떤 원인의 결과가 그 원인을 통해 명석 판명하게 지각될 수 있고, '부적합한 원인' 혹은 '부분적인 원인'은 어떤 원인의 결과가 원인을 통해서 분명하게 이해될 수 없는 것이다.

타당한 원인(adequate cause)으로 되어 있는 어떤 것이 우리의 내부나 외부에 생길 때 우리의 정서는 능동적으로 작용하게 되지만, 타당하지 않은 원인, 혹은 명료하지 않은 원인으로 분명하게 이해되지 않을 때 우리의 정서는 수동적(passive)으로 작용을 받게 된다. 정서의 능동과 수동은 신체의 역량을 증대시키거나 감소시키고, 촉진하거나 저해하는 기반이 된다.

따라서 능동적인 정서는 인간이 자신의 정서들을 스스로 결정할 수 있는 정서라고 말할 수 있다. 곧 우리에게 발생할 수 있는 신체 상태의 변화나 그 변화의 생각이 주체적인 우리 자신일 때, 그것은 능동적인 정서라고 할 수 있다. 반면에 외부의 사물에 의해 우리의 신체 상태가 변화하고 그 변화의 관념을 인지한다면, 우리는 대개 부분적인 원인만을 파악할 것이므로 그러한 정서는 수동적인 정서다. 인간이 수동적인 정서의 상태라면, 인간은 정서에 의해 지배를 받게 되며 이때 인간은 능동적으로 자신의 역량을 전개하지 못하며, 외부의 원인에 의해 맹목적으로 혹은 타당하지 않게 반응하는 수동적인 상태가 된다.

중요한 것은 인간이 정서에 있어서 어떻게 수동적인 상태가 아닌 능동적인 상태가 되어, 자신의 본성을 더 잘 실현할 수 있는지다. 이는 개체적 생명체가 부분적인 완전성에서 큰 완전성으로의 변화를 의미하기도 하며 싸나톨로지의 목표인 '품위 있고 평온한 죽음'과 직결되는 문제다.

여기서 완전성(Vollkommenheit)의 의미는 실재성(Realität)의 의미다. 각각의 사물들은 특정한 방식으로 존재하며 작용하는 한, 완전성은 곧 그 사물의 '본질'이므로 유한자로서 인간은 더욱더 큰 완전성으로의 이행(변화)은 우리 안에 내재한 '본성'이 더 잘 실현하는 것을 의미한다.

우리 안에 내재한 본성은 자신 안에 존재하는 한에서 자신의 존재 안에 남아있으려 한다. 그것은 또 유한한 시간을 뛰어넘어 무한한 시간에 걸쳐서 보존·유지하고자 한다. 이렇게 본성을 통해 인간을 이해할 경우, 인간이 삶의 목적으로서 의도적으로(계획적으로) 자유나 행복을 추구한다고 이해하는 것은 난센스다.

오히려 인간은 인간을 규정하고 있는 본질에 의해 필연적으로 자기보존을 추구한다. 즉 인간은 본성상 행복과 자유를 추구하도록 결정된 존재다. 왜냐하면 행복과 자유가 '자기보존'에 도움이 되기 때문이다. 중요한 것은 본성상 행복과 자유를 추구하도록 결정된 인간이 어떻게 하면 더 성공적으로 그러한 상태에 도달할 수 있는지(더욱 능동적인 상태), 혹은 그러한 상태로 나아가는 데 방해가 되는 장애물을 어떻게 더 적절하게 제거할 수 있는지(수동적인 상태에서 능동적인 상태로의 이행)이다.

그렇다면 수동적인 정서와 능동적인 정서의 형성은 어디에서 나타나는가? 이는 '인과적 질서를 파악하는 지각(지성의 힘)'에 의해 형성된다. 즉 외부적 대상에 감각이 촉발되어 형성되는 수동정서와, 외부적 사태뿐만 아니라 자신의 존재적 실재를 인지하면서 외부적 사태를 추론해 가는 지성적 힘으로 능동 정서가 형성된다.

여기서 추론의 대상은 무엇인가? 무엇을 추론하기에 능동 정서에서 '품위 있고 평온한 죽음'을 맞이할 수 있다는 것인가? 추론의 대상은 '무한한 인과적 질서'다. 즉 자신의 존재, 그리고 모든 생명의 실재가 '무한한 인과적 질서'와 관련됨을 인식하는 것이다.

다시 말하면 자신의 존재(실재)는 독립된 실체가 아니라 '인과의 무한한 사슬(chain), ad infinitum'이다. 개체적 생명의 존재들은 유한한 모습일 뿐이다. 그러나 이 유한한 존재들의 본질은 '무한한 인과의 사슬'로 연결되어 있다. 마치 물리적 법칙들의 연속처럼, 유한의 존재는 무한한 인과의 법칙으로 이어져 있고, 무한한 존재는 유한의 존재들로 구성되어 있다. 이 두 관계는 분리될 수 없는 연속의 관계다.

능동 정서를 형성하게 하는 지성은 한 개체의 존재를 '무한히 펼쳐진 인과의 연속성'과 '인과적 관계'로 묶을 수 있는 능력이다. '무한한 인과의 사슬'을 인지하는 지성과 이를 통해 형성된 능동 정서는 따로 있는 것이 아니다. 즉 능동 정서에서 나오는 기쁨과 행복, 평화가 따로 있는 것이 아니라, 지성을 속성으로 하는 유한한 존재들이 갖는 인과의 무한한 인식 자체가 곧 능동 정서의 기쁨과 행복, 평화가 된다. 중요한 것은 능동 정서를 형성하는 지성은 본성의 또 다른 이행(변화)이라는 점이다. 이것의 궁극적인 목적(final ends)은 '자기보존'과 '완전성'에 있다.

심화 3
자기동일시와 당위의 횡포

<내용 요약>

이 글은 자기 동일시와 당위의 횡포에 대해 다룬다. 자기 동일시와 익숙함을 의심하고 질문하는 실천은 개인의 고유한 길을 찾는 데 도움이 된다. 자기 존재에 대해 지속적으로 질문하는 과정은 내면의 진리와 연결되는 길을 찾는 데 중요하다. 현존성을 실천하는 것은 진리를 실현하는 과정으로, 우리의 행동이 진리로 이어지게 한다. 당위의 횡포에서 벗어나 현실을 그대로 받아들이는 것은 새로운 문법을 창안하는 데 도움이 된다. 자기 고유성의 길을 가는 것은 고정된 사고 패턴을 해체하고 자신만의 길을 찾는 실천이다.

<핵심어>

자기 동일시(Self-identification), 당위의 횡포 (Imperative Tyranny),
사회적 문법(Social Grammar),
타자의 고정된 기준(Fixed Standardsof the Other),
존재의 질문 (Questioning Existence), 현존성(Present Existence),
자기 고유성(Uniqueness of Self), 고정관념(Stereotype),
규범의 재구성(Reconstruction of Norms)

<학습 목표>

- 자기 동일시의 개념을 이해하고, 사회적 문법과 타자의 고정된 기준에 대해 의문을 제기할 수 있다.
- 자기 존재에 대해 지속적으로 질문하며, 내면의 진리와 연결된 길을 찾아가는 방법을 익힌다.

- 현존성의 실천을 통해 자신의 존재와 행동이 진리로 이어지도록 할 수 있다.
- '당위의 횡포'에서 벗어나 현실을 해체하고, 새로운 문법을 창안하는 방법을 배우게 된다.

<적용 실천>
- 사회적 규범과 타인의 기준에 대한 의심과 질문: 기존의 가치나 규범에 대해 의문을 던지고, 그에 따른 사회적 행동의 패턴을 점검하여 자신만의 기준을 설정하는 실천을 한다.
- 자기 존재의 지속적인 탐구: 자신에 대해 끊임없이 질문하며, 내면의 진리를 찾아가는 과정을 일상에서 실천한다. 자신을 더 깊이 이해하고, 외부의 당위에서 벗어나는 방향으로 나아간다.
- 현존성의 실천: 매 순간을 의식하고, 현재의 존재와 행동이 진리로 이어지도록 하는 실천을 강화한다.
- 자기 고유성의 탐색과 실천: 타자의 규범을 따르기보다는 자신만의 고유한 길을 찾아 실천한다. 이는 자신의 가치와 신념에 따라 독립적이고 창의적인 결정을 내리는 방식으로 표현될 수 있다.

자기동일시와 당위의 횡포

I. '자기 동일시'와 '당위'의 친숙성

1. 우리의 친숙성에 대하여

1) '자기 동일시'는 타자의 차이와 다름을 인정하지 않고, 평소 자신이 알고 바라보고 평가하고 비교하고 판단하고 합리화하고 당연시하여, 자신의 것으로 환원하여 동일시하는 것을 의미한다. 그래서 거기에는 타자(이웃)의 특성인 '차이와 다름'이 탈색되고 대신 친숙함과 익숙함, 상식과 보편이라는 이름으로 귀속 강제화되는 사태가 벌어진다. 우리는 타자가 만들어 놓은 기존 문법에 익숙해 있다. 만일 그 문법을 지키지 않으면 정신병자 취급을 받는다. 그래서 모두 익숙하고 쉬운 길을 걷는다. 권력자가 만들어 놓은 율법과 계명, 도덕과 법률로 인해 양심과 죄책감, 수치의 감정이라는 그물망에 빠져 권력의 통치적 경제의 효율성을 극대화한 것이 기존 아버지 문법의 특징이다.

2) 타자의 문법에서 벗어난다는 것은, 곧 '자기 동일시'와 '당위'의 친숙성과 익숙함, 이미 만들어 놓은 기존의 '고정관념'을 해체하거나 위반함을 의미한다. 빌라도가 예수에게 물었던 "네가 무엇을 하였느냐? 네가 왕이 아니냐? 진리가 무엇이냐?"(요한복음 18:33, 37, 38) 라는 질문은 예수가 생각하고 말하는 것을 자신의 관점으로 동일시 또는 당위(當爲, 마땅히-당연히 이러이러하게 행하고 있어야 하는 것)로서 질문한 것이다. 예수는 이렇게 대답한다. "내가 이를 위하여 태어났으며 이를

위하여 세상에 왔나니 곧 진리에 대하여 증언하려 함이로라. 무릇 진리에 속한 자는 내 음성을 듣느니라."(요한복음 18:37) 진리는 삶으로 증명되는 것이지 소리로 쉽게 들을 수 있는 것이 아니다. 즉 언어로 포획할 수 있는 것은 이미 진리가 아니다.

3) 예수가 말한 진리는 이 세상에서 통용되는 문법으로 또는 타자가 만들어 놓은 강제화된 언어로 이해되거나 포획될 수 없는 '무엇'이다. 그가 말한 진리는 '존재' 그 자체이다("I am the Way, I am the Truth, I am the Life.", 요한복음 3:6). 여기서 말하는 '길'과 '진리'와 '생명'은 객관 대상이 아니다. 즉 지식으로 알아차려 이해하고 포획되는 것이 아니다. 그가 말하는 길과 진리와 생명이란 주체 'I'의 '존재'로서 '있음(being)'과 '함(doing)' 그 자체이다. 그 실천의 주체가 '몸'으로 구현되어 있다.

> 오크 에스트 에님 코르푸스 메움(Hoc est enim corpus meum / 이것이 진정 나의 몸이니, 마태복음 6:26)

이것(est)은 바로 지금 이곳, 여기, 이 땅, 눈에 보이는 현상 그 자체이다. 저기 저곳, 저승, 내세가 아니다. 저기 저곳은 이미 도피처이다. 환상이 만들어 놓은 피안의 세계이다. 이것은 저것의 상대어이지만, 여기서 말하는 '이것'은 몸이 되는 방식, 하나의 '몸을 지닌다'라는 것이 바로 '이러하다'라는 실존적 존재성을 의미한다. 몸은 현존성이다. 바로 지금 여기에서 실천해야 할 '함(doing)'의 주체성이다. 여기에서 벗어나는 것은 '길'이 아니다. 예수가 말한 '길(Way, 道)'은 자기만의 자기 것으로, 자기 방식으로, 자기에게 주어진 것으로 길을 '행함'에 '있다.'. 누구도 흉내 낼 수 없는 그 고유성으로 존재할 때, '길'은 이내 '진리'와 '생명'으로 동시에 전화(轉化)된다. 길 따로, 진리 따로, 생명 따로 분리되어 있지 않다.

4) 왜 예수는 진리나 생명을 먼저 말하지 않고 길을 먼저 말했을까? '길'의 행위야말로 진리와 생명 구현의 실마리이기 때문이다. '길'은 '가다', '말하다'의 동사가 명사화된 것이다. 우리는 모두 다 자기 길을 간다. 그 길에서 다시 새길을 만나고, 만나는 순간 지나온 길을 또 떠난다. 길에서 길을 떠나고 길에서 길을 만나고 길과 헤어진다. 우리는 모두 떠나가는 존재이다. 머물 곳도, 이를 곳도, 다 다를 곳도 없이 떠나 그냥 망망대해에 통나무처럼 그냥 그렇게 길 위에 있는 존재이다. 자신에게 주어진 길을 가면서 길을 내고 또 그 길을 간다. 누군가 그 길을 걸어갈 수도 있겠지만, 자기만의 길을 가는 것이 길의 본성이다. "잎새에 이는 바람에도 나는 괴로워했다…. 오늘도 나에게 주어진 길을 가야겠다." '버리고 떠나기', 윤동주와 법정이 걸어간 길은 어떤 길인가? 흉내 낼 수 없는 '그만의' 길이다. 여기서 '~만'은 고유성을, '~의'는 소유격으로 주체가 '길'로 귀속되는 재귀 소유격이다. 즉 자신의 존재가 곧 '길'임을 뜻한다.

5) '자기 동일시'와 '당위'로부터 벗어나는 길은, 의미와 상식이라는 이름과 고정관념으로 우리에게 이미 주어져 있는 것들에 대해 다시 한 번 의심과 질문을 던지는 것이다. 그 의심과 질문은 단순히 먹고 사는 것에 있지 않다. 존재의 근원성에 대해 질문하고 말하는 것이다. 즉 자신의 있음(존재)에 대해 왜 있는지, 어떻게 있는지, 있다고 가정하고 질문하는

것 자체가 과연 온당한 것인지, 어디에서 왔는지, 어디로 가는지, 기원과 근원적 종착지는 있는지, 없는지 등에 관한 '존재의 질문'이다.

이렇게 자신의 존재에 대해 질문하는 과정에서 현존재가 탄생한다. 현존재는 자신을 대상으로 마주해서 질문을 던지는 단독자이기 때문이다. 이때 현존재는 다른 존재자들보다 존재의 우위를 지니게 된다. 인간이 만물의 영장이라는 것은 언어를 사용하기 때문이다. 이때 사용하는 언어는 '자신을 대상으로 마주해서 질문을 던지는 단독자'에 대한 존재론적 질문을 말한다. 이러한 질문은 이미 익숙하게 그리고 습관적으로 젖어있던 세계를 전복하고 새로운 변화를 가능하게 한다.

2. 우리의 완고함에 대하여

1) 무엇이 완고함인가? 자아(의필고아)가 만든 언어 집착이 우리 자신을 고정된 존재로 멈추고자 한다. 즉 인과적인 이해와 지식, 보편적인 고정관념, 의미의 방향, 이해하고자 하는 욕망의 지향성은 존재의 질문을 망각하게 한다. 특히 상식과 규범에 고정화된 신념 체계는 의심과 질문을 봉합한다. 확신에 찬 과학과 종교에는 의심과 질문이 없다. 그러나 과학과 종교도 언어표상에서 주어진다. 환상 밖의 환상은 없다. 대타자의 대타자는 없다. 인간은 언어표상을 통해서만 욕망을 해소할 수 있다. 세계(현시된 세상)는 언어표상으로 나타난 이미지이다. 완고함이란 사물 그 자체로 보지 않고 자기만의 관점으로, 또는 타자가 만든 고정관념으로 파악하는 것을 말한다. 그렇다면 완고함을 지우는 방법은 무엇인가? '판단중지' 그리고 '문자 그대로', 보편이라는 상식에 균열을 내는 것, 사이와 '간극(공백)'에 머무는 것, 즉 시적 창작의 예술표현에 있다.

2) 완고함과 자동적인 사고로 이루어지는 '당위의 횡포(tyranny of shoulds)'에서 '당위를 몰아내는 것이 알아차림이다.'. 대부분의 사람들은 실제 일어나고 있는 현실을 알아차리기보다는 '현실은 어떠어떠해야 한다.'라는 당위를 내사하거나 혹은 그것을 현실로 착각하면서 살아간다. 그렇게 현실과 자신을 소외시켜 버리는 것이다. 알아차림은 현실과 자신을 밀접한 접촉 교류의 관계로 이끌어 소통과 감응하게 해 준다.[169] '당위의 횡포'는 다름 아닌 억압과 방어기능을 의미한다.

3) 분석가는 내담자의 아픔과 고통을 분석가의 아픔과 고통으로 번역·전환해서 해석하는 오류가 종종 있다. 특히 전이와 역-전이를 공감이라는 이름으로 혼동한 나머지 분석이 엉뚱한 방향으로 연결되거나 결국 끝낼 수 없는 분석이 될 수도 있다. 이는 우리의 인지 도식인 '범주-계열화 착오(자기 원인적 동일성)'가 만든 오류이다. 따라서 분석가는 사신이 해석 번역한 내담자의 아픔과 고통이 온전히 '그의(of 소유된 바의) 것'이 될 수 있도록 해야 한다. 분석의 시작은 내담자 자신의 아픔과 고통을 정직하게 대면하는 데에서 출발하기 때문이다.

4) 현상적으로 나타난 슬픔과 고통이 ①무엇에 의해, ②무엇을 위해서, ③무엇이 그가 그렇게 반응하게 하는지를 살핀다. ③의 '무엇'은 겉으로 드러나지 않은 무의식적인 것이다. 현상적으로 나타난 증상은, 보이지 않은 무의식이 가면(위장)을 쓰고 나타난(도래한) 것이다. 따라서

---

169) 내담자는 흔히 눈앞에 드러나는 명백한 현상을 보지 못하고, 상상이나 논쟁에 빠짐으로써 사변의 숲에서 길을 잃어버린다. 그들은 현재에 일어나는 명백하고도 분명한 것들을 무시하고, 아직 오지 않은 미래를 미리 알고자 하거나 이미 지나간 과거를 붙들고 있다. 또한 그들은 자기 감각과 지각을 사용하여 현상을 알아차리는 대신에 분석과 사변에 빠져버린다. 게리 욘테트, 『알아차림, 대화 그리고 과정』, 학지사(2008), 76~80쪽 참조.

슬픔과 고통이 무엇을 지시하고 무엇을 찾고자 하는지, 무엇에 의해 그렇게 나타나는지를 살펴야 한다. 그리고 그것을 내담자가 인지할 수 있도록 표현하게 한다.

3. 내 마음은 어디에 있을까?

내 마음(의식, 감정, 정신)이 작동하는 위치를 알 수(바라볼 수) 있다면, 더 증상(감정)에 휘말리지 않게 되고 내담자와 분석가는 증상을 통해 무엇을 해야 할지, 무엇을 바꾸어야 할지, 어떻게 변화해야 할지를 알게 된다. 이것이 치유이다. 심리학이나 정신분석처럼 과거 사건의 내용 파악이나 내담자가 말하는 것이 참인지 거짓인지를 아는 것이 중요하지 않다. 더 중요한 것은, 내담자가 증상(고통)을 통해 어떻게 그의 마음(의식, 정신, 감정)이 새로운 변화를 일으키는지가 중요하다. 이것이 진리의 사건이다. 진리의 사건이란 주체가 자신의 문제를 단독자로서 직면함에 있다. 더 이상 회피하지 않고 연기하거나 억압하지 않으며, 다른 것으로 쉽게 대체물을 만들어 만족하지도 않는다. 그 대체물마저 자신이 아닌 타자가 만들어 놓은 그물이기에, 그 그물을 부정한다. 타자가 만들어 놓은 그물에 잠시 안주할 수도 있다. 그러나 이는 자신이 창안한 문법이 아니기에 다시 증상이 도래하게 된다. 증상과 치열하게 마주하면서 그 증상이 생성된 원인을 자각하고 알아차림이야말로 아버지의 이름인 '당위의 횡포'로부터 벗어나는 계기가 되고 자신만의 새로운 문법을 창안할 때 비로소 자유로울 수 있다. 어떤 이에게는 익숙함과 친숙함에서 벗어나는 것이 공포와 두려움이 될 수 있다. 또 어떤 이에게는 상실의 아픔과 상흔이 아물 때까지 단단하게 견디는 정신적 자유를 줄 수도 있다.

4. 마음을 본다는 것은 무슨 뜻일까?[170]

바라본다는 것은 내 마음을 앞에 두고 거리화(대상화) 해서 직면한다는 것이다. 즉 증상을 앓고 있는 내 마음이 어떤 연유로 그렇게 되었는지, 그때 무슨 일이 있었는지, 왜 그랬는지, 그때 내 마음은 어땠는지, 누가 그렇게 했는지, 그때 어떻게 했으면 좋았는지, 그때 타자의 문법에 탐닉했던 자기 모습을 바라본다. 그때 왜 그랬는지, 왜 아니라고 말하지 못했는지, 어떤 문제가 있었는지, 자신을 사로잡았던 것(억압했던)이 무엇이었는지, 익숙하고 일상화되던 자기 모습을 잠시 보류하고 왜 그랬는지를 스스로 묻게 한다. 이전 자기 모습을 제고하고 다시 생각하고 판단할 수 있다. 왜 그렇게 집착했는지, 왜 그로부터 벗어날 수 없었는지, 알지 못한 상태에서 빠져들었는지 거리를 두고 이야기할 수 있게 된다. 그 거리를 만들어 낼 수 있도록 하는 것이 분석의 기술이다.

---

[170] 반야심경 첫 구절에 '관세음보살(觀世音菩薩)', 또는 '관자재보살(觀自在菩薩)'이라는 용어가 등장한다. 이 용어는 관(觀) + 세음(자재) + 보살(Bodh)로 이루어진 합성어이다. 여기서 바라봄(주시)은 '있는 그대로(如如, 眞如; 진실로 그러함, suchness, Gelassenheit)' 바라본다는 뜻이다. '觀'은 '반야바라밀다'를 의미하는 'perfect understanding' 또는 사물의 본성을 깊이 통찰하는 'penetration'의 의미로 새길 수 있다. '觀'은 그저 밖에 서 있는 것이 아니라 어떤 것 안으로 깊숙이 들어가는 것을 의미한다. 내 안에 있는 실재(自在)를 바르게 보는 것, 그것이 바로 '菩薩', 즉 깨어 있는 존재인 것이다. 본래 관세음보살은 'Bodhisattva'에서 나온 용어로 보리(Bodhi)는 깨어있음을 의미하고 사트바(sattva)는 깨어 있는 존재를 뜻한다. 또 관세음(Avalokita)은 이 경(經)안에 있는 보살의 이름으로, 와서 도울 수 있도록 세상에서 들리는 울음소리에 귀 기울이는 것을 의미할 수 있으며, 내 안에 있는 실재, 내면의 소리, 생명의 소리를 듣는 것을 의미하는 것으로 해석할 수 있을 것이다. 우리가 무엇을 참되게 이해하기를 바란다면 단지 바라보기만 할 것이 아니라 안으로 깊이 들어가 그들과 하나가 되어야 한다. 누군가를 이해하기를 원한다면 그들이 느끼는 대로 느끼고 고통도 함께 겪고 기쁨도 함께 즐길 수 있어야 한다. 파악하고 이해한다는 뜻을 가진 영어 단어 comprehend는 라틴어 어원인 'com' 즉 마음이 하나가 되는 것과 움켜쥐거나 주워 올린다는 의미인 'prehendere'로 이루어졌다. 그러므로 무엇인가를 이해한다는 의미는 그것을 끄집어내어 하나가 되는 것을 뜻한다. 우리가 관찰하고 이해하고 싶어 하는 것과 하나가 되기 위해서는 그 안으로 들어가야만 한다. 소립자의 세계를 이해하기 위해서는 그저 '관찰자'가 되어서는 안 된다. 직접 참가하는 참여자가 되어야 한다. 과학자들은 관찰자(observer)라는 말보다 참여자(participant)라는 말을 사용한다.

이렇게 자신을 대상화해서 말할 수 있을 때 증상과 감정에 휩싸이지 않고 함께 공존하게 된다. 내 마음은 어떻게 작동하는 것일까? 다음의 도표를 기준으로 설명해 보자.

II. 마음속의 몸, 몸속의 마음으로 본 도표 설명

아래 도표는 우리의 마음(의식, 감정, 정신)이 작동하는 심적 기제의 사분면이다. 이 도표는 유한한 인간의 심적 기능체계(매커니즘)를 상징한다.

<심리 기제 작동 원인의 공간(y·-y) 계열>의 의미

※ 우리의 심적 작동은 신체 내의 에너지 균형과 분배에 따라 <이드-자아-초자아>로 적절하게 변환하면서 다형적 원인으로 작동한다. 따라서 원인은 고정되어 있지 않고 x축의 시간성(무의식-전의식-의식)의 국면에 따라 다른 증상으로 변하게 된다.

① **이드(사물표상-상상계)**: 욕망·힘·에너지·리비도·충동(분출하고자 하는 욕동)·성욕/쾌락의 원칙에 의해 움직임 → bottom up

② **자아(단어표상-상징계)**: 이드와 초자아 사이의 갈등(이것이냐 저것이냐 그것이 문제로다), 고뇌·시선·쾌락원칙과 현실원칙 사이, 힘 조정의 주체, 자아는 <의·필·고·아>의 지향적 특성이 있다. → Equilibrium(평형, 중재, 조정, 완충 역할)

③ 초자아(사건ㆍ증상-실재계): 죽음충동·이드(生意-仁)의 대변·금지·명령·터부·양심·도덕·규범 → top down

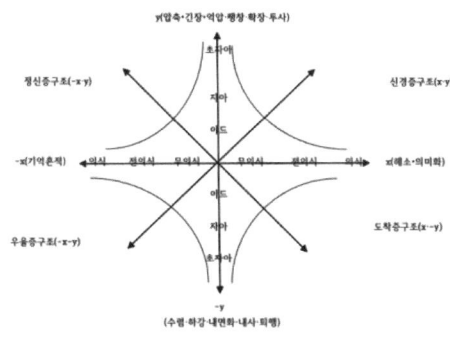

<의식의 시간(x·-x)적 국면>의 관점과 지향성(끝개)

※ 심적 기제 작동의 원인인 <이드-자아-초자아>는 의식의 국면 변화 <무의식-전의식-의식>에 따라 새로운 상황성으로서의 심적 현상(증상)을 나타낸다. 의식은 외부적 자극에 대처하기 위해 상황에 따라 <무의식-전의식-의식>의 국면으로 적절하게 전환해서 대처해 나간다. 이 과정은 분리되어 있지 않고 언제나 연결 통합되어 있다. <무의식-전의식-의식>의 국면은 사물표상(해독되지 않는 상형문자)이 단어표상으로 번역 해독, 의미화하는 과정을 말한다. 해독되지 못한 무의식(사물표상, 상형문자)은 음성과 기호로 구성된 단어표상으로 번역, 의미화되어 증상이 멈춘다.

① **무의식**: ① 쾌·불쾌의 욕망이 자신도 모르게 자동으로 <꿈·말·감정·의식·정신·마음·행동>으로 나타나는 모습을 형용한 것(형용사), 또

는 ② 쾌·불쾌의 욕망이 자아의 현실원칙에 의해 은폐(억압)된 의식의 국면. ③ 처음의 쾌·불쾌 경험에 대한 기억(처음의 기억은 내부 환경의 안정성에 의해 구성되고, 이렇게 구성된 인상은 두 번째 쾌·불쾌 경험을 재구성하는데 작용한다. 즉 이전의 경험에 의해 재구성된 무의식적 추론(A를 → B로 번역 해석, 자기-원인적 동일시)의 인상이나 관념(환상-환각)이 무의식이다.[171]

② **전의식**: 자아가 무신경, 무심코 내뱉은 말이나 온전하게 이해되거나 의식하지 못한 상태를 말한다. 무의식에서 은폐(억압)된 욕망이 아무 생각 없이 최면, 실수, 농담 등 무의식적으로 말하는 의식이기도 하다. 분석가는 무의식적으로 말하는 단어표상을 재료로 내담자로 하여금 자신이 쏟아낸 말을 대상화하여 의식하도록 안내한다. 이것이 정신분석 절차이다. 이것을 가지고 분석가는 숨겨진 내담자의 욕망이 무엇인지를 파악하고 내담자로도 숨겨진 억압의 침전물(욕망)을 자각하도록 한다. 최면, 실수, 농담 등은 모두 무의식의 침전물(표상)이다.

③ **의식**: 현실원칙이 지배하는 의식(이성·정신)의 국면을 말한다. 현실원칙은 자아가 현실적인 상황에서 쾌락을 누릴 수 있는 최적의 조건을 탐색하는 것으로 주로 불쾌의 요소를 없애는 방어의 패턴을 나타낸다.

---

171) 생물학에서는 쾌감을 생명의 안정성으로 보고 있다. 안정성은 항상성(Homeostasis)의 다른 이름이다. 물리학에서는 이를 평형성(Equilibrium)이라고 부른다. 미학에서는 조화(Harmony)와 고르기(Symmetry), 레오나르도 다빈치의 황금비율(Cannon)을 의미하기도 한다. 인륜적 규범체계에서 맹자는 이를 인(仁)이 거주하는 안택(安宅)으로 언명한다.

III. 심리 현상

1) 심리는 공간의식의 원인(이드-자아-초자아)이 시간의식(무의식-전의식-의식)의 국면을 만날 때 나타나는 현상이다. 여기서 y축(초자아·자아·이드)은 심적 기제의 원인이다. 억압의 강도에 따라 '초자아·자아·이드'로 변형된다. x축(무의식·전의식·의식)은 심적 기제의 원인에 대해 어떤 관점과 태도로 인지하는가 하는 정도(무의식·전의식·의식)에 따라 그 명령을 행위 결단하게 된다. 이렇게 수행된 모든 행위는 y축(초자아·자아·이드)과 x축(무의식·전의식·의식)의 교합에 의해서 산출된다.[172]

2) 여기에서 y축을 억압 또는 첫 사건의 경험(자극)을 표지하는 S1이라고 하고, x축을 y축의 억압을 의미화하고 해소해 나가는 방어 또는 다른 것으로 대체해 나가는 기호의 연쇄를 표지하는 S2라고 하자. y축을 공간성으로 지칭할 때, 여기에서 말하는 공간성은 객관적이고 물리적 위치의 공간성이 아니다. 심리 상황의 공간성(질성)을 의미한다.[173]

---

172) '산출'이란 감각기관에 소여 된 이미지를 인간이 사용하는 언어에 의해 이해, 의미화, 포획됨으로써 사물의 이름과 명칭이 부여된 것을 말한다. 따라서 이름이 붙여진 모든 사물은 인간이 사용하는 언어표상에 의해 걸러진 것들이다. 인간에 의해 걸러지지 못한 것은 사물이 아니다. 신의 이름으로, 신비로움으로, 때로는 떨림으로 다가오는 실재 또는 존재이다. '신, 신비로움, 떨림, 실재, 존재.... 등'의 단어 또한 인간이 발명한 언어로. 실재와 존재는 언어 밖에 있다. 인간이 언어 밖을 지향할 때, 실재와 존재의 가능성이 도래하기 시작한다.

173) 메를로-퐁티는 심리 상황의 공간성(질성)을 주체와 대상이 서로 감기고 주름 잡히는 심리 상황적 공간성을 말한다. x축, y축의 사분면에서 어느 한 위치를 점한다면(예컨대, x·y축의 초자아/이드, 또는 -x·y의 자아/이드) 그 위치가 점하는 심리적 상황의 준거점은 다른 위치의 것과 전혀 다른 의미적 지향성을 지닌다. 유기체가 외부 환경에 의해 첫 자극을 받을 때, 그 지점은 유기체 특성(성향)에 따라 다른 사분면에 위치한다. 언어는 욕구를 해소하거나 안정성을 지향한다. 사분면의 x축과 y축이 만나는 0(zero-ground)가 모든 유기체가 지향하는 구심성이다. 프로이트는 이를 죽음충동, 사이, 간극, 무, 부재, 결여, 공백, 공집합

3) 여기서 주의해야 할 것은 욕망의 지향성이다. 욕망은 증상으로 표현된다. 그리고 욕망과 증상은 언어로 표현된다. 인간은 언어를 사용하는 존재자이다. 그래서 욕망과 증상은 언어적으로 구성된다. 여기서 '언어적'이라는 표현은 욕망과 증상의 문제를 언어로 실천(말하기와 글쓰기) 해결하고자 한다는 점이다. 그런데 문제는 언어적 실천으로 모든 욕망과 증상을 해결할 수 없다는 데 있다. 그래서 마음은 언어로 포획될 수 없는 결핍을 다른 것으로 대체해서 찾고자 한다. 급기야 대체물로 충족되지 않거나 찾을 수 없을 때, 관점을 바꾸게 된다. 그래서 유사성과 인접성에 있는 왼쪽 좌표로 관점을 변형한다. 왼쪽으로 좌표를 옮겨서 한동안 결핍의 대체물에서 향유를 누리지만 그것도 잠시, 다시 또 다른 관점으로 이동(왼쪽으로)해서 새로움을 찾는다. 이렇게 유기체는 왼쪽으로 좌표를 옮겨 가면서 끊임없이 잃어버린 상실을 찾고자 한다. 그 궁극적 지향점은 0(zero-ground, 무, 죽음충동)이다.

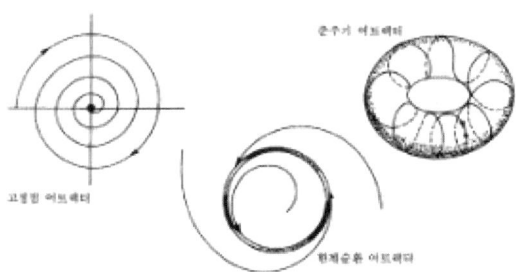

4) 좌표 사분면에 있는 어느 한점은 사건의 증상(S1)을 의미한다. 후

의 다양한 이름으로 상징화한다. 준거점은 외부의 관계나 외부의 좌표와의 관계에 의해 결정되는 위치를 지시하지 않는다. 내 몸의 '여기'는 최초의 좌표가 설립되는 곳이고, 적극적으로 활동하는 몸이 어떤 대상에 닻을 내리는 곳이고, 몸이 그의 과업에 직면하여 맞이하는 상황이다.

설은 몸이 위치하는 지점을 방향 설정의 원점이라고 표현한다. 이는 몸을 중심으로 해서 사건의 대상이 앞, 뒤, 위, 아래의 방향(左右·內外·出入·升降)으로 감기게 된다. 메를로-퐁티(M. Merleau-Ponty)가 '점-지평'은 바로 자기 몸이 차지하고 있는 '여기'의 상황적 시간과 공간성을 기준으로 의식과 지각이 외부 대상으로 확장되어 펼쳐지는 지평과의 필연적인 관계를 의미한다. 따라서 여기라고 하는 '점-지평'이 없다면 '점(여기)-지평(저기)'의 구조가 성립될 수 없다.

IV. 몸의 상황성

다른 사람이 느끼는 시간과 공간의 상황성과 자신이 느끼는 시간과 공간의 상황성은 전혀 다르다. 내 몸이 느끼는 지각은 자신의 몸속 상황으로 스며들기에 다를 수밖에 없다. 이에 대해 메를로-퐁티는 내 몸은 내 몸의 부분들을 감아 들인다(envelopper), 혹은 내 몸의 부분들은 내 몸에 감긴다(s'envelopper)라고 표현한다. 이러한 전반적인 상황을 메를로-퐁티는 몸의 공간이 객관적인 위치의 공간성을 갖는 것이 아니라 '상황의 공간성'을 갖는다는 것으로 표현한다. 내가 다른 사람과 악수할 때 내 몸 전체가 악수하는 손으로 끌려 들어가 감기고 그 손을 준거점으로 상황적인 몸의 공간성을 산출해서 사태를 지각하게 된다. 이제 자신이 처한 좌표에서 더 이상의 잉여향유를 찾지 못할 때 몸은 다른 공간으로 확장 이동하게 된다. 이 확장과 이동은 '여기'가 없이는 성립할 수 없다. 따라서 한 내담자가 맞이한 사건의 첫 장소인 원초 지점, '여기'가 어디인가를 파악하고, 여기에서 몸의 증상이 발원해서 펼쳐져 다른 인접 저쪽에서는 아직은 비규정적인 지평으로 펼쳐지는 가능성(예감)으로 있게 된다. 그래서 한 지점의 상황적 공간은 다른 공간으로 확장하는 가능성이 된다. 단편적 구체성이 다양한 추상성으로 변주되는 것이다.

1) 인간은 증상을 말(담화)로 표현하는 존재이다. 사분면에 있는 하나의 점은 상실한 욕망을 찾고자 하는 발화 도식의 기시점이다. 각 사분면에 있는 발화 도식의 특성을 상징하면, 정신증(조현증·편집증), 신경증(강박증·히스테리), 도착증(피학증·가학증), 우울증(멜랑콜리아·자폐증)이다. 이는 증상이 곧 상실한 욕망을 찾고자 하는 내담자의 문법 도식이다. 그런데 문제는 자신의 말하기와 증상이 곧 자신의 것인 줄 알았는데, 알고 보니 자신이 아닌 타자의 욕망, 타자의 문법이 자신에게 심어놓은 것이라는 것을 자각하게 된다. 그러니까 증상의 출현은 진정한 자신의 욕망이 아닌 타자의 것을 대체하거나 배워서 훈습한 것을 흉내 내거나 반복한 것이기에 타자의 욕망이 자신에게서 반복된 것이라는 것을 깨닫게 된다.

2) 왜 우리는 증상을 제거하고자 하는가? 증상과 직면하지 못하고 제거하고 멈추고 봉합하고자 한다면 증상은 다시 다른 가면으로 나타난다. 증상은 잃어버린 자신의 욕구를 찾으려는 신호일 뿐인데, 이 신호마저 없앤다면 욕구는 영원히 찾을 수 없게 된다. 오히려 증상이 무엇을 나타내는 기호인가를 자각하고 알아차린다면, 증상이 잃어버린 자신의 욕망을 채우려는 자신의 또 다른 생명 의지라는 것을 안다면 이내 증상과 자신을 안아줄 수 있게 된다. 이때 그동안 억압하고 부정하고 회피했

던 증상이 자신의 존재가 이해받았다고 느낄 때 비로소 압축을 풀게 된다. 이때 심리적 기제 사이(압축된 자기 동일시의 마음과 허용하고 포용하는 이해심리 사이의 간극)에 비로소 자신을 돌아볼 수 있는 심리적 공간이 생긴다. 이 공간이 증상의 긴장을 이완시키는 장소이다.

3) 좌표(x,y)는 언제나 공간의식과 시간의식의 교합으로 성립한다. x는 y의 심적 주체의 위상을 끌고 가는 끌개(지향성, 또는 관점) 역할을 한다. 프로이트는 이 끌개를 의식과 인지의 '정도'(의식이 없음-뭔가의 문제점이나 대상을 명료하게 구분할 수 없는 상태-현실원칙에 따라 사태를 명료하게 의식하고 있는 상태)로 표현한다. 그러니까 무의식은 의식할 수 없는 상태이다(예, 수면 상태나 동식물과 같이 자신이 누구인지를 대상화(객관화)하지 못하는 즉물적 상태, 또는 자연적인 본능 상태 등을 상징한다). 무의식-전의식-의식이 지닌 각각의 끌개는 과거-현재-미래의 사후적 재구성으로 작동한다.

4) 좌표(x) '무의식-전의식-의식'에서 의식은 '미래적 예기감(불안)'으로 구성된 의식이다. 즉 무의식과 전의식이 투사한 예기감으로서의 의식이다. 반대로 좌표(-x) '무의식-전의식-의식'에서 의식은 '이미 지나간 상흔'에 의해 구성된 의식이다. 즉 무의식과 전의식이 투사한 기억의식이다. 좌표(y) '이드-자아-초자아'에서 초자아는 '억압과 압축의 강도'로 구성된 주체이다. 즉 이드와 자아가 투사한 일자로서의 초자아이다. 예컨대 이에 속하는 증상이 망상증(편집증), 좌표(-y) '이드-자아-초자아'에서 초자아는 '억압과 압축의 강도'로 내면화(내사)된 주체이다.

5) 잃어버린 욕구를 찾고자 하는 생명 의지의 반영이 곧 말하기(담화)이다. 그런데 아무리 말하기(담화)를 통해 의미화가 되고 자각과 알아차림이 있다고 하더라도 증상이 멈추질 않고 그대로 연속되는 것은 왜일까? 과연 이 증상을 멈추는 방법은 없는 것일까? 결국 증상은 없어지지 않는다. 다만 감소할 뿐이다. 그러나 말하기(담화)는 끊임없이 진행해야 한다.

V. 객체(타자의 문법)에서 주체의 문법으로 말하고 표현하기

1) 언어 사용 습관의 명료화: 언어 사용 습관을 명료화하는 일은 주체를 선명하게 나타나게 하고 사건을 더 이상 회피하거나 연기하지 않고 바로 직면하도록 돕는 일이다. 언어 사용에 따라 직면을 차단하는 방법은 다양하다. 흔히 내담자의 언어 행동 가운데 문제가 되는 것은 책임 회피적 언어습관이다. 즉, 자신의 행위에 대한 책임을 지지 않는 언어를 사용하는 것이다.

2) 내담자들은 흔히 어떤 상황에 부닥쳐서 결정을 못 내림으로써 그 상황을 얼버무리거나 회피하는 것을 볼 수 있는데, 결정을 못 내리는 것은 결과에 대한 책임이 두렵기 때문이다. 그러나 역설적 표현이지만, 사실 중요한 것은 결정하고 선택하는 행위 그 자체이다. 무엇을 결정했는지는 그다지 중요하지 않다. 무엇을 결정하는 것이 중요하다고 생각하는 순간 결정하는 것이 두려워진다. 잘못 결정하면 끝이라는 생각을 하면 결정을 내릴 수가 없다. 그런 생각이 들면 결정 하나하나의 의미

가 너무 크게 부각 되고, 그렇게 되면 공포심 때문에 아무것도 할 수 없게 된다. 그렇게 되면 타인에게 대신 결정해 주라고 요구하게 되고, 결과가 잘못되면 타인을 비난하게 되는 것이다.

3) 결정을 내린다는 것은 자기 행동을 스스로 선택한다는 의미이고, 그러한 행동의 결과에 대해 자신이 책임지겠다는 의지를 포함한다. 반대로 결정을 못 내리는 것은 어떤 행위를 선택하지 않는 것이고, 따라서 그 행위에 대해 책임질 의사도 없다는 뜻이다. 그런 사람은 스스로 어떤 행위도 하지 못하고 어정쩡한 상태에 머문다. 그들은 책임지는 행동을 하지 않으므로 일의 결과가 좋더라도 그것이 자신이 한 일이라는 느낌이 없어 기쁨으로 느끼지 못한다. 그러한 상태가 신경증이다.

4) 어떤 행위에 대해 스스로 결정을 내리고 책임지게 될 때, 성숙한 인격이라고 할 수 있다. 그것이 힘들고 어려운 결정일수록 결정하기는 힘들겠지만, 그러한 결정에 대한 가치는 더욱 높아진다고 하겠다. 때로는 자기 스스로 선택하지 않은 어려운 상황에 놓일 수도 있다. 하지만 그래도 여전히 우리의 행동 선택에 대한 문제는 남는다. 맹자와 에릭 프롬(E.S. Fromm), 빅터 프랭클이 말했듯이 우리는 우리가 처한 상황을 우리 자신이 만든 것이 아니라 할지라도, 그에 대한 반응은 우리 스스로 선택할 수 있다.

5) 이러한 언어 행동에 대한 내담자의 책임 의식을 높여 주기 위해 개발된 몇 가지 기법들이 있는데, '그것'이라는 말 대신에 '나'라는 말을 사용하게 하거나, 명사 대신에 동사를 사용하도록 요구하거나, 수동

태 문장 대신에 능동태 문장을 쓰도록 요구하는 것 등이다. 예를 들어, "나는 질식할 것 같습니다."와 같은 표현은 "나는 나 자신을 질식시키고 있습니다."로 고쳐 말해보도록 한다. 또 "나는 그런 것은 할 수 없어요."라는 표현에 대해서는 "나는 그런 것은 안 할래요."라고 말하도록 함으로써 자기 행동에 대한 선택과 그에 따른 책임 소재를 더욱 명확히 해 줄 수 있다. 내담자가 '하지만'이라는 말을 많이 사용하는 것도 흔히 자신의 책임을 회피하려는 시도로 볼 수 있다. 가령 "늦지 않으려고 했습니다만….", "싸우지 않으려고 했지만…." 등의 어투가 그것이다. 이런 경우에는 '하지만'이라는 접속사를 '그리고'라는 말로 바꾸어 말하게 함으로써 내담자의 회피행동을 자각시켜 줄 수 있다.

6) 내담자가 자신의 견해는 밝히지 않고 질문만 하는 것도 자기 동기를 감추고 행동의 책임을 상대편에게 떠넘기려는 시도일 수 있다. 이런 경우에 분석가는 내담자에게 질문을 서술문으로 바꾸어 말하도록 요구함으로써, 자신의 감정이나 의견에 대해 책임지도록 도와줄 수 있다. 예컨대, 갑이 을에게 어떤 말을 했는데, 병은 그 말이 기분 나쁘게 들렸다. 그래서 을에게 "조금 전에 갑의 말을 듣고 기분이 어떠셨는지 궁금해요."라고 물었다. 이때 을은 갑의 말을 기분 나쁘게 듣지 않았기 때문에 병이 자기에게 왜 그런 질문을 하는지 몰라 의아해할 수 있다. 그러면 병은 을에게 자신의 분노 감정을 억압하고 있다고 몰아붙일지도 모른다. 이러한 병의 행동은 자신의 갑에 대한 분노를 을에게 투사한 것이다. 만약 병이 "조금 전에 갑이 당신에게 그런 말을 할 때, 나는 그 말이 기분 나쁘게 들렸습니다. 내가 당신이었다면 화를 냈을 것 같아요."라고 말한다면 그것은 병이 자신의 감정에 대해 책임지는 것이 된다.

7) 투사의 문제를 해결할 수 있는 또 다른 방법은 내담자에게 다음과 같은 '언어 게임'을 시켜 보는 것이다. 즉, 내담자가 하는 말끝에 "…. 그것은 내가 그렇게 하도록 결정한 것입니다.", "그렇게 보는 것은 나의 관점입니다." 등의 말을 덧붙이도록 하여, 내담자의 모든 지각과 감정, 사고, 환상, 신체적 동작 등을 자신의 것으로 받아들이도록 도와주는 게임이다. 예를 들어 "내 목소리가 떨리고 있습니다. 그것은 내가 그렇게 하도록 결정한 것입니다.", "그 사람의 행동이 매우 불손하게 느껴집니다. 그것은 내가 그렇게 판단하고 보았기 때문입니다.", "나는 그로부터 많은 상처를 받았습니다. 그렇게 보는 것은 나의 관점입니다." 등과 같이 말하도록 하는 것이다. 이렇게 어느 정도 언어 게임에 익숙해지면 좀 더 적극적으로 능동태를 사용해 보도록 한다. "나는 그가 불쌍해 보여요."라는 말 대신에 "나는 그가 불쌍하다고 생각합니다."라는 식으로 표현하도록 하는 것이다.

8) 사람들은 흔히 자신의 의견이 아닌 것처럼 말하며, 또 상대에게 하는 말이 아닌 것처럼 막연하게 한다. 분석가는 내담자의 언어를 자세히 관찰하여 항상 그것이 누구의 생각인지, 그리고 누구에게 하는 말인지를 명확히 하도록 해 주어야 한다. 흔히 수신자를 불분명하게 하는 것은 다른 사람과의 접촉을 회피하려는 시도일 수 있다. 따라서 수신자를 명확히 밝히도록 함으로써 서로 간의 접촉을 증진해 줄 수 있다.

9) 내담자의 언어에서 자주 문제가 되는 것은 그들의 언어가 너무 개념적이고 추상적이어서 내담자가 체험하고 있는 상황에 분석가가 함께 공감하기 힘들다는 점이다. 이런 경우에 분석가는 내담자가 구체적 예

를 들어 설명하도록 요구해야 한다. 예컨대, 내담자가 "나의 아버지는 매우 엄한 분이셨습니다."라고 말한다면, 분석가는 "아버지가 어떻게 엄하셨는지, 예를 들어 구체적으로 설명해 주실 수 있겠습니까?"라고 물어서, 내담자의 실제 체험 세계가 드러나도록 해 주어야 한다. 그래야만 분석가가 내담자의 세계에 동참하고 공감할 수 있기 때문이다.

실천 1

우울증의 특성과 치유 기제

<내용 요약>

우울증은 상실에 대한 감정적 반응으로, 비탄에서 애도, 그리고 우울증으로 이어지는 과정이다. 정상적인 애도는 상실된 대상에 대한 리비도의 철수와 자기애적 만족으로 전환되는 과정이다. 그러나 우울증은 상실된 대상을 자아와 동일시하고 자아 상실로 이어진다. 이 과정에서 자아는 자기학대를 경험하게 된다. 우울증은 감정적 상실을 느끼며, 슬픔과 무기력감을 동반한다. 따라서 우울증은 상실에 대한 비정상적인 반응으로 이해된다.

<핵심어>

우울증(Depression), 애도(Mourning), 리비도(Libido),
자기애(Narcissism), 자기학대(Self-punishment)

<학습 목표>
- 우울증과 애도의 관계를 이해하고 구별할 수 있다.
- 상실 경험에 대한 감정적 반응을 분석하고 그 과정에서의 심리적 변화를 설명할 수 있다.
- 리비도와 자기애의 역할을 통해 상실 후의 심리적 방어 메커니즘을 이해한다.
- 애도 과정에서 자기학대와 무기력감의 발생 원인을 설명할 수 있다.
- 상실에 대한 감정적 상실과 그로 인한 심리적 영향을 설명하고 대응 방법을 제시할 수 있다.

<적용 실천>
- 우울증과 애도의 구별을 통해 상담 시 정확한 평가를 하고, 적절한 개입을 수립할 수 있다.
- 상실 경험을 다룰 때 개인의 감정적 반응을 분석하여 맞춤형 상담을 제공하고, 더 효과적인 지원을 할 수 있다.
- 상실 후 자기애와 리비도의 변화를 이해하고 이를 바탕으로 심리적 방어기제를 탐구하여 개인의 회복을 돕는다.
- 애도의 과정에서 발생할 수 있는 자기학대와 무기력감을 다루기 위한 전략을 개발하고 이를 내담자에게 적용할 수 있다.
- 상실 경험에 대한 감정적 상실을 다루는 프로그램이나 워크숍을 기획하여, 사람들에게 심리적 회복을 위한 실질적인 도움을 줄 수 있다.

우울증의 특성[174]과 치유 기제

I. 들어가는 말

많은 경우, 비탄(슬픔, grief)을 애도(mourning) 또는 우울(depression, melancholy)로 번역한다. 반대로 애도(mourning)를 비탄(슬픔, grief)이나 우울로 번역하기도 한다. 이는 유비추리(analogical reasoning)적 착시(optical illusion)에 근거한 번역 오류의 경우다.

비탄은 상실에서 나타나는 직접적인 감정 반응이다. 이때 나타나는 감정은 손상 이전의 상태로 돌아가고자 하는 유기체의 본능적 반응, 즉 탄력성(elasticity, flexibility)이다. 이 탄력성이 없다면 유기체는 곧 사멸한다. 그러므로 슬픔과 비탄의 즉각적인 반응은 자신을 지키고자 하는 생명성의 표현이다.

여러 감정론자(T.A. Rando & K.J. Doka)는 비탄(슬픔)의 반응을 원래의 상태로 돌아가고자 하는 과정(process), 즉 애도(mourning)로 보고 그렇게 규정한다. 이는 비탄이 지닌 역동적인 힘을 강조해서 애도로 표현하는 것이다. 한편으로 우리의 삶(문명)과 행위 자체가 상실한 것에 대한 애도의 표현이며 과정이기에 우울이나 멜랑콜리로 표현하기

---

[174] 분노와 대조되는 감정이 우울이다. 분노는 외부로, 위로 솟구치는 감정이지만, 우울은 내면의 아래로 떨어지는 감정이다. 모든 감정은 공간구조의 특성이 있다. 한시적 생명판정을 받을 때, 어떤 사람은 곧바로 분노를 나타내지만, 어떤 사람은 우울로 바로 빠지는 경우가 있다. 감정은 퀴블러 로스가 말한 것처럼 반드시 심리적 시간의 전변을 겪지는 않는다. 오히려 감정은 공간구조의 특성을 갖는다. 따라서 분노와 우울은 반대가 아니라, 서로 이어-잇달아-일어나-이르러-어우러져 中, 곧 항상성(homeostasis)을 지향한다. 그 출발은 성향과 기질에 의해 Y축(axis)의 위나 아래에서 시작한다. '감정 작동방식'은 기질 및 성향, 곧 그 사람의 '의식구성'과 '의식구성의 작동방식'에 따라 나타난다.

도 한다(프로이트, 『문명 속의 불만』).

분명한 것은 '상실-비탄-애도-우울-멜랑콜리아(우울증)'가 하나의 서랍장에 들어가 있는 유사한 개념들이라는 점이다. 본 글에서는 우울을 생명을 지닌 유기체가 원래의 상태로 되돌아가고자 하는 반응으로 보며, 우울은 비애감의 일종이면서 동시에 애도의 과정으로 해석하고자 한다.

프로이트는 『애도와 우울증』(1915)에서 애도의 결과에 따라 애도의 형태를 두세 가지로 나누고 있다.[175] 하나는 ① 정상적인 애도이고, 다른 하나는 ② 병리적인 애도이고, 마지막 하나는 ③ 우울증이다. 우선 정상적인 애도는 사랑하는 대상을 상실한 뒤, 시간의 흐름과 함께 그 대상에 투여되었던 리비도를 대상으로부터 철수시키는 과정이다. 그러한 과정은 대개 두 단계를 거쳐서 일어나는데, 첫 번째는 사랑하는 사람이 죽거나 사라졌을 때, 그 사람에 대한 기억에 과투여(hypercathexis)[176]가 일어나는 단계이다. 즉 리비도를 대상에 묶어두는 모든 회상과 모든 기대는 현재화되고 과투여 되었다가, 그 하나하나에 대해 리비도의 분리가 일어난다.

> "사랑하는 사람이 죽은 직후, 환자에게 재현 작업이 시작되는 것이다. 즉 그녀의 눈앞에 병과 죽음의 장면이 다시 상연된다. 그녀는 매일 자기의 인상을 하나씩 다시 불러내어 그것 때문에 울고, 그러면서 말하자면

---

175) 프로이트는 1895년 히스테리 연구에서 이미 애도 작업에 주목하기 시작하여, 1915년에 「애도와 우울증」이라는 논문을 발표하고, 1921년에 집단심리학과 자아 분석에서 우울증을 동일시의 메커니즘과 연결하고, 1923년 <자아와 이드>에서는 죽음충동으로 연결한다.
176) 과투여는 <이미 투여된 표상, 지각 등에 추가 투여가 일어나는 것>을 말하는데, 여기서 주목해야 할 것은 생전에 투여한 양보다 사랑하는 대상이 죽었을 때 그 양이 훨씬 증가한다는 사실이다.

천천히 마음을 달랜다."[177]

그 기억은 잃어버린 대상과 "운명을 같이 해야 할지 결정해야 하는 자아가 삶 속에 남아있는 자기애적인 만족을 고려하여 죽은 대상과의 인연을 철회할 때까지 계속된다."[178] 두 번째 단계는 그러한 투여가 서서히 대상에서 분리되어 자기애적인 만족으로 이어지는 것이다. 그 결과, 대상으로부터 철수한 리비도가 자아를 향하면서, 나중에 다른 대상을 사랑할 수 있게 된다. 그렇게 리비도가 대상으로부터 철수하려면, 어느 정도의 시간과 에너지가 필요하다. 그리고 그 철수는 마치 생물학적인 죽음에 이어 두 번째 죽음이 뒤따르는 것처럼 진행된다.

'병리적인 애도'[179]는 정상적인 애도의 과정을 밟지 못하고 죽음의 책임이 자기에게 있다고 믿거나, 그 죽음을 부인하고 고인의 혼령이 자기 속에 들어왔다고 믿거나, 자기도 고인과 같은 병에 걸렸다고 믿는 경우이다. 우울증은 병리적 애도에서 한 걸음 더 나아가, 자아 자체를 잃어버린 대상과 동일시한 뒤, 나르시시즘의 단계로 퇴행하는 것이다. 즉 애도는 사랑하는 대상이 주체 바깥에 있는 데 반해, 우울증은 그것을 주체 내로 끌어들여 그것을 자아와 동일시한다. 그 결과 이제 주체는 더 이상 외부의 대상을 애도할 필요가 없게 되고 자아가 된 잃어버린 대상에 대해 <리비도 출혈>이 일어난다. 왜 그런 리비도의 출혈이 일어나는 것일까? 한마디로 대상 상실이 동일시를 통해 자아 상실로 이어지기 때문이다.

---

177) 『히스테리 연구』, p.219, 열린책들.
178) 「애도와 우울증」, p.261, 윤희기 역, 열린책들.
179) 병적인 애도는 독립된 질병 단위가 아니라 정상적인 애도의 일종이다. 단지 전자는 후자에 이르는 과정이 길고 힘들 때 나타나는 심한 현상일 뿐이다.

"대상 투여는 오직 자아를 포기된 대상과 <동일시>[180]하는 데에만 기여한다. 그래서 그 포기된 대상의 그림자가 자아에 드리우게 되고, 그때부터 자아는 마치 그것이 떠나버린 대상이라도 되는 듯, 어떤 특수한 기관에 의해 대상처럼 취급될 수 있는 것이다. 이런 식으로 대상 상실은 자아 상실로 전환되고, 자아와 사랑하는 사람 사이의 갈등은 자아의 비판과 동일시 때문에 변형된 자아분열로 바뀐다."[181]

II. 애도와 우울증(Depression = Expectations - Reality)[182]

애도는 사랑의 대상을 잃어버린 결과로 생기는 심리 내부의 과정으로, 그 과정을 통해 점진적으로 그 대상으로부터 분리되는 것을 말한다. 프로이트는 애도의 과정을 세 단계로 나누고 있다. 첫 번째 단계는 사랑하는 대상에 대해 리비도가 투여되는 단계이다. 이 단계는 애도의 전제가 되는 단계이다. 대상을 사랑하는 단계가 있어야 잃어버릴 대상도 있기 때문이다. 두 번째 단계는 사랑하는 대상이 상실되었을 때, 그 대상에 대한 기억에 과-투여가 일어나는 단계이다. 그러한 과정은 엄청난 리비도의 손실로 몸이 약해지며, 그에 따라 자기보존 본능이 작동하여, 잃어버린 대상과 운명을 같이 할지, 아니면 죽은 대상과 인연을 끊고, 즉 대상을 포기하고 자기애적인 만족을 추구해야 할지 결심해야

---

180) "잃어버린 대상은 내입(introjection)을 통해 자아 속에 다시 세워진다.", "주체가 대상을 더 사랑(소유)할 수 없게 되었을 때 동일시된 사랑의 대상이 되는 것이다."「자아와 이드」, 박찬부 역, 열린책들.
181) 「애도와 우울증」, pp. 256~7, 윤희기 역, 열린책들
182) 흘려야 할 눈물과 슬픔이 있어 이를 억압하거나 회피 도피 연기 저항하지 않는다면 그 슬픔은 정상적인 슬픔이 되어 자아의 성숙으로 이어지지만, 슬픔을 억압하거나 도피 연기 시킨다면 그 슬픔은 우울증으로 변환된다.

하는 지경에 이른다. 여기서 정상적인 애도는 리비도 투여가 서서히 대상에서 분리되어 자기애적 만족으로 철수하는 것이다. 이 단계가 세 번째 단계로 말하자면 자기애가 회복되는 것이다. 여기서 애도의 특징을 세 가지로 압축할 수 있다. 하나는 대상 상실이고, 그다음은 대상 포기이고, 마지막으로 자기애의 회복이다. 프로이트는 이러한 애도를 아주 정상적인 과정으로 본다.

반면에 우울증은 병적인 과정으로 정신증에 속하는 정신질환이다. 우울증은 간단히 말하면, 애도처럼 대상을 포기하는 대신, 상실된 대상의 동일시를 통해 자아로 가지고 들어온다. 대상과의 동일시가 일어나는 것이다.[183] 그다음에는 자아가 상실되고, 자아가 된 대상에 대한 공격이 일어나며, 급기야 자아를 포기하는 지경에 이른다. 우울증은 상실된 ① 대상과의 동일시, ② 자아 상실, ③ 자아 포기라는 과정으로 특징지을 수 있다. 이때 좀 특이한 점이 있다면, 우울증은 대상과 동일시하면서, 일차적 나르시시즘의 단계로 퇴행한다는 사실이다. 그럼으로써 프로이트에 따르면, 최초 사랑의 대상 자체인 <사물>에 대한 기억흔적을 가동한다. 여기서 문제는 애도에서 회복되는 나르시시즘(즉 자기애)과 우울증에서 퇴행하는 나르시시즘은 어떻게 다르냐 하는 것이다. 한마디로 후자는 자아가 형성되기 이전에, 동일시된 어머니가 주체를 사랑하듯이 나를 사랑하는 일차적 나르시시즘이고 전자는 고유한 의미의 자아가 형성된 이후에 대상으로 투여되었던 리비도를 자아로 철수하는 이차적 나르시시즘이다. 그렇기에 우울증에서는 자아가 상실되는 것이고, 애도에서는 자아가 다시 굳건히 세워지는 것이다. 이렇게 애도와

---

183) 물론 프로이트는 애도와 우울증 사이에, 정신질환의 단위로 독립시킬 수는 없지만, 중간 단계로 <병적인 애도>를 설정할 수 있다고 말한다. 병적인 애도는 상실된 대상에 대한 애증 병존(즉 사랑과 증오의 양극화)과 대상이 자기 때문에 죽었다고 생각하는 죄의식과 환각이 특징적으로 나타난다.

우울증은 대상 상실이 가져오는 심리에서는 동일하지만, 그 진행 방식이 정반대인 메커니즘을 일컫는다.[184)]

우울증의 경우 분노를 나타내는 경우가 있는데, 이는 죄책감과 수치심에서 기원한 자기 학대적 감정이다. 프로이트는 "우울증 환자가 자기 대상과 관련해서 내보이는 리비도 투여는 이중의 변천 과정을 겪는다. 말하자면 한편으로는 동일시로의 퇴행이고, 다른 한편으로는 애증병존에 따른 갈등의 영향을 받아 그 갈등에 아주 근접해 있는 가학증의 단계로 후퇴하는 것이다."라고 말한다.[185)] 그 결과, "우울증에서는 초자아가 의식을 장악하고 있다는 인상이다. 자아는 감히 초자아에 반대하지 못한다. 자아는 자신의 죄를 인정하고 처벌을 감수한다. 강박증에서 문제가 되는 것은 자아 밖에 있는 못마땅한 대상이었던 반면에, 우울증에서는 초자아의 분노 대상이 동일시를 통하여 자아 속으로 들어온다."라는 것이다.[186)] 따라서 우울증에서 우울과 분노가 교대로 일어나는 것은 당연한 일이며, 그때의 분노는 동일시를 통해 자아로 내입된 대상에 대한 초자아의 공격성이다.

---

184) 『DSM-IV』에서는 <기분부전장애(dysthmic disorder)>를 "적어도 2년 동안, 하루의 대부분 우울한 기분이 있고, 우울 기분이 없는 날보다 있는 날이 더 많고, 이는 주관적인 설명이나 타인의 관찰로 드러난다." 등으로 정의하고, <주요 우울장애(Major Depressive Disorders)>를, "주요 우울증 삽화의 필수 증상은 적어도 2주 동안의 우울 기분 또는 거의 모든 활동에 있어서 흥미나 즐거움의 상실이다"로 기술한다. "주요 우울장애의 필수 증상은 조증, 혼재성 또는 경조증 삽화의 과거력이 없는, 한 번 이상의 주요 우울증 삽화가 특징적인 임상적 경과이다." 『DSM-IV』, pp. 424 이하 참조.
185) 프로이트, 「애도와 우울증」, p.256, 윤희기 역, 열린책들.
186) 프로이트, 「자아와 이드」, p.396, 박찬부 역, 열린책들.

III. 우울증의 심적 기제: 동일시와 초자아

프로이트에 따르면, 우울증자의 정신상태는 유아기의 자기애적 동일시 국면으로 퇴행한 것이다. 유아기의 이 국면에서 우리의 욕망은 대상들을 자기 속으로 동화시키려고 한다. 이런 욕망의 육화된 모습은 타자를 먹고 소화 시키는 행위로 나타난다. 프로이트는 먹는 행위로 표상되는 자기애적 동일시의 국면을 리비도 전개의 구순적 국면에 상응한다고 보고 있다. 즉 상실의 상처가 아물지 않을 경우, 과거의 구순기적 상태로 퇴행할 수 있다는 말이다. 이런 퇴행 현상은 철저히 타자를 자기화시킴으로써 타자와 하나가 되려는 욕망의 발현이자, 동시에 상실이라는 힘겨운 현실을 부인하고자 하는 욕망이기도 하다. 이것을 크리스테바는 다음과 같이 설명하고 있다. "상실하기보다는 차라리 조각내고, 분해하고, 자르고, 삼키고, 소화하고 (중략) 우울증의 식인 행위적 상상계는 상실과 죽음의 현실에 대한 부인이다."[187]

앞서 서술했듯 우울증자는 그동안 억눌려 있던 증오를 한껏 표출한다. 대상에 대한 증오의 감정이 대상을 동일시한 자기에게 쏟아진다. 프로이트는 여기서 우울증이 구순기만이 아니라 가학적 단계, 즉 항문기로 퇴행하는 모습도 보여준다고 말한다. 여기서 우울증자의 자살도 해명된다. 상실된 대상에 대한 증오의 감정이 자아로 향하고, 그 증오가 자기학대, 더 나아가 자살로 이어진다는 것이 그의 기본 시각이다. 외부 세계의 대상에 대한 자아의 원초적 반응을 표현하면서 그 대상을 향해 발산되었던 적개심이 자아 자신에게 되돌아오게 되면, 자아가 자

---

[187] 줄리아 크리스테바, 『검은 태양 - 우울증과 멜랑콜리』, 김인환 옮김, 동문선(2004), p.23.

신을 죽일 수도 있다는 사실을 알게 된 것이다.[188]

우울증은 사랑하는 대상을 자신과 동일시함으로써 상실의 공포를 이겨내려고 한다. 이 점에서 동일시는 일종의 방어 메커니즘이다. 그런데 사랑의 대상이 신과 동일시되면 자아는 분열된다. '사랑하는 나'와 '사랑받는 나'로 분열된다. 원래 사랑은 그 대상을 이상화시킨다. 사랑의 대상은 언제나 자기보다 높은 곳에서 자신을 압도하는 자다. 이런 사랑의 미화 능력 때문에 대상은 명령하는 주인이 되고 사랑에 빠진 사람은 노예가 된다. 이런 사랑의 주종관계로 말미암아 동일시된 자기는 자기 이상이 되고, 초자아로 발전한다. 강력해진 초자아는 비루한 자아를 검열하고 명령하고 비판한다. 그 아래에서 자아는 자신의 나약함과 비굴함을 느낀다. 외부에 존재하는 대상으로부터는 잠시나마 벗어날 수 있지만, 내면화된 대상에게서는 도망갈 곳이 없다. 이렇게 자기와 동일시된 대상이 조금씩 자아를 잠식하는 과정이 바로 자학의 과정이며, 자학이 정점에 이를 때 자살이 발생한다.[189]

---

[188] 사랑에 빠지는 것은 자살과 유사하다. 사랑과 자살 모두 대상에 압도되는 것이다. 대상의 압도적인 힘에 질식되는 현상이라는 점에서 사랑과 자살은 동일하다. 자살은 결국 대상의 압도적인 힘에서 유래한다. 이런 점에서 자살처럼 보이는 현상도 이미 타살이라 말할 수 있다. 그렇다면 여기서 누가 피해자이고 누가 살해자인가? 자살의 피해자는 자기 자신이고 가해자 역시 자기 자신이다. 자살은 자기 자신이 자신을 죽이는 행위다. 이렇듯 자살은 행위의 주체와 객체를 분리하는 자기분열을 전제한다. 죽이는 자와 죽임을 당하는 자의 구분이 전제된다. 그렇다면 누가 죽이는 자이고 누가 죽임을 당하는 자인가?

[189] 초자아는 이상적인 자아로서 보통 도덕적인 명령을 내리는 마음의 심급이다. 도덕적인 판단을 내릴 때 자신을 냉정하게 비판하고 반성하도록 해주는 양심의 역할, 그것이 바로 초자아의 역할이다. 프로이트에 따르면, 우울증자는 이런 초자아가 지나치게 발달한 사람이다. 「자아와 이드」(1923)에서 프로이트는 "우울증의 경우 초자아가 의식을 장악하고 있다는 인상은 더욱더 강하다"라고 말하고 있다. 그런데 사실 초자아 역시 동일시의 산물이다. 생의 초반부에 있었던 부모와의 동일시가 초자아의 토대다. 초자아는 "동일시의 산물이고 그것도 자아가 아직 연약할 때 생긴 것"이며, "오이디푸스 콤플렉스의 후예이고 따라서 자아 속에 가장 중대한 대상을 도입했다는 것"을 뜻한다. 다시 말하면, 초자아는 "이드의 첫 번째 대상 리비도 집중" 또는 오이디푸스 콤플렉스에서 유래한 것이다. 이런 점에서 초자아는 유아기에 일어났던 동일시의 산물인 셈이다. 이렇게 확립된 초자아가 대상관계 형성 이전에 자기애적 방식으로 대상을 선택한 것이다. 사랑은 언제나 증오를 동반한

프로이트는 상실된 대상이 자기와 동일시되면서, 자기의 내적 분열이 야기될 수밖에 없다고 보고 있다. 자아는 이제 사랑하는 자기와 사랑받는 자기로 분열된다. 이러한 애증의 양가성에서 대상은 증오된다. 사랑하는 자기는 증오하는 자기로 변모하고 사랑받는 자기는 증오의 대상으로 변모한다. 분열된 자기 내부에서 사랑과 증오의 주체와 객체는 수시로 뒤바뀌며 서로 충돌한다. 흥미롭게도 이 과정을 프로이트는 '양심' 현상과 연결 짓는다. 프로이트적 관점에서 양심은 초자아가 자기에게 계율과 금지를 명령하는 목소리다. 프로이트는 우울증자의 과도한 자기비판에 주목하고 거기에서 양심과 유사한 구조를 발견한다.

IV. 우울증의 고유한 증상

프로이트는 사실 소박한 차원에서 슬픔과 우울증을 구분하고 있다. 그에 따르면, 슬픔이 인간의 보편적인(정상적인 감정) 반면에, 우울증은 소수의 특수한 사람들만이 가지는 특별한(비정상적인 감정) 상태, 더 나아가 일종의 정신질환으로 해석한다. 프로이트가 우울증에 관심을 가진 것은 그것이 '심인성 질환'이기에 치료가 요구된다는 판단 때

다. 자연히 동일시된 대상은 증오의 대상이 된다. 이 경우에 분열된 자기의 모습은 '증오하는 나'(초자아)와 '증오받는 나'(동일시된 상실 대상)가 된다. 우울증의 경우 동일시를 통하여 초자아의 분노 대상이 자아 속으로 들어왔다." 극단적인 경우, 증오하는 초자아가 동일시된 대상을 죽인다. 결국 자신을 죽게 만든 장본인은 지나치게 가혹한 초자아다. 물론 초자아는 기원을 거슬러 올라가면 동일시된 타자이기는 하다. 그러나 프로이트는 어느새 사랑의 타자 관계성을 희석하고 자아, 초자아 이드의 관계로만 대상관계를 해명한다. 사랑에 압도되는 현상을 초자아의 폭력적인 힘으로 다시 서술함으로써, 결국 프로이트는 자기애적 자기중심주의로 회귀한다. 그래서 이제 사랑의 타자성은 사라지고, 그 대신 초자아가 우울증 담론의 핵심부에 놓이게 된다.

문이다. 그러나 우울증도 분명 슬픔의 일종이다. 물론 그것은 건강한 슬픔이 아니라 병적인 슬픔이며, 정신적 상처가 아물 수 있는 슬픔이 아니라 아물지 못하고 계속해서 덧나기만 하는 슬픔이다. 그래서 우울증은 슬픔이 맺히고 꼬이고 뒤엉켜서 가슴에 검은 멍울로 번진 슬픔이다. 이런 우울증을 프로이트는 다음과 같이 기술한다. 영혼의 차원에서 볼 때 우울증은 다음과 같은 특징을 가지고 있다.

> 우울증이 지닌 감정은 깊숙이 파고드는 고통스러운 불쾌감, 외부 세계에 대한 무관심, 사랑하는 능력의 상실, 성취를 위한 모든 행위의 장애, 자기 비난과 자기 욕설을 표현하다 못해 망상에 빠져 처벌을 기대할 정도로 커지는 자존감의 손상 등이다.[190]

여기서 언급되는 우울 증후들은 굳이 우울증에만 한정되는 증상은 아니다. 이는 모두 이별의 상처가 남긴 증후들과 동일하다. 사랑하는 대상과 이별하면 그동안 의지했던 마음의 끈이 끊어진 것 같아 고통스럽고 불쾌하며, 대상에 대한 그리움으로 세상사에 무관심해질 수 밖에 없다. 영원히 다른 사람을 사랑할 수 없을 것 같고 어떤 일도 손에 잘 잡히지 않는다. 이별한 사람의 머리는 온통 대상으로 채워져 있기 때문이다. 이런 증상은 일반적으로 대상과의 이별을 경험한 모든 사람에게서 보이는 우울의 모습이다. 프로이트가 여기서 언급한 우울증은 슬픔과 구분되는 우울증만의 특징이 아니다. 슬픔이 애도 작업을 통해 이런 증상들을 차츰 지워가는 데 반해, 우울증은 슬픔 초기의 모습을 계속 유지할 뿐 아니라 그 강도를 더해만 간다는 점에서 차이가 있다.

---

[190] 프로이트, 「애도와 우울증」, p.266, 윤희기 역, 열린책들.

여러 증상 가운데 프로이트가 강조하는 우울증만의 고유한 증상은 '부끄러움 없는 자기 비난'과 '이유 없는 슬픔'이다. 먼저 첫 번째 증상을 보면, 전혀 부끄러움을 표현하지 않고 드러내는 가혹한 자기학대, 급격한 자존감의 실추, 그리고 그것의 극단적 모습인 자살 등이 우울증에서 특징적으로 나타난다. 물론 애도의 경우에도 자기 비난은 가능하다. 누구나 사랑하는 대상이 떠나가기 전에 잘 대해주지 못한 것에 대해 깊은 자책감을 느끼기 때문이다. 그러나 자책의 강도 면에서는 우울증 쪽이 비교할 수 없을 정도로 강력하다. 슬픔이 부끄러움을 동반한 자책의 모습이라면, 우울증은 부끄러움을 모르는 강렬한 자기 비난의 양상을 보인다.

우울증의 두 번째 증상은 상실된 대상을 명확하게 경계 짓지 못한다는 점이다. 애도의 경우 상실 대상이 분명히 의식되지만, 우울증은 그렇지 못하다. 전통적으로도 우울증은 '이유 없는 슬픔'이라 규정된다. 슬픈 까닭을 찾을 수 없고 슬픔을 일으킨 대상이 의식 속에서 떠오르지 않는다. 분명 무엇인가를 상실했지만, 상실 대상이 무엇인지는 알 수 없다. 프로이트는 대상 상실이 좀 더 관념적인 본성에서 유래한 상실의 가능성이 있다고 본다. 상실 대상이 구체적이지 않고 지극히 관념적이기에, 상실된 것이 정확하게 무엇인지를 알기 어렵다는 것이다. 그래서 사랑의 대상을 잃고서도 무엇을 잃었는지 알지 못한다. 때때로 누구를 상실했는지는 알고 있지만, 그 사람의 어떤 부분을 사랑하고 있는지를 모르는 경우다. 다시 말해 그가 누구인지를 알고 있기는 하지만, 그에게서 무엇을 상실했는지를 모른다. 이때도 상실의 고통을 겪고 있지만, 그 고통의 원인에 대해서는 무지할 수밖에 없는 상황이 연출된다. 더 나아가 무의식 속에서는 사랑하지만, 의식 속에서 그것을 놓치는 경우가 있다. 특히 사회적 금기로 인해 허용되지 않는 관계라면 더욱 사랑은 의식의 차원에서 드러나지 않는다. 그래서 대상이 상실되더라도 상실을 모른다. 의식은 평온하지만, 무의식은 슬픔으로 들끓는다. 이 경우 슬퍼해야 할 때 슬퍼하지 못해서, 또는 누구를 애도해야 할지를 모르기 때문에, 슬픔의 극복 과정, 곧 애도 작업은 실패할 수밖에 없다. 상실 대상을 알기라도 하면, 바꿔 말해서 슬픔의 원인을 알기라도 한다면, 그 자체로 슬픔은 완화될 수 있으며 애도 작업을 수행하기가 용이하다.

실존정신언어분석은 바로 이 정체불명의 원인을 내담자 스스로 찾아내고 자기 고통을 이해하는 데 있다. 슬픔의 정체를 알 수 없기에, 엄청난 크기로 밀려오는 상실의 고통과 불안 앞에서 우울증자는 그 어떤 보호나 위안도 받지 못한다. 우울증자는 출처 불명의 이방인처럼 불쑥 찾아오는 상실의 고통을 대책 없이 맞을 수밖에 없다. 프로이트는 우울증만의 고유한 특징으로 '부끄러움 없는 가혹한 자기 비난'과 '상실 대상에 대한 무지'를 설명한다. 후자는 어렵지 않게 설명되었지만, 여전히 전자에 대한 설명은 미진하다. 그렇다면 우울증자의 부끄러움 없는 자기 비난은 어떤 심리적 메커니즘에서 발생할까?

누구나 자기 자신에게 가혹한 비난을 퍼부을 수 있다. 그런데 대개 타인 앞에서 자신을 비난할 때는 부끄러움이 수반된다. 타인 앞에서 발가벗은 자기 모습을 보인다는 것은 부끄러운 일이기 때문이다. 그런데 기이하게도 우울증자는 자신을 비난할 때 부끄러움을 보이지 않는다. 마치 남을 비난하듯 우울증자는 자신을 가차 없이 비난한다. 프로이트는 여기에서 자기 비난이 실은 자기 비난이 아닐 수 있음을 추론한다. 비난의 화살은 자기 자신이 아니라, 상실된 대상을 향해 있다는 것이다. 비난의 과녁은 자기 자신인 듯 보이지만, 사실 떠나간 대상, 애증이 병존하는 양가감정의 대상이라는 것이다.[191]

우울증은 프로이트에게 질병 분류학상 한 단위로 성립한다고 할 수 있다. 그것은 자기애적 정신신경증- 즉 정신증-의 한 계열로서, 대상에 대한 욕망이 소등되고, 자아가 상실됨으로써 극단적인 자기애로 철수되는 깊고 구조적인 우울로 정의된다. 한마디로 그것은 심각한 나르시시즘의 상실을 중심으로 구성되는 욕망 소등의 병이다.[192]

V. 우울증 치료

환자가 우울, 슬픔, 상실과 무력감에 빠지는 이유는, 신경 체계가 닫혀(클로즈) 더 이상 감당할 수 없다고 느끼는 상황에서 생명을 보호하려는 몸의 본능적 의지가 나타나는 현상이다. 우울과 슬픔, 상실과 무력감은 가장 밑바닥에서 환자를 새롭게 일으켜 세우며, 평소에는 다가

---

191) 도저히 사랑의 손길을 거둘 수 없는 우울증자는 상실 대상을 무덤이 아닌 자기 가슴에 묻는다. 상실 대상을 영원히 상실될 수 없는 자신의 마음속에 안치시킨다. 이렇게 상실된 대상을 자기 내면으로 들여와 자신의 또 다른 부분으로 만드는 과정이 동일시다. 동일시를 통해 상실된 대상은 영원히 자신과 함께할 수 있다. 그럼으로써 우울증자는 대상에게 고착된 리비도를 방향만 바꿔 (외부에서 내부로) 그대로 유지할 수 있다. 그러나 동일시 과정이 무의식적으로 수행되기 때문에, 상실 대상은 의식 속에서 자취를 감춘다. 결국 슬퍼도 더 이상 슬픈 이유를 모르게 된다. 이처럼 프로이트는 우울증 증후를 해독할 수 있는 핵심 개념으로 '양가감정'과 '동일시'를 제시한다. 양가감정이 인간 감정의 야누스적 모습이라면, 동일시는 자기중심적 심리 패턴이다.

192) 여기서 우리는 우울증을 통해, 자아-라캉의 용어로 주체와 대상, 사랑과 죽음 사이에 얼마나 밀접한 관계가 있는지를 알 수 있다. 대상과의 동일시를 통해 대상에 대한 욕망이 소등된다는 것은 주체가 욕망의 주체로 태어나기 위해서는 대상이 주체로부터 분리되어 주체가 대상 결핍으로 구조화되어야 한다는 사실을 보여준다. 또한 대상과의 동일시가 곧 죽음으로 이어진다는 것은, 진정한 의미에서 사랑은 죽음으로 실현된다는 사실을 말해준다. 이렇게 우울증은 그것이 주체를 데려가는 극단을 통해, 그리고 그 극단에서, 일반적으로 주체가 어떻게 결핍으로 구조화되는지를 보여준다.

가지 못했던 영혼의 깊은 곳으로 환자를 인도한다.

고통을 가능한 한 빨리 잊거나 대수롭지 않게 여기는 것은 결코 바람직한 방법이 아니다. '잊는다'라거나 '대수롭지 않게 여기는 것'은 비인간적인 방식이다. 부인과 회피는 우리 문화가 상실을 다루는 가장 전형적인 처방이며, 이 두 가지 방식의 결합은 우리 문화의 영적 건강을 사실상 완전히 파괴했다. 사회에 만연한 중독증과 우울증이 그 결과다.

우울증은 보통 철저한 부인보다는 회피 심리에서 시작한다. 이는 오랜 세월 상실과 죽음, 실패와 실망의 현실을 있는 그대로 대면하지 않고 축소해 온 것의 축적된 결과다. 우울증에 빠지면 다른 모든 현실에 대해서도 무감각해지고 둔감해진다. 우리 사회에는 고통, 거절, 실패, 거짓, 위선, 도피, 회피, 억압, 아픔 등과 대면할 줄 모르거나 대면하기를 거부하는 증상, 원하는 것을 얻지 못하거나 뜻대로 되지 않는 것을 견디지 못하는 증상이 만연해 있다.

우리는 슬퍼하는 법을 배워야 한다. 이를 배우지 못하면 그때그때의 기분을 좋게 유지하는 것이 가장 중요하다고 믿게 된다. 그러면 거절당할 때마다 그 현실을 부인하려 할 것이며, 결국 자신의 존재는 타인의 거절 여부에 좌우될 것이다.

실존정신언어분석에서는 우울증 치료의 관건을 '발화행위의 주체' 건립에 둔다. 우울증을 지닌 사람은 말이 없어지는데, 이는 모든 것이 '무의미'하게 느껴지기 때문이다. '무의미함'을 '의미함'으로 생성시켜 주는 것이 '말하기'이다. 지금까지 무의미했던 것은 그 말이 자기 말이 아니라 타자의 언어였기 때문이다. 자신만의 방식으로, 자신의 언어로 발화할 때 비로소 의미가 생성된다. 의미가 생성되면 자신이 왜 지금 이런 상황에 처해 있는지, 왜 살아야 하는지를 알게 된다. 인간은 욕구(욕망)의 존재이며, 언어는 욕구(욕망)를 생성한다. 인간에게 가장 큰 욕구(욕망)는 '삶의 의미화(signification)'다.

언어로 표현되지 않거나 정신적인 행위로 표현되지 않은 표상은 무의식 속에서 억압된 상태로 계속 머물러 우울증을 만든다. 우리가 말을 한다는 것은 어떤 사건에 이미지(기억)를 부여하여 상징화(기호화)하는 것이다.[193] 우리는 자신의 감정을 언어화할 때 새로운 의미와 통제감을 획득한다. 언어화는 감정을 다루는 손잡이와 같다. 우리는 언어를 통해 감정을 수정한다. 언어는 이렇게 새로운 의미의 생성을 촉진한다. 감정에 명칭이 부여되면서 감정으로부터 자신을 분리하고 강한 자기감이 촉진된다. 감정을 언어적으로 상징화하면서 자신이 느끼는 감정이 어떤 것인지 알게 되고, 감정을 볼 수 있는 새로운 위치와 관점이 만들어지는 것이다.[194]

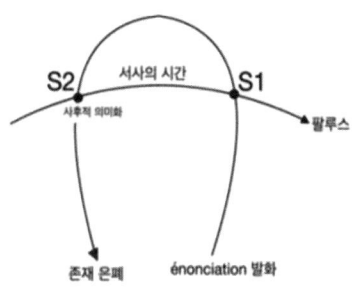

표1) 라캉, 욕망과 발화의 그물코[195]

---

193) 앙리 베르그손(Henri Bergson) 지음. 박종원 옮김, 『물질과 기억』, 아카넷(2005), pp. 134-156 참조

194) 오스틴(J.L, Austin) 지음. 김영진 옮김, 『말과 행위: 오스틴의 언어철학 의미론 화용론』, 서광사 (1992), pp. 67-78 참조.

195) 라캉 정신분석학자 백상현 교수가 그린 이미지 도표를 구글에서 복사해서 전재하였음.

하나의 사례를 설명해 보자. 먼저 위에 제시한 도표를 설명하면 다음과 같다. ① 발화행위(enonciation): 자신에게 다가온 실재의 자극(사건)을 발화함, ② S1: 자신에게 다가온 실재의 자극(사건)이 하나의 기표(언어)로 처음 표시됨(은유-encode), ③ S2: 처음 표시된 하나의 기표가 또 하나의 기표로 대체가 되면서 해석됨(환유-decode), ④ 사후적 의미화: 해독되지 않은 처음 기표 S1이 S2에 의해 사후적으로 해석 이해됨. 이때 사후적 해석은 이미 오랫동안 축적통용 되어온 언어로 이해됨. 그 이해는 발화 행위자가 말하고자 하는 것과 완전하게 합치되지 않는다. 그것은 평균 이해, 고정관념이 만든 이해, 치우치거나 왜곡된 이해이다. 이는 언어가 지닌 한계다. ⑤ 서사의 시간: S1과 S2 사이(간극, 균열)에서 벌어지는 의미-상응성(semantic correspondence, encode-decode)의 시간, 매 순간 서사의 시간이 일어나도록 하는 것이 발화의 목적이다. ⑥ 팔루스: 일반적으로 통용되는 평균 상식의 이해 또는 고정관념의 언어의 지향성, ⑦ 존재 은폐(분열 $): S2에 의한 S1의 이해와 해석은 온전하지 못하고 곧 미끄러지게 된다(억압과 은폐).

미끄러지고 은폐되고 억압된 것이 무엇인지 자각하기 위해서는 다시 말(발화)해야 한다. 그 균열의 공간에서 의미의 서사가 일어나 새로운 언어가 창안되어야 한다. 그 말(발화)은 반드시 발화자(주체)의 말이 되도록 안내해야 한다. 이것은 상담 공간에서 반드시 지켜줘야 할 윤리이다. "하나의 언어(기표)는 주체에게 다른 언어(기표)로 표현하게 함으로써 다른 이미지와 의미를 생성하도록 한다." 이것만이 우울증 치료의 관건이다.

법정 스님이 쓴 책 『살아있는 것은 다 행복하라』에서 남편과 기업 그리고 아들을 잃은 어느 보살님의 의미화 과정을 세 단계로 생각해 보자.

① **외상적 슬픔**-붓다(신)의 거부(부정)-방황-먼지바람-눈물-회한-우울-자살
② **누가 거기에 있었는가?** : 법정 스님, 신뢰와 공감, 개방 → 아프더라도 몸이 상하지 않을 만큼만, 손수 밥을 만들어 곡기를 먹게 함 / 온 존재자-들 바람 숲들, 상징 언어들
③ **어떻게 해서 보살님은 상실의 슬픔을 허용하게 되었는가?** → 의미화의 서사 시간

<의미화의 서사>
① 법정 스님의 태도: 일정한 거리, 잠잠히 있는 그대로 바라봄, 판단하지 않음
② 슬픔을 재구성하는 그만의 의미적 시간을 허용, 기다려줌 → <신의 거부(부정)-방황-먼지바람-눈물-자살>은 지속성으로 그리고 직관으로 작용. 이것이 없다면 어디에서 무엇으로 무엇을 통해 치유될 수 있을까? - Tuche; 너에게 방문한 사건을 선용하라, 선용하라, 또 신용하라.
③ 몸이 상하지 않도록 조용히 식사를 준비해 줌, 같이 먹음, 같이 산책함, 묵언 수행을 통해 발화행위의 주체가 건립(감정과 의식의 재구성)하도록 함.
④ 3자에 의해 평균 이해와 고정관념으로 규정하지 않은 여백의 공간을 통해 비로소 새로운 문법 창안이 생김 → 새로운 의미적 기표 생산, 말하기는 욕망을 점화시킨다. 누군가 그대가 되어야 한다.
⑤ 의미화: "저는 붓다(신)가 없는 줄 알았습니다. 그러나 붓다 님은 여전히 저와 함께 계셨습니다. 제가 붓다 님을 거부하는 그 마음에, 마음 놓을 것 없어 온통 눈물바다처럼 떠돌아다닐 때도 그 방황 속에, 먼지바람 이는 영혼에 붓다 님은 모습을 바꾸어 가며 여전히 그곳에 계셨습니다." → 애도는 따로 있지 않다. 슬퍼하고 분노하고 부정하

고 힘들어하는 것 자체가 애도이고 절차이다.

⑥ 심적 태도의 변화: 대상화에 대한 심적 태도에서 존재론적 태도로 전환. 즉 'about', 'for'의 심적 태도에서 'of'의 존재론적 태도로 전환 196).

⑦ 그동안 부정, 소외 시 했던 것들이 결국 자신을 보호하고 지키고자 한 생명(붓다)이었음을 자각 → 자기 삶 허용과 새로운 변화 인식의 전환(전변).

---

196) 'about'의 심적 태도는 객관적인 지식체계, 타자에 의해 이미 규정된 것이거나 선험적으로 규정된 것을 전제로 재구성된 것이다. 이는 관념어, 추상어, 개념어는 보편이라는 명제에서 성립한 것이기에 주체와 멀어진다. 대상에 대한 객관적인 인식 태도가 'about'이다. 이때의 발화는 제삼자의 것이 된다. 'for'의 심적 태도는 목적성을 위한 것이다. 예를 들어 슬픔을 위한 슬픔, 애도를 위한 애도와 같이 감정이 이론적 논리의 정합성(순수명제이론)을 위한 것으로 규정된다면, 어느덧 슬픔은 개념 그 자체의 목적성을 이루기 위해 강요된 도구적 수단으로 전락한다. 'of'의 심적 태도는 슬픔의 주체가 자신의(소유), 자신으로(재귀), 자신만의 방식으로(특이성), 자신에서 슬픔이 발출되고, 발출된 슬픔은 다시 자신으로 귀속된다(식인성-내가 나를 마신다) → 이때 슬픔에 '책임성'과 '결단', '한계(경계)'의 무늬가 형성된다. 슬픔의 '책임성'과 '결단', '한계(경계)'는 슬픔(감정)이 지닌 속성이다. 슬픔은 자신만의 것으로 소유(mines)될 때 치유된다.

실천 2
평가와 개입

<내용 요약>

'평가와 개입'은 죽음학 지식체계의 맥락과 인간다움의 길을 지향하여 이루어져야 한다. 비탄은 과거, 현재, 미래를 재구성하며 자기의식을 찾아가는 과정으로 이해되어야 한다. 평가와 개입의 대상은 유가족뿐만 아니라 죽음을 맞이하거나 일상을 살아가는 모든 사람을 포함한다. 비탄은 상실의 성격, 대처방식, 정서적 성향에 따라 예측적, 격렬한, 복합적, 박탈적 비탄으로 구분된다. 죽음학적 평가와 개입은 내담자가 슬픔과 고통을 극복하며 치유와 재적응을 돕는 것을 목적으로 한다. 윤리적 평가와 개입을 위해 분석가는 죽음학 지식체계 안에서 점검과 반성을 지속해야 한다.

<핵심어>

평가(Evaluation), 개입(Intervention), 자기의식(Self-awareness),
유가족(Bereaved families), 대처 방식(Coping strategies),
복합비탄 (Complicated grief), 윤리적 점검 (Ethical reflection)

<학습 목표>

- 비탄의 개념과 유형 이해
- 비탄의 정의와 다양한 유형을 학습하여 상실 경험에 대한 전반적인 이해를 높인다.
- 비탄 반응 평가 능력 습득
- 비탄을 경험하는 사람들의 신체적, 정서적, 사회적 반응을 평가할 수 있는 능력을 배운다.

- 효과적인 개입 전략 개발
- 비탄을 겪는 개인과 가족을 지원하기 위한 구체적이고 효과적인 개입 방법을 학습한다.
- 자기 인식과 윤리적 실천 강조
- 자기 인식을 통해 상담자의 편견을 점검하고, 윤리적으로 올바른 개입 방식을 이해한다.
- 복잡한 비탄 상황에서 적절히 대처하고 지원할 수 있는 전문적인 기술을 기른다.

<적용 실천>
- 개인 상담 및 지원 : 비탄을 겪는 개인과 가족에게 심리적 안정과 회복을 위한 전문 상담을 제공한다.
- 비탄 교육 프로그램 개발 : 지역사회, 학교 등에서 상실과 비탄에 대한 인식을 높이고 대처 방법을 가르치는 교육 프로그램을 운영한다.
- 위기 상황 개입 : 갑작스러운 상실이나 비극적 사건이 발생한 상황에서 즉각적이고 적절한 개입을 통해 지원한다.
- 집단 상담 및 자조 모임 운영 : 비슷한 경험을 공유하는 사람들끼리 집단 상담이나 자조 모임을 통해 상호 지지를 제공할 수 있도록 돕는다.
- 비탄 연구 및 자료 개발 : 상실과 비탄에 관한 연구를 진행하거나 상담자 및 일반인을 위한 자료와 지침서를 제작하여 활용한다.

평가와 개입

I. 평가와 개입

'평가와 개입'은 죽음학 지식체계의 내적인 맥락과 의미 지향성(유한성과 한계상황)에 착안하여 이루어져야만 한다. 따라서 죽음교육전문가는 죽음학에서 사용하는 '평가와 개입'의 용어가 죽음학 체계 내 문맥에서 어떻게 사용되고, 또 이것이 어떻게 상호 연결되고 통일되는지를 유념해야 한다. 또한 '평가와 개입'이 궁극적으로 인간학, 인간다움의 길을 지향하고 있음을 항상 주지해야 한다.

무엇보다도 먼저 전제할 것은 '평가와 개입'에서 다루게 될 고통이 ① 누구의 고통인가를 '계열화'(공시성 · 공간성 · 수직성-개인의 실존적 고통)하고, ② 그 고통이 '어떤 종류의 고통'인지를 '범주화'(통시성 · 시간성 · 횡선성-시간의 변이에 따라 고통이 전변)하여 고려해야 한다.

죽음학 감정론에서는 비탄(감정)을 억압된 욕망이 다른 가면을 쓰고 나타내는 또 하나의 욕망의 충족으로 해석한다. 욕망 스스로 감정에 숨어 있어서 분석가는 내담자가 욕망의 무의식으로부터 의식을 드러내어 자각할 수 있도록 해야 한다. 우리의 욕망은 증상과 감정으로 전략적인 위장을 하여 비탄을 전위, 압축, 수정, 퇴행, 투사, 대체물로 전이시킨다. 인간은 이런 위장술로서 환상의 충족을 느낀다. 환상은 치유의 원천이 되기 때문이다. 따라서 분석가는 환상을 통해 다른 감정으로 전이될 수 있도록 안내하여 이상적 자아로 나갈 수 있도록 한다.

분석가는 내담자의 비탄이 '무엇'의 상실에서 나타난 비탄인가를 유념해야 한다.[197] 일반적으로 '평가와 개입'의 대상을 '남아있는 유가족'으로 제한하는 경우가 많다. 그러나 죽음학은 '평가와 개입'의 대상을 유가족뿐만 아니라, 죽어가는 환자·일상을 살아가는 사람 모두를 대상으로 한다. 그래서 우리는 비탄을 겪는 내담자에게 다음의 질문을 해야 한다. "내담자 A는 무슨 상실로 그렇게 비탄하는가?", "무엇이 그가 비탄하게 하는가?"[198], "그에게 있어 지향하고자 하는 욕망은 무엇인가?" 이 세 가지 질문은 ① 수동적 객체적 비탄: 즉발적, 직접성, 자연충동 → ② 능동적 주체적 비탄: 재구성하는 감정, 인지감정 → ③ 비탄의 의미화 과정: 직면-대면-대처의 과정으로 이행-변환[199]하는 지표가

---

197) 사람마다 각자의 지향성에 따라 상실의 의미가 모두 다르게 나타난다. 예컨대 맹자가 말한 방기(放棄: 자신을 포기함)와 조존(操存: 자기 자신다움을 지킴), 장자가 말한 망아(忘我) 오상아(吾喪我)는 어떤 관점에서 사용하는가에 따라 그 의미와 비탄의 속성이 달라지며 대처의 방식도 다르다.

198) 비탄을 구성하는 내담자의 동기·의도·지향성에 따라 비탄의 속성은 달라진다. 동기는 상실로 인해 나타난 결여(결핍)를 채우려는 <본능적(이드-리비도) 충동>에 의해 일어난다. 의도는 <자아 충동>에 의해 상실의 빈자리를 채우려는 의지이다. 지향성은 결여로부터 발생한 불안정성을 안정성으로 회귀하고자 하는 <초월적 충동>에 의해 이끌려 가는 것을 의미한다. 또한 내담자가 사건을 어떻게 바라보는가에 따라 비탄의 성격 또한 달라진다. 사건 그 자체의 순수 재료로 바라보지 않는다. 사건을 최초로 해석하는 것은 내담자가 이전에 지닌 개념이다. 그 개념 뒤에 비탄이 형성된다. 따라서 비탄은 내담자가 사건을 어떤 개념으로 바라보았는지 그 개념과 의식구성이 중요하다. 개념은 사람마다 모두 다르다. 그러니 아무리 정교하게 정의된 개념도 막상 사람들에게서 적용 실천할 때는 전혀 다르게 적용 실천된다. 그래서 애 도학은 비탄 개념의 형성과 변환 과정을 다룬다. 그래서 한 개념은 수많은 변위(deplacements)와 변환(formation et transformation des concepts)을 담지 하면서, 자체에 수많은 갈등과 모순을 내포한다. 따라서 개념은 어떤 수준과 위치(어디)에서 다루는가에 따라 비탄은 이내 '비일관적 다양성'(복수화되고 요철화)으로 해석된다. 즉 우리가 다루는 비탄의 ① 대상(단위: 계열 개별체의 비탄)과 ② 위치(공간배열:이드<쾌락적 원칙에서 비롯한 비탄>-자아<현실원칙에서 비롯한 비탄>-초자아<종교적·사회적 승인 여부에 의한 비탄-박탈적>) ③ 단계(경제학적 에너지 배분: 무의식-전의식-의식) 관점과 방법론에 따라 전혀 다른 비탄 해석학이 나올 수 있다. 의학·생물학·정신분석·애도학·죽음학의 기술 체계는 무엇을 기술하고 무엇을 버릴 것인지를 선택과 배제의 자기-원인적 동일성에서 승인하고 폐기된 역사였다. 즉 기술자의 가치 부여에 따라 다르게 분류된다. 따라서 학적 체계는 더 이상 중성적이거나 객관적인 것이 아니며 일종의 판관에 의해서 결정되는 <법정>과 같은 성격을 지닌다.

199) 변환(trans-form-ation)의 개념은 하나의 체계가 자신의 형상(eidos-form)을 바꾼다는 것을 의미한다. 이 개념을 이해하기 위해서는 현대수학의 꽃이라고 할 수 있는 위상학(位

된다.

　비탄은 자기의식(자기를 대상화해서 바라보는 의식 또는 자기에 대한 앎, 여기서 말하는 자기는 인식적 주체이다)으로 돌아가는 여정이다. 자기의식은 현재 살아서 비탄을 재구성하는 주체이다. 비탄에는 욕망이 시간(과거-현재-미래)의 재구성으로 종합해 있다. '과거'는 그냥 지나간(없어진, 부재한) 것이 아니다. 과거 상처의 기억(상흔)이 미래의 자기 소망을 투사하여 현재를 재구성하는 살아있는 의식이다. '미래'는 단순히 아직 오지 않아서 없는 것이 아니다. 상흔에 의해 지금·여기·오늘에 재-소환된 현재이다. '현재'는 현재 그 자체가 아니다. 현재는 과거의 기억을 아직 다가오지 않은 미래적 소망에 투사하여 다시 지금으로 소환해 재구성하는 생성과 운동의 과정이다. 그러니 심적 기제에 있어서 시간은 연대기적인 크로노스의 시간일 수 없는 것이다. 자기의식을 찾아가는 카이로스적 의미(사건)의 시간이다. 그래서 인간에게 시간은 평면적 직선이 아니라, 수직적 범주 계열이 넘나드는 역동적인 시간이다. 더욱이 상실과 죽음의 한계상황에서 겪는 내담자의 시간 의식은 카이로스적이다.

　비탄은 상실된 기억을 재해석하고 번역하는 애도 과정이다. 분석가는 도저히 이해할 수 없는 행동을 내담자가 보이더라도 내담자가 겪는 고통의 감정을 크로노스의 시간개념이 아닌, 카이로스의 시간의식으로 이해해야 한다. 만일 내담자가 말(이야기)을 통해 비탄을 새롭게 재구성(과거-현재-미래)하지 못한다면 이내 박탈적 비탄이 될 것이다. 신체의 직접성으로 나타난 1차 비탄이 '상상'을 매개로 하여 그날 있었던 사건의 인상을 2차 인지적인 비탄으로 전환될 수 있도록 ① 상징으로, ② 그

上學-topology-집합론)의 맥락에서 이해해야 한다. 이는 현대철학의 동일성과 차이/연속과 불연속(비약 · 단절 · 변이 · 변환)이라는 개념을 제공하였다.

상징을 은유적 기술로, ③ 한번 일어난 은유적 기술이 다시 인접한 다른 인상을 연계로 ④ 말(이야기)의 형식을 끊임없이 만들어 내도록 한다. ⑤ 이 과정에서 분석가와 내담자는 자기의식으로 돌아가게 된다.

여기서 우리는 또 다른 질문을 던질 필요가 있다. 과연 내담자가 떠올리며 말하는 '상상'을 믿을 수 있는가? 그것은 환상이나 착각이 아닐까? 그러나 정신분석에서는 상상을 제한 없이 할 수 있고 꿈꿀 수 있도록 허용되고 권고되기도 한다. 사실적이지 않은 것, 현존하지 않는 것, 범주 계열상 착오적인 것마저 인정한다. 설사 지나간 것과 일어났던 것에 대한 사실적 기술이 아니더라도 당사자에게 있어서는 사실이고 진실이기 때문이다. 이런 상황에서 과연 올바른 기억, 사건에 대한 합리적 이해와 적합한 언어표현의 요구가 적절한가라는 질문이 있을 수 있다. 죽음학의 평가와 개입에서는 사건에 대한 사실과 진실 여부의 중요성보다 오히려 ① 무엇이 그가 그렇게 말하도록 하는가? (억압된 것과 억압하는 것 간의 관계), ② 그 표현은 어느 감정의 지형학(위상학)적, 경제학적 영향력으로 무엇에 대해(욕망-쾌·불쾌의 원칙에 의한 '이드'의 영역, 상징-현실원칙인 언어 상징에 의한 제어·방어·제한·검열하는 '자아'의 영역, 승화-양심·가책·죄책감·죄의식·수치심 등에 의한 '초자아'의 영역), ③ 누구에게, ④ 무엇을 말하는가를 살펴보는 것이 더 중요하다. 그가 말(이야기)을 한다는 것, 그것 자체가 시간의 변화와 경과를 통하면서 스스로 그 누구도 아닌 자기의식을 찾아가는 과정이다. 이런 과정이 계속 반복 · 누적이 될 때, 사건이 의미화되고 사건에 대한 충실한 서술과 진실이 된다.

II. 비탄의 종류

내담자가 겪는 비탄은 다음의 항목에 따라 그 속성의 질감이 달라진다. ① 상실의 성격: 예측되는 상실과 죽음, 우연적이고 갑작스러운 상실과 죽음 ② 대처의 성격: 직면과 대면, 부정(거부)과 연기(회피), 억압과 박탈 ③ 개인의 정서 및 감정적 성향과 인지 패턴, 상실 대상과의 갈등·의존·애착·친밀 등

1) 예측적 비탄: '예측적 비탄'은 갑작스러운 죽임을 당하는 비극보다는 미리 상실을 준비할 수 있다는 의미에서 긍정적인 측면으로 비친다. 그러나 우리 사회의 통념상, 죽음에 대한 '예측적 비탄'은 아직 그렇게 쉽게 이루어지는 것 같지는 않다. 우리 사회에서 이루어지는 죽음에 관한 정보의 유통은 대략 다음 네 가지 유형으로 분류될 수 있다.

(1) 은폐(closed): 주위 사람들이 환자의 죽음에 관한 정보를 인지하고 있으면서도, 정작 환자에게는 이러한 정보를 전달하지 않고 은폐하는 경우
(2) 의심(suspected): 주위 사람들이 자기 죽음에 관한 정보를 알고 있는 것은 아닌지 환자가 의심하면서 그 진위를 확인하려고 하는 경우
(3) 가장(pretense): 주위 사람들이 환자의 죽음에 관한 정보를 숨기고서 모르는 척 가장하거나, 반대로 환자가 자신에게 닥쳐올 죽음에 대해 인지하고서도 주위 사람들에게 모르는 척 가장하는 경우
(4) 공개(open): 환자와 주위 사람이 죽음에 관한 정보를 공유하면서, 공개적으로 이에 관해 관심을 가지고 대화를 나누는 경우

(1)~(3)의 경우, 곧 닥쳐올 죽음에 관한 정보의 부재는 환자가 '죽음에 대한 자기관리'의 기회를 박탈하는 결과를 초래한다. 정보의 부재 상태에서 환자는 주위 사람들과 죽음과 관련된 의미 있는 대화를 전개할 수 없으며, 이는 환자로부터 '준비된 죽음'의 기회를 빼앗는 바람직하지 못한 결과를 초래한다. 하지만 (4)의 경우, 죽음 관련 정보의 공개로 환자와 주위 사람들 간에 의미 있는 상호작용이 이루어지게 되며, 생전의 일에 대한 화해와 용서 그리고 사후의 일에 대한 당부와 유촉이 가능하게 된다. 그럴 뿐만 아니라 '남아있는 자들' 사이에서 갈등을 초래할 수 있는 재산처리, 상속, 장례 절차 등의 사안에 대해 터놓고 논의할 수 있게 됨으로써 '준비된 죽음'이 가능해진다.

 상실자에 의해 전달되는 '예측적 비탄'은 상실자에게 일시적으로 비탄, 절망, 상실감 등에 빠지게 할 수 있다. 하지만 장기적 관점에서 볼 때, '예측적 비탄'은 상실자 자신이 이러한 부정적 감정을 극복할 수 있는 시간적 여유를 제공할 뿐 아니라, 나아가서는 적극적으로 자신의 일생을 회고하거나 주위 사람들과의 관계를 회복할 수 있게 하는 소중한 계기로 작용한다. 훌륭한 분석가라면, 죽음이 예고된 환자에 대해 통증 완화를 위한 치료(cure)의 차원을 넘어, 인간적 배려(care)와 감정의 치유(healing)까지 담당할 수 있어야 한다.

 상실 과업이 담당해야 할 주된 임무는 내담자가 특히 '자아 존중감(self-esteem)'을 잃지 않도록 돕는 일이다. 물론 자아 존중감의 유지를 위하여 가장 중요한 일은 인간은 비록 태어날 때는 자율성이 없었지만, 최소한 죽음과 관련해서는 자율성을 행사할 수 있어야 한다. 인간은 미래적 사건을 아직 일어나지 않은 현실로 끌어들여 미리 문제를 해결하고자 하는 동물이다. 포괄적으로 말해서, 예측적 비탄은 중요한 상실 이전에 생겨나지만, 인격적 주체로서 환자의 '자율성'을 보장해 주는 일이다. 장차 일어날 것을 예상해서 경험하는 비탄을 말한다. 즉 임박한 죽음보다 먼저 나타내는 비탄이다.

2) 격렬한 비탄(acute grief): 격렬한 비탄의 전형적인 특징은 육체적 고통을 포함하여 죽은 사람의 이미지에 의한 잠식, 죄책감, 적대감과 일상적인 행동 패턴의 변화 등을 포함한다. 비탄 과업(grief work)은 ① 자신을 죽은 사람으로부터의 속박에서 해방하고, ② 죽은 사람이 사라진 환경에 재적응하며, ③ 새로운 관계를 형성하려는 노력과 관련된다. 비탄의 경험과 관련된 격렬한 고통을 피하고자 노력하는 사람들은 단지 그들의 비탄 과업을 방해하고, 복잡하게 만들 뿐이다. 린드만(E. Lindemann)에 따르면, 비탄 반응을 지연시키거나 왜곡하는 일은 병적이고 건강하지 못한 형태의 비탄을 만들어 낸다.[200]

3) 복합(complicated grief) 비탄 · 만성적이고 지속적인 비탄(chronic prolonged grief disorder, PGD): 갈등과 화해되지 못한 문제, 부인과 회피, 명령과 금지로 인해 오랫동안 해결되지 못하는 병리적 비탄(외상-방어-발병-억압된 것으로의 회귀)으로서. 애도하는 사람의 특성, 사회 구조 또는 사랑하는 사람의 상실과 죽음 그 자체가 만성적 비탄이나 비탄 고조의 원인과 관련 있다. 가장 핵심적인 위험 요인으로는 고인의 부모나 배우자로서의 관계, 낮은 사회적 지원, 애도하는 사람의 불안정한 애착 유형, 죽음 전의 부부간의 높은 의존도, 우울증과 불안감 같은 기존의 심리적 문제와 사체의 발견(폭력적 죽음의 경우)과 사

---

200) Lindemann, E. (1944). *Symptomatology and management of acute grief*. American Journal of Psychiatry, 101, 141-148.

망 통보에 대한 불만족 등이 있다. 복합 비탄의 개념이 이별에 의한 고통과 고인에 대한 집착 증상을 보이는 애착을 기반으로 한 장애라는 점을 고려하면, 애도하는 사람 중에 소외감이나 외로움에 취약한 사람, 과도한 불안과 집착에 시달리는 사람, 안정감을 주거나 자신을 돌봐주던 관계를 잃은 사람, 부족한 지원을 받으며 사는 사람, 외상 후의 이미지에서 헤어 나올 수 없는 사람들이 복합 비탄을 경험하기 쉽다.

4) 박탈적(disfranchised) 비탄: 충분한 애도와 공감 부재, 사회적 인정을 받지 못하거나 단절에서 비롯되는 비탄이다. 도카에 따르면, 권리 박탈적 비탄은 "사람들에게 공개적으로 인정되지도, 공적으로 애도되지 못한, 사회적으로 인정되지도 않거나, 그렇게 될 수 없는 상실이 일어났을 때, 경험하는 비탄"이다. 비탄의 권리를 박탈한다는 것은 특정한 사람이 사별한 사람으로서 인지될, 혹은 기능할 권리를 가지지 못한다는 것을 의미한다. 그래서 권리 박탈적 비탄은 단순히 눈에 띄지 않게 되거나, 잊히거나, 숨겨지기만 하는 것은 아니다. 그것은 사회적으로 거부되며, 지지받지 못한다. 도카는 세 가지 주요한 방식으로 비탄이 그 권리를 박탈당할 수 있다고 주장하였다. 관계, 상실 또는 비탄에 빠진 사람들이 인지되지 않는 경우이다(자살이나 AIDS로 인한 죽음, 강도 높은 사회적 낙인과 관련되는 죽음). 도카는 권리 박탈적 비탄을 야기하는 죽음의 환경들에 대해 언급하고, 개인들이 슬퍼하는 방식, 곧 비탄 방식(grieving styles)이 권리박탈에 기여할 수 있다는 사실에 주목하기 위해서 이런 생각을 제시하였다.[201]

---

201) 도카가 제안한 아이디어를 통해 최근의 상실, 비탄과 애도에 관한 연구를 요약해 볼 수 있다. ① 비탄은 죽음에 대한 반응 외에도 이차적 상실, 예상되는 상실, 박탈당한 상실, 그리고 모호하고, 비정형적인 상실도 고려해야 한다. ② 비탄과 애도를 집단 전체적으로 이해할 것이 아니라 Six-R 과정과 이중과정 모델에서 볼 수 있는 개개인의 방법으로 이해하면 좋다. ③ 비

III. 평가와 개입에 대한 죽음학적 관점

1) **성찰과 점검**: ① 누가 평가를 하는가? 평가의 대상은 누구인가? → 분석가 자신에 대한 평가, 비탄을 겪고 있는 내담자 스스로 한다. ② 평가의 내용은 무엇인가? → 비탄의 종류와 비탄의 성격과 양태이다. 양태는 비탄의 평면적인 기술이 아니라, 비탄을 만들어 낸 내담자 자신의 의식·인지·도식·성향·과거 경험·가족관계·사건과 결부된 사람들과의 관계에서 빚어지는 속성을 말한다. ③ 무엇을 하기 위한 평가인가? → 분석가의 개입 여부 ④ 평가의 기준은 무엇인가 → 비탄의 양태와 주체성 강화 여부 ④ 내담자는 비탄을 어떻게 구성(형성)했는가? ❶ 자아의 심리적 기제: 과거 경험·인지 패턴·성향 등 ❷ 사회·환경·관계적 요소: 가족구성도·상흔의 이력·비탄을 대처하는 사회문화적 방식 등[202]

2) '**평가와 개입**'의 목적이 "상실과 죽음을 맞이한 사람이 겪(은)는 아픔과 슬픔(비탄)에 대한 애도 과정을 통해 치유 재적응을 해 나갈 수 있도록, 그 대처의 기술과 방법을 제공하고 훈련하는 과정으로, 세대를

비탄은 신체적, 심리적, 행동적, 사회적, 정신적 차원을 포함하는 것으로, 이는 의미를 재구축하려는 노력과 발달적, 문화적 변수에 영향을 받은 다양한 비탄 방식을 통해 표현될 수 있다. ④ 현대 연구자들은 수동적으로 대처하는 것에서 벗어나 애도의 선택을 강조하고, 변화, 성장, 회복의 기회를 강조한다. ⑤ 최근 학자들은 단절을 강조하는 대신, 고인과 관계를 다시 찾고 새롭게 하는 형태로 지속적인 유대관계를 강조해 왔다. Doka, K.J.(2011). Introduction. In K.J. Doka & A.S. Tucci (Eds.), *Beyond Kübler- Ross: New perspectives on death, dying & grief* (pp.iii-xvii). Washington, DC: Hospice Foundation of America.

202) 죽음학에서 소개한 많은 학자의 이론-예를 들면 Klass · Silverman · Nickman의 지속적 유대(continuing bonds), Bonanno의 회복력(resilience), Lindemann의 예측적 비탄(anticipatory grief), Rando의 예측적 애도(anticipatory mourning), Doka의 권리 박탈적 비탄 방식(disfranchised grieving styles), Neimeyer의 사별 의미화(make sense), Strobe & Schut의 이중과정 모델(Dual Process Model), Worden의 비탄 상담과 치료(grief counseling and grief therapy) 등은 모두 비탄에 대한 내담자 입장의 사실적 기술이 아니라 제삼자의 관찰자적 관점이 반영된 해석의 기술일 뿐이다.

넘어 지속해 사람의 길, 인간의 길을 실천해 나가는 데 있다"라고 한다면, 우리는 여기서 한 걸음 더 나아가 우리가 실천하는 '평가와 개입'은 과연 윤리적인 것인가? 라는 질문을 던져야 한다. 우리는 언제나 미끄러질 수 있다는 점을 인식함으로써 이 질문이 죽음학 지식체계 내에서 점검과 반성의 시스템으로 성찰되도록 해야 한다.

IV. 분석가의 평가: <죽음학의 지식 체계적 관찰>

인간학에 바탕을 둔, 죽음학의 관점에서 ① 상실과 죽음을 ② 경험한(하는) ③ 사람이 ④겪게 ⑤ 되는 ⑥ 슬픔과 고통의 ⑦ '감정'을 대상화해서 기술한다. ①~⑦의 핵심 항목이 의미하는 바가 무엇을 의미하는지 관찰자 시점에서 기술한다. 한 계열화(개인)가 겪는 비탄에는 통시성 · 연쇄 · 시간적 범주의 변이와 변환의 과정을 겪는다. 이 변이와 변환은 한 개인의 내적인 의식의 공간구조인 <이드-자아-초자아> 또는 <무의식-전의식-의식>을 통해 진행된다. 따라서 '상실과 죽음을 경험한(하는) 사람이 겪게 되는 슬픔과 고통의 감정'은 연쇄적인 시간적 추이(통시성)를 통해 변이와 변환을 이행하는 주체의 문법이 된다. '상실과 죽음을 경험한(하는) 사람이 겪게 되는 슬픔과 고통의 감정'이 무엇을 의미하는지 하나씩 살펴보자.

1) 상실과 죽음: 상실과 죽음의 속성이 우연적(예측 불가능), 불가항력적, 한계상황, 박탈적, 예측적, 필연적이냐에 따라 슬픔과 고통의 감정의 강도와 속성이 달라진다. 따라서 상실과 죽음의 속성을 파악(평

가)하는 것이 중요하다.

2) 경험: 내담자의 경험은 그 이전의 경험으로 경험하게 한다. 이는 기억, 회상, 의식의 재구성, 재현, 반복, 차이와 다름, 증상으로 나타난다. 증상은 언어-상징화되지 못하고(억압) 하나의 자극적 이미지의 상태로 남아있어, 또 다른 이미지로 표현하고자 하는 욕구를 지니고 있다. 만일 인간에게 언어가 없다면 슬픔과 고통이라는 증상도 없다. 따라서 증상을 치료하려면 기억을 소환시켜 다른 언어로 표현해야 한다. 증상이 무엇인가를 말하고자 한다는 의미에서 지향적 요소(힘, 리비도, 생의)를 지닌다. 따라서 증상은 곧 쾌락적 충동(죽음충동)이다. 인간은 '알 수 없는 그 무엇을 언어를 통해 상징화하고자 하는 욕구'를 지니고 있다. 이것이 타 동물과 구분되는 지점이다. 알 수 없는 무의식의 이미지적 충동을 언어로 표현하고자 하는 욕구만큼 강력한 쾌감도 없다. 구강 충동이나 시관 충동, 배변 충동은 생물학이 지닌 1차 욕구 본능이지만, 어떤 '무엇을 언어로 표현하고자 하는 욕구'는 인간만이 지닌 2차 욕구이다. 그런데 이것이 표현되지 못할 때 발생하는 것이 증상이다. 그런 의미에서 증상은 언어적이다. 슬픔과 고통은 억압적 언어 표상(단어 표상) 때문에 생긴 것이다. 따라서 인과적 이해와 적합한 단어 표상이 기존의 언어구조로부터 다른 언어구조(인식구조)로 변환시킴으로써 주체를 새롭게 탄생하게 한다. 주체는 언어의 변형-문법-생성을 통해 새롭게 태어난다. 이것이 치유이다.

3) 사람: 인간학적 고찰, 인간다움, 인간의 존엄성 → 주체성, 결단, 실천, 지속성

4) **겪게**: '겪는다는 것'은 곧 반응의 경험이다. 이는 다른 말로 증상을 의미한다. '임상 싸나톨로지'에서는 내담자가 지닌 증상이 무엇인지 분석하기 위해서 먼저 내담자가 구사하고 있는 언어구조를 살펴보고, 그 언어를 통해 내담자가 무엇을 잃었는지, 무엇을 찾고자 하는지, 무엇이 억압되었고 무엇이 부인되었는지, 그 억압과 부인이 어떤 방식으로 억압이 되었는지를 찾아가는 과정이다. 그중에서도 이 모든 증상을 가능하게 한 변치 않는 기억의 흔적, 늘 상수로서 자리를 틀고 있는 것이 무엇인지를 내담자가 발견하게 하고, 그것을 그의 욕망으로 전환될 수 있도록 하는 것이 '임상 싸나톨로지'의 핵심이 된다. 직면의 기술, 대면의 기술, **경험, 반응, 대처의 방식**에 따라 슬픔과 고통의 감정의 강도와 속성이 달라진다.

5) **되는**: 명사형의 고정된 실체가 아닌 생성적 과정적, 끊임없는 반복과 재생, 동일성과 차이와 다름, 되어간다는 것은 당하는 객체에서 맞이하는 주체로 되어가는 것을 의미한다. 주체가 되어가는 궁극적인 지점은 결단과 지속적인 실천에 있다. 이때 비로소 주체라고 말할 수 있다. 이런 일련의 과정이 바로 죽음학의 '윤리'이다.

6) **슬픔과 고통**: 우리의 의식과 정신 영혼을 보호하는 범퍼 역할, 눈물은 눈물로, 슬픔은 슬픔으로 아픔은 아픔을 안아줄 수 있다. 이는 반복적으로 재현되는 증상으로, 또 다른 보상 체계이며 안정화를 찾아가는 쾌락의 원칙이다. 인간은 인과적 이해에 대한 욕구가 있다. 인과적 이해가 차단되는 것도 억압 기제로 작동해서 외상성이 된다. 인간은 언어와 문자를 사용하는 동물이다. 문자와 언어를 사용한다는 것은 인과

적 법칙에 따라 대상 사물(사건)을 이해한다. 내담자가 어떤 사건에 대해 말을 한다는 것은, 이미 내담자 주체가 대상 사건을 객관화해서 이해하고 분석한 것을 전제로 기술하는 것이다. 따라서 슬픔과 고통을 말로 표현한다는 것은 곧, 자신의 이해를 바탕으로 한 것을 재구성한 것이다. 여기서 재구성은 현재적 관점에서 과거 사건에 대한 기억을 미래적 소망으로 투사한 것을 전제로 해서 재구성한 것이다. 그러니까 재구성(말을 한다는 것)에는 자아가 과거 경험의 부정적 요소(예컨대, 억압, 회피, 도피, 연기, 저항, 결핍, 상실, 불쾌 등)로부터 긍정적 요소(예컨대, 개방, 대면, 대처, 수용, 충족, 연합, 쾌감 등)로 이행하고자 하는 지향성이 이미 내함 해 있음을 의미한다. 슬픔과 고통은 상실로 인한 빈-자리를 다른 언어로 대체해 가면서 의미를 산출하는 과정이다. 이제 그 의미는 적합한 인과적 이해를 통해 형성되고 슬픔과 고통은 이내 완화된다.

7) '감정': 가) 앞에서 기술한 ① 상실과 죽음을 ② 경험한(하는) ③ 사람이 ④ 겪게 ⑤ 되는 ⑥ 슬픔과 고통이 융·결합한 것(감정)이다. 이는 내담자의 고유한 언어(인지, 성향, 의식구성)체계에서 발현된 것으로, 명사형의 고정된 실체가 아닌 상황 생성적, 과정적, 끊임없는 반복과 재생, 동일성으로의 회귀와 또다시 차이와 다름을 나타내는 증상(보상 체계 및 쾌감) 이다.

나) 감정의 분유 구조는 결여를 지닌 인간에게 보이는 '아버지의-이름'-'아버지 판본'-'증상의 버전'으로 불리는 오이디푸스 콤플렉스의 구조와 유사하다. 아버지-의-이름으로 지배하는 일자의 세계는 타자

가 만들어 놓은 권력의 지배구조(기표)를 의미한다. 그래서 우리가 언어를 사용한다는 것은 타자의 지배를 받고 있다는 의미다. 우리가 바라보는 이 세상의 모든 사물은 언어의 표상으로 산출된 것이다. 우리의 마음이나 의식, 감정 또한 언어 표상 때문에 걸러진 작용이다. 이렇게 본다면 내가 생각하고 판단하고 사유하는 것도 사실은 자신의 고유한 것이 아니라, 타자가 이미 만들어 놓은 지배구조 안에서 작동되는, 기존 권력자(아버지 판본)들이 짜 놓은 문법 체계에서 앵무새처럼 그들의 말을 반복하고 있다고 봐야 한다. 따라서 죽음교육전문가는 그의 말과 행위가 어떤 문법에 지배받고 있는지, 그가 하는 말과 행위가 그가 하는 것인지, 아니면 그 너머에 있는 어떤 초자아의 지배를 받고 있는지를 파악해야 한다.

다) **슬픔과 고통의 반응은 자신을 보호하기 위한 본능적 반응이다.**
상실 이전에 슬픔과 고통은 정서의 형태로 존재한다. 어떤 상실이 일어나면 슬픔과 고통은 즉각적으로 거기에 반응(a를 b로 이해, 해석)함으로써 정신적인 안도감을 얻는다. 이런 이유로, 스스로 상실을 초래함으로써 슬픔과 고통을 즐기는 사람이 있다(피학대 및 자학, 도착적 물신 숭배나 마조히즘이 그렇다). 이는 한 이미지를 다른 이미지로 전환 이해 해석하는 과정에서 쾌감을 얻기 때문이다. 생명체에 있어서 상실은 진화 과정의 핵심이다.

라) 없는 이미지 만들어서라도 슬픔과 고통을 양산하는 것이 언어를 사용하는 인간의 본능이다. 따라서 상실이 있어서 슬픔과 고통이 있는 것이 아니라, 'a의 이미지를 b로 이해 해석하고자 하는 언어본능'이 상

실이라는 이미지를 스스로 만들어 낸다. 따라서 상실은 생기는 것이 아니라, 본래부터 이미 주어진 것이다. 슬픔과 고통을 느끼는 사람은 안도감과 쾌감을 얻기 위해 습관적인 위반(죄)과 상실을 고착(fix, fiction)시킨다. 그리고 상실로 인해 슬픔과 고통의 증상을 반복적으로 나타낸다.

V. 분석가의 개입 실천

상실과 죽음에서 겪게 되는 슬픔과 고통은 한계상황에서 겪게 되는 정서나 감정과 동일하다. 이 정서와 감정을 통해 인간은 비로소 삶의 소중함, 삶의 우선순위, 삶의 지혜를 자각하게 된다. 죽음교육전문가는 이제 이 자각을 내담자가, 자신(본성)의 발견과 타자로의 이행(推己及人), 환대(초대)와 방문, 주체의 결단과 실천으로 지속될 수 있도록 한다.

슬픔과 고통의 감정은 제거될 수 없다. 왜냐하면 그 감정은 자신(내부 안정화)을 지키는 보호막이면서 본능적 직관(생명의 의지)이기 때문이다. 따라서 감정을 없애려고 노력할 것(억압과 방어)이 아니라(무의식적 충동으로서의 감정은 스스로 억압과 방어의 형식, 여과 과정을 통해 작동되기 때문), 사건과 감정에 대해 '직면하고 대처하는 기술'이 더 중요하다. 감정 직면의 기술은 <희로애락의 감정을 마땅하게(當, 적절하게 올바르게) 표출하는 것>에 있다. 마땅한 감정의 표출은 신체에 후련함으로 나타난다. 이 후련함은 현실감각을 일깨운다.

대처의 기술은 <억압과 방어, 회피와 연기, 대체물과 망각을 차단하고> 인과적 이해(무의식의 의식화-현실원칙)를 통한 적합한 단어 찾기(모자이크화, 파편화, 분절화된 이미지로서의 사물 표상을 의미화된 단어 표상)에 있다. 거기에는 말하기와 글쓰기 표현하기가 있다. '임상 싸나톨로지'의 실천은 "'무의식의 의식화', 그것은 곧 내담자가 '의미' 생산을 위한 '소급적 인과율'의 실천에 있다"라고 말할 수 있다. 그 실천이 곧 치료이다. 그래서 프로이트는 후설의 시간의 종합화를 변주하여, 사후성 이론을 바탕으로 한, 무의식의 의식화(적합한 단어 찾기-상징화-의미화)를 강조한다.

실천 3
애도의 기술

<내용 요약>

애도의 과정은 상처받은 감정을 억압하지 않고 직면하며 이를 언어화해 의미를 부여하는 데 있다. 감정을 언어로 표현하면 스스로 객관화와 통제감을 얻고, 새로운 관점에서 자신을 주체적으로 경험할 수 있다. 고통을 회피하지 않고 직면함으로써 내면의 욕구와 목표를 깨닫고 대처방식을 습득하며 성장하게 된다. 대면은 고통스러운 경험을 있는 그대로 받아들이고 재구성하여 억압과 방어를 멈추는 과정이다. 반복적인 말하기와 글쓰기를 통해 과거의 상처를 성찰하며, 자신만의 고유한 차이를 발견하고 상처를 의미화로 전환할 수 있다. 결국 상실과 고통은 삶의 불가항력적 요소를 받아들이고 이를 통해 인간다움과 삶의 가치를 추구하는 기회가 된다.

<핵심어>

자기 성찰(Self-reflection), 표현(Expression),
변화(Transformation),

<학습 목표>

- 애도의 과정 이해: 글쓰기를 통해 개인의 애도 과정과 감정을 탐구하고 수용하는 방법을 배운다.
- 자기 성찰 능력 개발: 글쓰기를 통해 내면의 감정과 경험을 성찰하고 이해를 심화한다.
- 감정 표현과 소통: 글쓰기를 활용하여 자신의 감정을 효과적으로 표현하고 타인과 소통하는 방법을 익힌다.

- 치유와 성장 경험: 애도의 경험을 글로 표현함으로써 심리적 치유와 개인적 성장을 도모한다.
- 새로운 관점 형성: 고통과 상실을 재해석하고 긍정적인 삶의 관점을 형성하는 데 기여한다.

<적용 실천>
- 일기 및 감정 기록 활용: 일상적인 감정 기록이나 일기를 작성하여 자신의 감정을 분석하고 감정의 변화를 추적할 수 있다.
- 애도 지원 그룹 구성: 글쓰기 활동을 통해 같은 경험을 공유하는 사람들이 모여 서로의 애도를 지원할 수 있는 그룹을 만들 수 있다.
- 상실 경험 공유 및 상담: 애도의 과정을 글로 표현하여 상담을 통해 개인적인 상실을 극복하고 치유의 과정에 도움을 줄 수 있다.
- 정서적 글쓰기 워크숍 진행: 글쓰기를 통해 자신의 감정을 표현하고 치유를 돕는 워크숍을 진행하여 다른 사람들에게도 도움이 될 수 있다.
- 심리적 치유의 도구로 활용: 심리학적 글쓰기를 통해 상실과 고통을 치유하는 방법을 실생활에 적용하여 심리적 회복력을 키울 수 있다.

애도의 기술

I. 의미화를 위한 직면-대면-대처

애도의 기술은 의미화에 있다. 이는 상흔을 회상하여 직면-대면-대처의 과정을 통해 가능하다. 손상된 감정(슬픔, 분노, 외로움, 고립감 등)을 억압(부인과 회피)하지 않고 느껴보고 대면하는 것이 애도의 절차이다. 신체에서 느껴지는 감정을 언어로 구술(narrative, 파롤 parole)하면, 자신이 느끼는 감정이 어떤 것인지 알게 되고, 감정을 볼 수 있는 새로운 위치와 관점이 만들어진다. '내'가 '이것을' 느낀다고 말할 때, 이것은 나로부터 분리되어 존재한다. 그리고 이때 자기를 감정의 수동적인 희생자가 아닌 책임지는 '주체'로, 즉 응집력 있는 자기(coherent self, 구체적 현실감, 현재로 돌아옴)로 경험하게 된다.

언어로 표현되지 않거나 정신적인 행위로 표현되지 않은 표상은 무의식 속에서 억압된 상태로 계속 머물러 있게 된다. 무의식에서 의식(자각과 이해)으로의 이행은 언어적 지각의 잔재(기억흔적)와 연계(하나의 이미지를 다른 하나의 이미지 B로 해석)를 통해서만 얻을 수 있다. 우리가 말을 한다는 것은 어떤 사건에 이미지(기억)를 부여하여 상징화(기호화)한다는 것이다.[203] 우리는 자신의 감정을 언어화할 때 새로운 의미와 통제감을 획득한다. 언어화는 감정을 다루는 손잡이와 같다. 우리는 언어를 통해 감정을 수정한다. 언어는 이렇게 새로운 의미의 생성을 촉진한다. 감정에 명칭이 부여되면서 감정으로부터 자신을 분리하고 강한 자기감이 촉진된다. 감정을 언어적으로 상징화하면서 자신이

---

203) 앙리 베르그손, 박종원 옮김, 『물질과 기억』, 아카넷(2005), pp. 134-156.

느끼는 감정이 어떤 것인지 알게 되고, 감정을 볼 수 있는 새로운 위치와 관점이 만들어지는 것이다.[204]

애도의 기술은 <억압과 방어, 회피와 연기, 대체물과 망각을 차단하고> 인과적 이해(무의식의 의식화-현실원칙)를 통한 적합한 단어 찾기(모자이크화, 파편화, 분절화된 이미지로서의 사물 표상을 의미화된 단어 표상)에 있다.[205] 거기에는 말하기와 글쓰기, 표현하기가 있다. '말하기와 글쓰기'의 실천은 '무의식의 의식화'로서, 그것은 곧 내담자가 '의미' 생산을 위한 '소급적 인과율'의 실천에 있다."라고 말할 수 있다.

상처도 말을 하는 행위를 통해 자기 안에 동화해 가는 재구성 과정을 밟아가게 된다. 감정적인 외상 경험을 상징화하면서 이전에는 말로 분명하게 표현할 수 없었던 경험들에 명시화가 허락되고 의미가 부여된다. 외상적 기억을 안전한 환경에서 활성화하고 상징화함으로써 통제력을 회복하고 희생자가 아닌 주체가 되어가는 것이다.[206] 그렇다면 그 실천은 어떻게 전개될 수 있을까? 다음에서 단계별 말하기와 글쓰기의 방법론적 도구를 살펴보자.

---

204) J. L. 오스틴. 김영진 옮김, 『말과 행위: 오스틴의 언어철학 의미론 화용론』, 서광사 (1992), pp. 67-78.

205) 딜타이는 "의미(Bedeutung)는 고유한 자기에 대한 체험과 이해가 타자에 대한 이해와 합치되면서 새로운 방식으로 삶의 가치와 목적이 일치될 때 생성되는 의식이다."라고 규정한다. 특히 한계상황이나 죽음에 직면한 존재가 그동안 분리했던 의식이 타자와의 '화해와 용서'를 통해서 일치할 때 발생한다.

206) 임병식, 「화해와 용서의 실천적 시론」, 『생명, 윤리와 정책』 제6권 제1호(2022).

II. 직면과 대면, 대처의 기술

먼저 직면과 대면, 대처가 지닌 의미를 몸의 현실성에서 살펴보자. 아리스토텔레스(Aristoteles)는 엔텔레케이아(entelecheia, 생명이 지닌 본래의 목적으로 돌아가고자 하는 생명의 의지)를 들어 인간의 본래적 의미를 피력한다. 즉 물질적 속성(質料因)을 지닌 인간은 자기 원래의 자연 상태인 목적성(目的因)으로 돌아가고자 하는데, 이 행위(動作因)는 일정한 형식(구조, 패턴, 形狀因)으로 이루어진다. 이렇게 인간 본래의 자연(physica, natural of itself) 상태인 합목적성(질료인-동작인-목적인-형상인)에 이르는 운동을 엔텔레케이아로 정의한다. 직면-대면-대처는 상실과 죽음의 경험에서 나타나는 '고통의 감정'을 의미화하고 해소하기 위한 생명 의지의 발현이다. 다음에서 직면-대면-대처의 의미를 간략하게 정리하면 다음과 같다.

직면: 감각의 직접적인 경험과 반응(所與), 신체의 구체적인 현실감각(현실성), 즉자적(卽自的), 이미 지난 사건의 기억을 회상해서 현재의 사건으로 불러오는 것은 대면적 직면이다. 회상은 이미 사후적 재구성에 속하기 때문이다. 대면: 실존적인 물음(현-존재), 대자적(對自的) -vorstellen)[207], 자신을 대상화, 거리화 한다. 대면은 상실과 죽음의 감각적 기억과 경험 인상을 마주하면서 실존적 상태를 경험하며 질문을 던지는 현-존재의 상태이다. 대처: 직면-대면을 통해서 자신이 비로소 '어디에서' '무엇을' '어떻게' 할 수 있는지를 파악하고 결단하는 단계

---

207) '표상한다(vorstellen)'라는 말에는 '자기 앞에' 그리고 '자기에게로 세운다.'라는 의미가 있다. 여기서 하이데거는 표상 활동을 근대성의 본질, 근대적 주체성의 본질로 내세운다. 표상(vor-stellen)이란 자기 앞에 vor- 세우는 stellen 활동이다. 즉 자신과 세계에 질문을 하는 현-존재가 된다.

이다. 만약 직면과 대면을 통하지 않는다면 대처에 실패하게 된다.

중독사회에서는 직면과 대면을 무시하거나 회피, 부인, 연기, 박탈하는 특징이 있다. 오로지 상실과 죽음을 경험한 사람의 주체적 직면과 대면을 멘토라는 이름으로 안정성의 가면을 쓰고 타자의 문법으로 서비스를 제공한다. 다음에서 직면과 대면, 대처의 기술(techne, ars, art, wissenschaft)을 살펴보자.

1. 직면의 기술[208]

직면의 기술은 자신에게 다가온 자극을 온전히 맞이하고 체험하는 것에 있다. 만약 그 자극이 고통스럽다고 회피하거나 억압한다면 어떻게 대처해야 할지 몰라 구체적 현실성을 놓치거나 뿌리 없는 추상적인 환상이나 관념에 빠지게 된다. 따라서 상흔(기억의 반복)을 극복하는 길은 원-억압을 다시 경험하고 직면하는 것이다.[209] 이런 고통을 수용

---

208) 직면의 반대는 회피(왜곡, 편향)이다. 이는 사물(사건)의 도래(접촉)를 금지한다. 예컨대 어떤 사태를 말할 때(기술할 때, 표현할 때) 모호하게 하거나 일반화시켜서 사태의 핵심(정곡)을 피해 가는 태도이다. 말을 할 때 화제를 교묘히 다른 것으로 전환하거나 대체하는 예도 있다. 또는 구체적인 이야기가 아니라 두리뭉실하게 표현하거나 추상적인 언어나 완곡어법 또는 눈을 마주치지 않고 말하는 경우도 있다. 말은 하지만 마치 AI처럼 감정이 없다. 그림자에 대고 말하는 느낌이다. 감정이 실려 있지 않다. 또한 상대방의 말을 잘못 견강부회해서 듣는다. 이런 마음은 자기 자신이나 사태로부터의 자극을 받지 않으려는 것이다. 회피는 수확물을 거둘 수 없다.

209) 직면은 감각에 접촉되는 사물의 인상을 '있는 그대로' 맞이해보는 것을 말한다. 예컨대, 사건의 인상(이미지·소리·냄새·빛·맛), 그 당시의 감정(분노, 슬픔, 외로움, 두려움, 불안, 고독, 절망, 우울, 죄책감, 수치심)을 자기 몸으로 느껴보는 것이다. 더 이상 수동적인 희생자가 아닌 책임지는 주체로 전환하기 위해서는 온전한 접촉(직면)이 필요하다. 접촉은 '감각에서 나타나는 느낌'을 알아차리는 것이다. 감각의 느낌은 더 이상 환상이 아닌 구체적인 현실감(내가 지금 여기 이곳에 서 있다. 바닥에 발이 닿는 느낌, 엉덩이가 의자에 닿는 느낌, 냄새와 온도, 빛과 채도 등 예민하게 깨어있음)을 준다. 직면은 대면으로 이어진다. 온전한 접촉이 이루어지지 않으면, 온전한 대면도 이루어지지 않는다. 성급하게 인정하거나 회피, 투사, 치환하기도 한다. 이는 모두 병리적 환상을 만든다. 직면은 신체감각을 예민하게 깨어 있게 한다. 이는 구체적인 현실감을 제공한다. 만일 자신의 욕구와 소원

할 수 있을 때 오히려 과거의 위험한 감정으로부터 안전한 거리를 유지하고 대면할 수 있는 역량이 만들어지며, 그동안 인식하지 못했던 감정을 자각하고 동원할 수 있게 되고, 이런 감정들과 연관된 목표와 욕구를 깨닫게 된다.[210] 그러고 나면 내면에서 고통을 유발하였거나 반대로 고통을 경험하지 못하게 막고 있던 역기능적인 요소와 싸울 힘이 생긴다. 고통의 의미를 깨달을 때 비로소 고통이 가라앉고 새로운 자기 확신이 생겨나기 시작한다. 한 연구에 따르면 외상적 기억에 맞서 직면할 때 오히려 외상과 연관된 사고나 감정을 억제하기 위해 그동안 낭비하던 힘(리비도)이 줄어든다고 한다.

이런 치료 과정에는 ① 감정과 신체감각에 주의를 기울이고 ② 이를 의식 속에 상징화하는 것이 포함된다. 그 상징화는 사물을 바라보고 해석하고 이해하는 자기 의식구성의 작동방식, 인지도식을 알아차리는 것과 **언표화이다**. 만약 감정적 경험에 주의를 기울이지 못하거나 이를 정확하게 직접적으로 상징화하지 못하면 감정이 그 본래의 생물학적인 적응적 기능을 발휘하지 못할 수도 있다. ③ 감정과 자기의 재구성은 주의를 바꾸거나 관점을 변화시킬 때 일어난다. 중요한 것은 어느 경우든 내담자가 새로운 욕구와 목표, 내적 자원에 주의를 기울일 때 재구

이 현실적 감각에 바탕을 두지 않는다면 추상적이거나 환상과 몽상에 빠지게 된다. 그때 자신은 주체가 아닌 타자에 의해 휘둘리는 객체가 된다. 이때 알아차림은 더욱 불분명하게 된다. 따라서 구체적 현실감에서 시작되는 소원과 욕망, 주체를 건립하기 위해서는 먼저 신체감각에 예민하게 깨어 있어야 한다. "나는 내가 무엇을 하는지 모르겠어"라는 표현은 감각이 마비(둔감)되었을 때 나타나는 현상이다. 예를 들어 자해 행위는, 구체적 현실을 자신에게서 찾고자 하는 현상이다. 조지 레이코프. 임지룡 외 옮김.『몸의 철학, Philosophy in the flesh』, 박이정(2002), pp. 178-234.

210) 감정체험은 이미지(관념)의 신체화 과정이다. 즉 흘릴 눈물이 있다면 모두 흘려야 한다. 그때 비로소 찾아오는 후련함이 있다. 이는 밖으로 나갔던 감정(체화되지 못하고 신체로부터 유리된 것=이미지=표상)이 신체로 돌아오는(체화)하는 과정이다. 체화는 내담자 자신이 '지금-여기'라는 구체적 현실성을 자각하는 출발이다. 이는 곧 지금-나라는 주체의 확인을 통해 외상의 사건을 인지할 수 있는 인식적 공간을 부여한다.

성이 가능하다는 점이다. 감정적 고통을 허락하고 수용하는 치료적 작업은 감정을 회피하지 않고 직면해야 한다는 점이다. 고통에 '맞서거나' 이를 '의미화'하기 위해서는 충분한 감정표현과 공감적 위로와 신뢰가 있어야 한다. 따라서 고통을 허락하는 과정은 일종의 노출 치료로서 고통을 일으키는 구조를 변화시키기 위해 내담자를 직접 고통에 노출하는 방식이다.[211]

고통스러운 감정의 직면은 이전에 회피했던 원억압에 직면시킨다는 것을 말한다. 그렇게 함으로써 이전에는 접근할 수 없었던 내적 자원에 다다르게 되며, 새로운 대처방식을 습득하게 된다. 이때 내면에 숨어 있던 생존과 성장에 대한 핵심적 동기 및 내면적 욕구에 대한 자각이 일어나게 되는데, 이것이 바로 새로운 삶과 대응의 기반이 된다. 자신이 원하고 필요로 하는 것이 무엇인지를 알게 되면서 내적 욕구와 목표를 실현할 수 있는 주체가 되어간다.

2. 대면(알아차림-주시·거리두기)의 기술[212]

대면은 감각에 접촉되는 사물의 인상을 자신으로부터 분리 대상화해서 바라보는 것이다. 이때 사건의 인상을 제어할 수 있는 통제감이 생긴다. 대면의 기술은 사물의 인상을 판단하거나 투사하지 않고 '있

---

211) 임병식, 「예기에 나타난 생사관 특성 고찰」, 『철학사상』 제84집.
212) 대면, 표상(vor-stellen)은 상실과 죽음에서 나타나는 고통의 감정을 마주하는 활동이다. 누가 무엇을 어떻게 세우는가? 세우는 주체는 인간이며, 그의 활동은 사물을 대상으로 세운다. 그러면 인간이 이 세우는 활동을 주관하는 자가 되었다는 것, 그리고 이 활동을 통해 사물이 인간 앞에 대상으로 서게 되었다는 것은 무슨 뜻인가? 그것은 인간이 존재자와 관계 맺는 방식을 스스로 설정한다는 것, 즉 사물은 인간의 계산 아래, 인간의 이성(의식)아래 나타날 수 있게 되었다는 것을 의미한다. 서동욱, 『차이와 타자』, 문학과 지성사 (2016), 23쪽..

는 그대로' 자각하는 것(알아차리는 것)에 있다. 합리화하고 당연히 여기고 투사, 비난하고 판단하는 것은 모두 자기-동일시(융합-경계성 이탈-무너짐)에서 나타나는 '당위의 횡포'로 대면의 기술과는 멀다. 사건의 인상을 모호하게 얼버무리거나, 추상적인 단어 선택이나 내용을 완화하거나, 빙~둘러 이야기하거나 일반화하는 것은 알아차림을 방해하는 것이다.

대면의 반대는 '억압(무의식-망각-은폐-위장-가면-거짓-박탈-합리화-당연시-판단-비교-강제-비난)과 방어(부정-거부-회피-미래적 연기-잘될 거야-위로-전이-대체물 형성-중독)'이다. 평가와 개입에서 더 이상 제삼자(타자)의 억압과 방어를 차단한 채, 오직 그만이 그의 언어로, 그의 방식으로 표현 대처할 수 있도록 해야 한다. 이때 한계상황(실존적 단독자)에 어떻게 대처해야 할 것인지는 주체의 실존적 결단만이 홀로 남게 된다. 거기에 비로소 인간의 가능성이 그대로 있게 된다. 올바른 대처는 억압과 방어로부터 의식화와 의미화로 연결한다.[213]

역설적인 것은 고통을 혐오하고 회피할수록 오히려 고통이 지속되며, 이에서 벗어날 수 있는 능력이 방해받는다는 점이다. 일단 고통을 받아들이고 그동안 도망 다니던 절망감과 무기력감에 직면할 때 이를 재구성하고자 하는 진정한 움직임이 일어난다.[214] 따라서 고통을 다룰

---

[213] 이미 지난 과거의 것에 여전히 미련이 남아 그 의식이 머물러 있거나, 멈칫멈칫 서성대 우유부단하거나 현재에 고착되어 다가올 미래적 사태에 적절하게 대응하지 못하여 다가올 전경을 형성하지 못하는 경우가 있다(우울증). 또 어떤 시점에 고정된 경우(fixed gestalt), 과거 시점 혹은 다가오지 않은 미래 시점을 미리 앞당겨 걱정하는 예(신경증)도 있다. 이는 모두 자기 자신이나 타인 혹은 새로운 환경과 접촉하는 것을 방해하는 요소이다. 미해결된 상황을 마무리하려는 것은 인간의 자연스러운 욕구이다. 그러나 이를 너무 성급하게 완결하려고 한다면 종종 불완전한 게슈탈트를 형성하게 된다. 이 경험은 성인이 되어서도 계속 그 사람을 방해하며, 지금-여기에서의 기능과 관련되어 있는 행동이나 직면을 어렵게 한다. Petruska Clarkson 저, 김정규외 공역, 『게슈탈트 상담의 이론과 실제』, 학지사(2010), pp. 94-121.

[214] 빅터 프랭클에 의하면, 자신을 고통의 상황에 빠뜨리게 하는 역설 지향은 오히려 자

때 분석가는 내담자에게 고통스러운 경험에 주의를 기울이고 접근하며 상징화함으로써 고통을 해결하는 일련의 단계를 밟아 나가도록 한다. 분석가는 이런 경험을 수용하고 재보유하도록 격려하고 주체성을 촉진해야 한다. 이때 분석가는 외상을 다시 경험하도록 하는 것이 아니라 진정한 치유를 위해 내담자 스스로 고통을 경험할 수 있는 안전한 환경을 만들어야 한다.

게슈탈트 분석가들은 "무엇을 하거나, 생각하고, 느끼고, 필요로 하고, 원하는 것은 바로 나 자신이다."라는 경험으로 의미화로 안내한다.[215] 의미화는 자신을 자기 경험의 저자로 혹은 창조자로 인식할 때 생겨난다. 이런 주체 됨이 아직 구체적인 행동 계획으로 발전하고 있는 것은 아니지만 거기에는 행동 변화의 가능성이 잠재해 있다.[216]

기 거리감의 능력을 강화해 불안이나 강박증 같은 비합리적 부정적 관념이 중성화된다고 한다. 이 과정에서 거리를 두고 자기를 바라볼 수 있는 자기 거리두기 능력이 생긴다. 자기 거리두기는 사람으로 하여금 초연한 상태에서 자기 자신을 바라보게 함으로써 자신의 곤경을 초월하도록 돕는다. 인간은 최악의 상황에 처해 있음에도 불구하고 그것을 자신과 분리해서 볼 수 있는 능력이 있다. 빅터 프랭클, 이시형 옮김, 『삶의 의미를 찾아서』, 청아출판사(2005), 36쪽.

215) Greenberg, L. S.(1993). *Emotion in psychotherapy: Affect, cognition, and the process of change.* New York: Guilford Press.

216) 사람은 말을 함으로써 말 속에서 스스로 자각 하고 깨닫게 된다. 말, 언어는 곧 배움이다. 공자는 "태어나면서부터 아는 자(깨우침이 빠른 자)는 상등이고, 배워서 아는 자는 그 다음이며, 깨우치는 데 부족함이 있지만 배우는 자가 또 그다음이다. 부족한데도 배우지 않으면 백성 중에서 하등이다."(孔子曰 生而知之者 上也, 學而知之者 次也, 困而學之 又其次也, 困而不學 民斯爲下矣, 『논어』, 「계씨」)고 말한다. 분석가는 분석가의 말이 아닌, 내담자 스스로 그의 문법 체계에서 새로운 말이 나타나도록 안내하는 것에 분석가의 소임이 있다. 응당 내담자가 말할 주권마저 분석가가 가로채지 않도록 주의해야 한다. 더 나아가 분석가는 분석 상황에서 타자의 말과 욕망이 내담자의 말을 사로잡지 않도록 보호하여 내담자 주체의 말과 욕망이 나오도록 해야 한다. 임병식, 「주희 사생관의 인륜적 함의 고찰」, 『동양철학』 제57집.

3. 대처의 기술

과거 사건의 인상으로부터 이제 주체가 더 이상 회피하거나 억압하지 않고 있는 그대로 마주하고 직면할 때 사건의 인상, 곧 사물은 있는 그대로 보이게 된다. 여기서 '보이게 됨'은 주체가 의도적으로 자신의 논리(자기 동일시)로 사물을 성급하게 가지고 오거나 밀쳐 내거나 투사해서 보는 것이 아니라, 심적 의도함이 없기에 사물이 왜곡 없이 '있는 그대로' 보이는 것이다.

감정의 직면과 대면에는 그동안 부인하고 체화하지 못했던 감정과 이와 연관된 사고, 기억, 욕구, 행위 경향들을 확인하고 받아들이는 과정이 포함된다. 고통을 일으켰던 사건에 도달해 그 감정에 함께 머물러 볼 때까지(직면) 여전히 그 사건을 해소할 수 없다. 고통의 감정을 직면함으로써 문제가 무엇인지 명확히 알게 되고, 감정에 대응할 수 있는 새로운 길이 열리는 것이다. 그런 다음에야 이전에는 쓸 수 없었던 새로운 자원들을 동원하여 고통을 일으키는 것들에 대응할 수 있게 된다.[217]

감정의 직면은 변화 과정 중 일관된 핵심적인 요소다. 다시 말해서, 관점의 변화(심리 내적)는 고통의 감정을 회피하고 연기하기만 하던 위치에서 이를 대면하고 수용하는 위치로의 이동을 의미한다. 그러나 이내 다시 그 자리에 억압된 감정이 돌아오는 경우가 많다. 반복은 차이

---

[217] 선불교에서 전해 내려오는 조사의 말은 '직면의 기술'이 사물을 왜곡 없이 바라볼 수 있는 지혜를 제공한다. "나는 밥 먹을 때 밥 먹고, 차 마실 때 차 마신다. 그대는 밥 먹을 때 딴생각을 먹고, 차 마실 때 벌써부터 다른 생각을 마신다. 나는 울 때 울고, 웃을 때 웃는다." 이는 마치 게슈탈트 심리학에서 말하는 사물이 물러나고(배경-과거) 다가오기(전경-미래) 전의 잠깐 사이(현재)에 머물러 충분히 슬픔과 기쁨을 음미하는 것은 삶의 깊은 즐거움과 심오한 배움의 원천이 된다. 예컨대 너무 빠른 조기교육이나 성급함은 아이의 내면을 까칠하게 만든다. 더더더욱 때에 맞는 충분한 인정과 수용은 아이의 내면을 부드럽게 감싸는 효과와 유사하다.

와 다름을 발생시키고 그 차이와 다름은 다시 반복의 원인이 된다. 이런 과정을 통해 관점의 변화가 생겨 비로소 주체가 형성되고 상흔은 치유가 된다.

이런 일련의 반복(자기조직화 과정)을 거쳐 심리 내적인 감정 도식이 변증법적으로 통합되고 수렴되면서 새로운 변화가 일어난다. 이때 작동되는 자신의 감정 도식에 주의를 기울이거나 상징화해 보자. 그렇게 하면(사물 표상을 단어 표상으로 전환, 혹은 단어 표상으로 사물 표상을 상징화) 무엇을 어떻게 할 것인지를 결단하게 되며 이전의 감정이 새롭게 재구성된다. 이런 감정적 변화의 두 가지 원리를 다음과 같이 기술하였다. 첫 번째는 하나(자연감정) 뒤에 또 다른 하나(인지감정)가 점진적으로 첨가되면서 역동적인 재구성 과정이 일어나는 것이고, 두 번째는 양극성의 원리(polarity principle)로서 이는 하위 요소들이 변증법적으로 통합되어 가는 과정을 말한다. 이러한 정신(심리)적 체화를 통해 상처는 의미화로 전변된다.

4. 지속적인 훈련

이제 글쓰기의 반복 훈련을 통해 그동안 타자가 만든 기존의 보편적 동일성으로부터 자신만의 고유한 차이와 다름을 만들어 낸다. 이는 수동적 객체에서 능동적 주체로 전환의 과정이다. 따라서 분석가는 무엇보다도 고통의 원인이 내담자 스스로 자신의 어떤 인지구조(패턴, 문법)에서 비롯된 것인지를 이해할 수 있도록 해야 한다. 주체는 무의식의 지배를 받고 있다. 그 지배에서 벗어나기 위해서 자신이 어떤 무의식의 인지구조에 의해 지배받고 있는지를 자각해야 고통이 해소된다. 내담자는 일차적인 적응적 감정에 접근하여 이를 충분히 인식하고 상징화할 필요가 있다. 이때 내담자에게 방향감각을 제시하고 문제 해결을 위한 정보를 알려주는 욕망뿐만 아니라 감정에 의해 작동한 고통의 경향성도 인지하고 상징화할 필요가 있다. 다시 말하면, 분노는 경계선을 설정하게 해 주며, 두려움은 도피를 유발하고, 슬픔은 잃어버린 대상에 대한 추구나 위로를 시도하게 하거나, 일시적 고립을 통해 자기 안의 힘을 회복하도록 안내한다. 그래서 다음의 글쓰기를 통해 다음과 같은 순서로 자신의 사고와 인식 체계가 확충 배양된다.[218]

① 사건 떠 올리기 → ② 어떻게 대처했는지를 기술해 보기(애도) → ③ 관찰, 알아차림, 상징화해보기 → ④ 의미화해 보기

글쓰기는 단순한 반복이 아니다. 글쓰기를 통해 이전의 자신과 현재의 자신이 어떻게 차이와 다름이 발생했는지 발견한다. 이 발견에는 <기억-회상-종합-성찰-결단>이 과정이 숨겨져 있다. 이는 상처와 상흔을 말하기와 글쓰기의 재구성으로 종합화하는 힘인 동시에 성찰의 힘이다. 돌봄, 멜레테는 재구성과 종합 그리고 성찰의 힘이다. 거기에서 주체가 탄생한다.

---

[218] 말하기와 글쓰기 훈련이 어떻게 인식의 확장으로 이어지는지 다음의 예로 설명해 보자. "① 나는 ② 나를 바라보는 ③ 나를 ④ 바라보았다." 이 문장에는 4개의 '나'가 존재한다. ③의 '나'는 문장 속에 대상화된 나이며, ②의 '나'는 문장 속에서 대상을 바라본'나'이다. ①의 '나'는 바라보는 나를 바라보는 '나'이고, ①의 '나'는 문장에는 보이지 않지만(부재) 바라보았다고 말하는 발화 주체로서의 '나'이다. 이렇게 마음에는 다양한 '나'(분열적 나, 혹은 타자화가 된 나)가 존재한다. 자기동일시에서 벗어날 수 있는 과정은 ③ → ② → ① → ④로 전환된다. 말하기와 글쓰기과정에서 내담자의 자아가 어느 위치에 있는지 확인하고 ④의 주체로 전환하게 한다. 임병식 지음, 『감정치료』, pp.67-68.

III. 공백의 발견

　삶은 우연성과 예측할 수 없는 불확실성, 부정하고 싶지만 어찌할 수 없는 불가항력적인 것으로 이루어져 있다. 이런 상황에서 인간이 할 수 있는 것은 무엇일까? 더구나 상실과 죽음의 한계상황 앞에서 인간이 할 수 있는 것이 과연 있을까? 무엇을 할 수 있는 의지나 선택마저 박탈된다면 인간은 무엇으로 살아갈 수 있을까? 어찌할 수 없이 주어진 한계상황이라면 그 상황을 맞이해보자. 그 맞이함은 다름 아닌 의미화이다.
　인간은 신체-생물학적 구속으로부터 정신적 가치와 의미를 추구하는 존재이다. 인생을 살면서 누구나 겪는 상처로 수동적 객체로 머물 수도 있지만, 상처를 통해 삶의 의미와 가치, 인간다움을 추구할 수도 있다. '말하기와 글쓰기' 실천은 신체-생물학적 안녕과 보전을 넘어 의미·의지적 가치 추구의 실천 작업이다.
　주체는 단번에 형성되지 않는다. 상실에서 상흔으로, 그리고 상흔에서 의미화의 변주를 거치면서 형성된다. 프로이트는 상흔을 무의식에 기록(낙인, 동전 찍기, 상처)된 것으로 표현한다. 그의 사후적 이론에 따르면, 상처는 자극에 대한 '적합한 단어 표상'으로 기술하거나 말하지 못하는 부재에서 기인한다. 그리고 이런 적합한 단어의 표상으로 이해와 의미로 연결되지 못하기 때문에 상처가 생긴다고 보았다.
　예를 들어 어떤 사건 x가 일어나면 그 사건을 기술하고 표현할 적합한 단어 y가 있어야 비로소 인과적 이해의 효력을 갖기 시작한다. 즉 이미지(환상)를 정확한 인과관계로 연결하지 못하고 아무 관련이 없는 두 사건을 파편화된 이미지(분절화된 기호, 단항기표)로 잘못 연결하여 다양한 증상이 발생한다는 것이다. 이는 사건의 자극에 대해 반응해 나가는 우리의 심적 기제가 어떻게 작동하는가(적합한 단어 표상에 따른 이해와 의미화의 여부)에 따라 상처·상흔·치유·성흔의 분기(分岐, 나뉘어 갈라짐)가 이루어짐을 의미한다.

상처는 기존의 문법 체계를 흔들어 자기만의 고유한 문법 체계로 나아가는 기회이다. 그래서 증상은 수동적 사태가 아니라 '인간다움'의 가능성을 탐색해 나가는 능동적 사건이다. '상처를 받는 것'은 곧 주체가 된다는 뜻이며, 이는 궁극적으로 상흔(傷痕 stigma)이 성흔(聖痕 stigmata)으로 전환되는 계기이다.

이제 말하기와 글쓰기가 수동적 객체에서 능동적 주체로의 전환을 도모할 수 있다면, 이는 윤리의 윤리가 될 수 있다. '말하기와 글쓰기'는 '무의식의 의식화'이며 '의미' 생산을 위한 '소급적 인과율'의 실천에 있다."라고 말할 수 있다. 이는 언어를 사용하는 인간 의식(마음·감정·정신·인지)이 작동되는 보편 생성 문법이다.

더 이상 상처를 억압하거나 회피하지 말고 있는 그대로 직면해 보자. 슬픔을 슬픔으로, 눈물을 눈물로, 아픔을 아픔으로 대면할 때, 자신이 지금 어디에 있는지, 무엇을 하고 있는지, 어디로 가야 하는지 그 의미와 방향이 비로소 보이기 시작한다. 우연성과 불확실성으로 찾아온 한계상황에서 인간이 할 수 있는 것은 의미화하는 일이다. 그 실천이 바로 '말하기와 글쓰기' 실천이다.

[5부와 6부 사이에서 반드시 살펴봐야 할 것들]

애도론은 상실의 경험을 단순한 감정 처리로 보지 않고, 이를 통해 삶의 의미를 재구성하고 자기 이해를 심화하는 과정으로 해석한다. 애도는 상실을 수용하고 고인과의 유대를 유지하며 새로운 삶의 방식을 탐색하는 과정으로, 자각과 알아차림을 통해 자신의 감정을 직면하고 이를 언어화해 치유와 성장을 이루는 실천이다. 우울과 죄책감은 애도 과정에서 나타날 수 있는 반응이며, 이를 건강하게 표현하고 대면함으로써 삶의 새로운 방향성을 발견할 수 있다. 애도는 상실 이후의 삶을 재정립하는 실존적 여정으로, 인간다움과 삶의 가치를 추구하며 고통을 수용하고 이를 성장의 기회로 전환하는 과정이다. 궁극적으로 애도는 자기 존재를 재발견하고 고유한 삶의 의미를 창출하는 인간의 능동적이고 창조적인 실천으로 이해된다.

애도론에서 다룬 상실과 감정의 처리, 그리고 고통을 직면하는 과정은 외상론의 주제로 자연스럽게 확장된다. 상실 후 경험하는 감정의 복잡성, 비탄과 우울 등의 감정적 반응은 외상적 죽음과 트라우마를 이해하는 중요한 기초가 된다. 죽음학의 맥락에서는 죽음과 상실이 개인에게 미치는 심리적, 생리적 영향을 탐구하며, 외상론은 자살과 같은 극단적인 상황에서의 감정적 대응 및 그 영향에 대해 깊이 이해하고 개입하는 데 중요한 역할을 한다. 죽음교육의 관점에서, 자살을 다룰 때 개인의 감정과 경험이 어떻게 트라우마로 작용하는지, 자살을 바라보는 다양한 시각과 그로 인한 유가족의 아픔을 이해하고 지원하는 것이 필수적이다. 이는 외상 경험을 치유하고 재구성하는 과정에 있어 감정과 죽음, 트라우마의 상호작용을 인식하고, 이를 효과적으로 다루기 위한 교육적 접근을 해야 한다.

제6부 외상론

제6부 | 외상론

"인간의 삶은 상처투성이다." 산다는 것은 끊임없이 상실의 사건을 겪는 과정이다. 상실이 없는 삶이란 없다. 그런데 상실 이전에 먼저 실존이 있었다. 이 실존은 상실을 표현하는 각자의 문양이 된다. 우리 각자는 그 고유한 문양을 자각하는 것이 외상 치유의 출발이 된다. 그런 점에서 상실의 사건은 우리를 새로운 변화로 안내한다. 겪어보지 못했고, 경험해 보지 못했던 상처와 상실은 우리를 성장하게 하는 계기가 된다. 상처를 입는다는 것은 인간만이 경험할 수 있는 놀라운 능력이다. 우리는 살아있기에 상실을 경험한다. 만약 우리가 존재하지 않았다면 상처도 상실도 없었을 것이다. 존재히기에 우리는 상치를 입는 것이다.

외상(外傷)은 우리의 삶에서 온몸으로 경험하는 흔적이다. 그래서 상처(傷處)가 상흔(傷痕)이 되고, 상흔이 성흔(聖痕)이 되어야 한다. 그러므로 외상은 도려내고 제거해야 할 대상이 아니다. 또한 외면하거나 회피해야 할 대상도 아니다. 때로는 외면과 회피를 통해 나를 숨기고 싶지만, 외상은 고스란히 남아있게 된다. 외상 이전의 본래적 나로 돌아가기 위해서는 외상을 능동적이고 주체적으로 받아들여야 한다. 내 안에서 의미화가 이루어질 때, 비로소 외상은 상처로 남지 않고, 성흔으로 전회(轉回)된다. 그것이 우리만이 가지고 있는 인간다움의 가능성이다.

기본 1
감정과 외상

<내용 요약>

외상 경험은 자아를 분리하고, 그로 인해 삶에서 의미를 찾기 힘들게 만든다. 외상 후 사람들은 다양한 정신 건강 문제를 겪으며, 그 증상은 융복합적으로 나타난다. 외상은 자아와 타자의 경계를 붕괴시키고, 그 결과 삶의 일관된 연속성이 방해된다. 외상치료는 의미 형성을 위한 인지치료로 접근할 수 있다. 또한, 외상은 강도에 따라 다양한 증상을 나타낸다. 외상치료는 말하기와 글쓰기를 통한 의미화 과정으로 이루어진다.

<핵심어>

외상(Trauma), 망각(Forgetting), 삶의 의미(Meaning of Life),
융복합 증상 (Comorbid Symptoms),
PTSD (Post-Traumatic Stress Disorder)

<학습 목표>
- 외상 후 스트레스 장애(PTSD)의 주요 증상과 원인을 이해할 수 있다.
- 외상 경험이 자아 및 삶의 의미에 어떻게 영향을 미치는지 분석할 수 있다.
- 정신 건강을 위한 치료적 접근법과 자아 회복 전략을 이해하고 적용할 수 있다.
- 타자와의 관계에서 발생하는 심리적 문제를 다루는 방법을 학습한다.

<적용 실천>
- 외상 후 스트레스 장애(PTSD) 환자 지원: PTSD 증상에 대한 이해를

바탕으로 외상 경험이 있는 사람들을 지원할 수 있다.
- 정신 건강 상담 제공: 외상의 영향을 받는 개인에게 회복을 위한 심리적 상담 및 치료기법을 적용할 수 있다.
- 자아 회복력 강화: 스트레스와 외상으로 인한 자아 붕괴를 방지하고, 회복력 강화를 위한 기술을 실천에 적용할 수 있다.
- 사회적 관계 개선: 외상 후 관계에서 발생하는 심리적 문제를 파악하고, 이를 해결하기 위한 치료적 접근을 시도할 수 있다.
- 위기 대응 시스템 구축: 외상 경험자들이 겪는 어려움을 이해하고, 이를 지원하는 사회적 혹은 조직적 시스템을 구축할 수 있다.

감정과 외상

두꺼비집

집집마다 누구에게나 두꺼비집이 있다.
눈에 잘 띄지 않는 처마 밑이나, 모퉁이 위에 덩그러니 붙어 있다.
집을 들고 나서는 어느 누구도 두꺼비집이 거기에 있음을 신경 쓰지 않는다.
간혹 그 곁을 지나가는 길에 의미 없는 눈길을 주지만,
두꺼비집은 아랑곳 하지 않고 그냥 그곳에 있을 뿐이다.
원래 그 자리가 두꺼비집이 있어야 하는 자리이기 때문이다.

두꺼비집은 그 집에 필요한 양 만큼의 전류가 흐르도록 설계되어 있다.
마치 자신에게 맞는 옷을 입을 때,
가장 편안하고 쾌적한 상태를 유지할 수 있는 것처럼,
최적의 진화생물학이 만든 구조이다.
그래서 자신이 받아들일 수 있는 전류 그 이상을 받아들이면,
스스로 자신을 끊어 더 이상 전류가 흐르지 않게 한다.
두꺼비집은 자신을 없이 함으로써 자신을 지키는 존재다.

오올이 타다 끊어진 두꺼비집에 아직 온기(기억의 흔적)가 남아있다.
온기는 이내 뿌리 없는 꿈을 꾼다.
엄마 집 나가던 날, 처마 밑은 한없이 고요하고,
울다 지친 어깨위로, 슬픔처럼 찔레꽃은 그렇게 내려앉았다.
토닥토닥 엄마 냄새 들리고, 귀 밑 베개 섶에 엄마 목소리 가만가만 보인다.
젖물다 곯아 떨어진 아이, 다시 하늘 위를 나는 꿈을 꾼다.

그나마 남아있던 온기도 이제는 싸늘히 식었다.

무지개처럼 빛나던 소리도 냄새도 어느새 화석이 되었다.
그렇다고 버릴 수도 없다.
언제 또 절연이 될지 알 수 없는 불안이지만,
차라리 그것은 자신으로 돌아가는 가능성이다.

오늘도 우리는 그렇게 마음에 작은 두꺼비집 하나를 안고 살아간다.

- 임병식, 외상 입은 자신을 바라보며

I. 들어가는 말

외상적 사건은 뇌간이라는 외상의 핵심부가 충격을 받아 망각이 이루어지기 때문에 본질적으로 이해될 수 없다. 또한 자신이 수용할 수 있는 용량을 넘어서기 때문에 뇌는 망각을 통해 이를 극복하고자 한다. 브랑쇼와 크리스탈(Blanchot & Krystal)은 대부분의 외상이 일상적 의식으로부터 극도로 분리되어 있어(외상 사건에 대한 인과적 설명이 불가능하기에) 자기 삶에서 의미를 찾을 수 없게 된다고 말한다. 그래서 개인은 자아의 내면에서 낯선 섬처럼 분리되는 경험을 한다. 사람들은 외상의 순간에 얼어버린다. 외상에서 기억의 파괴는 자아의 파괴로 이어진다. 외상의 중심은 자신과 분리되고(dissociated) 이해 불가능한(incomprehensible) 상태로 남아있지만, 때로 그 결과들이 삶을 규정하기도 한다. 어쩌면 외상 후 나타나는 반응과 증후는 인간 유기체의 놀라운 반응일 수 있다.

캐루드(C. Caruth)는 외상 충격(traumatization)에 대해 "이미지와

사건에 의해 사로잡히는 것"이라고 주장한다. 그는 이미지와 사건이 의미하는 바를 "외상에 의해 침해되거나 노출된 자아의 황폐함에 사로잡히는 것"이라고 설명한다.[219] 외상이 의미의 영역 밖에 있는 동안, 외상을 겪은 사람들은 일반적인 외상 후 스트레스 증후군과는 다르게 매우 광범위한 영역의 정신 건강 이상을 겪는다. 그 증후로는 조울증, 중독 장애, 경계성 인격 장애, 육체적 증상, 공포증, 해리성 장애, 정신 분열 장애, 불안 장애 등이 나타날 수 있다. 즉 외상 충격은 내적으로 엄청난 격변의 현상인 융복합 병리적(plasto-patholic) 현상을 나타낼 수 있다.

융복합 병리적 현상이란 외상이 단일한 증상을 나타내지 않으며, 그 병리적 현상이 고도로 다변적임을 의미한다. 외상성은 걷잡을 수 없는 자기혐오와 수치스러운 자신에 대한 전형적인 비난의 방식으로 영혼을 공격한다. 이런 증상이 취하는 형태는 삶의 역사에서 다양한 방식으로 주조된다. 즉 일관된 자아정체성을 유지하기 힘들어지며, 자아를 경험하는 연속성의 시간이 분절화, 파편화된다. 그래서 외상으로 인해 슬퍼하는 사람은 자기 경험의 일상성을 유지할 수 없어 다양한 장애 패턴을 보인다. 융복합 병리적 현상이란 결국 자아와 비자아의 붕괴, 혹은 하나의 병과 다른 병 사이의 경계가 무너지는 불안정성을 의미한다.[220]

콜크(B. Kolk)는 외상을 겪는 사람이 "친밀한 관계를 회피한다."라고 말한다. 즉 관계는 맺을 수 있을지언정 감정이 격해지면 정서적인 친밀감이 불가능해진다. 특히 외상적 상실로 인한 비탄은 일상적 생활

---

219) Caruth, C. (1995). *Trauma exploration in memory*. Baltimore Johns Hopkins University Press.

220) 현대의 연구자들이 외상 증상의 성격을 '융복합병리'라는 용어로 사용한다. '복합'은 일상적이지 않으면서 일탈적이고 건강하지 못한 정신적 질병이라는 의미로, 비정상적인 반응과 과정을 가리킨다. 복합증상은 금지되거나 시간상으로 연기된(delayed) 형태, 그리고 만성적이거나 지속적인 형태에서 구성되는 것으로 본다.

을 어렵게 만든다. 안정감과 자기 믿음은 약해지고, 외상적 상실을 경험한 생존자는 공격적으로 목적을 추구하면서도 해체되거나 곤경에 처하곤 한다. 또한 쉽게 포기하거나 공포에 젖어 도망치는 등 얇은 얼음 같은 자아의 유약함으로 살아간다. 이는 재앙을 멈출 수 없다는 무력감의 표현이다. 외상을 겪는 사람들은 "자아, '나'라는 것, 어떤 개별성도 찾을 수 없는(자아의 정체성 부재) 상태로 자신을 특징짓는다."[221]

에릭슨(C. Erickson)은 외상을 다음과 같이 간주한다. 즉 삶의 연속성에 대한 감각을 방해하며, 소외되고 고립된 상태에 놓이게 만든다는 것이다. 외상은 경험을 심각하게 방해해서 외상 전후의 자아를 불연속적인 것으로 만든다. 경험의 시간적 연속성을 방해하는 것은 자신과 다른 사람과의 관계에 지장을 주기도 한다. 극단적인 사회적 폭력의 희생자는 가족과 공동체와의 관계에 어려움을 겪기도 한다. 그뿐만 아니라 외상적 상실은 안정감을 발견하게 하는 사회적 지원을 경험하는 능력에 또다시 외상을 낳는다.[222]

그렇다면 과연 외상은 치료할 수 없는 것일까? 이제 우리는 어떻게 해야 할까? 저들의 모습은 나의 모습과 전혀 상관이 없는 것일까? 외상이 이미지에 의한 잠식, 죄책감, 적대감, 일상적인 행동 패턴의 변화 등을 포함하지만, 또 다른 각도에서 보면, 이는 이미 현실화한 것을 다시 내적 세계 속에서 안정화를 찾고자 하는 몸부림으로 해석될 수도 있다.

---

221) Alexander, Jeffrey(2004). *Towards a theory of cultural trauma* In J. Alexander, R. Eyerman, B. Giesen, N. Smelser, P. Szompka (Eds'). *Cultural trauma and collective identity.* Berkeley:University of California Press. Alexander, I.E., & Alderstein, A.M. (1958). *Affective responses to the concept of death in a population of children and early adolescents.* Journal of Genetic Psychology, 93, 167-177.

222) Young, M. & Erickson C. (1989). *Cultural impediments to recovery*: PTSD in contemporary America. Journal of Traumatic Stress, 14, 431-443. Young, M. (1997) *Victim rights and services:* A modem saga. In R.C. Davis, W.G. Skogan, & A.J. Lurigio(Eds.), Victims of crime: second edition. (pp. 194-210). Thousand Oaks, CA: Sage Publications.

다시 말하면 외상 증후군은 이미지와 함께 살아가기 위한 대처 혹은 심리 및 정신의 내면적 의미 형성(intrapsychic) 과정이다. 이러한 점에서 외상치료 방법의 실마리는 '의미 형성을 위한 인지치료'에서 찾아질 수 있다.

II. 외상의 의미화

인간 존재 그 자체가 외상성을 지니고 있다. 또한 살아가면서 부딪히는 모든 행위가 외상을 만들어 내는 구조이다. 모체로부터 분리되어 떨어져 나온 출생의 순간이 바로 외상의 경험이다. 그런데 구약에 나오는 요셉은 형들로부터 죽음의 위기를 경험하고, 노예로 버려지고, 억울한 감옥살이를 했음에도 불구하고 왜 외상이 없었을까? 이런 질문은 그리스도나 붓다, 공자의 삶에서도 그대로 물어볼 수 있다. 그들의 삶 전체가 모두 한계상황인 외상적 삶이었기 때문이다. 그들의 삶 속에는 외상적 삶이 있었지만, 그 외상을 외상으로 받아들인 것이 아니라, 외상을 통해서 자신의 실존적 가능성으로 전환하였기에 더 이상 외상이 아니다. 그렇다면 그들은 어떻게 외상에 굴복하지 않고, 오히려 외상을 통해서 자기 삶을 실존적 가능성으로 전회할 수 있었을까? 이것이 오늘 우리가 찾아보고자 하는 것이며 이를 통해 외상의 실천적 작업을 구축해 보고자 하는 것이다.

이들 삶의 공통점은 모두가 한계상황인 외상적 환경에 놓여 있었다는 점이다. 외상의 특징 가운데 하나는 외상 환경을 자신이 만들거나 선택한 것이 아니라, 자신의 자유의지와 상관없이 우연히 임의로 주어졌다는 것에 있다. 그러니까 외상의 요인이 될 수 있는 환경은 우연성 그리고 무작위성과 관련이 깊다. 이는 곧, 외상치료의 방향이 우연성과 무작위성을 어떻게 하면 인과적 이해를 통해 자신의 자유의지인 선택과 결단으로 전회하느냐에 있음을 의미한다. 그런데 오늘날 외상치료의 방법론이나 접근방법이 과연 한 인간의 선택과 결단이라는 실존적 이해를 통해서 이루어지는 것인가를 우리는 되물어 볼 필요가 있다. 이 질문은 우리가 외상치료를 어떻게 바라볼 것인가를 묻는 첫 번째 질문이기도 하다.

빅터 프랭클(Viktor Frankle)은 아우슈비츠 감옥에서 3년을 지냈다. 그의 삶은 운명의 한계상황 속에 내 던져졌다. 한 치 앞을 알 수 없는 현실은 왜 살아야 하는지 그 의미조차 물어볼 수 없는 외상적 환경이었다. 그는 "인간은 자신이 추구하는 의미를 찾을 수 있다면, 고통이나 희생을 감내하며 생명까지 바치는 자유의지를 지닐 수 있지만, 삶의 의미를 잃으면 자살 충동을 느끼거나 삶의 의지를 놓게 된다."라고 말했다.[223] BNPT(Brain Neuro-Psychologic Type) 뇌 생리 프로그램에 따르면, 그런 환경에서 많은 사람이 선택할 수 있는 것은 ① 자살을 선택하거나(C-에피네프린 형), ② 동물처럼 그날그날 즉물(卽物)처럼 살아가거나(D-세로토닌 형), ③ 살아야 한다는 악착스러움으로 자신의 외상을 타자에게 투사시키거나(B-아세틸콜린 형), ④ 의미적 결단을 내림으로써 실존적 가능성으로 살아가는(A-도파민 형) 4가지 타입으로 분류된다.[224]

물론 이 네 유형을 선택해서 살아가는 것은 개인의 자유이지만, 이

---

223) 빅터 프랭클 저, 오승훈 옮김, 『의미를 향한 소리 없는 절규』, 청아출판사(2005), pp.25~27, 참고.
224) 임병식·신경원 공저『죽음교육교본』, (2016), 가리온, pp.151-155, 참고.

글에서 제시하고자 한 주제와 부합하는 것은 네 번째 유형이다. 빅터 프랭클은 운명보다 더 강한 것은 의미라고 하였다. 의미는 자신의 **실존**과 관련해서 **욕구**가 다다르고자 하는 **목적**과 **가치에 일치**될 때 주어진다. 즉 목적과 가치가 자신의 실존 가능성에 맞지 않을 때는 의미가 생기지 않는다. 그러니까 의미화가 된다는 것은, 삶의 욕구(生意, 생명의 의지)가 자신이 살아가는 이유와 목적이 무엇인지 그리고 그것이 왜 자신이 존재해야 하는 근거가 되는지를 분명하게 **인지**할 때 생긴다. 그렇다면 빅터 프랭클에게 실존의 가능성으로서 존재해야 할 의미는 무엇이었을까? 그것은 바로 가족과 사랑하는 사람이었다. 그들이 거기에서 그를 기다리고 있었기 때문이다. 누군가에게 사랑하는 사람이 있다는 것, 이것처럼 가장 강력하고 효과적인 치유가 또 어디에 있을까? "내가 세상 끝 날까지 너희와 항상 함께 있으리라."(마태복음 28:20)라는 말은 이제 예수의 말이 아니라 현존하는 우리의 언어가 되어야 한다. 그때 비로소 우리의 이웃이 행복해신나. 우리는 누군가에게 '그것'이 아니라 '그대'가 되어 주어야 한다.

먼저 살아간 그들이 외상을 어떻게 의미적 삶으로 연결했는지 그 지략의 메커니즘을 분석하는 것이 외상치료의 핵심이 될 것이다.

III. 외상의 강도

외상은 외상의 강도에 따라 PTSD(Big PTSD)와 ṖTSD(Small PTSD, Daily Practice, Prevent/Palliative Trauma Stress Disorder)로 구분할 수 있다. 일반적으로 PTSD는 '과도한 혹은 과격

한 외상성에 의해 촉발된 정신신경증'으로 정의된다. 그러나 여기에서 과도한(과격한) 충격은 절대적 개념이 아니라, 받아들이는 사람의 소인[225]에 따라 달라지는 상대적 개념이다.

외상에 의한 과격성은 멜랑콜리, 우울, 자살, 흡연, 음주 혹은 약물 남용 등등의 자기 파괴적 습관으로 이어진다. 일반적으로 외상은 외부의 사건(사태)이나 충격에서 주어지는 내용을 말하는데, 이는 '신경에서 받을 수 있는 용량을 넘어서 받는 것'을 의미한다.[226]

강도가 높은 PTSD의 경우 다음과 같은 증상을 수반한다; 우울증, 복합적 또는 외상적, 박탈적 비탄, 불안(불안 장애, 공황, 공포), 스트레스 장애(외상후 스트레스 장애), 급성 스트레스장애(ASD, 해리증, 둔감화, 주변에 대한 지각감소, 무심함, 비현실감), 수면 곤란, 화를 자주 냄, 집중 곤란, 과잉 경계, 과장된 놀람과 반응, 안절부절못함, 반복되는 이미

---

[225] 여기에서 말하는 소인은 개인이 트라우마를 형성하는데 수많은 방식과 차이가 있음을 의미한다. 그 소인은 다음과 같다; 기질, 성향, 인지 및 인식의 정도, 과거 경험의 내용과 기억의 구성과 패턴 등이다. 이러한 소인을 전제로 할 때, 과도(과격)한 정도의 '속성'과 '질감'은 달라진다. 기질은 한 개인이 지닌 고유한 심적, 정서적 상태나 물리적 상태 혹은 경향성을 나타낸다. 기질의 토대 위에서 구체적 대상이나 사건에 접촉되었을 때 나타나는 것이 감정이다. 따라서 기질은 감정이 나타나는 물리적 토대를 말하고 감정은 물리적 토대가 제공하는 경향성에 의해 구체적 대상이나 사건의 원인에 의해 촉발되는 현상이다. 감정은 기질의 심적 정서적 상태나 경향성에 의해 영향을 받는다. 수양론에서 기질을 변화시킨다는 말은 물리적 토대인 질료를 변화시킨다는 것이 아니라 심적, 정서적 경향성을 바꾼다는 의미이다. 심적, 정서적 상태에 따라서 감정은 얼마든지 조절, 완화할 수 있으며 반대로 더 악화시킬 수 있다. 물리적 토대는 이미 주어진 것이라 바꿀 수 없지만, 심과 정서는 얼마든지 변화시킬 수 있기에 자기 책임의 범주에 속한다. 안토니오 다마지오(Antonio Damasio)의 경우 정서를 배경 정서(background emotion), 일차적(기본적) 정서(primary emotion), 사회적 정서(social emotion)로 구분한다. 배경정서는 한 개인의 특별한 기질이나 성향에 따라 조성되는 정서를 말한다. 일차적(기본적) 정서는 두려움, 분노, 혐오, 놀람, 슬픔, 행복 등이다. Antonio Damasio, (2003), *Looking for Spinoza :Joy, Sorrow, and the Feeling Brain*, A Harvest Book : Harcourt, Inc. pp.44-46, 참조.

[226] 일반적으로 전쟁, 테러, 자연재해, 대규모 대인 폭력, 대규모 수송사고, 교통사고, 강간과 신체 및 성폭행, 가정폭력, 아동학대, 고문 등이 외상의 주 환경이다. 이런 환경에 처해 있는 사람들을 위해 서비스하고 있는 응급처치 종사자(소방관, 119 인명구조대원, 응급실 의료종사자, 법률 집행인 등)가 외상에 영향을 받는 것은 그 환경에 꾸준히 지속해 노출 누적되었기 때문이다. 소위 번-아웃이나 업무과로도 외상이 될 수 있다.

지, 강박신경증, 꿈과 망상, 착각, 과거 경험을 다시 경험하는 느낌, 회피, 해리성[227] 건망증, 다중 인격장애, 신체적 증상(통증, 위장, 성적, 신

---

[227] 해리성 장애(Dissociative Disorder)는 의식, 기억, 행동 및 자기정체감의 통합적 기능에 갑작스러운 이상을 나타내는 장애를 말한다. '해리 (dissociation)'의 의미는 자기 자신, 시간, 주위 환경에 대한 연속적인 의식이 단절되는 현상이다. 심리학에서 해리의 기능은 감당하기 어려운 충격적 경험으로부터 자신을 보호함, 2) 진화론적으로 적응적 가치이다. 해리장애의 4유형은 다음과 같다. 해리성 기억상실증 : 중요한 과거 경험을 기억하지 못함, 국한된 제한적인 기억상실일 수도 있고, 자신의 생애에 관한 전반적 정보를 기억 못할 수도 있음, 일반적 적응적 기능인 언어 및 학습 능력은 유지된다. 진단 기준은, 충격적인 사건, 내면적 고통 경험 후 발생한다(뇌 손상, 뇌 기능 장애로 유발된 것이 아님). (1) 정신분석적 측면에서 보면, ① 해리 현상을 '능동적인 정신과정'으로 본다. ② '부인'과 '억압'의 방어기제를 통해 경험 내용이 의식에 이르지 못하게 된 상태에서 온다. (2) 행동주의적 측면에서 보면, ① 기억상실 행동은 '학습'에 의해 습득된다. ② 고통스러운 환경 자극(불안, 죄책감 유발 자극 등)을 회피하기 위한 것이다. ③ 일종의 '보상', 외상에서 벗어나는 것이 강화되어 증상이 지속된다. 해리성 둔주 : 갑자기 가정과 직장을 떠나 방황하거나, 예정에 없는 여행을 하며 이에 대한 기억상실을 나타냄, 며칠씩 행방불명되었다가 가족, 경찰에 의해 발견된다. 발병 동안 난잡한 행위를 하거나 범죄를 저지르기도 한다. 이는 개인적 정체감(personal identity)에 혼란이 있거나 변화를 나타내는 경우 많다. 또 과거 정체를 잊고, 다른 곳에서 새로운 신분, 직업을 갖고 생활하기도 한다.(절차적 지식과 의미기억은 보유되나 자서전적 기억은 손실됨) 해리성 정체감 장애 : 한 사람 안에 둘 이상의 각기 다른 정체감을 지닌 인격이 존재하는 경우를 말한다. 주요 증상으로는 다중 인격 장애 (multiple personality disorder)로, 한 사람 안에 서로 다른 정체성과 성격을 지닌 여러 사람이 존재하면서 상황에 따라 각기 다른 사람이 의식에 나타나서 말과 행동을 하는 것 같은 모습을 나타낸다. 또 각각의 인격은 다른 이름, 과거 경험, 자아상, 정체감을 지닌다. 또 일차적 인격(원래 자신의 것)은 수동적, 의존적이며 우울하거나 죄책감을 지니기도 한다. 각각의 인격들은 번갈아 가며 지배권을 갖고, 한 인격이 다른 인격을 부정, 비판, 갈등을 표출하기도 한다. 기억에 있어 빈번한 공백을 경험(한 인격이 경험한 것을 다른 인격이 기억 못 함)기도 하고, 한 인격에서 다른 인격으로 가는 시간은 대개 몇 초 범위이지만 서서히 진행되기도 한다. 나타나는 증상으로는 '① 한 사람 안에 둘 또는 그 이상의 각기 뚜렷이 구별되는 정체감이나 성격 상태가 존재 ② 적어도 둘 이상의 정체감이나 성격 상태가 반복적으로 개인의 행동을 통제함 ③ 일상적인 망각으로 설명하기에는 너무 광범위하고 중요한 개인적 정보를 회상하지 못함' 이다. 이인증 장애(depersonalization) : 자신이 평소와 달리 매우 낯선 상태로 변화되었다고 느끼는 것을 말한다. 즉, 비현실감(derealization)으로 외부 세계가 예전과 달라졌다고 느끼는 것이다. 일반적인 진단 기준 : (1) 개인의 정신 과정이나 신체로부터 분리되어 있다는 감정, 마치 외부의 관찰자처럼 지속해, 반복적으로 이런 감정을 경험함. (2) 이인증을 경험하는 동안 현실 검증력은 손상되지 않은 채로 유지됨, (3) 이인증은 임상적으로 심각한 고통이나 사회적, 직업적 또는 다른 중요한 기능 영역에서 심한 장해를 초래해야 함, (4) 이인증은 여러 다른 장애의 부수적 증상으로 흔히 나타나기 때문에 만약 다른 정신장애 (예:정신 분열, 공황장애, 급성 스트레스 장애 또는 다른 해리성 장애)의 경과 중에만 발생하면 이인증 장애의 진단을 내리지 않음. (5) 정신분석적 측면에서 보면, ① 일종의 방어기제, "이건 꿈일 뿐이야." 불안을 유발하는 소망이 의식에 들어오는 것을 막는 방어적 기능을 한다고 봄. 로젠펠드(Rosenfeld)는 어린 시절의 갈등에 기인하는

경학적인), 전환(마비, 말하기 능력 저하, 비정상적인 동작, 청력 손상, 실명, 간질, 틱 등).

반면에 강도가 낮은 PTSD는 (일상의 삶에서) 사소한 혹은 소소한 외상이나 내인에 의해 촉발된 정신신경증을 말한다. 즉 상대방 입장을 고려하지 않은 채, 일방적 대화를 하는 경우나, 공감이나 배려 받지 못하는 인간관계, 비교 의식과 경쟁 구도를 통해 자신의 스펙을 극대화하는 피로사회에서 비롯되는 증후에서 나타나는 경우이다. 타자성 부정이나 의식의 질료화, 교감과 배려의 자리 대신에 기능적 효율적 관계, 물질적 보상과 교환가치, 직장 상사나 군인의 권위, 복종문화, 작업(work)이 아닌 노동(labour), 주체가 아닌 객체를 강요하는 일상이 PTSD 증후군을 만들어 낸다. 그 증상의 대표가 바로 히스테리이며 우울이다. 이런 증후군은 바로 로또, 게임, 중독(술, 돈, 마약, 섹스, 담배, 돼지고기 소모량)으로 내몰아 간다. 한국 영화의 95%는 깡패/검사/범죄/살인 영화이다. 이렇게 많은 폭력성이 난무하는 영화가 판을 치는 것은 그런 영화를 감상할 때, 무의식적으로 억압되었던 폭력성이 제삼자에 의해 대체되기 때문이다. 즉 자극과 쾌감을 발산해 준다.

한국의 자살률은 경제협력개발기구(OECD) 35개 회원국 가운데 1위이다. 한국의 중고등학교 청소년 사망자의 1위 원인도 자살이 차지하고 있다. 더불어 30대나 60대 이혼율이 세계 1위이다. 그 밖의 교통사고, 위증죄, 낙태 등도 세계 1위이다. 이는 한국 사회의 문화적 외상이

파괴적 충동과 박해 불안에 대한 방어라고 봄. ② 자기정체감의 갈등을 반영함. 제이콥슨(Jacobson)은 자신의 바람직하지 않은 부분을 부인함으로써 수용할 수 없는 자기정체감을 방어하려고 한다고 주장하였다. 살린(Sarlin)은 갈등적인 부모의 심리적 특성이 각각 아동에게 내면화되어 성인이 된 후에도 자기 정체성 통합에 어려움을 느낀다고 주장하고, 알로우(Arlow)는 '행동하는 자기'와 '관찰하는 자기'가 불안 상황에서 별개로 기능할 때 이 인증 발생한다고 주장한다. 자아 심리학에서는 방어보다, 자기 통합의 어려움 강조, 자신이 쪼개지는 것에 대한 공포를 반영한다고 하였다.

지닌 전형적인 모습이다. 이런 문화적 외상에 대한 치료 없이는 문화적 외상은 다시 발생하고, 끊임없이 지속된다.[228] 이들 일상의 삶에서 이루어지는 외상의 특징은 일탈(disorder-기본 질서에서 벗어남), 벗어남, 분리, 떨어져 나감, 고립의 특성에 기인하며 거기에 수반해서 나타나는 것이 죄책감, 죄의식, 수치감 등이다.

PTSD와 PTSD 증후가 나타나는 공통 원인과 특징은 대체로 우연성, 개연성, 임의성, 주체성 상실, 객체 및 수동화(무기력), 선택과 결정을 할 수 없는 한계상황, 자유 의지적 박탈, 공포, 두려움, 죄책감, 수치심, 임시직, 뿌리 뽑힌 사람들(서 있는 사람들), 기반이 없는 사람들(다문화, 이직, 이사, 낯선 환경, 이민자, 돌아갈 곳이 없는 사람들)이며, 그들의 삶은 박탈적 삶이다.

집필자는 문화 사회적 사건과 지수를 표본으로 다음과 같은 공식으로 외상 강도를 명제화하였다.

---

[228] 한신대 죽음교육연구소에서 조사한 한국 사회의 외상 지수 항목을 분류하면 다음과 같다: 교통사고, 운전 습관, 욕, 위증(거짓말), 사기, 임신중절수술(가해자, 피해자), 자살, 육류문화(돼지고기 소비량 세계 1위, 대장암 1위), 인종차별(다문화), 식민지, 전쟁, 외세침략, 남북 분리, 영호남 갈등, 성폭행, 이혼, 결손가정, 술, 마약, 담배 소비량, 로또, 게임, 드라마, 스포츠, 빨리빨리 문화, 성급함, 와이로, 계급의식, 분리 의식(이것과 저것의 구분), 집단이기주의(부동산). 여기에서 청소년 우울증의 원인은 왕따, 입시경쟁, 비교 의식, 결손가정, 부모 이혼, 자살 가족 경험, 임신중절수술(가해자, 피해자 모두), (성)폭행을 들 수 있다.

"외상의 강도 $n^{229)}$ = 사건의 기억 $n^{230)}$ × 리비도 $n^{231)}$/억압의 강도 n"

229) 브로이어와 프로이트는 신경증과 히스테리에서 나타나는 통증의 강도를 다음과 같이 설명한다. 그들은 히스테리 통증이 <통증의 환각>이라고 분석한다. 이는 생각과 관념이 통증을 생기게 한다는 의미보다는. 먼저 통증의 강도를 유도 감각과 관련된 기관의 특수한 이상 상태로 규정한다. 예컨대 얼굴 반점의 경우, 먼저 심인성적 감정에 의해 혈관계의 이상 흥분성이 수반하게 된다. 모든 생각과 관념은 지각기관의 흥분과 연루된다. 지각기관의 흥분과 연루되지 않은 순수한 이데아적 관념은 존재하지 않는다. 방사통은 신경증적이지 않은 사람에게도 나타나지만, 신경증 환자에게 더 강력하고 특이한 형태로 나타난다. 예컨대 관절을 약간만 다쳤는데 점차 관절통이 심해진다면 의심할 여지없이 심리적 요소가 연루되어 있다. 즉 다친 부위에 주의를 집중한 결과 관련된 신경계의 흥분을 크게 강화한 것이다. 병적인 감각 감소 역시 심인성과 관계한다. 따라서 외상의 강도 총량은 한 개인의 기질적 소인인 성향과 관련해서 사건의 기억에 대한 리비도집중(에너지 집중)과 밀접한 관계가 있다.

230) 베르그송은 물질과 기억에서 기억이 시간과 갖는 관계를 모델로 표현한다. 먼저 기억은 이미지로 논해지는데, 기억에는 순수한 기억과 암기된 기억이 있다. 이미지로 떠오른 기억은 상상을 통해 현실화, 현재화된 것이고 현재 상황에 따라 선택적으로 사용되는 것일 뿐 진짜 기억은 이중적 작업을 통해 의식으로 떠올라 있는 한편 여전히 과거에 자리 잡고 있다. 따라서 순수한 기억은 이미지화되기 전의 순수한 잠재성의 형태로 존재한다. 따라서 잠재적인 이미지일 뿐이다. 이때 잠재성은 현실성과 마찬가지로 충분하게 존재하는 것으로서 현재는 언제나 과거와 공존하는 것이다. 즉, 과거와 현재는 수학적 연속체의 무한소 영역과 같이 아주 순간적인 과정을 통해 그 자리를 대신한다. 순수한 기억은 오로지 시간성으로서의 현재에 위치하는 순수한 지각과 대비되어 시간성으로서의 과거에 잠재적으로 존재하며 구체적인 삶에서는 거의 모두 혼합되어 존재한다. 이것과 마찬가지로 실제적 유용성을 갖는 습관적 기억과 단순히 보존되는 기억 또한 혼합적으로 존재한다. 베르그송의 원뿔 그림을 보면 더욱 잘 이해할 수 있다. 원뿔 전체는 개인 기억의 총체성이고 밑면 AB는 진정한 의미에서의 기억, 즉 잠재성으로 존재하는 기억이다. 그렇지만 이 원뿔의 꼭짓점 S는 여러 이미지로 구성된 세계인 평면 P에 지각을 통해서 항상 맞닿아 있다. 시간이 흐름에 따라 평면 P를 향해 S가 끊임없이 나아가고 기억들은 AB로 누적되어 간다. 그리고 꼭짓점 S와 AB가 상호작용함으로써 순수한 기억과 현재로 끌어들여지는 습관적 기억이 서로 보완하는 것이다. 앙리 베르그손 지음 박종원 옮김, 『물질과 기억』, 「표상을 위한 이미지들의 선택」, 아카넷(2005년).

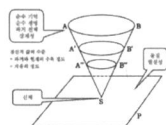

231) 프로이트의 연원을 둔 외상치료 방식은 한마디로 말하면 '리비도 철회'이다. 즉 상실되기 전에 대상에게 집중했던 삶의 에너지(리비도)를 상실로 인해 더 이상 집중하지 않고 철회해서 새로운 대상에게 재투여 함으로써 상실 이후의 삶에 재적응하게 하는 것이 프로이트 이론의 핵심이다. 그리고 그 이론을 기반으로 형성된 것이 기존의 심리학 이론이다. 그러니까 프로이트 이론에 의하면 될 수 있는 한, 상실을 경험한 내담자는 상실된 대상으로부터 하루빨리 그동안 집중된 에너지를 회수(철회)해서 또 다른 대상에게 집중하는 것이 치료의 메커니즘이라고 본 것이다. 만일 리비도를 철회시키지 않고 계속해서 상실된 대

① 외상은 무의식적인 리비도의 욕망을 충족시키기 위한 것으로서 거듭된 왜곡의 결과이다. 자아라는 심판관이 내리는 판정은 믿을 수 없고 불공정하다. 자아는 바로 무의식을 부정하고 억압된 것으로 밀쳐내는 힘이다. 자아가 무의식을 공평하게 다룰 수 없다. 자아는 과거 기억을 현재 상황에 맞추어 재구성하기 때문이다. 과도한 자아가 개입한 증상이 나르시시즘적 외상이다.

② 사건의 기억(사건의 경험을 지속시키는 힘)은 인상의 강도라는 요인과 동일한 인상이 반복되는 빈도에 달려있다. 기억의 흥분은 뉴런을 통과하는 양과 그 과정이 반복되는 횟수에 달려있다.[232]

③ 리비도 n = 지향성(의미 추구)의 일치도. 인간은 의미의 동물이다. 의미를 상실하게 되면 목적과 방향성을 잃게 된다. 무엇이 의미를 상실하게 하는가? 프로이트(S. Freud)는 이드와 자아의 갈등과 대립을 외상 신경증의 원인으로 본다. 반면 외상 정신증은 가혹할 정도의 도덕적 양심과 규칙 혹은 순결성을 요청하는 종교나 가부장적 죄와 수치를 양산하는 율법주의적 문화에서 나타난다.[233]

③ 억압의 강도 n = 불쾌와 위험한 요소로부터 자신을 보호하고자

상에 에너지를 집중시킨다면 병리적 현상이 나타나게 되는데, 이것이 곧 우울증(멜랑꼴리아)이다. 그런데 과연 프로이트가 그렇게 말한 것일까? 프로이트가 리비도 철회를 말하고자 한 진의는 거기에 있지 않다. 프로이트는 리비도집중(동일시)이야말로 한 인간이 불쾌와 위험의 요소로부터 안정성을 찾고자 하는 재적응의 과정이며 이는 한 인간의 또 다른 소질과 능력의 과정임을 설명하고자 한 것이다. 프로이트 저, 윤희기, 박찬부 옮김, 『정신분석학의 근본 개념』, 「자아와 이드」 pp. 355-379, 참조, 열린책들(2011).

232) 신경섬유에 흘러드는 흥분 상태의 관계는 수압과 흐르는 물의 힘의 관계, 또 전압과 전류의 관계와 마찬가지이다. 모든 신경세포가 평균 정도의 흥분 상태에서 자기 신경돌기(축삭돌기)를 흥분시키고 있다면, 그 주위의 그물망 전체가 신경 긴장의 저장소를 형성한다. 세포의 화학물질 속에 조용히 잠재해 있던 에너지와 섬유가 흥분 상태에 있을 때 방출되는, 미지의 형태를 취한 운동에너지는 제외하더라도 우리는 신경 흥분의 또 다른 조용한 상태(역치)로 지향하고 있음을 가정해야 한다. 프로이트 저 임진수 번역, 『정신분석의 탄생』, 과학적 심리 초고, p.222 참조, 열린책들(2009).

233) 프로이트 저 황보석 옮김, 『정신병리학의 문제들』, pp.190~194 참조, 열린책들(2009).

하는 방어기제이다. 방어기제의 유형으로는 억압, 억제, 저항, 복종, 회피, 대체물 형성, 전환, 승화가 있다. 이는 BNPT 유형에 따라 그 지향적 행위가 따로 나타난다. 방어기제는 증상 형성의 전제조건이다. 즉 증상은 방어기제에 의해서 저지당한 것의 대체물이다.

IV. 의미화 과정의 신경생리학적인 관점

외상이 의미화를 통해서 치료될 수 있다는 가설에 대해 브로이어(J. Breuer)와 프로이트의 이론에서 그 실마리를 찾고자 한다. 브로이어와 프로이트는 외상에서 비롯된 히스테리의 원인을 다음과 같이 진단한다.

1) 히스테리는 환자가 심리적 외상에 반응하지 못한 경우이다.[234] 이는 **의도적으로 의식적인 사고로부터 억압되어 억눌려지고 억제되었을 때 발생한다.**

2) 히스테리는 해당 사건을 경험할 당시 환자의 <심리상태>에 의해 규정된다. 즉 극한 감정에 처했을 때, 사건에 대한 반응을 불가능하게 만든 환자의 심리내적 상태에서 주어진다. 즉 사건에 대한 이해와 표현이 부재한 것에서 주어지는데, 이는 **인과관계에 대한 연결고리(종합할 수 있는 능력)가 없는 경우이다.**

---

234) 반응한다는 것은 무슨 의미인가? 반응은 주체가 사태에 대한 즉각적인 이해와 종합에 의해 이루어지는 사태이다. 종합은 무엇을 할 것인가에 대한 지향성과 인과적 해석이다. 단지 그 행위가 능동적이냐? 수동적이냐? 의 차이가 있을 뿐이다. 수동적인 억압의 형태를 띤다.

3) 재생과 소산을 통해 **정상적으로 바래어지는 과정(역치 혹은 망각, 치매)을 거치지 않기에** 그처럼 생생하고 강한 감정을 그대로 유지, 지속한다.[235]

브로이어(J. Bruer)와 프로이트(S. Freud)는 "환자가 히스테리의 ① 원인이 되는 사건을 다시 완전하게 기억해 내고, 동시에 ② 그 기억에 얽혀 있는 감정을 불러일으키는 데 성공하고 가능한 ③ 그 사건에 대하여 **상세하게 진술하고 감정을 말로 표현하게 된다면** 개개의 히스테리 증상은 곧 소멸하고 두 번 다시 일어나지 않는다는 사실은 발견했다."라고 단언한다.[236]

그래서 그들은 사건이 발생했을 당시의 심리적 과정이 가능한 한 생생하게 재생되어야 성공할 수 있다고 보고 <발생 당시의 상태> 그대로

---

235) 징상적으로 기억이 옅어지는 과정(역시 혹은 망각, 치매)은 인간 생리가 되돌아가고자 하는 본래적 모습이다. 망각은 멈출 줄 모르는 이성을 제재, 억지하는 기능으로 생명의 안정 장치로 보고 있다. 즉 그는 망각이란 일종의 능동적인, 엄밀한 의미에서 적극적인 저지 능력인데, 이 능력으로 인해 우리가 체험하고 경험할 수 있는 능력이 생긴다. 망각이 없다면 행복도 명랑함도 희망도 자부심도 현재도 있을 수 없다. 과거에 집착하지 않고 현재나 미래에 도움이 되지 않는 것을 망각하는 것은 하나의 힘이며, 강건한 건강의 형식을 나타낸다. 건강한 사람은 과거의 불행이나 사건에 대해 원한에 사로잡히지 않고 그것을 보다 나은 발전이나 미래의 재료로, 즉 새로운 경험이나 인간 이해의 유용한 재료로 활용한다. 그렇다면 어떻게 자신을 잊을 수 있는가? 吾喪我, 忘我, 無己로 표현되는 장자의 망각 개념은 사물의 현상이 무엇인지 진정으로 관찰할 때 주어진다. 즉 사물은 무상하며 모든 존재가 존재 그 자체로 있는 것이 아니라, 다른 존재들과 연이어서 유기적으로 관계하는 방식에서 주어지는 것이 바로 사물의 속성임을 인식할 때 자아 집착을 내려놓을 수 있다. 또는 생각을 멈추고 현재 자기 감각 체계에 집중하는 경우이다. 왜 감각 체계에 집중하는 것이 치료되는가?

236) 환자가 두려워하고 있는 바로 그 일을 환자가 스스로 하도록 하거나 혹은 그런 일이 또 일어나기를 바라보도록 하면 몸의 본능은 안정성을 지향한다. 그것에 따라 환자의 의도가 다른 방향으로 전환된다. 즉 병적인 공포가 역설적인 소망으로 바뀌는 것이다. 여기에는 사태를 객관화하여, 그 사태를 인지한 상태에서, 그 사태에 의도적으로 **빠짐으로써**, 자신의 감정이 사태와 동일시되는 자연감정에서 벗어나, 사태를 주목하는 인지 감정으로 전환되어 있음을 스스로 자각 하게 되면, 앞으로 그 사태에 빠지더라도 자연감정이 아닌 인지 감정으로 유지하게 된다.

거슬러 올라가서 그것이 <언어로 표현되어야만> 한다는 것을 강조한다. 인간은 인과적 이해에 대한 욕구가 있다. 인과적 이해가 차단되는 것도 억압 기제로 작동해서 외상성이 된다. 인간은 언어와 문자를 사용하는 동물이다. 문자와 언어를 사용한다는 것은 인과적 법칙에 따라 대상 사물(사건)을 이해한다는 것이다. 실컷 울어버리면 가슴이 시원해진다, 화를 폭발해 버리면, 뒤끝이 없다는 말을 듣는다. 이는 감정을 모두 표현했을 때, 비로소 의식이 정상으로 돌아오게 된다. 억제되면 감정이 기억에 붙어 있는 채 그대로 남아있게 된다. 카타르시스나 복수[237], 통곡이나 비밀의 고백은 감정을 소산시킨다. 그러나 인간은 1차 감정의 표현 그 자체로 머물지 않는다.

V. 외상 기억의 흔적

기억흔적은 대상을 통한 만족의 경험이 남긴 자극의 물리적 기록이면서 표상 작용의 대상이라 할 수 있다. 프로이트는 표상을 고도의 관념적 재현이나 추상적인 사유로 보는 것이 아니라, 리비도 에너지를 집중시키면서 대상과 맺는 양태로 이해한다. 프로이트가 말한 표상은 기억흔적을 쫓는 점에서 일종의 우리 뇌가 외부 정보(자극)를 이해하기 위해 일련의 해석 체계인 기호로 입력된다고 본다. 따라서 기억흔적이

---

[237] 인간이 복수를 지닌다는 것은 노예도덕의 속성이라고 니체는 규정한다. 기독교는 금욕을 추구하며, 자연스럽게 생겨나는 에로스와 쾌락 등을 억누른다. 이에 반해, 니체는 인간에게 진정한 의미를 지닌 올바른 행위는 감정적인 것, 즉 삶으로부터 실제로 느껴지는 자연스러운 것이어야만 하며, 그중에서도 '기쁨'을 가져다주는 '힘'의 고양감이야말로 본래의 도덕적인 근원이라고 생각했다. 그리고 이런 진정한 올바름에 기반 해서 행동할 수 있는 자를, 강자라고 불렀다. 고귀한 자(강자)는 자신의 삶을 긍정할 수 있는 유형의 인간인 반면, 노예는 이런 긍정하는 힘을 상실한 인간이다.

란 리비도를 통해 활성화하는 기호 작업의 표상으로 본다. 일단 경험이 시냅스를 통과해서 기억이 형성되면 이때부터 쾌락 자아는 만족을 위해 그 흔적에 상응하는 대상의 표상을 계속해서 만들려고 하는데 여기에서 이 표상과 연관되어 다시 이차적으로 충동이 발생하게 된다고 보았다.[238]

표상이 기억흔적을 활성화하고 기억흔적이 다시 표상을 끌어들인다. 그리고 이런 과정이 무한히 반복되면서 무의식적 욕망이 발생한다. 충동이 생물학적인 본능과 다른 점은 신체적 자극의 직접적 표출이 아니라, 이처럼 기억흔적에 대한 기호 작용이 개입한다는 것에 있다. 표상은 육체적 작용만도 정신적 작용만도 아니라, 그 둘의 연합적 산물이다.[239] 그래서 프로이트는 충동을 정신적인 것 속에서 신체적인 욕구를 대변하는 것으로 정의한다.

신체적 자극에 의한 표상이 바로 이미지이다.[240] 본능과 달리 충동은 항상 기억흔적을 동반한다. 신체적 감각에 의한 이미지(표상, 상상력, 관념 등)는 주변의 다른 감각기관(시냅스)과 연합해서 만들어 낸다. 이렇게 이미지는 자극과 욕구에 대한 정신적 표현이자 기억흔적에 대한 리비도집중이며 자극을 해소하기 위해 쾌락적 충동을 언어적 충동으

---

238) Freud, S, 전집11 권, 354, GW XIII 1940, 244.
239) 인간의 모든 체험은 시간과 공간이라는 두 좌표축과 함께 규정된다. 즉 어떤 체험은 시간이라는 감성의 형식에 의해 '언제의 체험'으로, 공간이라는 감성의 형식에 의해 '어디의 체험'으로 질서가 잡히며 체계적으로 인식되는 것이다. 그런데 다양한 사례를 통해서 야스퍼스는 정신병리학적 질병을 앓고 있는 환자들의 시간과 공간 체험이 무질서하고 체계가 없다는 공통점을 발견한다. 따라서 자신이 체험한 시간과 공간에 관해서 기술한 내용을 분석함으로써, 그가 체험한 내용을 정신병리학적으로 분석할 수 있다. 환자의 시간 의식과 공간 의식에 관한 기술 현상학적인 분석이 정신병리학적 관점으로 큰 의미가 있는 것이다.
240) 프로이트는 신체적 자극에 대한 이미지를 '충동의 대표자(triebrepräsentanz)' 혹은 '표상적 대표자(vorstellungs repräsentanz)'라고 부른다.

로 전환한다.[241] 신체적 자극에서 비롯된 불쾌를 쾌감으로 전환 시키고자 하는 것은 본능의 지향적 작용이다. 충동이 도달하고자 하는 목표는 항상성이다. 생리학에서 항상성은 쾌감의 다른 표현이다. 충동이 지닌 이미지의 구성은 '불쾌에서 쾌감으로의 지향적 목적'의 실현에 있다. 이 메커니즘의 요체는 바로 충동인 쾌락적 자아를 언어적 자아로의 코드 전환, 즉 인지에 있다. 인지는 지각에 기초한다. 외부와 내부의 자극으로 지각된 인지는 신경 시냅스에 의해 기호화(en-code)와 인지(de-code)화 하는 과정을 통해 기억의 흔적이 강화(plasticity)된다.[242] 이처럼 기억흔적에 대한 기호화와 인지 작업은 신체적 자극에 의한 이미지(꿈, 환각, 환시, 환청)에 의해 나타난다. 충동은 무의식의 내용물을 이루기 때문에, 나중에 라캉(J. Lacan)이 '무의식은 언어처럼 구조화되

---

241) 자극-감각-지각-인지의 관계는 마치 스피노자의 '수동정서', '능동 정서' 논의와 유사한 맥락이 있다. 스피노자의 '수동정서', '능동 정서'는 '감각적인 인식'과 '지성(이성)으로서의 인식'으로 연장된다. 감각적인 인식은 일차적 인식이다. 이는 우리의 감각을 통해서 외부의 사물을 인식하는 것으로, 사물의 본성을 꿰뚫어 아는 인식이 아니다. 따라서 감각을 통해서 무질서하게 인상되는 인식은 오류의 유일한 원인이며 부당하고 혼란스러운 모든 관념이 여기에 포함된다. 인간이 혼란스러운 관념, 어떤 사건의 결과에 관해 그 원인을 정확하게 알지 못할 경우, 인간은 수동적인 상태에 놓이고 이는 곧바로 수동적인 정서와 연결된다고 할 수 있다. 둘째는 지성(이성)으로서의 인식은 이차적인 인식이다. 그것은 사물들의 성질과 인과관계를 꿰뚫어 보는 능력이다. 이러한 인식은 사물들을 '우연'이 아니라 '필연'적인 인과의 법칙으로 이해한다. 즉, 과거와 현재 그리고 미래에 관하여 사물을 우연히 모호하게 인식하는 것이 아니라, 시간과 무관한 자연(신)의 필연적인 법칙을 통해 명료하게 인식한다. 이러한 인식에서 정신은 필연성 속에서 인과의 고리들을 명확하게 인식하고 그것을 통해 사물들의 운동을 이해한다. 이차적인 인식에서 인간은 자기 행동에 대해서도 내적인 인과성을 파악하게 되고 이를 통해 적합한 원인을 갖게 되며, 결과적으로 능동적인 상태가 된다. 스피노자(B. Spinoza), 강영계 옮김, 『에티카』, 서광사(2008), pp.356-367 참고.
242) 꾸준한 학습과 훈련은 '능동적인 습관'을 형성한다. 습관에는 '획득된 습관'과 '형성된 습관'이 있다. 이 차이는 수동성과 능동성, 또는 감각과 자각의 차이이다. 생명은 수동성과 능동성의 대립 모두를 내포한다. 이것은 생명의 조건인 동시에 습관의 조건이기도 하다. '획득된 습관'이란 수동적으로 받아들이게 된 습관을 말하고, '형성된 습관'이란 적극적으로 자발성이 개입되어 노력한 결과로 이루어진 습관을 말한다. 라베쏭(Ravaisson) 지음, 최화 역주, 『습관에 대하여』, 누멘(2010), pp.64-112 참고.

어 있다'고 재해석했다.[243]

---

243) 라캉은 충동을 언어의 산물로 보면서 언어적 존재인 인간에게는 순수하게 동물적이고 자연적인 본능이 아예 불가능하다고 말한다. 일단 언어가 모든 것을 상징화하면서 대상에 대한 상실을 구조화하는 데 이 상실을 채우려고 하면서 계속 기표에 의존하는 작용이 바로 충동이다. 또 라캉은 억압의 대상이 되는 것은 항상 기표(signifiant)라고 강조하는데, 기표이론은 프로이트가 말한 '표상적 대표자'의 재해석이라 할 수 있다.

기본 2
외상의 작동방식

<내용 요약>

이 글에서는 외상의 작동방식과 관련된 프로이트의 이론을 중심으로 히스테리와 강박증을 다룬다. 프로이트는 히스테리를 신경계의 과부하로 인한 비정상적 흥분으로 설명하며, 이는 특정 부위에서 비정상적인 에너지 흐름을 초래한다고 본다. 외상은 뇌에서 지속적인 흥분을 발생시키며, 이 흥분은 신경계의 전도 통로에서 방향을 잃고 병리적 증상으로 나타날 수 있다. 또한 감정은 신체적 활동을 통해 해소되며, 감정적 고통은 신체적 반응을 통해 완화된다. 감정과 외상은 언어화 과정을 통해 재구성되며, 이를 통해 개인은 감정에 대한 통제감을 회복하고, 외상적 경험을 상징화하여 주체로 변화할 수 있다.

치료의 핵심은 감정적 경험을 표현하고 체화하는 과정이며, 이는 신체적 경험을 통해 이루어진다. 감정은 신체적 경험으로 전환하여 표현하고 인식하는 것이 중요하며, 자기감정을 인식하고 이를 언어로 표현하여 자기 감각을 회복하는 것이 핵심이다. 상실과 슬픔은 억제하지 말고 충분히 경험하고 표현함으로써 자아 성숙을 촉진할 수 있다. 감정을 신체적으로 인식하고 이를 해소하는 방법을 훈련하며, 감정을 명확히 인식하고 과거의 사건을 현재적 관점에서 재구성하는 것이 필요하다. 이 과정에서 내담자는 과거의 사건을 새로운 의미로 변환하고 내적 자원을 활용할 수 있도록 돕는다.

<핵심어>

체화 (Embodiment), 재구성(Reconstruction),
신체감각(Body Sensation), 내적 자원 (Internal Resources)

<학습 목표>
- 외상 후 감정의 상징화 과정과 그 의미를 이해한다.
- 감정의 체화 및 표현 방법을 이해하고 적용할 수 있다.
- 자기감정 인식 훈련을 통해 감정의 흐름을 이해하고 자기통제를 강화할 수 있다.
- 상실과 감정을 정상적으로 경험하고 표현하는 방법을 익힐 수 있다.
- 신체적 감각을 인식하고 이를 활용하여 감정의 변화를 자각하고 조절할 수 있다

<적용 실천>
- 감정 표현의 활성화: 내담자가 자신의 감정을 언어로 자유롭게 표현하도록 도와주어 감정 억제를 피하고, 신체적 경험으로 감정을 체화하도록 돕는다.
- 신체 감각 인식 훈련: 감정이 신체적으로 어떻게 반응하는지 인식하게 하고, 이를 이완 운동이나 호흡 훈련 등을 통해 관리할 수 있도록 지도한다.
- 감정의 언어화: 분노, 슬픔 등 감정을 구체적으로 언어화하여 내담자가 감정의 흐름을 인식하고, 이를 상징적으로 표현하도록 돕는다.
- 외상적 경험의 재구성: 내담자가 과거의 사건을 새로운 관점에서 바라보고 이를 치유와 성장의 기회로 바꿀 수 있도록 돕는다.

외상의 작동방식
- 히스테리와 강박증을 중심으로 -

Ⅰ. 외상의 작동방식

　프로이트는 히스테리를 외상의 한 증상으로 본다. 히스테리는 신경의 흥분이 시냅스의 수용 용량을 초과할 때, 절연이 불완전한 취약 부위에서 과부하가 발생하며 나타난다. 이때 흥분은 비정상적인 방향, 즉 생각과 관념이 통제되지 않는 쪽으로 흐른다. 이러한 비정상적 현상이 바로 히스테리다.

　신경계는 서로 연결되어 하나의 전체를 이룬다. 신경계에는 항상 일정한 흥분이 흐르도록 하는 저항이 존재하는데, 이 일정한 흥분은 1, 즉 역치를 의미한다. 이 역치는 0(제로 그라운드)을 향해 지향한다. 환자의 체질에 따라 신경전도로는 모두 다르며, 어떤 사람은 예민하게 반응하고 어떤 사람은 전혀 반응하지 않는다. 특정 전도로의 저항은 그 개인의 원래 구조(생태적 소질-체질)에 의해 결정된다.

　히스테리의 강도에 따른 변형된 증상은 다양하게 나타난다. 신경통과 신경마비, 경직과 마비, 발작, 간질성 경련, 틱 성질의 장애들, 만성 구토와 거식증, 시각적 환영과 이미지 생성 등이 대표적이다. 특히 식사 중 고통스러운 감정을 억누를 때 나타나는 메스꺼움, 구토, 목이 조이는 증상도 포함된다. 프로이트는 히스테리를 심리적 외상(외상에 대한 기억)이 이물질처럼 존재하며, 이것이 뇌신경에 한 번 침투하면 멈추지 않고 오랫동안 원동력으로 작용하는 현상으로 설명한다.

뇌 속의 지속성 흥분은 전도 능력을 결정한다. 이 흥분이 감소하거나 사라지면 수면 상태가 시작된다. 신경은 전도 통로와 같아서, 필요한 양만큼의 에너지를 소모한다. 휴식 시에도 뇌의 전도 통로에는 일정량의 흥분이 존재하며, 각성 시 즉시 작동할 준비를 한다. 필요 이상의 에너지가 유입되더라도 필요한 만큼만 수용하며, 초과한 에너지는 신경 밖으로 흐르거나 되먹임(feedback)된다. 이렇게 방향을 잃은 에너지는 신경 주변에 잔류하게 된다.

뇌는 내부의 흥분을 항상 일정하게 유지하려는 경향이 있다. 따라서 뇌 속의 나머지 흥분은 부담이 되어 이를 해소하려는 충동이 생기며, 이는 각 체질의 취약 지점에서 부정적 기능으로 표출된다.

강력한 흥분의 감정은 사고의 흐름을 제한한다. 이는 '화가 나면 분별력이 사라진다.'라는 일상적 경험과 일치한다. 감정은 강력한 신체적 운동을 통해 고양된 흥분을 해소할 수 있다. 분노로 인한 근육 긴장, 기쁨으로 인한 고성은 움직임을 통해 신경 시냅스로 흥분이 방출되는 것이다. 정신적 고통은 호흡곤란, 흐느낌, 눈물과 같은 분비 활동을 통해 방출된다. 이러한 반응이 격앙된 감정을 진정시킨다. '울어서 풀다.', '분을 폭발해서 풀다.' 등의 표현은 고양된 대뇌 흥분이 해소되는 과정을 의미한다.

나머지 흥분은 운동영역에서 병리 현상을 유발한다. 특히 아동의 경우 쉽게 틱과 같은 움직임이 나타난다. 틱은 눈이나 얼굴의 특정 감각 또는 불편한 의복에서 시작될 수 있으며, 즉각적인 교정이 없으면 영구적으로 지속될 수 있다. 이는 반사 통로가 매우 빠르게 깊이 확산하기 때문이다.

유기체는 항상 흥분을 일정하게 유지하려는 경향이 있으며, 이는 생명체가 지닌 항상성을 반영한다. 정온동물이 평균 온도를 유지하려는 것처럼, 이는 기관들의 최적 활동을 위한 것이다. 신경이 예민한 상태는 최적의 상태가 깨진 것을 의미하며, 이러한 불균형 상태는 다시 안정성인 항상성을 추구하게 된다. 따라서 신경과민 상태는 신체 어딘가의 균형이 깨졌음을 의미하며, 그곳이 바로 체질의 취약 부분이다.

공포와 불안에서 오는 무력감은 이러한 반응성 분출을 동반하지 않는다. 공포와 불안으로 인한 흥분은 오직 안정 상태를 찾는 방법으로만 해소될 수 있다.[244]

생명이 지향하는 것은 생리적 안정성이다. 이는 기쁨이나 슬픔과 같은 감정이 해소된 후에 깃드는 정서이다. 예컨대, 통곡으로 대변되는 고통과 슬픔은 부모의 상(喪)에서 발생할 수 있는 가장 자연스러운 감정이다. 따라서 이러한 감정을 억누르거나, 또는 다른 감정이 발생하면 그것은 감정의 본성과 속성의 구현을 저해한다. 이 때문에 명대의 양명은 한바탕 대성통곡을 한 후에야 비로소 마음이 슬픔에서 비롯되는 불안감을 넘어서 안정되고 편안해지며, 이것이 곧 마음의 본성인 즐거움이 제대로 구현된 것이라고 역설한다.

심리학의 관점에서 보자면, 이때의 즐거움은 부모의 상에 직면하여 마음에 나타나는 일종의 회한과 참담함 때문에 발생한 울결(鬱結)을 한

---

244) 자연에는 상대성이 있어서 작용과 반작용이 있듯이, 생명 현상에는 합동(동화)과 분해(이화)가 있다. 또 대항작용이 있어서 신경계와 내분비계에 의한 촉진과 억제가 있고, 유전과 변이(또는 진화)가 길항적인 작용을 하고 있다. 이러한 상반되는 현상들은 모두 어떤 질서 하에 조화를 두고 있다. 특히 생체내의 상대적인 현상은 피드백 원리에 의해 조절되며 조화(질서)를 이룬다. 또한 자기조직화가 가능한 경우 어떤 조건에서는 시스템 내부에 불안정성이 발생할 수 있고 그 결과 몇 가지 갈림길이 생기면 그중에서 하나를 자발적으로 선택해 감으로써 조직화할 수 있다고 본다. 어쩌면 그런 불안정성이 있어서 생명 현상이 나타나게 된다. 이것을 다른 측면에서 보면, 정보를 생산하면서 자기 조직화해 가는 것으로 생각할 수 있다. 자기가 만든 정보에 의해 일정한 질서가 만들어지고 그 질서가 자기가 살아가는 데 의미가 있는지 없는지를 끊임없이 피드백하여 따져 본다. 그리고 그 피드백이 다음 단계의 조절을 결정함으로써 항상 창의성(특이성-변이)과 안정성의 균형을 잡아가는 것이 생물이 가진 본능적 속성이다.

차례 대성통곡을 통해 해소함으로써, 그 반대급부로 구현되는 '후련하고 시원한' 감정일 것이다. 실제로 어떤 사태와 관련하여 발생한 고통이나 불안의 강도가 점차 후련함과 안정으로 이행하는 과정은 뇌과학에서 말하는 동화(assimilation)와 동일하다. 동화는 생명이 '안정성'을 추구하는 지향성을 말한다. 이 안정성은 신체의 안정성, 곧 항상성이나 질료의 형평성을 의미한다. 몸은 이를 바탕으로 쾌적함, 곧 즐거움을 느낀다.[245]

분노나 불안에 대한 감정에 맞는 적절한 반응을 하지 않거나 금지되면 다른 대체물로 바뀐다. 히스테리 환자의 지속적인 전이는 그때그때 나타나는 증상에 대해 적절한 대처가 없었기 때문에 전이된 것이다. 욕설이나 무모하고 아무 목적이 없는 행동조차도 모두 대체물에 속한다. 예컨대 권위 있는 아버지 앞에 분노를 억눌렀던 아들이 후에 값비싼 화병을 바닥에 집어 던져 박살을 냄으로써 자신의 안정성을 찾는 경우다. 이렇게 하나의 운동 행동이 다른 것으로 고의로 대체된 자연스러운 통증 반사가 다른 근육수축으로 대치된 것이다. 통증이 일으킨 흥분을 한 근육 집단에서 다른 근육 집단으로 옮기고 있는 것이다. 그러나 이러한 종류의 흥분을 전혀 발산시키지 못하는 감정도 있다. 이는 오펜바움이 말하는 '정서의 비정상적인 표현'이 형성된 것이다. 이 형성은 전형적인 트라우마의 경우다.

의식 분열은 모든 히스테리에 원형적인 형태로 존재한다. 이중의식과

---

245) 양명은 "즐거움이 심의 본체이다. 즐거워할 것을 얻으면 기쁘고, 즐거워할 것에 반하면 분노하며 즐거워할 것을 잃으면 슬퍼하게 된다. 기뻐하지 않고 분노하지 않으며 슬퍼하지 않는 것, 이것이 참된 즐거움이다."라고 말한다. 다시 말하면, 칠정으로 대변되는 감정 일반의 준거는 심의 본체로서 즐거움이며 오직 이 즐거움에 근거하여 감정이 발생했을 때 그 감정들은 적절하다는 것이다. 이는 심체의 무체성을 바탕으로 즐거움과 감정의 관계를 설명한 것이다.

의식의 분열은 히스테리(신경증)의 기본 현상이다. 의식 분열은 체화하지 못한 외상의 이미지나 관념이 귀의처를 찾지 못해 방향을 상실한 현상이다. 이미지의 제어는 구체적인 몸의 느낌인 체화를 통해 이루어질 수 있다. 이미지와 관념의 연결과 종합이 끊어진 현상이 곧 의식 분열증이다.

그렇다면 무엇이 이미지와 관념을 연결 종합하는가? 거기에는 인과론적 이해와 해석의 부재가 원인이다. 둘째는 이를 통합할 수 있는 의미의 부재이다. 여기에서 의미란 주체가 살아가야 할 목표와 방향성이 내적 욕구와의 일치를 말한다. 이것은 신체의 신경지배 통제권을 얻게 하는 힘이다. 어쩌면 외상 증상은 자신의 잃어버렸던 목소리, 잃어버린 자아, 밀봉한 자아를 다시 찾고자 하는 치열한 몸부림일 수 있다.

Ⅱ. 말을 한다는 것: 치유적 자아로의 재구성

인간은 인과적 이해에 대한 욕구를 지닌다. 인과적 이해가 차단되는 것 역시 억압 기제로 작동하여 외상이 된다. 문자와 언어를 사용한다는 것은 인과적 법칙에 따라 대상 사물이나 사건을 이해하는 것이다. 내담자가 어떤 사건을 말한다는 것은 이미 그 사건을 객관화하여 이해하고 분석한 것을 전제로 기술하는 것이다. 따라서 말을 한다는 것은 자신의 이해를 바탕으로 한 재구성이다.

재구성은 현재적 관점에서 과거 사건의 기억을 미래적 소망으로 투사하여 이루어진다. 이러한 재구성에는 자아가 부정적 요소(억압, 회피, 도피, 연기, 저항, 결핍, 상실, 불쾌 등)에서 긍정적 요소(개방, 대면, 대처, 수용, 충족, 연합, 쾌감 등)로 이행하고자 하는 지향성이 내포되어 있다.

말하는 행위는 이미지나 유희적 관념이 체화되어 가는 과정이다. 즉 구강구조의 울림을 통해 위로는 전전두엽으로 공명하고, 횡으로는 뇌간으로, 횡적 상향으로는 뇌하수체를 자극한다. 이 자극은 말하는 사람이 전전두엽의 자극으로 더욱 명석 판단하게 인지할 수 있도록 하는 동시에, 뇌간과 뇌하수체를 자극하여 이미지화된 관념이나 환상이 체화(시간과 공간 감각, 즉 외부와 내부 지각 감각을 활성화)되는 과정이기도 하다. 따라서 말하는 행위는 소쉬르(F. Saussure)나 촘스키(A. Chomsky)가 이야기하는 랑그와 파롤의 음성학이나 기호학으로 귀결될 수 없는 생명 본능의 문제이며 치료의 기전이다.

말한다는 것은 사건에 이미지(기억)를 부여하여 상징화(기호화)하는 과정이다. 감정을 언어화할 때 새로운 의미와 통제감을 얻게 된다. 언어화는 감정을 다루는 도구가 되며, 우리는 언어를 통해 감정을 수정한다. 이처럼 언어는 새로운 의미의 생성을 촉진하고, 감정에 이름을 붙임으로써 감정으로부터 자신을 분리하여 강한 자기감을 형성하게 한다.

외상적 사건도 말하기를 통해 자기 안에 동화되는 재구성 과정을 거친다. 감정적 외상 경험을 상징화하면서 이전에는 명확히 표현할 수 없었던 경험들에 의미가 부여되고 명시화된다. 외상적 기억을 안전한 환경에서 활성화하고 상징화함으로써 통제력을 회복하고, 희생자에서 주체로 변화하게 된다.

프로이트는 사물 표상을 언어 표상으로 전환하는 것을 상담의 출발점으로 본다. 상담자는 내담자가 감정을 교류하며 자기 공감 능력을 발전시키고, 이를 내재화하여 정서를 스스로 조절하는 법을 배우도록 돕는다. 상담자는 내담자가 현재 일어난 사태를 명확하게 인지할 수 있도록 사물 표상에서 언어 표상으로 나아가도록 이끈다.

사물 표상 작업은 감정 지향적 치료 중에 가장 단순하고 직접적인 작업이다. 내담자는 일차적인 적응적 감정에 접근하여 이를 충분히 인식하고 상징화할 필요가 있다. 이때 우리에게 방향감각을 제시하고 문제해결을 위한 정보를 알려주는 욕구뿐만 아니라 감정에 의해 가동된 적응적인 행위 경향성도 인식하고 상징화해야 한다.

분노는 경계선을 설정하게 해 주며, 두려움은 도피를 유발하고, 슬픔은 잃어버린 대상에 대한 추구나 위로를 시도하게 하거나 일시적 고립을 통해 자기 안의 힘을 회복하도록 인도한다. 이런 치료 과정에는 ① 감정과 신체감각에 주의를 기울이고 ② 이를 의식 속에 상징화하는 것이 포함된다. 여기서 유의해야 할 사항이 있다. 감정적 경험에 주의를 기울이고 이를 정확하고 직접적으로 상징화하지 못하면 감정이 그 본래의 생물학적인 적응적 기능을 발휘하지 못할 수도 있다는 점이다. ③ 감정과 자기의 재구성은 주의를 바꾸거나 관점을 변화시킬 때 일어난다. 중요한 것은 어느 경우든 내담자가 새로운 욕구와 목표, 내적 자원에 주의를 기울일 때 재구성이 가능하다는 점이다. 중요한 점은 감정적 고통을 허락하고 수용하는 치료적 작업은 감정을 회피하지 않고 직면해야 한다는 점이다. 외상에 '맞서거나' 이를 '의미화'하는 일은 그 이상의 감정적 과정이 있어야만 해결될 수 있다. 여기에는 자기가 부서질 것 같은 두려움을 극복해 나가면서 고통을 허용하고 외상적 사건을 적극적으로 동화시켜 나가는 과정이 필요하다. 따라서 고통을 허락하는 과정은 일종의 노출 치료-고통을 일으키는 구조를 변화시키기 위해 내담자를 고통에 노출하는 것-와 유사하다.[246]

감정체험은 이미지(관념)의 신체화 과정이다. 흘릴 눈물이 있다면 모두 흘려야 한다. 그때 비로소 찾아오는 신체에 후련함이 있다. 이는 밖으

---

[246] Gendlin, E. T. (1962) *Experiencing and the creation of meaning*. New York: Free Press of Glencoe.

로 나갔던 감정(체화되지 못하고 신체로부터 유리된 것=이미지=표상)이 신체로 돌아오는(체화) 과정이다. 체화는 내담자 자신이 '지금-여기'라는 구체적 현실성을 자각하는 출발이다. 이는 곧 지금-나라는 주체의 확인을 통해 외상의 사건을 인지할 수 있는 인식적 공간을 부여한다.

보통 프로이티안들은 우울을 상실된 대상에 대해 리비도를 철회하지 않고 계속 집착하는 것에서 나타나는 것으로 해석한다. 즉 여전히 상실의 대상과 자아는 분리되지 않고 동일시되는 일종의 나르시시즘적 질병의 형태로 본다. 이는 상실이 일으키는 내면의 분노는 외부로의 표출이 없기에 자아를 공격하고 가학과 자학을 거쳐 결국 자애심의 급격한 훼손으로 이어진다고 보는 것이다. 그래서 프로이티안들은 근본적으로 슬픔을 부정적으로 보고 대상에 집중했던 에너지를 철회하는 것이 치료의 관건으로 본다. 그러나 '정역학적(hydrostatic, 靜力學的)' 관점에서 보면, 슬픔(비탄)에 대한 제로-섬(zero-sum)의 개념이다. 즉 쏟아내야 할 눈물과 슬픔이 있다면 그것을 모두 쏟아내야 한다. 그러면 이전의 상실 경험에서 온 슬픔을 더 이상 맞이할 필요가 없다. 그래서 흘려야 할 눈물과 슬픔을 억압하거나 회피 도피 연기 저항하지 않는다면, 그 슬픔은 정상적인 슬픔이 되어 자아의 성숙으로 이어진다. 하지만 슬픔을 억압하거나 도피 연기시킨다면 그 슬픔은 우울증으로 변환된다.

최근 죽음교육의 기반이 되는 죽음학에서는 애도의 이론을 더 이상 프로이트나 그 후예들의 이론에 머물지 않고, 더 본질적이고 실증적인 작업을 제시하고 있다.[247]

---

247) 예컨대 Klass, Silverman, Nickman(1996)은 사별한 아이들, 배우자들, 부모들 등에 관한 연구에 관심을 가지면서, 많은 사별한 사람들에게 있어서 죽은 사람과의 관계를 지속하고자 하는 모습에 주목하였다. 프로이트가 말하는 decathexis(탈집중, 리비도 철회의 의미)의 '분리' '흘러가도록 내버려둠', '잊음'과 관련된 애도의 해석에 반대하여, 지속적인 유대, 죽은 사람에 대한 내적 표상, 혹은 그 사람과의 지속적인 관계들을 의미 있게 연관 지으면서 유지하는 것이 오히려 비탄 과업에 도움이 된다는 것을 연구하였다. 이런 유대는 정적이

Ⅲ. 외상치료의 메커니즘

외상치료의 과정은 주체적 능동성과 자율성 강화(자아 강화)의 과정이다. 이는 자아(ego) 강화에서 본래의 자기성(Das Selbst)으로의 이행 과정이며 재적응의 과정이다. 히스테리나 신경증이 치료되는 기전은 환자 스스로 주도적인 삶의 의미를 체화하는 데(의미화의 과정) 있다. 이 과정에서 가장 중요한 점은 '표현함'에 있다. 무엇을 표현한다는 것인가? 표현한다는 것은 무엇을 의미하는가? 억압과 저항, 회피와 도피, 연기도 생명 충동의 하나의 표현이 아닌가? 주의해야 할 것은 '후련함'이라는 신체적 자각이다. 즉 자신에게 직접 깃드는 생리적 작용이다. 만약 신체적 감각을 대면하지 못하고 회피하고 억압한다면 의식은 병리적 현상을 겪는다. 이 말은 신체적 감각인 감정, 예컨대 분노와 슬픔, 우울, 거부 자체가 치유의 과정임을 반증한다. 생리적 감각에 대한 직접적 소여가 없다면, 출발점도, 이를 곳도, 도달할 곳도, 머물 곳도 없고 그 너머 인식의 지평으로 이어갈 수 없다. 인식의 지평을 향한 동기와 지속은 신체적 경험 감각에 기반해야 한다. 경험 감각은 구체적 현실성을 제공한다.[248]

지 않으며 역동적이다. 시간이 흐를수록 그것은 상실의 의미와 타협하며, 재타협하는 일과 관련된다. 그것은 상실된 사람이 사별한 사람의 내적 삶 속에서 그 이미지가 변화되고 바뀌었지만, 지속되는 현존으로 남아있도록 허락하는 방식으로 발전한다는 것이다. 바로 이 유대의 지점에서 상실자는 위안, 평안, 지원을 제공하며, 과거에서 미래로의 전이를 수월하게 한다는 것이다. 즉 성공적인 애도는 고인과의 정서적 애착의 포기에서 이루어진다는 이전의 관점에서 벗어나 사랑하는 사람과의 정서적 유대를 유지하는 일에 있다는 것이다. Klass, Silverman, & Nickman(1996). Continuing bonds: New understanding of grief. Washington, DC: Taylor & Francis

248) 처음 의식의 구성은 감각에 의한다. 감각은 동물의 생존 연장의 본능에 기초한다. 감각은 일차적으로 자신과 외재적 환경과의 '차이'를 느끼고 구별하는 것에서 자기 동일성을 지키고자 한다. '자기 동일성'과 '차이'는 감각이 지닌 본성이다. 일상의 반복과 습관, 관성의 법칙은 '자기 동일성'을 유지하고자 하는 감각의 발현일 수 있다. 갈등과 스트레스

감각에 의지하지 않은 관념적 인식은 온전한 자각을 이루지 못할 뿐만 아니라 멀리 갈 수 없다. 감각경험인 심적 후련함이 없다면 우리의 심상에는 또다시 억압과 저항의 병리적 기제로 변환된다. 억압과 저항은 비탄을 해소하지 않을 때 회피, 도피, 연기가 일어난다. 이는 또 다른 외상과 복합 비탄을 양산한다. '깃들기'는 저절로 스며드는 생리적 현상이다. 생리의 세계는 융(C. Jung)이 말한 자기성으로서의 세계이다.

자기성으로서의 세계는 자아를 넘어 외계와 소통하는 개방체계이다. 거기에는 자아의식이 제공하는 억지와 강제, 의도함이 없다. 즉 자아가 탈색된, 수동적 상태(판단중지)에서 생리의 자연적 상태가 회복되는 과정이다. 외상치료의 과정에는 시간의 지속성과 인식 확장의 차원인 공간성이 개입되어 있다. 즉 '감각의 체화 → 자아(ego) 강화 → 인식의 확장 → 자아(ego)의 무화 → 절대적 인식의 확장'의 시간과 공간의 변화를 통해 본래적 자기성(Das Selbst)으로 이행하는 과정이며 이것이 곧 감정치료이자 재적응의 과정이다.

이전에 보유하지 못했던 감정을 허락하는 것은 외상치료의 핵심적인 요소이다.[249] 다시 말해서, 외상 경험을 회피하고 부정적으로 평가하기만 하던 위치에서 벗어나, 이를 수용하는 위치로 이동한다.[250] 외

는 '차이'에서 오는 감정이다. 감정 중에서도 기쁨과 즐거움은 외재적 환경과의 일치에서 오는 감정이며, 분노와 슬픔은 '차이'와 '구별'에서 오는 감정이다. 감정과 정서는 감각에 기초한다. 임병식, 『바울과 이제마의 만남』, 「장부별 온도와 감정의 상관성」, 가리온출판사(2001) 참고.

249) Greenberg, L. S.(1993). *Emotion in psychotherapy: Affect, cognition, and the process of change.* New York: Guilford Press.

250) 나쁜 감정들이 갑자기 엄습하여 압도당할 것 같은 상태에 빠지면 사람들은 이런 감정들에 대항하여 감정을 차단하고 없애 버리거나 아니면 자신을 옥죄려고 한다. 이때 감정을 적절히 통제하지 못하면 점차 주체감이 줄어들고 자기 자신을 통제할 수 있는 능력도 감소할 것이다. 그러나 감정이 적절히 조절되면 통제감이 훼손되지 않는다. 혹은 충분한 지지를 받으면서 오히려 통제력을 놓아 버리고 그것을 재획득하는 과정을 밟게 되면 그때 변화가 일어나기 시작한다.

상적 이미지는 '원래부터 그러했던 것'이 아니라 의식구성의 산물이다. 이런 감정들을 허용하고 받아들이지 못했기 때문에 그 취약성이 공황장애로 변질하였고, 분노가 소외감이나 절망감이 되었다. 내면의 감정들을 그냥 내버려두어서는 안 된다. 감정을 인식하면 감정은 유용한 정보가 되고 내적 자원이 된다. 감정에 주의를 기울이고 접근하며 이를 수용할 때 이전에 받아들이지 못했던 경험들과 다시 관계를 맺고 동화가 촉진될 수 있는 것이다. 감정적 기억이 충분히 활성화되어 의식 속에 재배열될 때 경험은 받아들일 만한 것이 된다.[251] 이를 수용과 억압의 심적 기제로 이분해서 설명하면 다음과 같다.

공감 구조 → 수용(허용, 대면, 대처) → 신뢰 → 안정감 → 인지적 판단 → 의미적 지향성

동정 구조 → 억압(회피, 연기, 저항) → 불신 → 불안정 → 판단력 흐림 → 이미지에 잠식

---

[251] 우리가 살아간다는 것은 늘 한계 속에서 살아간다는 것을 말한다. 우리가 성숙한다는 것은 어쩌면 한계를 벗어남으로써 인간이 되는 것이 아니라, 그 한계 안에서 인간이 된다는 것이다. 예술가들은 제한을 사랑하는 법을 배운다. 시인은 소네트에 부여된 열네 줄이라는 제한 속에서 자유의 형식을 존중한다. 화가는 캔버스 틀의 제한을 끝없는 주관주의에 대한 제어장치로서 인정하며, 세상의 실재를 다룰 수 있는 자유로서 존중한다. 연주자는 보표(score)의 제한을 또 다른 음악 세계, 대개 더 넓은 음악 세계에 참여할 수 있는 자유로서 존중한다. 작곡가는 다른 것에 방해받지 않고 바로 그 조성(tonality)을 자유롭게 탐구하기 위해 조표(key signature)의 제한을 존중한다. 고통을 가능한 한 빨리 잊거나, 또는 할 수 있는 한 대수롭지 않게 여기는 것은 결코 바람직한 방법이 못 된다. '잊는다'든지 '대수롭지 않게 여긴다'라는 것은 비인간적인 방식이다. 부인과 회피는 우리 문화가 상실을 다루는 가장 전형적인 처방이다. 그 두 가지 방식은 함께 결합하여 우리 문화의 영적인 건강을 사실상 완전히 파괴해 버렸다. 사회에 만연된 중독증과 우울증이 그 결과다.

Ⅳ. 외상치료

　인간은 불안을 느끼는 존재이다. 자신의 선택이 배제된 채, 우연히 시공의 좌표로 내던져 졌기 때문이다. 그래서 인간은 실존적이다. '실존적'이라는 뜻은 우연성 속에서 시공의 좌표로 내던져져 불안을 느끼는 존재로 태어났다는 뜻이다. 인간은 그 불안을 해소하기 위해 "나는 누구지?, 나는 어디에서 왔지?, 내가 왜 이 사람을 만났지? 내가 살아가는 목적은 무엇이지? 그렇게 해서 한평생 살다가 죽으면? 이것이 인생인가?"라는 부단히 존재적 질문을 던지는 현-존재의 태도를 질문한다. 불안은 인간을 자유에게로 지향하게 한다. 그 보상으로 문화예술 등이 현시되었지만, 그 궁극의 도달지점은 감성적 정신과 영성이다. 불안은 자신을 대상으로 자신과 타자의 관계에 대해 새롭게 질문하게 한다, 언어표상으로 구성된 현-존재는 자유를 지향한다. 그런 의미에서 인간은 초월적이다.

　인간은 자신이 처한 위치에서 시간과 공간 감각을 느끼는 존재이다. 시공간의 좌표에 던져진 **위치 감각**이 "내가 어디에 있는지, 내 앞에, 옆에, 뒤에, 위에, 아래에, 누가 있는지, 그들과 나는 무슨 관계인지, 그들은 왜 거기에 있는지, 내가 그들을 나의 삶으로 초대를 했는지, 내가 그들의 삶으로 방문을 했는지"를 질문하게 된다.[252] 이 질문은 시공의 좌표에서 물리적 대상이 아닌, 실존과 시간과 공간을 질감으로 느끼게 안내한다. 우리가 현-존재이기를 포기한 상태로 그냥 그렇게 살수도 있다. 질문과 의심이 없이 그냥 그렇게 고양이처럼 평범히 쉽게 살아갈

---

252) 현대인들은 위치 즉 공간·시간 감각이 둔감해졌다. 자신의 체성 감각에 의존하기보다는 외부 문명의 이기에 의존한 나머지 몸이 주는 자연 예지력이 약화 되었다.

수도 있다. 그러나 그렇게 한다면 우리의 존재는 가벼워진다. 쉽게 편하게 살아갈 것인가? 어렵고 힘들게 살아갈 것인가? 이것은 늘 현재, 이 순간, 결단해야 할 '존재의 내기'이다.

<실존정신언어분석>은 언어를 매개로 한다. 언어를 발화하는 사람이나 듣는 사람은 모두 그들이 위치한 공간과 시간의 좌표에서 말하거나 듣는다. 그리고 똑같은 말이나 단어, 기호, 몸짓, 음운이라고 하더라도 발화자와 청취자가 어느 좌표의 위치에 서 있느냐에 따라 다른 의미로 번역 해석된다. 알랭 바디우는 진리란 정해져 있는 것이 아니라, 말하고자 하는 대상이 어느 집합(말하는 사람이나 듣는 사람이 각자 처해 있는 심리적 좌표)에 속해있는가에 따라 다르게 의미화 되는 것이라고 말한다. 그래서 그는 '진리는 항상 다르게 해석 된다'는 '1 : 多'의 명제를 제시한다.[253)]

---

253) 알랭 바디우는 존재의 본래 모습으로 간주하는 비일관적인 다수성을 정확하게 드러낸다. 이는 수학만이 가질 수 있는 장점이나. 언어의 형식으로 규정할 수 없는 존재의 비일관성은 집합론에 의해 정확하게 표현된다. 그것은 다름 아닌 공집합($\emptyset$)이다. 공리적 집합론은 아홉 가지 공리로 구성되는데, 그중 가장 중요한 것이 바로 실존의 첫 번째 각인으로서의 공집합 공리이다. 공집합이 존재한다는 공리적 단언은 존재의 출발점을 단언하는 것과 동일한 맥락에 있다. 알다시피, 공집합은 모든 집합의 부분집합이다. 그것은 모든 상황(이는 집합과 같은 것이다)에 포함된 것이지만 결코 하나로 셈해지지 않는 집합이다. 단적으로 우리가 {a, b, c}라는 임의의 집합을 가정할 때, 분명 공집합은 이 집합의 부분집합으로 존재한다. 그러나 원소를 하나로 셈하는 구조화 작용 속에서 공집합은 누락되어 있다. 공집합(또는 공백)은 하나로-셈하기라는 현시의 법칙에서 벗어나는 비일관적 다수성의 이름인 것이다. 그것이 구조화의 작용으로부터 벗어나는 것은 확실하다. 공집합은 장소를 가질 수 없지만 모든 장소에 있고, 현시 속에서 현시 불가능한 것을 표현한다. 이러한 공집합의 현시 불가능한 성격은 우리로 하여금 그것을 비일관적 다수성으로 간주할 수 있게 한다. 존재로서의 존재가 갖는 비일관성은 확실히 하나로-셈하기라는 구조화 작용의 외부에 있다. 그리고 그것을 잘 보여주는 것은 바로 공백(또는 무無)으로서의 공집합이다. 모든 구조화된 상황, 다시 말해 모든 집합은 공집합을 포함한다. 그러나 이 공백은 구조화 작용을 통해 고정되지 않기에 철저한 방황 속에 있다. 결국 이 공백은 현시되지 않지만 모든 상황 속에 내재한다. 만약 존재론이 어떤 상황의 비일관적 다수의 이론이라면 그 다수는 상황을 지배하는 특수한 법칙인 하나로-셈하기에서 벗어난 다수, 즉 비-구조화된 다수이다. 공백 또는 무(無)는 이러한 비일관성이 상황 전체 속에서 방황하는 고유한 방식이라고 바디우는 말한다. 존재론이 다루는 제1의 테마는 바로 이러한 공백인 것이다. 알랭 바디우 지음. 조형준 옮김.『존재와 사건: 사랑과 예술과 과학과 정치 속에서』. 새물결(2013), pp.33-

"강박증 : 불안과 죄책감에 토대를 둔 자아가 초자아를 지향(또는 초대)함으로써 명령과 금지를 생성해서 안정성을 확보하고자 하는 기전이다."

"히스테리 : 결여와 예기감에 토대를 둔 자아가 의식화를 지향(또는 초대)함으로써 해체와 위반을 생성해서 안정성을 확보하고자 하는 기전이다."

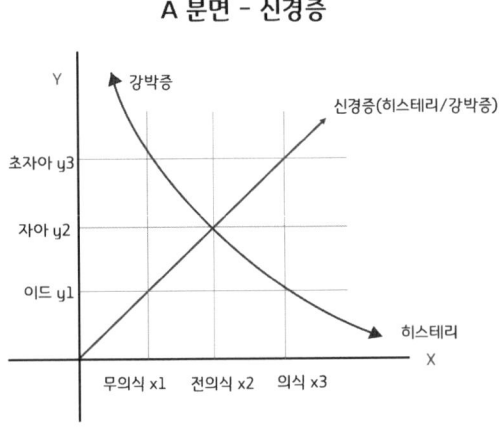

치유의 방향은 다음의 순서로 전개된다. 먼저 강박증은 y3의 지향성을 → x3로 향할 수 있도록 한다. 명령과 금지의 상징인 초자아를 해체(파괴, 위반)하는 의식화(적합한 사물표상과 합리적인 언어표상)를 지향하도록 한다. 반대로 히스테리증은 x3의 지향성을 → y3로 향할 수 있도록 한다. 해체와 위반의 상징인 의식화로부터 명령과 금지의 상징인 초자아를 지향하도록 한다. 히스테리증에는 강력한 아버지(초자아)가 필요하고, 강박증에는 고착을 해체하고 위반하는 어머니(의식화)가 필요하다.

---

45. 이정우 저, 『사건의 철학: 삶 죽음 운명』, 그린비(2011), pp.312-345, 참조.

V. 외상 증상의 구조적 차이

히스테리증이 현실(상식) 보편성을 향한 지향성이라면, 강박증은 종교성(영성)을 향한 공간 지향성이다. 히스테리는 욕망을 대상(대체물) 속에 숨긴다. 즉 그는 자신이 타자의 욕망을 지속시킬 수 있는 대상이라고 생각하고, 자신을 타자의 욕망 대상으로 위치시킨다. 그럼으로써 그의 욕망은 대상 뒤로 물러나고, 그에 따라 그의 욕망은 <불충족>으로 남는다.[254] 말하자면 타자의 욕망을 위해 자신의 욕망을 양보하고, 타자의 욕망 대상이 됨으로써 자신의 욕망을 타자의 욕망으로 우회시키는 것이다. 자신의 욕망을 위한 공간이 타자 안에 마련되는 것이다. 그러니 정작 자신의 욕망은 불충족(결여)으로 남을 수밖에 없다. "히스테리 환자는 타자가 무엇을 욕망하는지 알아내려 한다."[255] 그러나 강박증은 자신을 타자와 동일시해서 그에게 붙잡힌다. → 예를 들어, 많은 종교지도자의 경우 신의 '명령과 금지'로 소명을 받아 신의 길에 참예하는 사람이 된다.

질문의 구조 : <환유적 질문 vs 자신의 존재 문제> 히스테리 환자는 대상 결핍과 상실(대상a)에 초점을 맞추어 질문을 던지는 방식이라면, 강박증자는 자신의 존재의 문제에 대해 '있는가? 없는가?', '죽었는가? 살았는가?' 하는 문제를 큰-타자(초자아)의 요구와 일치시키고자 한다. 강박증자에게는 큰-타자의 요구 외에 다른 의미가 없다. 큰-타자의 요구는 초자아의 공식이다. 초자아는 금지와 명령, 규칙, 도덕, 양심, 도덕수호자(존 밴담), 준칙행위자(칸트) 등이다. 그러나 히스테리와 도착

---

[254] 히스테리 환자의 경우, 자신의 욕망을 타자의 욕망 속에 숨김으로써 자신의 욕망을 '불만족'으로 유지하는 구조이다. 라캉, 「주체의 전복」, in 『에크리』, pp.823~824.
[255] 브루스 핑크, 『라캉과 정신의학』, (맹정현 역), 민음사, p.210.

증은 금지와 명령, 규칙, 도덕, 양심, 도덕수호자, 준칙 행위를 위반한다. 도착증자는 사후의 논리적 시간을 사전으로 되돌린다. 사후에 나타나는 진실(사실)의 시간을 사전으로 회귀시킨다. 이는 어렸을 때 우연히 꽂혔던 사물 인상의 응시에 고착, 퇴행, 역류하기 때문이다.

히스테리는 <또는, 또는 …ou…ou…either…or…or>의 끊임없이 대체물을 소환하는 질문의 방식이다. 강박증은 <이것도 아니고, 저것도 아닌 …ni…ni…neither…nor>의 부정이다. 이 부정은 죽음의 경험에 기초해서 이루어진다. 그것은 그 질문에 자신의 존재를 숨겨 정지된 상태로 머무르는 방식(나는 온데 간데 없고, 신만 보이는 구조)이다. 불교의 불생불멸(不生不滅, 생하지도 않고, 멸하지도 않는다), 부단불상(不斷不常, 단절도 아니고, 상주常住도 아니다), 불일불이(不一不異, 동일한 것도 아니며, 다른 것도 아니다), 불거불래(不去不來, 가는 것도 아니고, 오는 것도 아니다)이다. 불생 · 불멸 · 불상 · 부단 · 불일 · 불이 · 불래 · 불거의 팔부는 끊임없는 부정의 정신을 표현한 것이다. 비유비무 역유역무(非有非無 亦有亦無, 모든 사물이 있는 것도 아니고, 없는 것도 아니며, 또한 있는 것 같기도 하고, 없는 것 같기도 하다)는 인간사변의 한계를 넘어가고자 하는 치열한 부정의 정신, 강박의 정신이다.

강박증에서 문제는 그러한 죽음과 관계된 강박관념이 <섬뜩한(unheimlich)> 감정을 동반하기 때문에 무슨 수를 쓰더라도 그러한 일이 일어나지 않도록 행동해야 한다는 것이다. 사실 섬뜩함(unheimlichkeit)>이라는 감정은 너무도 끔찍해서, 그것을 피하기 위해서는 무슨 일이라도 해야 한다. 프로이트는 「섬뜩함」(1919)'이라는 논문에서, 섬뜩함의 감정을 피하기 위해 주체는 무슨 행동이라도 해야 한다는 것이고, 그 행동은 강박증 환자에게 반복된다는 사실이다. 그것이 바로 '강박관념(obsession)'에 대한 '방어작용'으로 발생하는 증상인 '강박행동(compulsion)'이고 '반복강박'이다.[256]

성적 욕망 → 죽음(살해, 파괴)충동 → 죄책감 → 타협형성(강박관념이나 감정) → 섬뜩함 → 방어증상(강박행동)

그것과는 별도로, 병적인 그 단계 전체가 강박관념에 대한 자아의 방어 투쟁으로 점철되어 있다. 그러한 투쟁 자체가 새로운 증상, 즉 이차적인 방어증상을 형성한다. 이차적인 증상은 **양심의 강화와, 물건들을 검사하고 수집하려는 강박**에 있다. 강박이 강박관념에 대항하는 운동 충동으로 옮겨가면, 다른 이차적인 증상이 형성된다. 가령 반추강박, 음주벽 주기성 폭음, 보호 의례(儀禮, protective ceremonials), 의심 등이 그것이다. 그렇게 해서 우리는 세 종류의 증상이 형성되는 것을 볼 수 있다·

· 최초의 방어 증상 -양심
⇩
· 병적인 타협 증상 -강박관념이나 강박 감정
⇩
· 이차적 방어 증상 -반추강박, 수집강박, 음주벽, 의례강박

강박신경증은 모든 대체와 감정의 변형을 원상태로 돌림으로써, 원초적인 자기 비난과 그것에 속하는 경험을 백일하에 드러내고, 그것을

---

[256] 프로이트, 「섬뜩함」(1919), in 『예술, 문학, 정신분석』, 정장진 역, 열린책들, pp.403-452, 참조.

새로운 판단을 위한 의식적 자아 앞에 세운다면 완화될 수 있다.

VI. 증상의 발화행위

① **죄책감과 초자아에 의한 자기 비난** : 강박신경증의 주된 감정은 **죄책감**이다. 히스테리는 억압의 결과, 성적인 것에 대한 **혐오감**이 발생하는 데 반해, 강박신경증은 그에 대해 죄책감으로 대응한다. "죄책감은 주체가 비난받아 마땅하다고 생각하는 행위의 결과로 나타나는 감정 상태(죄인이 갖는 양심의 가책이나 외견상 불합리한 자책)를 가리키거나, 주체가 자책하는 구체적인 행위와는 관계없이 자신을 무가치하다고 여기는 막연한 감정을 가리킨다."[257] 프로이트는 그것을 심리장치 내의 체계인 '자아와 초자아'의 관계로 설명한다. 다시 말해 그는 자아에 대한 비판적이고 처벌적인 심역으로서 초자아를 따로 구별하여, "죄책감을 초자아의 비판에 상응하는 자아 내부의 지각"[258]으로 정의한다.

따라서 강박신경증의 주된 감정이 죄책감인 만큼, 강박증에서는 초자아에 의한 자아의 비난 또는 비판이 현저하게 나타난다. 그러나 강박증은 죄책감이 아무리 심하다고 하더라도 우울증에서처럼 자기 파멸적 행동, 즉 자살은 하지 않는다.[259] 왜냐하면 "강박신경증의 경우, 문제가

---

257) 라플랑슈 & 퐁탈리스, <죄책감>, 『정신분석사전』, 임진수 역, 열린책들, p.429.
258) 프로이트, 『자아와 이드』, 열린책들, p.398.
259) 어떤 형태의 강박신경증에서도 양심의 가책은 다른 것 못지않게 고통스럽고 괴롭다. 그러나 거기서는 상황이 덜 분명하게 드러난다. 우울증의 경우와는 대조적으로 강박신경증 환자들은 사실상 자기 파멸적 행동을 결코 하지 않는다. 그들은 마치 자살의 위험에 면역되어 있는 것 같고 심지어는 히스테리 환자들보다도 그런 위험으로부터 훨씬 더 잘 보호받고 있다. 프로이트, 『자아와 이드』, 열린책들, p.396.

되는 것이 자아 밖에 있는 것이었던 반면, 우울증의 경우는 초자아의 분노 대상이 동일시를 통해 자아 속으로 들어온 것이기 때문이다. 또한 강박신경증에서는 자기 비난에 대한 방어 작용으로 바깥의 대상에 대한 공격 충동으로 변환시킨다. 강박증에서는 자기 비난을 대상에 대한 비난과 공격으로 외재화 하는데, 우울증에서의 공격은 동일시를 통해 자아가 된 대상에 대한 것이기 때문에 대상과 동시에 자아를 죽이는 자살에 이르게 된다. 그 결과 우울증의 경우, 초자아가 의식을 장악하고 있다는 인상은 강박증에서보다 더욱 강하다. 우울증에서 자아는 초자아에 반대 하지 못한다. 그것은 자신의 죄를 인정하고 처벌을 감수한다.

② **외설강박과 의식화(ritualization)** : 양심의 가책이 큰 만큼, 그것이 억압하는 외설적 환상도 크다. 성당에서 동정녀 마리아를 덮치는 장면을 상상하는 일, 반복적으로 어떤 행동을 취하면 불안과 수치심이 감소하는 것을 발견한다. 어떤 행동을 하기 위해서는 징해진 순서로 반복해야 한다. 예를 들어 머리를 빗다가 덮치는 상이 떠오르면 반드시 왼손으로 빗질을 해야하고 정수리 뒷부분, 머리 양옆을 4번 가볍게 톡톡 쳐야 한다.

③ **고립** : 부정법(부인, 거부, 부정, 비교와 배타적)이 발달해 있다. '아니야, 그럴 리가 없어', '~라기보다는 ~이 더 좋다 또는 낫다, 나쁘다' 등 부인(거부)은 주체가 사태를 정지시키거나 고립, 끊어버리기 위한 방어방식이다. 고립은 의미 있고 기분 나쁜 주체의 행위나 생각 뒤에, 아무것도 일어날 수 없고 아무런 느낌도 일어나지 않도록 흐름을 끊어 놓은 일시적인 중지를 지속되는 사태 중간에 끼워 넣는다. 지속

적인 흐름과 연결을 갑자기 중단한다. 마치 아무 일도 없었던 것처럼… 자신의 심부 깊숙이 밀봉시킨다.

④ **오염에 대한 강박행동** : 이 강박 행동의 가장 큰 특징은 오염이 한 대상에서 다른 대상으로 끝없이 옮겨간다는 것이며, 신체적 접촉 없이도 일어난다고 믿는다는 것이다. 그것에 대한 반동형성으로, "①몸을 반복해서 씻는 결벽증이 있다. ②오염된 장소를 반복해서 청소한다. ③오염된 것을 접촉하지 않으려고 하거나, 오염된 방을 폐쇄하여 그것에 접근하는 것을 금지한다.(이것을 프로이트는 <접촉 금지>라고 부른다)"가 나타난다. 주인공은 남이 쓰던 식기를 사용하지 않기 위하여 식당에 갈 때도 일회용 플라스틱 식기를 가져간다든지, 비닐장갑을 끼고 개를 만진다든지, 물건을 나를 때는 반드시 일회용 장갑을 끼고 한다든지, 사람과 부딪치지 않기 위하여 사람을 피해 다니는데, 그 모든 행동은 오염된 것에 대한 접촉 금지를 나타낸다.

⑤ **의심에 대한 강박행동** : 프로이트는 의심이야말로 강박증 환자의 심리를 지배하는 강박관념으로 여겼다. 즉 전통적으로 <의심증>으로 불려왔다. 이는 사랑이 미움에 의해 억제된 결과이다. 의심은 어떤 대상에 대해 사랑의 충동이 일어날 때, 그것을 미움이 밀어내는 마음의 움직임이다. 그래서 확실한 사랑의 감정을 불확실한 것으로 만드는 것이다. 즉 불확실성과 의심을 쫓아간다. 확신할 수 없는 불확실한 주제, 또는 정의 판단이 보류되어야 하는 주제를 좋아한다. 그런 종류의 주제로는 기원, 수명, 사후 세계, 그리고 기억 등이 있는데, 믿을 만한 보장이 하나도 없는 기억이나 주제를 믿는 습관을 지닌다.

⑥ **반복 확인** : 화재에 대한 두려움 때문에 난로나 전기 기구를 반복 확인하고, 도둑에 대한 두려움 때문에 문이 잠겼는지 반복해서 확인한다. 이것은 때로 의식(ritual)을 동반하기도 한다.

⑦ **이해강박** : 강박증 환자는 과제에 대해 확실히 이해했는지 확인하기 위해 같은 구절을 반복해서 읽거나, 논문에 실수가 없는지 확인하기 위해 다음 줄로 넘어가는 데 많은 시간이 걸리곤 한다. 프로이트에 따르면, 이러한 이해 강박의 기원에는 사랑하는 사람에 대한 오해 강박이 있다.

⑧ **사고강박** : 이것은 누군가 사고를 당하지 않을까 하는 두려움에, 사고를 일으킬 모든 물건과 요소를 없애는 강박 행동을 한다.

⑨ **정리정돈 강박** : 모든 물건을 벽장에 특별한 방식으로 배치하는데, 아이들이 서랍과 옷을 사용할 때 그것을 흐트러뜨릴까 봐 극도로 신경을 쓴다. 거의 하루 종일 흐트러진 물건을 정리하는데 시간을 다 보낸다. 침대 덮개를 똑바르게 덮어두고, 주름이 있으면 몇 시간에 걸쳐 다시 펴고, 약품, 신발, 필기도구 등도 복잡한 방식으로 배열한다. 특히 약품은 가족들이 볼 수 있는 꽃 모양으로 식탁 위에 올려놓는데, 누군가 그것을 건드리면 심하게 화를 내고 다시 한다. 그녀에게는 좌우대칭의 유지도 중요하다. 이는 완벽주의에서 비롯된 것이다. 강박증 환자는 완벽을 지향하는 자가 아니라 '완벽과 동일시'하는 자이다. 불타는 청춘에서 서정희는 여행을 가기 위해, 옷가지와 여행 가방을 완벽하게 꾸릴 뿐 아니라, 여러 상황 즉 '분위기 잡을 때', '기분이 들뜰 때',

'어떤 음식을 먹을 것인가'에 따라 각종 음악을 분류하고 빈틈없이 배열하고 준비한다.

⑩ **보호 강박** : 정리정돈 강박이 사랑하는 사람을 다치게 할 물건을 치우거나 피해 가는 것이라면, 보호 강박은 사랑하는 사람이 아프지 말라고 그의 몸을 보호해주는 것이다.

⑪ **소급적 취소** : <소급적 취소>는 '마치 아무 일도 없었던 것처럼, 마치 처음처럼, 처음 있었던 일처럼, 알고 있으면서도 처음 알았던 것처럼, 처음 있었던 것처럼' 주체가 어떤 행위나 사고가 한 번도 일어나지 않은 것처럼 행동하려고 하는 강박신경증의 특징적인 방어기제이다. 그것은 두 시기로 나타나는데, '두 번째 행위가 첫 번째 행위를 없애는 것이다.' 그 결과 실제로 두 행위가 일어났는데도, 모든 것이 아무것도 일어나지 않은 것처럼 된다. 예컨대, 쥐 인간은 어느 날 길을 가다가 돌에 발이 부딪친다. 그는 그 돌을 길에서 치워버린다. 그의 여자를 실은 마차가 몇 시간 뒤에 그 장소를 지나기 때문이다. 그 돌 때문에 그 여자에게 사고나 나면 어떻게 하나? 하는 걱정을 한 것이다. 그러나 얼마 뒤, 그는 그 행동이 불합리한 것이라고 생각하고, 다시 돌아가 그 돌을 길 한가운데 다시 갖다 놓는다.[260] 이렇게 강박증 환자는 어떤 명령과 금지, 또는 명령과 반대 명령의 교대를 무한히 계속한다.

---

260) 프로이트, 「쥐-인간」, 김명희 역, 열린책들, p.59.

기본 3
외상적 죽음과 트라우마

<내용 요약>

외상적 죽음을 겪은 사람들에게 비판적이지 않고 공감적인 상담 태도를 실천하여 트라우마 회복을 돕는 기술을 향상할 수 있다. 또한, 가족 내에서 외상 후 성장(PTG)을 촉진하고 관계와 유대를 강화하는 방법을 적용할 수 있다. 사회적, 집단적 외상 사건에 대응하기 위해 피해자와 생존자들을 위한 집단 치료와 지원 그룹을 운영할 수 있다. 외상적 죽음을 경험한 생존자들에게 비탄, 죄책감, 우울증 등 복합적인 증상에 대한 심리적 지원을 제공할 수 있다. 또한, 재난 심리 상담 체계를 강화하여, 자연재해나 사회적 재난에 대한 심리적 대응을 마련할 수 있다. 이를 통해 초기 심리적 안정화와 장기적인 후속 지원을 제공할 수 있다.

<핵심어>

외상적 죽음(Traumatic Death), 재난과 트라우마, 외상과 생존자, 항상성의 회복, 기억의 의례화,
PTSD(Post-Traumatic Stress Disorder)

<학습 목표>
- 외상적 죽음에 대한 이해를 바탕으로 트라우마 회복을 위한 상담 기술을 향상한다.
- 외상 후 성장(PTG)의 개념을 이해하고 이를 통해 상실을 겪은 사람들의 회복을 돕는 방법을 학습한다.
- 집단치료와 지원그룹을 구성하여 사회적·집단적 외상에 대응하는 실천 방법을 익힌다.

- 외상적 죽음을 경험한 생존자들에게 심리적 지원을 제공하고 지속적인 상담 및 치료 서비스를 체계적으로 지원할 수 있다.
- 재난 심리상담 체계를 강화하여 자연재해와 사회적 재난 상황에서 초기 심리적 안정화 및 후속 지원을 제공하는 방법을 습득한다.

<적용 실천>
- 트라우마 회복을 위한 상담 제공: 외상적 죽음을 경험한 사람들에게 비판적이지 않고 공감적인 상담을 제공하여 트라우마 회복을 돕는다.
- 가족 및 커뮤니티 내 상실 회복 지원: 외상 후 성장(PTG)을 촉진하는 접근을 통해 상실을 겪은 사람들의 관계 및 유대를 강화하도록 돕는다.
- 집단 치료 그룹 구성: 사회적 또는 집단적 외상 사건에 대한 치료를 위해 피해자와 생존자들이 경험을 공유하고 치유의 과정을 거칠 수 있는 집단 치료 그룹을 운영한다.
- 심리적 지원 프로그램 제공: 외상적 죽음을 경험한 생존자들에게 비탄, 죄책감, 우울증 등의 증상에 대한 지속적인 심리적 지원을 제공한다.
- 재난 상황에서의 심리적 안정화 지원: 자연재해나 사회적 재난 발생 시 초기 심리적 안정화를 위한 상담과 후속 지원을 제공하는 체계를 강화한다.

외상적 죽음과 트라우마

I. 외상적 죽음과 트라우마

1. 외상적 죽음(Traumatic Death)의 정의

인간이 겪는 모든 죽음은 외상적이다. 하지만 외상적 죽음으로 정의되기 위해서는 다음의 요소들이 필수적으로 고려되어야 한다. 1) 갑작스럽고 예측하지 못한 죽음 2) 폭력, 파괴, 손상(mutilation)에 의한 죽음 3) 예방가능성이 있었으나 예방하지 못한 죽음 4) 무작위성 즉 우연적인(randomness) 죽음 5) 다수의 죽음 6) 외상적 사건에서 살아남은 생존자들의 죽음에 대한 경험 즉 생존에 대한 심각한 위협이나, 다른 사람들의 죽음과 손상에 대한 대규모적이고 충격적인 대면이다. 구체적인 죽음의 형태로 구분해 보면 자살, 살인, 사고, 유아돌연사, 테러, 전쟁, 전염병, 자연재해 등으로 인해 일어난다.

정신역학적(psychodynamic theory, 정신역동이론) 관점에서 보면, 외상적 죽음을 경험한 사람들은 자신의 죽음에 대한 공포를 과장하는 '전멸 불안'(annihilation anxiety)이나, 죽음에 대해 부정적인 생각이나 이미지 등으로 인해 악몽(惡夢)을 경험하는 '반복 강박'(repetition compulsion)에 시달리게 된다.[261] 왜냐하면 외상은 본

---

[261] "그날"에 갇힌 재난 생존자들의 이야기. 2020년 홍수로 인해 부산 초량동 지하차도에서 가족을 잃은 재난 생존자의 인터뷰(KBS 뉴스, 2021년 6월 25일) 3명이 숨지는 사고(엄마와 딸이 차에서 내려 가슴까지 차오르는 물속을 걸어 나오다가 딸이라도 살아서 나가라며 손을 놓았는데 딸이 숨짐) "무슨 단어를 써야지 슬픔을 표현할 수 있겠습니까? 상처가 아문다는 것이 1,2년 지나서 아문다면 다행이지만, 그게 아니고 더 깊어지는 것 같아요" "매일 매일이 1년 전 7월 23일 그날로 붙잡혀 있는 상태이거든요. 언제 끝날지 모르겠습니다."(유가족 인터뷰)

인의 의지와 상관없이 갑자기 자신의 온 몸에 깊이 새겨진 흔적이기 때문이다.

또한 외상적 죽음은 개인적인 사건에서 발생하는 경우도 있지만, 사회적이고 집단적인 사건에서 발생하기도 한다. 이러한 외상을 '집단적 외상'(Collective Trauma)이라고 말한다. 다수의 죽음은 그 일을 겪게 되는 유족들뿐만 아니라, 그 사건을 목격하고 경험한 많은 사람들에게도 엄청난 충격을 준다.[262] 이러한 사회적이고 집단적인 사건들은 개인과 사회 전반에 깊이 스며들어 영향을 미친다. 사람들의 기억 속에서 좀처럼 사라지지 않으며, 트라우마에 대한 문화적 현상으로 남게 된다.

2. 트라우마(Trauma)의 개념과 상담가들

'트라우마'는 DSM-5에서[263] 다음과 같이 정의한다. 실제적이거나 위협적인 죽음, 심각한 부상 또는 성폭력에 대한 노출이 다음 중 한 가지(또는 그 이상)에 나타났을 때를 말한다. 1) 외상적 사건에 대한 직접적인 경험, 2) 다른 사람에게 발생한 사건을 직접 목격, 3) 외상적 사건들이 가족, 가까운 친지, 친한 친구에게서 발생한 것을 알게 됨(단 그 사건이 폭력적이거나 갑작스럽게 발생한 경우) 4) 외상적 사건에 반복

---

262) 대표적인 사건으로 2014년 4월 16일 진도 앞바다에서 세월호가 침몰되어 안산 단원고 학생들을 포함하여 304명이 목숨을 잃은 사건이다. 당시 국민들은 큰 충격에 빠졌으며, 아직까지도 진실규명이 제대로 되지 않아 유가족들은 외상에서 벗어나지 못하고 있다. 2011년 3월 11일 발생한 동일본 대지진으로 2만여 명이 숨지고, 2001년 9월 11일 발생한 뉴욕 월드트레이드센터 테러 사건으로 2,800여명이 목숨을 잃었다. 2024년 12월 29일 한국의 무안공항에서 여객기의 비상착륙 후 충돌에 의해 179명이 사망하는 안타까운 사건이 발생하였다. 이러한 집단적 사망 사건은 집단적 외상의 대표적인 사례들이다.

263) DSM-5는 『Diagnostic and Statistical Manual of Disorder, 5th edition』(정신 장애 진단 및 통계 편람, 제5판, APA, 2013)이다. 일부 학자들은 '외상성'의 개념을 실제적, 위협적, 심각한 죽음이나 부상 그리고 성폭행으로 제한하는 것은 문제가 있다고 말한다. 하지만 그 이외의 일반적인 개념까지 폭 넓게 인정하면, 연구의 범주가 너무 커질 수 있다.

적으로 지나치게 노출되는 직업을 가진 사람들(구조대원, 경찰관, 변사처리자 등)에게 나타나는 증상이다.

외상적 죽음을 경험한 사람들에게 나타나는 외상후 스트레스장애(PTSD)는 1980년대 중반에 등장한 개념이다. 이제는 심리학, 정신의학, 사회복지학 등의 분야에서 종사하는 임상 전문가들에게는 기본적인 개념이 되었으며, 애도 및 비탄과 관련한 상담가들에게도 필요한 내용이 되었다.[264] 전 세계는 테러, 사고(human-caused), 자연재해 등에 의해 발생하는 외상적 사건들을 겪고 있다. 그리고 그 사건들로 인해 비탄을 겪고 있는 사람들을 돕기 위한 비탄 상담가(grief counselor)들이 활동하고 있다. 한국 사회도 이태원, 세월호 사건과 같은 대규모의 참사[265]를 겪었으며, 앞으로도 발생하지 않을 것이라고 보장하기 어렵다. 특히 기후 위기로 인한 재난 상황은 발생 가능성이 높다. 그러므로 외상적 죽음을 대하는 사회적 태도와 그들을 돕는 상담가들의 역할은 매우 중요하다. 상담가에게 요구되는 태도는 비(非)판단적 태도, 공감적 경청 태도, 연민적 태도, 치료적 관계에 대한 주의 등의 윤리적 중요성이 강조되고 있다. 이러한 과정을 통해 트라우마 생존자들은 타인과 자신을 치유하고, 많은 역경을 이겨내며, 성장할 수 있는 능력을 가졌음을 보여준다. 뿐만 아니라 상담가들 역시 이 과정에서

---

[264] 트라우마와 관련된 최근의 흐름을 보면, 트라우마 뇌손상(traumatic brain injury, TBI), 급성 스트레스 반응과 초기 개입, 고통이나 괴로움 그리고 회피에 대한 새로운 관점으로서의 고통의 역설(pain paradox), 마음챙김, 트라우마 치료의 윤리 등은 중요한 영역이 되었다. 특히 마음 챙김은 '마음 챙김 기반 호흡 훈련'(Mindfulness-based Breath Training, MBBT)이라는 공식명칭으로 불린다.

[265] 『사회적 재난의 인문학적 이해』 박민철 외, 건국대학교출판부, 2023년, p9. 외상적인 사회적 사건이 발생했을 때, 정부는 참사(慘事)라는 용어 대신에 사고(事故, incident)라는 용어를 사용하려고 한다. 사고는 '뜻밖에 일어난 불행한 일'이라는 의미로 어쩔 수 없는 우연성의 관점을 가지고 있지만, 참사는 '비참하고 끔찍한 일'이란 의미로 예방해야할 의무를 가지고 있는 정부와 사회의 책임성을 강조하는 관점을 포함하고 있다고 볼 수 있다.

삶에 대한 중요한 실존적 교훈과 인간의 고통을 이해할 수 있는 것들을 배우게 된다. 우리가 죽음학을 통해 이 과정을 공부해 나가고 있는 것이다.

3. 외상에 대한 평가의 기준[266]

외상적 죽음을 통해 상실과 비탄을 경험하는 사람들의 반응을 평가하기 위해 전제해야 할객관적 기준은 다음과 같다. 1) 그들을 돕기 위해 필요한 평가도구, 2) 정보 수집을 위한 타당한 도구, 3) 효과적인 개입기술이다. 또한 외상에 대한 개념을 정리해 보면 다음과 같다.[267]

1) APA(American Psychiatric Association, 미국정신의학회, 2000) : 외상이란 실제이거나 위협적인 죽음, 심각한 상해, 자신과 타인의 신체적 안정성에 대한 위협의 경험 또는 목격, 가까운 사람에 대한 폭력적인 죽음에 대한 경험이나 그것을 아는 것이다.

2) Allen(1995) : 외상적 경험에는 두 가지 구성요소, 즉 주관적 요소와 객관적 요소가 있다. 즉 외상을 구성하는 객관적 사건에 대한 주관적인 개인의 경험이다.

3) APA(2000) : 외상적 사건이란 신체적, 정서적, 심리적 고통이나

---

266) 『트라우마 상담 및 심리치료의 원칙』 John N. Briere, Catherine Scott, 이동훈 외 4인 역, 시그마프레스, 2020년, p3-p17. p34-p37 APA(American Psychiatric Association, 미국정신의학회, 2013) 발간한 DSM-5에 의하면 외상성 사건 이후 나타나는 증상에 대해 침습증상, 부정적 기분, 해리증상, 회피증상, 각성 증상으로 정리하고 있다. 구체적으로 보면, 반복적으로 나타나는 고통스러운 기억과 심리적 고통, 지속적으로 경험되는 부정적 기분, 환경과 현실에 대한 단절의 느낌, 기억과 장소 그리고 감정에 대한 의도적인 회피, 수면장애와 분노 그리고 과각성과 같은 반응 등이 나타난다. PTSD는 외상적 사건에 대한 스트레스와 증상의 재경험, 무감각함과 회피 행동, 이상 각성 등이 나타나는 것으로 정리할 수 있다.
267) 『죽음학교본』 임병식 외, 한국싸나톨로지협회, 2023년, p379-p380.

위해를 일으키는 경험이며, 그러한 사건에 대한 반응은 혼란스럽거나 불안해하는 행동을 포함한다.

4) Jacobs(1999) : 외상적 비탄은 갑작스럽고 충격적인 상실에 대한 반응이며, 비탄 반응을 통해 외상 장면에 대한 몰두, 회피,[268] 과민한 자극 등으로 나타난다.

5) Neimeyer(2002) : 사랑하는 사람의 죽음이 외상적일 때(살인, 자살, 형체를 알아볼 수 없는 사고), 자연적인 수명에 어긋났을 때(자녀의 죽음이나 젊은 사람의 죽음), 그것을 경험한 사람의 비탄은 일반적인 사별 반응을 넘어선다. 이러한 반응은 생리적이고 심리·사회적 영역에서 모두 관찰된다.

II. 가족, 사회 시스템과 외상적 죽음[269]

1. 안정적인 애착형성의 어려움

외상적 사건은 여러 세대에 걸쳐 가족들에게 영향을 준다. 외상적 상실을 경험한 가족들은 외상 이전의 상태로 돌아가기 어려운 고통을 겪는다. 애착이론 연구자들에 의하면 외상을 경험한 가족들의 비탄이 어

---

268) 『트라우마 상담 및 심리치료의 원칙』 p91-p93. 많은 사례에서 손쉬운 선택은 고통의 인식을 차단하고 회피하는 것이다. 내담자는 치료 기간 동안 기억, 생각, 느낌에 압도되지 않고, 이들을 다루기 위하여 어느 정도 회피할 수도 있다. 이러한 회피 반응은 당연하며, 심지어 도움이 되며, 상담자로부터 이해 받아야 한다. 그러므로 상담가는 내담자의 용기에 대해 지속적으로 인정해 주고, 존중과 긍정적 배려 그리고 연민의 마음을 갖는 것이 중요하다. 연민은 동정(pity)과는 다른 개념이다.

269) 『죽음학교본』 p373-p377. 죽음학교본에 게재된 이 글은 David A Crenshaw의 'The Essential Body of Knowledge for the Study of Death, Dying and Bereavement'(2013년)를 번역 재구성한 내용이며, 필자의 관점을 반영하여 작성하였다.

린 자녀들에게도 영향을 주어, 어른이 된 후에도 해소되지 않은 비탄 반응으로 다음과 같이 나타난다고 한다. 1) 반복되는 환상을 겪는다. 2) 성장과정에서도 외상에 대한 대처의 유연성이 감소한다.[270] 3) 자녀들이 성장하여 부모가 된 이후에도 안정적인 애착(securely attached)방식 형성에 어려움을 겪는다. 4) 가족들의 정서적 삶을 파괴하며, 삶의 주기에 맞는 발달을 멈추게 한다. 결국 외상은 다양한 방식으로 가족들의 삶에 각인(刻印)되어, 그 영향으로부터 벗어날 수 없게 만든다.

하지만 이러한 파괴적 영향에도 불구하고, 가족은 치유의 힘을 가지고 있다. 물론 외상 이전의 삶으로 돌아가는 것이 불가능하기도 하고, 기대하기 어렵기도 하지만, 때때로 상실의 외상과 화해하고, 오히려 가족 간의 유대를 강화하며, 외상 후 성장(post-traumatic growth)의 단계로 발전하기도 한다. 즉 모든 가족이 병리적 방식의 비탄에 빠진다고 확정해서도 안 된다.

2. 관계성 질문과 가족의 역할
(외상적 상실과 화해하기 위한 가족시스템 접근)

외상적 사건을 경험한 가족에게는 '관계성'의 관점으로 접근하는 것이 중요하다. 즉 '관계의 틀' 안에서, 일어난 사건에 대해 개념화(conceptualize)하고, 개입(intervence)해야 한다. D. A. Crenshaw의 논문에 의하면 관계성 질문은 다음과 같다. 1) 핵가족과 확대 가족 내에서 누가 외상적 사건들에 의해서 가장 영향을 받는가? 2) 외상적 상실의 결과로써 다른 가족 구성원들에게서 어떤 변화가 관찰되는가?

---

270) 미국의 사례/ 총기 사고로 아버지가 사망한 후 7년이 지났으나, 사고 이전의 시간으로 되돌아가서, 어린아이와 같은 행동을 하는 자녀들도 있다.(죽음학교본 p373)

3) 가족 내에서 누가 그런 변화에 의해 가장 영향을 받는가? 4) 가족 내에서 가장 영향을 많이 받는 구성원들에 대해 누가 가장 많이 걱정하는가? 5) 가족 내에서 누가 현재 가장 힘든 시간을 보내고 있는가? 이다. 이러한 관계성 질문은 가족 구성원들의 안정성에 대해 파악하게 하고, 상실로 인한 고통의 관계를 파악하여, 가족 내에 개입을 계획하는데 있어서 신중하고 민감하게 사용될 수 있기 때문이다. Who에 대한 질문은 결국 한 사람의 반응이 전체에 영향을 주기 때문이다. 가족 전체는 항상성과 안정성의 상태로 돌아가기를 원하고 있기 때문이다.[271] 관계성의 질문과 연구 관점은 단지 PTSD의 증상을 넘어, 가족 내에서 발생하는 관계적 요소를 찾아냄으로써, 더 나은 외상 치료를 하는데 목적이 있다. 즉 가족 중에 누가 외상적 사건에 연관되거나, 가장 영향을 받는지를 파악함으로, 가족 구성원에게 상실의 의미를 찾도록 도와주는 가족 역할의 중요성을 강조하는데 있다.

3. 가족 내에서의 외상 후 성장

특히 가족 관계 내에서의 심리적이고 정서적인 지지는 외상 후 성장에 도움을 준다. 비난의 방식이나 책임 회피의 방식은 도움이 되지 않는다. 대부분의 연구에서는 가족의 지지를 포함한 사회적 지지가 외상적 상실에 가장 강력한 영향을 미치는 결정 인자 중 하나라고 제안한

---

271) 미국의 사례/ 17세의 소년이 학교를 가다가 총격범에 의해 사망한 사건 이후, 13세의 여동생이 분리불안(separation anxiety)을 경험하며, 학교에 가기를 거부했다. 사람들은 '오빠가 학교 가는 길에 죽어서 그런가보다' 라고 생각했다. 하지만 관계성 질문을 통해 다른 가족들에게 미친 영향을 연구한 결과, 등교를 거부하는 행동은 단지 부분적인 증상이며, 오히려 임상적 우울증에 빠진 엄마에 대한 걱정과 엄마를 집에 혼자 두는 것에 대한 두려움, 혹시나 엄마가 혼자 있다가 자살할지도 모른다는 불안감이 원인임을 찾아냈다. 결국 부모는 아이에게 그러한 일이 일어나지 않을 것이라는 안심(安心)의 마음을 갖도록 도와야 한다.(죽음학교본 p374)

다.[272] 즉 외상적 상실 치료에 있어서 관계의 중요성을 강조하는 것이다. 물론 외상적 죽음을 경험한 가족들은 그들 가족 시스템에 지속적인 영향을 준다. 애착이론 연구자인 Siegel(2012)의 연구에 의하면 해소되지 않은 비탄과 외상의 반응이 유연성을 감소시키고, 정보를 일관성 있게 반영할 수 있는 능력을 저해한다. 즉 외상은 생존 유가족의 정서적 삶을 파괴한다. 그리고 외상을 경험한 그 순간에 모든 것이 멈춰선 채로 살아간다.[273] 외상적 상실을 경험한 가족들은 상실 이전의 상태로 돌아가기를 기대하지만, 안타깝게도 그것은 쉽지 않다. 상실을 치유하고, 일상의 삶으로 돌아가기를 원하지만, 그 과정이 매우 힘들다. 그럼에도 불구하고 상실을 경험한 가족 구성원들의 시스템 속에서 치유와 화해를 모색해야 한다. 때로는 치유와 화해의 과정을 통해 가족 구성원들의 유대는 강화되기도 한다. 이에 대해 Berger(2009)는 '가족 내 개별 구성원들의 내적 자원을 깊이 있게 한다면, 외상 이후 가족들의 성장을 이끌기도 한다.'고 보았다.[274]

그러므로 외상적 상실에 대한 가족·시스템적 접근은 가족 내의 관계와 삶에 있어서 애착의 중심적 역할을 존중하며, 전체로써의 가족 단위

---

272) 『트라우마 상담 및 심리치료의 원칙』 p25.
273) 한국의 사례/ 1999년 2월 13일 경기도 평택에 살던 송혜희 양이 실종되었다. 효녀이며, 밝은 성격의 혜희는 송탄여고에서 전교 1,2 등을 할 정도로 공부도 잘했다. 하지만 범죄 피해의 의심 속에서 그 사건은 미궁으로 빠졌다. 딸을 그리워하던 어머니는 우울증과 심장병을 앓다가 2006년 극단적인 선택을 했으며, 아버지는 딸을 찾기 위해 전국을 다니며, 1만개의 현수막과 1000만장의 전단지를 배포하였다. 기초생활수급자가 되어 자신의 생계도 어려웠지만, 딸을 찾는 일을 멈추지 않았다. 그러던 중 2024년 8월 26일 실종 전단지와 현수막을 실은 트럭으로 길을 나섰다가 마주오던 덤프트럭과 교통사고가 나면서 사망하였다. 딸을 찾아 거리로 나선지 25년 만에 71세의 나이로 이 세상을 떠났다. 그는 생전에 "이미 죽었으니까 포기하라"라고 말한 주위 사람들의 말에, "죽은 걸 확인하지도 못했는데, 부모가 자식을 먼저 포기할 수 있나? 만약 죽었다면 시신이라도 찾아야 하지 않나?"라고 말했다.
274) 『죽음학교본』 p373.

에 초점을 맞춘다. 즉 가족 구성원들은 외상으로부터 치유되고 회복되는데 있어서 중요한 역할을 수행하는 협력자이다. 가족 중심의 치유 방식은 가족들이 상실의 아픔과 고통을 함께 극복하는데 도움이 되며, 가족 관계의 유대를 강화함으로써 상실의 의미를 찾아가는데 도움이 된다.

4. 외상적 죽음이 생존자들에게 미치는 영향[275]

사랑하는 사람의 죽음을 경험한 사람들을 '생존자'(survivor)라고 부른다. 청소년의 자살은 그들의 부모를 생존자로 만들지만, 노인의 자살은 그들의 자녀들을 생존자로 만든다. 용어의 개념상 '생존자'라는 말은 어떤 위기 상황 속에서 죽음의 위험을 모면하고 살아남은 사람을 말한다. 예를 들어, 자연재해나 사건, 사고 등에서 살아남은 생존자들과 자살로 가족을 잃은 사람들은 그 과정과 유형에 있어서 다르지만, 생존자들이 겪게 되는 외상은 본질적으로 동일하다. 특히 생존자들이 '자살 위험성'의 증가 속에서 살아간다는 점에서 중요하다.[276] Cain & Fast(1996)의 연구에 의하면 부모가 자살로 사망한 어린이(청소년)들에게서 1) 분노, 적대감, 일탈 2) 슬픔, 죄책감, 자기 안으로의 침잠(우울)이라는 두 가지 유형의 반응이 관찰되었다는 것이다. 아동이나 청소년의 자살을 겪은 그들의 부모 그리고 배우자의 자살을 겪은 사람들에게 나타난 반응은 다른 유형의 죽음(사건, 사고, 재해 등)을 경험한 사

---

275) ADEC.『Handbook of Thanatology』임병식 역, 한국싸나톨로지협회, 2019년. 이 글은 핸드북과 죽음학교본에 있는 내용 중 각 학자들의 견해를 정리하였다. 특히 외상적 죽음에 대한 반응 중 지속적, 병리적, 복합적 비탄 반응은 공통적으로 발생한다고 볼 수 있다.

276) 세월호 참사 당시 안산 단원고 학생들의 인솔을 책임지고 승선했다가 살아남은 교감선생님은 자신의 잘못이 아님에도 불구하고, 제자들을 잃은 외상적 충격으로 인해 결국 자살을 선택하고 말았다. 결국 외상적 죽음에 대한 경험은 자살 위험성을 증가시킨다고 볼 수 있다.

람들에게 나타나는 외상에 대한 반응과 많은 유사점을 가지고 있다고 볼 수 있다. 즉 죽음의 과정이나 유형을 막론하고 외상적 죽음을 경험한 유가족(생존자)들의 반응은 유사하다. Jordan & McIntosh(2011)의 연구에 의하면, 자살로 자녀나 배우자를 잃은 성인 생존자들은 죄책감, 책임감, 죽음에 대한 비난과 고인으로부터 거부되고 버려졌다는 느낌이 더 두드러지게 나타났다는 것이다.

사고나 만성질환으로 자녀를 잃은 부모와 마찬가지로, 자녀의 자살을 경험한 부모들은 종종 죽음의 원인에 대한 죄책감(death-causation guilt) 즉 죽음을 막기 위해 했어야 했던 것과 하지 말아야 했던 것에 대한 죄책감을 갖는다. '그때 내가 내 아이를 거기(사고 현장)에 가지 못하게 했어야 했는데…' '내가 왜 우리 아이에게 그렇게 모질게(자살의 원인 중) 몰아붙였을까?…' 등의 죄책감을 갖는다. 또한 육아 스타일과 관련된 자녀 양육의 죄책감, 질병을 앓는 자녀에게 최선의 치료를 제공하지 못했다거나, 자녀가 죽을 때 같이 있어주지 못했다는 후회와 같은, 질병 관련 죄책감(illness-related guilt)을 경험한다. Jordan & McIntosh(2011)에 의하면, 자녀의 자살로 외상을 경험한 부모들은 때때로 다른 사람들에 의해 비난을 받고, 자녀의 죽음에 대한 책임을 지며, 다른 형태의 사별을 경험한 부모들보다 더 혼란스러워 한다. Melhem 외(2004)에 의하면, 결국 생존자는 자포자기, 죄책감, 분노, 자살 충동, 약물남용, 우울증 등 외상적인 비탄반응으로써 복합적인 증상을 나타낸다. 이러한 외상과 관련된 비탄은 아이들, 청소년, 성인 모두에게서 비슷하게 나타난다.

5. 지속적 비탄장애와 병리적 비탄[277]

외상적 죽음을 경험한 사람들의 비탄반응에 대해, Prigerson과 Parkes(2009)의 연구에 의하면, 심각한 장애를 나타내는 상실 반응에 대해 지속적 비탄장애(prolonged grief disorder, PGD)라고 정의하였다. 그들은 PGD를 복합 비탄(complicated grief), 외상적 비탄(traumatic grief) 또는 복합비탄장애(complicated grief disorder)와 같은 것으로 본다. 하지만 이러한 정의는 정신질환의 주요 우울 장애와는 다르다.

Rando(1993)에 의하면, 병리적 비탄(pathological grief)은 건강한 삶에 위협이 되는 비탄을 말한다. 이 비탄은 금지된 비탄(inhabited grief), 지연된 비탄(delayed grief), 만성적 비탄(chronic grief)으로 정의된다. 또한 복합비탄과 복합사별(complicated bereavement)은 상실을 수긍하지 못하는 것을 기술하는 용어이다.

Neria와 Litz(2003)에 따르면, 중요한 사람의 죽음에서 비롯된 복합비탄은 외상적 비탄 증후군(traumatic grief syndrome, TGS)을 유발시킬 수 있다고 본다. 즉 소중한 사람의 상실에 대한 병리적 반응이다. TGS는 분리불안증상(separation distress symptoms)과 외상불안증상(traumatic distress symptoms)으로 나눈다.

---

277) 『Handbook of Thanatology』와 『죽음학교본』에서는 비탄장애와 병리적 증상들에 대해 다양한 설명을 하고 있다. 최근 학자들은 지속적, 병리적, 금지된, 만성적, 지연된 비탄에 대해 복합적 비탄이라는 개념으로 설명한다. 왜냐하면 외상적 경험 후 나타나는 증상들은 단지 하나의 증상으로만 나타나는 것이 아니라, 복합적 반응으로 나타나는 경우가 대부분이다. 죽음학에서는 이러한 비탄 반응을 신경정신과적인 병리적 증상으로 규범화하기보다는 외상적 사건을 경험한 사람이 치유와 회복 즉 상실 이전의 항상성 상태로 돌아가고자 하는 유기체의 당연한 반응으로 이해하고자 한다. 이러한 관점은 약물 중심의 치료 보다는 증상을 경험하는 사람이 스스로 자신을 찾아가도록 돕고자하는데 더 중점을 두는 것이다. 그것은 결국 자신이 자신의 언어를 통해 잃어버렸던 자신을 발견해 나가는 과정이다. 물론 약물을 사용하는 치료방식을 완전히 거부하는 것은 아니다.

III. 외상적 죽음과 재해(대규모 외상과 죽음)

1. 한국 사회와 재해

카스텐바움에 의하면 기존의 죽음학은 생명을 위협하는 질병과 사별에 노출된 사람들의 애도 문제를 다루는데 초점을 맞추어왔지만, 앞으로는 대규모 죽음에 대해 외상적 관점으로 확대할 필요가 있다고 보았다.[278]

한국 사회는 재해(災害)가 상존(常存)하는 사회이다. 재난과 안전관리 기본법에 의하면 자연재난은 태풍, 홍수, 호우, 강풍, 해일, 대설, 지진 등 자연현상으로 인하여 발생하는 재해를 말하며, 사회재난은 화재, 붕괴, 폭발, 교통(항공, 해상 포함)사고, 환경오염 사고 등 인간에 의해 발생한 재해를 말한다.[279]

정부는 국민안전처의 재난심리상담정보지원센터를 통해 각종 재난으로 인하여 상실과 고통을 겪는 재난 생존자, 사망 유가족 등을 위한 심리적이고 정신의학적인 지원 활동을 하고 있다. 재난을 겪은 사람들은 초기에 다양한 심리적, 행동적 반응을 보이기 때문에 이러한 반응을 정상적인 반응으로 이해하고, 신체·심리적인 안정화에 중점을 둔 초기 개입을 실시하고, 이후에 지속되는 증상에 따라 전문적인 개입을 진행

---

278) 『죽음학교본』 p375.
279) 『사회적 재난의 인문학적 이해』 p5-p12. 여러 명의 저자들은 '위험 사회와 사회적 재난', '사회적 재난의 해외 및 국내 사례', '사회적 재난을 기억하기' 등을 통해 재난에 대한 관점을 사회적 사건의 관점으로 보고자 한다. 사회적 관점은 발생하는 재난에 대해 피해를 당한 개인에게 책임을 돌리는 것이 아니라, 사회와 국가 그리고 기업과 공공이 가져야 할 책임을 중요한 관점으로 보는 것이다. 사회적 재난은 사회적 취약성의 결과라는 것이다. 그러므로 사회의 구조적 문제에 관심을 갖고 피해자의 회복과 진상규명, 책임자 처벌 등과 같은 재난 후 처리 과정이 더욱 중요함을 강조하고 있다.

해야 한다.[280]

한국 사회에서 산업재해는 아직도 후진국 수준을 못 벗어나고 있다. 뉴스 매체를 통해 거의 매일 산재와 관련된 보도들이 나오고 있는 실정이다. 산재 사고를 겪은 사람들에게도 일반적인 재난 사고를 겪은 사람들과 비슷한 외상 후 반응을 보이고 있다. 산재 사고는 주로 부주의와 안전관리 미비가 가장 큰 원인이라고 볼 수 있다. 그러나 불가피한 사고였던, 아니면 안전관리 미흡으로 인한 사고였던 간에 산재를 경험한 사람들의 정신적 충격과 심리적 혼란은 다른 재난 경험자들과 유사하다.

2. 구조대원들이 직면하는 문제

9.11테러 2주 후 구조대원들에 대한 PTSD, 우울증, 인지된 안전감(perceived safety)조사에서 외상에 더 많이 노출된 대원들에게는 인지된 안전감이 더 적게 나타났고, 과거가 현재로 침투해 들어와 외상을 재(再)경험하는 침윤(浸潤, intrusion)증상과 감각의 예민도가 높아져 과도하게 반응하는 과각성(過覺醒, hyper-arousal)의 증상이 나타났다. 오클라호마시의 테러 폭발 복구에 참여한 구조대원(소방관 24명)들의 배우자를 추적 평가한 연구에 의하면, 폭발이후증상(post-bombing symptoms)을 가진 대부분의 참여자들은 이미 기존의 질병을 가지고 있었으며, 40%는 침윤성 재경험(intrusive re-experiencing)과 과각성을 경험했다. 즉 사건 이후 오랫동안(43-44개월 후 조사에서) 그러한 증상들이 남아있음을 알 수 있다. 또한 허리케인 카트리나 재난 후

---

280) 「재난과 심리적 외상 - 세월호 사건을 중심으로」 임정선, 『입법정책』 제10권 제1호, 2016년, p65-p84. 재난 발생 후 대처의 방식은 지역사회의 공동적 노력이 필요하며, 특히 생존자 및 유가족을 위한 국가적인 회복 지원이 중요하다는 점을 강조하고 있다.

1,382명 조사(1차 6-9개월 후, 2차 13-18개월 후)에서 10%는 PTSD 수치가 높았고, 25%는 상당한 우울증을 보였으며, 40%이상에서 알코올 사용이 증가하였으며, 41%는 파트너와의 갈등이 증가하였다고 보고했다. 18개월 이후에도 PTSD와 우울증 증상은 감소하지 않았다.[281]

다른 나라들과 마찬가지로 한국에서도, 소방공무원은 다른 직업군과 달리 위험요소가 많고 위급한 상황에서 직무를 수행해야 하며, 특히 재난 현장에 출동 시 유해 요인에 노출될 위험이 높다. 또한 빠른 시간 내에 피해자를 구해야 하는 긴박하고 긴장되는 상황 속에서 생명의 위험을 감수하고 업무를 수행하게 된다. 소방공무원이 업무상 재해 및 사망에 노출될 확률은 다른 공무원에 비해 높다. 일반직 공무원이 0.3%, 경찰공무원이 1.24%에 비해, 소방공무원은 1.26%로 가장 높게 나타난다. 또한 대부분의 현장은 처참한 환자 및 사상자가 발생하게 되고, 동료가 부상을 당하거나 사망하기도 한다. 즉 '2차 외상성 스트레스'(secondary traumatic stress)를 경험할 위험성이 높다. 그러므로 소방공무원은 이러한 충격적인 사건을 경험한 이후 극심한 공포, 무력감, 우울 등의 심리적 고통을 겪을 수 있다. 직접적인 외상 경험과 간접적인 외상 위험에 지속적으로 노출되면서, 외상 후 스트레스가 만성화

---

281) 『죽음학교본』 p376. 특히 외상후 스트레스장애(PTSD)는 극심한 외상적 사건을 직접적 또는 간접적으로 경험한 이후 겪게 되는 장애로, 경험한 사건이 반복적으로 자신의 생각에 침투하는(침윤성 재경험) 증상, 사건의 장소, 사람, 대화 등에 대한 회피 증상, 해리성 기억상실이나, 우울증 등이 나타나는 부정적인 영향, 과도한 각성 반응과 분노의 반응 등이 나타난다. 과각성(過覺醒, Hypervigilance)은 신경계통이 감각정보를 정확하게 여과하지 못하고, 감각 예민도가 고양된 상태를 말한다. 일반적인 신경계통은 위험으로부터 자기를 방어하기 위한 방어기제가 작동하는데, 과각성의 상태는 조절장애로 인해, 불안이 높아지고 신경쇠약을 일으킬 수 있다. 끊임없이 주변을 살피며, 불안 발작을 일으키기도 한다. 해리장애(解離障碍, Dissociative disorder)는 의식, 기억, 행동 및 자기 정체감의 통합적 기능이 갑작스럽게 이상을 나타내는 증상이다. 해리란 자신, 시간, 환경 등에 대한 연속적인 의식이 단절되는 현상이며, 감당하기 어려운 충격으로부터 자신을 보호하기 위한 기능을 지니고 있다.

되고 자살 생각이 증가한다는 연구도 있다.[282]

3. 상담자가 직면하는 문제

재난에 개입하는 상담가들은 '증거 기반 정보 원칙(evidence-informed principle)'에 근거한 심리적 응급처치라는 개입지침을 가지고 있다. 또한 개입 안내를 위한 지원 원칙 5가지(Hobfoll, 2007)는 안전감, 진정, 자기 및 공동체 효능감, 연결성, 희망의 촉진이다. 2006년 브리머(Brymer) 등이 발간한 『심리적 응급조치 : 현장 운영 매뉴얼』의 8가지 핵심 행동은 접촉과 참여, 안전과 안락, 안정화, 정보 수집, 실질적인 지원, 사회적 지원과의 연결, 대처에 관한 정보, 협력 서비스의 연계이다.[283] 이러한 심리적 응급처치 훈련을 받은 상담가들은 재난 상황에서 어린이와 성인들을 돕는데 자신감을 갖게 된다. 상담가들은 자신 스스로도 상실의 경험이 있으며, 자신과 가족의 안전에 대한 엄려를 갖는 동시에, 재난의 희생자들을 돕고자하는 마음을 가지고 있다. 또한 상담가들은 사회적 재난에 대해 개인의 문제로만 보는 것이 아니라, 사회적 사건에 대한 사회 정의(social justice)와 정치적 올바름(political correctness)의 관점으로 보고 피해자들을 돕기도 한다.[284]

---

282) 「소방공무원의 외상 후 스트레스가 자살생각에 미치는 영향」 김성정 외, 한국화재소방학회 『논문지』 제32권, 2018년, p92-p101. 소방공무원의 외상후 스트레스 유병률은 6.3%로 일반인의 0.6%에 비해 매우 높은 수준으로 나타난다.

283) 『죽음학교본』 p376-377. 임상적 전문성을 강조하기 위한 증거기반실천의 6단계는 과학적 근거를 찾기 위한 질문 만들기, 질문에 대한 답이 나오도록 증거를 탐색하기, 발견한 증거를 비판적으로 검토하기, 증거 기반의 가장 적절한 개입을 결정하기, 실천을 적용하기 위한 클라이언트와 목표를 설정하기, 평가와 피드백하기 이다. 즉 클라이언트(내담자) 중심의 실천모델을 찾아야 하며, 원하지 않는 것을 강요해서는 안 된다. 또한 내담자의 고유한 특성과 선호, 가치에 대해 포괄적으로 이해해야 하며, 상황에 대한 이해가 전제되어야 한다.

284) 「사회적 재난 유가족을 위한 사회정의 상담과 죽음교육의 필요성」 김경선, 한국죽음

상담가들이 겪는 어려움과 직무관련 고통에 대해 1995년 피글리(Figley)에 의해 정리된 '공감피로'(compassion fatigue)라는 개념이 있다. 공감피로는 외상에 직면한 사람들을 도우면서, 2차적으로 경험하게 되는 외상의 변이 증상이다. 그는 공감피로에 대해, 공식적인 치료 제공자가 의뢰인의 고통에 공감하고, 그 감정을 견디다가 능력과 관심이 감소하는 것은 누구나 겪는 자연적인 행동과 감정이라고 말했다. 그 후 공감피로가 '2차적 트라우마'와 '직무 탈진'(burn out)이라는 두 요소로 구성되었다고 보았다.[285] 그러므로 상담자들은 삶의 균형을 유지하기 위해, 다양한 취미활동과 적절한 휴식, 균형 잡힌 영양공급, 규칙적인 운동 등을 통해 자신을 돌보는 노력이 필요하다.

IV. 외상적 죽음에 대한 윤리적 법적 문제들[286]

1. 법적 문제와 진단문제

임상전문가들의 진단과 분석은 외상적 고통을 겪고 있는 사람들의

교육학회 제10회 학술대회, 2024년, p71-p89. 이러한 상담가들의 행위에 대해 '사회정의 상담(social justice counseling)'이라는 개념으로 정리하고 있다. "사회정의 상담은 개인이나 집단이 겪는 심리적 문제를 단순히 개인의 문제로만 접근하지 않고 사회적 불평등, 차별, 억압 및 구조적 문제와 연결하여 이해하고 접근하는 상담법이다."

285) 『트라우마 관리하기』 L.D.Lipsky, C.Burk, 김덕일 역, 학지사, 2021년, p15-p23. 이 책은 상담가들의 '공감피로(provider fatigue, caregiver stress)'에 대해 피글리의 이론을 소개하면서, 트라우마 관리법을 안내하고 있다. 『죽음학교본』 p377에서도 '공감피로'를 설명하고 있다.

286) 『죽음학교본』 p379-p388. 죽음학교본에 게재된 이 글은 David A Meagher의 'The Essential Body of Knowledge for the Study of Death, Dying and Bereavement'(2013년)를 번역 재구성한 내용이며, 필자의 관점을 반영하여 작성하였다.

문제를 해결하는데 있어서 매우 중요한 기준이다. 진단을 하는데 있어서, 타당하고(valid), 신뢰할만한(reliable) 평가도구(instrument)가 중요하다. 왜냐하면 오진(誤診)과 부적절한 개입 방식은 비탄을 겪는 사람들에게 해(害)를 줄 수 있으며, 의료과오소송(malpractice suit)에 개입될 수도 있기 때문이다. 결국 외상적 비탄 증상과 PTSD에 대한 명확한 구별은 중요하다. 하지만 정상적 비탄, 외상적 비탄, PTSD 증상은 겹치는 경우가 많기 때문에 주의가 필요하다.[287]

많은 증상이 외상적 사건을 경험한 내담자의 진술이나 설문(self-reported)에 의하기 때문에, 상담가는 내담자의 모든 증상을 검토하지 않고, 쉽게 PTSD라고 결론을 내리는 확증편향(confirmatory bias)의 오류에 빠질 수 있다.[288] 그러므로 Simon(1995)은 진단 도구의 객관적 타당성 문제를 제기하였다. 또한 평가도구의 신뢰성을 감소시키는 문제들이 지적되었다. PTSD에 대한 진단 실수는 과도 진단과 축소 진단으로 구분한다.[289]

---

287) 『트라우마 상담 및 심리치료의 원칙』 John N. Briere, Catherine Scott, p77-p85. 진단과 평가를 위한 도구들을 정리해 보면 다음과 같다. 첫째 구조화된 면접이다. 임상가가 실시하는 외상후 스트레스장애 점수 척도(Clinician-Administered PTSD Scale, CAPS)는 PTSD에 대한 구조화된 면접의 '최고의 표준'이다. 급성스트레스장애 면접(Acute Stress Disorder Interview, ASDI)은 짧은 시간에 실시할 수 있는 높은 수준의 신뢰가 있는 도구이다. 극단적 스트레스장애를 위한 구조화된 면접(Structured Interview for Disorders of Extreme Stress, SIDES)은 임상가가 쉽게 점수를 매길 수 있도록 구체적인 행동 고정 장치를 포함하고 있다. 해리장애를 위한 구조화된 임상적 면접(Structured Clinical Interview for Dissociative Disorders-Revised, SCID_D)은 다섯 가지 해리증상인 기억상실, 이인증, 비현실감, 정체성 혼란, 정체성 변화의 유무와 심각성을 평가한다. 둘째, 심리검사이다. 심리검사들은 내담자가 직접 설문지를 완성해 나가는 진단 검사들이다. 일반적인 검사, 트라우마 특정검사로 구분한다.

288) 『트라우마』 주디스 허먼, 최현정 역, 플래닛, 2007년, p206-p210. PTSD 진단은 완전히 정확하게 들어맞지 않는다. 훨씬 더 복잡하다. 그러므로 외상에 대한 반응은 연속적인 상태로 이해해야 한다.

289) 『죽음학교본』 p382-p383. 예를 들어, 과도평가진단은 일반적인 정서적 고통을 PTSD의 정신적 장애로 판단한다든가, 정확한 진단을 위한 기준들 보다 더 적은 기준으로 PTSD이라고 확정하는 경우이다. 반대로 축소평가진단은 PTSD 증상을 정상적인 반응으로 진단

2. 윤리적 개입의 문제[290]

윤리적 문제와 법적인 문제는 서로 연결되는 경우가 많다. 내담자에 대한 비밀보장의 문제는 윤리적이면서, 동시에 법적이다. 그러므로 내담자의 사생활과 개인정보를 보장하면서, 개입전략을 수립해야 한다. 예를 들어, 내담자가 도움을 요청하지 않으면, 개입하지 말아야하며, 전문적인 도움의 필요성을 결정하는 과정과 그 결정이 내담자에게 도움 또는 해(害)를 주는가에 대한 고려가 필요하다.

Dyregrov(2004)에 의하면, 개입 전략의 목적은 다음과 같다. 1) 상황의 정상화, 2) 회복 시간의 단축, 3) 고통의 감소, 4) 기능 복구, 5) 자원의 동원이다. Dyregrov와 Regal(2012)은 '기다리며 관찰하기'(watchful waiting)보다는, 내담자의 요구에 맞게 사전 예방적인 초기 개입이 필요하다고 제안한다. 치료전략에서도 나이, 심각성, 외상 반응 유형, 반응의 급성(急性)성 등을 고려하면서, 불안관리, 인지치료, 노출치료, 심리교육 등을 진행할 수 있다고 한다.

Maguire(1997)는 외상 생존자들의 회복 권리를 위해, 법적 윤리적 관심 영역을 제시하였다. 1) 내담자가 회복을 유지하고 관리할 수 있는 개인적 권한의 권리, 2) 내담자가 존중 받고, 치료에 대한 수락과 거부를 결정할 수 있는 개인적 권리, 3) 내담자가 설명을 분명하게 듣고, 감정을 존중 받을 의사소통의 권리, 4) 내담자가 스스로 상담자를 선택하고, 상담자가 트라우마 치료에 대한 경험이 있으며, 비밀보장의 법적 윤리적 의무를 준수할 것으로 기대할 개입의 권리를 제시했다. 그러므

한다든가, 외상적 사건과 그 이후의 증상에 대해 자세히 조사하지 않고, 의뢰인이 말한 주관적 의견에만 기초하여 진단하는 것을 말한다.
290) 『죽음학교본』 p383-p385.

로 상담자들은 상담의 효율성뿐만 아니라, 윤리적 실천을 위한 지침을 개발해야 한다.

그래서 상담 및 관련 기준 인증위원회(CACREP)는 다섯 가지 지침을 발표했다. (Webber & Mascari, 2009) 1) 관련 조직과 정부 기관의 목적을 파악할 것, 2) 외상 상담의 주요 원칙을 이해할 것, 3) 외상 상담을 상담자의 능력 범위 안에서만 제공할 것, 4) 재난대응, 외상상담, 위기개입에서 상담자를 훈련할 경우, 그들에게 필요한 지식 및 실습역량을 개발할 것, 5) 재난과 외상 상담이 결과 기반의 실천을 보장하기 위해서, 연구와 공부가 필요한 전문 분야임을 인식할 것 등이다.

3. 어린이들에 대한 개입[291]

특히 어린이들이 전쟁과 테러와 같은 외상적 상황에 노출이 되었을 때, 연속적인 스트레스요인(continuous stressor)이 작용한다. Street & Silbert(1998)에 의하면, 이러한 상황에 노출된 이후 PTSD를 겪는 어린이들은, 전쟁과 테러의 위협이 존재하지 않음에도 불구하고, 계속해서 PTSD 증상을 보인다. 그래서 Fremont(2004)는 이러한 어린이들에게 '지속적 스트레스 증후군'(continuous stress syndrome)이라는 명칭을 사용할 것을 제안하였다. 하지만 9.11 테러 전후 사이에 어린이들의 외상 비탄이나 PTSD 증상에 있어서 차이가 없다는 주장도 있다. 그 이유는 증상의 스펙트럼을 완전히 포착할 수 없음의 문제도 있고, 연구의 방법론이 부족하기 때문일 수도 있고, 기존의 연구 결과가 적으므로 평가를 일반화하기 어렵다는 문제가 있기 때문이다. 어린

---

[291] 『죽음학교본』 p385-p386.

이들의 PTSD 증상과 징후는 심각성, 만성성(Chronicity), 증상의 수와 관련하여 너무나 다양하다. 임상전문가들은 예측 불가능한 하나의 사건과 반복적인 노출(강한 부인, 정신적 무감각함, 인성적 문제 등)의 특징을 구별해야 한다. 그러므로 어린이들에게는 PTSD 반응을 다루기 전에, 비탄 작업을 수행해야 하며, 비탄의 처리 과정을 주기적으로 재검토해야 한다. 특히 어린이들의 주의 지속 시간(attention span), 성장 발달 수준, 문해력(literacy skill) 등을 고려해야 한다. 물론 이러한 작업을 수행할 때, 어린이들과 보호자들의 동의, 정보제공, 안전한 환경 등이 전제되어야 한다. Cunningham(2003)은 어린이들의 이익에 부합되지 않는 연구는 지양해야 하며, 만약 어린이들이 위험에 처해 있다면, 적절한 사회적 서비스를 이용할 수 있도록 안내해야 한다고 주장하였다.

아이들과 가족들을 위한 외상에 초점을 맞춘 치료인 '아동 외상 비탄(C.T.G, childhood traumatic grief)에 대한 치료모델'을 통해 부모치료와 가족치료를 병행한다. 아동외상비탄은 정상적인 비탄과정의 능력을 방해한다. 16회의 프로토콜로 구성된 치료과정은 비탄과 외상의 요소들을 다루고, 내러티브 공유를 통해 가족을 치유해 나간다. 대표적인 임상적 방법은 투사적(投射的) 그림그리기(projective drawing)와 스토리텔링이 있다. 이러한 방법을 통해 안정적인 환경에서 상징과 은유를 사용하여, 외상적 사건에 차츰 접근해 가는 것이다.[292]

---

292) 투사적 그림그리기는 심리 장애를 가진 사람을 진단하고 치료하는데 사용하는 방법 중 하나이며, 논리적인 사고력과 언어적 유창함이 발달하기 이전인 11세 이하의 아동들에게 있어 자신의 내면을 나타내주는 가장 자연스러운 표현 수단이다. 임상현장에서 가장 많이 사용하는 검사의 종류는 사람-그림 검사(Draw-a-Person test, DAP)와 집-나무-사람 그림 검사(House-Tree-Person test, HTP) 그리고 운동성 가족화 검사(Kinetic Family Drawing, KFD)가 있다. 스토리텔링은 일반적인 형태보다는 화자와 청자가 대면하여 주고받는(추임새와 동조) 방식이다. 서사(敍事)의 인과성에 중점을 두는 Plot과 대비되는 개념으로, 시간

4. 희생자와 생존자의 권리[293]

미국의 모든 주는 희생자의 권리를 보장한다. 그 권리들을 요약해 보면 다음과 같다. 1) 증거가 아니라, 인간으로서 취급될 권리, 2) 소송 상황과 재판에서 기대되는 것이 무엇인지에 대해 정보를 제공 받을 권리, 3) 희생자가 경험하는 어떤 심리적 외상의 발생과 관련하여 평가받을 권리, 4) 희생자가 정서적 지원을 받을 수 있는 사람이 재판정에 있을 수 있도록 허가받을 권리, 5) 가능한 양형 거래나 전환절차(diversion procedure)에 대한 정보를 얻고 상담을 받을 권리 6) 가능하다면, 희생자의 영향보고서 작성을 포함하여 소송 절차에 참여할 권리 등이다. 국제사회는 1985년 유엔 피해자 선언(UN Victims' Declaration)에서 1) 존경과 인정으로 대우받을 권리, 2) 적절한 지원 서비스를 추천받을 권리, 3) 어떤 의사결정에서도 의견을 제시할 권리, 4) 물리적인 안전과 사생활 보호의 권리 등에 동의하였다.

이러한 권리와 더불어 외상연구를 위한 원칙들을 점검해야 한다. 그와 관련한 단어들을 정리해 보면 다음과 같다. 동의, 자발적 참여, 비밀보장, 익명성, 성별과 문화에 대한 민감성, 전문적 도움과 치료, 존중, 개인적 관심사에 대한 이해, 적절한 시간 사용, 연구결과의 소통, 협력, 정상적 비탄과 복합 비탄 그리고 외상적 비탄증후군과 PTSD 사이의 명확한 구분 등의 원칙들을 이해해야 한다.

의 순서에 중점을 두고 진행하는 Narrative이다. 결국 외상적 충격에 대한 스토리텔링이 가능하다는 것은 그 사건을 비로소 객관화해서 볼 수 있게 되었다는 것이다.
293) 『죽음학교본』 p.386-p387.

V. 외상적 죽음과 치유의 자리

1. 항상성의 회복(본래의 자기 자신으로 돌아오기)

결국 이러한 외상적 충격은 무의식에 저장[294]된다. 물론 저장된다는 말이 우리의 몸속에 어떤 공간이 있어서 그곳에 모여 있게 된다는 뜻은 아닙니다. 일어나지 말았어야 할 일이 일어난 충격은 그 외상을 경험한 사람에게 엄청난 크기의 억압을 형성한다. 내가 인지하지 못하는 사이에 억압은 무의식으로 형성된다. 하지만 본래의 상태 즉 외상적 죽음을 경험하기 이전의 상태로 회귀하고자 저항한다. 본래의 상태란 쾌(快, 안정)의 상태이다. 이것은 본래의 자신이 유지하고자 하는 항상성(恒常性)의 상태이다. 즉 항상성이 깨지는 억압의 충동과 항상성을 유지하고자 하는 저항의 충동 사이에서 외상은 남아 있게 된다.[295] 그리고 때로는 반복된다. 그것은 마치 인간이 파괴한 자연(강이나 산)에 맞서서 자연 스스로 자신의 형태를 복원해 나가고자 하는 충동과 동일하다. 결국 항상성의 회복을 통해 치유가 가능하다. 하지만 회복의 상태로 돌아오기 위해서는 시간과 과정이 필요하다.

---

294) 『정신병리학 총론1』, 칼 야스퍼스, 송지영 외 역, 아카넷, 2014년, p.46-p47. 무의식을 의미하는 것들의 다의성(多義性)은 다음과 같다. (a)무의식은 의식에서 출발했다. (b)무의식은 주의 집중이라는 관계가 결여되었다. (c)무의식은 힘으로서, 근원으로서 생각된다. (d)무의식적인 것은 존재로서 생각된다.

295) 2021년 4월 한강공원에서 새벽 시간에 실종(5일 만에 숨진 채 발견)된 아들을 찾는 아버지의 절절한 심정이 많은 사람들에게 안타까움을 주었다. 아버지는 너무나 사랑스럽고 자랑스러운 아들이 갑자기 실종되었다는 사실을 받아들이기 어려웠다. 즉 예측 불가능한 갑작스러운 사건이었다. 이 사건은 아버지에게 엄청난 충격으로 억압된 구조를 만들어 냈다. 그리고 아버지는 소셜미디어에 '자신이 아들과 평생 못 만나도 좋으니 살아만 있어 달라'고 염원했다. 억압된 구조에 대해 저항하고자 하는 방어기제이다. 아들이 살아 돌아와서 원래의 상태로 되돌아가기를 원한 것이다.

2. 의미화의 과정(해석의 과정 만들기)

항상성의 상태로 회복하기 위해서 즉 통합되고 이해 가능한 상태로 돌아오기 위해서는, 그 죽음에 대해 '의미화'가 이루어져야 그 외상으로부터 벗어나게 된다. '의미화'의 시작은 그 죽음에 대한 인과적 설명으로부터 출발한다. "외상적 사건에 대해 인과적 설명이 불가능하기 때문에 자신의 삶에서 의미를 찾을 수 없어 외상이 된다."[296] 살아남은 사람들과 가족을 잃은 사람들의 삶은 그 외상적 죽음과 사건의 순간에 멈춰있게 된다. 인과적 설명을 통해 그 사건의 순간을 지나, 다음의 단계로 넘어가야 하는데 그렇지 못하고 정지된 채 반복된다. 인과적 이해가 선행되어야, 비로소 의미를 찾을 수 있다. 인간에 대한 '실존적 분석'으로써의 '의미탐색'은 인간이 과거의 사건들에 얽매여 사는 것이 아니라, 미래를 지향하도록 하는 인간의 본성을 말한다. 즉 무의식이나 자아에 머물지 않고, 더 높은 곳으로 초월하도록 하는 방식이다. 자살을 생각하는 사람이 자신의 존재에 대한 의미와 책임을 발견하지 못한다면, 즉 '의미를 찾으려는 의지'가 좌절 된다면 자살을 실행할 수도 있기 때문이다.

3. 기억의 회복(추모의 공간으로서의 문화적 다양성)

개인적이거나 사회적인 외상적 죽음의 사건이 일어났을 때 사람들은 왜 끊임없이 진실을 요구하고, 사과를 요구하며, 저항하는가? 그 죽음이 그냥 어쩔 수 없는 죽음이라고 받아들이면, 그저 쉽게 끝날 수 있는 일인데 왜 장례를 거부하고 농성을 하는가? 이에 대해 일부의 사람

---

[296] 『죽음교육교본』 임병식, 신경원, 가리온, 2017년, p.309.

들은 '이제 그만하자'라고 말하기도 하고, 죽음의 원인을 제공한 사람들은 '나에게 책임이 없다'고 말하기도 한다. 하지만 외상을 경험한 사람들의 입장과 관점에서 그 사건을 다시 바라보아야 한다. 은폐하고자 하는 사람들의 관점에 동의해서는 안 된다. 그렇게 저항한다고 해도, 죽은 가족이 살아 돌아오지 않는다. 그러나 그들은 자신의 가족들이 죽음을 당한 그 진실을 알고자 한다. 진실이 규명되기를 바란다. 왜냐하면 진실이 규명되어야만, 비로소 치유가 시작될 수 있기 때문이다.

이에 대해 Herman과 Alexannder는 집단 심리적 건강의 회복은 사회적 억압을 들추어내고, 기억을 회복하는 일에 있다고 하였다. 집단적 죽음 외상과 관련하여 기억한다는 것은 역사적이고 집단적인 외상적 죽음을 무시하고, 부인하며, 탈(脫)현실화하려는 사회문화적·정치적 권력들에 대해 도전하는 일이다. 그것은 회복을 향한 유일한 출발점이다. 또한 이것은 사회적 책임이며, 도덕적 책임이기도 하다. 즉 올바른 치유를 위한 요구이다.[297] 외상과 관련하여 정의를 바로 세우는 일과 그 진실을 밝히는 일은 치유를 위한 첫걸음이다.

그러므로 사회와 국가는 기억의 공간을 만들고, 기억의 역사를 복원시켜야 한다.[298] 그리고 이러한 추모(기억)의 공간은 각 나라마다, 민족마다, 그 사회의 문화적 다양성을 통해 나타난다.[299] 공간의 형태, 공

---

297) 『죽음교육교본』 p.314.
298) 『사회적 재난의 인문학적 이해』 p.130-p.149. 사고와 사건에서 일어나는 개인적 죽음뿐만 아니라, 사회적이고 대규모적인 재난에서 발생하는 외상적 죽음의 사건은 '참사 기억의 사회화'를 통해 희생자를 추모하고, 그 가족들을 위로하는 매우 중요한 과정이다. 이러한 행위는 피해를 당한 사람들의 명예를 회복하고, 그들의 죽음을 기억함으로 다시는 그러한 재난이 발생하지 않도록 노력하는 책임이기도 하다. 특히 공적 애도와 사회적 치유의 공간을 통해 피해자와 유가족 그리고 시민들을 하나의 공동체로 만들어 나가는 것이다. 대표적인 공간이 미국 9.11테러를 기억하는 메모리얼 파크이다. 하지만 한국 사회는 아직까지도 그러한 노력과 사회적 공감대 형성이 부족한 실정이다.
299) 일시적인 추모비(Temporary Memorials)는 도로변이나, 어떤 사건에 의해 발생한 죽음의 현장에 추모비들이 등장한다. 그곳이 매장 장소가 아니라도 '편안히 잠든 곳'(descanso,

간에 놓여 진 물건들, 추모를 상징하는 표식들은 다양한 형태로 만들어진다. 그 사회와 문화의 발전 양식과 특성에 따라 추모의 공간들도 변화되어 왔다. 때로는 정치적 양식이기도 하고, 종교적 형태이기도 하며, 사회적 공감의 형식이기도 하다. 이러한 문제에 대해 Robben과 Suarez-Orzco는 "전통적, 비-산업적 사회는 종종 대량적 외상의 사회적 상흔을 집단화하려고 하였다. 그들은 치유의식, 종교적 행사, 집단적 춤, 재활력(회복)을 위한 운동을 만들었으며, 상징적 장소들을 복구하였다."[300]고 말한다.

VI. 외상에 대한 불안감정의 관계와 치료 이론[301]

1) **체계이론(system theory)**은 전체 가족 단위에 초점을 맞춘다. M. Bowen은 정신분열과 같은 질병을 치료함에 있어서, 그 사람들이 가진 질병은 전체 가족 문제의 산물이라는 관점을 가지고 가족에게 초점을 맞추었다. 즉 가장(家長)이나 어린아이들의 부모, 종족의 우두머리의 죽음은 가족 단위의 평형을 깨트리며 정서적 충격을 준다. 그러므로 가족 간의 의사소통을 증대시키는 일이 중요하다. 외상적 죽음에 대한 가족

스페인어)이라는 이름으로 조성되기도 한다. 이에 대해 Doss(2012)는 이러한 추모비의 증가가 기억과 역사의 문제에 대한 집착과 그러한 문제들을 공공연하게 표현하고자 하는 욕망을 보여주는 것이라고 하였다. 이것은 그 아픔에 대한 기억을 상실할지도 모른다는 불안감과 그 죽음에 대한 의미를 상실할지도 모른다는 불안감이 내재된 것이다. 이러한 추모비들은 그 시대의 흔적(sign)이기도 하다.

300) 『죽음교육교본』 322p.
301) 이 부분은 『Hanbook of Thanatology』의 제30장, 2019년. "외상적 죽음에 대한 역사적·현대적 관점"(Lillian M. Range)과 그 내용을 재정리한 『죽음교육교본』에서 일부분을 참고하였다.

체계적 접근은 부모가 그들의 생각과 느낌을 공유하거나, 아이들이 말하거나 듣는 것에 관심을 가짐으로써, 가족이 외상에 대처하도록 도움을 준다. (임병식, 신경원, 2017)

2) 실존주의적 관점에서 본다면, 외상적 죽음을 이해하고 치료하는 새로운 이론으로 "실존이론"(existential theory)이 있다. 실존주의 이론은 '인간 됨'의 본성에 대해 질문하면서, 죽음(death), 자유(freedom), 고립(isolation), 무의미(meaningless)라는 네 가지의 궁극적인 관심사들을 확인하였다. 실존주의자들은 죽음이 피할 수 없는 사실이라는 것에 주목하며, 인간은 가장 심오한 수준에서 죽음의 공포(mortal terror)를 가지고 있다는 두 가지 사실에 반응한다. 그것은 첫째, 피할 수 없는 죽음에 대한 자각이며, 둘째, 그와 동시에 계속해서 살고자 하는 소망[302] 사이의 갈등이 핵심이다. 실존주의자들에게는 어떤 죽음이든, 내적인 경험에서 자신의 역할을 수행하는 것이 중요하다. (May & Yalom, 2005) 즉 죽음을 상기함으로써 공포를 경험하게 되고, 현재의 삶과 죽음의 공포를 이해하게 해서, 삶의 진정성을 깨닫게 하는 것이다. 삶의 우연성 속에서 인간이 선택할 수 있는 가능성들을 열어 놓은 것이다. 그러므로 인간은 여전히 외상적 죽음이 던져주는 의미를 발견할 수 있으며, 그 의미를 통해 더 완전하고 풍부하게 살고자 하는 자극을 얻을 수 있다고 본 것이다.

---

[302] 『트라우마 상담 및 심리치료의 원칙』 p93-p94. 희망은 효과적인 트라우마 치료에 있어서 매우 중요하다. 희망을 불어 넣는 것은 상담가가 어떤 것을 약속한다는 의미가 아니다. 상담가는 미래를 예측할 수 없기 때문에, 내담자에 대해 보장할 수 없다. 하지만 내담자와 그의 미래에 대한 긍정적인 견해는 종종 옳다고 뒷받침되며, 또 도움이 된다. 궁극적으로 희망은 강력한 치료적 활동이다.

3) 인지행동치료이다. 외상을 겪은 이들은 세상이 위험하며, 자신은 무기력하다는 인지를 지니게 된다. 이것이 PTSD 발병의 연결고리이다. 전형적으로 인지행동치료는 심리교육, 노출치료,[303] 인지재구성 및 불안관리로 구성된다. 심리교육은 치료의 첫 회기에 이루어지는데 PTSD에 대한 증상, 원인 등과 치료의 과정, 효과 등의 정보를 제공하는 것이다. 불안관리는 내담자로 하여금 자신의 공포에 대해 숙달감(sense of mastery)을 가질 수 있도록, 불안이나 공포가 상승할 때 대처하는 기술을 알려준다. 주로 이완과 호흡훈련을 포함한다. 이 훈련은 점진적 이완과 마음 챙김 기반의 호흡 훈련으로 나눈다. 또한 명상과 요가 등을 통한 훈련을 통해 도움을 얻기도 한다. 노출 치료 단계에서는 환자로 하여금 50분간 외상을 생생하게 상상하도록 하고, 환자는 사건의 세부사항이나 감각적인 단서 등, 정서적 반응에 대해 이야기하는 방식으로 진행된다. 실제 노출(in vivo exposure)의 방법을 사용하기도 한다. 인지 재구성 단계에서는 환자의 파국적 사고의 증거를 찾아 나가게 한다. 환자로 하여금 자동적이며 부정적인 사고의 증가를 평가하도록 하고, 외상에 대한 자신들의 믿음, 자기 및 미래에 대한 왜곡된 믿음을 재평가하도록 한다.

4) 외상 후 성장과 내러티브 재구성이다. 모든 치료가 그렇듯, 이 훈련은 긍정적인 변화에 대한 기대를 동반한다. 외상적 죽음을 경험한 사람들은 사별과 상실에 대해 비탄과 애도의 과정을 거치게 되는데, 그 죽음에 대한 내러티브를 만들어 내지 못하면, 병리적인 증상에 고통을

---

303) 노출치료는 실제(in vivo) 노출, 상상(imaginal) 노출, 내성(interoceptive) 노출로 나눈다. 이 중 실제 노출과 상상 노출 치료를 주로 사용한다. 최근에는 가상현실(virtual reality)을 사용하는 노출치료와 심상재각본(imagery rescripting)치료 등이 제안되기도 한다.

받게 된다는 것이다. 그러므로 '새로운 가정(假定)을 만들어 냄' 즉 '구성(構成)'을 통해 죽음의 의미를 재정립하는 것이다. 또한 죽음의 공포에서 벗어나기 위해 죽음 이후의 세계에 대한 '문화적 세계관'을 만들어 내기도 한다. 그것은 인간의 정교한 인지능력 즉 '자기-의식'(self-consciousness)의 경험에서 나온다. 예측되거나 통제될 수 없는 세계에 대한 공포는 예측 가능하고 통제 가능한 새로운 세계를 만들어 냄으로써 전환된다. 그것은 새로운 세계가 갖는 '의미, 질서, 영속성, 불멸성' 등을 내포하는 종교적 세계의 형태와 '가족이나 국가, 직업, 이데올로기' 등에 부여된 사회문화적 세계의 형태 등으로 표현된다. 외상적 죽음에 대해 대처하는 이러한 방식은 외상을 극복하고 치유하는데 도움을 준다. 즉 이러한 외상 후 성장(Posttraumatic Growth)은 트라우마에 대한 긍정적인 변화를 말한다. 긍정적인 변화가 이루어지려면, 여러 가지 다양한 의미의 내용들이 트라우마 사건과 직면할 수 있어야 한다. 즉 부정적인 사건인 고통에 바로 맞설 수 있는 힘, 삶의 태도를 바꾸는 능력, 삶에 대한 도전으로 받아들이는 태도 등 다양한 방식으로 나타날 수 있다. 이러한 태도를 죽음학에서는 '고통의 의미화'라는 개념으로 설명한다. 고통을 제거해야할 대상으로 보는 것이 아니라, 그 고통을 통해 새로운 의미를 발견해 나가는 것이다. '고통 역설'이라는 개념[304]으로 설명하기도 한다. 트라우마를 극복한 성공적인 사례들을 살펴보면, 그 사람들은 트라우마 경험을 통해 인간관계의 새로운 가

---

304) 『트라우마 상담 및 심리치료의 원칙』 p94-p96. 고통을 겪는 사람들과 그들의 주변 사람들(사회적 인식)은 고통을 부정적이고, 나쁜 것, 제거해야할 것으로 바라본다. 결국 고통을 없애기 위해 약물, 술, 해리 등 중독의 방식으로 대체하고자 한다. 그러나 이러한 일반적인 접근에 반(反)해서, 고통 역설을 통해 자신의 고통을 회피하지 않고, 이것을 인지적 혹은 감정적으로 직면하여, 더 깊은 통찰을 얻는 것이다. 플래시백, 비애, 불안, 우울 같은 고통스러운 증상이 나타난다는 것은 건강한 상태 즉 즉각적인 알아차림의 상태로 전환되는 가능성이다.

치를 구축하고, 새로운 가능성에 대한 열린 태도를 가지며, 삶의 가치를 발견하고, 자기 확신을 증대시키며, 정신적인 변화를 가짐으로써 극복한 것을 볼 수 있다. (Tedeschi & Calhoun, 2004) 즉 개인의 노력이 매우 직접적으로 중요하다. 외상 후 성장은 저절로 이루어지는 것이 아니라, 성장을 지향하는, 보다 더 적극적인 노력을 통해 이루어진다. 단지 고통과 상처라는 문제에만 집중해서 해결하려고 할 때에는 다른 인지·정서적 기능과 조화를 이룰 수 없기 때문에, 심리적 트라우마를 다룰 때에는 좀 더 포괄적이고 종합적인 접근을 통해서 충격적인 경험에 대해 맥락화(脈絡化)[305]할 필요가 있다.

'내러티브'라는 용어는 '말하다', '이야기하다'(narrare)라는 동사와 '알려진'(gnarus)이라는 형용사형의 합성어이다. 다시 말하면 내러티브는 '직면하기'(encounter), '알기'(knowing), '말하기'(telling)의 인간 행동을 종합적으로 포함하고 있다.[306] 내러티브 구성은 개인적 경험을 사회문화적 연계 속에서 부호화히어 연속적 기억으로 조직하는 행위이며, 동시에 자기 해명을 타인과 공유하는 소통의 행위이기도 하다. 즉 개별적인 사건들이 내러티브가 되기 위해서는 경험한 개인과 사건이 일체화되어야 한다. 낯선 것을 '익숙하게 하기'이며, '무엇'과 '왜'에 대한 질문에 답하는 것이다. 이러한 구성의 과정에는 필연적으로 '해석'이라는 인간의 행위가 개입된다. 화자(話者)의 주관적 인식과 감정의 배열이다. 일어난 사건을 나열하는 것이 아니라 그 사건에 대한 개인적인 해석을 열거하는 것이며, '본 것'의 서술이 아니라 '본 것

---

305) '맥락화'라는 표현은 그 상처와 고통에 대해, 내러티브의 구성을 통해, '의미화'한다는 개념으로 이해해 볼 수 있다.
306) 『트라우마』 p294-p296. 치료의 최종 목적은 이야기를 언어화함으로써, 자신의 정서가 무엇을 느꼈는지 재구성하는 것이다. 브로이어와 프로이트는 '정서가 결여된 회상이 가져오는 효과는 아무것도 없다'라고 말한다.

의 기억'을 설명하고 해명하는 것이다. 그러므로 해석은 새로운 해석의 가능성을 만들어 낼 수 있으며, 경험은 새로운 의미로 전환되거나 더 큰 의미로 확대 증폭될 수 있다. 내러티브와 스토리라인의 과정을 통해서 초기의 뒤엉킨 기억과 충격적인 경험은 다른 개념들과 연합되고 결합되면서 외상의 강도(剛度)와 복잡성은 현저하게 줄어든다.(Schank & Abelson, 1995) 부정적인 경험들은 전체적인 스토리로 포섭되고 전체의 일부분으로 전환(轉換)되기 때문에 부정적인 기억으로 다시 활성화되는 것을 막을 수 있다. 결국 트라우마 경험이 내적으로 통합될수록 트라우마 내러티브는 보다 일관성 있는 스토리 라인을 보여주며, 자기평가와 의미탐색이 매우 긍정적으로 바뀐다.

결국 트라우마에 대한 결과를 병리적인 PTSD로만 해석하는 방식보다는, '외상 후 성장'이라는 개념으로 보는 시선도 중요하다. 의미의 재구성을 통해 자아의 재통합을 이룬다면 외상을 경험한 사람(주체)은 보다 더 적극적으로 주체적인 삶을 살아갈 수 있다. 이때 내러티브를 들어주는 싸나톨로지스트들은 화자(話者)를 단순한 대상자(Client)로만 보는 것이 아니라, 자신의 과거를 주체적으로 해석하고, 미래와 연결시킬 수 있는 자율적이고 독립적인 개인으로 존중해야 한다. 그밖에도 트라우마를 치료하기 다양한 방법이 있으며, 단계적 탈감작(脫感作)요법(systematic desensitization), 스트레스 면역훈련, 안구운동 민감소실 및 재처리 요법(EMDR)등이 있다.

심화 1
자살을 바라보는 몇 가지 시선과 제언

<내용 요약>

자살은 자아와 주체의 경계를 강화하는 과정에서 발생할 수 있으며, 자살자는 내적 고통과 고립 속에서 자아를 회복하려고 시도한다. 자살은 신체적, 심리적, 사회적, 정신적 차원에서 나타나며, 자아가 분열된 상태에서 현실과의 회의적 관계를 형성한다. 이는 자살자가 본래의 자아를 찾으려는 존재론적 질문으로서, 삶과 죽음의 경계를 넘어서는 의미를 지닌다. 자살은 외부 자극에 대한 반응으로 이루어지며, 자아의 깊은 곳에서 자유의지에 의한 결단이 이루어진다. 그런 의미에서 자살을 바라보는 시각은 단순한 부정적 판단을 넘어서, 그 원인과 치료적 접근을 이해하는 데 필요하다. 자살을 품위 있게 다루며 사회적 책임을 인식하는 것이 중요하다.

<핵심어>

자살(Suicide), 자기 대상 (Self-objectification),
내적 고통(Internal pain), 본래의 자리(Original position),
존재론적 질문(Ontological questions), 자유의지 (Free will),
사회적 책임 (Social responsibility)

<학습 목표>
- 자살의 심리적, 사회적, 철학적 측면을 이해한다.
- 자살과 자아의 관계를 분석하고, 자살의 심리적 원인을 탐구한다.
- 자살 행위가 가지는 존재론적 의미와 자살에 대한 사회적 시각을 비

교한다.
- 자살을 예방하고 대응하기 위한 사회적 책임과 치료적 접근방법을 이해한다.
- 자살을 단순한 부정적인 행위로 보지 않고, 인간의 내적 갈등과 선택의 결과로 바라본다.

<적용 실천>
- 자살 예방 교육 프로그램 개발: 자살의 심리적, 사회적 원인과 자아의 갈등을 기반으로 한 예방 프로그램을 기획하여, 지역사회와 학교 등에서 교육을 제공한다.
- 상담 및 지원 시스템 구축: 자살 위험이 있는 사람들에게 적절한 상담을 제공하고, 자살 예방을 위한 지원 네트워크를 구축한다.
- 자살 관련 연구 및 정책 제안: 자살의 원인과 사회적 맥락을 깊이 분석하고, 정책 차원에서 자살 예방을 위한 법적, 제도적 개선안을 제시한다.
- 정신 건강 증진 활동: 정신 건강에 대한 인식 개선 활동을 통해 자살에 대한 편견을 줄이고, 정신적인 지원을 강화하는 프로그램을 운영한다.
- 내적갈등 해소를 위한 대화·소통 촉진: 자살을 생각하는 이들에게 내적 갈등을 해결할 수 있도록, 대화와 소통의 장을 마련해주어 자아의 분열과 고립을 극복하도록 돕는다.

자살을 바라보는 몇 가지 시선과 제언

I. 자살에 대한 언어·철학적 정의

"① 자기가 자신을 ② 죽임의 방식을 통해 ③ 문제를 해결(=진정한 자기를 찾으려는/원래의 자리로 돌아가려는/회복하려는)하고자 하는 ④ 신체적(심리적, 사회적, 영적) ⑤ 행위(또는 시도)와 그 ⑥ 결과(끝맺음)이다." (임병식)

1. '자기가 자신을'의 의미

자기(주체)가 자신을 대상화 한다는 것이다. '대상화'한다는 점에서 반성 성찰, 내면화, 객관화, 거리하의 의미가 내재해 있다. 그런 점에서 자살은 진정한 자기 모습을 대면하는 순간이기도 하다. 따라서 자살자는 자살을 통해서 진정한 주체로 전회된다. 살아있는 우리는 진정 주체라고 말할 수 있는가?

'자기가 자신을'은 일인칭의 재귀적 용법: 어떤 동작의 작용이 동작의 주체 자신에게 되돌아오는 역할을 하는 재귀동사가 있고 그것과 호응하는 재귀대명사가 존재한다. 재귀(再歸reflexive)한다는 것은 자기를 떠나서 다시 자기 스스로에게로 돌아온다는 '자기 복귀'를 함축한다. 이런 언어적 특성으로 서양철학에서 '자기(Self, Selbst)' 개념은 각별하다.

행위의 주체가 자신으로 귀의하지 않고 타자로 투사가 된다면 살인이 된다. 자살과 살인은 의식이 지향하는 방향성일 뿐이다. 자살이 급증하는 것이나, 살인이 늘어나는 것이나 동일한 현상이다. 죽임을 외부로 투사하면 살인이 되고 내면으로 향하면 자살이 된다. 자살의 문제는 곧 살인의 문제이고 살인의 문제는 곧 자살의 문제이다. 여기에는 의식의 지향성이 있다. 자살은 시간과 공간의 사분면에서 (-x,-y)이고 살인은 (-x, y) 분면의 지향적 특성이 있다.[307]

'자기가 자신을 죽임'의 재귀적 행동은 인간만이 할 수 있는 고유한 것이다. 그런 점에서 인간은 스스로 자신에게 생사여탈을 쥐고 있는 신이 된다.

자기(주체)가 자신을 대상화할 수 없다면 죽일(을) 수 없다. 그런 점에서 자살자는 주체와 자아가 아주 강화되어 있다. 주체와 자아가 동일시되도록 강화되지 않으면 죽일(을) 수 없다.

정신분석에서 말하는 신경증(불안)-히스테리(의심)-강박증(엄정한 질서, 규칙의 수호자)-도착증(질서, 규칙, 위반을 통한 자기 환상, 물신-페티쉬fetish[308])-정신증(억압적 보호막 상실로 오는 자아분열-폐제<廢除[309] foreclosure>)에서 자살자의 가능성은 도착증과 정신증을 지닌 사람이다(내 안의 목소리, 타자의 목소리에 의해 강제되어 자살을 결정하는 경우), 의심과 불안, 강박증을 느끼는 사람은 자살에서 멀다. 이들에게는 끝없이 해야 할 일(욕망)이 많기 때문이다. 적절한 긴장과 할 일이 있는 자에게서는 자살이 일어나지 않는다.

자살은 자기가 자신에게 귀의(나르시시즘, 빠짐, 동일시, 거울, 바라

---

307) 신경원, 「자살 결심자의 심리상태 연구」, 한국죽음교육학회 논문집 8, pp.140~145 참고.
308) 페티쉬는 숭배를 일으킬 수 있는 물건 혹은 부분을 말한다. 특정 물건에 대한 집착이나, 그러한 물건을 통해 성적 쾌감을 얻는 행위이다.
309) 정신분석학 용어로 배척과 배제를 뜻하는 프로이트의 Verwerfung을 라캉이 불어로 번역한 용어이다.

봄, 시선, 응시, 비추어짐, 표상하는 존재)하는 것이다. 인간은 표상하는 존재이다. 표상은 유아기의 거울단계(상상계)에서 시작된다. 거울 속에 비추어진 유아는 그가 자신이 아닌 타자 곧 부모나 다른 존재 중의 하나로 인지한다. 곧 자기소외 의식(대상화 의식)이 없다. 거울 속에 비추어진 사물과 자신이 일치되어 있을 뿐이다(자아 동일시). 이것이 자아 형성의 기원이다. 유아 내부에서는 이런 동일화가 반복되면서 본래의 자아를 형성하게 된다. 자아 형성 과정에서 거울상의 경험(이미지)은 이상적 자아 원형을 만드는 작용을 한다. 유아는 계속해서 그러한 이상적 이미지에 도달하기 위해 일련의 이차적 동일화를 반복 시도한다. 여기서 이미지로서의 자아가 성립한다. 자아란 동일화의 퇴적물로 드뷔시의 인상 음악처럼 양파껍질 같다.

2. 죽임의 방식을 통해

'죽임'의 단어에는 가해자(능동)와 피해자(수동)가 동시에 존재한다. 즉 자살자 스스로 가해자인 동시에 피해자가 된다.

이는 다른 말로 온전한 가해자도 온전한 피해자도 아니다. 따라서 싸나톨로지에서는 가해자도 아닌 부분, 피해자도 아닌 부분(사이)을 복원해야 한다. 그것이 자살론을 보완하는 길이다.

죽임에는 도착증의 사디즘과 마조히즘적 의식이 동시에 존재한다. 자해자의 경우(허한 눈길만이 되돌아와요 → 꿈인지 생시인지 살을 꼬집고 싶어 한다.) 신체적 자극을 통해 비현실성을 현실성으로, 구체화하고자 하는 욕망이 일어난다. 자해를 통해 오히려 쾌감을 느낀다. /죽도록 패다. 죽죽 밀어버려, 너 죽은 줄 알아 두고 봐!!! 파괴 본능(죽음 충동), 팍 부수어 씹어 먹고 싶다. 가슴이 부서지도록 안기고 싶다.

3. 문제를 해결

자살은 본래적 자기로 돌아가고자 하는 (찾으려는/원래의 자리로 회복하려는) 증상이다. 증상은 실체가 아니라, 증상을 가능하게 한 근본적인 원인과 실체를 탐색하는 매개일 뿐이다. 증상은 가면을 쓰고 우리에게 진실을 말한다. 그런 의미에서 증상은 은유이며 자살 또한 은유이다. '자살' 그 자체를 실체로 규정하는 한, 우리는 자살을 예방할 수 없을 뿐만 아니라, 자살이 의미하는 본질에 접근할 수 없다.

자살자에 대한 본질적인 이해의 시작은 자살자가 희구하는 본래의 자리(querencia로서의 안식처)는 어디인가에 대해 아는 것이다. 본래의 자리는 자각성과 기억 대신에 비 자각성과 망각이 있는 곳이다. 본래의 자리는 원래 없음의 자리이다. 그러므로 비 자각성과 망각은 일종의 자아 없음(selflessness, 忘我), 근본적인 수용, 지금 여기의 완전한 현존이라는 상태의 표현이다. 현존은 '나(I)'의 부재를 통해 타자와 연결됨을 의미한다. 타자와의 연결은 나와 모든 것을 동등하게 수용한다. 즉 삶과 죽음 사이의 구별이 다르지 않다. 하나는 옳고 다른 것은 틀렸다고 말할 수 없다. 모든 자리는 그 나름대로 진짜이고, 그것 자체로 완전히 받아들여진다. 마치 성인(聖人)은 자연스러움에 거슬리지 않고, 높고 낮음을 구별하지 않는 것과 같다. 삶과 죽음 사이의 구별이 없는 것과 다르지 않은 것처럼, 우리가 꾸는 꿈은 깨어 있음의 각성보다 덜 현실적인 것이 아니다. 생사일여(生死一如)의 세계이다.

그러므로 죽음은 삶보다 덜 현실적인 것이 아니다. 내가 살아있다는 각성과 꿈을 꾸고 있다는 비자각성은 본질적으로 같다. **'사물의 변화'** 는 각성과 망각을 다 아우르고, 삶과 죽음도 모두 아우른다. 그러므로 나를 죽이는 방식을 선택한다고 해도, 근본적인 해결은 일어나지 않는다. 왜냐하면 살아 있을 때 우리는 꿈속의 나에 대해 아무것도 모르는 것처럼, 죽었을 때 우리는 내가 꿈에 대해 아무것도 모르는 것처럼 존재한다. **깨달은 사람**은 죽음을 두려워하지 않고 삶과 죽음을 동등하게 수용하지만, 그 어느 것과도 동일화하지 않는다. 그러므로 우리는 자살자를 함부로 예단할 수 없다. 자살을 통해 자신을 죽인 자와 자살을 통해 살고자 외쳤던 그 자신은 동일하다. 그가 자살했다. 그것은 한 존재의 극단적인 결단으로 이루어진 것이다. 그 결단 앞에 신마저 침묵한다. 그리고 어쩌면 신은 그 앞에서 눈물을 흘릴지도 모른다.

4) 자기를 죽이는 방식: 신체적(심리적, 사회적, 영적)

- 못살게 해서 죽이는 것(스트레스)
- 아무 생각 없이 죽이는 것(스크린과 게임의 환영과 자아 동일시)
- 인간은 무엇으로 사는가(삶의 무의미성): 방향성(미래, 예기, 예감) 상실
- 심리적 죽임: 우울증
- 사회적 죽임: 고립과 매장
- 영적 죽임: 내 영혼에 깃든 신성과의 단절 /나는 나를 죽였다(吾喪我)-無我-無己, 군자의 삶은 매일이 忌日이다. 나는 매일 죽노라.

※ 생각해 볼 문제 :
  인위적이고 의도적이고 적극적인 죽음에 대한 저항감 **vs** 자연적, 소극적 죽음에 대한 이해와 수용
  ☞ 자살이 하나의 선택이 될 수 있는 사회는? 품위 있는 자살마저 희화화하거나 인격성을 부정 박탈해서는 안 된다. 자살을 바라보는 부정적 시선, 그것이 또 다시 인간성을 부정 박탈하고 손상할 수 있다.

5. 행위(또는 시도)

사건(자극)과 행위(반응) 사이에는 선택에 관한 판단의 자유(자유의지)가 있다. 판단은 하나의 행위이다. 이 행위 때문에 주체는 자기 판단에 대한 올바름을 보장받는다. 그러나 우리 사회는 그 판단의 올바름을 왜곡하고 부정하고 금기시한다. 행위자가 선택, 판단, 결단을 내리기 위해 비교와 평가가 먼저 이루어진다. 그리고 비교와 평가는 이전에 경험했던 것을 소급(소환)해서 현재의 경험과 비교하게 되고 이 비교는 또 앞으로 어떻게 될 것인지에 대한 예단과 예기적 직관으로 종합된다. 자살 행위의 결단 순간(의식)에는 시간의 흐름과 공간이 모두 멈춘다. 어떠한 소리도 자극도 들리지 않는다. 거기에는 실존적 현존만 있을 뿐이다. 판단의 결정에는 반드시 이미지가 마중물 역할을 한다. 이 마중물은 외부 자극에 대해 재현, 재구성, 표상, 환상, A를 B로 해석하는 심급의 작동(구심성신경과 원심성신경의 종합이 갖는 동시성[310])의 다른 이름이다.[311] A를 B(A→B)로 해석한다는 의미에서 유기체는 언어(은유)

---

[310] 구심성신경과 원심성신경의 종합이 갖는 동시성을 시간으로 표현하면, 구심성신경은 이미 경험한 사건을 기준으로 자극을 해석(회상)한다는 의미에서 과거의 시간성을 의미하고, 원심성신경은 이미 경험한 사건을 기준으로 어떻게 처리 행동할 것인지를 예측 예감 예기한다는 의미에서 미래의 시간성을 의미한다고 할 수 있다.

[311] 의식의 작동은 뇌의 '운동회로'와 '고유(내부)수용 감각 회로' 두 가지 역동 방향에서 재구성되며 자가 생성되어 이루어진다. '고유(내부)수용 감각 회로'는 근육과 관절 속의 감각수용기로부터 척수, 소뇌, 시상, 체성감각 피질에 이르는 경로로 이루어져 있다. 이는 내장만이 아니라 신체 전체의 생리학적 조건으로 이해될 수 있다. 특히 무의식이라고 불리는 정서의 뇌(간뇌)는 유입된 정보를 맨 처음 해석할 권리를 갖는다. 눈, 귀, 말초신경의 감각기관 등을 통해 전해지는 환경과 몸 상태(내부 지각)에 관한 정보는 시상에 모이고, 이곳에서 가공된 후 편도체로 전달되어 정서적인 중요성이 어느 정도인지 해석한다. 이 과정은 번개처럼 빠른 속도로 이루어지고, 만약 편도체가 위협을 감지하면 시상하부에 스트레스 호르몬을 분비하라는 메시지를 보내 위협으로부터 신체를 방어한다. 이를 근원적 생명 본능 길이라고 말할 수 있다. 또 다른 길은 시상에서 해마로 다시 전측 대상회로를 거쳐 이성적 뇌인 전전두엽 피질로 이어져 이곳에서 의식이 관여하고 훨씬 더 정교한 해석이 이루어진다. 이 경로는 몇 밀리초(4/1초) 정도 시간이 더 걸린다. 월터 프리먼,『뇌의 마음』,「뉴런

적이다. A라는 사건(자극, 상실, 결여)을 B로 환원, 재구성한다는 점에서 눈에 보이는 모든 현상계가 모두 은유적이다.

유기체는 자극을 자신의 안정성으로 환원 해석하기 위해 '없는 것을 있는 것으로 생성하여' 이미지(환상)를 만들어 낸다. 자극(차이와 다름)을 느꼈다(받았다)는 것은 외상(트라우마)을 의미한다. 외상은 환상을 만든다. 이 환상은 외상과 상실 이전의 '자기 동일성'으로 회귀하고자 하는 이미지이다. 자기 동일시, 나르시시즘은 외상을 경험한 유기체가 외상 이전의 사태로 되돌아가고자 하는 자기 동일성의 재귀적 현상이다. 따라서 자기 동일시와 나르시시즘은 외상을 입은 자들의 표현이다.

유기체는 왜 자극(사건, 인상)을 이미지(시선, 환상)로 전환해서 반응하는가? 이미지(상상), 응시(보여 짐)와 시선(바라봄)의 종합, 우리의 시각은 외부의 응시에 대해 조절(방어, 최적화된 방식으로 흡수)해서 받아들인다. 즉 시각 이전에 이미 응시(타자)가 먼저 있다. 시선은 응시 때문에 왜상(歪像) 된다. 이미지(환상)는 감각(시각, 청각, 미각, 후각, 촉각)인 지각의 다른 표현이다.

A를 B로 동일시하는 데에는 항상 이미지(환상, 상상)를 통해 이루어진다. 즉 이미지는 자극과 행위(반응)의 가교역할을 한다(의타기성). 이는 마치 프로이트(S. Freud)의 사물 표상(자극)이 단어 표상(언어와 기호)으로 연결되는 것과 같다. 인지과학에서는 사물 표상(자극) 이전에 이미 선험적으로 단어 표상이 있음을 증명한다. 또한 단어 표상 이전에 또 다른 사물 표상이 또 선험적으로 있다(끝없는 순환론).

전환(전회, 재현, 재구성, 표상): 전환하지 않으면 유기체는 안정성을 지속할 수 없다. 지속적인 안정성을 위해 유기체는 외부 자극을 내

들과 뉴런 집합들의 동역학」, 부글(2007).

부 환경에 맞게 조절해야 한다. 마치 피사체를 중심으로 렌즈를 전후로 초점을 맞추듯 유기체 내부 환경에 의해, 외부 환경을 받아들이는 과정에서 발생하는 것이 이미지이다.

이미지를 통하지 않으면 전환이 되지 않는가? 이미지를 걷어내면 A → B가 아닌, A → A가 되는 것이 아닌가? 언어를 사용하는 인간에게는 A를 → B로 바라보는 것에서 벗어날 수 없다. A를 → A로 즉물적으로 바라보는 것은 원시 생물에게서나 가능하다. 그러나 오늘날 위파사나 수행법이나 사마티 명상에서 강조하는 A를 → A로(있는 그대로, 如如在)의 시선은 과연 가능한 것인가? 문자를 떠나 곧바로 인간의 마음을 꿰뚫어 본성을 깨닫는 불립문자(不立文字), 마음에서 마음으로 서로 통하는 이심전심(以心傳心), 말을 통하지 아니하고도 깨달음의 세계를 얻는 염화시중(拈花示衆), 언어와 문자를 초월해 있는 진리의 세계인 견성성불(見性成佛)의 세계는 언어가 격절된 그 너머 실재계의 실상을 표현한 것이다.

시선의 사회화
- 문구멍을 통해 샤워하는 사람을 바라본다(관음증).
- 문구멍을 통해 바라보는 나를 바라보는 사람을 느낀다(응시와 감시).
- 나를 바라보는 사람이 있는지 주변을 둘러본다(시선).
- 짧은 미니스커트와 가슴 패인 옷을 입고 루이뷔통 가방을 멘다(응시와 노출증).
- 지나가는 사람들이 다 보는 쇼윈도에 앉아 커피와 책을 본다(응시와 노출증).

시선의 내면화
- 부모님의 눈길과 인정
- 사람들이 자신을 어떻게 판단하고 바라볼까?(타자의 시선-도덕과 규범의 기초)
- 하나님의 목소리(명령): 네가 너를 불렀노라, 양심

우울의 특징: 고통스러운 불쾌감, 외부 세계에 대한(사랑의 반대는 증오가 아니라 철저한) 무관심, 사랑하는 능력의 상실, 부끄러움 없는 자기 비난(마치 남을 비난하듯), 자신에 대한이인증과 해리(처벌의)망상, 자존감 실추, 이유 없는 슬픔, 가혹한 자기학대, 극단적인 생각 등이다. 우울은 타인 속에 자신을 발견하며 타자화된 자신을 사랑한다. 우울증은 상실된 현실을 인정하지 못하고 너무 쉽게 상실 대상을 자신과 동일시한다. 우울증은 낯선 타자를 진정으로 사랑한 자가 아니다. 실상은 자기 자신을 사랑하는 나르시시스트다. 결국 우울은 나르시시스트의 고유한 정조이자 증후이다. 상실은 소유의식을 전제로 한다. 처음부터 존재로서의 대상 의식을 전제로 했다면 우울증은 생기지 않는다. 우울증은 소유 욕망과 소유의식을 전제로 해서 생겨난다.

슬픔은 우울로 전이되는가? 왜 전이되는가? 전이되는 이유 → 대면하지 않고 억압, 회피, 연기, 다른 것으로 대체하기 때문이다.

한계상황의 응시와 시선: "13인의 아이가 모두 무섭다 하오, 그 중 누가 무서운 아이고 누가 무서워하는 아이라도 좋소, 13인의 아이가 막다른 골목으로 질주하오, 13인의 아이가 도로로 질주하지 않아도 좋소, '막다른 골목'이라도 좋고 '뚫린 골목'이라도 좋소." '13인의 아이가 도

로를 질주하오.'에서 질주란 말은 도주와 도피의 의미이다. 여기서 '무서운 아이'와 '무서워하는 아이'의 그 차이와 대립이 중화된다. 마찬가지로 '길은 막다른 골목길이 적당하오.'라는 것과 '길은 뚫린 골목이라도 적당하오.'에서 막다른 골목길이나 뚫린 골목길의 차이 역시 아무런 의미도 가질 수 없다. 그리고 무서워하는 아이가 곧 무서운 아이 이기도 하다는 진술은 사르트르의 '타자(他者) 이론'과 같은 것이 된다. 즉, 내가 타자(他者)를 바라본다는 것은 나의 시선 속에 타자(他者)를 구속하고 정복한다는 것이 된다. 그러나 동시에 타자(他者)가 나를 볼 때는 나의 존재가 그의 시선 속에서 포획된다. 남을 본다는 것은 곧 그 대상을 자신의 의식 속에 흡수해 버리는 것이다. 우리는 보고, 동시에 보임을 당한다. 즉, 우리는 무서워하는 아이이며 동시에 무서운 아이의 역할을 한꺼번에 하고 있다.

6. 그 결과(끝맺음)이다: 자기 동일성으로의 회귀

인간은 본능적으로 자기를 영원히 유지하고자 하는 본능이 있다. 플라토닉 러브는 통상적으로 알고 있는 정신적 사랑이 아니라, 자기 스스로가 불멸하고자 하는 욕망이다.(에로스) 플라톤에게 사랑의 대상은 타자가 아니라 자기의 분신이며, 사랑은 상실된 자기, 불완전한 자기를 충만하게 완성함으로써, 죽음을 정복하려는 욕망이다. 여기서 플라톤은 영원히 '불멸하는 자기'를 얻으려는 열망(나르시시즘)으로 사랑을 이해한다. 프로이트 역시 나르시시즘[312]을 인간의 보편적인 조건으로

---

312) 나르시시즘의 규정: ① 자기의 아름다움, 즉 자유인임에 대한 확고한 긍지(수면 위에 비친 자기), ② 진정한 타자를 만나지 못한 사랑, ③ 자기 자신을 바라보는 정신의 자기반성 속에서 타자화된 자기에 대한 사랑, ④ 타자를 외면하고 자기 자신의 홀로 주체성 속에서 자기의 절대적 순수성에 집착하는 사랑

파악한다. 요컨대 서양인은 자기를 사랑하는 나르시시즘의 힘으로 동일성의 논리를 전개한다.

II. 자살에 관한 질문

"자살 시도(또는 행위)의 결과로 생명이 존속(미수)되거나 마친 자를 의미한다." (임병식) 그러면 자살이 자기가 자신을 죽이는 가해와 피해의 동시적 행위라면, 우리는 자살에 대해 무엇을 질문할 것인가? 이 질문은 '사이'에 존재하는 인간에 대한 질문이며, 자살자를 이해하고 그들을 돕기 위한 행위의 단초이다.

첫째, 인간은 주체적 존재인가? 인간은 주체적 존재로서 자기 결정의 권리를 가지고 있다. 자살자의 자살 결정은 오롯이 '자신의 결정'에 관한 영역이다. 그것이 이 세상의 모든 동물과 다른 인간의 모습이며, 인간만이 자살한다는 논리에 대한 증명이다. 그래서 셸리 케이건(Shelly Kagan)[313]은 자살자가 충분한 과정을 거쳐 자살을 결정하고 실행했다면, 개인의 이익이라는 관점에서 충분히 도덕적이고 합리적일 수 있다고 말한다. 고통에 대한 자신의 상황을 객관적으로 판단한다면 자살에 대한 선택도 합리적일 수 있다는 논리이다. 하지만 인간에게 있어서 완전한 객관적인 판단이 과연 가능한가? 그것은 인간이 갖는 인식과 판단의 한계에 대한 질문이기도 하다.

---

313) 『죽음이란 무엇인가』, 셸리 케이건, 박세연 역, 엘도라도, 2013년, p448~p504. 지금의 고통을 미래의 고통과 비교할 때 자신의 예상처럼 더 고통스러울 수 있다고 생각한다면 그것은 자신의 이익과 부합된다는 측면에서 합리적이라고 말한다.

둘째, 자살한 사람들을 사회적으로 비난할 것인가? 자살을 실행한 사람이나 자살을 시도했다가 생존한 사람들, 그리고 그 유가족들에게 '자살'의 문제는 사회적인 낙인(烙印, stigma)과 상처로 오래 남는다. 유럽 지성계와 문학계로부터 높은 평가를 받는 『자유 죽음』의 저자인 프랑스의 작가 장 아메리(Jean Améry)는 66세의 나이에 스스로 자신의 목숨을 끊었다. 그의 책 『늙어감에 대하여』[314]에서 고통의 두려움으로 인해 그 고통에서 구원받기를 원하는 인간의 마음과 자신의 인생을 사랑하기 때문에 죽음을 선택한 인간의 마음에 대해 언급한다. 그렇다면 그의 철학과 선택을 '능동적인 죽음으로의 전회'라고 평가할 수 있는가? 이 질문은 자살자에 대한 사회적, 윤리적, 종교적 비난을 멈추고 그들이 자살을 통해 말하고자 하는 이야기에 귀를 기울이자(경청)는 질문이다.

셋째, 과연 인간은 명확한 경계선 안에 존재하는가? 라틴어로 '문턱(limen)'에서 유래한 'liminality'는 통과 의례의 중간 단계에서 발생하는 경계를 의미한다. 문화인류학자 빅터 터너(Victor Turner)에 의해 널리 알려진 이 개념은 '이전에 무엇이었는가?'와 '다음에 어떻게 될 것인가?'의 중간 지점을 말한다. 자살자는 그 중간 지점에서 방황한다(서성인다). 인간의 죽음 역시 그 중간 지점에 있기도 하다. 삶과 죽음의 경계선이 명확하지 않다. 그러므로 인간은 경계의 모호성에 존재한다. 살아 있으나 이미 죽은 자도 있고, 이미 죽었으나 여전히 산 자도 있다. 또한 그 죽음의 '의도'를 정확하게 파악하기 어렵다는 '모호성'이다.[315] 100세의 노인이 스스로 곡기(穀氣)를 끊는 행위와 암 환자가 모

---
314) 『늙어감에 대하여』 장아메리, 김희상 역, 돌베게, 2014년, p198~p209.
315) 임병식은 죽음에 이르고자 하는 '의도(intention)'의 중요성을 강조한다. 그러나 그 의

든 의료적 치료 행위를 스스로 중단하는 행위는 '자살'이라고 규정할 수 있는가?[316)] 이 질문은 자살자들이 자신의 죽음에 대해 선택하고 결정하는 과정 속에서 발생하는 수많은 혼돈과 방황 그리고 머뭇거림에 대한 이해의 관점이다.

이에 대해 죽음학자 임병식은 "자살을 바라보는 두 개의 시선"으로 **'개별성(individuality)'과 '당혹스러움(perplexity)'**을 말한다. '개별성'은 자살과 자살자에 대한 단일한 설명이나 규정이 반드시 일치하지 않는다는 의미이다. 즉 모든 자살자의 원인과 과정 그리고 그 유형은 모두 다 다르다. 그것이 인간의 마음이다. 그러므로 단일한 원인과 유형으로 분석할 수 없다. '당혹스러움'은 복잡성을 의미한다. 어쩌면 자살자 자신도 자신의 심리를 정확하게 표현할 수 없을지도 모른다. 그 미묘한 복잡성 속에 인간의 마음이 있다.[317)]

증상으로서의 자살 그리고 재귀적 몸부림

결국 **"자살의 시작은 고통이다."** 물론 허무주의적 생각에 의한 자살도 있을 수 있다.[318)] 하지만 자살자들 대부분은 자살하기 전에 고통을

도조차도 모호하며, 양가적인 행위일 수 있음을 지적한다. 그러므로 자살자에게 나타나는 의도와 모호성을 충분히 이해해야 한다고 말한다.

316) 『집에서 혼자 죽기를 권하다』 우에노 지즈코, 이주희 역, 동양북스, 2022년, p149~p152. 2018년 8월 16일 신장병으로 인공투석 치료를 받던 44세의 여성이 투석을 받지 못해 사망했다. 그녀는 투석을 중지하면 사망한다는 사실을 분명히 인식하고 있었으나, 사망 일주일 전에 투석 치료를 받지 않겠다는 확인서를 병원에 제출했다. 만약 투석 치료를 계속 받았다면 적어도 수년에서 십수 년을 살 수 있었을 것이다. 일본에서는 이 사건을 '투석 중지 자기 결정' 사건이라고 말한다.

317) 『자살에 관한 모든 것』 마르탱 모네스티엥, 한명희 역, 새움출판사, 2022년, p14. 인간의 마음을 숫자로만 표현할 수 없다. 인간의 마음은 매우 복잡하다. 자살자의 마음을 정확히 표현하기 어렵다.

318) 『하이데거 vs 레비나스』 최상욱, 세창출판사, 2019년, p86-p102. 물론 '허무주의(虛無主義)'적 생각에서 자살이 일어나기도 하지만, 그 생각의 시작도 역시 자신의 존재에 대한 '고통 인식'이다. '존재(存在)'에 대한 '인식(認識)'은 '고통'으로부터 출발한다. 하이데거

호소한다. 그래서 자살자에 대한 분석과 이해를 통해 그 사람이 '왜 자살하게 되었는가?'에 대해 알아간다. 그리고 그 심원(深遠)에 인간의 고통이 있음을 발견한다. 인간의 고통을 이해하는 것은 인간을 이해하는 것과 같다. 고통을 이해하지 못하면 타인을 이해할 수 없다. 물론 타인을 이해한다고 하더라도, 자신의 기준과 관점으로 타인을 판단해서는 안 된다. '내가 너의 마음을 다 이해 한다.'라고 함부로 말할 수 없다.

자살학의 권위자 에드윈 슈나이드먼(Edwin Shneidman)은 자살의 원인에 대해 "거의 모든 경우에 자살은 특정 종류의 고통, 즉 **'심리통(psychache)'**이라고 부르는 심리적 고통의 결과로 발생한다. 또한 이 심리통은 좌절되거나 왜곡된 심리적 욕구에서 유래한다."라고 썼다.[319] 그는 심리통(참을 수 없는 강도에 이른 심리적·감정적 고통 전반을 의미한다)을 자살의 근본적 원인으로 본다. 고조되는 심리통은 자살 위험을 증가시킨다. 또한 그는 심리통 외에 치사성(致死性)을 심각한 자살 요인의 하나로 제시했다.

그러므로 자살은 재귀적 몸부림이다. '재귀적'이란 본래의 상태 즉 상실 이전의 상태로 다시 돌아가고자 하는 생명체의 반응이다. 고통과 상실 이전의 상태로 가고 싶다는 의미이다. 이것은 죽음을 통해서라도 자아를 강화하고 '본래의 자기성(自己性)'으로 이행하고자 하는 요청이다. 그러므로 자살자는 자살을 시도하기 전에 여러 가지 형태의 신호를

와 레비나스는 인간이 '존재'라는 벽에 갇혀 있다는 존재론적 사실에서 비롯되는 '존재의 고통'을 말한다. 하이데거는 존재가 내 자유를 제한한다는 사실 때문에 고통을 인식한다는 것이며, 레비나스는 내 자유가 설령 무한정 증대된다고 하더라도, 결코 존재에서 벗어날 수 없다는 사실로 인해 고통을 인식한다는 것이다.

319) 『자살하려는 마음』 에드윈 슈나이드먼, 한울. 2019년, p21-p54. 그러면 심리통을 겪는 수많은 사람 중에 왜 소수만이 자살하는가? 즉 심리통은 자살의 필요조건이지만 충분조건은 아님을 암시하는 말이다. 그러므로 심리통을 겪으면서도 자살하는 사람과 그렇지 않은 사람 사이를 구별 짓는 추가적인 요소가 있는데 그것은 바로 '치사성'이다.

보낸다. 가족에게, 친구에게 신호를 보낸다. 그 신호를 통해 자신이 아파하고 있으며, 고통 속에 있다는 것을 알린다. 자신이 지금 매우 아파하고 있으며, 고통 속에서 힘들어하고 있으므로 제발 나를 좀 살려달라고 표현하는 것이다.

그러므로 우리는 자살자에 대해 종교적이고 윤리적인 판단으로 정죄하거나 비난하는 것을 조심해야 한다. 물론 자살자를 칭송하거나 자살을 권장해서도 안 된다. 자살자가 자신의 목숨으로 끊음으로(없이함으로) 그가 돌아가고자 했던 그의 고통과 마음을 이해해야 한다.

III. 자살론을 위한 제안: 자극과 행위(반응)의 '사이'론으로

왜 우리는 자살론을 이야기하면서 자극과 행위(반응)의 사이를 논하는가? 왜냐하면 지금까지의 자살론이 심리적 부검(외부 내부적 환경돈에 근거한 이론)에 의한 일반화와 예방론으로 이어져 왔기 때문이다. 따라서 자살 결정의 심리적 동인에 대한 본능적 판단인 **'무의식의 사후적 시간성 이론'**[320]에 대한 논의나 연구는 부재하다.

---

320) 프로이트 상담기법의 핵심은 사후성(Nachträglichkeit)에 있다. 사후성은 현재의 심상에서 자신이 어떻게 될 것인가에 대해 예감(예감, 직감)하면서, 과거의 사건(이미지, 인상, 기억-사물 표상)을 현재의 관점에서 떠올려 회상(재구성-선택, 비교, 판단)하는 것이다. 이전에 몰랐던 사건의 전모를 인과적 이해(단어 표상)를 통해 받아들이게 된다. 사후성은 스스로 시간화 하는 의식, 곧 종합이며, 그것이 바로 '살아있는 현전'이다. 자기 자신을 시간화 하는 의식이라는 점에서, 시간의식은 자기촉발(Selbstaffektion)적 구조를 지닌다. 요컨대 '의식의 시간화'는 대상 세계의 객관적 구성의 과정이다. 의식이 근원 인상으로 촉발된다는 현재라는 시간의 지점들로 구성된다. 이 근원 인상으로서의 의식에는 이미 지나간 근원 인상을 보유(파지, retention)하고 있어야 하며, 이제 새로 올 근원 인상을 예견하고 있어야(예지, protention) 한다. 다시 말해 근원 인상의 촉발은 과거 인상을 여전히 붙잡고 있는 활동과 앞으로 올 인상을 예견하는 활동이 동시성으로 시간의식을 구성한다. 외부 대상은 이 의식의 활동을 통해 시간화가 된다. 또한 무엇인가를 객관적 대상으로 구성하기 위해서

자극과 행위(반응)의 '사이'에서, 인간은 왜 있지도 않은 것을 마치 있는 것(이미지, 환상)으로 환원해서 행위를 하는가?[321] 자기 보호를 위한 본능적 인지구조의 작동 메커니즘이다. 우리의 인지구조는 무엇인가를 언어로 생성하지 않고서는 무엇인가를 표현할 수 없다. 즉 무엇인가를 표현하기 위해서는 계속 있지도 않은 것을 마치 있는 것으로 환원해서 무엇인가를 만들어 표현해야 한다. 이렇게 무엇인가를 만들어 내어 표현함으로써 안정감을 찾는다. 따라서 인간은 알 수 없는 그 무엇의 불안을 해소하기 위해(확실한 안정감을 위해) 있지 않은 것을 있는 것으로 만들어 무엇인가를 계속 표현하는 언어학(환유)적 속성을 지니고 있다. 불안-의심-확실성을 위한 끊임없는 질문의 구조가 곧 우리 삶의 모습이다.

유식에서는 시간과 공간의 변화에 따라 의식이 전변하기에 공하다고 하였다. 그리고 이처럼 실체가 없는 것에 기대어 마치 실체가 있는 것처럼 형용하는 것을 변계소집성(遍計所執性)[322]이라고 하였다. 보통 사물을 바라보고 해석하는 의식의 작동 패턴은 "X를 Y로 인식한다." 여기서 X는 객관 대상이며 Y는 회상하는 사람의 의식구성 때문에 수집된 정보(언어나 인식패턴)이다. 예를 들어 누군가가 산길을 가다가, 길가의 무엇인가를 보고 뱀으로 알고 도망쳤다고 하자. 그는 무엇을 보았는가? 그 순간 그는 뱀을 보고 도망친 것이다. 그러나 거기에는 뱀이 존재하지 않는다. 그가 본 뱀은 그의 마음이 그려낸 것이지 실재하는 것

는 늘 현재하는 의식의 현전에 귀속되어야만 한다. 외재적 대상은 언제나 현재하는 의식의 현전, 즉 '의식의 시간화'에 귀속하는 한에서만 출현할 수 있다.
321) 환상(꿈과 실재의 사이)은 주로 원 장면에서 구성된다. : 인상의 기원, 표지(기표), 낙인찍힘, 부모의 목소리, 눈길-응시, 구강기-배변기-젖가슴의 쾌감과 따뜻함, 기억, 트라우마, 과부하 등 이는 후설의 의식의 시간성과 프로이트의 사후성 이론 구성의 핵심어이다.
322) 변계소집성은 망상된 본성을 말한다. 자기가 인식하고 있는 것이 실제로 있는 것이라고 확신하며, 그것에 대해 집착하는 것이다.

(reality)이 아니다. 즉 그가 본 것은 거기 실재하는 것이 아니다. 그렇지만 그는 무엇인가를 보긴 보았다. 즉 그가 본 것은 거기 실제로 존재하는 것(fact)이다. 그렇다면 그가 본 것은 과연 있는 것인가, 없는 것인가? 그가 본 것은 과연 무엇인가? 그가 본 어떤 것 X는 분명히 있는 것이지만, 그는 그 X를 X가 아니라 Y인 뱀으로 보았다. 그렇게 해서 그는 뱀을 보았지만, 그가 본 뱀 Y는 거기 존재하지 않는다. Y는 그의 마음이 그린 것(그림자, 이미지, 이마고, 표상, 假現)일 뿐 거기 실재하는 것이 아니다.

이렇게 해서 우리는 의식이 어떻게 구성되는지 알게 된다. 무엇인가를 보면서 그 무엇(X)을 무엇(Y)으로 보는가가 바로 의식이다. 따라서 의식은 본래 그가 본 X와 그가 본다고 생각한 Y의 두 항목으로 구성된다. 그 둘 다 의식의 대상이다. 그러므로 의식에는 서로 구분되는 대상이 있게 되는데, 있는 무엇인가의 X는 의식 대상이고, 그것에 대한 분별결과로서의 Y는 인식 결과로써의 의식구성이나. 뱀을 보는 순간 그 의식은 바로 이전의 경험으로 구성된 것으로 뱀을 본 것이다. 따라서 오늘의 관점에서 바라보는 회상은 과거 경험의 기억 그 자체를 있는 그대로 순수하게 바라보지 않는다.[323] 그렇다면 우리의 의식이 주관적 경험으로 재구성된 기억이라는 것을 어떻게 알아챌 수 있나? 자살 예방

---

323) 그렇다면 과거 경험은 어떻게 구성되는가? 일정한 시점에서 발생한 사건의 과거 경험은 그 순간의 주관적 관점에서 재구성된 경험이다. 따라서 우리가 경험하는 오늘의 회상은 과거의 주관적 경험을 오늘의 주관적 관점에서 구성된 것이다. 이렇게 구성된 기억에는 몇 가지 유형이 있다. 첫째는 사건이 발생하지 않음에도 불구하고 의식 스스로 무엇인가를 생각하거나 상상하여 기억화 할 수 있다. 즉 의식 스스로 홀로 기억을 만들어 낸다. 이렇게 의식에 의해서 상상화 된 의식의 대상은 이미 사라지고 없지만, 이전에 발생했던 과거 경험의 기억으로 그 의식을 재생해 내는 의식의 기억이다. 다른 하나는 감각 대상이 있지 않은 상태에서, 그리고 과거 경험과 무관하게 의식 스스로 독립적으로 활동하여 의미의 표상을 만들어 내는 의식이다. 이 의식은 다시 셋으로 분류된다. 하나는 본 적도 없고 일어나지도 않은 일을 떠올리는 상상이나 환상, 몽상의 의식이다. 둘째는 꿈속(무의식)에서 벌어지는 의식 활동이다. 셋째는 마음을 집중해서 발생하는 의식이다.

론이 천착해야 할 부분이 바로 여기에 있다. 즉 없는 것(타자의 시선)을 있는 것으로 착각해서 자살을 결정한다는 사실을 인지(자각, 발견)할 때 자살의 환경에서 벗어날 수 있다.

자극과 행위(반응)의 '사이'론은 '무의식의 사후적 시간성 이론'을 통해 담론을 풍성하게 펴나갈 수 있다. 이는 자살자의 행위 결정 순간의 심적 기제 작동방식과 그 원리를 이해하는데 아주 유효하다. **사후성 이론은 자살자가 자살을 시도하고 결정하는 순간에 자신이 만들어 낸 무의식적 이미지(환상)가 허구임을 알아차림으로 자살환경에서 벗어날 수 있게 한다.**

시간과 공간에서 발생하는 사건 경험의 구성을 4가지 요소로 본다. 즉 멜로디와 같은 **외적 시간 대상들**, 이 **대상의 경험**, 이 대상을 향하는 **지향적 작용**, 그리고 이 **지향적 작용 그 자체를 경험함**이다. 이 네 가지 요소는 시간 속에서 경험된다.[324] 이들 네 가지 요소는 시간을 인식하는 인간의 의식이 스스로 구성하는(self-constituting) 것이다. 즉 근원 인상에 대한 현재적 의식은 과거 경험에 대한 파지(把持)[325]를 통해 다가올 사태인 미래를 예지한다. 다가올 미래적 사태에 대한 예지는 또 다시 과거 경험을 파지(규정)한다. 이렇게 의식은 사건을 시간의식으로 구성하고 스스로 구성한 것을 스스로 또 경험한다. 사태에 대한 시간적 의식구성은 시간 **속에서** 전개되거나 시간을 **통해서** 움직이는 것이 아니라, 스스로 조직화하는 의식의 흐름이다.

게슈탈트의 형태이론과 인지 이론은 후설의 지향성 이론과 사후성을 기반으로 체화된 몸의 안정성과 균형으로 탄생한 것이다. 특히 전경

---

324) 후설, 이종훈 옮김, 『현상학적 심리학』, 「현상학적 심리학의 한계설정」, 한길사 (2013).

325) 파지는 꽉 움켜쥐고 있으면서 반복되는 재현 작용이다.

(의도, 의향, 의식, 하고자 하는 마음)과 배경(억압적 부분, 무의식)은 언어학의 유사성(은유)과 인접성(환유), 기표의 연쇄(연속성), 기호의 폐쇄성과 밀접한 관계가 있다.

따라서 자살자의 자살 결정의 환경에서 벗어날 수 있는 것은 자기 동일시의 전경으로부터 객관 대상화인 배경으로의 전환에 달려있다. 이 훈련은 평상시의 훈련이 전제되어야 한다.

심화 2
자살 담론의 본질적 접근을 위한 시론

<내용 요약>

자살 담론의 본질적 접근을 위한 시론은 자살을 증상으로 보고, 자살을 인간학적 관점에서 탐구하려는 시도를 담고 있다. 자살은 죽음을 초래할 의도를 가지고 자신의 생명을 끊는 행위로 정의되며, 자아가 강한 사람들만이 자살을 감행할 수 있다. 인간은 죽음을 선택하기보다는 죽음을 감내할 수 있을 만큼 삶의 의미를 찾고자 하며, 자살을 예방하는 방법은 자살을 기호화하고 증상화하는 것에서 출발한다. 자살은 결국 언어 표상의 결과로 나타나는 기호이며, 이를 통해 자살자의 고통과 욕망을 이해할 수 있다. 자살은 실재를 온전히 포획하지 못하고 계속 미끄러지면서 의미를 생성하려는 언어적 과정에 의해 나타나는 증상이다. 자살을 예방하려면 자살의 동기와 의도를 이해하고, 그것이 나타나는 '사이'의 공간에서 자살을 다르게 바라보는 것이 중요하다. 자살을 기호화하여 자살자와의 소통을 통해 그들의 문제를 이해하고 해결책을 모색하는 과정이 필요하다. 자살이 단지 결과가 아니라, 증상으로 인식될 때 자살은 더 이상 비극적인 사건으로 끝나지 않으며, 인간 존재의 근본적인 결여와 그에 따른 치유의 가능성을 보여준다. 자살을 실존적 문제로 다룰 때, 자살에 대한 담론은 예방을 넘어 치유와 공감의 과정으로 발전할 수 있다. 자살자의 고통과 갈등을 이해하고, 그들의 실존적 고민을 함께 나누는 것이 자살 예방의 핵심이 된다.

<핵심어>

자살 증상(Suicide Symptom), 인간학적 관점(Anthropological Perspective), 기호화(Signification), 실존적 문제(Existential Issue)

<학습 목표>
- 자살에 대한 기본 개념과 정의를 이해하고 설명할 수 있다.
- 자살의 심리적, 사회적, 문화적 요인을 분석하고 그 영향을 평가할 수 있다.
- 인간학적 관점에서 자살을 해석하고 자아와 죽음의 관계를 탐구할 수 있다.
- 자살 예방을 위한 효과적인 접근방법과 전략을 구상할 수 있다.
- 자살과 관련된 언어적, 기호적 문제를 이해하고 그것이 사회적 상호작용에 미치는 영향을 분석할 수 있다.

<적용 실천>
- 자살 예방을 위한 상담 및 지원 프로그램 개발에 참여할 수 있다.
- 심리적 지원을 제공하고, 위험 신호를 인식하여 적절히 대응할 수 있다.
- 자살 관련 교육과 훈련을 통해 지역사회나 조직에서 예방 활동을 촉진할 수 있다.
- 자살 예방 캠페인과 관련된 연구를 진행하고, 관련 정책 개선을 제언할 수 있다.
- 자살과 관련된 사회적 낙인을 줄이고, 사람들 간의 개방적인 대화를 촉진할 수 있다.

자살 담론의 본질적 접근을 위한 시론

자살은 증상이다.
살아있는 모든 존재자는 자살자이다.
우리는 이 명제에 정직하게 대면할 때, 자살론은 어느덧 인간학적 가능성으로서의 담론이 될 것이다.

1. 자살의 사전적 정의는 '죽음을 초래할 의도를 가지고 자신의 생명을 끊는 행위(suicide)'이며, 그 어원은 라틴어의 sui(자신을)와 cædo(죽이다)의 두 낱말의 합성어이다.

2. 동물은 자살하지 않는다. 그리고 자아가 약한 사람도 자살하지 않는다. 자살은 두 가지 이미지로 분화, 기호화가 되는 구조에서만 일어난다. 원환상(원억압), 하나의 표상만 있는 동물이나 자기분열이 일어나지 않는 정신증에는 자살이 일어나지 않는다. 그러하므로 역설적으로 두 가지 이미지로 분열되는 표상을 통해서 자살을 예방할 수 있다. **자살은 언어 표상적이다.** 언어를 사용하는 인간만이 자살을 감행한다. 그것도 **자아가 아주 강한 자만이 자살에 임한다.**

3. 인간은 죽음을 불사하고서라도 얻고자 하는 것이 있다. 반대로 삶을 포기해서라도 그것을 얻고자 하는 것이 있다. 죽음보다 더 싫은 게 있어서 죽음을 선택하고, 삶보다 더 소중한 것이 있기에 삶을 포기해서라도 그것을 찾고자 한다.

4. 삶과 죽음을 선택할 때는 언제나 가치의 문제가 뒤따른다. "이렇

게 살 바에는 차라리⋯." 가치는 언어가 만든다. 가치만이 아니다. 양심, 초자아, 수치심, 죄책감, 명예, 자아 이상, 자부심 등은 모두 언어 표상이 만든 것이다. 이 표상 때문에 살고 죽는다. **표상이 없다면 자살도 증상도 없다.** 있지도 않은 이미지(관념)를 발명해서 언어 기호화하는 것은 실재가 아니다. 그것은 관념적(표상)이며, 상대적이다. 절대적이지 않다. 이는 언어학에서 한 단어의 위치(상황, 장소)가 어디이냐에 따라 그 의미나 가치가 완전히 달라지듯이, 자살자가 처한 환경이나 상황이 변화이동이 된다면 그 심상 또한 바뀌게 된다. 여기에 자살 예방의 팁이 있다. 즉 자살 수행은 사물 표상과 단어 표상의 교호작용(재구성), 하나의 이미지가 다른 또 하나의 이미지로 대체되면서 결정되듯이, 자살 예방 또한 하나의 이미지(단어 표상)가 다른 또 하나의 이미지(사물 표상)로 대체하는 것으로 이루어진다.

5. 왜 자살이 증상인가? 자살은 무엇인가를 말하는 것이다. 무엇인가를 가리키는 표지이다. 그런 의미에서 자살은 기호이다. 기호는 어떤 A(사물 표상, 원억압)를 어떤 B(단어 표상, 언어상징화)로 표지하는 것이다. 무엇인가 그가 말 못 할 것이 있어서 신체를 죽임으로써 그것이 말하고자 하는 것을 표지한 것이다. 그런 의미에서 **자살은 증상이며 무엇(실재)인가를 가리키는 기호이다.** 증상 또한 무엇인가 문제(결여)가 있다는 것을 알리는 신호, 기호이다. 그 증상이 나타나는 공간(장소)은 원억압(무의식)과 언어상징화(의식) 사이의 간극이다. 신경 시냅스의 교호작용도 축삭돌기와 수상돌기의 간극 그 사이에서 모든 정보가 교환된다. 간극은 이것과 저것의 '사이'이다. 이 사이는 아무것도 보이지 않는 부재가 아니라, 모든 것을 가능하게 하는 정보의 교류장으로 유기

체의 안정화(항상성)를 기준으로 그 지향적 활동이 이루어진다. 간극으로서의 '사이'는 자유의지가 결정되는 장소이다. 이 '사이'가 자살 예방의 황금 시간이다.

6. 자살이 증상과 기호라고 정의되는 한, 자살 예방은 가능하고 그 방법 또한 명료하다. 자살이 증상과 기호라고 한다면 자살은 또한 은유적이라 할 수 있다. 은유는 이것(A)을 저것(B)으로 대체해서 의미를 생성하는 것이다. 대체가 되지 않으면 의미가 생성되지 않는다. 대체는 반드시 두 단어가 필요하다. 두 단어의 형식은 'A → B'이다. 그 실재는 발화(파롤), 곧 말이다. 프로이트 증상치료의 핵심은 말로 표현함에 있다.

7. 엄밀히 말해, 자살은 자살자가 자살을 통해서 또 다른 것을 찾고자 하는 **욕망**의 표현이다. 결국 한 기표를 다른 한 기표를 통해서(대체해서), 한 기표에서 얻지 못한 것을 다른 기표의 대체를 통해서 그 의미를 얻으려고 하는 것(욕망)이 언어의 속성(기능, 역할)이지만, 여전히 언어가 지닌 역기능, 언어는 실재를 온전히 포획하지 못하고 계속 미끄러지면서(상실과 억압) 또 다른 기표를 계속 대체해 가면서(기표의 연쇄) 그 **실재를 재현하고자 (욕망)한다.** 한 기표가 또 다른 기표로 대체 연쇄한다는 것은 하나의 단어가 지닌 관념(이미지)이 또 다른 단어가 지닌 관념(이미지)으로 변환(전이, 이행)됨을 의미한다. 결국 말을 한다는 것은 실재가 아닌 두 표상(관념, 이미지)이 서로를 상좌(上佐, 시너지효과)하고 억압(살해), 구속하면서 의미화 한다. **자살도 의미화의 결정에서 비롯된 것이다.** 모든 의미화는 두 기표 사이의 간극에서 이루어진다.

8. 따라서 **자살은 언어 표상적이다.** 두 기표의 언어를 사용하는 인간만이 자살한다. 한 기표를 사용하는 정신증에는 자살이 없다. 자살 결정은 하나의 이미지(기호)가 다른 이미지(기호)에 덧씌워져 이루어진다. '덧씌워짐'의 의미는 나르시시즘적 자기 동일시를 말한다. 한 이미지가 다른 이미지에 겹친다. 한 이미지와 다른 이미지 사이에 간극이 없다. 자신이 만든 이미지와 하나가 된다. 나르시시즘적 연못에 **빠진**다. 그 연못에서 **빠져나오는** 방법은 단 하나, 기호화밖에 없다. 한 이미지가 다른 이미지를 불러 차이와 다름, 소외를 생성해야 한다. 차이와 다름, 소외는 자신을 객관화, 대상화할 수 있는 거리, 간극을 만들어 낼 수 있는 능력이다. 이는 "내가 왜 이러고 있지?" 하면서 한걸음 띄어 자신을 바라보게 한다.

9. **이제 우리는 자살을 증상화하고 기호화해야 한다.** 이것이 자살 운동, 자살 실천이다. 자살 운동 자살 실천은 죽자는 것이 아니다. 어둠에 있는 자살론을 밝은 곳으로 드러내 보자는 운동이다.

"자살은 무엇을 가리키는가? 자살은 무엇을 말하고자 하는가? 무엇이 그가 자살하게 했는가? 그것은 무엇을 찾고자 하는가? 그에게 있어서 실재는 무엇인가?"라는 질문을 삶의 현장에서 부단히 해야 한다. 그래서 자살은 완료형이 아니라, 현재 진행형이 되어야 한다.

10. 이 물음은 그를 억압하고 구속했던 기존구조의 문제, 결여, 틈, 결핍이 무엇인지를 드러내 주는 역할을 한다. 따라서 자살이 기호화될 때, 자살 담론은 이제 정태적인 담론이 아니라, 살아있는 우리들의 삶의 문제, 실존의 문제로 접근하게 한다. 그럴 때 자살은 예방을 넘어 치

유로 전환이 된다. 인간은 근본적으로 결여된 존재이다. 우리는 모두 상처받은 자이다. 상처받은 존재이기에 언제든지 자살자가 될 수 있다. 그래서 살아가는 모든 존재는 자살자이다. 그러나 역설적으로 상처를 받은 자만이 또 치유자가 될 수 있다. 상처를 받을 수 없으면, 상처가 무엇인지 모른다. 따라서 공감할 능력도 없다. 인간 그 자체가 결여의 존재이다. 그래서 상처를 주기도 하고 받기도 한다. 상처가 있다고 하는 것은 치유자로서의 가능성이 있다는 말이다. **그 가능성의 분기는 자살의 증상화, 기호화에 있다.**

11. 인간은 자기 존재의 근원이 어디에서 왔고, 어디로 가는지 그리고 살아가야만 하는 삶의 의미가 무엇인지를 알고자 한다. 그곳이 죽음(공백, 없음, 부재, 무)이라고 하더라고 인간은 죽음을 감내하고서라도 알고자 하는 힘이 그곳을 향하게 한다. 죽음충동(생명 자기보존의 의지, involution-evolution의 반복과 새현)은 '**자신의 근원으로 되돌아가고자 하는 힘**'이다. 불나비는 불을 향해 돌진한다. 불을 향해 돌진하는 것이 불나비의 본성이다. 자신의 근원은 공백, 부재, 없음, 즉 죽음이다. 죽음은 없음, 비어있음, 텅 빔, 무이다. 이 공백(죽음)을 향해 인간은 돌진한다. 이것이 인간의 본성이다.

12. 우리의 삶을 이끌고 가는 것은 무엇일까? 스피노자(B. Spinoza)는 그것을 코나투스(conatus)라고 명명한다. 사물이 본래부터 가지고 있던 생의 의지이다. 이는 마치 주역에서 말하는 생의(생명의 의미 生意)와 같다. 니체의 말로 표현하면 '생(生)의 의지'이다. 라캉은 이를 팔루스(Φ)로 상징한다. 팔루스는 보이지 않는 실재로서 언어로 완전히 표

현될 수 없으며, 그 안에는 언제나 공백이 존재한다. 상실, 결여, 부재, 죽음이야말로 생을 이끌어가는 의지, 충동이며 이 충동은 언제나 팔루스를 지향한다.

13. 우리는 자살을 말할 때 어느덧 자살 행위의 결과만을 가지고 이야기하는 경우가 많다. 그야말로 그들만의 논리나 이해로 재구성된 픽션이다. 그래서 늘 미끄러지는 소리, 봉창 두드리는 소리를 한다. 예컨대 '심리적 부검'이 바로 그런 경우이다. 그러나 자살이 더 이상 비극적이지 않기 위해서는 자살의 담론이 **결과주의적 완료형**이 아니라, **동기주의적 현재 진행형**이 되어야 한다. 타자의 문제가 아니라, 현재를 살고 있는 우리 삶의 문제로 전회해서 이야기를 나눌 때 가능하다. 그래야 자살이 말하고자(지시, 기호)하는 그곳으로 가게 된다.(Wo Es war, soll Ich werden) 그렇게 될 때, 자살의 논의는 더 비극적이지 않게 된다. 설사 자살을 감행한 사람에게도 또 유족에게도 그리고 그를 바라보는 이에게도 그렇다.

14. 자살이 비극적인 것은 자살 그 자체보다, 자살의 문제를 자신이 아닌 타자의 문제로 본 나머지 그 문제에서 자신을 제외해서 바라보는 관점과, 현재 진행형의 동기주의적 존재가 아니라, 결과주의적 완료형으로 접근한 나머지 자살의 본질적 접근에서 벗어나 있다는 사실이다. 결과주의적 완료형의 관점에서는 자살의 동기와 의도가 어떠하든 그 동기와 의도는 은폐되기 쉽다. 결과주의적 완료형의 관점은 자살의 본질을 호도하기 쉽다. 심리적 부검 때문에 재구성된 동기와 의도는 자살자의 동기와 의도와 무관하게 **해석자의 자기 이해 방식에 의해서 재구성**

된 것이다. 죽은 자는 말이 없다. 그 침묵을 함부로 이렇다 저렇다 말할 수 없다. 신마저 그의 죽음 앞에 잠잠히 침묵할 뿐이다. 살아있는 자만이 또다시 그들만의 논리로 소설을 재구성해서 다시 소설을 쓸 뿐이다.

15. 이는 죽음에 관해 이야기할 때도 동일하게 적용될 수 있다. 죽음학에서 다루는 죽음의 담론은 이제 더 이상 신체 생물학적인 결과로써의 죽음을 말하는 것이 아니다. 이는 마치 '죽음'과 '죽음을 맞이함'에 대해 구성된 문제와 같다. 예컨대 셸리 케이건의 『죽음이란 무엇인가』와 같은 철학적 논의가 일면 유의미한 부분도 있다. 하지만 '죽음을 맞이하는' 사람의 심리적 고뇌와 갈등, 주변 사람들과의 화해 등 삶에서 일어나는 이력은 **표백된 채** 전개되는 '죽음'의 추상 명사적 담론은 더 이상 공감을 얻기 힘들다. 신체 생물학적인 결과로써의 '죽음'만을 이야기한다면 인간 가능성에 대한 논의가 마치 신체 생물학적인 존재의 유무나 기간의 연장이라는 협의의 문제로 전락하거나, 경험되지 않은 것(죽음)에 대해 왈가왈부하는 추상적인 공염불이 될 것이다. 공염불이 되지 않기 위해서 우리가 이야기하고자 하는 죽음은 이제 죽음을 맞이하는 사람의 실존적 고민이나 아픔, 갈등, 소외, 불안의 문제로 들어가, 삶의 소중함과 가치, 의미를 죽음에게 물어봄(오늘이 마지막이라면?)으로써 가능하다. 어떻게 살아가는 것이 진정 인간다움과 자신다움일 수 있는지를 살아있는 현재(이 순간)에서 그 가능성을 물어보고 탐색할 수 있어야 한다. 그러므로 명사가 아닌 동명사로서의 죽음 담론이 되어야 한다.

16. 자살의 문제 또한 그렇다. 자살이 함의(含意)하고 있는 역동적인

순간과 내밀한 이야기가 우리 삶에서 회자하고 순기능적인 역할이 되려면 **"자살은 끝이 아니라, 증상이다(Suicide is not the end, it is a just symptom)."** 라는 인식 태도를 지녀야 한다. 자살은 명사적 실체가 아니라, 계속 진행되는 현재적 동사로서 인식되어야 한다. 증상은 은유이다. 무엇을 이야기하고 표현하기 위한 방식이 단절될 때, 다른 우회적 방식을 통해서라도(극단적으로) 표현하고자 한다. 은유는 언어의 한계나 소통이 끊길 때 그 너머의 의미를 제시하고자 할 때 사용하는 언어방식이다. 자살 또한 소통이 끊어질 때 신체로 문신(물신, 인신 공양)되는 극단의 은유적 표현이다.

17. 자살은 어떤 A를 B로 표현한 은유적 증상이다. 자살이 증상(징후)이라고 하면, 우리는 그 증상이 지시하고 가리키는 것(기호)이 무엇인지 원인과 동인을 추측하고 탐색할 수 있고 예방할 수 있지만 그것 또한 실재는 아니다. 결과주의적 완료형으로 죽음에 있어서 우리는 그 죽음의 동기와 의도에 대해 알 수 없다. 끊임없는 심리적 부검의 허상만이 공허한 자살론을 채울 뿐이다. 이제 자살론이 그 **실재를 찾기 위해**서는 부단한 꼬리에 꼬리를 잇는 환유적 의문과 질문이 계속되는 **현재를 살아가는 삶의 문제, 존재의 담론**이 되어야 한다. 그래서 자살은 현재 진행형으로 표현되어야 한다. 그래야 자살을 넘어 그것이 무엇을 말하고 있는지, 그 실재의 발견과 어떻게 할 것인가의 좌표가 비로소 설정된다. 그럴 때, 자살의 진정한 의미와 자살을 감행한 사람의 주체가 복권되고 유가족의 슬픔 또한 심연 깊은 인간적 이해와 공감을 통해 애도가 되며 낙인적 삶에서 벗어날 수 있다.

18. 자살자는 누구인가? 자살을 감행(시도)한 사람인가? 행위의 결과로써 나타난 미수 또는 죽은 자인가? 만일 자살을 "① 자기가 자신을 ② 죽임의 방식을 통해 ③ 문제를 해결(회피를 통해서라도 진정한 자기를 찾으려는/원래의 자리로 돌아가려는/회복하려는)하고자 하는 ④ 신체적(심리적, 사회적, 영적) ⑤ 행위(시도)와 그 ⑥ 결과(끝맺음)의 상태(임병식)"로 정의한다면, 자살의 범주는 넓혀질 수 있고 그에 대한 담론도 아주 다양해질 수 있다. 만일 자살의 정의를 신체 생물학적인 결과로만 귀속시켜 행위 결과인 심리적 부검의 차원에서 담론이 이루어진다면 자살이 지시하고 있는 창발적(創發的)이고 역동적인 증상을 단일한 기계론이나 목적론의 도식으로 환원됨으로써 더 이상 해석할 수 없는 낭패에 이르게 된다.

19. 만약 자살자를 '자살 시도(또는 행위)의 결과로 생명이 존속(미수)되거나 마친 자'로 규정한다면, 자살의 행위나 결과를 사건으로만 제한해서 해석할 우려가 있다. 일반 심리적 부검에서는 자살 행위로 이끈 원인과 동기와 배경(상황, 환경), 의도가 무엇인가 하는 점이 중요한 요소로 본다. 그러나 정작 더 중요한 것은 동기와 배경(환경), 의도가 어떤 구조 속에서 생성되었고, 또 그 구조가 바뀌지 않는 한 또 다른 자살자를 만들 수밖에 없는 구조라고 한다면, 그 구조에서 벗어나게 하는 것이 무엇인가를 파악하고 착수하는 것이 자살 연구의 핵심이 될 것이다.

20. 더 본질적인 것은, 자살 징후를 지닌 내담자에 대해 상담자는 어떻게 그가 자신의 문제를 억압적 구조에서 빚어진 피투성(수동적 객체)의 존재에서 능동적 주체로 바라보고 해결할 수 있는지를 그와 함께 그

문제를 바라보고 그의 언어와 관점으로 해석하는 것이 중요하다. 더불어 자살자의 정의를 결과주의적 완료형으로서의 자살자로 규정할 것이 아니라, 동기와 의도를 가지고 시도(미수)한 자도 자살자의 범주에 넣어 문제를 바라보는 것이 자살 연구에 본질적인 접근이 될 것이다. 더구나 죽음이 신체 생물학적인 종식이 아닌 은유적 표현(예, 자아의 죽음, 정신적 죽음, 관계적 죽음, 종교적 죽음, 사회적 죽음 등)으로서의 자살론으로 구성된다면, 우리는 모두 자살자가 될 수 있다. 살아가는 모든 사람이 자살의 가능성이 있는 자로 범주화한다면 자살 예방의 방법론은 더욱 다양해질 것이고 자살환경 또한 덜어지기에 궁극적으로 자살률은 줄어들 것으로 본다. 그런 의미에서 **사회·문화·정치·경제·종교·예술영역의 억압적 구조에서 빚어진 증상이 곧 자살로 연계되는 간극(사이, 경계)임을 확인한다면** 자살론은 훨씬 더 실증적인 연구가 될 것이다.

21. 이런 점에서 볼 때, 자살, 죽음의 문제를 한 개체성의 고유한 문제나 자율성으로 보기보다는 사회구조적 차원과 형식에서 비롯되는 현상(증상)으로 볼 수 있어야 한다. 자살이 갑작스레 현대사회에서 나타나는 현상이 아니라, 이전의 전통사회에서도 여전히 그대로 있었지만, 유독 현대사회에서 자살을 수면 위로 드러내어 담론을 형성해 온 것은, 자살을 바라보고 해석한 주체들의 이해 담론에서 비롯된 것이기도 하다. 이전 전통사회에서도 암은 여러 형태로 그대로 있었다. 그러나 유독 현대사회에서 암을 바라보고 해석하고 치료하고자 하는 다양한 약물과 도구 방법이 다양하게 증식 생산되는 이유는 암이 다양하게 변주되고 진화 발달하여 여러 치료기법이 나타난 것이 아니다. 그것은 암

을 실체로 다루고자 하는 인간의 인식과 과학기술의 발전, 그리고 건강보험료나 공리주의적 의료 관리 구조의 행정 시스템 자체가 **암을 발명해서** 암의 메커니즘 기전을 규정하고 이를 사람에게 덧씌워 암을 치료하는 것과 같다고 할 수 있다. 그러나 암이나 자살은 어떤 언어로 규정할 수 있는 '실체'가 아니라, 우리 사회 시스템이 요청한(또 다른 변주로 만들어진) 욕망의 한 형태일 뿐이다. 암이나 자살을 통해서는 인간의 욕망이 어디가 끝인지 알 수 없다. 제어되지 않는 브레이크의 오작동처럼 계속 증식될 것으로 보인다. 암과 자살은 실체가 아닌, 인간의 욕망이 은폐된 형식으로 나타난 위장(가면)된 증상이기 때문이다. 이는 현대 소비자본주의가 낳은 자기 긍정성의 과잉과 과도한 성과로 인한 영혼의 경색이라는 또 다른 형태의 억압적 구조에서 비롯된 것이다. 따라서 똑같은 현상이나 증상이 다른 구조에 놓이게 되면 그 구조에 맞는 증상의 언어가 도래한다. 자살 예방을 아무리 목청껏 소리쳐 강조한들, 자살을 만들어 내는 틀, 구조가 바뀌지 않는 한, 자살의 질주는 멈추지 않는다. 따라서 우리는 기존의 구조를 분석, 요해(了解), 해체함으로써 주체가 그만의 새로운 방식으로 구조를 세울 수 있도록 해야 한다(**예수는 새로운 성전을 위해 기존의 예루살렘을 허물 것을 종용했다**).

22. 그렇다면 자살의 증상을 어떻게 치료해야 할까? 증상은 본래적 자기로 돌아가고자 하는 은유이다. 증상은 실체가 아니라, 증상을 가능하게 한 근본적인 원인과 실체를 탐색하는 매개일 뿐이다. 증상은 가면을 쓰고 우리에게 진실을 말한다. 그런 의미에서 증상은 은유이며 자살 또한 은유이다. 암이나 '자살' 그 자체를 실체로 규정하는 한 우리는 자살을 예방할 수 없을 뿐만 아니라, 자살이 의미하는 본질에 접근할 수

없다. 프로이트의 말을 빌리면 증상은 무의식적 억압의 구조에서 나타난다. 프로이트에게 있어서 **증상의 치료는 무의식적 사물 표상을 전의식적 단어표상으로 대체(바꿈)함으로써 '그'가 말하고자 하는 것을 의미화 하는데 있다.**[326)]

23. 집필자는 지금 자살의 정당성을 주장하고자 하는 것이 아니다. 타자의 기표적(억압적) 구조로부터 진정한 주체로의 귀의, 그것만이 자살을 방지할 수 있고, 자살을 넘어 인간의 가능성을 실천할 수 있음을 강조하는 것이다. 그 첫 단계로 과연 우리 존재는 **'그가 되어 줄 수 있는가?'**의 문제이다. '그가 되어 줄 수 있는가?'이라는 말은 **자살자를 존재(있는 그대로)로 바라볼 수 있는가**의 의미이다. 이 문제는 모든 심리상담사나 정신분석가나 싸나톨로지스트를 찾아온 자살자를 어떻게 바라보고, 어떤 관계로 유지해야 하며, 어떻게 문제를 해결해야 하는 것과 관계가 있다. 우리의 언어와 바라봄 그리고 우리의 인식은 비극적인 자살자를 만들어 내는 또 하나의 환경이 되고 있지는 않은가? 우리의 언어가, 우리의 바라봄이, 우리의 인식이 자살자가 의연한 존재로 전회하도록 할 수 있는 방법은 무엇일까? 그것은 **우리가 곧 그의 존재가 되어 주는 것**이다. 그리하면 그도 우리의 존재가 된다. 그와 우리가 서로에게 존재가 되어 주는 공동 연합만이 자살을 막는 유일한 길이다(**신은 우리의 존재가 되어 주기 위해 그 스스로 죄인이 되었다. 신은 단지 병든 세상에만 겨우 발을 들여놓을 수 있었다**).

---

326) 자살은 우연적이고 돌연적인 사건이나 사고에 의해 죽임을 당하는 주체의 부재와 달리 자살을 결정하고 감행하는 주체가 전제된다는 의미에서 덜 비극적일 수 있다. 이는 맹자가 말한 소체와 대체의 관계로 비유될 수 있다.

24. 문제 해결은 외부에 있는 것이 아니라, 자살자를 '어떻게 바라볼 것인가?'가 문제 해결의 출발이 된다. 따라서 모든 상담에는 전이가 반드시 동반되어야 한다. 전이는 자신의 존재를 발견하는 지점으로 가고자 하는 첫 번째 단계이다. 전이는 자살자의 존재를 위해서만 사용되어야 한다. 그리고 분석가는 내담자가 끊임없이 말하게 함으로써, 그 안에 있는 실재의 공백, 균열(결여)을 찾아내어 그 공백을 봉합(의미화)할 수 있도록 해야 한다. 그것은 다른 관점으로의 전이(인식변화)가 일어날 수 있도록 해야 하는 것과 같다. 그리고 그 전이는 내담자가 더 이상 타자의 억압적 구조에서 압살당한 객체가 아니라, 자신이 자신일 수 있는 주체로 전이되어야 한다. 그러기 위해서는 내담자가 말(파롤)을 해야 한다.

25. **말을 한다는 것, 그것은 '무의식적 이미지(환상)에 빠진 자신을 소외시켜 그 이미지가 결국 자신이 만들어 낸 허구(표상)임을 자각함으로써 자살환경에서 벗어날 수 있도록 하는 일'이다.** 게슈탈트의 형태이론과 인지 이론은 후설의 지향성 이론과 사후성을 기반으로 체화된 몸의 안정성과 균형으로 탄생한 것이다. 따라서 자살자의 자살 결정의 환경에서 벗어날 수 있는 것은 자기 동일시의 전경으로부터 객관 대상화(거리화)인 배경으로의 전환에 달려있다.

26. 우리는 자신의 감정 상태가 어떤지 말로 표현해 봄으로써(정서의 재처리, 또는 감정의 재구성) 새로운 의미와 통제감을 획득한다. 우리의 뇌는 말을 함으로써 감정을 수정한다. 친구에게 "외톨이가 된 기분이야."라고 말할 때에 그 말에는 이미 "나는 너에게 인정받고 싶어, 너와

함께 있고 싶다."라는 것을 인지할 수 있는 능력이 있다는 뜻이다. 말은 자신의 감정을 관찰하는 힘이다. 즉 감정에 내러티브가 부여되면서 감정으로부터 자신을 분리하고 강한 자기감이 촉진된다. 정서를 언어적으로 내러티브화하면서 자신이 느끼는 감정이 어떤 것인지 알게 되고 감정을 볼 수 있는 새로운 위치와 관점이 만들어진다. '내'가 '이것'을 느낀다고 말할 때, 이것은 나로부터 분리되어 존재한다. 그리고 이때 자신을 감정의 수동적인 희생자가 아닌 책임지는 '주체'로, 즉 응집력 있는 자기(coherent self)로 경험하게 된다. 감정과 자기 간의 관계가 확립됨으로써 응집력과 주체성이 확보된다. 감정적인 외상 경험을 이야기하면서 이전에는 말로 분명하게 표현할 수 없었던 경험에 이제 의미가 부여된다. 외상적인 기억을 안전한 환경에서 활성화하고 이야기함으로써 통제력을 회복하고 희생자가 아닌 주체가 되어가는 것이다.

27. 자살을 생각해 본 적이 있는가? 당신이 알거나 아끼는 누군가가 자살에 관한 생각을 당신에게 말한 적이 있는가? 당신이 그런 생각을 가지도록 한 것은 삶의 어떤 일 때문이며, 당신(혹은 다른 사람이) 그 지점을 통과하도록 도와준 것은 무엇이었는가? 그런 생각이 있는 사람이 그 지점을 통과하도록 도와주기 위해 당신(혹은 다른 사람)은 무엇을 할 수 있을까? 자살로 죽은 사람을 알고 있는가? 그런 행위에 대한 당신의 반응은 무엇인가? 그런 행위에 대한 다른 사람의 반응은 어떨 것인지 생각해 보라. 이런 반응은 비탄과 애도의 방식과 어떤 점에서 같으며, 어떤 점에서 다른가?

실천 1
자살-개별성(individuality)과 당혹(perplexity)[327]

<내용 요약>

자살은 인간 삶의 의미와 가치를 도전하는 복잡하고 개인적인 행동으로, 그 동기와 의도는 이해하기 어려운 미스터리로 남아있다. 자살 행위는 심리적, 생리적, 사회적 요인들이 결합하여 발생하며, 이를 설명하는 여러 이론이 있다. 자살에 대한 심리학적 설명은 프로이트의 이론, 인지적 접근법, 학습된 행동으로 나누어지며, 특히 정신질환이 중요한 역할을 한다. 생물학적 관점에서는 세로토닌과 같은 뇌 화학적 요소가 자살에 영향을 미친다고 제시되지만, 그 관계는 명확하지 않다. 사회학적으로는 뒤르켐이 자살을 개인과 사회의 관계에서 발생하는 결과로 보았고, 자살의 유형으로 이기적, 이타적, 아노미적 자살을 구분했다. 자살의 동기와 원인은 복잡하고 다면적이어서, 이를 이해하고 예방하기 위한 노력은 계속해서 필요하나.

<핵심어>

자살(Suicide), 심리학적 이론(Psychological Theories), 생리적 요인(Biological Factors), 사회학적 관점(Sociological Perspective)

<학습 목표>

- 자살의 다양한 원인과 그에 따른 심리적, 생리적, 사회적 요인을 이해한다.

---

[327] 이글은 *Death and Dying Life and Living*. Charles A. Corr, Clyde M. Nabe, Donna M. Corr, 7th Edition 2012, Wadsworth, Thomson Learning Publishing Co, *Children's Conceptions of Death*, in Charles A. Corr & Donna M. Corr (Eds.), Handbook of Childhood Death and Bereavement, Springer Publishing Company에 게재한 내용을 재구성해서 번역 전재하였다.

- 자살 예방을 위한 심리학적 접근법과 치료 방법을 학습한다.
- 사회적 환경이 자살에 미치는 영향을 분석하고, 예방을 위한 사회적 대응 방법을 논의한다.
- 자살을 예방하기 위한 실질적인 전략을 개발하고 적용할 수 있는 능력을 배양한다.
- 자살과 관련된 주요 이론과 연구 결과를 바탕으로 실제 사례를 분석하고 해결책을 제시한다.

<적용 실천>

- 자살 위험이 있는 사람을 식별하고, 적절한 심리적 지원을 제공할 수 있다.
- 커뮤니티에서 자살 예방 프로그램을 개발하여 지역사회 내 인식 개선과 지원 네트워크를 구축할 수 있다.
- 자살 예방 교육을 통해 다양한 사람들에게 자살의 위험 신호와 대응 방법을 교육할 수 있다.
- 자살에 대한 상담 및 치료적 접근법을 적용하여 위기 상황에서 효과적인 개입을 할 수 있다.
- 자살 예방을 위한 정책과 사회적 인프라 구축에 기여할 수 있다.

자살-개별성(individuality)과 당혹(perplexity)

I. 자살이란 무엇인가?

자살의 행위와 관련하여 다음을 다루고자 한다.

- 자살과 생명을 위협하는 행동의 의미를 명확화
- 자살 행위에 있어서 어떤 공통적인 패턴 기술
- 자살 행위를 이해하거나 설명하는 데 도움을 주는 심리학적, 생물학적, 사회학적 요소 확인
- 자살 경고 증후(warning signs for suicide)와 개인 혹은 사회단체가 자살의 가능성을 완전히 줄이거나 최소한 자살 행위를 줄이기 위한 개입에 관한 기술
- 자살의 도덕성에 대한 고려와 자살에 대한 여러 종교적 관점에 대한 간략한 요약

많은 사람에게 생을 마감하려는 의도적 행위는 당혹스러운 수수께끼다. 우선, 이러한 행위는 인간 삶의 가치를 포함한 보편적 가치에 대한 도전으로 보인다. 둘째, 자살 행위의 근저에 있는 동기나 의도는 이해하기 힘든 미스터리에 둘러싸여 있다. 그래서 자살이 발생하면 사람들은 유서나 설명, 그 행위와 관련된 모호한 이유를 찾으려 애쓴다. 하지만 자살과 생명을 위협하는 행동의 개별성과 복잡성을 단 하나의 설명이나 의미로 유형화할 수는 없다. 제미슨(Jamison)은 이렇게 말한다. "자살하는 각자의 방식이 있다. 그것은 지극히 개인적이며, 알 수 없고, 끔찍한 것이다. 자살은 자살하는 사람들에게 있어 최악의 가능성

중 최종적이며 최선이고, 이런 삶의 마지막 영역을 그려내려는 어떤 시도도 스케치에 불과하며, 절망적으로 불완전한 것이다." 그것은 모든 일 중에서 가장 유혹적인 것일 수 있다.

사람은 자신을 죽임으로써 죽을 수 있다. 인간은 죽음을 유발하기 위해 무언가를 하거나, 죽음을 막으려는 어떤 일을 하지 않기도 한다. 이때 다른 사람은 죽음을 일으키는 행위에 관여하지 않는다. 헤밍웨이(E. Hemingway)와 실비아 플라스(Silvia Plath)의 죽음이 이러한 예다.[328] 그들의 죽음에는 다른 어떤 사람도 존재하지 않았고, 죽음을 유발하기 위한 행위를 하지도 않았다. 이것이 자살의 의미를 구성하는 한 부분이다. 인간은 스스로 죽음을 유발하기 위한 행위를 한다. 하지만 이것만으로는 어떤 죽음을 자살로 규정하기에 충분하지 않다. 어떤 사람은 우연히 죽음을 유발하는 행위에 관여할 수도 있다. 예를 들어, 낙하산이 펴지지 않은 스카이다이버는 죽음을 유발하는 행위에 관여하지만, 그런 죽음은 자살이 아니다. 여기서 결여된 것은 죽으려는 의도(intention)다. 따라서 죽음이 자살이 되려면 그런 행위를 수행하는 사람은 그 행위가 죽음이라는 결과를 낳으려는 의도를 가져야만 한다.

---

328) 헤밍웨이는 노인이 되면서 늙어 약해지는 자신을 싫어하게 되었다. 그는 자신에게 헌신적이었던 아내가 자게 놔둔 채 엽총을 입에 물고 쏴 자살했다. 또한 작품이 지지부진한 점을 고민했던 것도 자살 원인으로 꼽힌다. 죽기 전 몇 달 동안 글을 쓰다가 맘에 들지 않아 계속 찢고 쓰던 걸 던졌으며, 술을 마시며 괴로워했다. 헤밍웨이의 자살은 피할 수 없는 자살의 한 사례로 소개되고 있다. 그를 포함해서 그의 가족 중 5명이 자살로 생을 마감하였다. (아버지, 형, 누나, 손녀, 본인) 또한 시인 실비아 플라스는 남편의 외도로 인한 스트레스에 추위, 독감과 생계 문제까지 겹쳐 극도의 우울증에 시달리던 중 결국 1963년 2월 11일 가스 오븐에 머리를 집어넣어 자살했다. 이때 아이들이 자는 방으로는 가스가 스며들지 않도록 테이프로 치밀하게 막아두었고, 집주인에겐 의사를 불러달라는 노트를 남겨두었으며, 자살 시각을 오 페어(Au Pair)가 오기로 한 시각에 맞춘 것으로 보아 정말로 목숨을 끊을 의도는 없었던 것으로 추정되기도 하나 알 수 없다.

그러나 타인은 물론 자신의 의도조차 판단하기가 쉽지 않으며, 자살 행위는 종종 부분적으로 모호하고 양가적인 성격을 띤다. 자살 행위에 관여하는 사람들의 의도는 다양하다. 자살의 의도는 보복(자살 테러와 같이), 주의 환기, 고통의 종식, 또는 이러한 의도들의 복합적 조합을 포함한다.

이러한 의도의 모호함으로 인해, 특정 상황을 자살로 볼 것인지는 항상 불분명하다. 실비아 플라스의 죽음과 알바레스의 "이번에는 그녀가 죽으려 하지 않았다."라는 언급에서 이런 점을 확인할 수 있다. 당뇨 경고를 받고 식생활 주의를 요구받은 사람이 이를 지키지 않아 당뇨성 혼수로 사망했다면, 이는 의도적인 죽음일까? 도로 사정이 좋은 맑은 날에 과속으로 달리다가 제동 흔적도 없이 교량과 충돌해 사망했다면 어떨까? 생을 마감하려는 행위를 무의식적으로 할 수 있을까? (무의식적 의도라는 것이 과연 존재하는가?) 자살학자(suicidologist)들은 이런 문제를 고민하지만, 그 답들은 일치하지 않는다.

특정 행위가 자살인지에 대한 불확실성은 이 주제를 연구하는 이들에게 중요한 함의를 지닌다. 예를 들어, 이러한 불확실성 때문에 자살로 분류되지 않는 행위는 사회적으로 중요한 의미를 갖게 된다. 결과적으로 자살 사망자 관련 통계는 부정확해진다.

자살 통계가 부정확해지는 다른 이유도 있다. 예컨대, 고인과 유족을 배려하고 죄책감과 사회적 낙인으로부터 가족을 보호하기 위해 관련자들은 어떤 죽음을 자살로 명명하기를 꺼린다. 가족과 복지 관련자들은 죽음에 자살이라는 표식을 다는 것을 거부한다. 이러한 이유로 실제 자살 수는 기록된 수치의 최소 두 배에 달할 수 있다. 만약 그렇다면, 개인의 삶과 사회에 미치는 자살의 영향은 심각하게 과소평가 될 수 있다.

더욱이 자살 의도를 파악하기 어렵다는 점은 자살 행위에 직면하더라도 이를 인지하지 못하게 만든다. 어떤 이의 의도가 자살이라고 믿지 않고, 그런 의도를 표현하지도 부인하지도 않는다면, 그 사람에 관한 관심이 줄어들 것이다. 이때 생명을 위협하는 행위는 단순히 '도움을 청하는 외침'으로 치부된다. 하지만 최소한 실비아 플라스의 사례는 생명을 위협하는 행위가 도움을 요청하는 절실한 방식이며, 단순한 도움의 외침일지라도 예측 가능성이나 의도 여부와 관계없이 치명적 결과를 초래할 수 있음을 보여준다. 따라서 자살과 생명을 위협하는 행위에 대한 명확한 이해를 갖고, 그런 행위의 일반적 양상에 익숙해지는 것이 중요하다.

II. 자살 행위에 대한 이해와 설명의 노력

앞서 제시했듯이, 자살 행위는 그 영향을 받은 사람들에게 강력한 절박감을 일으켜 그 이유를- 이러한 불안한 행위의 동기와 이해 방식 - 찾게 만든다. 이유를 발견하려는 이런 압박감은 이해할 만하지만, 이에 대한 명확한 대응 방법은 없다.

예를 들어, 테러리스트들이 세계무역센터를 향해 비행기를 돌진하거나 폭탄 테러로 자살할 때, 많은 사람이 그들의 행동 이유를 알고자 한다. 처음에는 이러한 자기 파괴적 자살 행위가 왜곡된 광신적 종교 신념에서 비롯된 것처럼 보인다. 하지만 이는 그런 행위를 한 사람에 대한 적절한 설명이 될 수 없다. 텔아비브대학의 정치적 폭력 연구 센터를 이끌며 테러를 광범위하게 연구한 메라리(A. Merari)에 따르면, 왜곡되고 광신적인 신념을 가지고 있으면서도 그런 행위에 가담하지 않는 많은 종교인이 있다.

메라리는 그런 행위의 다른 이유를 발견했다. 첫째, 그는 이런 행위가 종교적 신념에만 국한되지 않는다는 점을 밝혀냈다. 예를 들어, 제2차 세계대전 당시 일본 조종사들의 자살 행위는 9·11 사건과 유사성을 보인다. 둘째, 메라리는 이들이 공통으로 그런 행위를 부추기는 조직에 소속되어 있다는 점을 발견했다. 특히 그는 자살과 살해 행위에 가담하는 구성원들의 집단이 다음 세 가지 특징을 지닌다고 주장한다. ① 양가성(ambivalence)을 극복하고 그런 행위를 위한 동기를 만들어 낸다. ② 임무에 집착하게 만드는 압박을 가한다. ③ 그런 행위를 수행하기 위한 해당인의 직접적 헌신을 얻어낸다. 마지막 요소는 '살아있는 순교자(living martyr)'로서 집단 앞에서 자신을 확인하고(현재까지 이런 행위는 주로 남성이 수행한다), 예를 들어 그러한 정체성을 자처하는 편지를 가족에게 보냄으로써 자신의 정체성을 확인한다. 이런 역할을 수용한다는 공개 선언을 하면 되돌리기가 어려워진다.

이러한 설명이 적절한지와 관계없이, 이는 자살에 대한 단일한 설명을 제시하는 것의 어려움과 복잡성을 보여준다. 아마도 이것이 자살을 이해하는 데 도움을 주는 일반적인 세 가지 설명과 그 하위 유형이 존재하는 이유일 것이다.

III. 자살에 대한 심리학적 설명

　자살에 대한 심리학적 설명은 주요한 세 가지 형태를 취한다. 첫 번째는 프로이트의 정신분석학적 이론에 기초한다. 프로이트는 자살이 살인과 정반대라고 주장하며, 자살이 욕구 대상의 상실과 관련된다고 제안했다. 심리적으로 위험에 처한 사람은 상실된 사람과 자신을 동일시하려 한다. 상실된 애정의 대상에 대해 분노를 느끼고 그들을 처벌하고 싶어 하지만, 그 사람은 자신을 애정의 대상과 동일시하기 때문에 그 분노와 처벌의 욕구가 자살로 향하게 된다. 자기 파괴적 행위는 이러한 결과로 나타난다.

　두 번째 심리학적 접근은 그 문제를 본질적으로 인지적인 것으로 본다. 이런 관점에서는 병리적 우울(자살은 우울과 긴밀한 상관관계를 가진다)이 특히 무력감(helplessness)과 결합할 때 중요한 요인이 된다고 한다. 여기서 핵심은 부정적 평가(negative evaluation)가 자살하는 사람의 세계관을 지배한다는 점이다. 미래, 자신, 현재 상황, 그리고 그들이 인식하는 제한된 선택지 등 모든 것이 바람직하지 못한 것으로 보인다. 이러한 가치 평가와 함께 손상된 사고(impaired thinking)가 나타난다. 이런 사고는 "종종 자동적이고, 비의지적이며, 수많은 가능한 실수로 특징지어지고, 어떤 것은 왜곡이 심해지기도 한다." 이러한 사물을 보는 방식은 '경찰관에 의한 자살(suicide by cop)', 즉 경찰관을 자극하여 죽음에 이르게 하는 행위를 이해하는 데 도움을 준다.

　세 번째 심리적 이론은 자살 행위가 학습된다고 주장한다. 이 이론은 자살하는 사람이 어릴 때 적대감을 밖으로 표출하지 않고 자신을 향하게 하는 법을 학습했다고 본다. 또한 우울은 중요한 요소로서, 개인행동 환경으로부터의 부정적 강화의 결과로 지목된다. 이러한 우울은 (이와 연관된 자살 혹은 생명을 위협하는 행위와 함께) 긍정적 강화의 결과, 즉 주변 사람들의 영향을 받은 것으로도 볼 수 있다. 이 이론은 자살하는 사람이 덜 사회화되었으며, 삶과 죽음에 대한 문화적 평가를 제대로 학습하지 못한 사람들로 간주된다.

제미슨은 심리적 질환이 '자살의 가장 공통적 요소'라고 주장한다. 특히 그녀는 '기분장애(mood disorder), 정신 분열, 경계성 반사회적 인격장애, 알코올중독, 약물 남용' 간의 관련성에 주목한다. 그녀는 이러한 정신질환이 자살을 설명하는 데 있어 하나의 (혹은 유일한) 중요한 역할을 한다고 믿는다. 또한 유전적, 뇌 화학적 비정상성과 이와 연관된 정신질환 요소들을 설명한다. 자살은 복잡한 행위이므로, 복합적인 원인에서 비롯되는 것으로 보는 것이 가장 타당할 것이다.

IV. 자살에 대한 생물학적 설명

일부 연구자들은 자살 행위에 대한 생물학적 설명의 가능성을 탐구한다. 이는 주로 신경 화학적 또는 유전적 요소와 연관된 생물학적 설명에 초점을 맞춘다. 일부 이론가들은 자살 행위가 세로토닌 숫자의 감소와 같은 뇌의 특정 화학적 성분 수준의 장애와 관련이 있다고 본다. 그러나 이러한 연구들은 이런 감소가 우울, 자살, 또는 적대감의 폭력적, 내적·외적 표현 중 어느 것과 관련이 있는지 명확히 밝히지 못하고 있다.

다른 연구들은 자살 행위에 어떤 선천적 소인(predisposition)이 내재해 있다고 제안한다. 예를 들어 덴마크에 입양된 아이들에 관한 연구는 '정동 장애(affective disorder)'로 진단받은 아이들의 생물학적 가족관계를 보여준다. '정동 장애'의 징후를 보이며 자살한 많은 사람에게서 통제집단에 비해 같은 징후와 행위를 보이는 친척들이 더 많이 발견되었다. 그러나 이런 연구만으로는 무엇이 내재하여 있는지 확실히 알 수 없다. 아마도 내재한 요소는 자살 행위 자체보다는 충동적 행위를 통제하지 못하는 성향일 것이다.

따라서 생물학적 요소가 자살과 어떤 명확한 관련성을 가지는지는 아직 충분히 입증되지 않았다. 그런데도 자살에 관한 생물학적 연구는 궁극적으로 자살 행위에 기여하는 요인들에 대한 기존 지식을 보완하는 유익한 정보를 제공할 것이다.

V. 자살에 대한 사회학적 설명

자살에 대한 설명을 제공하려는 오래되고 잘 알려진 시도는 프랑스의 사회학자인 뒤르켐(E. Durkheim)의 과업에 기원하고 있다. 그 연구는 19세기 말의 프랑스에서 출판되었다. 뒤르켐은 어떤 심리학적 조건 자체(by itself)로는 자살 행위를 만들어 낼 수 없다고 주장한다. 그 대신, 그는 개인들이 사회와의 관계 속에서 통합되거나 규제된 방식을 특별히 강조하면서, 자살은 개인이 사회와 맺는 관련의 결과로써 이해될 수 있다고 생각했다. 뒤르켐의 분석은 비판받기는 했지만, 그의 책은 자살에 대한 문헌 중에 고전으로 남아있다. 그는 자살 행위가 쉽게 나타날 수 있는 개인과 사회 사이 관계의 세 가지 주요 종류를 확인하였다. 그는 자살의 네 번째 기본 유형에 대해서는 간단히 언급하기도 했다.

이기적 자살(Egoistic Suicide)은 고립된 개인들과 관련된 자살이다. 자살의 위험성은 개인에게(특히 삶의 의미에 있어) 어떤 통합(integration)을 제공하는 사회적 관계가 존재하게 될 때 줄어든다. 그런 통합이 부재하고, 그 힘이 상실되거나 사라졌을 때(특히 갑작스럽게), 자살이 일어날 가능성은 훨씬 커진다.

뒤르켐은 이런 테제를 세 가지 종류의 '사회', 즉 종교 사회, 가정 사회, 정치 사회의 경우에서 논의하였다. 종교 사회(religious society)는 많은 방식으로, 예를 들면, 통일되고 강력한 믿음을 통한 방식으로 구성원들에게 통합을 부여할 수 있다. 가정 사회(domestic society)는 (예를 들면, 결혼) 개인에게 공통된 '감정과 기억'을 제공해서, 일종의 의미 지도 속에서 그것을 위치시킴으로써 자살 행위를 줄어들게 하는 경향이 있는 요소처럼 보인다. 또한 정치 사회(political society)는 개인이 사회적 통합을 성취하는 데 도움을 주는 또 다른 수단일 수 있다. 이런 사회(종교적, 가정적, 정치적) 중 어떤 것이라도 효율적으로 개인이 삶의 이유를 발견하는 데 도움을 주지 못하거나, 사회가 분해되어 그 힘을 상실하게 될 때, 개인은 그 자신으로 후퇴하고, 그것들이 자신의 필요에 적합하지 않다는 것을 알게 되면서, 자살이나 생명을 위협하는 행위의 위험성이 커진다.

요약하자면, 뒤르켐의 테제는 개인이 사회 속에서 개인의 위치를 발견하는 데 도움을 받지 못하는 상황에 부닥쳐 있음을 경험하게 될 때, 자살 행위라는 결과로 나타날 수 있다는 것이다. 따라서 이기적 자살은 사회의 미흡한-개입(under-involvement) 혹은 미흡한-통합(underintegration)에 의존한다.

이타적 자살(Altruistic Suicide)은 사회와 관련된 두 번째 형식이다. 즉 사회에 대한 개인의 과도한-개입(over-involvement) 혹은 과도한-통합(over-integration)에 기인한 것이다. 이런 상황에서는 개인과 사회적 그룹 사이의 통합을 생산하는 유대가 너무 강해서 이타적 자살, 즉 그 그룹을 위해 수행되는 자살이 일어나게 된다. 개인의 정체성은 단체의 복리와 동일시될 수 있고, 개인은 외부로부터 자기 삶의 의미를 발견할 수 있다. 예를 들면, 어떤 강력하게 결합한 사회에서는 자살이 의무로서 간주할 수 있는 맥락이 있다. 다른 말로 하면, 단체의 복리로 여겨지는 것을 위해서 개인적 삶을 종속시키는 일이 요구될 수 있다.

뒤르켐은 과도한 통합이나 개입과 관련되어 자살을 유발하는 여러 예들을 다양한 역사적 문화 속에서 발견하여 열거하였다. 나이 들거나 아픈 사람(에스키모처럼)인 남편이 죽은 여성(영국인들이 들어가기 전 수티(suttee)의 풍습)의 예, 사회적 지도자들의 노예들(많은 고대 사회)의 예, 시민적이거나 종교적 의미를 이행하는 데 실패한 예, 그 자신과 가족 혹은 사회에 수치심을 안긴 사람 등의 사례가 있다. 예를 들어 일본 사회에서 사무라이 전사는 할복자살이라는 의식을 행한다. 또한 가이아나 조지타운의 인민사원(People's Temple) 사건과 캘리포니아 천국의 문(Heaven's gate) 사건처럼 종교적 의식(cults)에 참여한 미국인들이 이타적 자살을하기도 했다. 종교적인 설명이 9.11 사건이나 그 후의 비슷한 사건을 설명하는 데 부분적으로 적용되기도 했다.

아노미적 자살(Anomic Suicide)은 사회에 대한 개인의 통합을 통해서가 아니라, 사회가 개인을 규제하는(regulate) 방식에 의해서 자살의 세 번째 형태인 아노미적 자살을 기술하였다. 모든 인간은 그들의 욕망(물적 재화, 성적 행위 등등)을 규제할 필요가 있다. 그런 규제에 있어 사회가 개인들을 도와주는 정도에서, 사회는 그런 욕망을 통제하에 둔다. 사회가 개인들의 욕망을 규제하는 데 있어 그 구성원들에게 도움을 줄 수 없거나, 그렇게 하려고 하지 않을 때 -예를 들면, 사회가 급속하게 변화하거나, 그 규범이 유동적이기 때문에- 그 결과로써 아노미(anomie)한 상황이 있게 된다(아노미라는 단어는 그리스어의 anomia= a(without) + nomoi (laws or norms)에서 온 것이고, '무법' 혹은 '무규범'을 의미한다).

아노미는 개인이 갑작스럽게 혼란스럽거나 참을 수 없는 상황에 들어가게 될 때 자살을 쉽게 일으키게 한다. 현대 미국 사회에서 이런 자살의 예는, 동료 그룹으로부터 예기치 못하게 거부당한 청소년들, 파산하여 경제적, 사회적 힘이 통제 불가능하게 됨으로써, 삶의 가능성과 방식을 상실한 농부들, 전문적인 과업을 개발해 오며, 수년간 고용주를 위해 투신하였지만, 갑작스럽게 일자리를 잃고 경제적으로 갈 곳을 잃은 중년 고용인들이 있다. 그런 사람들에게는 미흡-규제(under-regulation) 혹은 통제의 갑작스러운 철회는 그들 삶을 인도하는(익숙한) 원칙의 부재로 인해 참을 수 없는 것이 된다.

운명적 자살(Fatalistic Suicide)은 아노미적 자살의 반대로써 기술된다. 운명적 자살은 사회의 개인에 대한 '과도한 개입'으로부터 (예를 들면, 죄수나 노예가 되는 경우) 나온다. 이것은 '가차 없이 차단된 미래와 억압적 규율에 따라 질식된 열정을 가진 사람'이 처한 환경이다. 뒤르켐은 이런 유형의 자살이 그 자신의 사회에 공통적인 것으로 생각하지는 않았지만, 개인이 과도하게 통제적인(over-controlling) 사회적 맥락에서 탈피하게 만드는 사회적 힘을 설명하는 데 유용할 수 있다.

VI. 자살: 많은 결정요인과 의미 수준을 가진 행위

자살 행위가 그런 행위에 개입하는 사람들의 심리학적 연구에 의해서만 이해될 수 없다는 뒤르켐의 주장과 유사하게, 메닝거(K.A. Menninger)는 "자살은 매우 복잡한 행위이며, 논리적이든지 설명할 수 없든지 간에, 단순하거나, 우연적이거나 고립된 충동 행위가 아니다."라고 썼다. 이 두 이론가는 완성된 자살(completed suicide)은 하나가 아니라 많은 원인의 결과로써 간주하였다.

자살 행위의 복잡성을 고려하는 공통적인 방법은 그것을 불운(haplessness), 무력(helplessness), 절망(hopelessness)의 세 요소로 간주하는 것이다. 슈나이드만은 세 개의 주요 요소와 촉발 과정(triggering process)에 의해서 자살을 유도하는 요소를 고려함으로써, 이런 이해를 더욱 복잡하고 정확한 설명으로 이끌었다. ① 반목(inimicality), 즉 최선의 이해에 반해서 행동하는 불안정한 삶의 패턴. ② 동요(perturbation), 즉 삶 속에서 증가하는 심리적 불안정성. ③ 위축(constriction), 즉 협소한 비전(tunnel vision), 이분법적 사고(either/or thinking), 그리고 마음에 일어날 수 있는 인식, 견해, 선택 범위의 협소화를 의미한다. ④ 중단(cessation)에 관한 생각, 즉 참을 수 없는 불안정성과 고립감을 끝내고, 그것으로부터 빠져나옴으로써 해결하려는 생각.

자살의 이런 성격은 자살 행위의 이해에 대한 탐구에 있어 중요한 결론으로 이어질 수 있다. 우리가 주목하였듯이, 자살 행위의 연구자들과 사별한 가족 사이에는 자살의 특정한 이유를 발견하려는 본성적인 충동이 있다. 이런 필요는 많은 사람이 일어난 일을 설명할 수 있기를 바라는 마음으로 자살 쪽지를 발견하고자 하는 노력 속에 나타난다. 하지만 언제나 단일한 이유란 없다. 자살은 많은 결정요인과 의미 수준을 가진 행위이다. 자살은 많은 종류의 원인의 맥락으로부터 나오지만, 그중에서 생물학적, 심리학적, 사회적 요인들이 두드러진다. 자살 쪽지에 대한 전문가는 "자살하기 위해서는, 의미 있는 자살 쪽지를 쓸 수 없을 것이다. 반대로 의미 있는 쪽지를 쓸 수 있다면, 그 사람은 자살하지 않을 것이다."라고 쓰고 있다.

VII. 자살의 여파

죽으려는 사람 혹은 그 자신의 생명을 위험으로 밀어 넣는 사람들에 더해서, 자살 행위는 항상 다른 사람에게 영향을 미친다. 1970년 이후 상담사, 치료사, 자살 방지 혹은 사별 자조 그룹의 구성원들과 꾸준한 소통으로 만들어진 문헌들의 보고에 따르면, 자살로 죽은 사람들과 관련된 사람들은 거의 항상 그 죽음을 감당하는 데 있어 힘겨운 시간을 보낸다. 자살의 여파는 분노와 슬픔, 죄책감과 신체적 불만, 그리고 모든 상실과 사별에서 발견되는 비탄의 다른 차원들에 대한 경험이 강화된다. 린드만(E. Lindermann)은 다음과 같이 쓰고 있다. "자살한 사람과 관련된 사람들은 그 슬픔에 처박혀 있어서, 차가운 고독감의 상태

속에서 수년을 보내고, 다른 사람들에게 친밀감을 느끼지 못한 채 항상 그들이 분리되어 불운의 위협 하에 있다는 느낌이 든다."

버렛과 스콧(T.W. Barrett & T.B. Scott)은 자살 생존자들(다른 사람의 자살을 겪은 사람들)이 최소한 다른 생존자들에 비해서 더 많은 유형의 문제를 가진다고 지적했다. 그것은 비난(다른 사람에 대한 혹은 자신에 대한)과 죄책(비난에 대한 반응으로서), 고인에 의해서 거부되었다는 느낌 등이다. 특히 왜 그 사람이 삶을 끝냈을까? 에 대한 설명을 찾는 일이 애도하는 사람들의 삶에서 중요한 역할을 수행한다.

콜만(R.A. Coleman)은 자살 생존자(다른 사람의 자살을 겪은 사람)의 애도 과정에서 가족의 역할에 관해 연구하였다. 그들은 '치유 유대(healing alliance)'를 형성할 수 있는 가족들이 자살의 여파에 더 잘 대처하는 반면, 그런 유대를 만들어 낼 수 없는 가족들은 비탄의 과정을 더욱 어려운 것으로 만든다는 사실을 발견하였다. 치유의 유대는 다른 가족 구성원들의 자살에 대한 반응을 살피고, 다른 가족 구성원들이 그들 스스로의 방식으로 슬퍼하도록 하는 일 등을 포함한다. 서로를 지켜봐 주며 기다리는 일(watchful waiting)은 다른 가족 구성원의 자살에 대한 두려움과 서로를 돌보는 감정적 필요로 인해 더 유발된다.

이러한 패턴은 가족 구성원들이 자살에 대해 서로 어떻게 소통하는가? 에서도 반영되어 있다. 어떤 가족들은 그것에 대해 개방적으로 이야기하는 데 반해, 다른 가족들은 서로 말하는 바를 경계한다. 어떤 가족들은 감정적으로 연약한 구성원들을 보호하기 위해 자살에 관해서 이야기하지 않기도 한다. 하지만 콜만은 가족 구성원이 자살의 책임과 비난을 다른 가족 구성원에게 돌릴 때, 서로 간의 의사소통과 상호작용에 실패하고, 가족 구성원들 간의 파탄 혹은 분열로 귀결된다는 것을 발견하였다. 이것은 애도의 과정을 복잡한 것으로 만든다.

    그러므로 애도는 사회적 지원 시스템이 필요한 과정이다. 만약 어떤 사람이 자살로 죽은 가족을 추모하고자 한다면, 그 주변에 의사소통을 잘할 수 있는 사람들이 있거나, 혹은 적어도 함부로 판단하지 않는 사람들이 있다는 것이 도움이 된다. 다른 사람의 자살을 겪은 사람들에게 미국자살협회(the American Association of Suicidology)는 자살 생존자에게 『자살 생존자 핸드북(A Handbook for Survivors of Suicidology)』을 포함하여, 많은 정보를 사용할 수 있는 웹사이트(www.suicidology.org)를 제공하고 있다.

실천 2
자살 개입(Suicide Intervention)

<내용 요약>

자살 개입은 자살을 완전히 예방하는 것이 아닌, 자살 가능성을 줄이는 것을 목표로 한다. 자살을 생각하는 사람들은 종종 자신의 의도를 표현하며, 그들의 행동에 경고 신호가 나타난다. 자살을 고려하는 사람들은 대부분 살기를 원하거나 죽음과 삶 사이에서 갈등을 겪고 있으며, 자살은 종종 짧은 기간의 위기 상태에서 발생한다. 자살 위험이 있는 사람을 돕기 위해서는 그들의 이야기를 주의 깊게 듣고, 감정에 공감하며 적극적으로 개입해야 한다. 위기 상황에서 자살 의도를 확인한 후에는 자살 수단을 제거하고, 전문적인 도움을 받도록 유도하는 것이 중요하다. 자살 개입은 훈련된 전문가들이 주도하며, 도움을 제공할 수 있는 사람들과 함께 자살을 예방하려는 노력이 필요하다.

<핵심어>

자살 예방(Suicide Prevention), 위기 개입(Crisis Intervention),
자살 의도 (Suicidal Intent), 자살 경고 신호 (Suicide Warning Signs),
감정적 지원 (Emotional Support),
자살 수단 제거 (Removal of Suicide Means),
자살 위험(Suicide Risk), 위기 상담(Crisis Counseling),
자살 시도(Suicide Attempt),
자살 방지 프로그램(Suicide Prevention Programs)

<학습 목표>

- 자살 예방과 위기 개입 기법을 이해하고 적용할 수 있다.

- 자살의 경고 신호를 식별하고, 위험한 상황을 신속하게 파악할 수 있다.
- 자살 의도를 가진 사람과 효과적으로 소통하고 지원하는 방법을 배운다.
- 자살 예방을 위한 실제적인 개입방법과 대처 전략을 습득한다.
- 자살 위험이 있는 사람에게 감정적 지원을 제공하고, 적절한 자원을 연결할 수 있다.

<적용 실천>
- 자살 위험이 있는 사람과 대화하여 의도와 계획을 파악하고, 즉각 개입할 수 있다.
- 자살의 경고 신호를 인식하고, 이를 바탕으로 위험을 감소시키기 위한 구체적인 행동을 취할 수 있다.
- 자살 위험이 있는 사람과 공감적이고 판단 없는 태도로 대화하며, 감정을 표현할 수 있도록 도울 수 있다.
- 자살 예방을 위한 구체적인 계획을 세우고, 그 사람에게 안전한 환경을 제공하며, 자살 수단을 제거할 수 있다.
- 위기 상담전문가나 관련 기관과 연계하여, 자살 위험이 있는 사람에게 필요한 도움을 지속적으로 제공할 수 있다.

자살 개입(Suicide Intervention)

이 글에서는 자살 예방(suicide prevention)에 초점을 맞춘다. 실제로 자살을 완전히 예방하는 것은 불가능하므로, 더 정확하게는 자살 가능성을 줄이는 것을 목표로 하는 개입이라고 할 수 있다. 미국 전역과 여러 나라에서 이러한 목표를 위한 효과적인 프로그램들이 시행되고 있다. 이런 프로그램들은 주로 위기 개입(crisis intervention) 기법을 활용하며, 스스로 위기에 처했다고 느끼거나 자살 성향이 있다고 인지하는 사람들의 필요를 돌본다. 수십 년간의 연구를 통해 이러한 사람들의 행동 양상과 그들을 돕는 방법, 즉 자살이나 생명을 위협하는 행위에 건설적으로 개입하는 방법에 대해 많은 것이 밝혀졌다.

우선, 자살 행위에 대한 잘못된 통념을 바로잡아야 한다. 예를 들어, 사람들은 자살하려는 이가 자신의 의도를 밝히지 않으며, 자살이 갑작스러운 충동의 결과라고 생각한다. 하지만 이러한 믿음들은 모두 잘못된 것으로 밝혀졌다.

자살을 고려하는 사람들은 대개 그 사실을 표현한다. 자살 성향이 있는 사람 중 약 80%는 가족, 친구, 권위 있는 사람(정신과 의사나 성직자), 또는 전화 상담 프로그램을 통해 자신의 계획을 알린다고 추정된다. 대부분의 자살 시도자는 실제로는 살기를 원하거나, 최소한 삶과 죽음 사이에서 고민한다. 다만 그들은 문제 해결을 위한 다른 대안을 보지 못할 뿐이다.

자살이 경고 없이 발생하는 경우는 드물다. 어떤 형태로든 징후가 나타나기 마련이며, 대부분 충분한 고려와 계획이 선행된다. 자살하는 사람은 자주 그 의도에 대한 단서를 남긴다. 이러한 단서는 언어적일 수도, 비언어적일 수도 있다. 예를 들어 소중한 물건을 나눠주거나, 식사나 수면 패턴이 바뀌거나, 심한 동요 후에 갑자기 차분해지는 모습(자살을 결심한 후의 평온함) 등이 이에 해당한다.

우울증에 빠지거나 심한 정서적 동요를 보이는 사람은 이미 자살을 고려하고 있을 수 있다. 많은 자살학자는 거의 모든 사람이 한 번 이상은 자살을 생각해 본다고 본다. 따라서 자살은 특이한 생각이 아니다. 자살이나 자살 계획에 대한 정보를 얻지 못했다면, 가장 간단한 방법은 직접 물어보는 것이다. 일단 자살 의도를 파악했다면, 다양한 형태의 개입이 가능하다. 우선, 대부분의 자살 의도가 오래 지속되지 않는다는 점에 주목해야 한다. 일차적 목표는 비교적 짧은 위기 기간을 극복할 수 있도록 돕는 것이며, 이는 모든 위기 개입 프로그램이 사용하는 전략이다.

자살 위험이 있는 사람을 돕기 위해서는 그들의 이야기를 주의 깊게 듣는 것이 중요하다. 고통 받는 사람에게 관심을 기울이고 함께 있어 주는 것이 도움의 핵심이다. 상담자는 내담자가 필요로 하는 것을 이해하기 위해 표현된 감정에 귀 기울여야 한다. 자살에 대한 언급을 경청하고, 각각의 표현이 내포하는 다양한 수준과 차원을 인식하는 것이 경청 과정의 일부이다. 대부분의 위기 상담가는 모든 자살 관련 발언을 진지하게 받아들여야 한다고 강조한다.

자살에 대한 사실과 신화	
다음과 같은 진술은 사실이 아니다.	다음과 같은 진술은 사실이다.
자살에 대해서 말하는 사람은 자살하지 않는다.	자살하는 임의의 10명 중 8명은 그들의 자살 의도에 대한 명확한 경고를 보낸다. 자살 위협과 시도에 대해 진지하게 바라보아야 한다.
자살은 경고 없이 일어난다.	연구들은 자살하는 사람이 자살 의도와 관련하여 많은 실마리와 경고를 보낸다는 것을 밝혀주고 있다. 도움을 향한 이런 외침에 깨어 있는 것이 자살을 예방하는 데 도움을 준다.
자살하는 사람은 죽음만 온전히 열중한다.	대부분 자살하는 사람은 살지 죽을지 미결정 상태에 있고, '죽음과 도박을 하면서' 다른 사람이 그를 구해줄 여지를 남긴다. 대부분 그가 느끼는 바를 다른 사람들이 모르도록 한 채 자살하는 경우는 거의 없다. 이런 '도움을 향한 외침'은 '코드(code)' 속에서 주어진다. 이런 고통의 신호는 생명을 구하는 데 사용될 수 있다.
일단 어떤 사람이 자살한다면, 그는 영원히 자살한 사람이다.	다행스럽게도, 자살하기를 원하는 사람은 단지 한정된 기간에만 '자살하려고 (suicidal)' 한다. 만약 그들이 자기-파괴로부터 구원된다면, 그들은 유익한 삶을 계속해서 진행시켜 나갈 수 있다.
자살 위기 이후의 개선된 모습은 자살의 위험이 끝났다는 것을 의미한다.	대부분의 자살은 병적인 사고와 느낌이 진행되는 '개선 기간(improvement)'이 시작된 후, 3개월 안에 일어난다. 친지들과 의사들은 이 기간에 특별히 방심해서는 안 된다.
자살은 부자들에게서 더 자주 일어나거나 혹은 가난한 사람들 사이에서 더 자주 일어난다.	자살은 부자들의 질병도, 가난한 사람들의 저주도 아니다. 자살은 매우 '보편적'이며 모든 사회 수준에서 고르게 나타난다.
자살은 유전되며, '가족들에서 대물림 된다 (runs in a family).'	자살은 가족들에서 대물림되지 않는다. 그것은 개인적인 문제고, 예방될 수 있다.

자살하는 모든 사람은 정신적으로 아픈 사람들이며, 자살은 항상 정신병 환자의 행위이다.	실제 수백 건의 자살 쪽지에 관한 연구에서 자살하는 사람들은 지극히 불행하지만, 반드시 질환이 있는 것은 아니라는 것이 지적되고 있다. 그의 압도적인 불행이 일시적인 감정적 격앙일 수도 있고, 오래된 고통스러운 질병일 수도 있다. 그리고 희망의 완전한 상실일 수도 있다. '자살은 비정상적 행위'이고 따라서 자살하는 사람이 모두 정신병자라고 말하는 것은 추론이다.

(Source: From Schneidman and Farberow, 1961, for the U. S. Government Printing Office, PHS Publication No. 852.)

자살 행위의 경고 신호(warning signs)	
I Ideation(상상)	표현을 통해 신호를 보냄 • 자살하겠다는 위협, 혹은 자살을 원한다는 말 • 총기, 사용할 수 있는 약품, 혹은 다른 수단들에 접근할 방법을 찾고자 함으로써 자살하는 방법을 강구 • 죽음, 죽어감, 혹은 자살에 대해 보통에서 벗어난 정도로 말하거나 글을 씀.
S Substance Abuse(약물 남용)	증가하는 약물(술과 약)의 남용
P Purposelessness(목적 상실)	살아갈 어떤 이유도 없음. 삶의 어떤 목표도 없음.
A Anxiety(불안)	불안, 동요, 불면, 혹은 계속되는 수면
T Trapped(붙잡힘)	붙잡혀 있다는 느낌(어떤 출구도 없는 것처럼)
H Hopelessness(절망)	절망
W Withdrawal(후퇴, 멀어짐)	친구, 가족, 사회로부터의 후퇴(멀어짐)
A Anger(분노)	분노, 주체할 수 없는 분노, 복수하려고 함.
R Recklessness(무모함)	무모한 행동 혹은 아무 사려가 없는 듯 위험한 행동에 나서려고 함.
M Mood Change(기분 변화)	극적인 기분 변화

(Source: Based on American of Suicidology)

자살에 관한 언급을 들었을 때는 실제 의도와 구체적인 계획이 있는지 확인해야 한다. 자살에 관한 생각이 깊어지고 구체적인 계획이 세워질수록, 그러한 언급은 더욱 심각한 의미를 띤다. "가끔 죽고 싶다."라는 막연한 표현보다는, 자살 시기와 방법까지 구상한 사람의 발언이 더 위험하다. 특히 계획을 실행에 옮기기 위한 구체적인 준비가 시작되었다면 상황은 매우 심각하게 받아들여야 한다.

또한 감정 변화에도 주의를 기울여야 한다. 우울했던 사람이 갑자기 밝아졌다고 해서 반드시 안심할 수 있는 것은 아니다. 오히려 자살 행위는 깊은 우울감에서 벗어난 직후에 증가하는 경향이 있다. 이는 극단적 선택을 실행에 옮기는 데 필요한 에너지를 얻게 되기 때문이다.

자살하려는 사람을 도와주는 실제적인 방법

- 그 사람을 진지하게 고려하라. 개입하여 들어줄 수 있도록 하라.
- 그 사람이 자신의 감정을 표현하도록 돕고, 현재의 자기 자신을 받아들이도록 공감하라. 조용하게 말하며, 함부로 판단하지 않도록 하라.
- 자살에 대해서 공개적으로 말하는 것을 두려워하지 말라. "자살에 대해서 생각해 본 적 있어?"라고 질문하라. 그 사람이 자살에 근접했다고 믿는 구체적인 증거를 제시할 수도 있다.
- 주의 깊게 듣고, 눈을 맞춰라. 그리고 적절하다고 생각된다면, 가까이 가서 손을 잡아줌으로써 그 사람에 관한 관심을 표현하라.
- 자살이 옳은 것인지? 아닌지? 그 사람의 감정이 좋은 것인지? 나쁜 것인지? 토론하지 말라. 논쟁적이고 강의하는 식의 자세 때문에 그 사람은 당신과 거리를 둘 것이다.
- 잠재적으로 자살하려는 사람이 그 행위를 완료하도록 도발하지 말라.
- 그 사람이 자살하기 위한 특정한 계획을 세우고, 그것을 준비하는 구체적인 단계(자살 수단의 획득 등)에 들어갔는지 살펴보라.

- 채택할 수 있는 건설적인 대안을 가르쳐 주어라. 하지만 말로만 그럴 듯한 확신을 제공해서는 안 된다.
- 그 사람이 자살하기 위해 준비한 수단(총기나 다량의 약품)을 제거함으로써 적극적인 행동을 취하라.
- 그 사람이 그의 행동에 책임이 있다 하더라도, 도움을 받을 수 있고, 사람들이 그를 염려하고 있으며, 당신이 도움을 줄 수 있는 곳들과 연결해 줄 수 있다는 사실을 상기시켜라.
- 위기 상담과 자살 예방에 대해 식견을 갖춘 사람이나 단체로부터 도움을 구하라.
- 도움을 받을 때까지, 그 사람과 머물면서 그 사람을 혼자 두지 말라. 만약 떠나야만 한다면, 연락해 주기를 요청하고, 도움을 받거나 그 상황을 더 진지하게 고민하기 위해 돌아올 때까지 자살하는 과정을 더 진행 시키지 않는다는 약속을 받아야 한다.
- 극비사항을 약속한다던가, 조건 없이 비밀로 해 줄 것을 맹세하지 말라.

(Source: Based on guideline from the American Association of Suicidology and the Depression and Bipolar Support Alliance.)

상담 시에는 말하는 사람에게 온전히 집중해야 한다. 판단이나 평가는 삼가야 하며, 자살 위험이 있는 사람이 제기하는 문제는 그 사람에게 실제로 중대한 고민거리라는 점을 인정해야 한다. 그들의 고민을 사소한 것으로 치부하는 것은 전혀 도움이 되지 않는다. 자살 위험이 있는 많은 사람은 '터널 시야(tunnel vision)'를 경험하는데, 이는 위기 상황에서 극히 제한된 해결책만을 인식하는 상태를 말한다. 이때 도움이 되는 방법은 그 사람의 내면적 자원에 주목하거나, 정서적, 신체적, 경제적, 영적 도움 등 지역사회의 외부 자원을 활용하도록 안내하거나, 위기 해결을 위한 다른 건설적인 방안을 제시하는 것이다.

마지막으로, 구체적인 행동이 필요하다. "내가 도착할 때까지 아무 행동도 하지 않기로 약속하겠는가?", "나와 함께 상담사를 만나보지 않겠는가?" 등 구체적인 동의를 구하는 것이 도움이 된다. 또한 그 사람을 혼자 두지 않고, 자살 수단에 접근하지 못하도록 하는 것도 중요하다. 대부분은 훈련된 전문가들이 이러한 방식으로 개입한다.

자살이나 위기 개입과 관련하여 한 가지 더 중요한 점이 있다. 이 분야 전문가들은 누구도 타인의 삶을 완전히 책임질 수 없다고 강조한다. 누군가 진지하게 자살을 결심했다면, 물리적으로 잡아 가두는 것 외에는 이를 막을 방법이 없다. 자살에 대한 반응으로 죄책감을 느끼는 경우가 많지만, 자살은 궁극적으로 타인이 통제할 수 없는 개인의 선택이다.

일부 철학자들은 특정 상황에서 자살이 이성적이고 도덕적으로 용인될 수 있다고 주장하지만, 이에 동의하지 않는 이들도 많다.

실천 3
자살 현상과 유가족의 아픔 이해

<내용 요약>

자살은 인간의 독특한 특성으로, 스스로 목숨을 끊는 행위로 정의된다. 자살에 대한 사회적 평가는 자살을 개인의 선택으로 보는 관점과 생명의 고유한 가치를 중시하는 관점으로 나뉜다. 자살자는 극심한 고통을 호소하며, 그 고통은 심리적, 경제적, 신체적 원인에서 비롯될 수 있다. 자살에 대한 이해는 매우 복잡하며, 자살자에 대한 편견 없이 심리적 접근이 필요하다. 자살 예방을 위해서는 자살의 심리적 조건인 고립감, 무능감, 죽음에 대한 수용 등을 이해해야 하며, 자살에 관한 연구와 상담을 통해 예방할 수 있다. 종교는 자살을 부정적으로 보고, 생명의 소중함을 강조하며, 자살 예방에 힘쓴다.

<핵심어>

자살(Suicide), 사회적 평가(Social Evaluation), 심리적 원인(Psychological Causes), 자살 예방(Suicide Prevention),
고립감(Isolation), 무능감(Incompetence),
죽음 수용(Acceptance of Death), 편견 (Prejudice)

<학습 목표>
- 자살에 대한 사회적, 심리적 원인을 이해하고, 자살을 예방하는 방법을 학습한다.
- 자살을 경험한 사람들의 고통과 정서를 이해하고, 적절한 지원 방법을 제시할 수 있다.
- 자살과 관련된 사회적 편견을 인식하고, 이를 극복하는 방법을 모색

한다.
- 자살 예방을 위한 정책과 프로그램에 대해 이해하고, 실제 사례를 분석할 수 있다.
- 자살 예방 활동에 종교와 문화가 미치는 영향을 이해하고, 이를 고려한 지원 방안을 제시한다.

<적용 실천>

- 자살 예방을 위한 상담 프로그램을 기획하고 운영할 수 있다.
- 자살에 대한 인식을 개선하기 위한 캠페인이나 교육 활동을 조직할 수 있다.
- 자살 위험군을 조기에 파악하고, 적절한 도움을 제공하기 위한 네트워크를 구축할 수 있다.
- 자살 경험자와 그 가족을 위한 심리적 지원과 회복 프로그램을 개발할 수 있다.
- 자살 예방과 관련된 정책 개발 및 사회적 캠페인에 참여하여 실질적인 변화에 기여할 수 있다.

자살 현상과 유가족의 아픔 이해

I. 자살 현상에 대한 이해

지금까지의 자살론은 심리적 부검에 대한 일반화와 예방론적 관점에 초점을 맞추어 발전해 왔다. 그러나 자살 현상이나 증상으로서의 자살을 이해하기 위해서는 자살에 관한 일반적 관점도 함께 검토할 필요가 있다. 따라서 자살 증상에 대한 철학적 이해(인간학적, 실존적, 재귀적 측면)를 도모하기 위해 자살과 예방에 관한 일반론을 살펴보고자 한다.

1. 자살이란 무엇인가?

인간은 다른 종(種)과 구별되는 독특한 특성들을 지니고 있는데, 그 중 하나가 '자살 한다'라는 점이다. 자살(自殺, suicide)은 스스로 자신의 목숨을 끊는 행위를 말한다. 특히 현대인의 사망 원인 중 자살이 높은 순위를 차지한다. 자살에 대한 사회적 평가는 크게 둘로 나뉜다. 한쪽에서는 자기 목숨의 주인은 자신이므로 자살도 개인의 선택권이자 자기 결정권에 해당한다고 주장한다. 반면 다른 쪽에서는 생명이 소중한 가치이며 신이 인간에게 부여한 고유한 것이므로, 자살은 잘못된 행위이자 '죄'라고 인식한다.

자살을 선택하는 사람들은 대부분 자살 직전에 '극심한 고통'을 호소한다. 이러한 고통은 심리적, 경제적, 신체적 원인에서 비롯될 수 있으며, 때로는 종교적, 정치적 배경에서 기인하기도 한다. 이들에게서 발견되는 공통적인 특징은 견디기 힘든 고통을 호소한다는 점이며, 이는 자살을 선택하는 사람들을 '이해의 관점'에서 바라볼 수 있게 한다. 물론 세상의 모든 사람이 행복하게만 사는 것은 아니다. 개인이 느끼는 고통의 정도를 객관적으로 측정할 수는 없지만, 비슷한 상황에 부닥친 사람들의 호소 내용을 비교해 보면 같은 상황에서도 자살 선택 여부가 다르게 나타난다. 즉, 극심한 고통 상황에 부닥친 모든 사람이 자살을 선택하는 것은 아니라는 점이 중요하다. 따라서 자살에 대한 이해는 매우 복잡하고 다면적인 접근이 있어야 한다.[329]

뒤르켐[330]의 『자살론』은 자살에 관한 학문적 연구의 고전으로, 1897년 출간 이후 현재까지도 자살 연구에서 중요한 참고문헌으로 활용된다. 그는 자살의 보편적 상황이 단순히 보편론만으로는 설명될 수 없으며, 그 보편적 상황 역시 특수한 원인과 연관될 수 있다고 주장한다. 이에 따라 현대사회의 자살은 현대인이 겪는 집단적 질환의 한 형태이며, 자살 연구를 통해 이러한 집단적 질환을 이해할 수 있다고 본다. 뒤르켐은 인간의 자살 행동이 적극적이고 직접적인 유형과 소극적이고 간접적인 유형을 모두 포함한다고 본다. 즉 자살이라는 용어는 희생자 자신의 적극적 또는 소극적 행위의 직접적 또는 간접적 결과로 인한 모든 죽음을 가리킨다.[331] 즉 죽음에 이르기를 결심하는 자신의 선택이 자신의 생명을 희생시키는 결과로 초래된다면, 그것은 자살이라는 것이다.

---

329) 「한국의 자살 형태와 대책」 박형민, 한국형사정책연구원, 2007년, p84-p92. 저자는 자살의 동기를 다음과 같이 정리하였다. 정신이상, 질병, 빈곤, 비관, 치정, 가정불화, 사업실패 등이다.

330) 『자살론』 에밀 뒤르켐(Emile Durkheim), 황보종우 역, 청아출판사, 2019년. 그는 1858년 프랑스의 유대인 부모에게서 태어났으며, 파리대학의 교수를 역임한 사회학자이다. 콩트, 마르크스, 베버와 더불어 사회학의 고유 방법을 확립하는 데 힘썼다. 1897년 39세의 나이에 《자살론, Le suicide: etude de sociologie》을 썼으며, 1917년 59세의 나이에 사망하였다.

331) 『자살론』 p16~p34. 어떠한 내재적 원인으로 인해 자신의 목숨을 스스로 희생시키는 행위뿐만 아니라, 소극적 회피의 방법으로 먹기를 거부하는 행위, 종교적 순교자가 되는 과정에서의 죽음을 받아들이는 행위, 정치적 이유로 죽음을 선택하는 모든 행위도 포괄적 의미에서 자살이라고 뒤르켐은 보고 있다.

해석해 본다면, 자살 동기의 다양성과 그 사람의 자살에 대한 해석의 다양성에도 불구하고 그 행위의 순간에 행위의 결과로써, 자신의 생명이 희생된다는 것을 알고 있는 모든 죽음은 자살이다.

2. 인간은 왜 자살하는가?

이 질문에 대한 대답은 정확하게 확인할 수 없다. 왜냐하면 그 대답을 들려줄 사람이 이미 사망했기 때문이다. 물론 자살자의 대답이 가장 정확할 것이다. 그러나 때로는 자살자 본인도 그 이유를 정확하게 설명하기 어려운 복잡한 배경과 심리가 있을 것이다. 그러므로 자살자가 왜 자살을 선택했는지에 대한 대답을 100% 맞추기는 쉽지 않다. 하지만 가장 근접하게 그 이유를 찾아내는 것은 중요하다.[332] 왜냐하면, 그렇게라도 해야 우리는 자살한 사람을 이해할 수 있고, 그 유가족을 도울 수 있으며, 자살을 예방할 수 있기 때문이다.[333] 자살자는 무언가 흔적을 남기고 사망한다. 그 흔적은 그의 유서, 자살 장소, 실행방법, 주변인들과의 관계와 소통 속에 남아있다. 그러나 이러한 과정을 분석해서 자살 현상에 대한 유형을 만들어 내고, 패턴을 분석한다 해도, 그러한 결과물이 반드시 모든 사람에게 적용되거나, 예측되지는 않는다. 그것은 자살 현상이 그만큼 복잡하고, 다양하다는 것이다. 그러므로 자살자에 대한 이

---

[332] 『심리부검』 서종한, 시간여행, 2019년. p15. 심리부검(psychological autopsy)에 대해 현대 자살학의 선구자 에드윈 슈나이드먼(Edwin Shneidman)은 "사망자의 삶, 생활 형태와 환경, 죽음에 이르게 한 사건과 행동을 재구성하기 위한 사후 조사 과정"이라고 정의했다. 즉 자살한 사람이 남긴 증거와 자료, 유가족 등 주변인과의 면담 내용을 과학적으로 분석하여 자살 사망자의 심리를 규명하는 것을 말한다.

[333] 자살자의 자살 이유에 대한 이해는 사망자의 유가족에게도 큰 의미가 있다. 심리부검이 밝혀주는 진실이 유가족의 마음 가장 깊은 곳에 있는 의문을 풀어줄 뿐 아니라, 이러한 진행 과정도 유가족에게 치료적 효과를 발휘한다.

해에 있어서 '확증편향'된 편견을 갖는 것은 바람직하지 않다. 최대한 객관적인 과정을 통해 자살자의 심리(마음)에 접근해야 한다.

그렇다면 다음과 같은 질문을 해볼 수 있다. 자살자가 자신의 '예측할 수 있는 죽음에 대한 공포와 두려움을 극복하면서까지 왜 자살을 실행했는가?' 죽기보다는 살고자 하는 것이 일반적인 인간의 본능인데, 그 '생존본능을 넘어 왜 죽음을 선택했는가?'의 질문을 통해 자살자의 마음과 의도를 바라보는 것이다. 그 바라봄을 통해 우리는 자살에 관한 생각과 자살 시도의 배경에는 '고통'이 존재한다는 것을 발견한다. 고통은 육체적 반응으로써의 고통뿐만 아니라, 정신적인 폭력에 대한 반응으로써의 고통도 있다.

미국의 심리학 교수인 토마스 조이너(Thomas Joiner)는 사람들이 자살을 실행하는 세 가지 심리 조건을 연구했다. 첫째는 사회적으로 고립되었다고 느끼는 마음(상실감), 둘째는 스스로 타인에게 짐이 된다고 생각하는 무능(無能)감, 셋째는 죽음의 고통을 받아들일 만한 부상(육체적·심리적) 경험이다.[334] 즉 그러한 고통이 계속된다면 자신의 고통이 죽음을 통해서만 끝낼 수 있다고 생각하는 것이다. 이 세 가지 조건이 충족되지 아니하면 사람들은 자살하지 않는다는 것이다.

정리하면, 첫째, 자살자의 삶을 폭 넓게 이해하자는 것이다. 그것은 자살을 정당화하거나, 권장하자는 측면에서의 이해보다는 자살을 실행하기까지 고민했던 한 인간으로서의 고통을 이해하자는 것이다. 둘째는 유가족을 돕는 일이다. 유가족은 깊은 죄책감을 느끼는 경우가 많다. 자살자의 죽음이 남아있는 유가족의 잘못이라고 생각하여, 오랜 시간 죄책감에 시달리기도 한다. 자살자의 죽음의 원인을 밝힘으로써 유

---

[334] 『왜 사람들은 자살하는가?』 토마스 조이너, 김재성 역, 황소자리, 2012년, p26-p59.

가족의 지나친 죄책감을 덜어주는 노력 또한 중요하다. 그리고 이 일에 유가족을 참여시킴으로써 이타적이고, 의미 있는 일에 참여한다는 동기를 제공해 줄 수 있다. 더 나아가 유가족이 가족을 잃은 상실의 아픔을 치유하고, 다른 유가족을 지원하고, 보호하는 일들로 연결될 수 있다. 셋째, 자살 생존자들을 돕는 일이다. 자살을 시도했다가 생존하는 사람들은 사회적인 낙인(烙印, stigma)을 받는 경우가 많다. 그것은 다시 자살을 시도하게 만들기도 한다. 사회적인 고립은 자살 시도의 중요한 원인 중 하나이기 때문이다. 즉 자살 생존자들에 관한 관심과 상담을 통해 그들의 고립을 완화하는 일에 기여할 수 있다. 마지막으로, 자살 예방에 도움이 된다. 자살에 관한 연구들은 자살 현상에 대한 객관적인 자료들을 만들어 내고, 그 자료들은 자살을 예방하는 데 있어서 중요한 근거가 된다.

3. 사람들은 왜 자살을 생각하는가?

인간은 자살을 생각한다. 자살의 실행 여부와 상관없이 생각한다. 그 생각의 정도에 차이는 있을 수 있으나, 자살을 생각하는 사람들은 있다. 자살 생각(suiciadal ideation)은 자살 문제의 첫 관문이다. 자살 생각이 출발점이다. 자살 생각→자살 계획→자살 시도→자살 실행의 전 과정이 자살 행위(suicidal behavior)이다. 이것은 복합적인 개념이다. 청소년의 자살 생각에 영향을 미치는 요인을 분석해 보면, '심리적 변인(psychological variables)'이 가장 큰 요인으로 나타났다. 즉 고통을 겪는 과정 중에 '자살 생각'을 갖게 되었다는 것으로부터 시작된다. 그것은 우울, 무망(無望)감(hopelessness), 생활 스트레스(daily stress), 소외감(alienation)을 포함하는 개념이다.[335] 하지만 이러한 심리적 요인은 복합적인 요인과 연결되어 있다. 자살 생각이 자살 실행에 이르는 과정에는 선행요인과 촉발 요인이 작용한다. 심리적 요인은 사회적·경제적·문화적·신체적 요인과 서로 밀접하게 연결되어 있다.

한국보건복지인력개발원에서 발행한 『자살 예방 기본교육』에 따르면 자살의 위험 요인을 다음과 같이 정리하고 있다.

첫째, 정신과적 질병의 문제이다. 2023년 『자살 예방 백서』에 따르면 '동기별 자살 현황' 분석에서 정신과적 질병 문제는 39.8%로 나타났다. 자살과 정신과 질환은 밀접한 연관이 있다. 특히 우울과 자살의 관계는 우울증 환자의 자살 위험성이 일반인과 비교하면 매우 높다는 것을 통해 알 수 있다. 우울증에 대한 사회적 편견은 치료할 수 있는 시기와 기회를 놓치게 한다. 우울증과 술 문제가 동반되는 경우 자살 위험성은 더 높아진다. 그 밖에 조현병, 양극성정동장애(조울증) 등과 같은 정신과적 질병도 자살 위험도를 높이는 요인이기도 하다. 물론 모든 우울증, 조현병 등의 환자들이 자살을 실행하는 것은 아니다. 그러므로 그러한 환자들에 대해 편견을 가질 필요는 없다. 하지만 자살 위험도가 높은 것은 사실이다. 정신과적 문제는 자살 위험의 유일한 요인으로 보기보다는, '선행요인과 촉발 요인'의 관점으로 보아야 한다.

둘째, 경제적 빈곤의 문제이다. 우리나라는 경제 규모로 보면 세계 10위(2024년)의 국가이다. 하지만 빈부격차의 크기로 인해 국민이 느끼는 상대적 빈곤에 대한 체감은 매우 높은 편이다. OECD 국가 중 여전히 우리나라는 노인 빈곤율 1위이다. '동기별 자살 현황' 분석에서 경제생활 문제로 인한 자살은 23.4%를 차지했다. 이처럼 실업, 파산,

---

335) 『자살예방커뮤니케이션』 김호경, 커뮤니케이션북스, 2015년, p38.

부채 등 경제적 어려움으로 인한 자살 문제는 향후 노인 자살률의 최대 변수로 작용할 것으로 전망된다.

셋째, 신체적 질환의 문제이다. 노인 자살 사망자의 경우 약 72%가 만성 신체질환을 가지고 있는 것으로 나타났다. 신체적 질환은 '동기별 자살 현황'에서 21.3%를 기록했다.

넷째, 관계적 갈등의 문제이다. 자살자의 경우 가정, 학교, 직장 등에서 다양한 관계적 갈등과 불화를 겪는 것으로 나타났다. 가정 문제·남녀 문제·직장 문제 등은 16.1%로 나타났다. 특히 이러한 문제들이 술과 연관될 때 자살을 실행할 확률이 높아진다. 응급실에 내원한 자살시도자의 약 40%는 음주 상태였으며, 평상시에도 음주로 인한 문제를 경험한 경우가 많았다.

다섯째, 생물학적 취약성의 문제이다. 생물학적 요인들은 주로 우울증이나 불안 장애 등과 관련이 있는데, 세로토닌(serotonin),[336] 노르아드레날린(noradrenalin), 도파민(dopamine) 등의 신경전달물질과 관련된 연구가 많다. 특히 세로토닌과 관련이 깊은 것으로 나타났다. 자살을 시도하거나 자살로 죽은 사람에 관한 생물학적 연구에서 일관적으로 발견된 사실은 그들의 뇌척수액에서 낮은 5-HIAA(5-hydroxyindoleacetic acid: 5-하이드록시인 돌초산) 수준을 보인다는 것이다.[337] 즉 뇌의 생물학적 시스템의 문제는 자살을 시행하고 자살 가능성을 높이는 데 영향을 주는 것으로 이해할 수 있다. 이러한 원인에 관한 연구는 진행 중이다.

---

336) 세로토닌은 행복을 느끼는데 기여하는 신경전달물질로 자살시도자들의 혈소판에서 세로토닌의 수 및 기능 저하가 관찰되었다. 쾌락과 긍정적인 마음과 관련이 있는 도파민이나, 불안과 스트레스반응 등을 관장하는 노르아드레날린 등은 스트레스와 우울증, 불안 장애 등과 관련이 있는 물질이다.
337) 『노인자살 위기 개입』 육성필 외, 학지사, 2011년, p24.

4. 종교는 자살을 어떻게 보는가?

대부분의 일반적인 종교의 세계는 인간의 생명을 소중하게 여기는 교리와 윤리를 가지고 있다. 그러므로 자살에 대해 관대한 태도를 보이지 않는다. 기독교는 창조주 유일신의 신앙이 있고, 인간은 창조주에 의해 창조된 소중한 존재이므로 함부로 자신의 목숨을 끊어서는 안 된다고 가르치고 있다. 십계명의 '살인하지 말라'는 내용은 타인의 생명을 해치는 것을 금(禁)하는 것일 뿐만 아니라, 자신의 생명도 '하나님의 형상(Imago Dei)'[338]을 닮은 존재이므로, 자살하는 것은 하나님 앞에 죄를 짓는 것으로 해석한다. 물론 성경에서 직접적으로 '자살하지 말라'고 언급하지는 않았으나, 기독교 교리는 자살을 부정적으로 보고 있다고 말할 수 있다. 부정적으로 해석한다는 개념은 자살한 사람들을 저주하기 위한 것이 아니라, 하나님의 구원 역사에 있어서 인간이 거역해서는 안 된다는 의미이며 자살을 예방하고자 하는 뜻으로 이해할 수 있다.

반면에, 불교에서는 창조주 유일신의 신앙이 없으므로 자살하는 것을 용서받을 수 없는 죄로 여기지는 않는다. 즉 인과응보(因果應報)[339]의 관점에서 인간을 바라보기 때문에 자살에 대해 업보(業報)와 연결하여 생각한다. 물론 그렇다 하더라도 자살을 권유하거나, 권장하는 것은 전혀 아니다. 현재의 고통에서 벗어나기 위해 자살을 선택하는 것을 수행자의 길로 보지 않는다. 왜냐하면 고통의 근본 원인은 사라지지 않고,

---

338) 라틴어로 'IMAGO DEI'는 '하나님의 형상'이라는 뜻으로 인간이 하나님의 모양으로 창조되었다는 의미이다. 이 개념은 유대교, 기독교, 이슬람교 수피파의 신학적 개념이자 교리이다. 구약성서의 창세기 1:26~28, 5:1~3, 9:6에 근거한다.
339) 불교철학의 핵심적인 사상 중 하나이다. 윤회의 작동 원리와 업보의 관계성 속에서 행위에 관한 결과를 해석하는 개념이다.

윤회(輪回)의 굴레에서 그 고통이 계속되기 때문이다. 인간을 포함한 모든 만물은 연기(緣起)적 존재이기 때문에, 인(因)과 연(緣)에 의해 생겨났다가 그것이 다 하면 소멸하는 존재로 본다는 것이다. 즉 생성(生成)과 소멸(消滅)을 자연적인 이치(理致)로 바라보며, 판단하거나 정죄하지 않는다는 것이다. 불교에서도 역시 생명의 소중함을 강조하고 있다.

유교의 세계관인 천명관(天命觀)은 생명과 죽음의 문제가 인간의 의지가 아닌 천명에 의한 것으로 본다. 인간의 존재가 하늘의 명(命)과 부모의 신(身)으로부터 부여된 소중한 가치를 지닌 존재로 본다는 것이다. 그러므로 자살은 천명을 거스르는 행위이며, 부모가 물려준 생명과 신체를 훼손하는[340] 부도덕한 행위이다. 부모 생전에 자식이 먼저 죽는 것은 불효(不孝)이다. 또한 개인보다는 '가족(부모와 자식)과 국가(군주와 신하)'라는 공동체적 의식이 중요하기 때문에 개인이 자신만의 이해관계로 자살하는 행위는 수신제가(修身齊家)의 이념에 어긋나는 것이다. 한 개인의 생명은 부모와 조상으로부터 물려받은 공동체의 존재이며, 그러므로 제의(祭儀)를 통해 조상을 섬기며 조상에게 감사하는 것이다. 물론 천명에 따라 비의지(悲意志)적 죽음을 선택하거나, 도의(道義)를 실천하기 위해 의지(意志)적 죽음을 선택하는 사상이 있으나, 기본적으로 '미지생(未知生) 언지사(焉知死)'[341]의 말에서 표현하는 것처럼 생(生)의 중요성을 강조하고 있다고 볼 수 있다.

이상과 같이 기독교와 불교 그리고 유교에서 말하는 자살에 대한 관

---

340) 『효경(孝經)』의 「개종명의(開宗明義)」에 나오는 <신체발부(身體髮膚) 수지부모(受之父母)>는 공자가 제자인 증자(曾子)에게 가르친 것으로, "무릇 효(孝)란 사람의 신체와 터럭과 살갗은 부모에게 받은 것이니, 이것을 손상하지 않는 것이다."라는 뜻이다.

341) 『논어(論語)』의 「선진(先進)」편에 나오는 말로, 공자의 제자 자로(子路)가 죽음에 관해 물었을 때 공자가 대답한 말이다. 즉 '삶에 대해서도 제대로 모르는데 어찌 죽음에 대해 알겠느냐'는 뜻이다. 이것은 현재의 삶에서 사람의 도리를 다하며 살아야 한다는 뜻이며, 삶의 의미를 깨닫게 되면 자연히 죽음에 대해서도 깨닫게 된다는 뜻으로 해석할 수 있다.

점을 간단히 살펴보았다. 세 종교에서 공통으로 이야기하는 것은 인간의 생명에 대한 소중함이다. 인간의 생명이 하나님에 의해 창조되었든, 연기(緣起)에 의해 생성되었든, 천명과 부모에 의해 태어났든지 간에 인간 고유의 소중한 가치를 가지고 있다는 것이다. 또한 그 소중한 가치는 가족, 사회, 공동체에서 서로 연관되고 관계되어 있다는 것이다. 그러므로 종교는 자살에 대해 정죄하거나, 비난하기보다는 자살한 사람들을 이해하고, 그 유가족을 위로하며, 자살을 예방하려고 노력하는 것이다. 종교가 자살을 예방하고자 노력하는 것은 그 종교가 가지고 있는 '초월, 내세, 윤회, 업보, 천명, 제의' 등의 교리를 넘어 인간과 사회에 대한 사랑과 깊은 관련이 있다.

II. 자살에 대한 예방적 접근

1. 베르테르 효과와 파파게노 효과

'베르테르 효과(Werther effect)'[342]라는 말은 유명인의 자살이 일반인들에게 영향을 주는 현상을 말한다. 즉 '모방 자살(copycat suicide)' 또는 '동조 자살'이라고 할 수 있다. 미디어의 영향으로 자살 현상이 증가한다는 것이다. 요즘에도 유명인의 자살 사건이 보도되면, 비슷한 연령층의 자살자가 일시적으로 증가하는 것을 볼 수 있다.[343] 이

---
342) 미국의 사회학자인 David P. Phillips가 명명한 것이다. 괴테(Goethe, 1749-1832)가 1774년에 출간한 「젊은 베르테르의 슬픔」에서 실연당한 주인공이 권총으로 자살한 이야기인데, 당시 유럽에서 소설의 내용처럼 정장과 부츠와 파란 코트를 입고 권총 자살하는 사건이 증가했던 현상이다. 괴테는 자제를 호소했으나 큰 효과가 없었다고 한다.
343) 한국의 경우 2005년 배우 이은주의 자살이 일반인의 자살 통계에 미친 영향을 보면,

것은 심리학적으로 자기 행동에 대한 근거를 유명인, 미디어, 소설 등과 같은 매체를 통해 정당화하고자 하는 심리이다. 그러므로 유명인의 자살과 미디어의 역할은 자살을 예방하는 데 있어서 매우 중요한 주제이다.

파파게노 효과(Papageno effect)[344]는 미디어의 긍정적인 역할을 말한다. 자살과 관련한 미디어의 보도는 부정적인 역할을 하기도 하고, 긍정적인 역할을 하기도 한다. 절망을 희망으로 바꿀 수 있도록 언론을 통해 자살을 예방할 수 있다. 자살을 방지하기 위해 자살 관련 보도를 자제하고, 자살 충동을 예방할 수 있다는 것이다. 주요 선진국들의 경우를 보면 미디어가 적극적으로 예방을 위한 노력을 한 경우 자살률이 줄어들고 있음을 알 수 있다. 자살 공화국의 대표적 국가였던 핀란드의 경우 자살과 관련된 언론보도를 금지하는 사회적 노력으로 자살을 획기적으로 줄이는 효과를 얻었다. 언론보도, 드라마, 포털사이트, 웹툰, SNS 등은 자살을 증가시키기도 하고, 감소시키기도 한다. 그러므로 그러한 미디어들의 사회적 책임은 중요하다.

중앙자살예방센터에서는 자살 보도의 사회적 책임을 인식하고, 언론과 개인이 자살 예방에 동참할 것을 권유하고자 '자살 예방을 위한 언론보도 권고기준 3.0'을 발표했다.[345] 5가지 원칙은 다음과 같다. ①

이전 달에 736명에서 1,309명으로 1.8배로 증가했고, 2008년 최진실의 자살은 이전 달에 비해 1.7배 증가한 양상을 보였다.

344) 파파게노 효과(Papageno Effect)는 모차르트의 오페라 '마술피리'에서 파파게노가 사랑한 여인을 잃고 목을 매려고 할 때 요정(소년) 셋이 나타나 그를 말리게 되고, 요정의 도움으로 죽음의 유혹에서 벗어날 수 있었던 희망을 말한다.

345) 2024년 11월 7일 한국기자협회와 보건복지부, 한국생명존중 희망재단이 '자살 보도 권고 기준 3.0'에서 '자살 예방 보도 준칙 4.0'으로 명칭을 바꾸었다. '보도 준칙'은 '권고 기준'보다 더 적극적인 행위의 강조이다. 새로운 준칙의 가장 큰 특징은, 기성 언론사에게만 적용을 요구했던 것에서 유튜브, SNS, 블로그 등 1인 미디어에게까지 준칙 적용 대상을 넓힌 점이다.

기사 제목에 '자살'이나 '자살을 의미하는 표현' 대신 '사망' '숨진다.' 등의 표현을 사용한다. ② 구체적인 자살 방법, 도구, 장소, 동기 등을 보도하지 않는다. ③ 자살과 관련된 사진이나 동영상은 모방 자살을 부추길 수 있으므로 유의해서 사용한다. ④ 자살을 미화하거나 합리화하지 말고, 자살로 발생하는 부정적인 결과와 자살 예방 정보를 제공한다. ⑤ 자살 사건을 보도할 때는 고인의 인격과 유가족의 사생활을 존중한다.

2. 예방을 위한 다양한 노력들

(1) 심리학적 접근과 상담을 통한 자살 예방

자살을 예방하려면 전문적인 개입이 필요하다. '이상 징후'를 조기에 발견하여, 조기 개입(early intervention)하는 것이 중요하다. 그 과정 중의 하나가 자살 생각과 우울을 검진(Screening for Depression and Thoughts of Suicide)하는 도구를 활용하는 것이다. 또한 소셜 네트워크를 활용하는 것이다. 자살을 시도하는 사람은 유서, 기록, 구두 등으로 주변에 있는 사람들에게 암시를 보낸다.[346] 이러한 암시는 소셜 미디어 등에서 감지할 수 있다. 가족이나 주변인들이 그러한 징후를 알게 되었을 때 개입을 빨리할 수 있는 것이다. 온라인과 오프라인을 통해 상담을 적극적으로 시행해야 한다. 상담은 그들을 감정적으로 지지하고, 스스로 도움을 요청할 수 있도록 독려하며, 위기 개입의 서비

---

[346] 자살과 관련된 빅데이터 분석에 따르면 성인의 자살 검색은 음주 검색이 많을수록, 청소년의 자살 검색은 스트레스 검색이 많을수록 자살 검색이 증가했다. 언어 네트워크 분석(language network analysis) 방법을 활용한 결과, 자살과 관련된 검색 단어들은 '자살, 자살 방법, 자살 장소' 등 또는 '투신, 목, 손목, 옥상, 칼, 동반자살' 등과 같은 단어의 검색이 많았고, 예방과 관련한 검색 단어들은 '종교, 대화, 도움, 상담, 위로' 등의 단어들과 연결되어 있었다. 김호경의 책 p96~p97에서 정리.

스를 즉각 실행할 수 있는 것이다.[347]

(2) 의료적 치료와 자살 예방

우울증 환자나 조현병 환자의 자살 위험성은 일반적으로 높다. 특히 남성 조현병 환자의 경우 자살 실행률이 높은 것도 사실이다. 그러므로 의료적 치료와 자살 예방은 중요하다. 하지만 정신과 치료에 대한 부정적인 인식, 의사나 병원에 대한 불신, 약의 오남용에 따른 부작용 등의 이유로 인해 정신과적 예방을 회피하거나 지연하는 경우가 많다. 물론 이러한 문제는 단지 환자나 보호자의 책임으로만 돌릴 수 없는 문제이다. 이것은 사람들의 인식을 바꾸기 위해 의료계와 의사들의 노력이 전제되어야 하는 문제이기도 하다. 그럼에도 정신과적 문제와 연결된 자살을 예방하려는 노력으로써 의료적 치료는 중요하다. 또한 만성적인 신체적 질환을 앓고 있는 사람들의 자살 생각 경험률은 매우 높다. 특히 노년층으로 갈수록 증가한다. 병의 치료와 함께 최소한의 증상의 완화를 위한 조처를 해야 한다.

(3) 사회적 고립과 상실 그리고 자살 예방

자살을 시도하는 사람들의 특징 중 하나는 자신의 고통에 대해 이해해 주고 공감해 줄 수 있는 사람이 자신의 주변에 아무도 없다고 느끼는 '고립감'이다. 이러한 고립감은 자살 시점에 가족, 친척, 친구들로부터 고립되어 있을 때 더 증가한다. 자신이 의지하던 중요한 관계에서 고립될 때 자살의 위험은 더 커진다. 에밀 뒤르켐의 '사회통합모델'에 따르면 의미 있는 관계가 많을수록 자살률은 낮아진다고 한다. 또한 자신

---

347) 『자살예방커뮤니케이션』 p91~p95.

의 인생에 있어서 중요한 인물의 상실은 공허감과 허무감을 높여 자살로 연결되기도 한다. 일반적으로 독신, 별거, 이혼, 사별 등의 사유가 발생하게 되면 심리적 상실감을 느끼게 되는 경우가 많으므로 주의 깊게 관찰해야 한다. 그러므로 가족이나 친구, 직장과 학교 등의 관계 속에서 고립과 상실을 느끼고 있는 사람이 있는지 살펴보는 것은 매우 중요하다. 관계적 단절을 감소시키고 관심과 공감의 노력을 통해 자살을 예방하는 것은 공동체적으로 살아가야 하는 현대인의 의무이기도 하다.

(4) 경제적 문제와 자살 예방

경제적 빈곤의 문제는 자살 실행의 원인 중 하나이다. 『2023년 자살예방 백서』에 따르면 동기별 자살 현황에서 경제적 문제는 23.4%로 나타난다. 자살 사망자들에게 있어서 자살 실행 전에 부채, 수입 감소, 실업, 파산 등의 경제적 문제가 있었다고, 유가족들에 대한 조사에서 나타나기도 한다. 그러므로 국가적이고 사회적인 안전망이 중요하다. 자살을 예방하기 위해서는 경제적으로 어려움을 겪는 계층들에게 국가와 사회가 '복지와 고용' 등의 과정을 통해 지원하는 것이 중요하다. 특히 금융제도를 통해 경제적 위기에 처한 개인과 가족을 지원하는 것은 자살을 예방하기 위한 노력 중의 하나이다.

(5) 법적 문제와 자살 예방

자살은 한 개인만의 문제는 아니다. 하지만 자살을 실행하는 과정에서 개인의 선택 여부는 철저하게 개인의 영역에 있는 것도 사실이다. 국가와 사회는 이러한 개인의 영역에 과도하게 개입하기 어려운 부분이 있다. '자기 결정권과 선택의 자유'라는 측면에서 국가가 권력을 남용해서도 안 된다. 하지만 자살은 한 개인의 문제에서 끝나지 않고 그 가족과 이웃, 더 나아가 사회와 연결되기 때문에 국가의 역할에 있어서 개입이 필요한 불가피한 측면이 있다. 대부분 국가에서 자살을 범죄로 간주하고 있지는 않다. 자살에 대해 법적으로 처벌하는 것은 불가능하다. 왜냐하면 자살은 타인의 법익이나 공공의 이익을 침해하지 않으므로 처벌될 수 없고, 그럴 수 있다고 하더라도 당사자가 이미 사망했기에 처벌할 수도 없기 때문이다.[348] 하지만 개인의 생명에 대한 권리는 개인에게 존속되기 때문에 국가가 법적으로 개입할 수 없다 하더라도, 국가는 국민이 행복을 추구할 권리를 보장해 주어야 한다. 자살에 대한 사회적인 요인을 제거하고, 자살을 예방하는 일에 개입해야 할 의무가 있다고 본다. 우리나라도 <자살 예방 및 생명 존중 문화 조성을 위한 법률>을 제정하여 자살 예방에 관한 국가의 책임을 명시하고 있다. 이 법에 따르면 국민은 자살 위험에 노출되거나 스스로 노출되었다고 판단될 때 국가에 도움을 요청할 '권리'가 있고, 국가는 자살이 위험이 큰 국민에 대해 구조 조처를 할 '의무'가 있다. 또한 국가는 자살 예방 정책을 수립·시행함에 있어 적극적으로 협조해야 한다.

(6) 자살을 암시하는 징후들과 자살 예방

자살을 생각하는 사람들은 '자살 생각'의 첫 과정에서부터 여러 가지 징후(자살 위험 징후 또는 자살 위험 신호, Warning Sign)를 보여

---

[348] 『13가지 죽음, 어느 법학자의 죽음에 관한 사유』 이준일, 지식 프레임, 2015년, p125-p129. 자살 자체에 대해 법적으로 처벌할 수 없음에도 불구하고 자살의 교사(敎唆)나 방조(傍助)는 자살관여죄로 처벌받을 수 있다. 그러므로 자살 사건이 일어나면, 경찰의 검시 절차와 의사의 사체검안 절차를 거치고, 유서와 가족들의 조사를 통해 자살의 원인을 확인해야 한다. 특히 최근 자살사이트에서 자살을 부추기는 행위는 처벌받을 수 있다.

주기 시작한다.[349] 하지만 주변에 있는 사람들이 그러한 신호를 알아차리지 못하는 경우도 많다. 자살을 예방하기 위해서는 가족, 친구, 동료, 교사 등이 이러한 징후들을 발견하고 개입하는 것이 중요하다. 물론 개입의 과정은 매우 조심스럽고 적절하게 진행되어야 한다.

그러면 자살 시도가 임박했을 때 보여주는 징후들은 무엇인지 살펴보자.[350] ① 극도로 우울해하고 불안해하면서 지쳐있을 때, ② 치명적인 자살 방법에 대한 접근이 쉽거나 자살의 여건이 마련되어 있는 경우, ③ 자기 죽음이 가족이나 주위에 미칠 영향에 관하여 관심을 보일 때, ④ 자살에 관한 이야기를 자주 할 때, ⑤ 우울해하고 초조해하다가 갑자기 편안하고 차분해질 때, ⑥ 죽은 가족에 대한 죄의식이나 재결합에 관한 이야기를 할 때, ⑦ 수면, 식욕, 성욕 등이 현저히 감소한 경우, ⑧ 타인의 도움을 거절하는 경우, ⑨ 갑작스레 성직자나 의사를 찾는 경우, ⑩ 평소 소중히 여기던 물건을 주변 사람들에게 나누어 주는 경우, ⑪ 장기 여행을 떠나는 것처럼 주변을 정리하는 경우이다. 결국 복합적이고 다양한 자살의 위험 요인을 이해하는 것은 매우 중요하며, 그러한 요인들이 개인에게 어떻게 작용하는지를 이해하는 것 또한 중요하다. 이러한 이해를 바탕으로 자살을 예방해야하기 때문이다. 가족이나 주변 사람들에게 자살 위험 징후가 나타나면, 다른 가족, 교사, 동료, 친구들과 함께 위험 상황을 인식하고 공유하여 적극적인 해결 방법을 찾기 위해 노력해야 한다. 전문가의 도움을 요청하는 것이 무엇보다

---

349) 언어로 나타나는 자살 위험 징후는 죽음, 사망, 사후세계 등을 자주 언급하거나, 신체적, 정신적 고통에 대해 토로하거나, 자살 수단에 관한 내용을 질문하거나, 갑자기 고마움이나 미안함을 표현하면서 연락하기도 한다. 감정과 행동으로 나타나는 자살 위험 징후는 우울, 분노, 슬픔 등을 조절하지 못하거나, 개인적인 물품을 정리하거나, 행사나 모임에 참석하지 않으며 관계를 단절하거나, 식욕 저하나 불면증 등 일상생활에 부적응을 보이기도 한다.
350) 한국보건복지인력개발원의 자살 예방 기본교육의 자료를 참고함.

중요하다.[351]

III. 자살유가족의 아픔 이해(자살유가족 돕기)

1) 자살로 인한 외상과 애도 과정

인간이 느끼는 심리적 외상(外傷) 중 가족의 자살은 최고의 스트레스로 남게 된다. 질병이나 사고로 인해 가족을 잃는 것도 매우 큰 슬픔이지만, 자살로 가족을 잃는 경우는 더 복합적이다. 그런 의미에서 자살유가족들은 다양한 외상의 감정을 갖게 된다. 자살유가족은 자살자 주변의 가족, 친지 등을 포함하는 개념이다. 그들은 상실감, 절망감, 무력감 그리고 원망과 분노, 죄책감, 사회적 편견으로 인한 고립감 등을 경험하게 된다. 또한 유가족들은 다양한 신체·정신적 고통을 겪으며, 2차 자살로 이어지기도 한다.[352] 그러므로 유가족을 이해하고 돕는 과정이 매우 중요하다.

그 과정의 시작은 애도(哀悼) 과정이다. 애도는 상실을 경험한 사람들에게 필요한 과정이다. 상실로 인한 슬픔을 충분히 슬퍼하고, 그 슬픔에서 벗어나는 전(全) 과정을 말한다. 유가족의 개인에 따라 그 과정의 시간과 방법이 조금씩 다를 수는 있으나, 애도 과정이 있어야 슬픔을 이겨내고 자기 삶으로 돌아올 수 있다. 즉 상실과 회복(복구)의 과정

---

351) 자살 문제에 도움을 받을 수 있는 전문기관은 중앙자살예방센터(02-2203-0053), 자살예방핫라인(정신건강위기상담센터 1577-0199), 중앙심리부검센터(02-555-1095), 희망의 전화(129) 등이 있다.
352) 『자살유가족매뉴얼』 장창민 외, 학지사, 2018년, p20. 자살유가족들이 겪는 부적응의 유형에는 정신적으로 41.4%가 불면증을, 37.9%가 알코올의존을, 24.2%가 니코틴 의존의 문제로 나타났으며, 정신과 치료를 받은 경우가 25.3%에 달했다. 유가족이 자살을 시도한 경우가 7.4%, 자살자가 발생한 경우가 2.1%로 보고되고 있다.

이 충족되어야 한다. 애도 과정에 대한 이론들은 여러 가지가 있다. 사별 대처에 대한 상실 중심과 복구 중심의 상호과정을 통해 애도하는 이중과정 모델[353]은 대표적인 이론이다. 또한 슬픔의 수레바퀴 이론[354]에서는 상실을 경험한 유가족이 충격단계와 저항단계, 혼란 단계, 재정의 단계를 통해 회복되는 과정을 말한다. 이러한 이론들을 바탕으로 『자살유가족 매뉴얼』에서는 '충격 시기', '직면 시기', '조정 시기'로 개념을 정리하였다.

자살유가족을 돕는 출발점은 자살자의 죽음을 인지한 순간에서부터 시작된다. 가족의 죽음을 경험한 후에 슬퍼하는 과정은 당연한 일이지만, 자살의 경우 슬퍼하는 과정은 질병이나 사고로 인한 죽음에 대해 슬퍼하는 경우와 다르게 나타난다. 왜냐하면 아직도 자살을 바라보는 사회적인 인식이 부정적이기 때문이다. 하지만 자살유가족도 일반 유가족과 같은 상실을 경험한 사람들이다. 죽음을 인지한 순간은 엄청난 충격의 단계이다. 충격의 단계는 장례의 과정과 겹친다. 그러므로 애도 기간에 자살자의 가족이나 친지, 친구들이 함께 만나 감정을 공유하면서 유가족을 돕는 과정이 시작된다. 먼저, 유가족을 도울 수 있는 시작은 가족이다. 가족은 지지와 도움의 중요한 원천이다. 가족은 슬픔을 공유할 수 있으므로 상실을 극복하는 중요한 요소이다. 비난하거나 원망하기보다는 슬픔을 자유롭게 표현하며, 유대감을 높여야 한다. 그리고 유가족이나 자살자와 가까이 지냈던 친구와 직장동료, 이웃, 학교 교사 등의 지지와 위로는 매우 중요하다. 자살자와 유가족에 대해 이해

---

[353] 이중과정 모델은 스트로베와 셧(Stroebe & Schut, 1999)의 이론으로 사별에 적응해 가는 과정에서 상실 중심 대처(loss orientation)와 복구 중심 대처(restoration orientation) 과정을 통해 슬픔에 대처하는 모델이다.
[354] 슬픔의 수레바퀴 이론은 스팽글러와 데미(Spangler & Demi, 1988)의 이론으로 상실, 충격, 저항, 혼란, 재정의, 회복, 악화의 7단계를 말한다.

의 감정을 가지고 위로해야 한다. 많은 말이 필요한 것이 아니라, 정서적인 공감의 언어와 몸짓으로도 도움을 줄 수 있다. 더 나아가 전문가 그룹의 도움과 지지가 필요하다. 의료진, 상담사, 사회복지사 등 의료적이고 심리적인 전문적 접근을 통해 유가족을 돕는 일이다.

2) 자살유가족을 돕기 위한 매뉴얼

『자살유가족 매뉴얼』에서 저자는 자살유가족을 돕는 이를 위한 치료적 지침에서 다음 네 가지 요소를 제시했다.[355] 첫째, 아무런 이유를 붙이지 말고 지지(支持)해 주어야 한다. 자살로 사망한 가족에 대한 사랑과 기억을 간직할 수 있도록 해 주어야 한다. 그리고 자살에 이르기까지 겪었을 자살자의 아픔과 고통을 충분히 이해할 수 있도록 해 주어야 한다. 자살유가족의 이야기를 들어주고, 울 수 있도록 해 주며, 죽은 사람에 대해 자유롭게 이야기할 수 있도록 기회를 주어야 한다. 작지만 친절한 행동으로 필요한 만큼의 시간 동안 지지를 제공하는 것이다. 둘째, 어떠한 도움을 청하더라도 도와줄 수 있는 의지(依支)의 대상이 되어야 한다. 의지는 자살유가족이 언제든지 도움을 요청하면 들어줄 수 있다는 마음을 갖게 해 주는 것이다. 즉 누군가에게 의지할 수 있다는 점은 유가족에게 큰 힘과 용기를 주는 것이다. 의지의 대상은 가족 간에도, 친구나 동료 간에도, 전문가에게도 해당한다. 셋째, 도움을 주는 사람과 도움을 받는 사람 모두가 애도에 대한 충분한 지식(知識)을 갖추어야 한다. 비록 슬픔에 처한 사람이 당장은 경황이 없을지라도,

---

355) 『자살유가족매뉴얼』 p43~p48. 원문의 내용을 필자의 방식으로 정리하였다. 특히 자살유가족들은 다른 사람이나 신(神)에 대한 분노, 자기 자신을 향한 분노, 죽은 사람에 대한 분노 등을 느끼기도 한다. 분노를 느끼고 표현하는 것은 정상적인 슬픔의 과정으로 이해해야 한다. 분노의 감정을 표현하는 것은 현실에 직면하는 것이며, 필요한 과정이다. 또한 자살에 대한 표현에 있어서 '자살 성공'이나 '자살 실패' 등의 표현은 적절하지 않다.

그 슬픔을 겪으면서 알고 배워 나가는 교육과정은 치유의 핵심이 될 수 있다. 자살의 복잡성에 대해 아는 것은 자살유가족을 괴롭히는 많은 질문에 대해 해답을 제공한다. 가장 흔한 질문 중의 하나가 "왜?"이다. 이 질문이 해소되지 않는 한 앞으로 나아갈 수 없다. 자살에 대해 전문가들과 대화를 나눔으로 자살한 가족을 이해하고, 그 고통을 조금이라도 공감할 수 있다. 넷째, 충분한 시간(時間)이 필요하다. 시간이 슬픔을 완벽하게 치유할 수는 없으나 지지와 의지 그리고 지식을 통해 유가족이 잘 견디고 있다고 깨닫기까지 시간이 필요하다. 그 시간 동안 상실과 복구가 반복되고, 혼란과 재정의(의미부여)가 뒤섞인다 해도 충분한 시간을 주어야 한다. 필요한 만큼 오랫동안 슬픔을 느끼고 자신의 감정을 정리할 수 있도록 도와주는 시간이 필요하다.

자살유가족을 돕는 전문가(정신과 의사와 상담사, 싸나톨로지스트)들은 유가족들이 자신의 가치를 유지하고, 의미를 탐색할 수 있도록 도와야 한다. 수용적인 분위기에서 상담을 진행하며, 죽은 이가 없는 미래의 삶을 계획할 수 있도록 격려해야 한다. 특히 유가족들이 자살 생각을 하는지 지속해 관찰해야 한다. 내담자의 가족과 지지그룹 그리고 같은 경험을 겪은 이들과의 자조(自助) 모임을 통해 자살을 이해하고, 상실을 위로하고, 죄책감에서 벗어나 사회적 고립이 아닌 사회적 연대 안에서 다시 살아갈 수 있도록 도와야 한다.

IV. 어느 노인의 자살 이야기

1) 인적 사항: 강OO, 76세(남), 종교/기독교

2) 건강 상태: 우울증약 복용 중, 가벼운 심혈관 질환, 대체로 건강한 편. 심장이 크게 뛰고 약간의 통증이 있음을 호소함. 밤에 거의 잠을 자지 못한다고 말함.

3) 가족 사항: 결혼을 3번 함. 첫 번째 부인과 20년 정도 살다가 이혼함(이혼 사유는 종교 문제). 아들 2명이 있음. 두 번째 부인과 10년 정도 살다가 이혼함(이혼 사유는 성격 차이). 아들과 딸이 2명 있음. 세 번째 부인과는 60대에 만나서 10년 정도 동거함. 세 번째 부인에게는 전 남편의 아들과 딸이 있었음. 첫 번째와 두 번째 부인에게서 낳은 4명의 자녀는 아버지에 대한 원망과 미움이 있음. 큰아들이 기본적인 도리로서 양로시설에 입소 의뢰. 버림받은 상태에서 혼자 여관에 방치되어 있었음.

4) 첫인상 및 행동 특성: 우울한 표정과 자포자기(自暴自棄)한 심정을 보임. 본인이 양로원에 입소한다는 것을 흔쾌히 인정하지 않음. 생활에 대한 적극적 태도를 보이지 않음.

5) 심리적·사회적 문제: 배신에 대한 분노와 억울함이 겹쳐있음. 세 번째 부인으로부터 버림당함에 대한 절망감 보임. 그동안 모았던 재산을 세 번째 부인과 그녀의 자녀들에게 다 **빼앗겼다**는 분노가 큼. 재산

을 다시 찾을 수 있는지 물어봄. 주변에 친구가 없음. 큰아들이 교회를 나갔기 때문에 교회와의 미미한 관계망 있음. 결국 가족과 사회로부터 고립되어 있음.

6) 경제력: 재산을 다 잃어버렸으나 생활력은 강한 분임. (대리석 노동자로 돈을 벌었음)

7) 입소 후 대처: 라포 형성을 위해 양로원 종사자들이 친절한 태도를 보여줌. 심리적 안정을 위해 본인의 이야기를 충분히 들어줌. 억울함이나 분노의 감정을 이해해 줌. 입소 절차를 밟아 햇빛이 잘 드는 방을 배치해 줌. 법률적으로 재산을 찾는 일이 쉽지 않다는 점을 설명함 (주택 명의 문제와 도박 빚을 갚아 준 문제). 종교 활동에 관심을 두도록 유도함(매일 성경을 읽고 기도하도록 안내). 양로원 내에서 작은 일들이지만 일정의 역할을 부여함.

8) 입소 이후 평가: 시간이 지남에 따라 차츰 안정적인 모습을 보임. 분노의 감정은 많이 해소되는 듯함. 매일의 종교 활동에서 본인 스스로 위안을 얻는다고 말함. 양로원 내의 타(他) 입소자와 원만한 관계를 유지함. 양로원의 여성 종사자들과 대화도 잘하고 농담도 건네며 좋은 관계를 유지함. 하지만 마음이 늘 불안하고 죽을 것 같은 두려움을 느낀다고 말함. 삶에 대한 회한 즉 자신이 인생을 잘못 산 것 같다는 후회의 모습을 보임. 월 2회의 정기적인 진료를 통해 심장 관련 약과 정신과적 약을 먹게 함. 결과적으로 안정적 모습을 보임에 대해 양로원 직원들이 매우 흡족해함.

9) 자살 실행: 어느 날 전혀 예기치 못한 상황 (예상적 징후를 발견하지 못한)에서 산에 올라가 나무에 줄을 걸고 스스로 목숨을 끊음. 유서를 남김. 유서에는 자식들에게 미안하다는 말만 있음.

10) 분석: 자살 연구 스터디(고려대학교 죽음교육연구센터)에서 이 사례를 토의한 후 다음과 같은 의견들이 제시됨. ①노인이 겪게 되는 상실 중 '배우자와의 이별' 뿐만 아니라, '자녀와의 관계 단절'도 중요한 요인이라고 본다. ②대상자가 '예상적 징후'를 보여주지 않은 상황에서, 급성 자살을 선택한 원인은 만성적인 심장 관련 질병에 대한 두려움과 밤에 불안감을 지속해 느끼는 고통이었다고 본다. ③시설 내에서 적응하면서 이러한 문제를 극복하기 위해 노력했으나, '자아 통합감'을 형성하지 못하고, 또한 절망감을 극복하지 못한 점이 있다고 본다. 그것은 실패한 자기 삶에 대한 자책감이 원인일 수 있다. ④깊은 우울의 단계에서는 자살을 시행하기 어려울 수 있는 무기력이 있었디먼, 오히려 우울에서 벗어나면서 자살 시도를 실행했을 수 있다고 본다.[356] 그러므로 자살을 생각하는 노인의 상담에서 우울을 벗어나는 모든 과정을 주의 깊게 살펴볼 필요가 있다.

11) 죽음학에서의 단상(斷想): 이 세상에 태어나 약 80년을 산 그는 인생의 마지막 순간에 어디로 돌아가고 싶었을까? 그가 겪은 절망과 고통은 자기 삶을 송두리째 무너뜨린 사건이었을 것이다. 버려졌다는 절망감, 잘못 살아왔다는 죄책감, 재산을 비롯해 자신이 쌓아 온 모든

---

356)『자살과 목회상담』김충렬, 학지사, 2010년, p28. 우울증은 자살 유발과 깊은 관련이 있으며, 특히 우울에서 회복되는 기간에 자살 유발 위험성이 가장 높다고 말한다. 강00님의 사례에서 일상생활이 안정되고 우울감이 감소했던 시기에 발생한 급성적 자살 사례라고 볼 수 있다.

것을 빼앗겼다는 분노의 감정은 자신이 자신을 죽임으로 끝내고 싶었을 것이다. 하지만 그 모든 것은 원래 없었던 것이었다. 외형과 외피로 형성된 것들이 모두 아무것도 아님(歪像)을 그는 몰랐을까? 진정한 자기 자신을 대면하고자 하는 열망과 욕구는 왜 의미화 되지 못했을까? 다시 돌아옴, 즉 재귀(再歸)적 삶을 선택할 수 없었을까? 그의 시선은 마지막까지 밖을 향해 있었던 것 같다. 내면으로 향한 시선을 알아차릴 수 있었다면, 지금도 하루의 일상을 살고 있었을 것이다. 나무에 걸려 있던 그의 몸을 바닥에 누이고, 조용히 그의 얼굴을 바라보았다.

[6부와 7부 사이에서 반드시 살펴봐야 할 것들]

외상론에서는 외상적 사건과 자살에 대한 심리적, 사회적, 생리적 관점에서의 이해와 개입 방법을 다룬다. 외상적 사건은 자아를 분리하고 삶의 의미를 찾기 어렵게 만드는데, 이러한 외상 경험은 PTSD와 같은 정신 건강 문제로 이어지며, 치료는 의미화 과정을 통한 회복을 목표로 한다. 감정의 인식과 표현, 그리고 외상 후 성장(PTG)을 촉진하는 상담기법은 트라우마 회복에 중요한 역할을 한다. 자살은 자아의 경계가 분열된 상태에서 발생하며, 자살에 대한 접근은 단순한 부정적 평가를 넘어서 그 원인과 치료적 방법을 이해하는 데 초점을 맞춘다. 자살은 심리적, 생리적, 사회적 요인들이 복합적으로 작용하며, 이를 예방하기 위한 개입은 위기 상태에서의 신속한 대응과 감정적 공감을 기반으로 이루어진다. 자살을 인간학적으로 탐구하며, 자살자의 고통을 이해하고 그들의 실존적 갈등을 해결하는 과정이 핵심적이다.

외상 경험은 죽음과 상실을 처음 인식하는 계기가 되며, 이는 이후 삶에서 죽음을 어떻게 받아들이고 의미화할 것인지에 깊은 영향을 미친다. 외상을 겪은 개인은 존재에 대한 불안과 상실의 감정을 경험하며, 이러한 감정은 삶의 본질적 문제를 탐구하는 과정으로 이어질 수 있다. 인간은 상실과 고통 속에서 자신의 정체성을 재정립하고, 실존적 성찰을 통해 삶과 죽음의 의미를 새롭게 구성하게 된다. 또한, 언어를 통해 자신의 감정을 표현하고 해석하는 과정은 죽음에 대한 태도를 형성하는 중요한 요소가 된다. 따라서 외상적 경험을 이해하는 과정에서 시작된 학습은 인간 존재의 본질과 죽음을 탐구하는 보다 깊은 실존적 논의로 확장되며, 이를 통해 죽음과 삶을 더욱 주체적으로 받아들이는 태도를 형성하도록 돕는다.

참고문헌

제4부 비탄 감정론

Beck, Aaron T. Cognitive Therapy. Penguin Books, 1979.

Becker, Ernest. The Denial of Death. Free Press, 1973.

Bowlby, John. Attachment and Loss. Basic Books, 1969.

Damasio, Antonio. Looking for Spinoza: Joy, Sorrow, and the Feeling Brain. Harcourt, 2003.

Doka, Kenneth J. Disenfranchised Grief: Recognizing Hidden Sorrow. Lexington Books, 1989.

Dreyfus, Hubert L., and Stuart E. Dreyfus. "The Challenge of Merleau-Ponty's Phenomenology of Embodiment for Cognitive Science." Perspectives on Embodiment, edited by Gail Weiss and Honi Fern Haber, Routledge, 1999, pp. 103-120.

Frankl, Viktor E. Man's Search for Meaning. Beacon Press, 1959.

· Freud, Sigmund. Das Ich und das Es. Internationaler Psychoanalytischer Verlag, 1923.

Freeman, Walter J. How Brains Make Up Their Minds. Columbia University Press, 2000.

Freud, Sigmund. "Zur Geschichte der psychoanalytischen Bewegung." Jahrbuch für Psychoanalyse, vol. 6, 1914, pp. 207-260.

Freud, Sigmund. Zur Psychopathologie des Alltagslebens. S. Karger, 1901.

Freud, Sigmund. Totem und Tabu: Einige Übereinstimmungen im Seelenleben der Wilden und der Neurotiker. Hugo Heller, 1913.

Freud, Sigmund, and Josef Breuer. Studien über Hysterie. Franz

Deuticke, 1895.

Freud, Sigmund. "Das ökonomische Problem des Masochismus." Internationale Zeitschrift für Psychoanalyse, vol. 10, no. 2, 1924, pp. 121-133.

Greenfield, Susan. Brain Story: Why Do We Think and Feel as We Do? BBC Books, 2000.

Greenberg, Leslie S. Emotion in Psychotherapy: Affect, Cognition, and the Process of Change. Guilford Press, 1993.

Greenberg, Leslie S. "Integrating Affect and Cognition: A Perspective on the Process of Therapeutic Change." Cognitive Therapy and Research, vol. 8, 1984, pp. 559-578.

Greenberg, Leslie S., and Korman, L. "Integrating Emotion in Psychotherapy." Journal of Psychotherapy Integration, vol. 3, no. 3, 1993, pp. 249-265.

Johnson, Mark. The Body in the Mind: The Bodily Basis of Meaning, Imagination, and Reason. University of Chicago Press, 1987.

Meagher, David K., and David E. Balk, editors. Handbook of Thanatology: The Essential Body of Knowledge for the Study of Death, Dying and Bereavement. Routledge, 2013.

Mischel, Walter, and Yuichi Shoda. Introduction to Personality: Toward an Integration. 7th ed., John Wiley & Sons, 2004.

Parkes, Colin Murray. Bereavement: Studies of Grief in Adult Life. International Universities Press, 1987.

Whitehead, Alfred North. Process and Reality. The Free Press, 1929.

Worden, J. William. Grief Counseling and Grief Therapy: A Handbook for the Mental Health Practitioner. Springer Publishing Co, 2002.

김기곤. "죄책감과 수치심."『한국싸나톨로지협회 학술자료집』, vol. 7.

마크 존슨.『마음속의 몸』. 노양진 옮김, 철학과 현실사, 2000.

빅터 프랭클.『의미를 향한 소리 없는 절규』. 오승훈 옮김, 청아출판사, 2005.

수잔 그린필드.『브레인 스토리』. 정병선 옮김, 지호, 2004.

어네스트 베커.『죽음의 부정』. 한빛비즈, 2019.

월터 미첼.『성격심리학』. 손정락 옮김, 시그마프레스, 2006.

월터 프리먼.『뇌의 마음』. 진성록 옮김, 부글, 2007.

임병식. "기질변화연구."『철학연구』, vol. 36.

임병식, 신경원. "감정의 사분면."『죽음교육교본』, 가리온, 2016.

지그문트 프로이드.『정신분석의 탄생』. 임진수 옮김, 열린책들, 2009.

지그문트 프로이드.『정신병리학의 문제들』. 황보석 옮김, 열린책들, 2009.

지그문트 프로이드.『토템과 터부』. 강영계 옮김, 지식을 만드는지식, 2013.

지그문트 프로이드.『히스테리 연구』. 이윤기 옮김, 열린책들.

고전 문헌

孔子 述, 子貢 等 編.『論語』. 春秋末期 (c. 5th century BCE).

老子.『道德經』. 戰國時代初期 (c. 4th century BCE).

孟子 述, 萬章 等 編.『孟子』. 戰國時代中期 (c. 4th-3rd century BCE).

曾子 述, 子思 編.『大學』. 戰國時代末期 (c. 5th-3rd century BCE).

제5부 애도론

American Psychiatric Association. 『Diagnostic and Statistical Manual of Mental Disorders, Fourth Edition (DSM-IV)』. Washington, DC: American Psychiatric Association, 1994.

Assmann, Aleida. Erinnerungsräume: Formen und Wandlungen des kulturellen Gedächtnisses. C.H. Beck, 1999.

Attig, T. How we grieve: Relearning the world. New York: Oxford University Press, 1996.

Austin, J. L. How to Do Things with Words. Harvard University Press, 1962.

Badiou, Alain. L'être et l'événement. Éditions du Seuil, 1988.

Bergson, Henri. Matière et mémoire: Essai sur la relation du corps à l'esprit. Félix Alcan, 1896.

Carr, E.H. 『What is History?』. London: Macmillan, 1961.

Caruth, C. Trauma exploration in memory. Baltimore Johns Hopkins University Press, 1995.

De Sousa, Ronald. Emotional Truth. Oxford University, 2011.

Deleuze, Gilles. 『Différence et répétition』(차이와 반복). Paris: Presses Universitaires de France, 1968.

Dilthey, Wilhelm. 『Der Aufbau der geschichtlichen Welt in den Geisteswissenschaften』. Berlin: B. G. Teubner, 1910.

Doka, Kenneth J. "Introduction." Beyond Kübler-Ross: New perspectives on death, dying & grief. Washington, DC: Hospice Foundation of America, 2011.

Frankl, Viktor E. Ein Psycholog erlebt das Konzentrationslager. Verlag für Jugend und Volk, 1946.

Frankl, Viktor E. The Unheard Cry for Meaning: Psychotherapy and Humanism. Simon & Schuster, 1978.

Freeman, Walter J. How Brains Make Up Their Minds. Columbia University Press, 2000.

Freud, Sigmund. 『The Complete Letters of Sigmund Freud to Wilhelm Fliess, 1887-1904』. Cambridge: Harvard University Press, 1985.

Freud, Sigmund. Das Ich und das Es. Internationaler Psychoanalytischer Verlag, 1923.

Freud, Sigmund, and Josef Breuer. Studies on Hysteria. Translated by James Strachey, Basic Books, 1957.

Freud, Sigmund. "Mourning and Melancholia." The Standard Edition of the Complete Psychological Works of Sigmund Freud, Volume XIV (1914-1916), translated by James Strachey, Hogarth Press, 1957, pp. 237-258.

Gadamer, Hans-Georg. 『Wahrheit und Methode』(진리와 방법). Tübingen: J.C.B. Mohr, 1960.

Greenberg, Leslie S. Emotion in psychotherapy: Affect, cognition, and the process of change. New York: Guilford Press, 1993.

Heidegger, Martin. 『Die Zeit des Weltbildes』. 1938.

Husserl, Edmund. 『Logische Untersuchungen』 제2권. Halle: Max Niemeyer, 1900-1901.

Jaspers, Karl. Was ist der Mensch?. Munchen, 2000.

Jonas, Hans. 『Das Prinzip Verantwortung』. University of Chicago Press, 1984.

Klass, Silverman, Nickman. Continuing bonds: New understandings of grief. Washington, DC: Taylor & Francis, 1996.

Kristeva, Julia. Soleil noir: Dépression et mélancolie. Gallimard, 1987.

Kübler-Ross, Elisabeth, and David Kessler. On Grief and Grieving: Finding the Meaning of Grief Through the Five Stages of Loss. Scribner, 2005.

Kübler-Ross, Elisabeth. On death and dying. New York: Macmillan, 1969.

Kübler-Ross, Elisabeth. Life Lessons: Two Experts on Death and Dying Teach Us About the Mysteries of Life and Living. With David Kessler, Scribner, 2000.

Lakoff, George, and Mark Johnson. Philosophy in the Flesh: The Embodied Mind and Its Challenge to Western Thought. Basic Books, 1999.

Lindemann, E. "Symptomatology and management of acute grief." American Journal of Psychiatry, 101, 1944.

Luft, Joseph & Ingham, Harry. 「The Johari Window: A Graphic Model of Interpersonal Awareness」. UCLA, 1955.

Merleau-Ponty, Maurice. 「Phénoménologie de la perception」. Paris: Gallimard, 1945.

Neimeyer, R.A. "Complicated grief and quest for meaning." Omega, The Journal of Death and Dying, 52.

Neimeyer, R.A. "Traumatic loss and the reconstruction of meaning." Journal of Palliative medicine, 5.

Nietzsche, Friedrich. 「Also sprach Zarathustra」. Chemnitz: Ernst Schmeitzner, 1883-1885.

Parkes, Colin Murray. Bereavement: Studies of grief in adult life. Madison, CT: International Universities Press, 1987.

Ryle, Gilbert. The Concept of Mind. Hutchinson's University Library, 1949.

Saunders, Cicely. "Spiritual Pain." Hospital Chaplain, 1988.

Scheler, Max. The Nature of Sympathy(Wesen und Formen der

Sympathie). Translated by Peter Heath, Routledge & Kegan Paul, 1954.

Spinoza, B. 『에티카』. 강영계 옮김, 서광사, 2008.

Stroebe & Schut. "Risk factors in bereavement outcome." Handbook of bereavement research.

Worden, J.W. Children and grief: When a parent dies. New York: Guilford Press, 1996.

Worden, J.W. Grief counseling and grief therapy: A handbook for the mental health practitioner. New York: Springer Publishing Co, 2002.

Yontef, Gary M. Awareness, Dialogue and Process: Essays on Gestalt Therapy. The Gestalt Journal Press, 1993.

게리 욘테프. 『알아차림, 대화 그리고 과정』. 학지사, 2008.

길버트 라일. 『마음의 개념』. 이한우 옮김, 문예출판사, 2004.

김정규. 『게슈탈트 심리치료』. 학지사, 1993.

김창환. 『몸과 마음의 생물학』. 지성사, 1995.

룡수(龍樹). 『中論』. ca. 150-250 CE.

막스 셸러. 『동감의 본질과 형태들』. 조정옥 옮김, 아카넷, 2008.

몽배원(蒙培元). 『정감과 이성』. 임병식 옮김, 예문서원, 2017.

몽배원(蒙培元). 『中國心性論』. 대북: 대만학생서국, 1990.

빅터 프랭클. 『삶의 의미를 찾아서』. 이시형 옮김, 청아출판사, 2005.

빅터 프랭클. 『의미를 향한 소리 없는 절규』. 오승훈 옮김, 청아출판사, 2005.

서동욱. 『차이와 타자』. 문학과 지성사, 2016.

알라이다 아스만. 『기억의 공간』. 변학수·백설자·채연숙 옮김, 경북대학교 출판부, 1999.

알랭 바티유. 『존재와 사건: 사랑과 예술과 과학과 정치 속에서』. 조형준 옮김, 새물결, 2013.

앙리 베르그손. 『물질과 기억』. 박종원 옮김, 아카넷, 2005.

오스틴, J.L. 『말과 행위: 오스틴의 언어철학 의미론 화용론』. 김영진 옮김, 서광사, 1992.

엘리자베스 퀴블러로스. 『상실 수업』. 김소향 역, 이레, 2007.

엘리자베스 퀴블러로스. 『인생 수업』. 유시화 번역, 이레, 2005.

월터 프리먼. 『뇌의 마음』. 진성록 옮김, 부글, 2007.

이승환. 「주자의 공동체주의적 생태윤리」. 『동아세아 주자학의 현재와 미래』, 2006.

이정우. 『사건의 철학: 삶 죽음 운명』. 그린비, 2011.

임병식. 「예기에 나타난 생사관 특성 고찰」. 『철학사상』 제84집.

임병식. 「주희 사생관의 인륜적 함의 고찰」. 『동양철학』 제57집.

임병식. 「화해와 용서의 실천적 시론」. 『생명, 윤리와 정책』 제6권 제1호, 2022.

임병식. 『삼성지묘』. 가리온 출판사, 2021년

장현갑. 『생물심리학』. 민음사, 1987.

지그문트 프로이드. 『자아와 이드』. 박찬부 옮김, 열린책들, 2015.

조지 레이코프, 마크 존슨. 『몸의 철학』. 임지룡 외 옮김, 박이정, 2002.

줄리아 크리스테바. 『검은 태양 - 우울증과 멜랑콜리』. 김인환 옮김, 동문선, 2004.

고전 문헌

Plato. 『Phaedo』. c. 360-380 BCE.

공자(孔子). 『논어』. 춘추말기.

구마라집. 『金剛般若波羅蜜經』. 402-413 CE.

맹자(孟子). 『맹자』. 전국시대중기.

반야심경(般若波羅蜜多心經). 현장 역, ca. 7세기.
왕수인(王守仁). 『왕양명전집』 권이. 1572.
임제의현. 『임제록』. 상산징주 편, 11세기경.
장자(莊周). 『장자』. 350-300 BCE.

제6부 외상론

Alexander, Jeffrey. "Towards a theory of cultural trauma." In Cultural trauma and collective identity. Berkeley: University of California Press, 2004.

Alexander, I.E., & Alderstein, A.M. "Affective responses to the concept of death in a population of children and early adolescents." Journal of Genetic Psychology, 93, 1958.

American Psychiatric Association. 『Diagnostic and Statistical Manual of Mental Disorders, Fifth Edition (DSM-5)』. Washington, DC: American Psychiatric Publishing, 2013.

Briere, John N., and Catherine Scott. Principles of Trauma Therapy: A Guide to Symptoms, Evaluation, and Treatment. 3rd ed., Sage Publications, 2014.

Damasio, Antonio. Looking for Spinoza: Joy, Sorrow, and the Feeling Brain. A Harvest Book: Harcourt, Inc., 2003.

Durkheim, Émile. Suicide: A Study in Sociology. Translated by John A. Spaulding and George Simpson, Free Press, 1951.

Frankl, Viktor E. The Unheard Cry for Meaning: Psychotherapy and Humanism. Simon & Schuster, 1978.

Freeman, Walter J. How Brains Make Up Their Minds. Columbia

University Press, 2000.

Freud, Sigmund. The Standard Edition of the Complete Psychological Works of Sigmund Freud, Volume XIV: On the History of the Psycho-Analytic Movement, Papers on Metapsychology, and Other Works (1914-1916). Translated by James Strachey, Hogarth Press, 1957.

Freud, Sigmund. The Origins of Psychoanalysis: Letters to Wilhelm Fliess, Drafts and Notes, 1887-1902. Basic Books, 1954.

Freud, Sigmund. "On Psychopathology: Inhibitions, Symptoms and Anxiety, and Other Works." The Standard Edition of the Complete Psychological Works of Sigmund Freud, Volume XX. Translated by James Strachey, Hogarth Press, 1959.

Gendlin, E.T. Experiencing and the creation of meaning. New York: Free Press of Glencoe, 1962.

Greenberg, L.S. Emotion in psychotherapy: Affect, cognition, and the process of change. New York: Guilford Press, 1993.

Herman, Judith. 『Trauma and Recovery』. Basic Books, 1992.

Husserl, Edmund. Phenomenological Psychology: Lectures, Summer Semester 1925. Translated by John Scanlon, Martinus Nijhoff, 1977.

Jaspers, Karl. General Psychopathology. Translated by J. Hoenig and Marian W. Hamilton, Johns Hopkins University Press, 1997.

Joiner, Thomas. Why People Die by Suicide. Harvard University Press, 2005.

Klass, Silverman, & Nickman. Continuing bonds: New understanding of grief. Washington, DC: Taylor & Francis, 1996.

Lacan, Jacques. 『Écrits』. Paris: Éditions du Seuil, 1966.

Lipsky, Laura van Dernoot, and Connie Burk. Trauma Stewardship: An Everyday Guide to Caring for Self While Caring for Others. Berrett-Koehler Publishers, 2009.

Meagher, David A. & Balk, David E. 『Handbook of Thanatology』. New York: Routledge, 2013.

Monestier, Martin. Le Suicide: Histoire, Techniques et Bizarreries de la Mort Volontaire. Le Cherche Midi, 1995.

Ravaisson, Félix. De l'habitude. H. Fournier et Cie., 1838.

Shneidman, Edwin S. The Suicidal Mind. Oxford University Press, 1996.

Spangler, P.F., & Demi, A.S. "The Wheel of Grief." Journal of Psychosocial Nursing, 26(10), 1988.

Stroebe, M., & Schut, H. "The Dual Process Model of Coping with Bereavement." Death Studies, 23(3), 1999.

van der Kolk, Bessel. The Body Keeps the Score: Brain, Mind, and Body in the Healing of Trauma. Viking, 2014.

Young, M. & Erickson C. "Cultural impediments to recovery: PTSD in contemporary America." Journal of Traumatic Stress, 14, 1989.

김호경. 『자살예방커뮤니케이션』. 커뮤니케이션북스, 2015.

김호경. 『자살예방 및 생명존중문화 확산을 위한 미디어 보도 방안』. 한국언론진흥재단, 2017.

립스키, L.D. & 버크, C. 『트라우마 관리하기』. 김덕일 역, 학지사, 2021.

마틴 모네스티어. 『자살에 관한 모든 것』. 한명희 역, 새움출판사.

박형민. 『한국의 자살 형태와 대책』. 한국형사정책연구원, 2010.

베셀 반 데어 콜크 『트라우마: 몸은 기억한다』. 제효영 역, 을유문화사, 2016.

빅터 프랭클. 『의미를 향한 소리 없는 절규』. 오승훈 역, 청아출판사, 2005.
서종한. 『심리부검』. 시간여행, 2019.
신경원. 「자살 결심자의 심리상태 연구」. 한국죽음교육학회 논문집 8.
존 브리어, 캐서린 스캇. 『트라우마 상담 및 심리치료의 원칙』. 이동훈 외 4인 역, 시그마프레스, 2020.
월터 프리먼. 『뇌의 마음』. 부글, 2007.
에드먼드 후설. 『현상학적 심리학』. 이종훈 옮김, 한길사, 2013.
에드윈 슈나이드먼. 『자살하려는 마음』. 한울, 2019.
에밀 뒤르켐. 『자살론』. 황보종우 역, 청아출판사, 2019.
이준일. 『13가지 죽음, 어느 법학자의 죽음에 관한 사유』. 지식프레임, 2015.
임병식, 신경원. 『죽음교육교본』. 가리온, 2016.
임병식. 『바울과 이제마의 만남』. 가리온출판사, 2001.
장창민 외. 『자살 유가족 매뉴얼』. 학지사, 2018.
지그문트 프로이드. 『정신분석학의 근본 개념』. 윤희기·박찬부 옮김, 열린책들, 1997.
지그문트 프로이드. 『정신분석의 탄생』. 임진수 옮김, 열린책들, 2009.
지그문트 프로이드. 『정신병리학의 문제들』. 황보석 옮김, 열린책들, 2009.
최상욱. 『하이데거 vs 레비나스』. 세창출판사, 2019.
칼 야스퍼스. 『정신병리학 총론』. 송지영 외 역, 아카넷, 2014.
토마스 조이너. 『왜 사람들은 자살하는가?』. 김재성 옮김, 황소자리, 2012.

고전 문헌

펠릭스 라베쏭. 『습관에 대하여』. 최화 옮김, 누멘, 2010.
왕양명(王陽明). 『전습록(傳習錄)』. 1518년경.

색인

ㄱ

가학증 121, 123, 136, 137, 138, 139, 141, 142, 143, 145, 146, 148, 318, 332
간극 147, 286, 308, 315, 319, 342, 488, 489, 490, 496
감정 2, 3, 9, 12, 13, 14, 15, 16, 17, 19, 20, 25, 29, 31, 33, 36, 37, 38, 39, 40, 42, 49, 51, 55, 56, 57, 58, 59, 60, 61, 62, 67, 70, 72, 73, 75, 76, 79, 80, 81, 84, 85, 86, 87, 88, 89, 90, 91, 92, 93, 94, 95, 96, 97, 98, 99, 100, 101, 106, 107, 109, 110, 111, 112, 113, 114, 115, 116, 117, 118, 121, 122, 123, 124, 126, 127, 128, 131, 132, 133, 134, 153, 154, 160, 161, 162, 163, 171, 173, 174, 175, 176, 177, 178, 180, 181, 182, 183, 184, 185, 186, 187, 191, 193, 194, 195, 199, 200, 210, 211, 212, 213, 215, 216, 217, 218, 220, 221, 222, 223, 230, 231, 233, 234, 235, 236, 237, 238, 239, 240, 241, 242, 243, 244, 245, 246, 247, 248, 249, 251, 252, 253, 256, 257, 260, 262, 267, 271, 272, 274, 275, 276, 277, 278, 279, 281, 282, 286, 287, 290, 291, 292, 294, 298, 299, 305, 310, 312, 314, 322, 323, 325, 326, 327, 332, 333, 335, 336, 339, 341, 342, 343, 344, 347, 348, 349, 350, 351, 352, 356, 357, 358, 359, 360, 361, 363, 364, 365, 366, 367, 368, 369, 370, 373, 374, 375, 377, 379, 383, 385, 387, 390, 394, 395, 398, 401, 402, 407, 408, 409, 410, 411, 412, 413, 414, 415, 416, 417, 418, 419, 424, 425, 426, 427, 428, 436, 448, 451, 457, 460, 462, 478, 500, 511, 516, 517, 519, 520, 521, 524, 525, 543, 546, 547, 548, 549, 550, 552, 554, 555, 558, 560, 565, 582, 584, 585
감정발현 60, 79, 81, 87, 131, 133, 187, 298
감정 상징화 173, 174, 186
감정의 계층구조 237
감정의 복권 237
감정 이미지 12
감정 재구성 173
감정적 성찰 236
감정치료 58, 299, 375, 418, 565
강박증 135, 139, 142, 149, 179, 318, 332, 372, 407, 409, 422, 423, 424, 426, 427, 428, 429, 430, 466
개별성 53, 197, 390, 477, 501, 503
격렬한 비탄 41, 353
결여 39, 88, 89, 135, 136, 150, 170, 182, 197, 315, 348, 359, 422, 423, 454, 461, 471, 485, 488, 490, 491, 492, 499, 504
고통 6, 7, 10
고통의 의미화 460, 584
고통의 지형도 6
공감 14, 15, 20, 34, 58, 59, 66, 80, 132, 152, 154, 157, 187, 191, 200, 233, 234, 235, 236, 237, 239, 242, 243, 246, 247, 248, 249, 251, 252, 278, 309, 323, 324, 343, 354, 370, 396, 414, 419, 431, 432, 435, 448, 456, 457, 485, 491, 493, 494, 519, 520, 525, 543, 544, 549, 550, 555, 585, 586
공감피로 448
과각성 436, 445, 446
과장된 비탄 50
관음증 137, 139, 142, 146, 147, 472

구조대원 394, 435, 445
기억의 회복 455
기억흔적 10, 69, 75, 128, 129, 176, 331, 365, 402, 403, 404
길들여진 죽음 7

ㄴ

내러티브 160, 230, 260, 261, 452, 459, 461, 462, 500
내러티브 방식 260
내면 성장 153
내사 86, 89, 93, 124, 292, 309, 319
내적 자원 173, 174, 178, 181, 369, 370, 407, 415, 419, 440
내적 현존 257
노출증 121, 123, 137, 139, 142, 146, 147, 148, 472
능동적 주체성 55, 56

ㄷ

다른 사람의 죽음 22
당위의 횡포 281, 288, 291, 292, 303, 304, 305, 309, 310, 371
당혹 258, 477, 501, 503
대면 31, 70, 71, 76, 77, 90, 100, 107, 119, 130, 140, 153, 156, 157, 158, 159, 163, 170, 171, 173, 175, 179, 180, 182, 187, 209, 236, 283, 290, 309, 340, 348, 351, 358, 359, 363, 365, 367, 368, 369, 370, 371, 373, 377, 379, 413, 417, 419, 433, 452, 465, 473, 487, 554
대상화 105, 137, 139, 169, 286, 287, 290, 311, 312, 314, 319, 344, 349, 356, 367, 370, 375, 465, 466, 467, 483, 490, 499
대처 58, 59, 70, 77, 81, 88, 133, 155, 173, 174, 178, 179, 181, 184, 185, 186, 187, 223, 225, 226, 227, 233, 235, 255, 256, 263, 267, 268, 269, 290, 313, 345, 346, 348, 351, 355, 358, 359, 361, 363, 365, 367, 368, 370, 371, 373, 375, 391, 412, 413, 419, 438, 445, 447, 458, 459, 460, 516, 520, 548, 552, 584
대처 방식 173, 227, 345
도덕적 피학증 148, 149
도착증 121, 123, 136, 137, 139, 141, 142, 143, 144, 145, 146, 147, 148, 149, 150, 168, 169, 318, 423, 424, 466, 467
동일시 59, 67, 68, 88, 94, 100, 124, 126, 132, 137, 138, 139, 140, 142, 143, 144, 145, 146, 164, 165, 187, 191, 237, 287, 288, 303, 305, 307, 314, 319, 325, 328, 329, 330, 331, 332, 333, 334, 335, 339, 371, 373, 375, 399, 401, 416, 423, 427, 429, 466, 467, 469, 471, 473, 483, 490, 499, 508, 512
동정과 공감의 차이 236

ㅁ

마음의 판형 10, 12
만성적 비탄 353, 443
맥락화 461
모호성 103, 476, 477
몸의 언어 197
무망감 39
무의식 10, 38, 55, 58, 60, 61, 62, 63, 69, 71, 72, 74, 75, 79, 82, 84, 85, 87, 98, 102, 103, 104, 105, 121, 122, 123, 124, 129, 130, 131, 132, 133, 135, 136, 140, 148, 149, 151, 166, 167, 168, 170, 171, 175, 176, 179, 185, 236, 240, 273, 284, 285,

286, 287, 291, 294, 295, 309, 310, 312, 313, 314, 315, 319, 338, 339, 341, 347, 348, 356, 357, 361, 362, 365, 366, 371, 374, 376, 377, 396, 399, 403, 404, 405, 454, 455, 470, 480, 481, 482, 483, 488, 498, 499, 505

무의식의 의식화 130, 171, 361, 362, 366, 377

무작위성 392, 433

문학작품 속의 상실 11

ㅂ

박탈적 비탄 345, 349, 354, 355, 394

반동 86, 124, 428

반려동물 11

반려동물 상실 11

방어 12, 33, 37, 46, 60, 62, 64, 68, 71, 74, 79, 86, 87, 88, 89, 90, 91, 93, 94, 97, 121, 124, 130, 131, 135, 136, 165, 170, 171, 176, 179, 191, 286, 292, 309, 314, 315, 325, 326, 334, 350, 353, 361, 363, 366, 371, 395, 396, 400, 425, 427, 430, 446, 454, 470, 471

번계소집성 297, 480

병리적 33, 41, 42, 49, 50, 51, 71, 72, 75, 76, 95, 102, 107, 119, 161, 177, 195, 196, 215, 216, 218, 219, 220, 328, 329, 353, 368, 389, 399, 407, 417, 418, 438, 441, 443, 459, 462, 508

병리적 우울 218, 220, 508

보편적 지식체계 5

복합 비탄 52, 354, 418, 443, 453

부인 38, 76, 77, 85, 87, 88, 90, 101, 129, 155, 156, 160, 169, 170, 182, 184, 276, 329, 333, 340, 353, 358, 365, 368, 373,

395, 396, 419, 427, 452, 456, 506, 551

분노 33, 36, 37, 45, 87, 88, 92, 118, 126, 160, 170, 181, 208, 219, 220, 240, 241, 244, 252, 272, 274, 275, 276, 278, 279, 294, 298, 299, 322, 327, 332, 335, 343, 365, 368, 375, 394, 408, 410, 412, 415, 416, 417, 418, 419, 427, 436, 441, 442, 446, 508, 515, 524, 546, 547, 549, 551, 552, 554

분석가 16, 20

분열 45, 46, 47, 48, 140, 141, 144, 145, 147, 148, 186, 207, 283, 294, 330, 334, 335, 342, 375, 389, 395, 412, 413, 457, 463, 464, 466, 487, 509, 516, 555

비일관적 다수성 284, 285, 421

비탄 2, 3, 9, 11, 12, 13, 14, 15, 16, 21, 22, 23, 29, 31, 33, 34, 35, 36, 37, 38, 40, 41, 42, 43, 45, 46, 47, 48, 49, 50, 51, 52, 53, 77, 79, 81, 99, 107, 153, 155, 184, 187, 199, 200, 210, 211, 213, 215, 216, 217, 219, 220, 221, 222, 223, 224, 225, 226, 228, 255, 257, 259, 260, 261, 262, 263, 265, 266, 267, 268, 269, 270, 298, 325, 327, 328, 345, 346, 347, 348, 349, 351, 352, 353, 354, 355, 356, 379, 390, 394, 416, 418, 431, 432, 435, 436, 437, 438, 440, 441, 442, 443, 449, 451, 452, 453, 459, 500, 515, 516, 558, 582, 584, 585, 586

비탄 과업 35, 42, 45, 224, 353, 416

비탄 반응 33, 35, 36, 37, 38, 41, 42, 45, 48, 50, 51, 53, 219, 222, 224, 269, 270, 345, 353, 437, 438, 441, 443

비탄 상담 11

ㅅ

사건의 기억 367, 398, 399, 413
사물 표상 9, 62, 69, 72, 74, 83, 87, 129, 130, 141, 361, 366, 374, 414, 471, 479, 488, 498
사물표상 87, 121, 122, 129, 130, 131, 171, 186, 312, 313, 422
사분면 92, 97, 121, 122, 123, 134, 135, 285, 287, 312, 315, 316, 318, 466, 560
사이 63, 113, 117, 147, 184, 187, 200, 205, 212, 219, 223, 236, 257, 265, 286, 295, 308, 312, 315, 319, 330, 331, 339, 342, 352, 373, 379, 389, 449, 451, 453, 454, 458, 467, 468, 470, 475, 478, 479, 480, 482, 485, 488, 489, 490, 496, 510, 512, 515, 517, 519, 521, 523, 541, 545, 555, 585
사전연명의료의향서 24
사회적 지지 215, 216, 223, 439
사후성 83, 129, 186, 362, 479, 480, 482, 499
삶의 충동 142
상상 10
상상과 은유 10
상실 7, 8, 9, 10, 11, 14, 19, 20, 23, 26, 31, 33, 35, 36, 37, 38, 41, 42, 43, 44, 45, 46, 47, 49, 50, 51, 61, 66, 69, 70, 72, 76, 77, 80, 88, 89, 91, 99, 103, 124, 130, 136, 137, 141, 155, 156, 160, 170, 181, 184, 187, 191, 193, 194, 195, 207, 208, 215, 216, 217, 218, 219, 220, 221, 222, 223, 224, 225, 226, 227, 228, 229, 233, 235, 238, 255, 256, 257, 258, 259, 260, 261, 262, 263, 264, 266, 267, 268, 269, 270, 271, 272, 273, 275, 276, 277, 278, 279, 281, 282, 283, 290, 294, 310, 316, 318, 325, 326, 327, 328, 329, 330, 331, 332, 333, 334, 335, 336, 337, 338, 339, 340, 343, 345, 346, 348, 349, 351, 352, 353, 354, 355, 356, 357, 359, 360, 361, 363, 364, 367, 368, 370, 376, 379, 383, 390, 395, 397, 398, 399, 402, 405, 407, 408, 413, 416, 417, 419, 423, 431, 432, 436, 437, 438, 439, 440, 441, 443, 444, 446, 447, 449, 457, 459, 466, 469, 471, 473, 474, 478, 489, 492, 508, 511, 513, 515, 524, 534, 535, 543, 544, 547, 548, 550, 553, 555, 565, 584, 585, 586
상실의 치유 기제 10
상실 이후 정서 10
상징화 71, 74, 75, 82, 97, 129, 136, 169, 170, 171, 173, 174, 176, 177, 179, 183, 186, 191, 241, 251, 286, 287, 316, 341, 357, 362, 365, 366, 369, 372, 374, 375, 405, 407, 408, 414, 415, 488
상황 윤리 6
상흔 10, 13, 20, 66, 86, 157, 167, 170, 172, 182, 310, 319, 349, 355, 365, 368, 374, 375, 376, 377, 383, 457
생리심리학 112
생명윤리 6
생존자 45, 259, 265, 390, 431, 432, 433, 435, 441, 442, 444, 445, 450, 453, 516, 517, 535
성명 7
성흔 10, 13, 66, 167, 172, 377, 383
수용 33, 48, 64, 70, 73, 81, 82, 88, 89, 91, 101, 170, 173, 174, 177, 180, 181, 182, 187, 210, 218, 251, 255, 264, 272, 278,

279, 281, 282, 292, 359, 363, 369, 370, 372, 373, 379, 388, 396, 409, 410, 413, 415, 418, 419, 468, 469, 470, 507, 529, 550
수치심 36, 106, 118, 135, 161, 162, 163, 286, 294, 332, 350, 368, 397, 427, 488, 512, 560
스토리텔링 452, 453
슬픔 10, 13, 25
습관적 자아 95, 96
승화 86, 89, 97, 144, 275, 350, 400
시간의식 8
신경증 72, 76, 84, 87, 100, 107, 135, 144, 147, 148, 149, 150, 161, 170, 177, 228, 318, 321, 339, 371, 394, 395, 396, 398, 399, 413, 417, 425, 426, 427, 430, 466
신체 감각 408
신체성 62, 150
신체화 55, 60, 61, 62, 72, 75, 82, 106, 130, 133, 163, 178, 195, 369, 415
실존 7, 10, 12, 13, 19, 20, 21
실존적 고통 281, 347
실존적 의미 258
실존적 해석 13
실존정신언어분석 7, 12, 20
실존 치료 7, 20
실천 6, 7, 8, 9, 10, 11, 13, 15, 16, 18, 20, 21, 22, 23, 24, 25, 26, 27
심리 기제 127, 312
심리적 33, 41, 46, 50, 56, 64, 67, 74, 76, 79, 80, 82, 84, 88, 91, 96, 105, 110, 116, 121, 122, 127, 128, 129, 141, 168, 187, 212, 217, 221, 255, 256, 270, 272, 282, 284, 287, 291, 294, 315, 319, 325, 326, 327, 338, 346, 353, 355, 364, 379, 385, 386, 396, 398, 400, 401, 409, 421, 431, 432, 436, 437, 439, 444, 445, 446, 447, 448, 453, 456, 461, 463, 464, 465, 469, 478, 479, 486, 492, 493, 494, 495, 501, 502, 508, 509, 514, 529, 530, 531, 534, 535, 536, 544, 547, 549, 551, 552, 555, 585
심리통 478

ㅇ

안정성 44, 64, 81, 88, 89, 92, 104, 135, 197, 314, 315, 348, 368, 389, 399, 401, 411, 412, 422, 436, 439, 471, 482, 499, 514
알아차림 59, 73, 93, 105, 119, 132, 164, 211, 212, 281, 283, 291, 292, 293, 294, 309, 310, 320, 369, 370, 371, 375, 379, 460, 482, 564
애도 2, 3, 31, 42, 43, 45, 48, 50, 53, 66, 76, 184, 187, 189, 191, 193, 194, 195, 196, 197, 199, 200, 201, 202, 209, 210, 212, 213, 215, 216, 217, 219, 223, 224, 225, 226, 227, 228, 229, 255, 256, 257, 258, 260, 261, 262, 263, 264, 266, 267, 268, 269, 270, 271, 272, 281, 283, 298, 325, 326, 327, 328, 329, 330, 331, 332, 336, 337, 338, 343, 344, 348, 349, 353, 354, 355, 363, 364, 365, 366, 375, 379, 381, 416, 417, 435, 444, 456, 459, 495, 501, 516, 517, 547, 548, 549, 561, 582, 584, 585, 586
애도 과업 215, 224, 227, 257, 264, 268, 270, 272
애도학 193, 195, 199, 200, 201, 202, 209, 210, 212, 213, 348

양가감정 339
억압 12, 31, 33, 35, 42, 45, 50, 60, 61, 62, 64, 67, 68, 69, 70, 71, 72, 74, 75, 76, 77, 79, 84, 85, 86, 87, 88, 91, 94, 95, 97, 100, 102, 103, 104, 107, 117, 121, 124, 130, 131, 135, 136, 141, 151, 153, 157, 160, 161, 162, 169, 170, 171, 172, 176, 177, 179, 187, 191, 212, 221, 248, 285, 286, 291, 293, 309, 310, 311, 314, 315, 319, 320, 322, 330, 340, 341, 342, 347, 350, 351, 353, 357, 358, 359, 361, 363, 365, 366, 368, 369, 370, 371, 373, 374, 377, 395, 396, 399, 400, 402, 405, 413, 416, 417, 418, 419, 420, 426, 427, 448, 454, 456, 466, 473, 483, 487, 488, 489, 490, 495, 496, 497, 498, 499, 513
언어 표상 10, 60, 70, 83, 87, 141, 175, 289, 357, 360, 414, 485, 487, 488, 490
언어표상 87, 121, 122, 146, 165, 308, 315, 420, 422
언어화 57, 69, 72, 75, 82, 121, 124, 173, 176, 187, 341, 363, 365, 379, 407, 408, 414, 461
역전 86, 89, 93, 124
연구 범주 6
연접 93
예측 불가능성 153
예측적 비탄 351, 352, 355
왜상 64, 297, 471
외상 문화 195, 196
외상의 강도 393, 398, 462
외상적 사건 388, 414, 415, 433, 434, 435, 436, 437, 438, 439, 443, 446, 449, 450, 452, 455, 555
외상적 죽음 379, 431, 432, 433, 434, 435, 436, 437, 440, 441, 442, 443, 444, 448, 454, 455, 456, 457, 458, 459, 460, 584
외상치료 385, 391, 392, 393, 398, 417, 418, 420
외상후 스트레스장애 435, 446, 449
욕구흥분 128, 129
욕망 43, 63, 90, 107, 108, 109, 110, 111, 112, 113, 114, 115, 116, 117, 118, 119, 122, 135, 136, 145, 146, 148, 149, 155, 166, 168, 186, 240, 251, 262, 290, 293, 295, 308, 312, 313, 314, 316, 318, 333, 339, 341, 343, 347, 348, 349, 350, 358, 369, 372, 375, 399, 403, 423, 425, 457, 466, 467, 473, 474, 485, 489, 497, 513
우울 36, 41, 51, 52, 66, 75, 76, 88, 93, 118, 156, 161, 162, 170, 177, 181, 187, 215, 216, 217, 218, 219, 220, 222, 226, 270, 272, 276, 277, 279, 299, 318, 325, 326, 327, 328, 329, 330, 331, 332, 333, 334, 335, 336, 337, 338, 339, 340, 341, 342, 343, 353, 368, 371, 379, 394, 395, 396, 397, 399, 416, 417, 419, 426, 427, 431, 432, 439, 440, 441, 442, 443, 445, 446, 460, 469, 473, 504, 508, 509, 522, 525, 536, 537, 542, 543, 546, 551, 553, 565
우울증 15, 16, 41, 51, 75, 76, 156, 161, 162, 177, 215, 216, 219, 226, 276, 318, 325, 326, 327, 328, 329, 330, 331, 332, 333, 334, 335, 336, 337, 338, 339, 340, 341, 342, 353, 371, 394, 397, 399, 416, 419, 426, 427, 431, 432, 439, 440, 442, 445, 446, 469, 473, 504, 522, 536, 537, 543, 551, 553, 565
원억압 71, 130, 370, 487, 488

유식 8, 20
윤리적 행위 6
은유 10, 21, 23
은유와 비유 21
은유적 투사 10
의례 11
의미 재구축 255, 258, 259, 260
의미화 7, 14, 16, 17, 26, 69, 74, 79, 80, 88, 89, 90, 93, 107, 124, 130, 170, 171, 176, 179, 191, 193, 194, 197, 199, 258, 284, 289, 313, 315, 320, 341, 342, 343, 348, 350, 355, 362, 363, 365, 366, 367, 370, 371, 372, 374, 375, 376, 377, 383, 385, 391, 393, 400, 415, 417, 421, 455, 460, 461, 489, 498, 499, 554, 555, 584
의미화 여정 7
의식 8, 10, 12, 13, 20, 21, 38, 55, 57, 58, 60, 61, 62, 63, 64, 67, 68, 69, 70, 71, 72, 73, 74, 75, 76, 79, 80, 81, 82, 83, 84, 85, 86, 87, 89, 92, 98, 99, 100, 101, 102, 103, 104, 105, 106, 107, 121, 122, 123, 124, 125, 129, 130, 131, 132, 133, 135, 136, 138, 139, 140, 141, 148, 149, 150, 151, 152, 157, 161, 162, 163, 164, 165, 166, 167, 168, 170, 171, 175, 176, 177, 179, 181, 185, 186, 187, 195, 200, 206, 210, 211, 212, 213, 217, 218, 219, 233, 236, 239, 240, 241, 243, 244, 265, 270, 274, 284, 285, 286, 287, 291, 293, 294, 295, 296, 297, 298, 304, 310, 312, 313, 314, 315, 317, 319, 322, 327, 331, 332, 334, 337, 338, 339, 341, 343, 345, 347, 348, 349, 350, 351, 355, 356, 357, 358, 359, 360, 361, 362, 363, 365, 366, 369, 370, 371, 375, 376, 377, 388, 395, 396, 397, 398, 399, 400, 402, 403, 407, 413, 415, 417, 418, 419, 422, 423, 426, 427, 429, 446, 454, 455, 457, 460, 466, 467, 470, 473, 474, 479, 480, 481, 482, 483, 484, 489, 498, 499, 505, 512, 513, 539, 546
의식구성 58, 61, 64, 73, 81, 99, 131, 133, 152, 195, 211, 293, 296, 297, 327, 348, 359, 369, 419, 480, 481, 482
이드 63, 86, 87, 121, 123, 124, 135, 136, 151, 223, 285, 312, 313, 315, 319, 328, 330, 332, 334, 335, 348, 350, 356, 399, 426, 434, 478, 514, 533, 537, 560, 565, 569
이접 93
익숙함과 친숙함 310
인과적 이해 69, 74, 84, 87, 129, 171, 176, 186, 357, 358, 359, 361, 366, 376, 392, 402, 413, 455, 479
인지 31, 33, 38, 55, 56, 57, 58, 59, 60, 61, 62, 63, 64, 65, 70, 71, 72, 73, 74, 75, 79, 81, 82, 83, 85, 86, 87, 89, 92, 93, 95, 98, 102, 103, 105, 106, 114, 115, 121, 122, 123, 124, 125, 126, 127, 131, 132, 133, 134, 140, 151, 152, 156, 157, 159, 160, 162, 167, 170, 171, 175, 176, 177, 178, 179, 182, 184, 185, 187, 195, 200, 201, 206, 209, 210, 213, 218, 219, 220, 224, 226, 227, 229, 233, 234, 235, 236, 240, 241, 242, 244, 245, 251, 252, 258, 260, 263, 265, 270, 273, 277, 280, 283, 285, 286, 289, 290, 292, 293, 298, 299, 300, 302, 308, 309, 310, 314, 315, 319, 323, 337, 341, 342, 347, 348, 350, 351, 354, 355, 358, 359, 360, 365, 366, 369, 370, 371, 373, 374, 375, 377, 385, 391, 393,

394, 401, 404, 414, 416, 419, 420, 445, 450, 453, 454, 459, 460, 461, 467, 470, 471, 480, 482, 490, 491, 494, 497, 499, 500, 501, 505, 506, 508, 521, 525, 546, 548, 555, 585

인지 감정 87, 236, 401

인지능력 58, 95, 98, 236, 460, 585

인지 도식 55, 57, 60, 74, 79, 81, 83, 86, 125, 187, 293, 309

인지도식 10

인지문법 585

임종 24

ㅈ

자각 58, 59, 69, 72, 75, 82, 93, 95, 107, 118, 131, 132, 140, 151, 153, 157, 164, 170, 174, 176, 177, 178, 180, 182, 187, 198, 236, 241, 245, 252, 264, 275, 280, 281, 282, 283, 290, 291, 293, 294, 310, 314, 318, 320, 322, 342, 344, 347, 361, 365, 369, 370, 371, 372, 374, 379, 383, 401, 404, 408, 416, 417, 418, 458, 468, 482, 499

자극과 행위 471, 479, 480, 482

자기감 75, 106, 111, 163, 176, 180, 230, 248, 341, 365, 407, 408, 414, 500

자기동일성 8, 86, 89, 126, 147

자기 동일시 15, 187, 303, 305, 307, 319, 373, 471, 483, 490, 499

자기 비난 37, 183, 217, 220, 230, 336, 337, 338, 425, 426, 427, 473

자기성 166, 186, 417, 418, 478

자기 성찰 56, 282, 363

자기의식 101, 106, 163, 164, 345, 349, 350

자기 인식 122, 162, 164, 282, 346

자기 재구성 55

자살 195, 238, 333, 334, 337, 343, 354, 379, 392, 394, 396, 397, 426, 427, 433, 437, 439, 441, 442, 447, 455, 463, 464, 465, 466, 467, 468, 469, 470, 475, 476, 477, 478, 479, 482, 483, 485, 486, 487, 488, 489, 490, 491, 492, 493, 494, 495, 496, 497, 498, 499, 500, 501, 502, 503, 504, 505, 506, 507, 508, 509, 510, 511, 512, 513, 514, 515, 516, 517, 519, 520, 521, 522, 523, 524, 525, 526, 527, 529, 530, 531, 532, 533, 534, 535, 536, 537, 538, 539, 540, 541, 542, 543, 544, 545, 546, 547, 548, 549, 550, 551, 553, 555, 568, 569

자살생각 447

자살시도 537

자살예방 536, 541, 543, 547, 568

자살 유가족 569

자아정체성 389

자연치유력 197

자유의지 109, 110, 196, 197, 238, 283, 391, 392, 463, 470, 489

자율성 95, 96, 100, 106, 162, 187, 200, 213, 224, 267, 270, 352, 353, 417, 496

자화 성향 95, 97, 98, 132

재구성 55, 57, 64, 68, 69, 70, 75, 79, 81, 82, 83, 84, 85, 87, 88, 118, 129, 151, 164, 171, 173, 177, 179, 183, 184, 186, 187, 193, 194, 200, 212, 231, 270, 286, 294, 296, 297, 298, 303, 314, 319, 343, 344, 345, 348, 349, 357, 359, 363, 366, 367, 369, 370, 371, 374, 375, 379, 399, 407, 408, 413, 414, 415, 437, 448, 459, 461,

462, 470, 471, 479, 481, 488, 492, 493, 499, 501, 533
재귀적 137, 142, 465, 466, 471, 477, 478, 531
재조직화 45, 47, 72
재해 43, 59, 93, 132, 149, 153, 155, 180, 187, 245, 253, 349, 364, 372, 393, 394, 399, 405, 431, 432, 433, 435, 441, 444, 445, 446, 465, 510
재현 66, 68, 84, 85, 95, 104, 130, 169, 171, 186, 285, 286, 294, 328, 357, 358, 402, 470, 471, 482, 489, 491
전의식 61, 63, 79, 82, 87, 121, 123, 124, 130, 135, 136, 151, 285, 312, 313, 314, 315, 319, 348, 356, 498
전치 86, 89, 93, 124
전환 히스테리 84
절망 36, 45, 46, 88, 91, 118, 170, 177, 179, 181, 226, 231, 238, 280, 283, 352, 368, 371, 419, 504, 514, 524, 541, 547, 551, 553
정동 36, 57, 82, 93, 106, 211, 240, 510, 536
정서 33, 34, 36, 42, 56, 57, 70, 72, 73, 79, 81, 82, 95, 96, 97, 105, 106, 126, 141, 161, 163, 184, 187, 195, 211, 212, 220, 227, 230, 231, 233, 236, 238, 239, 240, 241, 242, 243, 244, 245, 246, 247, 251, 252, 257, 286, 291, 298, 299, 300, 301, 302, 345, 351, 360, 361, 364, 389, 394, 404, 411, 412, 414, 417, 418, 437, 438, 439, 440, 449, 453, 457, 459, 461, 470, 499, 500, 522, 526, 529, 549
정신증 169, 318, 331, 339, 399, 466, 487, 490

존재 14, 19, 20
죄책감 33, 35, 36, 37, 38, 76, 106, 118, 135, 139, 148, 149, 150, 161, 162, 163, 168, 169, 170, 177, 187, 215, 216, 217, 218, 220, 270, 272, 276, 286, 294, 295, 298, 299, 305, 332, 350, 353, 368, 379, 390, 395, 397, 422, 425, 426, 431, 432, 441, 442, 488, 505, 515, 527, 534, 535, 547, 550, 554, 560
주체성 5, 55, 56, 105, 144, 148, 183, 230, 288, 306, 355, 357, 367, 372, 397, 474, 500
죽음교육 4, 5, 6, 7, 11, 12, 19, 21, 25, 26, 27
죽음교육의 구성 5
죽음학 5, 6, 8, 16
죽음학의 윤리성 6
증상 9, 10, 13, 16, 17, 39, 41, 48, 52, 69, 72, 74, 76, 84, 87, 94, 97, 102, 103, 104, 107, 121, 123, 125, 127, 130, 131, 135, 136, 143, 150, 151, 157, 167, 170, 171, 172, 175, 182, 185, 197, 273, 276, 285, 287, 288, 289, 290, 295, 309, 310, 311, 312, 313, 316, 317, 318, 319, 320, 332, 335, 336, 337, 340, 347, 354, 357, 358, 359, 361, 376, 377, 385, 386, 389, 394, 395, 396, 399, 400, 401, 407, 409, 412, 413, 423, 425, 426, 431, 432, 435, 436, 439, 442, 443, 445, 446, 448, 449, 450, 451, 452, 459, 460, 468, 477, 485, 487, 488, 489, 490, 491, 494, 495, 496, 497, 498, 531, 543
지각의 동일성 128, 129
지속적 비탄 장애 52
지향성 57, 65, 67, 68, 70, 81, 82, 92, 105,

106, 197, 211, 212, 213, 218, 238, 239, 240, 242, 308, 313, 315, 316, 319, 342, 347, 348, 359, 399, 400, 412, 413, 419, 422, 423, 466, 482, 499
직면 13, 16, 46, 48, 75, 76, 113, 118, 119, 121, 130, 131, 140, 144, 146, 148, 149, 153, 160, 161, 170, 171, 173, 174, 175, 177, 178, 179, 180, 181, 182, 186, 187, 191, 208, 224, 225, 227, 258, 259, 269, 273, 283, 284, 290, 310, 311, 316, 318, 320, 348, 351, 358, 361, 363, 365, 366, 367, 368, 369, 370, 371, 373, 377, 379, 411, 415, 445, 447, 448, 460, 461, 506, 548, 549
집단적 외상 431, 432, 434
집착 장애 52

ㅊ

체화 55, 57, 58, 59, 60, 61, 62, 67, 70, 71, 72, 75, 82, 95, 96, 97, 100, 105, 106, 107, 119, 130, 131, 132, 133, 150, 161, 162, 163, 169, 178, 182, 183, 187, 195, 210, 369, 373, 374, 407, 408, 413, 414, 415, 416, 417, 418, 461, 467, 482, 499
추모의 공간 455, 457
충동 61, 63, 69, 74, 85, 86, 87, 94, 128, 129, 130, 136, 137, 141, 142, 143, 148, 149, 162, 167, 169, 171, 176, 200, 219, 220, 238, 241, 245, 312, 313, 315, 316, 328, 348, 357, 361, 392, 396, 403, 404, 405, 410, 417, 425, 427, 428, 442, 454, 467, 491, 492, 510, 514, 515, 521, 541
치사성 478
치유 기제 10, 15
치유적 139, 143, 213, 233, 257, 413

ㅋ

쾌락원칙 61, 130, 312

ㅌ

타자의 문법 64, 305, 311, 318, 320, 368
타협 87, 88, 91, 170, 272, 275, 276, 278, 285, 417, 425
통접 93
투사 57, 70, 71, 76, 86, 89, 93, 97, 104, 119, 124, 137, 142, 286, 294, 319, 322, 323, 347, 349, 359, 368, 370, 371, 373, 392, 413, 452, 465, 466

ㅍ

판단중지 288, 308, 418
평가와 개입 16, 179, 345, 347, 348, 350, 355, 356, 371, 584
표상 55, 57, 58, 60, 61, 62, 64, 65, 67, 68, 69, 70, 72, 73, 74, 75, 81, 82, 83, 86, 87, 95, 97, 106, 121, 122, 129, 130, 131, 138, 141, 146, 152, 164, 165, 166, 169, 170, 171, 175, 176, 178, 186, 192, 228, 284, 285, 286, 287, 289, 297, 298, 308, 312, 313, 314, 315, 328, 333, 341, 357, 360, 362, 365, 366, 367, 369, 370, 374, 376, 377, 398, 402, 403, 405, 414, 415, 416, 420, 422, 467, 470, 471, 479, 481, 485, 487, 488, 489, 490, 498, 499
피학증 136, 137, 138, 139, 141, 142, 143, 144, 145, 146, 148, 149, 318

ㅎ

한계상황 8, 19, 20, 21
항상성 64, 197, 314, 327, 404, 410, 411, 412, 431, 439, 443, 454, 455, 489

해석 42, 60, 61, 66, 69, 70, 73, 75, 80, 84, 86, 87, 88, 89, 91, 106, 108, 124, 127, 129, 130, 131, 133, 134, 149, 152, 153, 155, 163, 164, 168, 169, 176, 180, 186, 187, 193, 196, 197, 198, 199, 200, 201, 202, 210, 213, 221, 233, 238, 239, 251, 262, 266, 284, 287, 293, 296, 297, 309, 311, 314, 328, 335, 342, 347, 348, 349, 355, 360, 361, 364, 365, 369, 379, 391, 400, 402, 405, 413, 416, 421, 455, 461, 462, 470, 471, 480, 486, 493, 495, 496, 533, 538, 539, 555, 453, 459, 462, 555, 568

현상학 20

현실원칙 59, 61, 74, 130, 133, 312, 314, 319, 348, 350, 361, 366

현존 157, 193, 197, 200, 211, 227, 257, 261, 291, 303, 304, 306, 308, 350, 393, 417, 468, 470

환대 66, 361

환상 57, 58, 70, 89, 90, 95, 102, 103, 104, 118, 119, 129, 138, 139, 142, 145, 146, 149, 165, 169, 171, 306, 308, 314, 323, 347, 350, 368, 369, 376, 414, 427, 438, 466, 470, 471, 480, 481, 482, 487, 499

환유 62, 64, 71, 85, 86, 89, 131, 286, 342, 423, 480, 483, 494

히스테리 84, 85, 87, 107, 135, 138, 143, 145, 146, 285, 318, 328, 329, 396, 398, 400, 401, 407, 409, 412, 413, 417, 422, 423, 424, 426, 466, 560

히스테리 구조 10

P

PTSD 385, 386, 390, 393, 394, 397, 431, 435, 436, 439, 445, 446, 449, 451, 452,

죽음교육 교과서 담당 집필진 약력

서문 및 감수 : 임 병식

국제공인 죽음교육수련감독(FT), Ph.D
한국죽음교육학회장
죽음교육연구소장
한국싸나톨로지협회 이사장
한신대 휴먼케어융합대학원 죽음교육상담전공 교수

제1부 l 죽음교육론 : 신 경원

국제공인 죽음교육수련감독(FT), Ph.D, ND
한국싸나톨로지협회 협회장
국제키비탄한국본부 부총재
고려대 죽음교육연구센터 센터장
동덕여대 심신과 명상수련 담당교수
한신대 휴먼케어교육원 반려동물상실애도교육전문가 주임교수

제2부 l 문화·사회론 : 김 경숙

국제공인 죽음교육전문가(CT), Ph.D
고려대 죽음교육연구센터 수석연구원
한국죽음교육학회 이사
한신대 휴먼케어교육원 반려동물상실애도교육전문가 주임교수

제3부 l 상실론 : 성 정은

국제공인 죽음교육전문가(CT)
한국죽음교육학회 정회원
죽음교육연구소 연구원
공감코칭 이음 대표

제4부 | 비탄·감정론 : 이 대준

　　　　국제공인 죽음교육수련감독(FT), D.Min
　　　　고려대 죽음교육연구센터 책임연구원
　　　　한국죽음교육학회 이사
　　　　한신대 휴먼케어융합대학원 죽음교육상담전공 교수

제5부 | 애도론 : 박 재연

　　　　국제공인 죽음교육수련감독(FT), Ph.D 이수
　　　　리플러스인간연구소 소장
　　　　고려대 죽음교육연구센터 책임연구원
　　　　한신대 휴먼케어융합대학원 죽음교육상담전공 교수

제6부 | 외상론 : 손 주완

　　　　국제공인 죽음교육전문가(CT), Ph.D 이수
　　　　고려대 죽음교육연구센터 책임연구원
　　　　한국싸나톨로지협회 부회장
　　　　죽음교육연구소 연구원
　　　　한신대 휴먼케어융합대학원 죽음교육상담전공 교수

제7부 | 실존론 : 박 미연

　　　　국제공인 죽음교육수련감독(FT), Ph.D 이수
　　　　한국싸나톨로지협회 부회장
　　　　고려대 죽음교육연구센터 선임연구원
　　　　창동어르신복지관 관장
　　　　청춘만세 초안산어르신문화센터 센터장
　　　　한신대 휴먼케어교육원 죽음교육전문가 담당 교수

제8부 l 생애발달별 죽음교육 : 이 윤주

    국제공인 죽음교육전문가(CT), Ph.D
    한국죽음교육학회 정회원
    죽음교육연구소 연구원
    한국코칭학회 이사
    한국싸나톨로지협회 강릉지부 지부장

제8부 l 생애발달별 죽음교육 : 이 예종

    국제공인 죽음교육전문가(CT), Ph.D
    고려대 죽음교육연구센터 연구원
    한국죽음교육학회 이사
    김천대학교 사회복지학과 교수

제9부 l 죽음교육실천론 : 김 기란

    국제공인 죽음교육전문가(CT)
    한국방송작가협회 다큐멘터리 작가
    한신대 휴먼케어교육원 운명과 심층심리인문학 담당 교수

제9부 l 죽음교육실천론 : 백 미화

    국제공인 죽음교육수련감독(FT), Ph.D
    고려대 죽음교육연구센터 책임연구원
    한국죽음교육학회 이사
    죽음교육연구소 연구원
    한신대 휴먼케어융합대학원 죽음교육상담전공 교수